2011年（总19期）

佛山年鉴

FOSHAN NIANJIAN

《佛山年鉴》编纂委员会
佛　山　年　鉴　社　编

廣東省出版集團
广东人民出版社
·广州·

图书在版编目（CIP）数据

佛山年鉴.2011／《佛山年鉴》编纂委员会，佛山年鉴社编. —广州：广东人民出版社，2011.7

ISBN 978-7-218-07197-8

Ⅰ. ①佛… Ⅱ. ①佛… ②佛… Ⅲ. ①佛山市—2011—年鉴 Ⅳ. ①Z526. 53

中国版本图书馆CIP数据核字（2011）第122178号

佛山年鉴. 2011

《佛山年鉴》编纂委员会　佛山年鉴社　编

出 版 人：金炳亮

责任编辑：卢　卫　吴小荃　柏　峰　张贤明　严耀峰

封面设计：卢　卫

出版发行：广东人民出版社

地　　址：广州市大沙头四马路 10 号（邮政编码：510102）

电　　话：（020）83798714（总编室）

传　　真：（020）83780199

网　　址：http://www.gdpph.com

印　　刷：佛山市华彩印刷有限公司

书　　号：ISBN 978-7-218-07197-8

开　　本：850mm × 1168mm　1/16

印　　张：24　　插　页：90　　字　数：300 千字

版　　次：2011 年 7 月第 1 版　2011 年 7 月第 1 次印刷

定　　价：260.00 元

编辑说明

一、《佛山年鉴》是由中共佛山市委员会、佛山市人民政府主持出版的一部地方性综合年鉴。每年更新资料出版一次，国内外公开发行。

二、《佛山年鉴》旨在全面、系统、准确地反映每个年度佛山市政治经济和社会各项事业的基本情况，为读者了解和研究佛山提供基本资料。

三、《佛山年鉴》采用分类编辑法。主体内容以篇目、类目、分目、条目四个结构层次的体例设置框架，以条目为表现内容的基本形式。全书条目标题统一采用黑体字加【　】表示。

四、本年鉴按常规以出版年份作卷次名称，《佛山年鉴·2011》着重反映2010年佛山市政治、经济、文化、教育等各项事业的发展情况。全书设《特载》,《佛山大事记》,《佛山概况》,《政治》,《法制》,《经济》,《科教文》,《社会生活》,《各区、镇（街道）建设》,《社会统计资料》,《文件·法规选编》等11个篇目。为突显出版当年的新闻时效性，特设《新的一页》、《佛山创建全国文明城市》和《同创文明智慧佛山　共建富裕幸福家园》图片专辑，以图片形式反映2010年和2011年发生的要事和大事。

五、本年鉴统计数据采用法定计量单位，主要统计数据，均经撰稿单位与统计部门核对。全书所载录内容均由各撰稿单位审定提供。由于统计口径不一，个别数字可能不一致，使用时以佛山市统计局提供的数字为准。

六、本年鉴的编辑出版工作得到全市各级党委、政府的大力支持和统计部门、各有关单位以及广东人民出版社的通力合作，谨此致谢。本刊疏漏之处，敬请批评指正。

《佛山年鉴》编纂委员会

《佛山年鉴》编委会办公室

佛 山 年 鉴 社

目　　录

第一篇　特　载

第二篇　佛山大事记

第三篇　佛山概况

第四篇　政　治

第五篇　法　制

第六篇　经　济

第七篇 科教文

第八篇　社会生活

第九篇　各区、镇（街道）建设

第十篇　社会统计资料

第十一篇　文件・法规选编

图片专辑

● 加快转变经济发展方式，建设“民富市强，幸福佛山”，“四化融合，智慧佛山”。

文明佛山
FOSHAN

2011 新的一页
NEW PAGES

2011 年全国“两会”期间，中共中央政治局常委李长春，中共中央政治局委员、国务院副总理张德江来到全国人大广东代表团看望人大代表。图为张德江（前左三）与全国人大代表、佛山市委书记陈云贤握手。

2011 年 4 月 6 日，国务院副总理张德江（前左二）视察美的集团。

2010 年 9 月 22 日，广东省省长黄华华深入佛山企业调研非公有制企业“创先争优”情况。

2010 年 12 月 23 日，广东省第三届农业博览会在陈村花卉世界举办，省长黄华华参观展区。

2010 年 11 月 13 日，中共中央政治局委员、中央书记处书记、中宣部部长刘云山（前排右二）在省领导汪洋（前排右三）、林雄（前排左二）以及佛山市领导陈云贤（前排右一）、叶志容（前排左一）等陪同下，视察广东金融高新技术服务区。

2011 年 5 月 19 日，中共中央政治局委员、广东省委书记汪洋（右三）和省长黄华华（右四）在佛山市委书记陈云贤等的陪同下，在禅城区的中国陶瓷总部基地考察。

2011 年 5 月 19 日，参加珠三角九市产业转型升级巡回检查讲评会（佛山站）的有关领导，在中共中央政治局委员、广东省委书记汪洋（前右二）和广东省省长黄华华（前右一）的率领下，到佛山市进行视察检查。

2011 年 1 月 10 日，中国共产党佛山市第十届委员会第十次全体会议，在市机关小礼堂举行。

市委书记陈云贤、市长李贻伟在中国共产党佛山市第十届委员会第十次全体会议上。

2011 年 1 月 28 日，佛山市第十三届人民代表大会第六次会议隆重开幕。

2011 年 1 月 28 日，在政协各界别委员座谈会上，市委书记陈云贤、市长李贻伟开心地听着委员发言。

2011年1月29日，佛山市第十三届人民代表大会第六次会议后，市长李贻伟接受众多媒体采访时解析“十二五”发展目标，生动地描绘“民富市强，幸福佛山”发展新蓝图。

广东省第十一届人民代表大会第四次会议佛山代表团。

2011 年 2 月 24 日，市委书记陈云贤在市委常委扩大会议上传达中共中央政治局委员、广东省委书记汪洋 2 月 16 日到佛山市开展党建工作调研的讲话精神。

2011 年 2 月 24 日，市长李贻伟与网友就佛山城市发展等多方面问题进行交流。

2011 年 1 月 27 日，中国人民政治协商会议第十届佛山市委员会第五次会议在市政协礼堂开幕。

2011 年 5 月 5 日，广佛肇经济圈第二次市长联席会议在佛山市召开。图为广州市市长万庆良（中）在会上发言。

2011 年 3 月 10 日，广东省与中科院全面战略合作重大项目签约仪式在北京举行，副市长李子甫代表佛山市政府与中科院签约。

2011 年 5 月 20 日，东平新城公共文化综合体书城等第二组的 6 个项目集体签约 。

2011 年 6 月 28 日，陈云贤、李贻伟、蔡河义、卢汉超、杨晓光等市领导与佛山市第四批荣誉市民或其代表合影留念。

2011 年 5 月 19 日，首届中国“博交会”在佛山市举办。图为国家人社部副部长王晓初（前右四），广东省委常委、常务副省长肖志恒（前右三）等领导在会场内与企业代表、博士（后）们亲切交谈。

2010 年 4 月 15 日，佛山市委书记陈云贤会见瓦努阿图总理爱德华 · 纳塔佩。

佛山市与格林纳达首都圣乔治市缔结友好城市关系。

在佛山一巴西圣墨罗贸易投资推介会上，佛山市副市长李子甫与巴西圣保罗商会副会长康卡尔维斯博士交谈。

2011 年 6 月 27 日,《佛山新跨越》——佛山市经济社会发展大型成就展览在岭南明珠体育馆开幕，陈云贤、李贻伟、蔡河义、卢汉超、杨晓光等五套班子领导兴致勃勃地观看展览。

2010 年佛山新增博士后科研工作站 11 家，全市设站总数 41 家，在全国地级市中保持领先。2011 年 1 月 29 日，市委书记陈云贤、市长李贻伟为新设的博士后工作站授牌。

2011 年 1 月 25 日，市委书记陈云贤一行在市委常委、南海区委书记邓伟根等陪同下，到昭信集团公司开展“创先争优”调研。

在 2011 年全市教育会议在上，市长李贻伟为五区教育系统颁发“广东省推进教育现代化先进区”牌匾。

市长李贻伟给 2010 年度纳税超 5 亿元的纳税大户颁奖。

2011 年新春，市委书记陈云贤和佛山市民一起“行通济”。

市委书记陈云贤、副市长冼瑞伦、市政协副主席袁毅桦和高明主要领导等一行人来到高明区明城镇平塘村考察高明老区建设并慰问当地贫困户。

2011 年 1 月 31 日晚上，市委书记陈云贤出席外来工迎新春团年饭活动，并向外来工代表们派发利市，一起唱歌。

2011 年 3 月 23 日，市长李贻伟到三水区工业园区调研。

三水区被认定为通信天线产业省产业集群升级示范区。2010 年 7 月 13 日，盛路通信敲钟上市。

2011 年 4 月 6 日，禅城区域域物联网应用工程启动。图为佛山天一众合负责人在给陈云贤（左二）介绍城域物联网应用工程各种智能产品。

2011 年 3 月 16 日，为建设好“四化融合，智慧佛山”示范区，禅城区人民政府、中国电信广东公司、世纪互联智慧科技有限公司举行“云计算产业基地合作签约仪式”。

2010 年 12 月 29 日，佛山市禅城区与神州数码签署战略合作协议，神州数码数字城市战略正式落户禅城，开展市民卡、智能税务、智能市场监管和智能社区等应用系统建设与运营服务。

2010 年 11 月 2 日，全球功能饮料第一品牌红牛在华投资的第四个生产基地在广东三水正式开业运营。

彩虹 OLED 项目落户顺德。

美的总部大楼落成典礼。

2011 年 2 月 18 日，广东省副省长宋海（中）、佛山市委书记陈云贤（左 4）等领导出席粤港金融科技园项目奠基仪式。

2011 年 3 月 23 日，高明区城市建设启动月暨城市建设顾问委员会成立仪式举行，市长李贻伟（左三）、区委书记马亮照（右二）、区长唐棣邦（左二）等参加启动仪式。

2011 年 3 月 23 日，韩国浦项高级镀锌板项目奠基仪式在顺德杏坛举行，副省长林木声（右六）、市长李贻伟（左六）、顺德区长梁维东（左一）以及韩国知识经济部副部长安玹镐等一起为奠基培土。

2011 年 4 月 12 日，在市长李贻伟和中国南车株洲电力机车有限公司执行董事、总经理徐宗祥的共同见证下，副市长李子甫代表市政府与中国南车株洲电力机车有限公司签约。

2010 年 2 月 29 日，省环保厅副厅长王子葵（左）和市长李贻伟（右）共同为佛山市“国家环境保护模范城市”揭牌。

2010 年 12 月 21 日，在中共中央政治局委员、广东省委书记汪洋（后排中），广东省副省长刘琨（后排左四）等省领导、日本贸易振兴机构代表及与会嘉宾见证下，佛山市南海区区长区邦敏（前排右）与日本贸易振兴机构广州事务所所长横田光弘（前排中）在广州签署合作备忘录后握手。

2011 年 4 月 18 日，黄喜忠代表顺德区政府与广东恒建投资控股公司签约。

在 2011 年广州国际旅游展览会上，广佛肇联合展区被设计成具有岭南特色的建筑造型。

2011 年 1 月 14 日，佛山市、南海区有关领导出席南海三山科技创意产业中心首期项目奠基仪式。

2010 年 11 月 28 日，佛山市副市长李子甫和深圳市陆地方舟电动车有限公司总裁刘础瑞握手交换协约。

2010 年 1 月 13 日，广东省副省长刘琨（右五）、佛山市委书记陈云贤（右三）等省市领导一起启动智谷项目。

新能源汽车“陆地方舟”缓缓驶出“佛山门”。

2011 年 1 月 13 日，中科院以及省市领导一起为智谷中科院研发大楼、广东西安交通大学研究院奠基。

2011 年 5 月 19 日，270 万平方米的广东乐从钢铁世界奠基仪式。

2011 年 6 月 28 日，红歌盛会唱出激情唱出希望——佛山市庆祝中国共产党成立 90 周年大型文艺晚会。

以科学发展为主题，以加快转变经济发展方式为主线，以『民富市强，幸福佛山』为核心，以『四化融合，智慧佛山』为路径，突出统筹兼顾，突出科技进步，突出改革创新，加快建设先进制造基地、产业服务中心、岭南文化名城、美丽幸福家园，把佛山建设成为一座充满朝气、人与自然和谐相处的全国文明城市。

佛山市地图

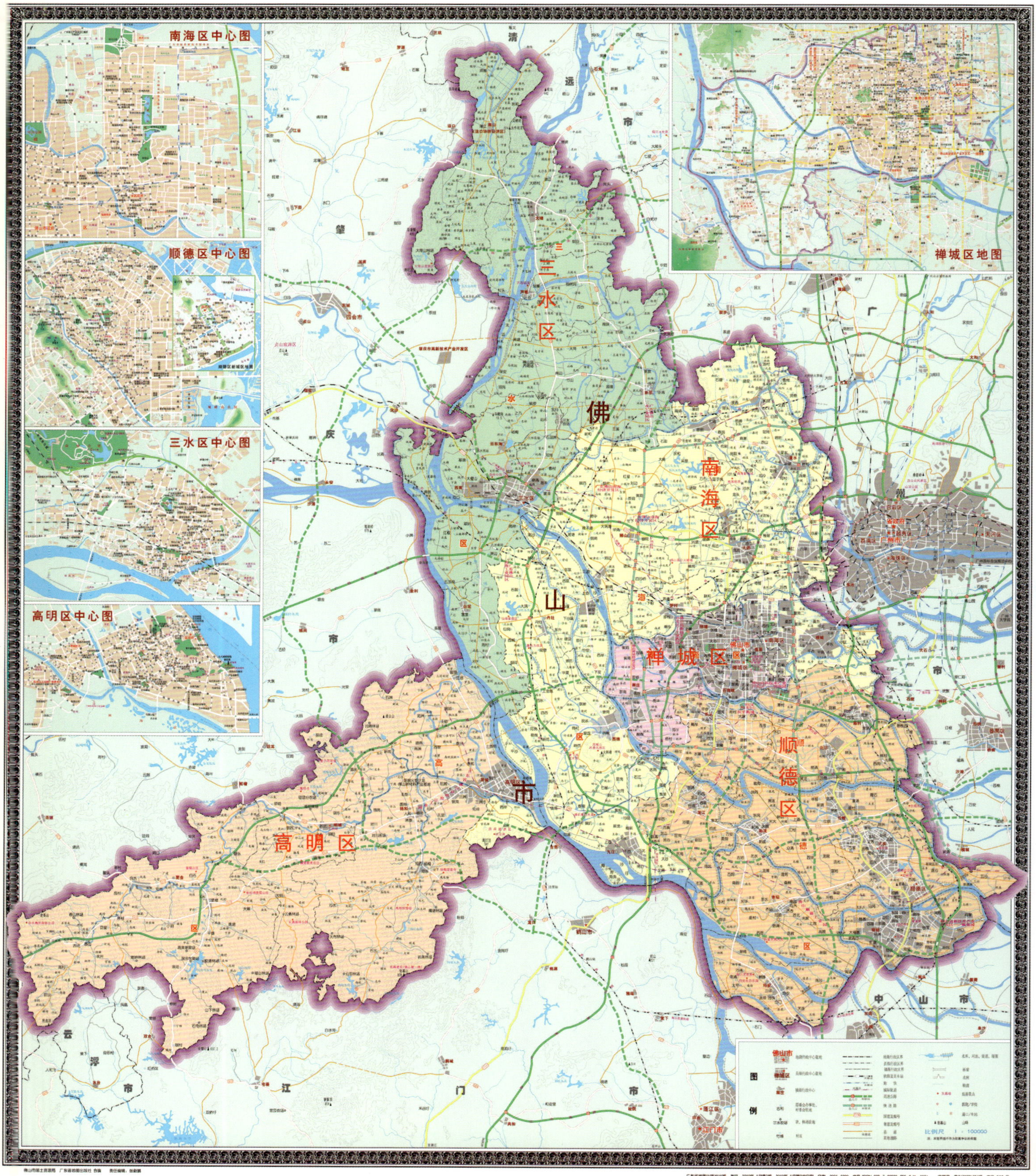

佛山市国土资源局 广东省地图出版社 合编 责任编辑：张新鹏

广东省地图出版社出版、发行 2010年1月第2版 2010年1月第2次印刷 印数：3001-5000 书号：ISBN 978-7-80522-855-6/K·1074 审图号：粤S(2006)054号 定价：200 元

第一篇

特　　载

FOSHAN NIANJIAN

“十二五”：走进民富市强幸福佛山

——在中共佛山市委十届十次全体会议上的报告

（2011年1月10日）

中共佛山市委书记　陈云贤

这次市委全会是在两个五年规划交替之际、佛山处在传承历史开拓未来的关键时期召开的重要会议。我们要深入贯彻落实党的十七届五中全会、中央经济工作会议和省委十届八次全会精神，以科学发展为主题，以“四化融合，智慧佛山”为主线，以“民富市强、幸福佛山”为核心，全力推进产业转型、城市转型和环境再造，动员全市人民牢牢抓住“十二五”发展机遇，同心同德，为建设民富市强、幸福佛山而奋斗。

这次提交全会讨论的《佛山市国民经济与社会发展第十二个五年规划纲要》，体现了中央和省委的新要求，顺应了佛山人民过上幸福生活的新期待，描绘了未来五年的新美景，是“十二五”时期佛山科学发展的新指南。

一、形势与展望

事非经过不知难。过去的“十一五”，是我市积极应对国内外环境复杂变化、推动经济社会民生事业发展取得巨大成就的五年。在省委、省政府的正确领导下，我们沿着“十五”时期开拓的前进道路，承前启后，继往开来，以深入开展学习实践科学发展观活动为动力，以新思维新战略新定位引领新发展，推动佛山转入又好又快发展的轨道。实施《珠江三角洲地区改革发展规划纲要（2008～2010）》取得阶段性重要成果，应对国际金融危机实现率先突围，全面完成“十一五”确定的目标任务，为“十一五”画上了圆满的句号。预计生产总值年均增长16.2%，高出规划目标4.2个百分点，五年实现“三级跳”，连续突破3000亿、4000亿、5000亿大关，2010年生产总值预计达到5638亿元，比2006年实现翻番，人均GDP达到13841美元，财政总收入首次突破1000亿元，综合实力大幅增强，人民生活明显改善，开创了产业结构加快调整、区域城乡协调发展、改革创新纵深推进、民生社会事业不断提升的新局面。

过去的一年，尤其是市委十届九次全会以来，我们抢抓广佛进入同城化时代、广州举办亚运会迎来城市大建设大发展的机遇，以“三着力一推进”统筹各项工作，以“四化融合，智慧佛山”引领新发展，推动产业转型、城乡统筹、民生改善、重点领域改革取得新突破。产业科技金融创新取得重大突破，光电产业、现代服务业等新兴产业快速崛起，成为“国家新型工业化产业示范基地”和“全国流通领域物流示范城市”，与中国科学院共建产业技术创新和育成中心，促进民营企业科技进步、自主创新，一批优质企业成功上市，成为“国家知识产权示范城市”和“国家驰名商标和著名品牌示范城市”。交通提速取得重大突破，国内首条城际地铁广佛轨道首通段、广珠城轨佛山段正式通车，一批高速公路开通形成覆盖全市的高速公路网，南广、贵广等过境高速铁路建设顺利，佛山一环南延线拓展工程竣工，摩托车治理、公共交通升级取得显著成效。城乡统筹取得重大突破，广东金融高新区已现雏形，祖庙百年重修对外开放，岭南天地一期投入使用，“三旧”改造成为全国示范，第二饮用水源首期工程顺利通水，数字电视网络覆盖城乡，农村“政银保”在全省先行示范，实施农民收入倍增计划、推动基础设施和公共服务向农村延伸取得显著成效，城乡差距逐步缩小。环境再造取得重大突破，荣获“国家环境保护模范城市”，“三年促变，绿地佛山”任务基本完成，绿道网建设初见成效，汾江河综合整治取得“不黑不臭、河水变清”、再现龙舟竞渡的阶段性成果。民生保障取得重大突破，教育现代化走在全省前面，新型农村社会养老保险基本实现全覆盖，全市步入全民医保时代，实行网络问政和大接访促进民生问题有效解决，10件民生实事基本完成。体制改革取得重大突破，五区大部制改革、33个镇（街）简政强镇事权改革基本完成，事业单位分类改革全面展开，公务用车制度改革顺利推进。区域合作取得重大突破，广佛同城化、广佛肇经济圈建设取得实质性进展，成功承办广州亚运会部分赛事，提升了佛山城市影响力。扶贫开发和援建工作取得重大突破，实施清远云浮产业和劳动力“双转移”、对口肇庆清远扶贫开发“双到”工作成效显著，汶川水磨重建任务圆满完成，新疆伽师棚户区改造等示范工程全部竣工。五区发展活力倍增、亮点纷呈，全市形成上下齐心、五虎生威、力争上游的发展新气象，为我市一鼓作气推进“十二五”科学发展，奠定了基础，积累了经验，创造了财富。

过去的一年，市委认真贯彻《党政领导干部选拔任用工作条例》和四项监督制度，坚持正确的用人导向，深化干部人事制度改革，推进干部选拔任用工作科学化、民主化和制度化，积极营造风清气正、选贤任能的氛围，为改革发展提供组织保证和人才支持。调整处级非领导干部任用政策，畅通干部退出渠道。构建阳光选人平台，面向全市公开选拔13名副处级领导干部。重视从基层一线选拔使用干部，从优秀村党组织书记中选拔镇（街）领导干部6名，从优秀大学生村官中选拔镇（街）公务员6名，从优秀外来务工人员中选拔基层公务员7名。结合各区大部制改革和简政强镇事权改革，配好配强区级党政班子，严格按照程序要求，将第一批共12名镇（街）党政正职高配为副处级。一年来，市委常委会讨论市管干部任免10次，决定干部任免229名，市委全委会票决任用干部8名。新提拔处级领导干部61名，平均年龄44.3岁，其中40岁以下19名，具有研究生学历或硕士学位以上28名，优化了各级领导班子结构，增强了驾驭科学发展能力。

“十二五”时期，是我市全面建成小康社会、率先实现基本现代化的关键时期，是把握战略机遇期、推进转型发展大有作为的关键时期。我们要深刻认识佛山所处的工业化后期或后工业化初期的阶段特征和比较优势，准确把握未来五年涉及全局发展的难得机遇和重大挑战，坚定不移地推进民富市强、幸福佛山各项保障措施的落实。

改革开放30年，佛山实现了从农业经济到工业经济、从内源型经济到内外源型经济的两次战略转型。当前，我市正全面进入产业从低端向高端发展、工业文明向生态文明转变的第三次战略转型阶段，呈现工业化转型、城镇化加速、国际化提升、市场化完善、信息化融合的阶段新特征，面临加快转变经济发展方式、加快城乡一体化发展、加快提升民生社会事业三大发展机遇。在这个转型发展时期，重要战略机遇期没有变，总体趋势有利于我们保持又好又快发展，但可预见的和不可预见的制约因素也在不断增多。

这一时期，我们既有国际金融危机带来世界和国内经济格局、治理机制的重大变化，世界新技术、新产业革命和新兴市场发展支撑世界经济逐步复苏的外部氛围，内需战略、智慧城市、低碳经济为新一轮发展注入新动力，为我们利用好战略机遇期赢得的难得机遇，但同时我们又面临经济全球化竞争加剧，世界经济受金融危机、资源供给、国际政治关系调整等复杂因素影响持续动荡，国内宏观经济环境趋紧，保持长期快速发展难度加大的重大挑战。

这一时期，我们既有“十一五”时期的快速发展为“十二五”利用好战略机遇期奠定的雄厚物质基础和经济实力，为我市加快转变经济发展方式、构建现代产业体系赢得的难得机遇，但同时我们又面临产业处于中低端、自主创新能力不足、核心竞争力不强、资源环境制约趋紧、产业转型升级任务艰巨的重大挑战。

这一时期，我们既有实施《珠江三角洲地区改革发展规划纲要（2008 ~ 2020）》“四年大发展”强劲动力、广佛同城进入地铁时代、港珠澳大桥和珠三角轨道交通网建设将形成珠三角一小时经济圈，时间缩短和空间变小的巨大变化带来加快统筹发展、促进区域城乡一体化的难得机遇，但同时我们又面临突破区域体制障碍、破解“三农”问题、加快区域资源整合、缩小城乡差距、实现共同富裕的重大挑战。

这一时期，我们既有人均GDP突破1300美元，改革发展的重心更加突出以人为本和保障改善民生，经济发展成果普惠于民、汇聚更多财力提升民生社会事业、促进和谐佛山建设的难得机遇，但同时我们又面临深化改革阻力加大、转型期社会矛盾更加复杂、民生诉求日益增多、维护社会和谐稳定难度加大的重大挑战。

在这个战略机遇期和改革攻坚期，任何的犹豫不决和停滞不前，都会贻误时机，一步落后，就会步步落后。机遇从来不会给因循守旧的人带来奇迹，挑战需要我们用智慧和胆识去应对。“机不可失，时不再来”，认清机遇、抓住机遇、用好机遇，是我们赢得主动、赢得优势、赢得未来的关键。我们一定要审时度势，居安思危，不断增强机遇意识、责任意识和发展意识，主动适应环境变化，充分发挥比较优势，积极化解各种矛盾，敢于战胜各种挑战，更加奋发有为地推动科学发展、促进社会和谐，创造无愧于佛山、无愧于历史、无愧于人民的业绩！

二、以转型发展和民富市强、幸福佛山统领“十二五”

“十二五”时期，我们要阔步走进民富市强幸福佛山。坚持把建设“先进制造基地，产业服务中心，岭南文化名城，美丽幸福家园”作为佛山城市定位，把“四化融合，智慧佛山”作为转型发展的主线，把落实“三着力一推进”作为工作重点，把“调结构”作为“强市”的主要抓手，把“惠民生”作为“富民”的主要路径，实现产业转型、城市转型和环境再造，争当“加快转型升级，建设幸福广东”的排头兵。

“十二五”时期，我们要在强化全市战略、规划引领和大佛山建设统筹的基础上，进一步激发区和镇（街）的发展活力，形成各具特色的先行示范区。禅城区要建设成为“四化融合，智慧佛山”示范区。南海区要成为落实“三着力一推进”先行区。顺德区要继续担当全省、全国科学发展、先行先试的“领头羊”。高明区要成为绿色崛起优秀范例。三水区要三年再造一个“经济新三水”。东平新城要建设成为具有国际水准和现代岭南文化特色的中心新城区。

（一）把“调结构”作为“强市”的主要抓手

“市强”是我们当好科学发展排头兵的必然要求，是实现“民富”的保障、“幸福”的基石。我们要始终把结构调整作为转型发展的主攻方向，让“调结构”体现在产业的转型升级上，体现在城乡差距的缩小上，体现在城市功能的提升上，全面增强我市产业、城乡发展的综合竞争力，推动佛山从经济大市向经济强市转变，为增进人民福祉创造更多的社会财富。

第一，加快产业转型，率先建立现代产业体系，提升产业核心竞争力

坚持人才引领、创新驱动，促进产业、科技、金融、文化的深度融合，有效破解土地、资金、环境等约束，促进传统产业优化提升、新兴产业培育壮大、现代服务业加快发展，推动“佛山制造”向“佛山创造”转变，建设创新型城市，打造广东制造业强市。

一是以政策推动产业升级。继续实施“三个一批”，加快淘汰落后产能，提升优势产业，全力打造世界级的陶瓷之都、智能家电之都、平板显示产业基地和九大国家级产业基地。以“三旧”改造促进工业发展提升，60%以上旧厂房改造面积要用于工业发展，以破解制约工业发展后劲的土地瓶颈，拓展都市型产业立体发展空间，促进制造业持续增长。鼓励制造业企业主辅分离，促进制造业与现代服务业互动发展，提升企业核心主业水平，推动生产性服务业快速发展，加快提高第三产业比重。加快文化与产业对接，鼓励利用文化元素融入传统产业改造和新兴产业培植，提高产品附加值。继续实施“双转移”，探索跨区域产业外延发展新模式，引导劳动密集型企业梯度转移，支持大企业面向全球实施战略布局，打造本土总部经济、研发经济、会展经济等聚集区。实施扩大内需战略，培育和扩大消费需求，支持企业拓展内销市场，促进内外需协同拉动经济增长。

二是以项目优化产业结构。用好“国家新型工业化产业示范基地”政策，明确各区产业转型升级的突破点，加大产业招商力度，把工业投资特别是战略性新兴产业投资作为重中之重，壮大光电产业、新材料、现代服务业三大主攻产业和环保、新医药、电动汽车三大重点培育产业。组织开展和积极参与重大招商活动，大力引进世界500强企业和国内500强企业，争取更多项目跻身国家级、省级重点产业项目行列，抓好与中央、省挂钩项目的落实，提高投资质量和效益。搭建政府有作为的抓手，组建市、区国有控股公司，发挥国有资产平台对新兴产业超前发展的引领作用。

三是以创新驱动产业发展。把科技创新作为产业发展的引擎，着力解决产业核心竞争力三大突出问题：一要强化科技创新投入，拓展全社会科研投资渠道，支持企业加快技术更新改造，积极发展创业投资，确保全社会研发投入比重有较大幅度增长。充分利用国家商标战略实施示范城市的有利条件，实施“夯实基础、创造品牌、注册专利、制定标准、品牌输出”的引领战略，打造一批拥有知名自主品牌的企业集团和产业集群。二要加强政产学研合作，积极引进高科技成果和知名科研院所，深化与中科院全面战略合作，完善产业育成中心和企业创新支撑平台，提升共性技术、关键技术突破能力和引进消化吸收再创新能力，实现科技与产业有效对接。三要放宽人才落户政策，加快引进优秀专才、创新团队和领军人才，建设科技人才创业园，支持重点科技创新项目，强化知识产权保护，鼓励本土企业与创新人才嫁接发展，大力表彰有突出贡献的优秀企业家和创新领军人才，激发企业家、科技人才和全社会的创新活力。

四是以金融催化产业高地。围绕建设金融、科技、产业融合示范区，打响金融产业三张牌。第一是打响现代金融牌。积极推动企业上市，发展股权投资基金行业，吸引国内外知名创投基金在我市设立股权投资和产业基金，引导本地民间资本积极参与。积极开展中小企业融资模式、产品、服务创新，探索并推广中小企业融资网络服务中心、知识产权质押融资、股权抵押融资、人才发展担保基金等模式。第二是打响国际金融牌。抓住毗邻港澳的优势和人民币汇率国际化的方向，促进与香港金融业对接，借助产业集群与资本市场有效运作示范城市的有利条件，加强与联合国、国际货币基金组织、世界银行等国际组织合作，引进国际资本，提升我市国际化、资本化水平。第三是打响产业金融牌。鼓励金融撬动科技创新，支持有条件的本地企业参与金融业发展，形成产业金融集团。鼓励企业利用金融科技手段实施兼并收购，做强做大，促进资本、科技、产业互动发展，使金融业真正成为我市发展的经济“血液”和支柱产业之一。

五是以信息化与工业化融合引领产业转型。充分利用国家信息化和工业化融合试验区的有利条件，运用信息化手段改造提升传统产业，培育发展与信息化融合的光电显示、射频识别（RFID）、物联网、云计算、工业设计、服务外包等新兴产业，重点发展智能家电、智能家居等智能产业和产品，积极打造区域性“智谷”，大力发展国际化第三方电子交易平台和“电子口岸”，支持有实力的企业“走出去”，发展一批有影响力的本土跨国公司，提升企业国际竞争力。

第二，加快农村转型，有效缩小城乡发展差距，提升城乡一体化水平

破解城乡二元结构，促进城乡一体化发展，既能促进转型升级，又能实现民富市强，让农村居民过上更好生活。要充分利用统筹城乡发展先行先试、城乡发展协调性较好、人口总量不大的优势，在解决“三农”问题、缩小城乡差别上先行探索，以园区化发展农业，以城乡一体化建设农村，以公共服务均等化提升农村居民生活质量，为珠三角、广东乃至全国树立新样板，提供新经验。

一是发展现代农业，实现产业化。以生态农业园区为核心发展现代农业，推进标准农田建设，强化科技兴农，提高农业组织化水平，打造都市型、生态型、观光型和外汇型农业。积极推广农业产业化新模式，加快推进现代农业园区和海峡两岸农业合作试验区建设，打造一批省级农产品品牌和农业龙头企业，支持有条件的农业企业加快上市。

二是完善公共服务，实现均等化。加强新农村规划建设，加快推进农村道路交通、医疗卫生、教育文化、环境保护等基础设施建设，促进城市公共基础设施向农村拓展延伸，优化农村自然形态和民俗生态。完善村居行政服务中心功能，提升农村基

本公共服务水平。加快“旧村居”改造，妥善解决农村住房建设的遗留问题，规范新村建设，改善农村居民的居住环境。

三是深化农村改革，实现社区化。探索农村产权管理制度和农村管理体制改革，建立农村集体资产管理镇级交易平台和电子政务公开平台，实现镇、村、组三级集体资产统一管理、统一交易、统一监督。完善农村股份合作制，推进农村股权固化到户改革，探索农村管理政务与村务分开、村务与经营分离。加快“村改居”进程，有条件的村要纳入城市社区，没有条件的村要保持农村生态，实行社区化管理。

第三，加快城市转型，推进组团式城市建设，提升城市综合竞争力

城市让生活更美好，有什么样的城市，就有什么样的生活，就有什么样的人才。要坚持走组团式城市发展道路，以人为核心，以科技为动力，努力解决城市化进程中开发过度、交通拥堵、环境破坏等突出问题，全面提升城市功能、形象和品质，实现城市发展良性循环。

一是加快中心新城区建设。实施“强中心”战略，推动东平新城建设全面提速，抢抓机遇加速完成商务中心、智慧信息大厦、公共文化综合体、交通枢纽中心、主干道路等重点工程，把东平新城打造成为广东工业服务示范区、富有现代岭南特色的中心城区。加快核心区城市中轴线规划建设，发挥中心城区的引领带动作用，彰显现代化大城市风貌。

二是提升各组团核心区建设水平。建立完善与组团城市发展相适应的管理体制和协调机制，健全促进规划有效实施的评价考核体系。构建以轨道交通、高速公路、城际快线为核心的道路交通网络，促进城市组团之间的经济联系更紧密、往来交通更顺畅便捷。加快各城市组团核心区建设步伐，推进城市步行街区规划建设，高标准打造禅城“岭南天地”和“佛山古镇”、南海“千灯湖金融高新区”、顺德德胜中央商务区、高明西江新城、三水西南新城，提升组团城市服务功能和辐射带动能力。同时集中力量打造一批名镇名村，通过样板示范带动农村宜居建设，推动城镇化建设实现重大突破。

三是以文化提升城市品质。要把传统文化遗产保护开发、岭南文化水乡特点、现代化城市标准三大要素有机结合起来，促进城市文化形象与城市功能、环境的统一，弘扬佛山千年古镇的深厚文化底蕴。借助“三旧”改造这个重要抓手，加快大型文化街区和文化新地标建设，不断完善文化娱乐设施，突出城市建筑岭南风格，让地方特色和文化亮点形成聚集，不断丰富城市内涵，让城市更美好，环境更宜居，出入更平安，管理更人性化，吸引更多的优秀人才来佛山安居创业。

四是加快同城示范区建设。广佛同城化是引领珠三角一体化的重要引擎，要着眼当前，谋划长远，促进广佛同城和广佛肇经济圈资源配置更有效、产业分工更合理、人民生活更方便，率先实现产业同城、交通同城、金融同城、通讯同城、环保同城、民生同城，为珠三角一体化提供先行示范。推进与周边城市交界区域的全面对接，加快区域一体化进程。用好《内地与香港关于建立更紧密经贸关系的安排》（CEPA）实施机遇，积极承接港澳现代服务业转移，拓展与新加坡和台湾等合作领域。加快区域高速公路、地铁、过境高速铁路、城际轻轨的规划和建设，搞好交通主干道周边环境的整治提升和配套开发，加速形成以快速道路网、轨道交通网为主体的现代化交通体系，增创区域一体化发展的新优势。

（二）把“惠民生”作为“富民”的主要路径

“民富”是给力幸福生活的基本要求，是转型发展成果全民共享的根本体现。我们要始终把以人为本、为人民谋幸福作为党委、政府的第一追求，认真对待人民群众的发展需要，正确兼顾人民群众的利益要求，让“惠民生”真正体现在提高收入水平上、提供优质服务上、改善宜居环境上和促进人的全面发展上，使“幸福”成为人民群众看得见、摸得着、享受得到的好事实事，实现人民安居乐业、城乡长治久安、社会和谐安康。

第一，以信息化与城镇化融合的先行示范，提升为民服务智能化、优质化

一是构建智能服务的基础平台。以电信网、互联网和广播电视网“三网融合”为突破口，加快推进物联网、数据中心、云计算中心等信息基础设施建设，构建以物联网为基础的城市“神经”系统和“U－佛山”。完善覆盖全市的“电子政务云”

架构，实现市、区两级电子政务信息资源共享，打造公众服务“信息超市”和“佛山e点通”服务平台，为提供智能优质服务打下领先基础。

二是推进民生领域的智能服务。发展智能交通，完善城市道路、高速公路和轨道交通智能管理信息系统，推进智能公共停车场建设，提升交通管控的科学化智能化，有效解决城市交通拥堵、停车难等问题，改善市民出行环境。发展智能卫生，实施“健康e园”工程，构建以人的健康为中心、覆盖全市的智能卫生服务管理体系，基本实现全市居民电子诊疗和智能基本公共卫生服务，提升市民健康生活质量。发展智能教育，实施智能教育“873计划”，完善智能教育设施，建立智能教育公共服务平台，建设网上教学资源超市，推进教育全面进入“3e”时代，实现教学、学习与管理智能化。发展智能社会保障，加快市民卡工程建设，实现全市社会保障、医疗服务和公共卫生服务“一卡通”。发展智能文化，推进“数字祖庙”、“数字博物馆”、“联合（数字）图书馆”等工程建设，推动文化信息资源共享、文化业态和生产传播方式创新，为群众提供更多智能文化产品和服务。发展智能警务，加快智能警务平台建设，建立社区“警务超市”，提高区域治安防范和打击犯罪的能力，形成更快、更准、更高效的治安创新管理机制。发展智能环保，逐步实现对环境数据的统一管理和深度利用，提高环境综合管理工作的科学性和高效性。发展智能电网，改变用电行为方式，倡导更为节能、环保的用电习惯，降低电能消耗和用电成本。发展智能社区，加快电子政务向社区延伸，发展政府部门面向社区的综合管理与服务系统，推动网上教育、网上健康指南等各类信息服务进家庭。

第二，以促进居民收入与经济增长“双同步”，实现“藏富于民”、“普惠于民”

一是实施劳动者报酬和农村居民收入倍增计划。建立与经济增长相适应的收入增长机制，通过提高最低工资标准和企业工资指导线、鼓励创业和扩大投资、提高社会保障，增加工资性、经营性、资产性和转移性收入，实现劳有应得。提高居民可支配收入在初次分配中的比重，更加注重二次分配的公平性，加快消除贫困人口，缩小低收入群体，扩大中高收入群体。加快实施农村居民收入倍增计划，落实和扩大强农惠农政策，促进农村居民收入更快增长，缩小城乡居民收入差距，让改革发展成果更好地转化为人民群众实实在在的财富。

二是加大民生保障力度。加大公共财政对民生事业投入，努力实现学有优教、病有良医、老有善养、住有宜居。加大就业培训、自主创业扶持力度，为劳动者提供优质高效的就业创业服务，实现充分就业。加快保障性住房建设，发展公共租赁房，建设人才公寓，着力解决中低收入群体和新就业人员租住房问题。推进医药卫生体制改革，健全基层医疗卫生服务体系，为群众提供安全、有效、方便、价廉的医疗卫生服务。落实低保制度，完善社会救助和保障标准与物价上涨挂钩的联动机制，逐步提高基本养老金、失业保险金标准。完善老龄社会福利体系和全民社会保障体系，健全法律援助机制，加强外来人口服务管理，切实保护未成年人和妇女权益，积极发展居家养老服务，支持残疾人事业，让弱势群体得到更多的人文关怀和社会温暖。

三是推进革命老区和贫困村居扶贫开发。在继续做好清远、肇庆贫困村扶贫开发和新疆伽师县援建工作的同时，加快我市革命老区和贫困村居的开发建设，加大财政支持力度，推进重点工程建设，全面改善革命老区和贫困地区的生产生活环境，消除区域发展不平衡，实现共同富裕。

第三，以完善利益协调机制为导向，有效化解人民内部矛盾

一是高度重视化解社会矛盾。建立社会稳定风险评估机制和社会矛盾处理长效机制，落实各级领导接访制度，加强和改进网络问政工作，认真倾听群众呼声，切实解决民生难题。对历史遗留的信访问题，要于情于理、依法依规妥善解决。对现阶段出现的新问题，可以解决的要全力解决，部分可以解决的要尽可能解决，个别不能解决的要依法办理，既要满足群众合理诉求，又要抑制“小闹小解决，大闹大解决”的现象。

二是积极构建和谐劳动关系。以创建全国和谐劳动关系示范区为目标，完善劳资纠纷处置机制，健全企业及区域性、行业性工资集体协商制度，实现企业与职工利益共享。加强企业人文关怀，不断改善工人生产生活环境。积极探索企业工会干部职业化、社会化和工会主席直选。充分发挥工青妇群众组织在构建和谐劳动关系中的重要作用，切实保障劳动者权益。

第四，以创建文明城市为契机，促进宜居环境全面提升

一是创建全国文明城市。举全市之力推进创建工作，实行重心下移，强化五区联创，充分调动全社会力量，广泛开展创建系列活动，打造创建品牌，营造强势氛围，全面提升城市文明程度和市民文明素质，形成完善的公共服务、良好的社会风气、浓厚的文化氛围、优良的社会秩序、优美的生态环境，不断增强广大市民的认同感、归宿感和幸福感。

二是建设生态文明城市。巩固国家环境保护模范城市创建成果，促进工业文明向生态文明转变，实现人与自然和谐共处。强化节能减排工作，着力推进工业减排、生活减排、农业减排和机动车废气减排，切实解决损害群众健康的突出环境问题，建设资源节约型和环境友好型城市。积极开展全国绿化模范城市创建活动，完善绿道网建设，打造低碳生态示范区，营造低碳、环保、健康的城市环境，让市民享受低碳绿色生活。

三是营造安定有序的社会环境。巩固和扩大亚运安保成果，保持对社会黑恶势力严打态势，强化社会治安控制面，提高应对各种突发事件能力，促进社会治安持续明显好转，切实增加市民的安全感和满意度。发挥人民调解在解决社会矛盾纠纷中的基础性作用，努力把矛盾化解在基层、解决在萌芽状态。坚持依法行政，强化法律监督，不断提高执法公信力。加强市场监管，确保供应充裕、价格稳定。强化食品、药品和农产品安全监管，坚决遏制重大事故发生，保障市民生命健康安全。积极培育社会组织和慈善机构，大力扶持和发展志愿者服务，推进社工服务机制建设，扩大政府购买服务范围，引导社会组织参与社会管理和公共服务。

第五，以实现机会公平为保障，促进人的全面发展

一是大力发展教育卫生体育事业。坚持教育优先，促进各类教育协调均衡发展，加快高校科教新园区规划和建设，推动教育国际化合作，打造教育名城和教育高地，为长远发展注入持久动力。合理配置优质公共教育资源，让每个能上学的人都能接受优质教育。深化医药卫生体制改革，实现全民享有优质的基本医疗卫生服务。完善全民健身体系，增强人民体质。

二是保障群众文化权益。把文化融入群众喜闻乐见之中，培育健康文明、积极向上、包容开放、崇文务实的社会氛围。加快城市“十分钟文化圈”和农村“十里文化圈”建设，完善基层公共文化设施网络，增强公共文化产品和服务供给能力，促进公共文化服务均等化。积极发展广场文化、社区文化、企业文化、校园文化、外来工文化等群众性文化，丰富群众文化生活。

三是促进社会公平正义。加快建设公民社会，拓展公民政治参与和诉求表达渠道，切实保障人民群众合法权益。促进就业、教育、医疗等机会公平，努力缩小区域、城乡、行业收入差距，促进发展机会和社会分配公平。探索司法改革，切实解决执行难问题，促进司法公正廉洁，确立法治权威，维护社会公平正义。大力发展民主政治，引导公民依法行使权利和履行义务，让全体公民能够更平等、更体面、更有尊严地生活。

三、“十二五”发展的基本保障

站在“十二五”新的历史起点上，我们要继续弘扬“敢为人先、崇文务实、通济和谐”的佛山人精神，以“四化融合，智慧佛山”引领率先发展，以深化改革促进创新发展，以廉政为民推动科学发展，全力完成“十二五”确定的各项目标任务。

第一，以“四化融合，智慧佛山”作为落实工作的主线，深化战略思想，引领率先发展

人类社会正经历一场新文明的演变和转换，工业文明与信息文明在碰撞与交融中孕育新的时代，工业文明主要体现在有形的发展上，信息文明则更多的体现在无形的发展上。在上个世纪，铁路、公路、电话线路是城市基础设施不可或缺的三大要素。进入新的世纪，城市化运动将以信息和网络平台为基础，城市将成为智能互联的系统。只要城市奠定坚实的智能基础，未来世界的梦想触手可及。我们提出“四化融合，智慧佛山”，正是顺应以智能化、数字化、网络化、移动化为主要特征的生产方式和生活形态的浪潮与趋势，推进信息化与工业化、城镇化和国际化的深度融合，实现有形与无形

全面发展的战略选择。“四化融合，智慧佛山”内涵丰富，视野独特，战略起点更高，系统性更强，是“两化融合”在更高层面、更广领域的创新和发展，体现了产业与城市、传统与现代、有形与无形、发展路径与战略取向的统一。在信息化与工业化融合上，我们不仅要依靠有形的劳动力、土地、生产工具等传统要素，更要依靠无形的科技、智慧、资本、信息作为推动转型发展的核心动力，利用信息化手段对传统产业改造提升，培育发展与信息技术、物联网等相关联的新兴产业，增创制造业发展新优势。在信息化与城镇化融合上，我们不仅要发展有形的地铁、高速公路、电信等基础设施，而且要把无形的信息网络贯穿于整个城市发展之中，加快推进以三网融合为核心的信息基础设施和信息资源的整合，促进以民生领域电子政务为核心的智能服务发展，提升智慧城市的竞争力。在信息化与国际化融合上，从微观层面鼓励企业用信息技术和现代企业管理手段促进自身发展，从宏观层面利用信息化手段促进电子大通关平台的建设，在进出口贸易中形成有价值的物流、资金流、信息流，使企业更好地分析判断国内外市场的变化，促进外源型经济健康发展，努力成为广东参与国际竞争的先锋。我们要深刻理解和把握“四化融合，智慧佛山”的战略意图，使之贯穿于“十二五”发展的全过程，体现在经济社会发展各领域，快步迈进全球信息化先进水平行列，缩小与发达国家差距，实现国内领先，为建设“智慧广东”提供先行示范。

第二，以深化改革促进创新发展，探索建立既激发基层发展活力又增强全市统筹能力的体制机制

实现战略转型发展，必须把深化改革作为突破转型障碍的锐利武器，继续解放思想，以更大的决心和勇气、更高的智慧和胆识，推动重要领域和关键环节的改革。抓住大部制和简政强镇事权改革的有利时机，继续完善和理顺市、区、镇（街）机构和职能，真正实现化学反应。在激发区、镇（街）发展主战场活力的同时，进一步强化涉及全局重大发展的市级统筹。积极创新政府撬动社会资源的机制和政策，从政府与市场、政府与社会的结合点中寻找创新点，把市场难以做到或做好的事情办好。积极破解影响转型发展的深层次矛盾，完善事业单位分类改革，深化以集体资产管理为核心的农村改革，积极探索确保公正廉洁、高效为民的公安改革，推进保障民生事业的财政体制改革、提升社会管理水平的城市体制改革以及适应智慧城市发展的社会组织架构和运作方式改革，提高对外开放和国际交流合作水平，增创科学发展体制机制的新优势。

第三，以廉政为民推动科学发展，创造经得起实践、人民和历史检验的业绩

“党风正则人心向，政风正则令畅通”，立党为公、廉政为民是我们事业兴旺发达的重要保证，是领导干部理直气壮干事创业的根基。各级领导干部要始终做到干干净净干事，老老实实做人，认认真真工作，全心全意为人民谋幸福。一要把品德放在首位。“从政，应德厚才高身正”，把重品德摆在其他能力之前，更加自觉地加强党性修养和人生观、世界观改造，培养高尚的品德、情操和境界。二要他律与自律相结合。加强组织他律，通过强化制度约束，用制度管人，用正确的用人导向引导人。加强个人自律，严格执行廉洁自律各项规定，不为权所困，不为名所累，不为利所害，不为情所惑，自觉接受监督，真正做到权为民所用、利为民所谋。三要以个人品德和严格要求带好干部队伍，激发干部干事创业的干劲，形成领导有正气、干部有士气、单位有朝气的工作氛围，真正让我们的干部队伍经受起各种考验，在实现理想和抱负的同时平安到达人生彼岸。

第四，抓党建主业促干部队伍、创先争优、学习型党组织建设的深化提高，不断增强各级干部的执行力

今年是我们党建党90周年，也是市、区、镇（街）三级换届的重要一年。要以此为契机，全面加强各级领导班子建设，选好配强区、镇（街）及村级领导班子。继续深化干部人事制度改革，探索建立能上能下、能进能出、有效激励、严格监督、竞争择优、充满活力的用人机制。树立正确的用人导向，坚持德才兼备、突出以德为先，确保好中选优、优中选强。加大竞争性选拔干部力度，积极拓宽选人用人渠道，把公推公选、竞争上岗作为扩大民主的重要形式。完善年轻干部、后备干部培养选拔制度，建立来自基层一线的干部培养选拔链。完善“一报告两评议”等制度，探索活化干部人才资

源的有效途径。加强干部选拔任用监督，深入整治用人上的不正之风，进一步增强选人用人公信度。认真筹划纪念建党90周年系列活动，积极推动基层党建创新，大力表彰先进基层党组织和优秀共产党员，通过党内带动在全社会形成创先争优的良好氛围。深化“智慧佛山”机关读书活动，开展大规模干部培训，建设学习型党组织，打造学习型、实干型、创新型、高效型干部队伍。狠抓机关作风建设，完善明察暗访、群众评议等长效机制，强化执行力和责任落实，促进机关作风明显转变。

第五，最大限度地汇集全社会的智慧和力量，凝聚党心民心共同开创美好事业

走进民富市强幸福佛山，是建设“幸福广东”在佛山的具体表现，是惠及600多万佛山人民的共同事业。各级党委、政府要最大限度地集中全社会的智慧和力量，使之成为人民群众的内在要求和自觉行动，把美好的蓝图变为生动的实践。要加强对人大工作领导，支持人大依法行使重大事项决定权，重视落实人大及其常委会决议、决定和审议意见。发挥政协优势，加强政治协商和民主监督工作，不断增强政协工作活力。发挥各民主党派和工商联参政议政作用，推进多党合作民主进程，支持各民主党派搞好换届工作。加强统战工作，凝聚爱国爱乡同胞力量。抓好党管武装和“双拥”工作，进一步巩固和发展军政军民团结。深入发动群众，紧紧依靠群众，把全市人民的思想和行动凝聚到“十二五”奋斗目标上来，万众一心，步调一致，共创繁荣。

2011年是实施“一二五”规划的开局之年，要把工作注意力放在解决长期积累的深层次矛盾和发展过程中出现的新问题上来，把工作着眼点放到多为老百姓办实事、谋福祉上来，为当好推进科学发展、促进社会和谐的排头兵创造更好的条件和环境，乘势而上确保“十二五”发展开好局、起好步。

同志们，“民富国强，众安道泰”。这是中华民族数千年不懈追求的共同理想，也是我们在新时代为之奋斗的宏伟目标。让我们紧密团结在以胡锦涛同志为总书记的党中央周围，高举科学发展的伟大旗帜，继往开来，奋发图强，共同创造佛山富裕、文明、幸福新生活！

政 府 工 作 报 告

——佛山市第十三届人民代表大会第六次会议

（2011年1月28日）

佛山市市长　李贻伟

各位代表：

现在，我代表佛山市人民政府向大会报告政府工作，请予审议，并请政协各位委员和其他列席人员提出意见。

五年奋进　实现大跨越

“十一五”时期，是佛山全面贯彻落实科学发展观，战胜国际金融危机，推动产业转型、城市转型和环境再造取得重大突破的五年；是全市人民团结奋进、务实创新，胜利完成“十一五”规划主要目标和任务，经济社会发展取得重大成就，更多改革开放成果普惠民生的五年。在这五年里，我们：

*应对危机率先突围。*早谋快断，赢得主动，有效应对金融危机冲击，实现经济率先突围。危机中，全市人民精诚团结，政企同舟共济，化“危”为“机”，赢得了社会各界的赞誉。

*经济实力显著增强。*地区生产总值、工业总产值、财政收入与“十五”期末相比，全部实现翻番。2010年，地区生产总值达到5651亿元，5年连跨3个千亿元大关；来源于佛山的财政总收入1039.96亿元，其中地方一般预算收入305.96亿元。

*发展质量优化提升。*经济增速与经济效益同步提高。2010年，纳税超千万元以上企业729户，是2005年的2.39倍；5年新增上市企业16家，超过以往时期总和；新增中国驰名商标37件、中国名牌产品25个，参与研制国家及行业标准457个。

*人民生活持续改善。*2010年，城镇居民可支配收入27245元、农村居民纯收入12202元，分别比2005年增长56.4%和61.1%；金融机构本外币存款余额达到8462亿元，其中城乡居民储蓄存款4461亿元，分别比2005年增长116.6%和80.9%。

闪光的数字背后蕴含了无数人的心血，收获成绩的同时也收获了精神。

一、以佛山人精神凝聚发展共识

大力弘扬“敢为人先、崇文务实、通济和谐”的佛山人精神，使之成为佛山人和谐共进、勇攀高峰的信念。

*敢为人先，体制创新迸发新活力。*深入学习实践科学发展观，先行先试，力推体制机制改革。率先实施区大部制改革、镇（街）简政强镇事权改革，行政效率、服务效能得到提升。深化行政审批制度改革，共向区下放审批事权493项。统筹城乡发展、金融发展三项计划等改革全面展开。通过改革，全市人民发展热情高涨，改革开放初期那种敢闯敢试、创新进取的精神，又一次汇聚成为推动佛山又好又快发展的强大动力。

*崇文务实，统筹协调赢得新机遇。*以“一环”全线开通为契机，推动全市五区交通路网衔接，解决城市间分割状态；通过“五区同创，城乡共创”国家环保模范城市活动，密切区域间交流合作；通

过岭南文化的情感纽带，增进城市间凝聚力。正是这种内部连接，优化了城市发展格局，促进了全市五区融合。把握《珠江三角洲地区改革发展规划纲要（2008 ~ 2010）》实施机遇，主动与广州全方位对接，接受广州科技、人才、信息等辐射带动。广佛地铁顺利开通，佛山由此进入地铁时代，城市发展模式和人民生活方式正在更新。通过佛港澳合作，佛山拥有一个向世界推介自己的全新平台，经济现代化和城市国际化步伐不断加快，发展基础更加扎实，发展信心更加充足。

通济和谐，开放兼容展现新面貌。“以和为贵”的特质使佛山人勇于应对各种困难和挑战。面对金融危机冲击、亚运安保、环保、社会稳定等问题，全市上下一心，积极寻求破解之策，促进了经济社会平稳较快发展，形成了政府引领能力增强、企业家素质提升、市民文明素养提高、政通人和的生动局面。佛山人视野更开阔，胸襟更宽广，融合精神更彰显，逐步走出了小佛山概念，认识到故步自封没有出路，携手共建方能共赢，这是佛山人收获的宝贵精神财富。

二、以科学发展观引领转型再造

准确把握国际国内发展变化新趋势，坚持科学发展，优化提升发展质量和效益，力促产业转型、城市转型和环境再造。

*产业转型成效明显。*确立“精细发展农业，优化发展工业，加快发展服务业”战略，推动产业与科技、金融相融合，促进产业结构优化升级。农业产业化现代化水平不断提高，五年建设现代农业园区 26 个，新增农业龙头企业 33 家。实施“三个一批”和“双转移”战略，调整优化工业结构，五年关停高耗能、高污染企业 600 多家。传统产业生机勃发，新兴产业迅速崛起，现代服务业亮点纷呈。资本之光照耀产业高地，五年政府出资引导民间资本约 20 亿元进入创投行业，运用财政杠杆撬动担保贷款约 345 亿元，缓解了中小企业融资难问题。广东金融高新区成为现代金融产业后援服务基地，累计引进 39 家知名机构和项目。科技创新助推产业转型，五年投入更新改造资金 1143 亿元，是“十五”时期的 4.3 倍。全面展开与中科院的战略合作，共建产业技术创新与育成中心。内外需协调拉动经济增长，五年全社会固定资产投资 6448 亿元、社会消费品零售总额 5780 亿元、出口总额 1339 亿美元，分别是“十五”时期的 2.81 倍、2.34 倍和 2.42 倍。为外源型经济“双轮驱动”，2010 年民营经济增加值达 3419 亿元，比 2005 年增长 116.4%；五年吸引外商直接投资 83.1 亿美元，是“十五”时期的 1.73 倍，新增世界 500 强项目 25 个。

*城市转型步伐加快。*以基础设施建设和“三旧”改造为抓手，优化城市形态，重塑佛山新貌。基本形成现代立体交通格局，五年新增高速公路 303 公里，路网通行能力有效提高，市域内外人流、物流进一步畅通。实施公交优先战略，推行公交共同体模式改革，公交发展水平明显提高，服务质量持续改善。东平新城规划建设取得实质性进展，一批重点项目和基础设施建设全面展开。率先实施“三旧”改造，创造出“佛山模式”。

*环境再造成绩突出。*大刀阔斧推进环境整治，城市环境质量持续好转，走出了一条人与自然和谐、城市与产业相容的新路子，创建成为国家环保模范城市。以大气和水环境治理为重点，倒逼机制与退出机制并用，工程减排、结构减排和监管减排多措并举，推进重点行业、重点区域环境污染整治，提前完成“十一五”环保目标任务。五年新增污水处理能力 175.5 万吨 / 日，2010 年城镇生活污水处理率达到 77%，汾江河基本实现“江水变清，不黑不臭”的阶段性目标。实施“三年促变，绿地佛山”战略，五年新增和改造绿地面积 4762 万平方米，城市整体绿量明显增加，区域（省立）绿道全线贯通。

三、以人为本促进社会和谐

牢固树立发展为民的思想，加大财政保障力度，用情用力保民生，尽心尽责筑和谐，营造了安定有序的发展环境。

*民生改善更加有力。*五年投入民生事业 702 亿元，占全市一般预算支出的 56%。办成、办好、办妥系列惠民工程和一批民生实事。城乡九年义务教育全面免费，教育现代化和教育综合改革走在全省前列。建立健全养老保险、社会救助及住房保障体系，五年解决 5836 户低收入家庭住房困难。率先启动实施“新农保”制度。基本形成覆盖城乡的公共卫生网络，建立住院、门诊全方位医疗保障

体系，在全省率先进入全民医保时代。就业形势稳定，五年新增就业人数97.4万人，城镇登记失业率控制在2%以内。加强文化基础设施建设，打造“魅力佛山”系列文化品牌，祖庙完成百年大修。成功举办第十二届省运会，承办第十六届亚洲运动会佛山赛区赛事。稳定低生育水平，在全省率先实行婚前、产前免费检查。汶川水磨重建任务圆满完成，扶贫开发工作进展顺利。

社会大局和谐稳定。推动警力“下沉”，实施科技强警，社会治安防控体系进一步健全。开展系列严打整治，社会秩序明显好转。完善社会矛盾调处机制，设立领导大接访制度，建立镇（街）综治信访维稳中心，及时解决群众反映的实际问题。加强应急管理工作，成功应对各种突发事件。开展产品质量、农产品、食品、药品安全整治，强化安全生产监管，公共安全水平不断提高。军政军民团结进一步巩固，6次荣获“全国双拥模范城”称号。

民主法制建设稳步推进。五年共办理人大代表建议和政协委员提案1273件，办复率达到100%。全面加强依法治市建设，完成“五五”普法任务。深入推进政府信息公开，全市村（居）全面引入“第三方”管理农村财务，实现规范透明理财。组建市政府专家顾问团，实行重大事项公众参与、专家论证制度，促进民主科学决策。认真落实党风廉政建设责任制，深入开展机关作风建设系列活动，运用现代信息技术手段加强行政监察，严肃查处违纪违法案件，政风行风明显好转。

各位代表！五年奋斗，成绩显著，这是省委、省政府和市委正确领导的结果，是全市人民齐心协力、拼搏进取的结果，是市人大和市政协监督支持的结果。在此，我代表佛山市人民政府向全体市民，外来务工人员，中央、省驻佛山单位，驻佛山人民解放军指战员、武警官兵和社会各界人士表示崇高的敬意，向长期关心支持佛山建设的港澳台同胞、海外侨胞、国内外友人表示衷心的感谢！

在看到成绩的同时，我们也清醒地认识到，在前进的道路上还面临不少困难和问题，主要是：生产要素约束凸显，经济结构仍需改善，科技创新能力不够强；城市建设和管理相对滞后，统筹城乡发展有待增强；社会法治意识相对薄弱，和谐佛山建设还有不少隐忧。对于这些问题，我们一定高度重视，在“十二五”时期采取有力措施认真加以解决。

继往开来　谱写新篇章

未来五年，是实施“十二五”规划、加快转变经济发展方式、全面推动佛山转入科学发展轨道的黄金时期，是落实“四化融合，智慧佛山”战略，阔步迈进民富市强幸福佛山的关键时期。

未来五年，我们将全面贯彻落实中央、省和市委的各项战略部署，以科学发展为主题，以加快转变经济发展方式为主线，以“民富市强，幸福佛山”为核心，以“四化融合，智慧佛山”为路径，突出统筹兼顾，突出科技进步，突出改革创新，加快建设现代制造基地、产业服务中心、岭南文化名城、美丽幸福家园，把佛山建设成为一座充满朝气、人与自然和谐相处的全国文明城市。

“十二五”时期的主要奋斗目标是：地区生产总值年均增长10%，力争“十二五”期末超万亿元；人均生产总值超2万美元；城乡居民收入较快增长，力争与经济增长同步，城乡收入差距有所缩小；城镇登记失业率控制在3.5%以内；人口自然增长率控制在7.73‰；万元GDP能耗完成省下达指标。

今年是实施“十二五”规划的开局之年。今年主要经济指标预期是：地区生产总值增长12%；人均生产总值增长11%；单位GDP能耗下降、主要污染物减排量均完成省下达任务；地方财政一般预算收入同口径增长10%；居民消费价格总水平涨幅控制在4%左右。

为实现上述奋斗目标，我们必须做到：

一、转变经济发展方式，构建现代产业体系

目前我市每平方公里土地产出率为1.48亿元，与先进国家和地区相比，未来发展潜力巨大，必须有信心。根据我市特点，高产出主要来自于高水平产业，尤其是以制造业为主的现代产业。

探索农业发展新模式。用工业园区的集约理念发展农业，用城市规划的举措改造农村，用市场经济的规则和法治精神提高农民文明素质。加强农田保护，大规模建设现代标准农田，规划建设一批农

业生态园区。加快发展设施农业和农产品物流业，积极推广农业产业化新模式，扶强扶大农业龙头企业和农民专业合作社，加大科技和金融支农力度，促进传统农业向都市型、生态型、观光型和外汇型农业转型发展。

*力促制造业领跑广东。*实施传统制造业改造提升、新兴产业培植发展“双轮驱动”，力争2015年工业总产值达到3万亿元，成为全省最大的制造业城市。推进国家信息化与工业化融合试验区建设，加快运用信息技术、先进适用技术改造提升家用电器、陶瓷建材、纺织服装、有色金属及制品等优势传统产业，实现传统产业现代制造，重点开发智能家电、智能家居等智能产业和产品。用好国家新型工业化产业示范基地政策，着力引进光电、新材料、生物医药、环保、新能源汽车等新兴产业龙头项目，发展壮大汽车及零配件、机械装备等先进制造业，重点支持南海经济开发区，乐平、沧江工业园等建设，全力打造白色家电、新型显示器件、现代陶瓷三大世界级和九大国家级产业基地。

*力推第三产业加速提效。*坚持服务业与制造业相融合、相促进，重点发展金融业、现代物流、工业设计、科技信息、总部经济等生产性服务业，鼓励引进律师、会计、评估等专业服务业，合理布局生活性服务业，完善发展服务业的政策措施，建成一批现代服务业集聚区。探索制造业主辅分离，选择产值在亿元以上的若干企业试点，促进企业走专业化、集聚化道路，提升第三产业发展水平，力争“十二五”时期第三产业增加值年均增长15%。

*大力招商引资。*招商引资是增强经济发展后劲的重大利器，任何时候不能松懈。树立“大招商、招大商”理念，把握后金融危机时代国际产业转移的新趋势、国内大企业布局华南地区的新机遇，创新招商引资方式，注重内生增长与嫁接增长、产学研带动与金融带动，针对战略性新兴产业、先进制造业和现代服务业，集中力量引进一批龙头大项目，促进国内外大企业落户佛山，力争“十二五”时期新增世界500强企业20家，利用外资总额达到120亿美元。

*深入扩大内需。*积极促进消费结构升级，大力培育文化娱乐、体育健身、旅游休闲等消费热点。引导企业大力开拓内地市场和农村市场，扩大佛山产品国内市场份额。力争“十二五”时期全社会固定资产投资年均增长12%；2015年，全社会消费品零售总额超3000亿元，外贸出口总额超500亿美元。

*强化金融、科技、人才支撑作用。*促进金融、科技、人才与产业相融合，让金融、科技成为产业发展的“双翼”，让人才成为产业发展的助推器。大胆创新金融发展，引进培育各类新型金融机构，“十二五”时期，辖区内5家农信社全部改制为农商行，至少组建5家村镇银行，小额贷款公司、担保公司分别达到20家和80家以上，创投基金超过50支。鼓励民间资本参与金融业发展，促进民间资本与产业有效融合，带动佛山民间财富增长。积极推进广东金融高新区建设，支持企业成为“新三板”试点，大力推动企业上市，力争2015年上市公司超过80家，打造证券市场“佛山板块”。发挥财政导向作用，引导各类金融机构支持科技研发，形成多元化科技投入体系，力争2015年全市研究开发经费占GDP比重达到2.3%。进一步密切与中科院、国内外高校的合作，力争每年引进一所知名科研院所与佛山共建产学研合作平台。支持“中国南方智谷”建设，打造一批国家级、省级创新平台，推动核心技术、共性技术和关键技术的创新和转化。重点建设佛山高新区创新创业园，发展一批科技孵化器项目，让一批创新成果实现产业化。在全社会营造尊重人才的良好氛围，让企业家懂得投资人才比投资设备往往更有效，引导企业重视人才、善待人才，从分享“人口红利”到分享“人才红利”。完善人才落户、住房、税收等优惠政策，建立“人才绿色通道”，让千军万马扎根佛山。以产业和项目为载体，大力引进产业领军人才和科技创新团队，2015年高层次人才总量达到2.5万人。

*破解土地、环境容量瓶颈。*土地和环境容量是未来我市发展的两大制约因素，必须找到抓手予以突破。以“三旧”改造破解土地瓶颈。今年市政府已出台《关于通过“三旧”改造促进工业提升发展的若干意见》，明确要求禅城区不低于40%、其他区不低于60%的旧厂房、旧物业改造面积，优先用于发展工业和现代服务业。从今年起，连续3年市、区财政每年共拿出10亿元，进行土地储备和鼓励旧厂房、旧物业的土地流动，推动连片开发。

以节能减排提升环境容量。严格环保准入，通过调整产业结构、优化能源结构、运用科技手段等方式促进减排，实现经济与环境相融共赢。组织家具、纺织、铝型材等重点行业专业平台，集中精力研究开发行业环保技术，推动绿色制造、低碳发展。建立污染减排长效机制，严厉打击各种环境违法行为，坚决不能以牺牲环境求发展。

二、建设和谐宜居城市，全面提升城市品质

城市能让生活更美好，也可能降低生活质量，在地区竞争中城市建设与管理殊显重要，我们必须以前所未有的高度加以认识。

打造“佛山新城区”。实行“强中心”战略，加速推进东平新城开发建设，力争通过几年的努力，将其打造成为广东工业服务示范区、具有现代岭南特色的中心城区。坚持“统一规划，分类实施”方针，把东平新城总规划面积划分为核心区、重点控制区、协调区三个层次分类推进、市区联动，促使佛山新城区尽快成型，展现英姿。发挥佛山新城区引领带动作用，连接、促进禅城—桂城、大良—容桂两大组团互动发展，形成佛山城市中轴线，彰显现代化大城市风貌。

深化组团城市建设。坚持组团城市发展道路，强化全市统筹和引导，推动规划实施评价考核，确保规划有效实施。支持各组团在全市统一规划框架下，依据自身功能定位、产业布局和公共服务，进行差异化的开发建设，形成“1+2+5”组团城市发展新格局。进一步健全组团城市建设管理体制和跨部门协调机制，加速推进组团城市交通、通信、供电、供气、给排水等基础设施一体化和智能化。以畅通人流、物流为目标，深化组团之间快速公路、轨道、快线公交等建设，打通组团之间交通瓶颈；调整优化现有交通路网格局，力争将过境国道迁至区域边界。加快佛山西站、东平新城交通枢纽中心、佛山引航中心、港口、公交站场等综合交通枢纽建设，促进各类交通运输方式“零换乘”和无缝对接。建设智能交通信息系统，完善公共自行车服务网络，初步形成智能交通服务体系。优化公交布局，完善市、区、镇、村四级公共交通网络，改善公交服务水平，逐年提高公交分担率，力争2015年达到35%。以“三网融合”为抓手，加快推进互联网、物联网和云计算等信息技术在城市建设与管理各领域的应用，构建全市统一的智能服务基础平台，打造智能城管、数字城管。充分利用网络、微博等完善管理薄弱环节，发动市民行动起来献言献策，全面提升城市综合管理、科学管理、精细管理水平，做到智能高效、秩序井然。

推动广佛同城化发展。全面落实《广佛同城化发展规划》，创新同城化发展的体制机制，进一步提高同城合作效率，率先在产业、交通、通讯、金融、社会事业、公共服务等领域实现同城，2015年基本实现广佛同城化，使广佛都市圈成为珠三角强有力的新经济增长极，示范携领珠三角一体化建设。

加快城乡一体化发展。深化统筹城乡综合改革试点工作，实施农村居民收入增长计划，提高农村居民文化素质。建设一批名镇、名村，示范带动宜居城乡发展。深化农村体制改革，完善农村股权分配和流转机制，稳步推进“村改居”工作，改革基层组织管理体制和实施政经分离。建立农村集体资产管理交易平台和农村财务监控系统，以现代信息技术加强农村管理。

创建全国生态文明城市。用“大环保”理念和科技信息手段，深入推进水、大气和环境卫生综合整治。实施污染物排放总量控制，重点整治小锅炉、挥发性有机污染物和机动车尾气排放，五年内全部淘汰黄标车和小锅炉。强化内河涌治理，加强饮用水源水质保护，提高固体废物污染防治水平，2015年，城镇生活污水处理率达到85%，城镇生活垃圾无害化处理率达到90%，土壤污染得到有效防治。完善防洪减灾工程体系，提高水患应对能力，让水真正成为我们的财富和朋友。以创建全国绿化模范城市为目标，深入开展植树造林活动，完善城市道路绿网和水系绿网骨架，增加中心城区绿量，规划建设一批湿地公园、滨江公园、农业生态公园等绿色开敞空间，发展一批“绿色居住区”，显著提升城市生活质量。2015年人均公园绿地面积达到11平方米，成为蓝天碧水、绿意盎然的花园城市。

三、统筹发展民生社会事业，建设民富市强幸福佛山

坚持发展为了人民、发展成果由人民共享，使佛山市民学有优教、劳有多得、病有良医、老有善养、住有宜居，生活更幸福。

打造智能教育。民富根本在于教育。打造“佛山e教育”品牌，推动信息化与教育相融合，建立城乡一体的社区教育网络和数字教育公共服务平台，促进学习型佛山建设，使全体市民享受终身教育。开展教育综合改革试点工作，全面提升学前教育质量，促进各类教育均衡协调发展，2015年在全省率先基本实现教育现代化。

发展智能医疗。健康是民生之本。加快“健康e园”工程建设，构建基于市民电子健康档案的佛山区域卫生信息平台，让人人拥有一个电子化的家庭医生，2015年全市居民电子诊疗和电子基本公共卫生服务可及率达到90%以上。加大医药卫生体制改革力度，强化基层医疗卫生机构建设，构建城乡一体的医疗服务和公共卫生服务体系。积极推进公立医院改革，鼓励社会资本进入医疗卫生领域，满足多样化的医疗卫生需求。全面推行基本药物制度，逐步解决市民“看病难、看病贵”问题。大力推进中医药进社区，建设中医药强市。加强人口计生工作，提高人口素质。

建设智能文化。文化是一座城市的灵魂。坚持文化与产业对接、与城市结合、与人相融，让文化促进产业发展、城市提升、民生改善。加快智能图书馆等公共文化设施建设，传承发展陶瓷文化、粤剧文化、武术文化等岭南文化神韵，打造西樵山等一批旅游文化品牌，建设一批大型城市文化街区和文化新地标，塑造高品质的城市文化形象。

创建全国文明城市。举全市之力，形成五区联创、城乡联创、全民共创格局。对照要求，查找不足，实施重点突破、难点攻关，组织开展交通秩序、市容市貌、社会治安、集贸市场、窗口服务等专项整治，确保城市综合环境全面改善，使社会环境、城市管理、人文素质上一个新台阶。

提升市民幸福感。扎实办好一批民生实事，使广大市民共享发展的“幸福成果”。着力统筹城乡就业服务，重点解决高校毕业生、农村转移劳动力、城镇就业困难人员的就业问题，倡导勤劳创业，防止养懒罚勤。持续扩大养老、医疗等五大险种参保人数，不断提高待遇水平，实现“新农保”全覆盖。加快完善住房保障体系，大力建设公共租赁房，切实解决中低收入家庭的住房困难。财政要雪中送炭，重点对弱势困难群众提供教育、医疗、住房、低保等救助。发展居家养老服务，支持残疾人事业。切实保障外来务工人员合法权益，使他们切实感受到党和政府的温暖。继续做好对口援建和扶贫开发工作，力争用两年时间，扶持高明革命老区贫困户基本实现稳定脱贫。健全社会治安防控体系，强化公共安全应急处置，严格落实安全生产责任制，加强农产品、食品、药品质量监管，让生活在佛山的市民更有安全感。

“十二五”主要指标与战略目标明确后，核心在落实，早抓早主动，迟抓更被动。必须将上述各项指标分解到每年、每月、每日的具体工作中，尤其要分解到各区、镇（街）和各部门，以及每一个人。2011年是“十二五”开局之年，不能简单以每年五分之一来对待，而是要力争开好局。政府将探索建立每季度工作考核制度，做到人人有责任、事事有落实、件件有结果。

各位代表！做好上述工作，必须加强两项建设：

一是加强法治社会建设。发展与否看稳定，稳定与否看法治。建设法治文明模范城市，是我市“十二五”重要任务。政府要成为法治建设的先行者，坚持依法行政。加强宣传教育和舆论引导，推动形成依靠法律、尊重法律的社会潮流。全体市民平等接受法律的约束和保护，征地拆迁、劳资纠纷、农村分红等信访问题均要导入法律程序来解决，让法律说了算。维护司法公平正义，确保程序公开透明，确保诉求依法办理，弘扬社会浩然正气。始终坚定一个共识，支持民主和法治，反对专权和腐败，推动佛山率先走进“法治文明”。

二是加强政府自身建设。继续深化区级大部制和镇（街）简政强镇事权改革，合理整合有关部门职能，建立协调有力、运转高效、监管到位的权力运行机制。科学划分市区事权，该放的放活，该收的收好，突出城乡规划、组团布局和重大项目建设全市统筹。根据各区发展的差异性，改进考核体系和配套政策，促进五区竞合发展。建立重大工作任务倒逼机制，激发公务员干事创业的智慧和干劲。加强公务员队伍建设，尤其要活化市直公务员队伍，使之既能“走上去”，争取上级的支持，又能“走出去”，善于抓项目、引外资，还能“走下去”，善于统筹、指导和帮助各区解决实际问题，成为基层遮风挡雨的伞。根据业绩选人用人，实施市级机关绩效考评。强化信息化应用，精简文风会风，力争成为珠三角最高效、开明的政府之一。加强政府廉政建设，自觉接受人大监督，充分依靠政协智慧，努力建设一个清正廉洁、务实高效、人民信赖的政府。

各位代表！美好的蓝图正等待我们去描绘，人生的意义就在积极奋斗中。让我们在市委的领导下，立即行动起来，大干一场，建设民富市强幸福佛山！

城市发展日新月异。图为高楼林立的佛山市禅城区季华路一景。

第二篇

佛山大事记

2010年佛山大事记

1月

△1日，即日起，《佛山市新型农村社会养老保险》正式实施。9日，佛山市首批新农保养老待遇发放仪式在五区同时进行。全市共计5.6万满60周岁者享受首批新农保养老待遇。

佛山市推行居住证制度。率先实现居住证全省通用、一证多能。

△5日，汇丰、东亚、恒生3家港资银行佛山支行在广东金融高新技术服务区开业。

△10日，2010年中央电视台春节戏曲晚会首次在佛山市录制。来自全国17个省市的11个剧种参与演出。这是佛山粤剧首次在央视戏曲春晚上亮相。

在广东十大新闻人物颁奖典礼上，禅城区公安分局民警卢绍毅被授予2009年度“广东十大新闻人物”称号。

顺德区碧桂路、南国路立交、黄龙特大桥、北滘立交等佛山一环南拓、南延首期工程开通。

△11日，南海区公有资产管理局成立。该局是由原人民政府直属事业单位调整为区人民政府工作部门，为本次区政府机构改革中唯一一个部门调整单位。

在北京举行的全国科技工作大会上，禅城区区长黄喜忠作为广东省唯一的县（区）级代表出席大会。

△12日，佛山市公安局强制隔离戒毒所在三水区挂牌。该所建设规模达到全国一级特大型戒毒所的建设标准，可接收戒毒人员1200人。

△15日，中共佛山市委十届八次全会召开。会议就佛山的发展进行了战略部署，各区并将调整产业结构作为经济工作的头号工程。

△18～19日，首届中国生态环境标准化促进与产业发展大会在佛山市举行。

△19日，南风古灶片区被国家旅游局批准成为国家4A级旅游景区。

禅城区首个“中小学校长培训实践基地”在佛山市第三中学举行授牌仪式。

△20日，南海区人民政府机构改革方案公布，区政府设置工作部门23个，突出区、镇两级职责权限重点，坚持一件事情原则上由一个部门负责等。

△21日，“中山大学社会工作专业实习基地”在禅城区妇联维权站举行，这是广东省妇联系统内首家获挂牌的单位。

△22日，禅城区澜石旧改片区最后4宗地块由香港新鸿基集团旗下的嘉荟投资有限公司以47.05亿元竞得。至此，该片区超八成地块使用权都纳入新鸿基旗下，总价为81.65亿元。

顺德区乐从镇被工业与信息化部授予全国首个“国家级电子商务试点镇”。

东平新城开发建设工作汇报会召开，计划2010年全年共开建11项重点工程。其中包括东平新城首所学校、文化综合体图书馆、档案馆主体工程等一系列公共服务设施。

△24日，在最高人民检察院召开的全国检察系统“双先”表彰会上，佛山市检察院检察官潘媚被授予“全国模范检察官”荣誉称号。

由中华医学会在上海举行的中华医学科技奖（2009）颁奖会上，佛山市第一人民医院荣获中华医学科技奖三等奖。这是该院首次荣获此奖项。

△25日，南海农村信用社新办公大楼——农信大厦投入使用。该大厦成为目前广东金融高新技

术服务区标志性建筑。

南海区钢铁物流协会在南海区九江镇成立。同时，由广东铁王市场投资有限公司等单位联合投资5.8亿元建设广东九江钢材城奠基。

三水区人民法院判决原三水区委、区政府秘书长徐枝荣犯受贿罪、贪污罪有期徒刑12年，并没收财产120万元。

△28日，40万人行通济的佛山元宵节特色民俗活动“行通济”，佛山传媒与和讯网、第一财经等媒体联动，主办了“论财势行通济——财神爷闹元宵系列活动”；中央电视台、新华社等媒体对行通济盛况也进行了卫星直播或新闻报道。

首届“南粤十佳卫士”评选结果公布。佛山市打击街面犯罪专业队民警林伟光榜上有名。

△29日，广佛同城化首个交通客运枢纽——滘口交通换乘枢纽投入使用。

是月，佛山市被国家知识产权局批准为“国家知识产权工作示范城市”；同时，禅城、南海、顺德区被批准为全国知识产权强县（区）工程实施单位。

2月

△1日，第十一届中国专利奖在北京揭晓。佛山市个性瓷砖有限公司陈满坚发明的“一种镀金属抛釉陶瓷制品制作工艺”成为本届佛山市唯一一个获得中国专利优秀奖的专利发明。

△2日，在北京举行的首批“国家新型工业化产业示范基地”授牌仪式上，佛山市光电显示获得首批“国家新型工业化产业示范基地”称号。

被称为“中国基因歧视第一案”——携带有地中海贫血基因而被拒绝录用公务员案，9月3日，佛山市中级人民法院终审维持原判。

“石湾公仔”被国家商标局核准，正式注册为佛山的地理标志证明商标。

△4日，佛山市作协主席郑启谦的新诗《赤水：为共和国60华诞酿芬芳》入选《中国爱国文典》下册（诗·词·联卷）。

△5日，广州市西江引水段过河管安装仪式在三水区举行。标志着国内直径最大的跨江水管沉放安装工程正式启动。

△5～6日，三水区十届人大六次会议召开。会议补选卢立湃为三水区人大常委会主任、刘东豪为三水区人民政府区长。

△6～28日，首届中国（禅城）岭南民俗欢乐节在南风古灶举行。

△8日，佛山市人民政府印发《佛山市城乡交通升级计划及实施方案》。

△9日，佛山市被环保部授予“国家环境保护模范城市”称号。

佛山市金融工作局挂牌成立。

△24日，佛山市十三届人大五次会议召开。会议审议并通过了《政府工作报告》等6个报告，并作出了相应的决议。

是月，佛山市教育局、信息产业局联合申报的《区域教育信息化整体应用实践与创新公共服务解决方案》获得教育部立项，成为全国试点项目。

3月

△2日，佛山市召开加快自主创新推动结构调整工作会议。会议对20家首批“佛山市自主创新示范企业”授牌表彰。

△3日，佛山市第五届女职工委员会第一次全体（扩大）会议召开。会议对梁凤仪等20名自主创新女能手进行了表彰。

△15日，顺德区与珠海经济特区签订协议。顺德区将在珠海横琴中心沟顺德围垦区内的全部国有土地使用权收回（70年代初，为响应国家号召，顺德出动3500多人，用3年时间完成的开垦任务），9月30日前移交珠海市，横琴新区向顺德支付29.8亿元补偿款。

△16日，英国驻穗总领事戴伟绅率领由金融服务业、设计、建筑等14家英国公司组成贸易代表团到佛山市访问，寻求和深化两地的经贸合作。

△18日，浙江省嘉兴市委书记陈德荣率领嘉兴党政代表团到佛山市访问。代表团先后参观佛山市城市规划建设展馆、东华里改造工程现场、创意产业园，考察佛山在“三旧”改造促集约用地等方面经验。

△24日，河北省沧州市委书记郭华率领沧州党政代表团到佛山市访问。代表团考察了佛山市国星光电股份有限公司、创意产业园、天安南海数码新城等企业，成为考察广东的唯一一站。

△ 25 日，环保部部长周生贤一行到南海区考察环保工作。24 日，他把《以环保优化经济增长，实现环境经济双赢——广东南海区探索环保新道路促进经济发展的调查》刊载于《人民日报》，高度肯定了南海区的做法。

△ 26 日，第三届“南粤十佳消防卫士”暨第一届“南粤十佳消防警嫂”颁奖会在广州举行，佛山市消防员谌国刚、警嫂叶梅芸榜上有名。

△ 29 日，佛山市科学馆被中国科协授予“全国科普教育基地”，成为目前佛山市首个全国科普教育基地。

《佛山市东平新城东部片区控制性详细规划》公示。

广佛同城化首个超大型综合项目——广佛新世界 · 都市综合体在南海区大沥镇大浩湖动工。

△ 30 日，第三届广东省“人民满意的公务员”和“人民满意的公务员集体”表彰大会暨全省公务员管理工作会议在广州召开。佛山市公务员徐声平和孙建国获表彰。同时，南海区发改局获得“人民满意的公务员集体”称号。

△ 31 日，“佛山情 · 水磨画——佛山市对口支援水磨镇援建项目整体移交仪式”在四川省汶川县水磨镇举行。至此，由佛山援建的 78 个援建项目工程（包括城镇居民住房，医疗卫生设施，教育设施等十大民生领域）全部移交完毕。10 月 11 日，佛山市与水磨镇正式签署《佛山水磨长期合作框架协议》，两地将实现从对口支援向长期合作转变。自 2008 年 5 月 12 日大地震后，佛山市安排对口支援汶川县恢复重建的资金达 10.7 亿元。

是月，佛山市青年志愿者首批 15 名高管志愿者接受佛山市青年志愿者协会聘书。

4月

△ 1 日，《佛山市物业管理办法（试行）》开始施行。

△ 2 ~ 3 日，广东省长黄华华一行到佛山市考察。他对佛山推进产业优化升级，发展新兴产业给予充分肯定。

△ 7 日，“广佛同城化第三次市长联席会议”在广州召开。会议确定 2010 年重点建设项目共 69 个。

△ 12 日，广东省委常委、副省长肖志恒率领省政府办公厅、编办等部门有关负责人到南海区狮山镇调研“简政强镇”事权改革工作。他鼓励狮山要先行先试，大胆创新，建设服务型人民政府。

德宝地产开发有限公司在新加坡主板上市交易，成为南海区第一家房地产上市公司。

△ 14 日，青海省玉树县发生 7.1 级大地震，佛山市社会各界踊跃捐款。截至 26 日，共为玉树捐款 2059 万元。

△ 18 日，国内建材行业首个以“生态”为主题的高新产品展示平台——国家生态建材示范展示中心落户佛山市。

△ 19 日，粤赣经贸合作项目在江西省举行签约仪式。佛山市签订合作项目共 26 个，合作金额达 65.7 亿元，名列本省各市之最。

广东省高级人民法院在佛山市中级法院，对原广东健力宝集团有限公司副总经理杨仕明、黎庆元、阮钜源三人贪污受贿案进行终审宣判：维持原判。其中杨仕明被判有期徒刑 18 年；黎庆元、阮钜源各获刑 14 年。

△ 23 日，佛山市首个版权登记服务中心挂牌成立。

△ 23 ~ 25 日，2009 年度中国地市报新闻摄影作品评选会在江苏省苏州市举行，共有 1972 件作品参加评选。其中，佛山传媒集团 12 件作品获奖。

△ 24 ~ 26 日，第 10 届中国时代新闻人物颁奖会在北京举行。佛山市陶艺家罗传的作品集《罗传陶艺花鸟》被组委会授予“中国骄傲 · 第 10 届全国优秀艺术作品金奖”称号。

△ 27 日，在北京举行的全国劳动模范和先进工作者表彰大会上，佛山市共有 9 位新当选的全国劳模受到表彰。他们是黄耀明、周淑毅、游斌、刘世龙、梁镜华、欧永强、许海珍、陈润珍、郑俏华。

△ 28 日，南海区被教育部基础教育课程教材发展中心授予“区域教育国际化实验区”牌匾，成为全国首个区域教育国际化实验区。

△ 29 日，全省富县强镇事权改革工作现场会在顺德区召开。省长黄华华要求全省学习顺德区容桂街道和南海区狮山镇，实施简政放权。

△ 30 日，佛山市加强校园安全防卫工作会议

召开。会议结合省教育厅提出的《关于加强学校安全防范工作的紧急通知》要求，着手制定新规定，以加强校园安全防卫工作。

5月

△5～10日，第四届全国体育大会龙舟赛在安徽省合肥市举行，代表广东参赛的南海中联男队夺得金牌共2块。

△6日，中国足球协会公布国家奥林匹克队足球集训名单，佛山籍小将李健榜上有名。李健是首位佛山本土球员，现效力广东日之泉俱乐部。

△7日，佛山边检站彭晓亮、黄凌怡两名女警官赴海地维和归来。维和期间，因出色完成“1·22”地震抢险救灾任务，两人被联合国授予“和平勋章”。

△8日，第六届中国上市公司董事会高峰论坛暨金圆桌奖颁奖会在北京举行。南海发展股份有限公司再度入选“中国财经界奥斯卡”。

△10日，佛山市领导干部大会召开。会议宣读省委决定，任命陈云贤为中共佛山市委书记。

岭南画派大师刘春草向佛山市人大常委会机关赠送《中华民族站起来了》和《祖国河山多壮丽》两幅作品。

△14～17日，第六届文博会在深圳举行。佛山市首次组团参展文博会，参展作品有陶艺、剪纸、灯色、香云纱等佛山文化产业精髓。

顺德香云纱染整技艺被列入“国家非物质文化遗产名录”。图为香云纱制作工场。

△26日，佛山城市可经营项目投资推介会在佛山皇冠假日酒店举行。本次推介城市可经营项目86个，投资总额达558.78亿元。“三旧”改造再次列为重点推介项目。

△30日，佛山市举行“广东扶贫济困日·佛山慈善万人行”活动，此活动共筹得善款逾1.36亿元。

南海西樵山国家地质公园揭牌开园。

南海千灯湖二期景观工程投入使用。至此，千灯湖总面积达53.6万平方米，绿化面积为30万平方米。

△31日，阿根廷中国文化协会主席彭福尔德到佛山市访问。

6月

△1日，在北京举行的国家商标战略实施示范城市（区）授牌大会上，佛山市成为广东省唯一入选的地级市，今后将享受商标宣传、培训、信息、执法等多项国家政策扶持。

△2日，由佛山市文化广电新闻出版局等主办的佛山陶艺展在蒙古乌兰巴托中国文化中心举行，正于蒙古进行国事访问的国务院总理温家宝观看展览后，称赞佛山陶艺“栩栩如生”。

△3日，佛山市人民政府聘任20名来自省内外知名专家和企业家为新一届政府顾问团成员。此外，市政府还新设立了咨询专家库，首批入库成员共54位。

佛山市对口援建新疆伽师县先行试点项目开工奠基。中共佛山市委书记、市长陈云贤率领市考察团与伽师县党委、政府就对口支援工作进行对接。

△7日，佛山市人民政府召开常务会议，原则上同意禅城、南海、高明、三水区党政机构改革方案。根据方案，改革后全市五区将统一设置16个党政机构。

△9日，中国一汽、德国大众，广东省政府、佛山市政府、南海区政府在保利洲际酒店签订五方合作协议，正式敲定投资5亿欧元的一汽大众新厂落户佛山。

△10日，《叶问前传》在佛山市举行全球首映礼。该片于本月25日在全国正式上映。

南海区政府与国家半导体照明工程研发及产

业联盟签订战略合作协议，成为首个与该联盟“联姻”的地方政府。

△ 11 日， 2010 年中国广东—保加利亚经贸洽谈会在保加利亚首都索非亚举行。佛山市签订了 5200 万美元贸易协议。

△ 17 日，2010 年中国（广东）—俄罗斯经贸合作洽谈会在莫斯科举行。佛山市委常委、副市长叶明权率领 18 家品牌企业组成的佛山经贸代表团参加，共达成贸易进出口协议 1.1 亿美元。

△ 19 日，在北京举行的第三届中国影视网络影响力颁奖典礼上，佛山电视台荣获“中国最具网络影响力的十大城市电视台”称号。

加纳全国民主大会主席阿杰伊率领代表团到佛山市访问。代表团一行先后到禅城区南庄镇罗南村、南海区桂城街道怡翠社区，考察基层党组织建设。

△ 22 日，佛山市推进重点项目暨现代产业 500 强项目建设工作会议召开。会议公布全市有 51 个项目被纳入“省重点”，数量排列全省第二；市重点项目 250 项，其中民生重点项目投资达 161 亿元。

以马里共和国第一副主席为团长率领非洲团结正义党代表团到佛山市访问。代表团先后参观国星光电科技有限公司、创意产业园等企业，就加强两地合作交流交换意见。

△ 27 日，中央电视台《对话》栏目播出以佛山转型为主题的节目。中共佛山市委书记、市长陈云贤与 10 多位佛山、无锡企业家及专家畅谈佛山最新转型思路。7 月 11 日，在《焦点访谈》栏目上，再次介绍佛山在破解转型难题过程中对盘活土地资源这一共同问题进行积极探索。

是月，南海石门中学狮山校区被科技部评为全国科普先进学校，成为全国仅有的两家科普先进学校之一。

7月

△ 1 日，即日起，佛山市向 90 周岁以上本市户籍老人发放津贴。

佛山民间艺术研究社、佛山青年粤剧团、佛山话剧团搬迁到文华路 98 号（原中共佛山市委党校）。

△ 2 日，佛山军分区召开会议。会议宣布中央军委命令，任命武志为佛山军分区司令员。

△ 5 日，由国家一级演员、佛山青年粤剧院院长李淑勤主演的全国首部实景拍摄粤剧电影《小周后》在广州举行首映礼。

△ 7 日，在广州召开的广东省民营经济工作会议上，佛山市共有美的集团、广东格兰仕集团等 14 家企业上榜广东省百强民营企业。

禅城区嘉惠粮油连锁店被中国粮食行业协会授予“全国放心粮油进农村进社区示范工程示范销售店”。

△ 9 日，佛山市中级人民法院二审裁定杀人犯成瑞龙，以故意杀人罪、抢劫罪、强奸罪等数罪并罚判处其死刑。

△ 12 日，佛山市对口支援新疆伽师县工作联席会议召开。同时，宣布对伽师县援建的棚户区改造、新农村建设和新建温室大棚三个先行试点项目完成建设。

日本驻广州总领事田尻宏到佛山市访问，他表示，日本与佛山的经贸合作将日益密切。

△ 13 日，备受社会关注的佛山市驾校学员，在赴阳山考试途中，遇车祸 5 死 2 伤。该案民事部分在阳山县法院一审宣判，3 名受害学员家属共获赔 160 多万元。2009 年 8 月 29 日，佛山市某驾校学员李某、杨某等在教练的指导下，前往阳山参加长途驾考科目，途中不幸发生车祸。

广东盛路通信科技股份有限公司在深圳证券交易所公开发行 2600 万股，发行价 17.82 元，为三水区首个上市公司。

△ 15 日，佛山市人民政府与广东外语外贸大学签订《战略合作框架协议书》，双方将在教育合作、决策支持和战略咨询、合办重大文化学术活动等方面展开全方位战略合作。

△ 18 日，中国百佳最具投资潜力县（区）评选结果揭晓，三水区排列第四名。

△ 19 日，禅城、南海和顺德区召开领导干部大会，中共市委组织部分别到 3 个区宣读主要领导职务任免。任命刘宏葆为禅城区委书记，邓伟根为南海区委书记，梁毅民为顺德区委书记。

△ 21 ~ 23 日，政协十届佛山市委员会四次会议召开。会议补选吴志强、黄海宁为市政协副主席。会议共收到提案 309 件。

△22～24日，佛山市第十三届人大五次会议召开。会议选举李贻伟为佛山市人民政府市长。会议同时通过《加强我市摩托车管理的实施意见》的决议。

8月

△1日，即日起，禅城、南海桂城以及东平新城部分区域禁行摩托开始实施。

△12日，高明区被广东省人民政府授予"南粤锦绣工程"文化先进县称号（第四批）。

△13日，品牌中国不锈钢（国际）产业示范基地在禅城区石湾镇街道挂牌。这是该行业国内唯一一个示范基地。

△16日，2010年广州亚洲运动会国家龙舟队成立大会在南海区九江镇举行。南海区与国家体育总局签订国家队共建协议。九江龙舟队作为中国民间队伍代表国家队出战大型综合性运动会。

△17～23日，在上海举行的世界博览会佛山馆开馆仪式上，110个以李小龙功夫神态雕塑的中国（CHINA）功夫和《文明传承的佛山模式——陶文化在佛山的现在、过去、将来》在佛山馆展示。这是历届世博会首个以陶文化案例展出。

△18日，广东鹰牌陶瓷集团有限公司揭牌成立，成为国有全资公司。

△26日，第二届佛山市人民政府专家顾问团成立。

被誉为南海区第二个"千灯湖"的怡海公园揭幕。该园绿化面积8.5万平方米，全长2.6公里，总投资达3500万元。

△28日，坐落于南海西樵山白云洞景区的岭南文化苑奠基。该项目占地面积9000多平方米，将建成集艺术创作、旅游观光于一体的独具岭南文化风情的旅游文化街。

△30日，广东中旅南海西岸旅游产业园在南海区西岸奠基。该项目总投资达68亿元，包括星级酒店、国际会所、特色温泉和水上运动项目等。首期计划2011年底建成使用。

△31日，高明区人民政府与南京中兴软创科技股份有限公司签订投资协议书。该项目总投资20亿元，集研发等多个中心为一体的中兴（佛山）智慧城软件园及其配套项目。

南海千灯湖区域的汾江河（南海）活水公园投入使用，公园绿化面积约30万平方米，并建设一座约350平方米活水公园展示馆。

是月，禅城区被广东省授予首批"绿色照明示范城市"，为重大专项试点城市。

禅城区南庄镇紫洞村原支书、村委会主任刘子荣挪用2370万元公款案一审，禅城区法院判其有期徒刑6年。

9月

△1日，位于东平新城的东平小学投入使用。该小学占地面积约6.3万平方米，总投资为2.1亿元的现代化公立小学，可向社会提供3000个入学名额。

△2日，广东省副省长李容根到佛山市调研三农工作，参观了三水区乐平镇的海峡两岸创意农业城。他要求加快农业园区增效、农民增收，使农民共享城乡一体的发展成果。

《禅城区文华公园以东季华路沿线控制性详细规划调整》评审稿通过专家评审。季华六、七路沿线建筑限高240米，重点地段最大进深120米。

△3日，中共佛山市委书记陈云贤接受中央、省、市9家媒体联合采访。陈云贤论述佛山在产业、金融、城市形象建设、行政体制改革等领域的探索，并提出佛山发展方式转型要走双转移、腾笼换鸟等五条路径。

△3～4日，南海区里水镇遭遇500年一遇的特大暴雨，最大雨量为393.3毫米。暴雨造成大沥、里水、狮山约1.76万亩农田、花场受浸。

△5～6日，以香港中联办九龙工作部副部长容福华为荣誉团长的九龙佛山经济考察团到佛山市考察。考察团先后到广东佛山南海经济开发区、广东平板显示产业技术研究院等参观。

△5～10日，在瑞典举行的斯德哥尔摩青少年水科技大赛上，佛山市第二中学研制的土壤修复技术获全球唯一"特别奖"。这是佛山学子连续4年荣获国际级大奖。

△6日，在三水区召开的全省地理标志工作座谈会上，佛山市共有的"三水黑皮冬瓜"、"高明合水粉葛"等5件地理标志商标，数量居全省第

一。

△7日，佛山市人民政府印发《佛山市推进农民工积分制入户城镇的实施意见（试行）》。佛山市本年度完成1.06万名农民工积分入户。

△8日，国内首个红十字会医院学校在佛山市第一人民医院挂牌成立，免费为病伤住院的孩子提供九年义务教育课程。

△9日，广东省委副书记、省纪委书记朱明国到佛山市调研纪检监察机构改革与顺德大部制改革。他希望佛山纪检监察在体制机制改革上要闯出一条新路。

△10日，中国篮球协会在昆明召开的CBA联赛委员会议上，通过了佛山锂源动力体育俱乐部有限公司迁入佛山，并参加2010～2011年赛季的CBA全国男子篮球职业联赛。至此，佛山市首次拥有CBA球队。

经过240轮竞价，南海区桂城地铁站边上总面积为3.12万平方米的三宗地块被广州城建以13.5亿元的总价拍得。计划4年建设后，建成集商住、酒店、写字楼于一体的地标性城市综合体。

△14日，佛山市、区、镇科技部门联手组织科技考察团结束对中原、西安等地招才引智活动。期间，考察团参观了中科院光机所、陕西分院、陕西科技大学，谋求“多赢”，加快佛山产业创新发展。

△15日，佛山市简政强镇事权改革工作现场会在顺德区容桂街道召开。全市共33镇（街），市政府正式把261项行政管理事权划由镇（街）行使。

△16日，佛山市首个家庭暴力伤情鉴定中心在禅城区挂牌成立。

广佛国际商贸城中心区有色金属交易中心六大项目在南海区大沥镇奠基，总投资约28亿元。六大项目为南海铝协大厦，坚美商贸中心，华昌总部大厦，伟业总部大部，百鸿大厦，中盈国贸中心。

△16～19日，第三届中国（顺德）国际工业设计创意博览会在顺德展览中心举行。世界知识产权组织副总干事王彬颖、国家知识产权局副局长李玉光等到场参观。此次博览会共吸引国内以及英国、美国等国家和香港共200多家知名企业参展。

△20日，佛山市面向全市公选15名市直单位副处级领导干部工作正式启动。这是佛山力度最大、提供职位最多的一次处级干部公选。

佛山市直机关公务用车制度改革动员大会在市机关大礼堂召开。实施车改后，除保留部分公务车用于保障重大公务和执法执勤工作外，其余公车统一委托拍卖机构公开拍卖。

△23～26日，首届中国历史名瓷烧制技艺大赛在河南省举行，广东省工艺美术大师庞文忠作品《佛山黄飞鸿》荣获金奖，这是佛山参加技艺大赛中唯一荣获金奖的作品。

△24日，由佛山咏春大使陈嘉桓带领来自佛山南海、香港和英国等地区和国家的咏春爱好者及其弟子3167名，在南海罗村中心广场齐打咏春拳，创下吉尼斯新纪录。

△25日，2010年珠江小姐竞选总决赛在佛山新闻中心举行，颜育民、杨逸欧和李曼姿分别获得冠军、亚军和季军。

△26日，首届广东光伏产业国际高峰论坛在三水区举行。三水区光伏产业基地是广东省首个光伏产业基地，目前已引入中建材、爱康、保威等7个光伏产业项目。

△27日，2010年世界旅游日全球主会场庆典暨广东国际旅游文化节泛珠三角旅游招商会在广州举行，南海区西樵镇政府与香港投资方签订计划投资14亿元的“西樵山梦工场”主题公园开发项目，计划5年内完工。

华南（国际）电光源灯饰市场在南海区罗村街道开业，同日，广东新光源产业基地核心园区顺利封顶。至此，罗村街道成为国内LED产业的核心。

△28日，南海区简政强镇改革机构设置确定为“10+3”，大沥、狮山仍设办事处。29日各镇（街）统一举行新机构挂牌仪式。

△28～30日，第三届中国三水饮品文化节在三水区举行，同时，三水区被中国食品工业协会授予“中国饮料之都”牌匾，成为国内唯一的“中国饮料之都”。

△29日，历时两年、耗资90亿元的广州西江引水工程通水运行，广佛市民实现同饮西江水。

世界旅游组织秘书长塔勒步·瑞法依一行四人到佛山祖庙和民间艺术社参观。他盛赞佛山旅游资源丰富，旅游开发前景广阔。

南（海）番（禺）大道海怡大桥通车。南海番禺两地无陆路通道的历史宣告结束。

高明区十三届人大常委会四十三次会议召开。会议任命黄志明为高明区人民政府副区长，谢志强、李杰铿、谭应佳为高明区政府政务委员。

△ 30 日，广佛地铁首通段 14 个站点“三权”（指挥权、管理权、维护权）正式移交。

禅城区公共自行车系统 100 个站点正式启用，禅（城）桂（城）公共自行车实现通借通还。

是月，佛山市人民政府印发《白酒产业发展规划》及实施方案，首次明确白酒产业发展目标和具体扶持措施。

由国家旅游局公布的 2009 年度全国旅行社业务年检排序名单中，佛山市共有佛山中旅、南海中旅等五家旅行社入选百强。

禅城区南庄镇发现一份 90 年前的涉英法律授权书，全书用英文书写，授权书起草于 1919 年。

顺德区人民政府印发《深化综合改革试验领跑全国县域发展行动纲要（2011 ~ 2015）》，明确提出六大重点任务。

10月

△ 2 日，2010 年度国际中华小姐内地赛区选拔赛在佛山电视台举行。代表佛山参选的李曼姿、杨逸欧晋级，其中李曼姿还夺得“时尚风采奖”。

△ 3 日，国家工商总局公布，佛山市“金科”瓷砖、“百特”瓷砖、“XH”铝型材以及“3A”涂料等 4 件商标被认定为中国驰名商标。至此，全市中国驰名商标数量达 46 件，数量继续位居全省第二名。其中“百特”商标实现高明区“中国驰名商标”零的突破。

△ 9 日，佛山市十三届人大常委会二十九次会议召开。会议任命林征为市政府秘书长，刘珊为市人力资源和社会保障局局长，曾颖为市人口和计划生育局局长。同时，会议还任命黄学军为市中级法院副院长，杨炯为市检察院副检察长。

△ 9 ~ 13 日，2010 年度“中国岭南（祖庙）文化艺术节”在佛山市举行，中国文联副主席、中国曲艺家协会主席刘兰芳为祖庙街道授“中国曲艺之乡”牌匾。

△ 11 日，由广东省省长黄华华率领的省党政代表团视察佛山市对口援建的四川省汶川县水磨镇工作。代表团参观了水磨中学、西羌汇、禅寿老街等。黄华华评价佛山援建工作：既保留了羌族当地的文化风土人情，又把岭南风格、生态环境结合起来，打造了一个有特色的旅游镇。

△ 12 日，在汶川县召开对口支援工作总结表彰会上，佛山市援建工作组、18 位援建者分别被评为先进集体和先进个人，另有 31 位佛山援建者获授汶川荣誉市民。

△ 15 日，广州、佛山、肇庆三市工作会议在广州召开，中共广东省委常委、广州市委书记张广宁，广州市市长万庆良，佛山市市长李贻伟等出席会议，探讨下一阶段区域合作中互帮互学，推动广佛同城和广佛肇经济圈建设更上一层楼。

△ 18 日，南海区政府与佛山供电局签署《广东金融高新技术服务区电网建设合作备忘录》。佛山供电局计划投资 10.3 亿元完善金融高新区电网建设，该项目建成后，金融高新区核心区域的全网电缆化率达 100%。

△ 20 日，经过一年多的建设，全长 9.67 公里的佛陈路快速化改造工程全线完工。

△ 21 日，佛山市综合应急救援支队挂牌成立。

△ 24 日，三水区西南街道金本水利枢纽工程通过专家评审。该工程计划投资 1.2 亿元，是三水区目前规模最大的排涝泵站。

△ 25 日，东平新城中央商务区发展策划与城市规划设计国际竞赛决出最终胜者：佛山市政府确定 1 号方案“欢乐智城”为东平新城 CBD 最终实施方案。

△ 26 日，佛山市被国家知识产权局授予“国家知识产权工作示范城市”，“国家知识产权工作示范城市”正式挂牌，同时，“中国（佛山）知识产权维权援助中心”成立。

△ 27 日，全国优秀新闻作品年度最高奖——第 20 届中国新闻奖揭晓。《佛山日报》消息作品《顺德大部制改革再迈大步》和佛山电视台的电视评论《顺德缘何要当全国机构改革先锋》作品均获二等奖。

11月

△3日，经过3年多的建设，广佛地铁首段（魁奇路站至西朗站）正式开通。佛山市成为国内第一条全地下的城际轨道交通线路和首个开通地铁的地级市。

△5～9日，第二届中国陶瓷艺术大师评选会在湖南省举行。佛山市庞文忠、黄志伟、封伟民、霍冠华、潘汾淋等5人榜上有名。

△7日，广东金融高新技术服务区等11家企事业单位被国家批准设立博士后科研工作站。至此，佛山市科研工作站增至41家，继续领跑全国地级市。

△9～15日，佛山市人大常委会常务副主任卢汉超率领佛山代表团到日本伊丹市和韩国南杨州市访问。

△12日，河北省省长陈全国一行到佛山市考察美的集团和广东设计工业城，他盛赞佛山在经济社会建设方面取得的成就。

△12～27日，第十六届亚洲运动会在广州举行。开幕式上，佛山元素的粤剧、南狮，以及龙舟队队长吴国冲担任火炬手，展示佛山文化。亚运会举行期间，佛山籍运动员共夺得3块金牌、5块银牌、6块铜牌。佛山市派出35位运动员征战龙舟、水球、田径、拳击等14个项目，是佛山史上参与亚运人数最多的一届。

△13日，国务院参事室主任、党组书记陈进玉到佛山市调研。调研组一行先后参观了广东昭信企业集团、佛山市艾科电子工程有限公司等，他充分肯定佛山所取得的成绩。

佛山市对口援建新疆伽师县三个试点项目，包括2000户棚户区改造安置房，400座温室蔬菜大棚及600户安居房交付使用。

第十二届中国专利奖评审结果会在北京举行。美的集团的电压力锅外观设计专利获得金奖奖杯。此次佛山市共有7项专利入围，为历年来入围数最多。

中共中央政治局委员、中央书记处书记、中宣部部长刘云山一行到佛山市视察文化发展情况。

△14日，第三届中国品牌媒体高峰论坛在湖南省张家界举行。佛山传媒集团的《佛山日报》、佛山电视台分别被评为“中国地市党报十强”、“中国区域广播电视台十强”单位。

△22日，在成都举行的“知识产权与城市发展市长论坛”上，国家知识产权局局长田力普为佛山市等新一批国家知识产权工作示范城市授牌。佛山市副市长王玲在论坛发表题为“实施知识产权战略，让城市更有竞争力”的演讲。

△23～24日，广东省启动“百所千企知识产权服务对接工程”，佛山市禅城、南海、顺德区榜上有名，成为首批试点地区。

△24日，佛山市首个“广东省统一战线基地”挂牌仪式在高明区明城镇谭平山、谭植棠、谭天度（三谭）纪念馆举行。

△29日，备受社会各界广泛关注的祖庙修缮工程全面竣工。该工程于2007年正式动工，修缮款项由市政府全额划拨，总额达3000万元。

△30日，佛山市十三届人大常委会召开三十次会议。会议依法补选刘昆、李贻伟为省十一届人大代表，批准《关于佛山市级2010年财政预算调整的报告》等6个报告。

△30日～12月4日，由中共佛山市委书记陈云贤、市长李贻伟率领的佛山市党政代表团30多人，到长三角地区的无锡、苏州、宁波考察学习。

12月

△2日，第三届“佛山十佳美德之星”颁奖晚会在佛山新闻中心举行。何明雄、邓赞朋、林玉梅等10位被评为美德之星。

△7日，由中共佛山市委书记陈云贤率领的佛山代表团一行到新加坡学习考察新加坡在智能城市、“三旧”改造、城乡一体化、工业园区建设和文化产业方面的先进经验。

佛山市第二人民医院通过省专家组的评审，成为南方医科大学非直属附属医院。

△12～19日，广州2010年亚洲残疾人运动会在广州举行。佛山市共有5名运动员参加游泳、硬地滚球、射击等项目比赛。其中，林福荣共夺4块游泳金牌并两破亚洲纪录，林萍夺得3块游泳金牌并三破亚洲纪录。

△14日，在“时代功勋——第七届感动中国作品大奖赛”评选中，佛山市政协文教体卫委员会和佛山炎黄文化研究会联合编写的《佛山历史人

物录》荣获特等奖。

△ 16 日，加拿大驻广州总领事馆总领事李贤辉一行到佛山市访问，了解佛山经济发展情况和开拓合作空间。

第九届中国人民政府网站绩效评估结果发布暨经验交流会在北京举行。佛山市政府网在全国地市政府网站绩效排列第二名。

△ 23 日，2010 年广东省自主创新 100 强企业揭晓。佛山市 14 家企业在新材料、机械制造、光电子、电子电器、制药业等领域入选。

顺德区首家由中国工程院院士领衔的国家三级甲等标准综合医院——广东同江医院开业 。

△ 23 ~ 26 日，第三届广东现代农业博览会在陈村花卉世界举行。佛山市共签约项目 21 个，金额达 57.5 亿元。

△ 27 日，在中国信息化研究与促进网组织开展的 2010 年中国优秀人民政府网站推荐及综合影响力评估中，佛山市政府网获得“2010 年度中国人民政府网站领先奖”。

△ 28 日，佛山市工艺美术创新市长奖在佛山市图书馆举行颁奖仪式。刘兆津的陶塑作品《走向胜利》和陈棣桢、林燕华创作的灯饰作品《花开富贵灯》荣获金奖。

马来西亚中华总商会会长、金狮集团主席及执行长钟延森一行到佛山市访问，访问团先后到禅城区和南海区进行考察，寻求合作商机。

△ 31 日，由佛山传媒集团主办，广佛都市网等媒体承办的“2010 佛山十大新闻”揭晓。广佛地铁通车、祖庙大修竣工、亚运成功举办等年度热点入围。（张丽珍）

参加第十六届亚洲运动会获得两面铜牌的南海九江男子龙舟队载誉而归，受到乡亲们的热烈欢迎。

第三篇

佛山概况

FOSHAN NIANJIAN

基本概况

地理位置和范围

佛山市位于广东省中南部，珠江三角洲腹地。东倚广州，南邻港澳。全境于北纬22°38′～23°34′，东经112°22′～113°23′之间。佛山市域东距西、南距北均约103千米，大致呈“人”字形，总面积为3848.48平方千米，辖禅城、南海、顺德、三水、高明五区。

佛山市距广州白云国际机场、广州南沙港、广州新火车站车程均在1小时之内，毗邻港澳，与香港、澳门分别相距231公里和143公里，车程均在2小时左右。广湛铁路横贯全市东西。广海、广珠等主要公路干线穿越境内，广佛、佛开高速公路和广深珠高速公路等交通干线经佛山而过；广佛地铁建成开通。市辖各区之间有城巴相连。珠江水系中的西江、北江贯穿全境。佛山市现有通航河流70多条，可通航里程1000多千米，20多个口岸使水上运输四通八达，为经济发展提供了良好的条件。

地质地貌

佛山市地势总体有北高南低、西高东低的特征，大部分地区较为低平，地势起伏较小，以平原为主，为珠江水系之北江、西江三角洲平原，海拔一般小于5米，多在1.2～4.8米，河汊众多，桑基鱼塘密布，其间零星分布有丘陵残丘和残留台地，丘陵残丘海拔小于100米，坡度15度以下；残留台地海拔一般小于50米，浑圆低平；高明、三水地区有连绵的山体，为丘陵——低山地貌，地势陡峻，相对高差大，山谷纵横。佛山市最高山峰为高明区杨梅镇的皂幕山，海拔805米，三水大塱涡地势低洼，高程-1.7米，为全市最低点。

在中国大地构造分区中佛山市位于武夷—云开—台湾造山系。距今8亿至2300万年的岩石构成了佛山市的坚硬基底，沉积岩、火山岩、侵入岩均有发育，以各地质时期的沉积岩为主体，岩石种类有砾岩、砂岩、泥岩和灰岩等。佛山市位于珠江三角洲平原，属于浅覆盖区，基岩上覆盖着5万年以来形成的松散堆积层，厚度平均小于50米，最厚70米，是珠江水系与中国南海共同作用形成的。经历漫长的地质构造作用，佛山市形成了以北东向、北西向断裂为主，并且相互切割，犹如棋盘格子式的断裂构造格局。大约9000万年前开始发生火山活动，到4800万年至3600万年前火山活动达到顶峰，形成了西樵山、王借岗、紫洞等地的火山岩，经过后来的风化、剥蚀，造就了今日的西樵山火山地貌景观和王借岗、紫洞等地的火山岩柱状节理地质遗迹。

佛山市地质灾害的发生与强降雨和人类工程活动密切相关，人为因素诱发的地质灾害比例也越来越大。全市共有地质灾害或隐患点235处，其中崩塌117处，滑坡36处，地面塌陷4处，泥石流1处以及不稳定边坡77处。已发地质灾害中以崩塌居多，损失严重的以泥石流和岩溶地面塌陷地质灾害为主。（贝永辉）

人　口

佛山市下辖禅城、南海、顺德、高明、三水五个市辖区，共有街道办事处12个、镇21个。2010年，全市总户数为111.95万户，平均每户3.31人，比上年增加1.49万户，增加1.33%；常住人口370.89万人（包括未落户常住人口），比上年增加3.26万人，增长0.88%；根据公安部调整统计口径后的标准，全市常住人口均统计为非农业人口。全市共有未落户常住人口6025人，比上年减少265人，其中禅城区856人、南海区2834人、顺德区260人、高明区1000人、三水区1075人。

全市常住人口中，男性184.72万人，占49.81%；女性186.17万人，占50.19%；性别比（以女性为100，男性对女性的比例）为99.22，比上年下降0.19。全年人口自然增长1.68万人，自然增长率为4.55‰，比上年下降0.17‰，其中出生4.14万人，出生率为11.21‰，死亡2.46万人，死亡率为6.66‰；人口机械增长1.63万人，机械增长率为4.4‰，其中迁入2.78万人，迁出1.15万人。

禅城区总人口为60.49万人，比上年增长0.3%，其中男性30.49万人，占50.4%，女性30万人，占49.6%，性别比为101.61。南海区总人口为118.94万人，比上年增长0.37%，其中男性58.79万人，占49.43%，女性60.15万人，占50.57%，性别比为97.74。顺德区总人口为122.54万人，比上年增长1%，其中男性60.94万人，占49.73%，女性61.6万人，占50.27%，性别比为98.92。高明区总人口为29.48万人，比上年增长0.56%，其中男性14.9万人，占50.54%，女性14.58万人，占49.46%，性别比为102.2。三水区总人口为39.44万人，比上年增长0.82%，其中男性19.61万人，占49.72%，女性19.83万人，占50.28%，性别比为98.89。全市常住人口最多的镇（街）是祖庙街道办事处，共有30.18万人；常住人口最少的镇（街）是云东海街道办事处，共有1.29万人。

2010年，全市共有外来人口267.93万人，比上年增加38.55万人，增加了14.39%；禅城、南海、顺德、高明、三水五区的外来人口分别为37.69万人、96.47万人、108.51万人、11.2万人和14.03万人。

2010年，全市共制发居住证217.36万张，全年制证任务完成率为103.51%，共通过互联网受理办证220.91万人次（部分居住证业务受理后未完成制发证），全年受理率为105.2%。

（谢腊松）

行政区划

2010年，佛山市下辖禅城、南海、顺德、高明、三水5个区。全市共有21个镇（485个村委会）、12个街道办事处（282个社区居委会）。其中，禅城区1个镇（54个村委会）、3个街道办事处（87个社区居委会）；南海区6个镇（224个村委会）、2个街道办事处（60个社区居委会）；顺德区6个镇（108个村委会）、4个街道办事处（92个社区居委会）；高明区3个镇（51个村委会）、1个街道办事处（21个社区居委会）；三水区5个镇（48个村委会）、2个街道办事处（22个社区居委会）。

（杨　俊）

民族宗教

【综述】 据2000年第五次人口普查，佛山市少数民族常住人口达14.8万，少数民族48个，占全市人口的2.71%；2005年全国1%人口抽样调查，少数民族人口20.4万，占全市人口的3.52%，与第五次全国人口普查相比，增长了37.28%，主要的民族是壮族、土家族、苗族、瑶族、侗族、布依族、蒙古族、回族等，他们来自全国各地，分布在全市各个镇（街道）。

佛山市有佛教、道教、天主教、基督教4个宗教。市一级爱国宗教团体有5个（佛山市佛教协会、佛山市道教协会、佛山市天主教爱国会、佛山市基督教三自爱国会、佛山市基督教协会），区一级6个（禅城区基督教三自爱国会、禅城区佛教协会、顺德区佛教协会、顺德区基督教三自爱国会、顺德区天主教爱国会、三水区基督教三自爱国会）。全市有宗教活动场所52个（佛教寺院16个、道教宫观6个、天主教堂12个、基督教堂点

18个）；宗教教职人员208人（佛教135人、道教43人、天主教7人、基督教23人）。信教群众有6万多人。少数民族人士担任区人大代表1人、区政协委员6人；宗教人士担任市、区各级人大代表、政协委员共22人（其中市人大代表4人、市政协委员5人，区人大代表2人、区政协委员11人）。

【市首次表彰民族团结进步先进单位和个人】 12月，市政府对在民族工作中作出重大贡献的16个单位和30名个人进行表彰，授予“民族团结进步模范集体”和“民族团结进步模范个人”的光荣称号。

【市人大检查民族宗教工作】 5月，市人大组成以副主任陈广灵为组长的调研组到各区检查民族宗教工作，并到有关场所实地考察，对市民族宗教工作给予了充分的肯定。

【落实宗教政策】 6月28日，佛山仁寿寺与市文化局签订协议，将民间艺术社土地及房产面积2157平方米正式移交仁寿寺使用，仁寿寺房产被占用的历史遗留问题得到圆满解决。另外，顺德区基督教容奇堂经报批在容桂街道莲安路22号之二进行易地重建，并举行了奠基仪式，顺德区天主教四基堂也获得批准重建。

【佛教协会换届】 12月7日，佛山市佛教协会在佳宁娜大酒店召开第二次代表会议，选举产生了佛山市佛教协会第二届理事会，释明生再次当选为佛山市佛教协会会长。顺德区佛教协会也于2010年顺利完成换届工作。

【评比活动】 在“全国创建和谐寺观教堂”活动和“广东省模范宗教活动场所”评比活动中，佛山仁寿寺、顺德宝林寺被评为“全国创建和谐寺观教堂”先进集体，冯腾飞被评为先进个人，而被评为“广东省模范宗教活动场所” 6个，有8个场所被评为全国创建和谐寺观教堂达标场所。

【组团参加广东省第四届少数民族传统体育运动会】 市组成120名运动员代表团，参加了9月13～21日在韶关举行的广东省第四届少数民族传统体育运动会，在龙舟、珍珠球、武术、押加、毽球、高脚竞速、板鞋竞速等7个项目的比赛中，获得3枚金牌、3枚银牌、3枚铜牌和团体总分第六名的成绩，同时还荣获大会颁发的优秀组织奖和道德风尚奖。

【宗教界汾江河放生活动】 5月30日，市宗教界与省佛教协会联合举行“绿色汾江、鱼欢水畅”放生活动，在汾江河放生10万多元鱼苗。

【慈善公益活动】 市各宗教界积极组织开展服务社会、造福人群的活动。据统计，2010年全市宗教界支持环保慈善各项公益事业活动的善款超过533万元。

（梁礼臻）

经济和社会发展概况

【综述】 2010年，佛山市进一步巩固应对金融危机成果，经济社会发展平稳向好。在新一届市委、市政府的坚强领导下，全市上下积极贯彻中央和省各项政策措施，深入实施《珠江三角洲地区改革发展规划纲要（2008~2020）》，认真落实“三着力一推进”与“四化融合，智慧佛山”建设，较好完成了市十三届人大五次会议和“十一五”规划确定的目标任务。

【经济保持平稳较快增长】 佛山进一步加大政策落实力度和企业扶持力度，有效巩固和扩大应对国际金融危机成果，经济增长继续保持平稳较快势头。全市地区生产总值5651.52亿元，较2009年同期增长14.3%，增速在珠三角排名前列。全市完成固定资产投资1719.63亿元，增长16.9%；全社会消费品零售总额1687.13亿元，增长20.1%。外贸实现恢复性增长，全市进出口总值516.55亿美元，增长34.7%；实际利用外资19.67亿美元。全市引入总投资新批或净增资超千万美元以上项目60多个，引入或增资世界500强项目7个。财政收入增长较快，全市地方财政一般预算收入累计完成305.96亿元，增长20.13%。企业效益持续改善，1~11月工业企业利润增长42.6%。城乡居民收入稳步提高，城镇居民人均可支配收入和农村居民人均纯收入分别达27245元、12202元。

【产业结构升级成效显著】 现代产业体系构建取得实效，全市规模以上工业总产值实现14782亿元；传统产业技术改造步伐加快，全市备案技改项目208个，投资总额83.5亿元；先进制造业发展较快，装备制造业规模以上企业工业总产值超3000亿元；新兴产业发展势头强劲，引进和投产了世纪互联云计算南中国总部基地、彩虹有机发光二极管（OLED）一期、中兴（佛山）智慧城和爱康太阳能等项目，被授予“国家新型工业化产业示范基地”。广东金融高新区建设进展顺利，已引进41个项目，累计投资额超过120亿元。现代物流业发展较快，佛山市获评“全国流通领域现代物流示范城市”，第七届佛山“物洽会”成功举办。农业产业化和组织化程度提高，建成和在建现代农业园区26个，新增市级农业龙头企业6家、农民专业合作社5个。院市合作项目300多项，已建成7个专业中心、8个创新平台，获批“国家知识产权工作示范城市”，成为首批“国家商标战略实施示范城市”之一。

【现代化城市建设加快】 佛山交通基础设施取得较大突破，广佛轨道首通段、广珠城际通车，广珠西线高速二期、广肇二期、江肇高速等6个高速公路项目建成通车，海怡大桥和桂丹二期、佛陈路快速化改造、龙高快速化等一大批市域路桥项目在亚运前建成通车。公共自行车服务系统建设和公交TC改革大力推进。北滘港区扩建、乐从杂货码头一期工程完工，顺德水道和东平水道整治基本完成。110千伏平西变电站成为全省首座投产的绿色变电站，500千伏狮五线、220千伏洲边输变电、恒益电厂接入系统等重点工程按期投产。新增“三旧”改造项目536个，启动项目面积5.18万亩，提前完成“532工程”开局之年5万亩启动任务。建设用地置换工作全面展开，已实施和正实施建设用地置换约4700亩。数字城管建设工作迈出新步伐，市和各区数字城管监督、指挥中心试运行基本完成，城管领域“八乱”现象得到有效整治。

【区域合作不断深入】 佛山深入落实《珠江三角洲地区改革发展规划纲要（2008～2020）》，广佛同城化建设不断深入，广佛肇经济圈进展顺利。广佛两市市长联席会议工作协调机制得到充分发挥，协商解决多个重点项目问题，2010年共确定69项重点合作项目，总体实施情况良好。《广佛肇经济圈发展规划》编制完成，37项首批重点合作项目总体执行情况良好，三市实现年票互认。顺利迎接国家和省对佛山2009年度贯彻落实情况考核评估，获优秀等次。出台佛山市贯彻落实《珠江三角洲地区改革发展规划纲要（2008～2020）》实现“四年大发展”实施方案，进一步明确工作原则、工作目标和主要任务分工。与香港在现代金融、物流、科技等方面开展广泛对接与合作。佛山—澳门CEPA合作交流会在澳门成功举行，现场签订12个合作项目，涵盖科技、贸易、金融等多个领域。

【统筹城乡发展向纵深推进】 佛山先后出台《关于加快统筹城乡发展的若干意见》及其配套政策文件，掀起加快统筹城乡发展的新热潮。宅基地换房工作有力推进，全市26个试点村居中，首批5个试点的首期建设工程基本完成。农村居民基本养老保险体系不断完善，全市有76.8万农村居民参加“新农保”和“大社保”，占适合参保人数的80%。金融服务“三农”不断深化，全市政策性水稻保险参保覆盖率达100%、政策性农村住房保险覆盖率达84.25%，三水区“政银保”合作农业贷款共放贷323笔、总额4391万元。农村集体经济管理体制改革取得新进展，全市28个试点村居已完成18个。2951个村民小组（经济社）完成“两确权”工作，占集体经济组织总数的2/3。“股权固化到户”改革试点工作顺利开展。

【生态环保工作取得实效】 佛山积极落实迎亚运环境升级计划，着力推进“环境再造”，建设宜居佛山。全市共关停、转移高耗能、高污染建陶企业220家。电力、玻璃、陶瓷等重点企业基本建有脱硫设施，工业锅炉治理基本完成。佛山被国家环保部正式命名为“国家环境保护模范城市”，亚运会环境质量保障工作顺利完成。完成污水管网铺设299.8公里，新增污水处理能力46.2万吨/日，河涌总体水质有所改善。汾江河“630”工程顺利完成。空气质量好转，机动车环保标志管理制度和工业VOC（挥发性有机化合物）重点企业监管制度全面实施。全市城区生活垃圾无害化处理率95.59%，垃圾分类处理已开展试点。“三年促变，绿地佛山”建设全面完成，全市区域绿道全线贯通。营造主题林102个，完成造林面积3.41万亩。

【民生社会事业加快发展】 佛山以十件民生实事为抓手，全市财政民生方面支出213.42亿元，占一般预算支出的59.3%。新增就业10.43万人，转移本地农村劳动力就业2.4万人，城镇登记失业率1.86%。全市参加城镇职工基本养老保险278.53万人，参加基本医疗保险416.11万人。企业退休人员基本养老金由月人均1277元提高到1420元。开工建设廉租住房和经济适用住房1893套，完成保障性住房房源筹集1664套，改造农村危房196户。居民住院基本医疗保险报销比例提高，城镇职工医保个人账户支付范围扩大，统筹基金年度累计最高支付限额由6万元上调到10万元。教育综合改革试点工作正式启动，佛山市成为全省首个全部辖区通过广东省推进教育现代化先进区督导评估的地级市。教育信息化建设力度加大，“智能教育”工程启动。价格监督检查力度加大，收费管理进一步规范，基本生活费用价格指数上涨与低收入居民临时生活补助联动机制适时启动。对口援建四川汶川水磨镇工程项目整体移交，支援新疆工作启动。

【体制机制改革不断深化】 佛山继续以创新体制机制为发展动力，在行政管理体制改革和经济管理体制改革领域取得一系列新成果。政府组织体系进一步完善，五区大部门制改革全面完成，33个镇（街）全面推开简政强镇事权改革。事权下放和行政服务向村居延伸工作加快开展。“两横两纵”行政审批制度的流程改革继续推进，行政效率进一步提高。绩效管理改革、财政专项资金竞争性分配、公务卡结算制度改革推行范围扩大，财政资金使用效率和透明度继续提高。金融发展三项计划推进顺利，新增小额贷款公司3家，达到8家，累计贷款超过30.53亿元；新增上市企业5家，达到27家；成立村镇银行2家，注册资本均为2亿元。 （杨　中）

政治文明建设

依法治市

【市委依法治市领导小组第十五次会议】 3月18日，市委依法治市领导小组召开第十五次全体会议。林元和、卢汉超、冼瑞伦、林邦彦、李秀萍等领导小组成员出席会议。会议认为，佛山市大力推进社会主义民主法治建设，人大监督、依法行政、公正司法和基层民主法治建设等工作成效显著，依法治市在争当推进科学发展、促进社会和谐的排头兵中所作的贡献，值得充分肯定。2010年，是巩固和发展应对国际金融危机突围成果，继续推进产业转型、城市转型和环境再造的关键一年。会议指出，要加快法治佛山建设，以法治精神驾驭复杂形势，运用法律的手段调节经济社会发展的矛盾，运用法治的方法创新体制机制，为科学发展提供法治保障。要切实抓好法治城市、法治区创建，“民主法治村”建设和“阳光法治、法治惠民”主题实践活动，努力打造法治政府、公正司法，为佛山市经济平稳较快发展和社会稳定创造良好的法治环境。

【市人大常委会党组牵头组织对社会矛盾、社会管理情况调研】 从4月下旬开始，由市人大常委会党组牵头，市委政法委、市依法治市办、市信访局等部门参加，对佛山市社会矛盾和社会管理情况进行了持续半年的深入调查研究。市人大常委会党组向市委提交了《关于我市社会矛盾、社会管理的调查思考和建议》调研报告。市委书记、市人大常委会主任陈云贤评价该报告“是一份重调研，有分析、有见解、有深度、有对策的报告”，并批示向各区、市直各部门转发和组织市委理论学习中心组专题学习。市人大常委会常务副主任卢汉超在市委理论学习中心组学习会上作了专题发言，五区区委书记分别谈了学习体会，陈云贤在会上作了重要讲话。市人大常委会党组还组织了“社会矛盾化解和社会管理创新”研讨会，以及编印、下发了研讨文章汇编，有力促进全市形成研究和化解社会矛盾、创新社会管理、依法推进综治信访维稳工作的良好氛围。

【依法治省工作先进单位和先进个人获表彰】 11月3日，省委在广州召开全省依法治省工作先进单位和先进个人表彰大会。市检察院、南海区大沥镇政府荣获全省依法治省工作先进单位称号，刘海、吴成江、林秀梅、彭国强荣获先进个人称号。

【举办“法治惠农”专题培训班】 12月6日至7日，由市人大常委会党组牵头，市依法治市办公室联合市委组织部、市委党校等部门举办了佛山市“法治惠农”专题培训班。五区各推选一个行政村，作了图文并茂的“民主法治村”建设经验介绍，有关专家作了现场点评和问答互动。培训班还邀请了有关专家进行有针对性的授课。市人大常委会副主任、市委依法治市领导小组副组长兼办公室主任林邦彦出席培训班并讲话。

（吴成江）

依法行政

【综述】 2010年，依法行政工作继续坚持科学发展观，以行政监察为依托，以机关作风建设为抓手，紧贴党委、政府中心任务，开拓创新，勤政廉政建设不断取得新成效，促进了佛山社会经济健康有序发展。

【加强监督检查，确保重大决策部署落实到位】 紧紧围绕各级党委、政府的中心工作和重大决策部署开展监督检查。开展“三着力一推进”决策部署监督检查，对改善公共交通服务及落实限摩措施、推进城市基础设施向乡村延伸项目、落实全市窗口服务制度情况进行专项检查。出台了《佛山市“三着力一推进”督查和问责办法》。开展工程建设领域突出问题专项治理工作，对佛山市2008年以来立项、在建、竣工的工程项目进行全面排查，纠正1543个问题。对中央及省扩大内需项目开展监督检查，督促相关部门及时对发现的问题进行整改。对汶川水磨援建工作和青海玉树地震灾区捐赠款物进行专项检查和监管。2010年8月正式开通运行农村党风廉政信息公开平台，所有行政村的党务、村务、财务以及各级支农惠农政策等信息及时在互联网上公开。

【深入开展执法监察维护政令畅通】 对各区“三旧”改造项目以及亚运会场馆维修、物资采购进行全程跟踪和监督检查。对南海狮山一汽大众项目、广佛地铁建设以及东平新城等重大项目推进情况开展督查，促进佛山市城市经济发展重大项目落实。

【加强对权力运行的监督制约】 初步建成行政处罚电子监察系统。推进行政权力运行综合电子监察平台建设，政务公开、厂务公开、村务公开、党务公开、社保基金、救灾资金、扶贫资金等七个系统与省实现了数据对接。把市、区、镇（街道）三级共521个单位办理行政投诉全过程纳入行政投诉电子监察系统监管，实现投诉处理环节全程实时监察。至年底，共办结有效行政投诉1.35万件，对376个投诉处理单位的违规行为发送2877条警告信息，并把网络问政问题纳入行政投诉电子监察系统进行督办。开展机关作风明察暗访，责成被曝光单位及时整改。出台《实行党政领导干部问责的实施细则》，对18名作风建设执行不力的领导干部予以问责。

【纠正损害群众利益的不正之风】 开展全市中小学春、秋季教育收费情况检查，节假日期间对全市公路、检查点、客运站、收费站和代收点进行巡查，分别查处3宗涉及教育问题和4宗公路“三乱”问题投诉举报。制止和纠正医疗机构乱收费行为，全市医疗机构网上采购药品36.68亿元。对经贸、信息产业、科技系统开展了政风行风评议活动。引入广佛都市网作为佛山政风行风热线《民生直通车》节目新平台，开设同名互动社区，实现台网联播。2010年，市政风行风热线共播出44期，群众提问和投诉回复率达95％以上。

（叶光明）

基层政权建设

【综述】 2010年，佛山市在深化基层管理与服务体制改革、积极推进农村社区全覆盖和村务公开民主管理示范创建等工作上，科学谋划，稳步推进，制订方案，抓好落实，改革工作取得较大进展，村务公开民主管理制度化、规范化程度进一步提高，初步探索出了一条加快建设管理有序、服务完善、文明祥和的农村社区新路子，为农村的和谐稳定打下了坚实的基础。

【探索建立村居行政服务中心，将政府服务延伸到村居】 市政府下发《政府服务延伸到村居工作指导意见》后，各区大力开展试点工作并全面铺开，部分村居行政服务中心已建成并顺利开展工作。

【开展农村社区建设全覆盖试点工作】 2010年，佛山市以南海区为试点，积极推进农村社区建设全覆盖试点工作。在开展农村社区建设过程中，南海区树立了“服务优先”的理念，构建起“三大平台”（社区服务中心、社区活动中心和社区综治中心），将城市社区的先进管理模式延伸至农村，基本实现了农村群众的“四不出村”，即生活服务不出村、文体活动不出村、医疗保健不出村、矛盾调解不出村。与此同时，还在“三大中心”的基础上，统一设置“三站、八室”，大大完善了管理服务机制。农村社区建设的“南海模式”雏形显现。在民政部组织的“全国农村社区建设全覆盖试点区”检查验收中，受到上级一致好评。

【部署推进城市基层社会管理体制改革工作】 全省深化基层社会管理体制改革工作会议后，佛山市立即部署深化城市基层社会管理体制工作。市领导召开会议研究贯彻落实会议精神。为确保改革工作的顺利实施，市民政局组织了专题调研，并代市政府草拟《关于加强和改革城市基层社会管理工作的指导意见》，明确社区管理体制改革工作的要求和时间表。

【村务公开工作持续推进】 “难点村”工作取得重大进展，顺德区的5个“难点村”问题已基本解决。村务公开民主管理示范创建工作全面完成，全年全市共有13个镇（街）261个村荣获省级、市级、区级村务公开示范单位称号。其中南海区全部镇街达标，被省评为“广东省村务公开民主管理示范区”。

【“六好”平安和谐社区创建工作扎实推进】 各区按照上级要求，在创建“六好”平安和谐社区活动中，制定创建“六好”平安和谐社区年度创建计划，打造一批“六好”平安和谐示范社区。全年全市共有47个社区被评为全省第四批“六好”平安和谐社区。

（杨　俊）

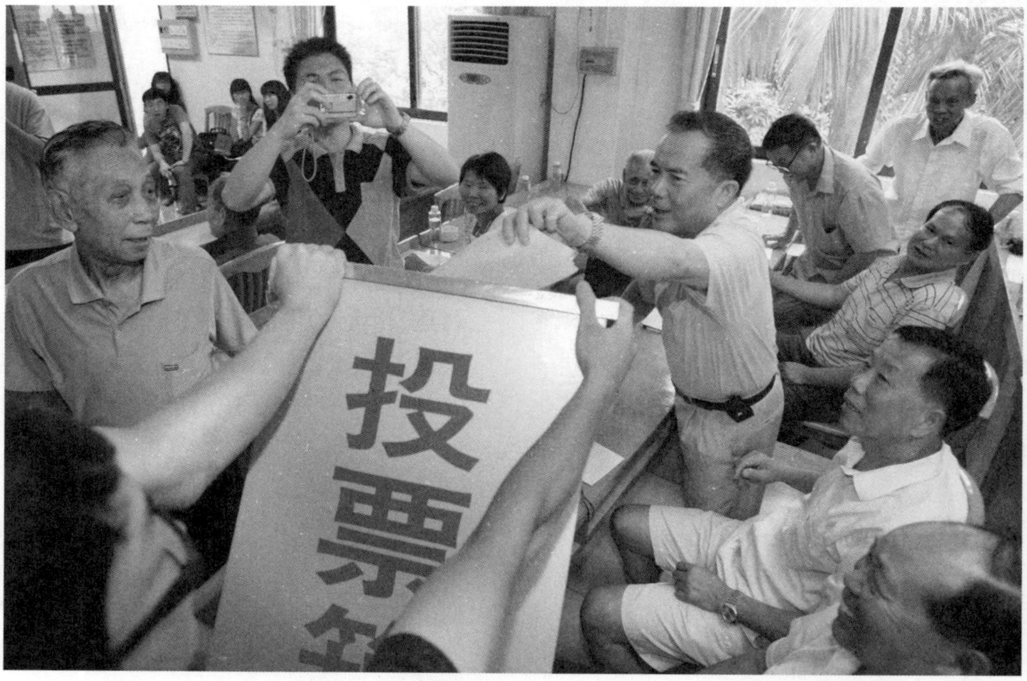

佛山市积极推进农村社区全覆盖和村务公开民主管理示范创建工作。
图为南海桂城平东村村委会代表在村党组织换届选举会上踊跃投票。

党风廉政建设概况

【综述】 2010年，在省纪委和市委的领导下，佛山市各级纪检监察机关深入贯彻科学发展观，认真落实中央构建惩防体系《建立健全教育、制度、监督并重的惩治和预防腐败体系实施纲要》和五年《建立健全教育、制度、监督并重的惩治和预防腐败体系2008~2010工作规划》，围绕中心、服务大局，开拓创新，全面履行党章赋予的职责，狠抓各项工作落实，反腐倡廉工作取得新的明显成效，为建设富裕和谐佛山提供了坚强的纪律保证。

【领导干部廉洁自律工作】 加大对领导干部廉洁从政情况的监督检查力度，查处违反《廉政准则》案件54件，涉及处级干部4人、科级干部21人。开展“小金库”专项治理，全市清理出8个国有企业私设“小金库”12个，涉及金额306万元。严格执行中央和省厉行节约有关制度，制止、纠正不符合规定的庆典、表彰、展览等活动28件次，制止、暂缓党政机关和事业单位楼堂馆所项目4宗，全市党政机关因公出国（境）人数减少10%，实现了“一个压减、三个零增长”的目标。

【查案工作】 加强与市公检法机关和组织、审计等部门的协调配合，整合“大部制”改革后各区纪委、区政务监察和审计局办案资源，形成案件查办工作合力。重点围绕工程建设、土地交易、“三旧”改造、医疗、司法等重点领域，加大违纪违法案件查办力度，共受理群众信访举报3864件，立案168件，结案128件，给予党纪政纪处分120人，涉及县处级干部7人，乡科级干部35人，为国家和集体挽回经济损失5.5亿元。重点查处了市公安局经济犯罪侦查支队支队长吴光华受贿案，三水区政协副主席张宗会受贿案，市中级人民法院行政审判庭庭长、赔偿办主任谢少清受贿案，高明区明城镇党委书记伍志强贪污受贿案，高明区违规出让土地案等一批大案要案。注重发挥保护职能，为855名党员干部澄清了问题。深入开展商业贿赂专项治理工作，全市查处商业贿赂案117件，涉案金额9893万元。加强镇（街）纪（工）委查办案件工作力度，全市镇（街）办案66件，镇（街）办案率达100%。启动办案工作点，完善查案“双报告”制度。按照中央纪委、省纪委的部署，开展《中国共产党纪律检查机关案件监督管理工作条例（试行）》试点工作，制定实施细则，促进依纪依法安全文明办案。

【纠正群众反映强烈的不正之风】 加强药品采购的监督检查，全市“阳光采购”药品36.68亿元。抓好强农惠农资金监督检查，巩固治理公路“三乱”工作成果。组成43个检查小组对全市430所中、小学校教育收费情况进行专项检查，健全收费监督管理机制。认真纠正社保基金、住房公积金、扶贫救灾资金管理使用存在的问题，确保资金安全与合理使用。在市经贸、信息产业、科技系统开展民主评议政风行风。办好政风行风热线，回复群众提问和投诉达96%。积极开展领导公开大接访工作，督办化解一批群众信访积案和“老大难”问题，维护了社会和谐稳定。

【监督检查工作】 各级纪检监察机关会同有关部门围绕贯彻落实中央、省委和市委扩需促增、“三旧”改造、产业结构调整等重大决策部署，开展专项监督检查。重点对中央在佛山46个新增投资项目、中央预算内投资1.3亿资金使用情况进行监督检查。开展支援四川汶川水磨镇、青海玉树地震灾区、扶贫资金物资使用情况的监督检查，对亚运公交、环保、安保升级落实和广佛地铁佛山段建设情况开展专项检查，确保亚运佛山赛区成功举办。对全市2008年以来立项、在建、竣工的2549个工程建设项目进行排查，整改问题691个。研究出台《佛山市实行党政领导干部问责的实施细则》和《佛山市“三着力一推进”督查和问责办法》，对各区和市直有关单位落实“三着力一推进”工作情况进行跟踪督办，促进市委“三着力一推进”、“四化融合，智慧佛山”重大决策部署的落实。对城市基础设施向乡村延伸项目进展情况开展监督检查，促进了佛山市2010年十大类城市基础设施163个项目的顺利推进。全市惩防体系建设152项任务已完成49项，取得重大进展101项，占98.6%。

【行政监察工作】 制定贯彻落实省委《关于深化作风建设提高执行力的意见》实施办法，组织拍摄第2期机关作风暗访专题片，在全市处级干部纪律教育学习班上播放，对一些部门存在的行政不作为、慢作为、乱作为问题在《佛山日报》等媒体曝光，对暗访专题片反映的问题进行调查和责任追究。进一步扩大行政审批和行政投诉电子监察系统覆盖范围，对145万笔审批业务进行实时监察，受理效能投诉464件。试运行行政处罚电子监察系统，对市级44个执法部门的行政处罚自由裁量权进行规范，细化2939个行政处罚事项。完善网络问政督办平台，督促相关单位及时办理并回复网民反映的事项1422件。

【源头治理腐败工作】 完成市直机关第一批105个单位的车改工作，汽车定编减少84%，每年减少公车费用2000多万元，年均节约20%。组建市建设工程招标投标管理办公室，将原来分散在市发改局、住建局、交通局、水务局、经贸局等单位的招标投标管理的部分权限集中行使。将政府采购、土地交易、建设工程交易、药品集中招标采购服务四个中心整合为市公共资源交易中心，建设统一的要素市场交易监管平台。深化行政审批制度改革，市直部门向各区调整下放行政管理事权184项。总结推广南海、顺德区的经验做法，在全市推进农村集体资产交易和财务网上监控平台建设，深化农村集体资产和财务管理制度改革。全面实行市直预算单位公务卡结算制度，市直146个预算单位实现公务卡结算。开通全市农村基层党风廉政信息公开平台，推行党的基层组织党务公开。

（魏晓黎）

精神文明建设概况

【综述】 2010年，佛山市精神文明建设工作坚持以科学发展观为统领，深入贯彻党的十七届五中全会精神，紧紧围绕中央和省的部署，按照“智慧佛山，文化先行”的要求，以创建全国文明城市工作为龙头，以提升市民文明素质为目标，以全面开展“迎亚运，讲文明，树新风”主题实践活动为载体，全力推动全市精神文明建设。

【创建全国文明城市工作发起冲刺】 2010年12月30日，市委、市政府召开创建全国文明城市再动员会，全面部署创建“冲刺”工作，确立了下年全力争创“全国文明城市”的目标。会议明确提出：将“创文”工作作为2011年市委、市政府各项工作的“重中之重”，做到“一步到位、力争成功”。

建立高规格的创建领导机构。成立以市委书记陈云贤为组长、市长李贻伟为总指挥的创建全国文明城市工作领导小组，由市委副书记和市委两个常委、市政府一个副市长任常务副总指挥，其他常委和副市长分别任副总指挥和专门工作组组长，实行任务分工，每位市领导分管一块创建工作。成立市创建办，由市委常委、宣传部长任创建办主任，两个副市长、两个秘书长任副主任，要求各区、镇（街）要对照市的规格成立本级的创建领导机构。

实行“五区同创，条包块管”的创建工作原则。要求全市五区所有镇（街）参与创建，提出要明确市责任单位和各区的责任分工，市各责任单位要做好本系统创建任务的达标统筹、制定措施、组织培训、协调指导的工作，各区要实行“属地管理”，落实具体创建任务。要求市、区、镇（街）抽调素质好、能力强的人员组成专门的工作队伍，集中精力抓创建，要确保人力、物力、财力投入。

明确创建工作重点。提出创建工作的重点环节，分别是：实现“未达标”、“未知可否达标”、“易反弹”项目任务达标；全力推进交通秩序、社会治安、市容市貌等六大专项整治；大力提高市民对创建工作的支持率、提高公共文明指数。同时提出了强化整改、加快重大项目建设，实施城市“亮点”工程、完善城市服务功能、加大城市环境综合整治，实施“市民教育”战略等具体措施。

明确了创建责任。实行“创文”奖罚分明，与单位绩效考核挂钩，与领导班子成员实绩考核挂钩，未能完成达标任务的要实施问责。五区和市相关责任部门签订了“创文”达标《责任书》。

【倡导岭南文明新风尚，提升公民文明素质】 2010年，市文明办加强与文明委成员单位之间的协调，整合力量，改进市民教育方式，共同打造“情暖佛山·守望相助邻里亲”工作品牌，形成活动的影响力，共同提升市民的文明素质。

开展以“情暖邻里，互帮互助”为主题的第二届佛山社区“邻里日”活动，通过系列活动，引导居民走出家门相聚一起，消除邻里间陌生隔阂，建立相识、相知、相敬、相助的和谐邻里关系，为居民搭建一个加强沟通、增进了解、联络感情的平台。在“邻里日”当天，全市共有50多个社区近2万名群众同时参与活动，在全市社区形成了良好的和谐氛围，对引领社区文明风尚具有十分重要的意义。“邻里日”活动已在全市众多社区推广。

【实施《佛山市2010～2012文明交通行动计划》】 按照中央文明办、公安部的部署和省文明办、省公安厅的具体要求，市相关部门共同制定了《佛山市2010～2012文明交通行动计划》，成立工作领导小组，并全面开展“迎亚运，文明交通伴我行”大行动，大力推动文明交通建设。市文明办、市公安交警支队、团市委、市交通运输局等单位全年开展文明交通宣传教育活动30多场次，市文明办开展“文明交通进社区”活动，深受社区居民欢迎；市公安交警支队开展倡导“六大文明交通行为”、摒弃“六大交通陋习”、抵制“六大危险驾驶行为”宣传教育活动，利用交通指示牌等广告位开展大量图文并茂的宣传；市交通运输局开展“文明交通优质服务月”活动。

【弘扬中华民族传统文化，开展“我们的节日”主题教育活动】 协调文化、体育、文联等相关单位，利用春节、元宵、清明、端午、中秋等传统节日，开展弘扬民族传统文化和传统美德教育活动，传统节日越来越受到市民的追捧。春节期间，多个部门共同开展“春联送万家”活动，深受村居群众喜爱；中秋期间，市“秋色欢乐节”影响广泛，市文明办举办的中秋赏月活动，向市民讲解中秋习俗，与市民共同探讨中秋的内涵，通过新闻单位宣传后，效果十分明显；同时，端午龙舟活动也有效凝聚市民的力量。

为弘扬传统文化，推动“书法名城”创建工作，还举办了“首届千人广场书法大赛”活动。

【围绕建设社会主义核心价值体系，深化道德模范学习宣传活动】 2010年，佛山市开展了第三届“佛山十佳美德之星”推荐命名活动，引领社会文明风尚和社会主流价值。活动经过基层推荐、专家初选、资格政审、媒体推介、公众投票、评委专访、现场考察、综合评审等流程，活动组委会决定，授予邓赞朋等10人“佛山十佳美德之星”称号，授予冯惠珍等10人“佛山十佳美德之星”提名奖。承办单位佛山电视台加大了广告宣传，《佛山日报》等其他媒体全面跟进宣传报道，至少200万以上市民可以通过电视广告、平面媒体、互联网络以及手机短信了解到道德模范的基本情况，为提高市民对道德模范的知晓率、认可度将产生重要的作用。12月2日晚上，在佛山传媒集团一号演播大厅举办第三届“佛山十佳美德之星”颁奖会。

同时，组织“二十四孝”、“身边好人”等活动，通过全民推荐，全民投票，全民参与评选，向全社会推出道德典型。

【实施“网脉工程进校园”，塑造良好的社会文化，确保未成年人健康成长】 为了推进未成年人思想道德建设工作，市文明办与中国未成年人网脉工程佛山执委会等单位合作，引导青少年正确用好网络。通过网脉工程“校园行”、“社区行”系列活动，聚集了大量的社会资源，在学校、社区及公共文化场所建立了35家公益网络文明示范基地。组织“未成年人互联网应用状况调查”，对家长发放回收调查问卷9万多份，收集了大量的一手材料，整理总结出全市未成年人运用互联网的现状，并根据各区、镇学校的实况制定了相应的解决方案，提出后续的工作建议。开展了“网络与生活、网络与危害、网络与学习、网络与成长”为主题的图片展。有20所学校、1万多名师生和家长观看了图片展；有59所学校，8万名学生及家长参加了“网络文明巡讲活动”。

“佛山市网脉工程上网系列活动”被共青团中央、全国少工委授予“2009年度‘中国未成年人网脉工程’优秀活动”。

【开展“崇文佛山·全民阅读”活动】 2010年，开展了第三届“崇文佛山”全民阅读活动，经过几年的发展培育，其影响力正在不断增强，各区、各单位的阅读之风正日趋浓厚。为了把全民阅读活动的覆盖面进一步扩大，市文明办着重做好了三个方面的工作：一是开展“崇文佛山·机关阅读”活动。有9位市领导向全体机关人员推荐书目并写了推荐语，有74个单位组织了读书活动。二是以“4·23世界读书日”为契机，开展“崇文佛山，阅读春天”诗文朗诵会，引起市民对阅读活动的高度关注。各区建立自己的读书活动品牌，禅城的经典诵读活动、南海的广佛读书节、高明的读书节都具有较大的影响。三是启动佛山书展。利用8月份全省统一开展的“南国书香节”活动，在全市五区同时启动佛山书展，使全民阅读活动在每年形成两个时段的热潮。

【开展“迎亚运，讲文明，树新风”主题实践活动】

2010年，以协办亚运会部分项目为契机，大力开展“迎亚运，讲文明，树新风”主题实践活动，活动主要包括：组建“市直机关志愿服务队”，举办“地铁志愿服务项目”培训班，组织首批市直机关志愿服务队进入地铁现场进行志愿服务活动；组织中小学生学习城管知识，参加“迎亚运 · 文明城管小卫士在行动”，走上大街，步入社区，开展创建文明城市公益宣传、清理“牛皮癣”、规劝不文明行为等活动；以“笑迎天下客，友爱在佛山”为主题，举办“迎亚运·文明窗口行业礼仪形象演示”活动，组织一线“窗口”单位进行“窗口行业优质服务迎亚运”集体承诺活动；发动广大市民关注和参与迎亚运活动，在广大市民中征集“迎亚运·真诚的佛山　甜美的微笑”市民百张笑脸照片活动，汇编后用于“迎亚运”公益宣传；组织五区开展“迎亚运 · 文明礼仪小品社区展演”活动；发动各家网站展开 “迎亚运·市民践行‘十大文明举止’”网上签名寄语活动；开设《迎亚运　社区文明总动员》栏目，发动市民寻找社区热心人、社区文明地标，引导市民以文明的举止和风貌热情关注亚运、支持亚运、参与亚运。通过开展系列活动，全面营造了“文明亚运”的良好氛围，弘扬了健康文明新风尚，为创建全国文明城市打下了坚实基础。

（张志伟）

佛山市创建全国文明城市活动蓬勃开展。

第四篇

政　　治

佛山市领导机关

中共佛山市委

【综述】 2010年，是“十一五”收官之年，中共佛山市委全面贯彻落实党的十七届四中全会、五中全会精神，中央经济工作会议精神，省委十届六次、七次全会精神，以邓小平理论和“三个代表”重要思想为指导，坚持以科学发展观统领经济社会发展全局，以“三着力一推进”统筹各项工作，以“四化融合，智慧佛山”引领新发展，产业转型、城市转型和环境再造等各个方面取得新突破，胜利完成“十一五”规划的各项目标任务。

【中共佛山市委十届八次全会】 1月15日，市委召开了十届八次全会。全会深入贯彻落实党的十七届四中全会、中央经济工作会议、总书记胡锦涛视察广东重要讲话和省委十届六次全会精神，总结2009年工作，分析当前形势，部署2010年任务，动员全市上下坚定科学发展信心，巩固率先突围成果，加快转变经济发展方式，继续推动佛山沿着科学发展道路乘胜前进。全会总结了2009年的主要工作：抗击金融危机实现率先突围；产业结构调整初见成效；城乡区域统筹发展步伐加快；改革发展取得重点突破；环境再造迈出坚实步伐；民生事业有新发展；民主政治建设扎实推进；党的建设取得新成绩。全会部署了2010年的主要工作：巩固突围成果，促进经济持续有效增长；以产业结构调整为突破口，加快转变经济发展方式；加强城乡区域统筹，力促一体化发展实现新突破；继续深化改革，建立科学发展的保障机制；大力发展民生和社会事业，促进惠民和谐；以党的十七届四中全会精神为指导，全面加强和改进党的建设。

【中共佛山市委十届九次全会】 7月20日，市委召开了十届九次全会。一是认真贯彻落实省委十届七次全会精神，推动岭南文化名城建设再上新台阶。会议认为，省委十届七次全会是广东文化事业发展史上具有里程碑意义的会议，会议审议出台了《广东省建设文化强省规划纲要（2011 ~ 2020）》，进一步深化了对文化强省建设的思想认识，明确了文化强省建设的战略定位，确立了文化强省建设的思路重点，完善了文化强省建设的政策措施，坚定了推进文化强省建设的决心。省委这一决策部署，体现了科学发展观的要求，符合先进文化的前进方向，符合广东和佛山的实际，为佛山市在新时期进一步深化文化体制改革、加快文化事业发展、促进文化与经济的融合指明了方向。全市要全力推进岭南文化名城建设和文化产业发展规划的实施，围绕“四化融合，智慧佛山’的战略目标，以“传承文化遗产，壮大文化产业，改善文化民生”为主线，不断推进文化创新发展，大力提升文化软实力，推动佛山文化发展与繁荣，把佛山建设成为“岭南文化重镇、创意经济集聚高地、现代产业服务中心、休闲娱乐魅力家园”，以人的智慧和城市文化品位的提升，为智慧城市建设注入新的源泉和动力。二是全面落实“三着力一推进”，以“四化融合，智慧佛山”引领新发展。传承历史，开拓未来。全面落实“三着力一推进”各项工作任务：着力转变经济发展方式，加快构建现代产业体系；着力实施农民收入倍增计划，加快城乡一体化发展；着力提升民生社会事业，加快建设和谐佛山；推进改革促发展。以“四化融合，智慧佛山”引领新发展：以信息化带动工业化，提升产业综合竞争力；以信息化提升城镇化，增强城市发展竞争力；以信息化加快国际化，提升佛山国际竞争力；力争经过三到五年的努力，基本形成“四化融合，智慧佛山”的雏形，使佛山成为宜居宜商宜发展的智慧城市和人民安居乐业的美好家园。

【深入开展“创先争优”活动】 佛山在开展“创先争优”活动中立足岗位职责找准着力点，精心设计活动载体方式，推动“创先争优”活动深入开展。一是领导干部带头亲自抓。市委常委、党员副市长带头选择农村、社区、非公企业基层单位建立联系点，全市共建立各类领导干部联系点1779个。二是结合当前中心工作“创先争优”。结合转变经济发展方式，加快产业转型、城市转型和环境再造，建设“民富市强、幸福佛山”，引导各级党组织和党员“创先争优”。三是围绕惠民生为群众办好事办实事“创先争优”。通过开展市、区党政领导网络问政和大接访活动，有效解决群众关注的热点难点问题和历史遗留问题；通过办好10件民生实事，做好“双到”扶贫开发工作，改进交通、医疗、教育等公共服务等措施，让人民群众从“创先争优”中得到实实在在的好处。四是把党员志愿服务作为“创先争优”活动的一个重要抓手和品牌，建立健全党员志愿服务网络，推动党员志愿服务走向规范化、制度化、常态化。至年底，全市成立各类党员志愿服务队800多支，党员志愿者2.1万多名，开展党员志愿服务活动5435场次，为群众办实事好事8249件。

【经济发展跃上新的台阶】 2010年佛山市各项主要经济指标位居全省前列。地区生产总值突破5000亿元，达到5651.52亿元，增长14.3%，居全国大中城市第11位，名列全省第三；人均生产总值达93983元，折合14462美元；工业总产值突破1.5万亿元，达到15720亿元，增长21.5%，跻身全国大中城市前6位，列全省第二；财政总收入首次突破1000亿元，达1039.96亿元，增长30.9%；进出口总额突破500亿美元，达516.55亿美元，增长34.7%，成为全省第四大外贸城市。三大产业比重为1.9 ：64.6 ：33.5。农业向都市型、生态型、观光型和外汇型发展。工业向重型化、高新化、高端化发展，轻重工业比例调整为48.4 ：51.6。现代服务业提速，广东金融高新区已现雏形，第三产业实现增加值1893.71亿元，比2005年增长2.2倍。经济快速增长的同时，节能减排目标顺利实现。

【产业科技金融创新取得重大突破】 重点与中科院开展院市合作，建成6个专业中心和3个创新平台，开展合作项目313项，其中77项进入中试和产业化阶段。专利、品牌、标准战略成效明显，成为国家知识产权工作示范城市、国家商标战略实施示范城市。陶瓷、铝型材等产业实施技术路线图，突破优势产业发展的技术瓶颈。继续实施金融发展三项计划，新增上市公司5家、小额贷款公司3家、村镇银行2家；全市担保基金规模达到3.5亿元，累计为720多家中小企业提供融资担保约44.5亿元。广东金融高新技术服务区集聚效应凸显，新引进项目16个，投资55亿元。本地产业资本与金融资本有效融合，民营资本投入43亿元参与组建新型金融机构，5家民营企业设立创投公司，全省首家民营金融集团开业。

【城乡区域统筹发展加快推进】 广佛同城化、广佛肇一体化取得新进展。配合广州成功举办第16届亚运会；国内首条城际地铁广佛轨道首通段顺利通车，一小时道路交通圈和一体化公交服务逐步形成；产业协作初见成效，跨境贸易人民币结算试点和通存通兑工作取得突破；环保联治效果明显，西江引水工程顺利通水运营，多条交界河涌完成综合整治；城域网联通实现教育资源共享；异地就医率先实现；固定电话资费同城化实现曙光。广佛肇经济圈建设取得突破，率先实现年票互认、公交一卡通、医保定点结算、养老保险无障碍转移。城乡统筹取得重大突破。一批途经佛山市的高速公路贯通，南广、贵广等过境高速铁路建设顺利，佛山一环南延线拓展工程竣工，高速公路里程数跃居全省第二；推动城市基础设施向农村延伸，全市城镇化水平达92.36%。“三旧”改造力度加大，实施“三旧”改造“532”工程，全市改造项目536个，涉及土地面积5.18万亩，佛山“三旧”改造模式成为全国示范。城市管理力度加大，中心城区实施限摩，调整公交线路，增投公交车辆，改善公交服务，城市公交分担率达到12%。启动“智能交通”建设，大力发展公共自行车系统，市民出行更科学，方式更多样。

【环境再造迈出坚实步伐】 荣获“国家环境保护模范城市”。基本完成电力、陶瓷等重点企业脱硫工程建设、工业锅炉治理；大力开展VOC污染治理技术的示范与推广，亚运期间实施黄标车限行，全市空气环境得到进一步净化。加强广佛跨界河流、亚运比赛场馆周边河涌整治，消除黑臭现象。汾江河3年整治工程完成，基本实现“江水变清”目标，汾江河上再现龙舟竞渡的景象。一批内河涌整治工程基本完成，集中式饮用水水源地水质达标率100%，主要江河水质符合功能区水质标准要求。新增和改造绿地面积332.67万平方米，完成造林面积3.41万亩，区域绿道（省立）全线贯通。

【民生事业有新发展】 实行网络问政和大接访促进民生问题有效解决，十件民生实事基本完成。率先成为广东推进教育现代化先进区域。基本药物制度开始实施，社区卫生服务站建设完成预定目标，基本形成覆盖城乡的公共卫生网络。新型农村养老保险实现广覆盖，参保覆盖率达91%。城镇登记失业率控制在1.86%，位于全省第二低位。实施基本住房保障制度，累计建设廉租住房和经济适用房5295套。启动全市农民工积分制入户城镇工作。佛山祖庙百年大修圆满竣工。开展多层次、大规模的治安维稳行动，社会安宁祥和。城镇居民可支配收入、农村居民纯收入分别达到2.7万元、1.2万元，分别增长10.8%和12.1%。实施清远和云浮产业与劳动力“双转移”、对口肇庆和清远扶贫开发“双到”工作成效显著，汶川水磨重建任务圆满完成，新疆伽师棚户区改造等示范工程全部竣工。

【体制改革取得新突破】 五区大部制改革、33个镇（街）简政强镇事权改革基本完成，进一步整合政府职能，行政效率和服务效能得到提升。镇（街道）基本完成行政服务中心组建，部分村（居）开建行政服务中心。佛山市成为省创新行政审批方式试点城市，2010年共向区下放审批权限184项。推进统筹城乡发展综合改革，深化农村集体经济管理体制改革，探索农村“社区化”管理，创新金融服务“三农”，推进宅基地换房试点工作，完善城乡社会保障体系。推进金融改革创新，实施企业上市“463”计划，推动实业与金融的有效对接，实施金融创新，大力推进广东金融高新区建设。推进各项配套改革，不断深化城市建设投融资体制改革，事业单位分类改革全面展开，公务用车制度改革顺利推进。

【民主法治建设扎实推进】 围绕改革发展稳定大局，各级人大及其常委会依法履行职权，充分发挥人大代表反映民意、集中民智作用。各级政协围绕团结和民主两大主题履行政治协商、民主监督、参政议政职能。各民主党派、工商联和工青妇等人民团体积极参与社会管理和公共服务，维护群众合法权益。深化司法体制改革，规范司法行为，加强司法监督，促进公正司法。深入开展普法宣传教育，增强全民法制观念，提升全民法律素质。积极推进网络问政，进一步强化信访工作，依法解决一批民生问题，加强社会治安综合治理，增强应对突发事件能力，保持社会和谐稳定。

【党的建设取得新成绩】 深入开展创先争优活动，引导各级党组织和党员围绕“两转型一再造”和“四化融合，智慧佛山”“创先争优”。组织各级党委理论学习中心组开展学习活动，加强党员干部思想建设。抓好农村基层党建工作，创新村党组织设置，全面开展“村企业共建党组织”活动，探索推进农村管理体制改革，强化村党组织领导核心作用；加大“两新”党组织组建力度，把好“两新”组织发展党员的质量关，进一步发挥“两新”组织党组织和党员在促进企业转型发展中的作用。切实加强反腐倡廉建设，规范干部从政行为，塑造良好形象。认真贯彻《党政领导干部选拔任用工作条例》和四项监督制度，坚持正确的用人导向，深化干部人事制度改革，推进干部选拔任用工作科学化、民主化和制度化，积极营造风清气正、选贤任能的氛围，为改革发展提供组织保证和人才支持。结合各区大部制改革和简政强镇事权改革，配好配强区级党政班子，进一步优化各级领导班子结构，增强了驾驭科学发展能力。

【全面推进统战工作】 1月26日，佛山市召开全市统战部长会议，全面总结上年的工作，并对2010年的工作进行部署。一是认清形势，把握大局。始终坚持把促进经济发展作为统一战线团结奋斗的第一要务，充分发挥统一战线的人才智力优势，引导统一战线广大成员为佛山巩固经济突围成果，推动经济社会发展再上新台阶贡献力量。二是牢记责任，不辱使命。始终坚持把促进"五大关系"的团结和谐作为统战部门的第一政治责任，多做理顺情绪、协调关系、化解矛盾的工作，努力维护社会和谐稳定。三是以人为本，开拓创新。始终把坚持以人为本作为统一战线工作的重要方法，在统战工作中切实体现以人为本这个核心，充分激发统一战线的活力，为推进各领域统战工作夯实基础；同时，加强实践探索，推动工作创新发展。

（田小强　杨喜进　王　龙）

附：2010年中共佛山市委领导名单

书　记： 陈云贤
副书记： 李贻伟　杨晓光
常　委： 叶志容（女）　杨建华　冼瑞伦
梁毅民　刘谦强　冯德良　周天明
叶明权（挂职）　邓伟根

现任中共佛山市委领导名单

书　记： 陈云贤
副书记： 李贻伟　杨晓光
常　委： 叶志容（女）　杨建华　冼瑞伦
刘谦强　冯德良　周天明
叶明权（挂职）　邓伟根　梁维东

（2011年4月市委供稿）

佛山市人大

【综述】 2010年，市人大及其常委会坚持以邓小平理论和"三个代表"重要思想为指导，深入贯彻落实科学发展观，紧紧围绕转变经济发展方式和市委"四化融合，智慧佛山"以及"三着力一推进"的工作大局，依法履行宪法、法律赋予的各项职责，坚持以推进社会主义民主法治建设为工作主线，深入推进《珠江三角洲地区改革发展规划纲要（2008 ~ 2020）》的实施，为促进佛山市经济社会又好又快科学发展创造良好的法治环境。

【市第十三届人民代表大会第五次会议】 2010年7月22日至24日，佛山市第十三届人民代表大会第五次会议胜利召开。会议听取和审议了市长陈云贤所作的《政府工作报告》，审议了市发展和改革局局长何国森受市人民政府委托所作的《佛山市2009年国民经济和社会发展计划执行情况与2010年计划草案的报告》、市财政局局长焦文庆受市人民政府委托所作的《佛山市2009年预算执行情况和2010年预算草案的报告》，听取和审议了市人大常委会常务副主任卢汉超所作的《佛山市人民代表大会常务委员会工作报告》、市中级人民法院院长陈陟云所作的《佛山市中级人民法院工作报告》、市人民检察院检察长廖东明所作的《佛山市人民检察院工作报告》，并通过了相应的决议。大会还通过了《关于接受林元和同志辞去佛山市第十三届人民代表大会常务委员会主任职务请求的决定》，《关于接受陈广灵、黄少霞同志辞去佛山市第十三届人民代表大会常务委员会副主任职务请求的决定》，《关于接受陈云贤同志辞去佛山市人民政府市长职务请求的决定》；依法补选陈云贤为佛山市第十三届人大常委会主任，李贻伟为佛山市人民政府市长，丘劲生、伍丽芳、陆帜然、黄炽荣为佛山市第十三届人大常委会委员。

【市第十三届人大常委会第二十五次至第三十次会议】 2010年，市第十三届人大常委会召开了第二十五次至第三十次会议，听取和审议了市人民政府关于佛山市实施《水污染防治法》情况的报告、关于市第十三届人大第四次会议建议办理情况的报告、关于《加强我市摩托车管理的实施意见》的报告、关于佛山市2009年公安工作情况的报告、关于佛山市2010年上半年国民经济和社会发展计划执行情况的报告、关于佛山市2010年上半年财政预算执行情况的报告和2009年度市本级决算的报告、关于佛山市2009年度预算执行及其他财政收支审计情况的报告、关于2009年依法行政工作情况的报告、关于佛山市贯彻实施《食品安全法》及其实施条例情况的报告、关于佛山市实施《企业国有资产法》情况的报告、关于佛山市级2010年财政预算调整的报告，市中级人民法院关于执行工作情况的报告，市人民检察院关于加强渎职侵权检察工作的报告，市水务局、市城乡规划局关于推进社会主义民主法治建设情况的报告以及市人大常委会代表资格审查委员会《关于我市第十三届人大代表资格审查报告》等15项报告；作出了《关于召开佛山市第十三届人民代表大会第五次会议的决定》、《关于列席和邀请列席佛山市第十三届人民代表大会第五次会议人员的决定》、《关于佛山市第十三届人民代表大会第五次会议设旁听席的决定》、《关于接受林元和同志辞去省第十一届人民代表大会代表职务请求的决定》、《关于佛山市第十三届人民代表大会第五次会议召开日期的决定》等7项决定和《关于市人民政府〈加强我市摩托车管理的实施意见〉的决议》、《关于批准佛山市2009年市本级决算的决议》、《关于批准市级2010年财政预算调整的决议》等3项决议；审议通过了《佛山市人大常委会2010年工作要点》、《佛山市第十三届人民代表大会常务委员会代表资格审查委员会成员调整名单》；接受辞职4人次，依法任免市人大常委会工作机构负责人5人次，决定任免市政府组成人员8人次，任免法官51人次、检察官11人次，依法补选刘昆、李贻伟为广东省第十一届人民代表大会代表。

【牢牢把握社会主义民主法治发展方向，法治佛山建设取得新成效】 一是深入推进法治佛山建设，着力促进农村基层和谐稳定。市人大常委会以维护和保障广大人民群众的合法权益为抓手，不断加强对民主法治村创建工作的指导，组织对评定的民主法治村进行抽查，保证了“全市80%以上农村都达到民主法治村建设标准”目标的实现。举办“法治惠农”培训班，总结民主法治村建设经验，巩固建设成果。常委会把研究和化解社会矛盾、创新社会管理方式作为推进法治佛山建设的切入点，深入开展调研，广泛听取各方面建议，研究分析佛山市社会矛盾典型案例，形成了《关于我市社会矛盾、社会管理的调查思考和建议》。市委批转了该建议，推动了全市化解社会矛盾、创新社会管理和综治信访维稳工作。二是深入推进法治政府建设，着力促进依法行政工作。常委会听取和审议了2009年市人民政府依法行政工作报告和公安工作报告，推动市政府制定《佛山市行政机关负责人出庭应诉工作暂行办法》并于2011年正式实施；监督政府加大社会治安整治力度，提高群众对社会治安满意度，力争2011年实现“三年内社会治安状况明显好转”的目标。常委会听取了市水务局、市城乡规划局推进社会主义民主法治建设情况的报告，促进政府部门进一步提高依法行政意识和能力。常委会还对佛山市各区机构改革和简政强镇事权下放所带来的新情况、新问题进行了深入的调研，积极探索改革后如何加强人大监督。规范性文件备案审查工作逐步实现常态化，对《佛山市人民政府关于加强摩托车管理的实施意见》、《佛山市城市轨道交通管理办法（试行）》等19份规范性文件依法进行了备案审查。三是深入推进“两院”司法建设，着力促进社会公平正义。常委会把“执行难”问题和“渎职侵权检察工作”作为对“两院”司法工作的监督重点，深入开展调研，广泛听取人大代表和政法界、工商界代表的意见。常委会第三十次会议听取和审议了市中级人民法院执行工作和市人民检察院渎职侵权检察工作报告，共同研究和破解“执行难”的问题，增强渎职侵权检察工作力度，促进司法公正，维护社会公平正义。

【认真贯彻实施监督法，监督工作取得新进展】 常委会按照监督法的要求，在市第十三届人大第五次会议后，及时听取和审议了市政府关于佛山市2010年上半年计划、预算执行情况等报告，推进佛山市经济社会科学发展。主任会议还听取市政府关于2009年度财政预算及其他收支审计查出问题的整改情况报告，抓好跟踪督办，强化常委会审议意见的严肃性。常委会邀请专家开展财政预算绩效评价的调查研究工作，并听取和审议了市政府关于财政支出绩效评价工作的报告，积极推进政府开展专项支出绩效评价工作。在深入调研的基础上，常委会听取和审议了市政府关于佛山市“十二五”规划编制情况的报告，推进“十二五”规划依法、科学编制。常委会以加强科技创新、提升企业自主研发能力为着眼点，深入开展调研，推进全市进一步制定完善科技创新、人才引进和培养、激励企业自主研发的政策和措施，促进经济发展方式转变。

坚持以人为本推进民生社会事业发展。主任会议听取了市政府关于落实“十件民生实事”情况的报告，并对落实尚未完全到位的项目进行督办，确保各项民生实事落到实处。常委会还进一步加强对佛山市文化基础设施建设、教育事业、物业管理、保障性住房建设、新型农村社会养老保险、农民收入倍增计划、归侨侨眷、民族宗教等涉及民生社会事业的监督。

常委会以食品安全、大气污染整治等事关人民群众身体健康、生命安全的热点问题为切入点，开展食品安全法、大气污染防治法执法检查，听取和审议了市政府专题报告和执法检查组的报告，要求政府进一步强化食品安全监管机制，切实加强对食品生产、加工和流通、销售等各个环节的有效监管；督促市政府及有关部门抓住亚运环境整治的契机，采取得力措施，加大大气污染整治力度，努力改善大气质量。

常委会坚持对“三农”工作监督不放松。以推进广东省基本农田保护区管理条例的实施为抓手，组织对全市基本农田保护情况进行调研，主任会议听取了有关情况汇报，要求政府及有关部门要依法妥善处理好基本农田保护与经济社会发展对土地需求日益增长的关系，完善基本农田保护补贴办法，提高农村居民收入，促进农村可持续发展。

常委会组织对企业国有资产法进行执法检查，听取了市政府有关报告，督促市政府依法加强对企业国有资产的监督管理，保障国有资产安全和保值增值。常委会着力推进侵权责任法的宣传、教育和实施工作，引导人民群众依法运用法律，保护合法权益不受侵害。2010年，常委会还先后对佛山市实施归侨侨眷权益保护法、物业管理条例等法律法规的实施情况进行调研、检查，推动各项法律法规在全市的正确实施。

【积极落实代表参与权和监督权，代表工作水平有新提高】 一是发挥代表专业小组作用，增强代表活动灵活性。常委会不断建立健全代表专业小组活动机制，充分发挥代表的专业优势。代表专业小组先后对佛山市加强摩托车管理、大气污染治理、汾江河治污、“黑网吧”整治、加快发展生产性服务业等开展专题调研，广听民声、深问民意，为常委会听取和审议市政府相关议题的报告，以及作出决议提供科学的依据。2010年代表列席市人大常委会会议和参加视察、执法检查、专题调研、座谈等各类活动42批，共416人次。二是抓实议案、建议办理工作，增强代表履职实效性。常委会不断改善督办方式，组织提出议案、建议的代表进行现场督办，提高办理的针对性；开展专题调研和检查，找准问题，督促整改；督促议案、建议承办单位把办理工作与落实政府相关工作结合起来，提高办理实效。常委会还联合市政府召开了议案、建议办理工作会议，总结办理经验，强化承办和会办单位的责任。在常委会的重点督办下，关于支持高明区革命老区加快发展的议案、关于加强大气污染防治的议案等得到了较好的落实。三是努力提升代表素质和能力，增强代表履职积极性。常委会注重提高代表素质，举办市人大代表培训班，进一步提高代表围绕全市发展大局依法履职的意识和能力，增强代表履职的责任感、使命感。积极走访各级人大代表，听取代表意见、建议，努力拓宽代表知情知政渠道。

【加强自身建设，机关建设展现新风貌】 一是“四型”机关建设成效显著。常委会狠抓学习型、服务型、创新型、团结型机关建设。坚持多元化学习，注重营造学习氛围，创新工作方式。积极安排机关同志，为全体机关干部职工作政治经济理论、法律、人大业务、“十二五”规划等方面学习辅导。机关干部职工发扬严谨、细致的工作作风，服务保障水平不断提高。机关工作氛围更加和谐、团结、融洽。二是调研、宣传工作成果丰硕。一年以来，共开展调研30多次，形成调研成果30多项，其中转发市政府9项，市委批转1项。常委会开展纪念市人大常委会设立30周年活动，广泛宣传人民代表大会制度优势、民主法治建设成果。《建设智慧佛山，必须坚持社会主义民主法治》入选《人民文摘》和《经济日报》；《发挥制度优势，推进民主法治，努力营造科学发展的良好法治环境》等4篇文章入选《中国人民代表大会年鉴（2010）》。三是外事交流工作有效开展。常委会不断加强外事交流。组团代表佛山市出访日本伊丹市，共庆佛山 · 伊丹两市缔结友好关系25周年，签订了《佛山市 · 伊丹市合作交流备忘录（第27次）》。常委会还组团出访俄罗斯、韩国等国家，拓展佛山市人大工作对外交流空间。四是人大信访工作扎实推进。常委会不断建立健全信访工作制度，完善信访网络，规范信访工作办理规程，努力提高信访工作水平。常委会领导积极参与全市大接访活动，带头督办信访件。2010年共受理群众来信402件，接待群众来访253批610人次。在常委会的督办下，一批矛盾比较突出的信访案得到落实，为保障群众合法权益、化解社会矛盾、维护社会稳定做出了积极的贡献。

（*唐韶群　洪普清*）

附：2010年市人大常委会主任、副主任名单

主　任：陈云贤

副主任：卢汉超（常务副主任）
徐海祥　蒋顺威　黄建丰（女）
林邦彦

现任市人大常委会主任、副主任名单

主　任：陈云贤

副主任：卢汉超（常务副主任）　徐海祥
蒋顺威　黄建丰（女）　林邦彦
刘耀淳

（*2011年4月市人大供稿*）

佛山市人民政府

【综述】 2010年，是实施“十一五”规划的结局之年，市政府团结带领全市人民共同努力，进一步贯彻科学发展观，积极应对金融危机冲击和经济社会环境条件变化产生的各种困难问题，不断推动产业升级、城市转型、环境再造，关注和改善民生，促进经济社会健康稳步发展，圆满完成“十一五”规划主要目标和任务，胜利完成市第十三届人民代表大会第五次会议上确定的各项目标任务。

坚持科学发展，经济保持稳健增长。2010年，地区生产总值达到5651亿元，五年连跨3个千亿元大关；来源于佛山的财政总收入1039.96亿元，其中地方一般预算收入305.96亿元。地区生产总值、工业总产值、财政收入与“十五”期末相比，全部实现翻番。在经济快速发展同时实现经济效益提高。2010年，纳税超千万元以上企业729户，是2005年的2.39倍；五年新增上市企业16家，超过以往时期总和；新增中国驰名商标37件、中国名牌产品25个，参与研制国家及行业标准457个。

推进城市改造，环境质量持续好转。创造实施佛山模式的“三旧”改造，加强基础设施建设，改善了城市面貌和投资环境。五年新增高速公路303公里，路网通行能力有效提高；东平新城规划建设取得实质性进展，一批重点项目和基础设施建设全面展开。狠抓大气和水环境治理，创建成为国家环保模范城市，提前完成“十一五”环保目标任务。汾江河基本实现“江水变清，不黑不臭”的阶段性治理目标。实施“三年促变，绿地佛山”战略取得可喜成果，五年新增和改造绿地面积4762万平方米，城市整体绿量明显增加，区域（省立）绿道全线贯通。

坚持以人为本，民生改善社会和谐。五年投入民生事业702亿元，占全市一般预算支出的56%。城乡九年义务教育全面免费，教育现代化和教育综合改革走在全省前列。建立健全养老保险、社会救助及住房保障体系，五年解决5836户低收入家庭住房困难。基本形成覆盖城乡的公共卫生网络，建立住院、门诊全方位医疗保障体系，在全省率先进入全民医保时代。就业形势稳定，五年新增就业人数97.4万人，城镇登记失业率控制在2%以内。进一步健全社会治安防控体系，社会秩序明显好转。

设立领导大接访制度，建立镇（街）综治信访维稳中心，及时解决群众反映的实际问题。强化产品质量、农产品、食品、药品安全监管整治，公共安全水平不断提高。

2010年，城镇居民可支配收入27245元、农村居民纯收入12202元，分别比2005年增长56.4%和61.1%；金融机构本外币存款余额达到8462亿元，其中城乡居民储蓄存款4461亿元，分别比 2005 年增长 116.6% 和 80.9%。

【市长陈云贤在市人大会议上提出主要预期目标和重点工作】 2010 年 7 月 22 日，市长陈云贤在佛山市第十三届人民代表大会第五次会议上作政府工作报告。报告提出 2010 年经济社会发展主要预期目标是：生产总值增长 12%；人均生产总值增长 11%；单位 GDP 能耗完成省下达任务；主要污染物二氧化硫和化学需氧量排放量均完成省下达任务；全社会固定资产投资增长 16%；进出口总额增长 5%；社会消费品零售总额增长 18%；地方财政一般预算收入增长 10%；服务业增加值占 GDP 比重达 36%；全社会试验研究与试验发展（R&D）投入占 GDP 比重达 1.8%；城市居民人均可支配收入增长 8.5%；农村居民人均纯收入增长 9%；居民消费价格总水平涨幅控制在 3% 以内；城镇登记失业率控制在 4% 以内；人口自然增长率控制在 6.5‰以内。报告还提出，为实现上述目标任务，重点抓好四个方面工作：一是着力转变经济发展方式，加快构建现代产业体系；二是着力实施农村居民收入倍增计划，加快城乡一体化发展；三是着力提升民生社会事业，加快建设富裕和谐佛山；四是推进改革促发展。报告还明确 2010 年要办好十件民生实事：一是加强保障性住房建设；二是全面实施新型农村养老保险制度；三是实施基本农田保护补贴；四是实施政策性农业保险；五是加强公共卫生服务能力建设；六是实施中小学校舍安全工程；七是扩大“明天计划”实施范围；八是实施农村特困家庭危房改造；九是完善高龄老人津贴制度；十是提高企业退休人员基本养老金。

市政府提出的 2010 年各项任务和民生实事已顺利完成。

【李贻伟任佛山市人民政府市长】 2010 年 7 月 24 日，佛山市十三届人大五次会议举行第三次全体会议，经过选举，李贻伟当选为佛山市人民政府市长。

【市政府召开十三次常务会议】 2010 年，市政府工作着重于促进发展、改善民生，注重于办实事、抓落实、求实效，政务活动繁忙而卓有成效。全年共召开十三次政府常务会议，研究决定 130 多个事项，主要是：市委、市政府关于加快统筹城乡发展的意见；市基本农田保护补贴实施办法；对高明区行政区域内西江河道行洪控制线进行调整问题；堤围防护费收费标准问题；制定全市水土保持补偿费标准问题；市供用水管理规定；进一步加强高层次人才队伍建设的意见；人才开发专项基金管理暂行办法；市政府第二届专家顾问团实施方案；市直财政供给单位干部职工住房公积金年度调整工作问题；物业管理（试行）办法；加强和完善出租资产管理问题；菜牛机械化定点屠宰实施方案；活羊定点屠宰设置方案；实施技术标准战略专项经费使用安排问题；促进服务业跨越发展的工作意见；院市合作项目管理工作规程；2010 年提高企业退休人员养老金待遇问题；解决旧纺企业安置职工资金问题；绿道网建设规划；无障碍设施改造市属项目经费问题；“十二五”口岸发展规划；构建新型农村金融体系促进城乡统筹发展的指导意见；产业结构调整指导目录（鼓励类）；调整佛山市企业职工最低工资标准问题；基础设施下乡 2010 年度项目计划；东平新城启动区基础设施建设项目投资费用问题；市应急救援指挥中心工程项目；关于加快残疾人事业发展的意见；申报教育综合改革试验区；佛山科学技术学院新校园建设的问题；市简政强镇事权改革实施意见；区级党政机构改革实施意见；市轨道交通发展有限公司 2010 年专项支出问题；国家新型工业化产业示范基地规划和实施方案；市政府第二届专家顾问团成员和咨询专家名单；社会保险扩面征缴任务及考评方法；进一步完善和深化事权下放工作的意见；市行政服务中心体系建设工作意见；政府服务延伸到村居工作的指导意见；2010 年度社会保险基金预算问题；省职业技能鉴定中心南海基地问题；市政府向区下放行政管理事权目录；进一步完善佛山市高龄老人津贴制度的问题；加强佛山市摩托车管理工作问题；禅城、南海、高明、三水区党政机构改革方案审核意见；“三着力一推进”工作方案；置换佛山海关办公院区问题；第 16 届亚运会佛山分赛区筹委会经费问题；贯彻执行广东省城镇独生子女父母计划生育奖励办法；扶贫开发规划到户责任到人工作意见和考评办法；市已故企业离休干部配偶定期生活困难补助标准问题；对口支援新疆西藏资金问题；“四化融合，智慧佛山”发展规划纲要及实施方案；2010年收费站专项费用开支预算问题；“一环”2010年养护费用预算；全市区域绿道建设补贴费用问题；城市轨道交通管理办法；东平小学办学管理问题；公车改革问题；推进农民工积分制入户城镇的实施意见；传达全省工业经济工作会议精神；调整市级财政资金使用审批权限问题；市直对口帮扶“双到”工作资金及驻村工作经费问题；市路桥公司2010年费用开支预算；加快文化产业发展的若干政策意见；执行国家基本药物制度实施方案；第16届亚洲运动会火炬传递（佛山站）活动安排；实施《珠江三角洲地区改革发展规划纲要（2008～2020）》实现“四年大发展”方案及其考核意见；扶持国家汽车及配件产品质量检验中心建设方案；公共卫生与基层医疗卫生单位绩效工资实施办法；扩大失业保险基金支付使用预算问题；广佛线票价优惠政策两地对接问题；转换农业发展方式实现农村居民收入倍增计划工作实施方案；组建佛山市江珠北延高速公路有限公司问题；市属国有企业负责人薪酬管理制度；顺德区审批事权与市级业务衔接关系；市接待工作暂行办法；2011年财政预算；市“十二五”规划纲要；创建全国文明城市工作实施方案；市级机关绩效与作风建设考评实施方案；城镇职工参加居民门诊基本医疗保险拨款问题；市高级技工学校和粮食储备库建设用地安排；离休干部医疗经费预算；市铁路投资建设集团公司2010年费用预算；共建佛山（清远）、佛山（云浮）产业转移工业园支持资金问题；汾江路南延线工程施工水上交通安全监管费用；广佛地铁佛山段出入口建筑装饰方案；等等。

【首批“新农保”养老金发放】 2010年1月1日起佛山市正式实施“新农保”政策：凡元旦前满60岁以上的农民居民，无须缴费，可直接领取待遇。根据各区统筹标准，禅城、南海、顺德的基本养老金为100元，高明、三水为80元。1月9日，佛山市举行“新农保”首批养老金和个人账户对账折发放仪式。仪式上，30名参保村民从市领导手中接过了养老金存折和个人账户对账折，领取了自己的首批基本养老金。佛山市在基金筹集和制度设计上都进行了创新。一是在财政补助方面，佛山对个人缴费的补助标准和基础养老金的补助标准均按高于省的标准进行，全市财政每年的投入将近4亿元；二是在扩大保障范围方面，各区除了按市的实施意见将农村居民纳入制度覆盖范围外，还将城镇居民也纳入“新农保”或“大社保”；三是在信息系统建设方面，自主开发“新农保”信息管理系统，规范监管工作流程，提高工作效率。2010年，全市农村居民参保缴费人数已达到84.4万人，其中参加“新农保”缴费人数为32.8万人，参加职保缴费人数为51.6万人，参保缴费率达到88.2%，农村居民享受待遇人数为29.6万人，其中享受“新农保”待遇22.9万人，享受职保待遇6.7万人。农村居民纳入保障覆盖率已达到92.9%。

【全面推进大部制和“简政强镇”改革】 2010年5月12日，佛山市全面推进区级党政机构改革和“简政强镇”事权改革，至9月底，禅城、南海、三水、高明四区参照顺德模式，全面完成大部制改革；在容桂、狮山试点基础上，全市其他31个镇（街）也全部完成“简政强镇”事权改革，17个特大镇获得县级行政管理权限，并开始将政府服务向村（居）延伸。通过大部制和“简政强镇”改革，各种权限逐级下放，各区镇行政效能全面提升。一是坚持党政联动改革，各区不超17个机构。坚持党政群联动推进大部门体制改革，压缩管理层级，全方位优化政府职能结构，构建党政决策权、执行权、监督权相互制约相互协调的运行机制。对原有职责相同、相近、相关的部门进行合并，区党政机构原则上设置16个，最多不超过17个。与顺德模式不同的是，省垂直管理的地税、工商、质监等部门维持现体制不变。“简政强镇”改革后，17个综合指数400以上的特大镇（街）设置综合性办事机构不超过12个，其他镇（街）原则上不超过10个。二是坚持扁平化管理，区领导兼任大部门首长。精简合并后的区党政大部门的首长由区委常委、副区长兼任，区领导不足的配备副处级领导干部担任。改革后，区联席会议的决策直接由大部门落实执行，减少了原来分管区领导和秘书长协调两个环节，强化顺畅执行力，做到扁平化管理。与顺德模式稍为不同的是，除区委书记、区长不兼任大部门首长外，区委副书记和1名常务副区长也不兼任大部门首长。“简政强镇”改革后，综合指数400以上镇（街）主要领导按副处级配备，其他镇（街）的主要领导维持原级别不变。三是坚持事权下放，化解基层事多权小问题。市直各部门、各区按照“权责一致、重心下移、减少层次、能放则放”的原则，最大限度地向区、镇（街道）下放行政审批及其相配套的行政管理事权，但要求做到“放权不升格，组织优化不扩编”。市政府继续将89项由市直部门行使的行政管理事项，下放各辖区行使，至此市政府已向各辖区共下放了405项行政管理事项。要求各区要进一步向镇（街）下放事权，切实扩大镇（街）行政事务的管理和处置权限。同时要求按照财随事转的原则，建立镇（街道）的财力保障机制，推进村级财务管理方式改革。四是坚持服务前移，惠民便民。出台一系列配套措施，力求政府服务“内联五区、外延村居”。所有下放和服务前移的事项都要进驻各级行政服务中心对外提供“一站式”、“一条龙”服务。按照“一村（居）一中心”和“多村（居）一中心”两种模式，将政府服务延伸到村（居），方便群众办事。

【广佛地铁首通段顺利开通】 2010年11月3日，国内首条城际地铁——广佛地铁首段正式通车，这是我国第一条全地下的城际轨道交通线路，佛山也成为我国首个开通地铁的地级市，并与广州7条地铁线形成236公里的现代化交通网络。广佛地铁是国务院批准建设的珠三角城际快速轨道交通线网的骨干线路之一，西起佛山市魁奇路，东至广州市沥滘，全长32.16公里，均为地下线路。首通段全长20.47公里，于2007年6月28日开工，主要满足佛山市、广州市组团内部和广佛两市城际间的交通需求。据统计，从2010年11月3日至12月27日，广佛地铁共开行列车1.54万列次，客流量高达582.3万人次，日均客流量10.59万人次。

【成功承办亚运会佛山赛区赛事】 2010年11月12日至27日，第十六届亚洲运动会在广州举行。共有35名佛山籍运动员参加了亚运赛事，并获得3金5银6铜共14枚奖牌的优异成绩。其中，南海九江男子龙舟队代表中国国家队出战，并获得两枚铜牌。这支平均年龄接近40岁，完全由农民组成的国家队向世界展示了中国最传统的龙舟文化，也改变了亚运会职业化的历史，是全民参加亚运的最好体现。佛山作为协办城市之一，圆满地完成花样游泳和拳击两个项目的比赛组织工作，并实现安保工作零差错。

佛山市成功承办亚运会佛山赛区赛事。2010年11月19日，佛山世纪莲游泳馆举行花样游泳比赛，蒋文文、蒋婷婷顺利摘金。

【认真细致做好政府信息公开工作】 市政府进一步加强政府信息公开工作，提高了政府工作透明度，保障了人民群众对政府工作的知情权、参与权和监督权，在全社会树立了良好的政府形象。

一是健全政府信息公开工作机制。通过建立佛山市政府信息公开联席会议制度，组织实施和协调、督导全市政府信息公开工作；各区政府、市政府各部门也相应设立政府信息公开工作领导小组、工作机构和人员，明确职责，制订方案，组织实施，为推进政府信息公开工作提供了组织保障。

二是拓宽政府信息公开渠道。市政府对《政府信息公开》栏目进行了升级改版，使佛山市网上政府信息公开更加全面、规范、合理；在网上发布电子版市政府公报的同时，还编制纸质版的市政府公报，摆放在市政府行政服务中心的政府信息公开服务处让市民取阅，而且在每月10日的《佛山日报》刊登上月2期政府公报目录，方便市民查阅和运用市政府公报。还在市政府行政服务中心大楼一楼设立的“佛山市人民政府信息公开服务处”，安排专人接受市民咨询及申请公开政府信息，2010年，全市各级政府和市直部门主动公开政府信息7.15万条。

三是规范政府信息公开申请处理程序。通过修改佛山市政府信息公开指南，制定佛山市政府办公室政府信息公开申请处理流程图，进一步明确政府信息依申请公开办理的流程，提高了政府信息依申请公开工作的水平。

四是加强政府信息公开培训工作。为提高政府信息公开工作人员的工作能力和水平，佛山市于4月组织各区政府、市直部门、直属机构政府信息公开工作46名负责人，举行全市政府信息公开培训班。通过集中学习培训，在全市上下营造了推行政府信息公开的良好社会氛围，大大提高了全市政府信息公开工作整体水平。

（马时光　何锦沛　印园园）

附：2010年佛山市人民政府市长、副市长名单

市　长：陈云贤

副市长：冼瑞伦（常务副市长）

周天明（常务副市长）

叶明权（挂职）　李子甫　邓伟根

麦洁华（女）　王　玲（女）

现任佛山市人民政府市长、副市长名单

市　长：李贻伟

副市长：冼瑞伦（常务副市长）

周天明（常务副市长）

叶明权（挂职）　李子甫

麦洁华（女）　王　玲（女）

宋德平

（2011年4月市政府供稿）

【佛山市人民政府行政服务中心】　2010年，佛山市人民政府行政服务中心围绕市委、市政府的决策部署，继续认真做好季华路行政服务大厅管理、12345行政服务与行政投诉热线管理等基础工作，大力推进行政审批制度改革、行政服务中心体系建设、网上审批一体化建设、组建市公共资源交易中心等重点任务，努力打造佛山行政服务“公开、高效、规范、廉洁”的品牌效应，加快推进服务型政府建设步伐。

行政服务大厅管理运作水平稳步提高。至年底，进驻服务大厅的单位有42个（其中：市级部门17个，区级部门13个，行业服务机构12个），窗口工作人员303名（其中常驻人员190名），进驻项目352项。2010年各窗口受理业务共54.38万件（平均每月近5万件），中心内办结率93.8%。2010年，窗口单位共压缩事项承诺时限达47项次，采取28项提升服务效能的便民措施，包括审批专用章提高现场办结率、利用POS机刷卡简化缴费手续等，还积极推出免填表、网上服务、上载表格、增加手机短信通知等便民服务。全年收到群众评议投票7.83万张，满意率为99.8%，咨询导办岗位共受理群众咨询8.28万人次，主要集中在质监、公安、地税、工商等部门。6月正式启用“排队叫号”、“服务评价”、“录音监控”和考勤系统等一系列新方法，得到各进驻窗口单位的积极配合，窗口服务水平的管理评议工作取得明显成效。2010年，共有16个进驻窗口单位受到上级的表彰、新闻媒体或群众的表扬。其中市质监窗口获得“2009年度全省组织机构代码工作先进集体一等奖”、“组织机构数字证书推广奖”，3人被评为“2009年度全省组织机构代码工作先进个人”；市法律援助处被评为“全国维护妇女儿童权益”先进集体，被广东省人民政府评为“广东省文明窗口”。

行政审批制度改革工作得到深化和巩固。市审改办组织市、区两级审批部门开展第四轮行政审批事项清理工作。经过清理，市级行政审批事项共保留391项，取消38项，转为日常管理25项，改变管理方式233项，受上级委托代为管理16项；市级涉及基层组织、企事业单位和群众办事的日常管理事项共保留165项，取消9项，改变管理方式75项，受上级委托代为受理113项。结合省政府向市下放行政审批事权，进一步推进市级部门分两批向各区下放184项行政审批事权。市审改办针对区级大部制改革带来的职能变化，进一步优化审批流程，完善工作机制，统一全市操作标准，推进技术性审查向中介行业组织转移，促进区级大部制改革产生化学反应。

12345 行政服务与行政投诉热线功能和服务水平得到明显提升。至年底，热线已建立市、区、镇（街）三级 328 个政府职能部门共同组成的成员单位体系。2010 年，热线共接听群众来电 16.16 万个，比上年增长 12.79%，市热线办向各热线成员单位下派工单 5.51 万件，比上年增长 19.68%，各区热线办再向区一级成员单位下派工单 4.06 万件，比上年增长 13.89%，各级成员单位对工单的按时答复率由 2009 年的 92.5% 提高到 94.2%。来电群众对热线的满意率达 98.86%，比上年上升 0.46%。12345 热线实行行政投诉回访制度，从每月下派的行政投诉单中随机选取 20% 进行回访，共回访投诉单 420 件。11 月，12358 价格举报热线与 12345 行政服务热线正式并网运作。此外，热线还加大了对采编信息的审查力度，清查和修改的信息共 2519 条，提高了信息的准确性。

全市行政服务中心体系建设工作稳步推进。围绕市政府提出的“内联五区，外延村居”方针，积极推进行政服务中心体系建设和政府服务延伸到村居的工作。2010 年，市政府建立了佛山市行政服务中心体系建设联席会议制度，制定了《佛山市行政服务中心体系建设联席会议制度工作方案》，联席会议下设办公室，负责承办联席会议的具体工作。至年底，禅城、南海两个区已全部建成镇（街）一级行政服务中心，其中南海区成为全省首个实现区、镇、村三级行政服务中心全覆盖的县（区），顺德区以容桂街道为试点，已完成 25 个村（居）中心的建设，三水、高明也正在加快推进此项工作。在行政服务标准化方面，全市统一的行政服务中心形象标志设计工作已完成，《佛山市行政服务标准》体系表已初步确定。

行政审批电子网络一体化建设工作推进顺利。市行政服务中心继续大力推动行政审批电子网络一体化项目建设工作，顺利完成了项目（二期）的建设任务。该项目搭建了市、区一体化的行政审批网上申报门户，扩充了网上审批服务大厅的服务功能，实现了通用审批业务办理平台、行政审批事项管理系统的深化改造。至年底，已完成审批协同系统、审批证照比对系统、审批服务总线以及一体化综合管理平台的开发等工作。通过各系统（平台）的测试、安装和部署，将实现核心应用、运行保障、基础支撑三位一体、协调运作的一体化系统框架。为加快推进行政审批电子网络一体化，市政府还出台了《佛山市行政审批电子网络一体化项目实施方案》以及《总体建设方案》和《建设标准规范》，大力推动五区和有关部门审批系统的整合，推动市、区各级审批单位 80% 审批事项的上线应用，开展用户培训等工作。

【禅城区人民政府行政服务中心】 禅城区人民政府行政服务中心季华路大厅在服务大厅建设上实行与市人民政府行政服务中心对外服务窗口合署办公、资源共享的模式开展工作。于 2009 年新增加禅城区行政服务中心魁奇路大厅。至 2010 年 11 月 30 日，禅城区人民政府行政服务中心季华路、魁奇路服务大厅共受理办件 77.81 万件，按时办结率 99.9%；同期收到群众评议满意票 11.67 万张，满意率 99.82%。该中心是全市最早启动村级行政服务中心建设工作的区级中心。市政府副市长王玲亲临张槎街道的莲塘村行政服务中心考察，并给予充分肯定。至年底，全区 54 个村有 45 个建成行政服务中心对外服务，实现政府服务延伸到村（居）。2010 年，结合大部制改革、“简政强镇”改革、事权下放等工作，一镇三街分别重新选址或原址改造扩容，实现大厅面积、窗口数量和软硬件设施的扩容和全面升级。区中心利用《禅城区星级服务窗口考核手册》，通过开展暗访活动进行记录检查，促进全区对外窗口服务水平提升。

【南海区人民政府行政服务中心】 2010 年，南海区行政服务中心按照“一上一下，一整一合”的原则，结合部门反馈意见，严格按照上级要求开展审批制度改革工作。改革后全区 30 个部门保留实施行政审批事项 423 项，取消 51 项；保留实施的日常管理事项 185 项，取消 7 项；下放镇（街）行政审批（管理）事项共 265 项（含 215 个小项）。全年各镇（街）中心办件总量达到 67.12 万件，区中心职能部门办件量为 45.94 万件，其他为 5893 件，群众满意度 99.7%。在建设服务体系方面，整合审批链条实施房产两证合一、推进工商地税质监直管部门业务全面进驻、接入市网上审批办事大厅、与市通用审批系统对接。2010年，南海建成224个农村社区行政服务中心和62个城市社区行政服务中心，提前一年完成市要求的村（居）行政服务中心全覆盖。南海成为广东省首个实现区、镇、村三级行政服务中心全覆盖的县（区），基本形成15分钟便民服务圈。开展工程验收程序改革，将所有建设类工程纳入联合验收的范围，这是南海区2010年审改工作的一大亮点，是全国深化行政审批制度改革的亮点。佛山市南海建设工程竣工联合验收办公室（简称“区联合验收办”）于9月9日正式成立，并于10月25日正式挂牌，全面开展建设工程竣工联合验收工作，办公室设在区行政服务中心。群众向联合验收办递交所有材料后，从过去最快两个多月的时间变为现在13个工作日即可完成工程验收。

【顺德区人民政府行政服务中心】 2010年，顺德区行政服务中心以“建立由区委、区政府统筹领导，区属部门和镇政府（街道办）并行共管、权责明晰、分工合理、运转高效、监督有力的行政管理体制”为宗旨，全面理顺区、镇（街道）行政管理权，提高区、镇两级政府服务能力和行政效能。经审定，全区涉及行政管理事项5205项，由区保留行使2008项，划由镇（街）行使3197项，镇（街）行使权限占事项总数的61.4%，比调整前多1636项。2010年，顺德区行政服务中心深化“简政强镇”事权改革，推动行政管理职权向基层转移，全面推进基层行政服务体系建设，建成基层政府公共服务平台，并通过掌握政府信息化建设情况，以系统延伸、数据共享打破“信息孤岛”。2010年对全区各部门可以进行网上审批的事项进行填报审查，选定17项行政审批统一放上佛山市网上审批服务大厅行使。该中心以推进网上信息公开、政民互动为中心，不断完善顺德区人民政府网，认真做好网站建设及维护工作，其中政务论坛逐渐成为顺德区市民建言献策、咨询投诉及政府了解民意的主要信息平台。

【高明区人民政府行政服务中心】 2010年，高明区行政服务中心进驻部门17个，进驻人员128名，对外设立服务窗口50个，全年共受理各类审批、办证等业务13.27万件，办结率99.3%。自5月中旬以来，中心多次到一街三镇进行调研摸底，推动一街三镇的行政服务中心建设。另一方面，通过市、区二级行政服务中心多次深入镇、村（居）调研，结合该区实际，初步确定38个进驻村（居）中心的服务项目。通过组织意向承接事项调查、细化下放方式权限、疏理拟下放事项等步骤紧抓审批制度改革进度，同时协调好区各审批单位与各镇（街）的下放事项交接工作。据统计，首批向镇（街）下放397项审批管理事项。其中行政审批事项297项，日常管理事项100项，占全区事项的35.3%，涉及部门18个。至年底，全区已完成交接事项301项，占总下放事项的76.6%。根据“能合不分、能并不串”的原则，中心积极推动各部门开展其他跨部门审批事项审批程序改革。结合2010年全区开展的党政机构改革调整，中心迅速牵头开展行政审批事项清理工作，确保三大并联审批改革畅通无阻。2010年，高明区行政服务中心优化整合现有服务窗口、规范服务窗口的设置。每月按照《佛山市高明区政府行政服务中心窗口考评工作方案（修订）》要求从工作态度、工作纪律、工作质量、群众评议等方面对窗口工作人员实行月度评议考核。

【三水区人民政府行政服务中心】 2010年，三水区人民政府行政服务中心制定窗口考核细则，并引入团区委、广东商学院等机构开展第三方测评，先后在第一、三季度开展窗口及“服务之星”评比，以评促改达到了群众认同的效果。该中心将原28个进驻审批单位调整为23个，近千件审批事项按职能划分重新调整，窗口调整完毕后中心及时更换标志、加强引导，确保市民能准确迅速地找到办件窗口。至11月22日，中心共受理审批件14.18万件，办结率达97.86%，即时办结率22.11%，提前办结率85.85%，全部事项均在承诺期限内办结。中心重新编制《三水区的行政审批（管理）事项目录》，全区共保留27个审批部门，包含大项854项，实际操作项1123项。其中15个审批部门涉及调整，涉及行政审批事项大项647项，实际操作项882项。中心区级行政审批网络一体化系统已完成立项工作，镇级行政服务中心计划同步推广应用，立项工作正积极探讨。电子政务工作由原区信息办移交至区行政服务中心。2010年，三水区着力推进镇（街）行政服务中心建设，区政府出台行政服务中心体系建设规范指导意见。在深入调研的基础上，制定了镇（街）行政服务中心行政审批（管理）和服务事项指导目录（第一批），指导各镇（街）建设镇（街）行政服务中心。

（郭明君）

佛山市政协

【综述】 政协第十届佛山市委员会在2010年间，辞去委员13名，撤销委员资格1名，增补委员26名；辞去副主席职务1名、常务委员职务3名，免去常务委员职务1名，补选副主席2名、常务委员6名。增减后，实有委员408名，其中常务委员65名。现有委员中，中共党员148名，占36.27%；非中共人士260名，占63.73%。2010年，市政协在中共佛山市委的正确领导下，坚持以科学发展观统领工作全局，紧紧围绕市委、市政府的中心任务和工作大局，认真履行政治协商、民主监督、参政议政职能，团结动员各党派、各团体、各民族、各阶层和各界人士，齐心协力谋发展、增民生、促和谐，为推进佛山市改革发展和现代化建设作出了积极贡献。

【市政协十届四次全会】 2010年7月21～23日，中国人民政治协商会议第十届佛山市委员会第四次会议在市政协礼堂隆重召开。来自佛山市各党派、人民团体、社会各界以及港澳地区特邀人士等28个界别的378名委员出席了会议，市党政军领导到会祝贺，在佛山市工作的省政协委员，市各民主党派、工商联主要负责人，市政府有关部门和中央、省驻佛山部分单位领导，市政协历届正副主席、秘书长等95人应邀列席本次会议，另邀请10名市民代表旁听了会议。市委书记陈云贤在开幕会上作了重要讲话。会议按照市委十届八次、九次全会提出的部署和要求，积极动员参加政协的各党派、团体和各界人士，深入开展学习实践科学发展观活动，认真履行政协三大职能，围绕“促增长、调结构、抓改革、惠民生”，“四化融合，智慧佛山”和岭南文化名城建设等问题建言献策。会议听取和审议了第十届佛山市政协常务委员会工作报告和关于十届三次会议以来提案工作情况的报告，同意这两个报告，并对市政协十届三次会议以来的19件优秀提案进行了表彰；列席了市十三届人大五次会议，听取和讨论了市政府工作报告及有关报告，赞同政府工作报告。会议同意苏明实辞去市政协副主席职务及曾杰文等3位同志辞去市政协常委职务，补选了吴志强、黄海宁为市政协副主席及邓海钧等6人为市政协常委；通过了市政协十届四次会议决议。市政协主席蔡河义在闭幕会上作了讲话。

【召开常委会议】 2010年，市政协召开了第十、十一、十二次常委会议。第十次常委会议主要讨论市《政府工作报告（征求意见稿）》；审议通过市政协常委会工作报告（草案）和提案工作情况报告（草案）及市政协十届四次会议有关事项；通过辞免和增补市政协委员及有关人事任免。第十一次常委会议审议通过有关人事任免事项；第十二次常委会议围绕“城市生活垃圾处理与利用”问题进行专题议政。

【围绕市委、市政府重大决策开展民主协商】 坚持把关系全市经济社会发展的重大问题和市委、市政府的重大决策作为民主协商的切入点，依托政协智力密集、人才众多的优势，开展多形式、多层次的民主协商。市政协十届四次会议期间，委员们就《政府工作报告》及其他报告进行协商讨论。在大会发言中，市政协各参加单位代表踊跃发言，有10位委员即席发言，围绕佛山市产业结构调整升级、低碳经济、公共卫生体系建设、文艺事业发展、农民工住房保障、环境综合治理等问题积极建言献策；召开各界别委员代表座谈会，28个界别31名委员就文化、卫生、公交、城建和机构改革等问题与市委、市政府主要领导面谈交流，充分反映各界群众的诉求，得到党委、政府的高度重视和认真研究。在重点提案督办中，主动与市委、市政府及有关部门，共同商讨落实的措施和办法。市委、市政府主要领导先后四次到市政协通报全市经济社会发展情况和工作重点，共商建设“四化融合，智慧佛山”大计。市政府领导专门到政协听取各民主党派、工商联代表和委员对佛山市“十二五”规划编制的意见。还多次组织委员参与市政府有关部门对《“四化融合，智慧佛山”发展规划纲要》、《佛山市教育事业发展“十二五”规划》、《佛山市档案事业“十二五”规划》、《佛山市哲学社会科学“十二五”发展规划纲要》等多项规划征询意见的座谈会。通过多形式多渠道的民主协商，促进了党委、政府决策的科学化、民主化，推动了佛山经济社会全面协调可持续发展。

【围绕经济社会科学发展开展调研议政】 坚持把服务经济社会科学发展作为调研议政的主战场，重点选择了“城市生活垃圾处理与利用”、“ 学前教育公平”两大重要课题，组成由政协委员、民主党派、有关部门负责人和专家学者参加的专题调研组，在政协领导带领下，深入调查研究，广泛听取各方面的意见，经过反复研讨和论证，形成较高质量的调研报告，分别召开常委会议和主席会议进行专题议政，并形成常委会议、主席会议建议案供市委、市政府决策参考。市委、市政府重视调研报告和建议案所提出的意见和建议，不少意见建议被采纳，并逐步得到落实。

【围绕提高行政效能开展视察监督】 依托各专门委员会，组织委员对第三产业发展、岭南文化名城建设、保障性住房建设、社会治安监控系统建设、“三旧”改造、东平新城规划建设等6个方面的社会发展和民生建设问题进行专题视察，通过现场视察和座谈交流，向党委、政府及有关部门提出了许多促进工作落实的意见和建议。组织委员共22批100多人次参加“政风行风评议”、“普法检查”、“‘黑网吧’系统销毁”、“食品药品安全行”、“听证会”等有关监督评议和检查活动，充分践行政协委员民主监督权力，积极为和谐社会建设献计出力。同时，还通过新闻媒体刊发和宣传有关政协履行职能的稿件200多篇，促进了政协民主监督与舆论监督的有机结合。十届四次会议期间还开办“两会热线”，组织政协委员、市民群众与政府有关部门围绕社会关注的热点问题开展对话交流，增强民主监督的实效性。通过佛山市政协网站以及编辑出版4期《佛山政协》会刊等，宣传政协工作成果，扩大民主监督影响。

【围绕促进民生建设开展提案信息工作】 坚持把反映和解决社会热点难点问题作为提案工作的着力点，加强沟通协商，提高办理实效，推动社会热点难点问题及时有效解决。全年共收到提案343件，立案222件，合并后交办168件，另有97件作为意见，24件转为信息。市领导高度重视政协提案工作，坚持牵头督办重点提案。《关于进一步提升我市公交事业发展水平的建议》和《对进一步提升佛山制造业竞争力的建议》被分别列为市委书记、市长督办提案。《关于加强我市保障性住房建设的建议》、《大力发展文化产业，优化提升产业结构》列为市政协主席督办提案。市委书记督办案，由陈云贤亲自审定办理方案，召开座谈会听取专家对发展公交的建议，并先后两次乘坐公交进行调研。市长督办案，由李贻伟亲自牵头督办，在广泛听取各方意见和建议的基础上，形成了广泛共识和办理落实意见。提案提出的许多意见和建议得到了政府部门的采纳，采纳率达到94%，对促进全市经济社会科学发展与和谐稳定起到较好的作用。全年共收集信息810多篇，编报《佛山政协信息》218期，其中，被全国政协、省政协采用27篇，省委、市委采用32篇，国家及省、市领导批示9条。不少信息起到了反映民情、汇聚民智、改善民生的重要作用。

【围绕共建和谐社会开展团结联谊】 坚持团结、民主两大主题，巩固发展新时期的爱国统一战线，为推进佛山科学发展、和谐发展、协调发展凝心聚力。一是拓展民主党派、工商联、人民团体参政议政平台。充分发挥民主党派、工商联、参加政协的人民团体和无党派人士参政议政的热情和积极性，为他们参加政协的协商、调研、视察和考察等活动创造条件、搭建平台；尊重、鼓励和支持他们在政协的各种会议上，积极发表意见和建议。加强中共市政协党组与各民主党派负责人的沟通联系，坚持政协与各民主党派、工商联秘书长（办公室主任）联席会议制度，营造了目标同向、工作同步的良好氛围。二是密切与港澳台同胞和海外侨胞的交流联系。市政协领导多次前往港澳拜访港澳委员、重要社团，通报和介绍佛山经济社会发展情况，听取意见和建议。邀请和接待港澳人士、海外侨胞来访，组织港澳委员到内地考察，帮助佛山的港澳台侨企业解决发展中的实际困难，并为港澳同胞捐助公益和扶贫助学做好牵线搭桥工作。回访台湾高雄县议会，与台湾有关社团开展联谊活动，积极推动两岸经济文化交流。三是加强与各级政协合作交往。与各区政协联合开展视察、调研等活动，协助全国政协、广东省政协开展专题调研、视察活动，热情接待各地政协的调研考察，走访省内外部分市政协。四是开展领导干部接待群众来访工作。根据市委的要求，市政协领导开展了为期两天的“大接访”活动，并按照《佛山市领导干部公开接待群众来访日制度》的要求，定期参加接访活动，及时化解可能出现的矛盾。五是开展和谐文化活动。积极协助省政协举办“政协杯”台球赛、“四洲杯”粤港澳粤曲演唱大赛等有关活动，组队参加省政协、人民政协报举办的高尔夫球赛，主办了佛山市有关系列高尔夫球赛。组织系列书画展和文化讲座，加强对内对外艺术交流。

【围绕提高履职水平开展“创先争优”活动】 坚持以“创先争优”为目标要求，切实加强自身建设。一是抓好以学习贯彻中共中央总书记胡锦涛重要讲话精神为重点的思想理论建设。认真学习胡锦涛在庆祝中国人民政治协商会议成立60周年大会上的重要讲话精神，并与学习中共十七届五中全会、省委和市委全会精神相结合，与开展“创先争优”活动相结合，与人民政协履行职能的实践相结合，进一步提高了政协队伍的思想理论水平。二是抓好以提高素质为重点的委员队伍建设。注重充实配强委员队伍，积极组织委员参加学习培训、考察视察、界别活动，帮助他们提高履职本领。加强对委员的履职考核，完善登记委员参加活动的档案，激发委员履职积极性、创造性。三是抓好以提高工作效能为重点的机关自身建设。以创建“学习型、服务型、创新型、和谐型”机关为目标，深入开展“创先争优”活动，围绕提高工作效能和服务质量，扎实做好各项工作。牵头抓好“双到”扶贫开发工作，深入挂钩联系点帮扶。抓好各项规章制度的完善和落实，做好机关干部的培养、选拔、交流和任用工作，不断创新工作方法，进一步提高了机关工作效能。

【全国政协领导人视察佛山】 9月12日，全国政协副主席李金华带队到佛山市调研《中共中央关于加强人民政协工作的意见》的贯彻落实情况，召开专题座谈会听取有关情况汇报。省政协副主席周天鸿和市委书记陈云贤陪同调研，市委副书记杨晓光和市政协主席蔡河义分别向调研组汇报了中共佛山市委及市政协贯彻落实《中共中央关于加强人民政协工作的意见》的相关工作情况。

（李家好　闵　洁）

附：2010年市政协主席、副主席名单

主　席：蔡河义

副主席：吴志强　李秀萍（女）　杨军辉　袁毅桦（女）　谭家驹　杨锡基　黄　炳　陈道明　黄海宁

现任市政协主席、副主席名单

主　席：蔡河义

副主席：李秀萍（女）　杨军辉　袁毅桦（女）　谭家驹　杨锡基　黄　炳　陈道明　黄海宁

（2011年4月市政协供稿）

佛山市纪委

【综述】 2010年，全市各级纪检监察机关深入贯彻中央纪委五次全会、省纪委十届四次全会和市委十届八次全会精神，坚持标本兼治、综合治理、惩防并举、注重预防的方针，以完善惩治和预防腐败体系为重点，以加强作风建设为抓手，紧贴党委、政府中心任务，创新工作方式方法，扎实推进反腐倡廉建设各项任务的落实，促进了佛山经济社会平稳健康发展。

【市纪委十届五次全会】 2010年2月2日上午，佛

第四篇

政　　治

FOSHAN NIANJIAN

文明佛山
FOSHAN

佛山创建全国文明城市图片专辑

争创全国文明城市 共建和谐幸福佛山

中共佛山市委书记　陈云贤

"十二五"：走进民富市强幸福佛山

"十二五"时期，我们要阔步走进民富市强幸福佛山。坚持把建设"先进制造基地，产业服务中心，岭南文化名城，美丽幸福家园"作为佛山城市定位，把"四化融合，智慧佛山"作为转型发展的主线，把落实"三着力一推进"作为工作重点，把"调结构"作为"强市"的主要抓手，把"惠民生"作为"富民"的主要路径，实现产业转型、城市转型和环境再造，争当"加快转型升级，建设幸福广东"的排头兵。

以创建文明城市为契机，促进宜居环境全面提升

一是创建全国文明城市。举全市之力推进创建工作，实行重心下移，强化五区联创，充分调动全社会力量，广泛开展创建系列活动，打造创建品牌，营造强势氛围，全面提升城市文明程度和市民文明素质，形成完善的公共服务、良好的社会风气、浓厚的文化氛围、优良的社会秩序、优美的生态环境，不断增强广大市民的认同感、归宿感和幸福感。二是建设生态文明城市。巩固国家环境保护模范城市创建成果，促进工业文明向生态文明转变，实现人与自然和谐共处。积极开展全国绿化模范城市创建活动，完善绿道网建设，打造低碳生态示范区，营造低碳、环保、健康的城市环境，让市民享受低碳绿色生活。三是营造安定有序的社会环境。强化社会治安控制面，提高应对各种突发事件能力，促进社会治安持续明显好转，切实增加市民的安全感和满意度。坚持依法行政，强化法律监督，不断提高执法公信力。加强市场监管，确保供应充裕、价格稳定。强化食品、药品和农产品安全监管，保障市民生命健康安全。积极培育社会组织和慈善机构，大力扶持和发展志愿者服务，推进社工服务机制建设，扩大政府购买服务范围，引导社会组织参与社会管理和公共服务。

（中共佛山市委十届十次全会报告的摘文）

中共佛山市委副书记、佛山市市长　李贻伟

举全市之力争创全国文明城市

佛山创建全国文明城市工作将进入冲刺年全面达标阶段，任务艰巨，责任重大。让我们在中央文明委和省委的领导下，贯彻落实广东省《珠江三角洲文明城市群建设实施纲要（2008～2020）》，按照市委、市政府的总体部署和要求，下大决心，扎实工作，借力发力，持续发力，奋起直追，形成“举全市之力争创全国文明城市”的强势氛围，全面完成达标任务，为实现建成“全国文明城市”而努力奋斗。

创建全国文明城市是一项覆盖面广、牵涉范围大、关联度高的社会综合系统工程，事关发展大局。我们要坚持“抓文明城市就是抓科学发展，抓文明城市就是抓竞争力，抓文明城市就是抓发展环境，抓文明城市就是抓幸福指数”的创建理念，落实《佛山市创建全国文明城市工作实施方案》的各项目标任务，加快解决人民群众关注的重点、难点、热点问题，使“创文”工作在增强城市综合竞争力，提升市民群众“幸福指数”，推动经济社会全面进步中发挥战略统揽作用。

我市各级党委、政府必须全面强化创建意识，增强使命感和紧迫感，加强组织领导，加大创建力度，把全力争创“全国文明城市”作为推动“四化融合，智慧佛山”建设的重要载体，作为2011年工作的“重中之重”，打出“举全市之力争创全国文明城市”的旗号，凝聚社会各方面的力量，积极推进“创文”工作的开展。

（2010年12月30日创文动员大会讲话摘文）

廉洁高效的政务环境

佛山市紧紧围绕创建全国文明城市目标，着力打造廉洁高效的政务环境，促进党政机关规范行政行为、提高办事效率和依法行政水平。从锻造一支高素质的行政队伍入手，把理论武装工作始终摆上重要位置，各级党委中心组和主要领导带头学习、带头宣讲、带头调研，加强干部队伍建设，多种类、高密度地开展干部培训。建立完善科学民主的决策机制，着力提高决策水平。加强规范性文件审查和清理，规范性文件管理工作取得新实效。根据佛山市经济社会发展的需要，认真对各级领导班子进行调整和优化配备。

2010 年，全面启动"创先争优"活动。期间，各级党组织办好事实事 4631 件，全市树立先进党组织典型 268 个，优秀共产党员典型 1886 名。加大竞争性选拔工作力度，面向全市公开选拔副处级领导干部。

大力推进政府机构改革，率先实施区大部制改革、镇（街）"简政强镇"事权改革。通过深化行政审批制度改革，推进行政审批网络一体化和行政服务中心体系建设，为广大市民和投资经营者提供高效、优质、简便、快捷的服务。在市、区、镇（街道）设立行政服务中心或投资服务中心，并逐步在村（居）开建行政服务中心，实行"并联式"审批和"一站式"服务。同时，全市领导班子进行大接访活动，大力加强法治建设，形成司法公平正义、政府依法行政的良好政务环境。

深入开展廉政建设和反腐败斗争，加大对职务犯罪的预防，强化审计监督和行政监察，市委书记、市长挂帅检查考核党风廉政建设责任制落实情况，领导干部廉洁自律意识明显增强。全市人民对反腐倡廉、政府行政效能和行业风气的满意率大幅提高。

政务公开

中共中央政治局常委、中央政法委书记周永康（前左二）视察南海区桂城街道综治信访维稳中心。

2011 年 2 月 16 日，中共中央政治局委员、广东省委书记汪洋（前左二）在南庄镇罗南村参观考察。

● 佛山市、区两级领导大接访活动，大力加强法治建设，形成司法公平正义、政府依法行政的良好政务环境。

2011年4月14日，佛山市开展市五套班子领导大接访活动，市委书记陈云贤等五套班子领导在禅城区接访点接待来访群众。

市委书记陈云贤亲切接待来访群众。

市委书记陈云贤与信访群众亲切握手。

市委副书记、市长李贻伟在南海区信访局接待反映土地问题的市民。

市长李贻伟与信访老人亲切交谈。

市委副书记、市纪委书记杨晓光接访群众。

市委常委、市宣传部部长叶志容，市委常委、副市长叶明权与网民代表在广佛都市网座谈。

廉洁高效的政务环境

政务公开

市委常委、常务副市长冼瑞伦在市民政局接访点接待来访群众。

● 佛山市、区两级领导大接访活动，大力加强法治建设，形成司法公平正义、政府依法行政的良好政务环境。

市委常委、常务副市长周天明等，在市公盈公司群众来访接待中心接访。

市委常委、组织部部长冯德良与来访群众亲切握手。

市委常委、南海区区委书记邓伟根接待来访群众。

副市长麦洁华在倾听市民反映户口方面的问题。

副市长王玲在信访局接访点亲切接待来访群众。

副市长宋德平与来访群众亲切交谈。

● 建立完善科学民主的决策机制，着力提高决策水平。

2010 年 9 月 3 日，隆重召开纪念佛山市人大常委会设立三十周年纪念大会。

2011 年 2 月 23 日，市委书记陈云贤在市长助理、禅城区区委书记刘宏禄的陪同下参观了禅城区应急指挥中心。

市委书记陈云贤与容桂街道海尾社区服务站的社工亲切交谈。

市人大常委会常务副主任卢汉超带队对支持高明革命老区加快发展议案进行重点督办。

全市审计整改工作会议。

2010 年度佛山市直公务员学法考试在市机关小礼堂等 22 个考点同时举行。

廉洁高效的政务环境

政务公开

● 围绕建设“廉洁、勤政、务实、高效”政府，积极转变政府职能，创新行政管理体制，提高政府工作效能。加强干部队伍建设，多种类、高密度地开展干部培训。

市长李贻伟与网友就佛山城市发展等多方面问题进行交流。

佛山市行政机关规范性文件制作管理培训班。

●促进党政机关规范行政行为，提高办事效率和依法行政水平。

在共青团后备干部培训班上的“智慧佛山”讲座。

2010年3月2日，市委书记陈云贤在全市纪律教育学习月活动暨副处级领导干部纪律教育学习班部署动员大会上作重要讲话。

“建设法治政府”专题学习会现场。

依法行政专题座谈会现场。

佛山市国家税务局召开税务文化暨机关作风建设动员大会。

市民通过政府网站了解政务。

佛山市政府依法行政高级培训班在中国政法大学举行。

廉洁高效的政务环境

政务公开

佛山市政府第二届专家顾问团第一次会议召开。

市长李贻伟向第二届专家顾问团20位国内外专家颁发聘任证书。

●促进党政机关规范行政行为，提高办事效率和依法行政水平。

●加大竞争性选拔工作力度，面向全市公开公选领导干部。

市委常委、顺德区委书记梁维东参加顺德区公共决策咨询委员会论坛。

2010年12月17日，2010年度佛山市直公务员学法考试现场。

佛山市国税局税源与征管状况监控分析一体化平台开发现场。

国有资产企业公开招聘总经理。

“两会”代表在“两会”热线上接听和回答群众的有关问题。

数字化城市管理，南海城市管理中心启用。

中国（广东）博士后人才交流与科技项目洽谈会开幕式。

廉洁高效的政务环境

机构改革

● 推进行政审批网络一体化和行政服务中心体系建设，为广大市民和投资经营者提供高效、优质、简便、快捷的服务。

佛山市网上审批服务大厅开通启用，副市长王玲主持开通启用仪式。

根据大部制改革方案，市人力资源和社会保障局在原市劳动保障局办公楼前举行了挂牌仪式。

高效快捷的办证服务

佛山市12345行政服务热线。

●大力推进政府机构改革，率先实施区大部制改革、镇（街）“简政强镇”事权改革。

佛山市顺德区开展综合改革试验工作动员大会。

南海区党政机构改革大会。

廉洁高效的政务环境

机构改革

● 大力推进政府机构改革，率先实施区大部制改革、镇（街）“简政强镇”事权改革。

三水区大部制改革后的16个党政机构集体挂牌。

2011年6月14日，广东省副省长刘琨（左二）、佛山市委常委、南海区委书记邓伟根（右二）等领导为省内首个县区级的南海区委城乡统筹部、南海区农林渔业局揭牌。

南海区狮山镇“简政强镇”事权改革12个内设机构揭牌。

佛山市深化行政审批制度改革工作总结大会。

顺德区召开容桂街道“简政强镇”事权改革试点工作动员大会。

佛山市市直机关公务用车制度改革动员大会。

南海区“村改居”改革在全区全面展开。

南海区丹灶镇列入“村改居”的原各村村委书记上台接受“居民委员会”的牌匾。

廉洁高效的政务环境

机构改革

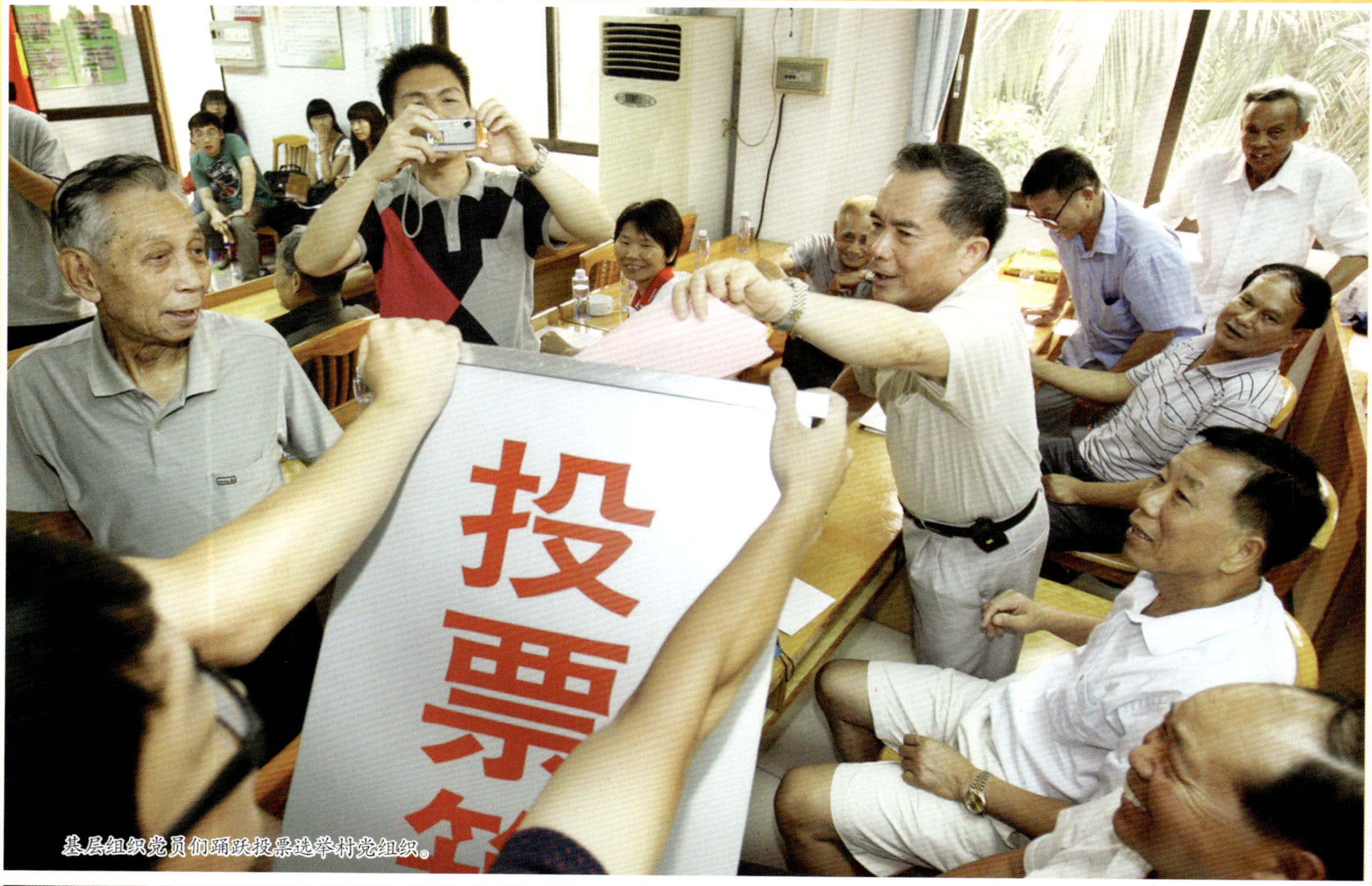

基层组织党员们踊跃投票选举村党组织。

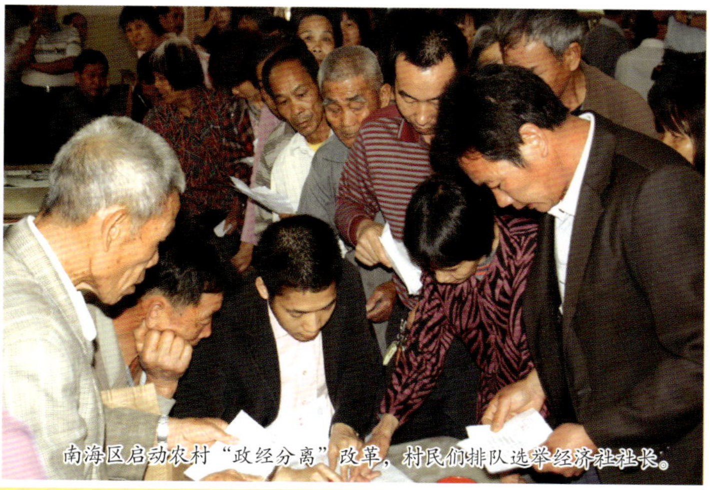
南海区启动农村“政经分离”改革，村民们排队选举经济社社长。

市民足不出社区，即可享受高效行政服务。

● 在市、区、镇（街道）设立行政服务中心或投资服务中心，并逐步在村（居）开建行政服务中心，实行“并联式”审批和“一站式”服务。

佛山市行政服务中心办公大楼。

佛山市 12345 行政服务与行政投诉热线办公区。

宽敞明亮的行政服务中心大厅。

民主公正的法治环境

佛山是全国社会治安综合治理优秀单位和全国科技强警示范城市。佛山市委、市政府高度重视法治环境建设，以制度建设和机制创新为抓手，为法治政府建设提供保障。积极开展法制宣传教育，为法治城市建设营造浓厚法治氛围，大力推进社会主义民主法治建设，人大监督、依法行政、公正司法和基层民主法治建设等工作成效显著。

全市积极开展“五五”普法工作，突出抓好各级领导干部、司法和行政执法人员、企业经营管理人员、青少年的学法用法，做到有安排、有考核。并且正式启动律师法律服务、公证法律服务、法律援助“法律服务三下乡”活动，实施“百千万”工程，组织动员100家律师所、公证处、法援机构，1000名律师、公证员、法律援助法律服务工作者开展为期3年的法律服务下乡活动。

加强公共安全保障，在全市居民小区按统一规划规范技术防范设施建设，社区警务室和安保队建设坚持经常化，落到实处。保持对社会治安的高压态势，坚持扫除“毒、赌、黄”等社会丑恶现象，坚持开展除黑打恶和禁毒专项斗争，全面整治娱乐市场，群众安全感大为增强。

维护妇女儿童老年人的合法权益，建立了预防和制止家庭暴力的网络体系。健全未成年人权益保护工作机制，全面构建学校、社区、家庭三位一体的工作网络。未成年人、老年人、妇女以及残疾人的合法权益得到保护。

近年来，积极推进“六好平安和谐社区”、“十好和谐文明村居”创建活动，深入开展严打整治和社会治安综合治理，全市社会大局和谐稳定。

法制宣传

市公安局举行“警民心连心，同创文明城”广场活动。

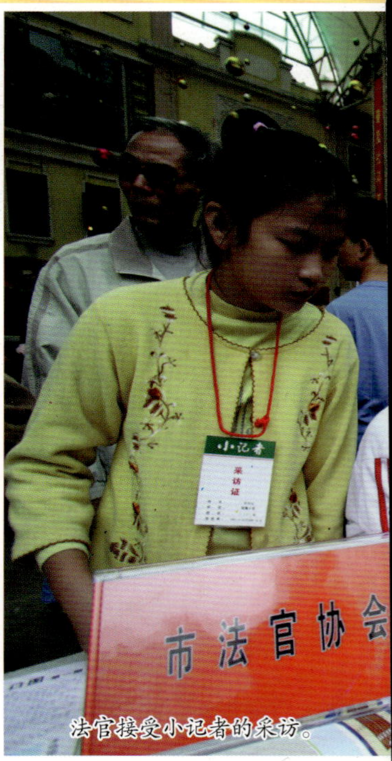

法官接受小记者的采访。

● 启动律师法律服务、公证法律服务、法律援助“法律服务三下乡”活动，实施“百千万”工程。

法制工作人员解答群众咨询。

律师事务所的律师解答群众咨询。

消费仲裁法律咨询。

佛山检察机关开展法制宣传活动。

佛山边防部队法律援助工作站在佛山边检站正式成立。

民主公正的法治环境

行政执法工作人员上街宣传普法。

法制宣传

佛山市司法局举行“佛山市法律服务三下乡”活动。

税务法律宣传活动。

法律援助律师在“佛山市法律服务三下乡”活动启动仪式现场为群众提供法律咨询。

●积极开展法制宣传教育，为法治城市建设营造浓厚法治氛围。

佛山市规范行政处罚自由裁量权工作会议。

市普法办开展"法律进企业"活动。

妇女权益保护——反家暴和禁毒宣传活动。

市发展和改革局领导干部到广东检察官学院参观"法治与责任——全国检察机关整治和预防法职侵权犯罪展览"。

市委理论学习中心组召开"建设法治政府"专题学习辅导报告。

民主公正的法治环境

法制宣传

“12·4”全国法制宣传日系列活动。

“清廉薪火行”佛山市第三届校园文化节启动。

佛山市反腐倡廉警示教育基地挂牌。

市检察院与市供电局联合召开工程建设领域共同预防职务犯罪工作现场。

市纪委监察局领导班子参观检查祖庙东华里改造工程建设现场。

消防宣传活动形式多样。

法律援助咨询活动。

民主公正的法治环境

保平安

● 佛山荣获“全国社会治安综合治理优秀单位”和“全国科技强警示范城市”称号。近年来，积极推进“六好平安和谐社区”、“十好和谐文明村居”创建活动，深入开展严打整治和社会治安综合治理，全市社会大局和谐稳定。

市领导检查“行通济”安保工作。

佛山市公安机关2010年亚运安保暨年终总结表彰大会。

巍巍警威，大大提高公众安全感和对公安工作满意度。

特警在执行任务中。

加强治安防范，确保社会安全稳定。

在佛山"110"成立30周年活动上，市民和永安网络警长交流。

全市综合应急救援支队揭牌。

民主公正的法治环境

保平安

● 加强公共安全保障，锐意进取，忠实履职，维护佛山市社会政治稳定，实现平安亚运；构建和谐警民关系，以群众满意为着力点，不断转变工作作风，创新管理服务方式，有效地提高了行政服务效能。

大力推行“科技强警”战略。

高科技的特警装备。

公交分局特别勤务大队的民警加强地铁车厢内的巡逻。

2011 年文明交通行动计划推进年暨春运启动仪式上，誓师保卫交通安全。

亚运安保组织有序。

消防武警整装待命。

严厉打击犯罪活动，维护社会平安。

执法人员对驾驶三轮车非法搭客营运者进行批评教育。

民主公正的法治环境

保平安

女警上街执勤。

行政执法车在巡逻。

数字城管系统试运行。

清拆违章建筑。

● 高度重视法治环境建设，积极开展法制宣传教育，为法治城市建设营造浓厚法治氛围，大力推进社会主义民主法治建设，人大监督、依法行政、公正司法和基层民主法治建设等工作成效显著。

公共交通监控实时监控路面公交车辆运行情况。

深入学校举行交通安全的法律教育。

民主公正的法治环境

保平安

● 加强依法行政、公正司法和基层民主法治建设，深入开展严打整治和社会治安综合治理，全市社会大局和谐稳定，为平安幸福佛山提供有力的保障。

佛山市人民检察院新办案技术大楼。

综治信访维稳中心受理总台。

扑灭石油化工火灾演习。

“迎亚运 保平安”万人大巡逻启动。

消防干警在水上执勤。

佛联－2010 联合演习。

规范守信的市场环境

佛山是国家商标战略实施示范市、中国品牌经济城市。佛山市委、市政府大力营造规范守信的市场环境，打造为民服务的诚信政府。以建设诚信政府为目标，通过强化领导干部、行政执法人员依宪执政、依法行政的观念，促进行政行为的程序化、规范化。以政府信用为先导，大力推进诚信社会建设。通过加快政府诚信体系建设，形成社会对政府部门承诺的监督网络，使社会及各类经济组织按章行事，诚信履约，全市建立起较完善的企业与个人的信贷、税收、履约、质量及奖惩信用机制，保障了经济建设的有序发展。

2009 年以来，佛山市结合实际，继续深入开展“百城万店无假货”活动 。认真配合“3·15”国际消费者权益日宣传咨询活动，宣传介绍识假、防假、打假知识，提高市民的自我保护意识和打假、识假、防假能力。开展流通领域的商品抽检，推进“百城万店无假货”活动的深入开展。佛山市季华五路商业街、广东吉之岛天贸百货有限公司佛山东方广场分公司、佛山我爱宝宝百货有限公司（城南店）分别被确定为广东省“百城万店无假货”活动示范街、示范店。从 2007 年开始每年举办“佛山市民最喜爱品牌”企业评选活动。

严格规范市场管理，广泛开展打击假冒伪劣商品和商业欺诈行为。整顿中介服务市场，开展各类文明市场、诚信市场创建活动，有效规范了市场秩序，维护企业合法权益，形成社会对政府部门承诺的监督网络，促进政府公开、公平、公正地行使社会管理职能。

规范市场

举办“‘3·15’国际消费者权益日”活动。

禅城区领导到正在建设和改造的“佛山名镇”进行质量检查。

珠三角地区打假工作研讨会在佛山召开。

城管人员动手清理街边违法广告。

新配备的“多用途污迹清除机”清理牛皮癣效果相当明显。

全市各区进行集中销毁老虎机。

佛山市城市管理系统加大力度整治城市“八乱”。

规范守信的市场环境

规范市场

● 通过加快政府诚信体系建设，形成社会对政府部门承诺的监督网络，使社会及各类经济组织按章行事，诚信履约。

佛山（国际）家居博览城项目建筑工程发包签约仪式。

加强企业专利的保护，鼓励企业创新设计。

首届专利技术展示交易周佛山分会场。

海尔—佛山（三水）市场创新产业园签约仪式。

地税部门为发展规范市场召开“加快第三产业发展”专家咨询会。

规范守信的市场环境

规范市场

市民在信誉良好的商场环境中购买年货。

2010佛山房地产业博览会暨品牌车展。

● 开展各类文明市场、诚信市场创建活动，有效规范市场秩序，维护企业合法权益，形成社会对政府部门承诺的监督网络，促进政府公开、公平、公正地行使社会管理职能。

举办劳动法规现场宣传活动。

市民们在规范有序的市场选购年画。

祥和舒畅的购物环境。

良好的市场环境吸引了"海归"专才回国创业。

佛山劳动就业服务中心举行招聘会。

佛山市创意产业园举行白领人才招聘会。

规范守信的市场环境

维护企业合法权益

● 佛山是国家商标战略实施示范市、中国品牌经济城市。佛山大力营造规范守信的市场环境，打造为民服务的诚信政府。

"佛山市民最喜爱的品牌企业"活动颁奖典礼。

2010年6月30日，顺德区举行龙腾企业授牌仪式。

佛山企业自主研发的超薄轻质新型瓷砖在展会上受到国内外专家的高度关注。

宣传佛山品牌企业，央视著名节目主持人“小丫”在采访。

知识产权现场检查。

举行数控技能大赛，提高企业技能技术。

规范守信的市场环境

维护企业合法权益

● 宣传介绍识假、防假、打假知识，提高市民的自我保护意识和打假、识假、防假能力。开展流通领域的商品抽检。

集中销毁假冒伪劣产品。

检查非法音像制品批销点。

捣毁非法制造、销售假冒注册商标标识产品窝点。

● 严格规范市场管理，广泛开展打击假冒伪劣商品和商业欺诈行为。

工商执法人员检查市场经营者证照。

查获涉嫌无合法来源证明进口商品。

工商执法人员查处涉嫌假冒伪劣产品。

执法人员检查超市食品。

查获涉嫌假冒奶粉。

警方公布"亮剑"行动5个多月的战果。

规范守信的市场环境

维护企业合法权益

汽配企业在良好的市场环境飞速发展。

国内品牌企业进军佛山。

电子产业将带动三水经济新腾飞。

节能科技LED产品专业生产加工车间。

民营企业得到政策的扶持再上新台阶。

● 建立起较完善的企业与个人的信贷、税收、履约、质量及奖惩信用机制，保障经济建设的有序发展，维护企业的合法权益。

精美的新款瓷砖在展览会上大放异彩。

中国陶瓷产业总部基地。

2010年6月23日，中国联塑集团控股有限公司成功在香港上市。

规范守信的市场环境

窗口行业规范化

● 开展各类文明市场、诚信市场创建活动，有效规范了市场秩序，维护企业合法权益。

副市长王玲检查邮政窗口部门。

佛山市创建诚信市民先进单位挂牌活动。

国内外汽车品牌在佛山市场大放异彩。

中国花样游泳队队员在亚运场馆世纪莲游泳跳水馆邮政服务点购买邮品。

佛山市食品安全追溯和召回系统暨广佛通消费试点市场启动。图为市民使用广佛通卡刷卡买肉。

超市与优质蔬菜生产基地无缝对接。

琳琅满目的年货。

规范守信的市场环境

● 开展流通领域的商品抽检，推进“百城万店无假货”活动的深入开展。全市涌现了不少“百城万店无假货”活动示范街、示范店。

窗口行业规范化

吉之岛购物中心。

市巾帼文明岗授牌。

惠景书城未成年人图书专区。

南海盐步内衣名镇品牌展示。

"百城万店无假货"示范店之一"佛山我爱宝宝百货有限公司（城南店）"

在第109届中国进出口商品交易会上，格兰仕展出的圆形微波炉吸引了不少客商的眼球。

佛山图书城未成年人音像电子出版物专架。

规范守信的市场环境

窗口行业规范化

● 佛山是珠三角经济区重要的商贸中心之一。陶瓷、不锈钢、童服、针织、有色金属、家具、木工机械、花卉、塑料等专业市场在全国占有重要地位，沃尔玛、吉之岛、好又多等国内外著名品牌连锁企业相继在佛山设点。

第四届中国（佛山）机械装备展览会。

好又多购物中心。

沃尔玛购物广场。

保利水城购物广场。

天佑城购物广场。

澜石国际金属交易中心。

顺联国际购物广场。

东方广场商业街。

健康向上的人文环境

佛山是国家历史文化名城、全国双拥模范城市、全国科教进步先进市、广东省文明城市。佛山市大力加强公民道德建设、社会主义核心价值体系建设和社会公德、职业道德、家庭美德的教育，广泛开展社会主义荣辱观的宣传和普及活动，整体提升市民素质，营造了良好的社会道德风尚。

大力推进公共文化服务体系建设，加快公共文化设施建设，发展有鲜明佛山特色的文化艺术和文化产业，持续改善市民文化生活质量。打造出“魅力佛山”、“南风讲坛”、“崇文佛山 阅读春天”等系列文化品牌。2010 年“欢乐秋色 · 智慧佛山”秋色欢乐节吸引观众逾 180 万人次。加强文化遗产的保护利用，祖庙百年大修圆满完成。

大力加强社会福利工作力度，积极探索建立普惠型社会福利制度。“星光计划”得到进一步完善，全市共建立了 1051 个“星光老年之家”，并树立 55 个示范点。积极开展慈善捐助活动，打造慈善活动项目品牌，弘扬慈善理念，营造慈善氛围。大力推进慈善超市建设，全市共有慈善超市 41 间。各级慈善会运作良好。2010 年共发起 5 次募捐倡议，为玉树地震等灾区和全省扶贫济困日活动接收捐款 2.026 亿元。

佛山是广东省教育强市、广东省教育现代化试点市、广东推进教育现代化先进区域，教育现代化和教育综合改革走在全省前列。并将双拥国防教育逐步纳入全民教育体系，市内各所学校普遍开设了国防教育课，并结合爱国主义教育、思想道德教育等主题开展形式丰富的团队教学活动。

道德实践

佛山市党、政主要领导祭奠革命先烈。

纪念中国共产党成立90周年宣传活动之红色新跨越活动。

市领导看望亚运会志愿服务者。

举办邻里日活动。

佛山慈善万人行队伍经过通济桥。

深入民营企业举办人民国家军队主题国防教育活动。

教育基金百万行。

健康向上的人文环境

道德实践

佛山市第二届“十大文明家庭”的家庭成员。

举办邻里日活动。

在警民联谊会上，特警们为过生日的老人唱歌、切蛋糕。

● 深入开展“巾帼建功”活动，授予 113 个单位佛山市“巾帼文明标兵岗”称号，表彰了 30 名佛山市“三八红旗手”，9 个“三八红旗集体”。发挥家庭工作优势，推进和谐佛山建设，开展“文明家庭”等创建活动，促进全市“文明家庭”创建指标顺利达标。

2010 年“三八”百年华章表演。

市教育局召开佛山市教育“创文”整治阶段工作会议暨“全国未成年人思想道德建设工作测评”迎检工作会议。

“三八红旗手”、“三八红旗集体”表彰大会。

佛山“十佳美德之星”颁奖晚会。

培训儿童德育及网络护卫志愿者。

青年文明号服务亚运百日行动。青年文明号服务亚运百日行动。

健康向上的人文环境

道德实践

纪念“五四”运动90周年大型歌会。

大学生宣誓志愿服务亚运会。

佛山市2011年清明祭奠革命先烈大会幼儿园的小朋友向陈铁军烈士纪念碑敬献鲜花。

“漂亮妈妈”选手入户慰问单亲特困家庭。

- 启动“创先争优 · 服务亚运”、“清洁佛山，绿色亚运”等志愿服务活动；开展“百团新春志愿服务活动”，发动全市 314 个青年组织慰问各类青年群体 5000 余人次。持续推进“希望工程”、“佛山会亲”、“朝阳行动——关爱农民工子女”、“希望家园”等扶贫助学活动。

热血青年积极参军，报效祖国。

舞龙艺术在佛山民间方兴未艾。

亚运会志愿者清洁服务。

朝气蓬勃的亚运会志愿者。

市城市综合管理局与外来工子弟学校共同举办助学联谊活动。

在校学生捐款献爱心。

健康向上的人文环境

道德实践

● 大力加强社会福利工作力度，积极探索建立普惠型社会福利制度。“星光计划”得到进一步完善，全市共建立了1051个“星光老年之家”，并树立55个示范点。积极开展慈善捐助活动，打造慈善活动项目品牌，弘扬慈善理念，营造慈善氛围。

“顺德好人”郑建枝获奖后立即将鲜花献给妻子。

万名党员入户宣传“创文”暨市直机关干部“大家访”活动。

举办妇女维权培训班。

支教山区，奉献爱心。

启动“树本”工程，倡导“仁爱、奉献、承担、互助、共享”。

志愿者陪护老寿星“行通济”。

亚运会志愿服务。

“清廉薪火行”第三届校园文化节活动。

市及五区联动举行“广东扶贫济困日·佛山慈善万人行”活动。

“广东扶贫济困日·佛山慈善万人行”活动。

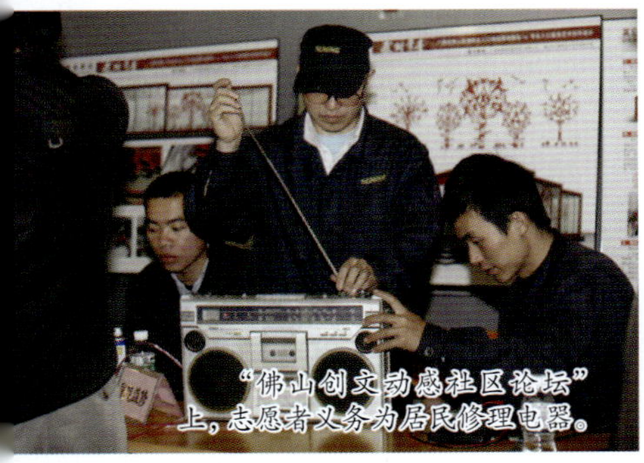
“佛山创文动感社区论坛”上，志愿者义务为居民修理电器。

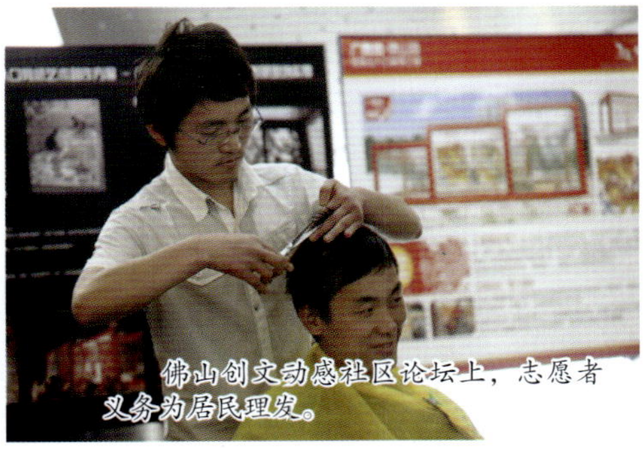
佛山创文动感社区论坛上，志愿者义务为居民理发。

“创文”志愿者将“文明桶”送给店主，宣传“门前三包”。

广东扶贫济困日 佛山慈善万人行。

南海区罗村街道“千叟宴”。

健康向上的人文环境

市民教育

● 大力加强公民道德建设、社会主义核心价值体系建设和社会公德、职业道德、家庭美德的教育，广泛开展社会主义荣辱观的宣传和普及活动，整体提升市民素质，营造了良好的社会道德风尚。

市委书记陈云贤视察佛山电台空中直播室。

积极参与珠三角的文化领域合作。

促进文艺创作，打造文化强市。

香港、佛山两地合作交流。

“春满佛山 情暖职工”新闻发布会。

珠江载市论坛之创建全国文明城市大家谈。

关注儿童成长，举办“与孩子心灵对话”亲子论坛。

真情关爱，文艺家慰问日资企业。

省、市领导共同为祖庙百年大修竣工剪彩。

“网脉工程进校园”活动，促进未成年人健康上网。

第二届“顺德金梧桐奖”和“顺德金凤凰奖”颁奖暨新建企业博士后科研工作站授牌大会。

健康向上的人文环境

有利于青少年健康成长的社会文化环境

市民教育

佛山悠久的历史文化孕育着青少年的健康成长。

甘当义工的家长与子女们喜捧学校颁发的荣誉证。

街头文明教育随处可见。

市委书记陈云贤参加“智慧佛山”大型户外宣传活动。

百名儿童共绘33.3米“母亲河漫画长卷”。

佛山科技学院为社会培养了大量人才。

● 大力推进公共文化服务体系建设，加快公共文化设施建设，发展有鲜明佛山特色的文化艺术和文化产业，持续改善市民文化生活质量。

“三八”妇女节到来之际，1300多名妇女在南海和顺广场表演千人太极。

3167人在南海罗村广场集体表演咏春拳。

文明有序乘地铁。

上街宣传文明驾驶，做个文明司机。

小学生在学校举行的“文明出行展素养，平安起步记心上”的活动上劝导市民文明出行。

健康向上的人文环境

有利于青少年健康成长的社会文化环境

市民教育

● 广泛开展社会主义荣辱观的宣传和普及活动，整体提升市民素质，营造了良好的社会道德风尚。结合爱国主义教育、思想道德教育等主题开展形式丰富的团队教学活动。

特色旅游彰显佛山文化底蕴深厚。

镇街举办少儿现场书画创作大赛。

举办少儿语言艺术节，歌颂亚运，树道德新风。

创建文明家庭——亲子无间隙互动活动。

高明区荷城志愿者千人骑乐游活动。

英语教育遍及佛山社区。

东方广场2011年元旦倒数，倒数现场人山人海。

宣传"创文"万人行。

"创文"宣传手册发放到小学生手上。

健康向上的人文环境

有利于青少年健康成长的社会文化环境

科普宣传

崇尚科学，放飞梦想。

开展社区科普活动。

“科普报告希望行”获奖的师生。

● 各区以创建科普示范单位为契机，大力开展社区科普活动。为提高全民科学素质服务，开展科技辅导员培训活动；举办“走进低碳时代，健康生活”为主题的科普活动；举办“送科技下乡”活动。

农民在玩科普益智游戏

组织到驻港军营学习国防军事活动。

科普园地吸引市民阅读。

家长带着孩子玩科普游戏。

我爱发明，市民饶有兴趣地观看科技新品。

全面普及计算机教学教育。

健康向上的人文环境

文体活动

第 16 届亚运会火炬传递，2010 年 11 月 4 日在佛山市举行。市委书记陈云贤把点燃的火炬交给火炬手黄力平。

市长李贻伟与火炬手胡小燕共举火炬。

在佛山世纪莲游泳馆，蒋文文、蒋婷婷顺利夺取花样双人泳亚运会冠军。

中国花样游泳队在世纪莲体育中心游泳馆训练备战。

● “激情盛会、和谐亚洲”。亚运火炬传递精彩、热烈、有序、富有特色。亚运会佛山赛区向全亚洲人民展示佛山人民奋发向上、开拓进取的精神风貌。成为一届富有中国特色，广东风格，佛山风采，祥和、精彩的体育盛会。

亚运会火炬传递通过东平大桥到东平新城。

亚运会拳击比赛在佛山明珠体育馆举行。

获得两枚亚运会铜牌的九江男子龙舟队受到热烈欢迎。

广州亚运会龙舟男子500米直线竞速，代表中国队出征的南海九江龙舟队夺得铜牌。

健康向上的人文环境

文体活动

● 禅城通济桥，人流如织，风车成海，八方来客，齐聚佛山同享盛事，“行通济，无闭翳”祈求时来运转，500年“通济惠人”的历史积淀孕育出了的现代佛山人“包容、创新、务实和人情味”的人文精神；龙舟竞渡展示出五区合力发展魅力佛山的奋发精神；祖庙三月三民俗文化节，带出欢乐祥和的传统文化气息。

市领导为2010汾江河（禅城段）龙舟赛龙头点睛。

2010汾江河（禅城段）龙舟赛汾江桥到中山桥段举行。

2010汾江河（南海段）龙舟赛上，广州队在广佛同城的牌子前一晃而过。

“三月三”北帝诞巡游活动。

中国著名纪录片导演佛山纪实行在祖庙举行。

外国宾客和本地市民一起“行通济”。

粤剧发祥地曲韵飞扬。

元宵节晚上，汇成人潮的市民手举各种风车“行通济”。

健康向上的人文环境

文体活动

粤剧电影《小周后》首映礼暨万场农村放映活动正式启动。

大型电视连续剧《孔子》开拍仪式在佛山新闻中心举行。

● 发展有鲜明佛山特色的文化艺术和文化产业，持续改善市民文化生活质量。打造出“魅力佛山”、“南风讲坛”、“崇文佛山 阅读春天”等系列文化品牌。

佛山剪纸艺人独特的制作技法吸引了众多参展商和采购代表的浓厚兴趣。

“金榜单之夜”——2010年度《中国电影排行榜》颁奖晚会在佛山电视台举行。

外国友人在南风古灶玩陶艺。

工人在晾晒非物质文化遗产香云纱。

电影《叶问2：宗师传奇》在佛山开机，主演甄子丹等主创人员被大批记者和观众围得水泄不通。

一名顾客在佛山民间艺术社端详剪纸艺术碟。

大型秋色巡游。

健康向上的人文环境

文体活动

● 开展丰富多彩有佛山特色的文化艺术活动，佛山的文艺百花园里争妍斗艳，春色满园。

佛山画家献艺亚运会。

西安、佛山两地文艺家共同举办书画展。

佛山的宣传载体——佛山新闻中心。

顺德演艺中心。

佛山市重大历史文化题材美术创作工程作品展。

文化先行，市政协举办“30再回首”书画展。

大型陶塑——亚洲艺术之门。

百米长卷。

“挥春迎玉兔，争创文明城”挥春活动。

健康向上的人文环境

文体活动

佛山照明企业与中国国家女子排球队联姻。

李小龙“踢”进上海世博园。

中国男子职业篮球赛中，佛山龙狮队队员马布里带球突破东莞新世纪队队员。

通过学生社团展示南海龙狮文化。

● 龙腾狮舞，轻曲妙韵。各类文体活动大大地丰富了佛山市民的生活，提高了市民的文化品位，改善了市民文化生活质量，一个欢乐祥和的佛山展现在您眼前。

李小龙文化节。

中外名家共奏佛山“音乐之夜”。

“中国龙”舞动佛山。

西樵镇舞狮队表演醒狮闹元宵。

新春锣鼓表演。

安居乐业的生活环境

佛山是联合国“人类住区优秀范例”市。佛山始终把关注民生、为广大人民群众创造安居乐业的生活环境，作为创建全国文明城市工作的最终目标，为百姓办好事、办实事，努力提高市民生活质量。大力统筹发展民生社会事业，建设民富市强幸福佛山。积极构建智能服务的基础平台，大力发展智能教育、智能卫生、智能交通、智能文化、智能电网、智能警务、智能社区，争创全国文明城市，着力提升市民幸福感，建设幸福佛山。

2010 年，全市城市居民人均可支配收入 27245 元，增长 10.9%；农村居民人均纯收入 12202 元，增长 14.1%。城乡居民储蓄存款余额 4460.82 亿元，增长 13.1%。

基本形成覆盖全市的市、区、镇（街道）三级公共卫生服务网络。拥有佛山市第一人民医院、佛山市中医院等处于国内领先水平的医疗机构。全市共设置社区卫生服务中心 45 个、服务站 314 个，社区卫生服务中心覆盖率达 100%。2007 年，在全省地级市中率先实行免费婚检和产检服务。

养老、失业、医疗、工伤、生育等五大社保险种全面实现市级统筹。2008 年先后建立居民门诊基本医疗和职工门诊基本医疗制度，在全省乃至全国率先进入全民医保时代。出台《关于佛山市新型农村社会养老保险实施意见（试行）》，新型农村养老保险实现广覆盖。制定了市、区两级分类救助实施办法，全市共发放分类救助金 819.48 万元。

推进城乡社会救助体系建设，开展了低保规范化示范点建设；全面实施分类救助，发放分类救助金 892.98 万元；及时启动物价补贴机制，向 52 万多人次发放临时生活补助 926.67 万元；加快经济适用房建设，建立中低收入家庭住房保障制度，使低收入家庭的住房得到保障；大力营造健康向上、文明和谐的社会环境，努力打造市容整洁、环境优美、秩序井然的生活环境。

城市建设

尽显繁华都市的禅城区季华路。

都市型产业在城市化中集聚成型。

活水系统打造了新城区优美的水环境。

岭南明珠体育馆是市民运动、游乐的好去处。

安居乐业的生活环境

城市建设

●2010年11月3日，全国第一条城际地铁——广佛地铁首通段（魁奇路至西朗）建成通车，佛山成为全国第一个拥有地铁的地级城市，跨入了地铁时代。客流量保持在平均每天10万人次左右，广佛同城翻开了新的一页。

地铁开通，佛山市跨入地铁时代。

广佛地铁首通段夏南车辆段内轨道密布。

地铁站出入大厅宽敞明亮。

有"都市中的地中海"之称的亚洲艺术公园宜居板块。

集金融、证券、总部、购物为一体的季华商圈。

高楼大厦的"城市森林"。

运力充足的供电设施。

安居乐业的生活环境

城市建设

● 建设和谐宜居城市，全面提升城市品质。加速推进东平新城开发建设，打造“佛山新城区”，深化组团城市建设，积极推动广佛同城化、城乡一体化发展，营造宜居和谐生活环境，有效提升城市品质。

正在崛起的东平新城。

禅城区佛山名镇上河广场规划设计图。

古色古香的岭南新天地。

顺德区德胜商务区（滨河立面）。

南海金融广场商务区中轴线。

佛山市公共文化综合体——坊城。

南海千灯湖金融广场鸟瞰图。

南海区东部板块重点项目——广佛智城。

安居乐业的生活环境

交通秩序

● 开展公共交通创先争优、文明驾驶员和优秀公交企业等评选活动。培养市民文明行车、文明候车等出行的良好秩序。

领导慰问执勤中的交警。

倡导文明执法，促进幸福和谐。

广佛地铁为“广佛同城生活圈”提速。

广佛地铁首列拼装好的列车。

公共交通枢纽站。

规范交通秩序，保障安全运行。

公共交通迅速发展。

首班开往珠海北的广珠轻轨列车准时到容桂站。

争当“文明驾驶员”，树立佛山公交新形象。

安居乐业的生活环境

交通建设

广珠轻轨列车从广州驶入顺德区。

宛如长虹卧波的平胜大桥雄姿。

夜色下的人行天桥流光溢彩。

水上客运通达海内外。

● 佛山交通便利，公路、铁道、河运衔接配套的现代化交通网络已基本形成，水陆空立体交通四通八达，是珠江三角洲地区重要的交通枢纽。

水陆交通立体交错。

广明高速大桥。

畅通无阻的广佛交通网络。

隧道构建城市立体交通。

安居乐业的生活环境

食品安全

2010年10月14日，国家工商总局副局长王东峰（右二）检查“百城万店无假货”示范店食品安全情况。

副市长王玲带队到三水区督查严厉打击食品非法添加和滥用添加剂专项整治工作。

● 全市推行生猪“定点供应、厂场挂钩”制度，推进食用农产品标识工作。加强食品安全监督检查，各区、各部门结合实际开展了一系列食品安全特色宣传活动，着力宣传食品安全、消费者权益保护、食品质量、食品安全常识等知识，切实帮助广大群众提高鉴别能力和防范意识。

深入市场监督检查食品质量。

工商执法人员检查市场进销货台账。

创文办领导成员副市长麦洁华到酒店厨房检查食品安全。

卫生执法人员提取待检食品样品。

广佛共商生猪产品质量安全监督制度一体化。

工商执法人员检查市场食品。

安居乐业的生活环境

卫生服务

市委书记陈云贤等有关领导检查社区基层卫生院。

市领导与清洁工作人员交谈。

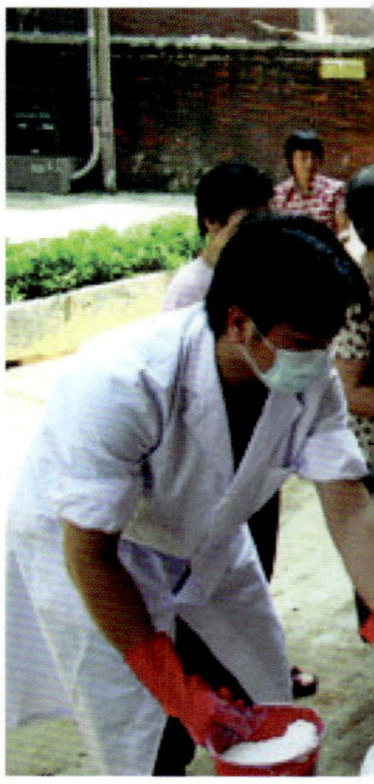

● 基本形成覆盖全市的市、区、镇（街道）三级公共卫生服务网络。建立居民门诊基本医疗和职工门诊基本医疗制度，在全省乃至全国率先进入全民医保时代。

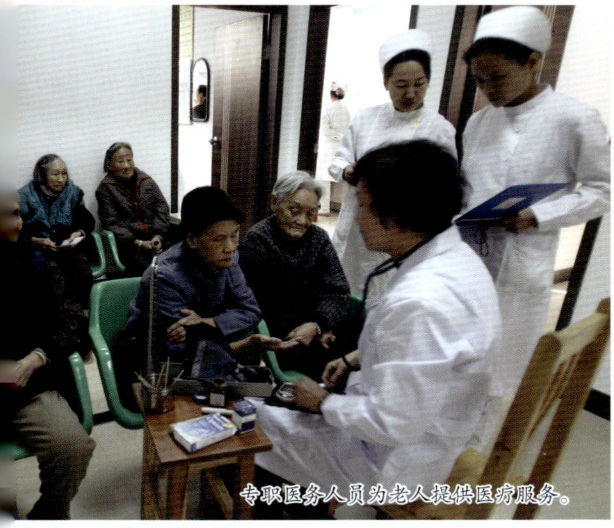
专职医务人员为老人提供医疗服务。

广佛同城医院签约仪式。

惠民义诊进社区。

清除“牛皮癣”创造清洁卫生的生活环境。

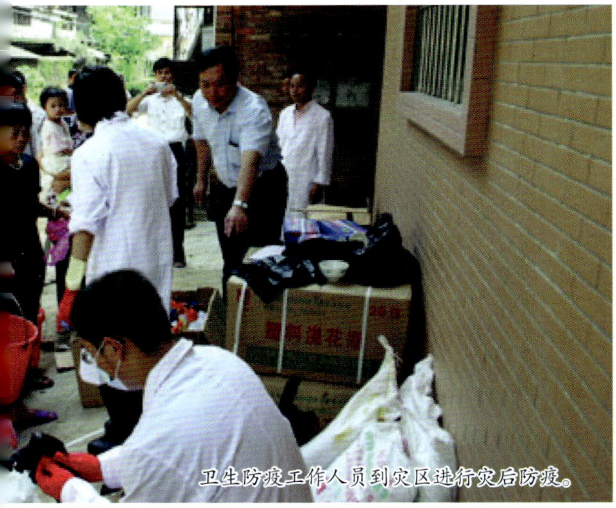
卫生防疫工作人员到灾区进行灾后防疫。

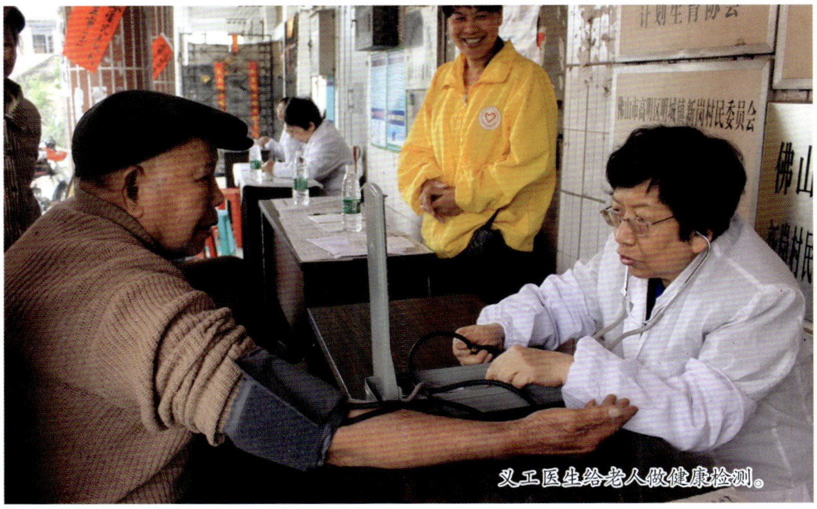
义工医生给老人做健康检测。

安居乐业的生活环境

卫生服务

● 拥有佛山市第一人民医院、佛山市中医院等处于国内领先水平的医疗机构。

佛山中医院拥有先进的医疗服务水平。

除“四害”，保证健康舒适的生活环境。

● 全市共设置社区卫生服务中心45个、服务站314个，社区卫生服务中心覆盖率达100%。努力打造市容整洁、环境优美、秩序井然的生活环境。

佛山市第一人民医院。

热情周到的服务。

市民积极上街做清洁卫生。

佛山市第二人民医院。

安居乐业的生活环境

安全稳定的社会环境

生活水平

● 新型农村养老保险实现广覆盖。制定了市、区两级分类救助实施办法，全市共发放分类救助金 819.48 万元。加快经济适用房建设，建立中低收入家庭住房保障制度，使低收入家庭的住房得到保障。

向渔民发放新房钥匙。

农村特困家庭危房改造工程竣工交钥匙仪式。

举行新农保待遇首发仪式。

禅城区举行第二批经济适用房抽签选房。

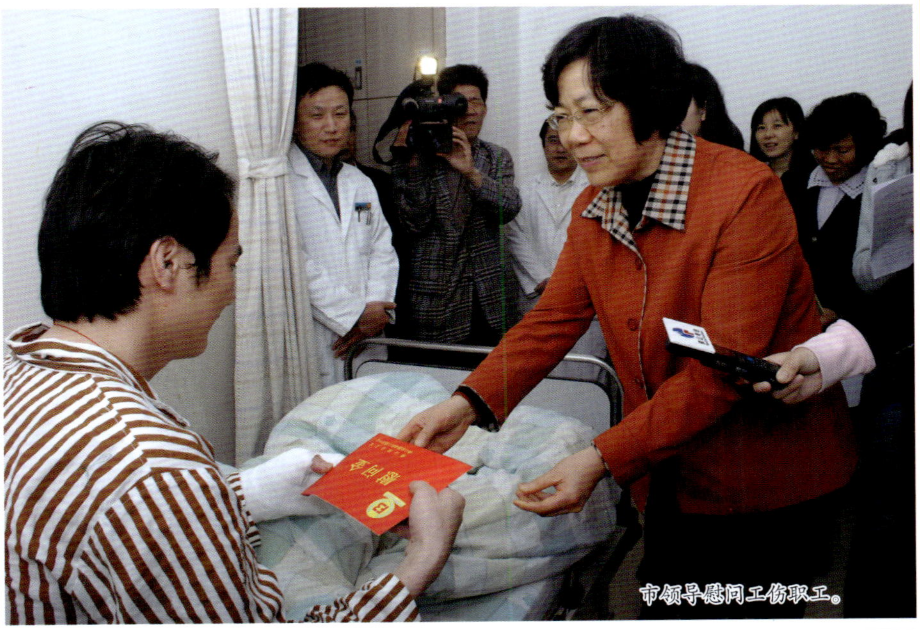
市领导慰问工伤职工。

市民在选购金融产品。

市妇联领导慰问单亲特困家庭。

安居乐业的生活环境

安全稳定的社会环境

生活水平

● 积极构建智能服务的基础平台，大力发展智能教育、智能卫生、智能交通、智能文化、智能电网、智能警务、智能社区，着力提升市民幸福感，建设幸福佛山。

新研发的机器人将进入家庭从事智能服务。

三网融合电视已在部分小区应用。

广珠轻轨途经佛山，市民的出行更方便。

沐浴在和煦的阳光下游玩的市民，笑意浓浓。

水上运动在佛山深受热爱。

工作之余照张相，留下美丽青春。

新开盘的楼盘吸引市民前来咨询、登记。

南海区罗村街道中心广场，参与“千叟宴”的老人们举杯庆祝。

“秋色”巡游中的醒狮和大头佛。

安居乐业的生活环境

安全稳定的社会环境

生活水平

● 人民群众安居乐业。2010年，全市城市居民人均可支配收入27245元，增长10.9%；农村居民人均纯收入12202元，增长14.1%。城乡居民储蓄存款余额4460.82亿元。

市民们热衷于金融理财知识宣讲活动。

股票买卖是市民投资的选择之一。

种田机械化，农民在收割"丰收年景"。

花农大"吉"大利的生活。

禅城区举行南风古灶祭灶神祈福。

绘画父爱，无限深情。

老中青齐齐参与广场舞。

市民选购精美"秋色"。

镇（街）举行男女接力担米比赛。

设施齐全的社区水上乐园。

可持续发展的生态环境

佛山是国家卫生城市、国家园林城市、国家洁净城市、国家环境保护模范城市、国家优秀旅游城市。近年来，佛山不断加强环境整治、基础设施建设、城市管理等工作，全面改善人居环境，把佛山建设更加适合生活居住和创业发展的花园城市，为市民营造一个“蓝天、碧水、绿地、静居”的具有岭南水乡特色的生活环境。

2010 年，佛山“三年促变，绿地佛山”建设工作顺利收官，三年来全市完成绿化建设和改造项目 1041 项， 新增绿地面积 913 万平方米，改造提升绿地面积 2147 万平方米，完成绿化总投资 22.37 亿元，至 2010 年底，佛山市建成区绿地率达 34.67%，建成区绿化覆盖率达 37.11%，人均公园绿地面积达 10.24 平方米，比 2009 年人均增加 1.12 平方米，全市整体绿量明显增长，绿地布局日趋合理，绿化景观和绿化水平迅速提升，初步形成“组团城市、绿脉相通、绿廊环绕，公园棋布”的绿地系统格局。

2010 年，全市城镇生活垃圾无害化处理率达 86.2%，城镇生活垃圾无害化处理率比上年提高 4.18%。佛山高明苗村白石坳生活垃圾卫生填埋场接收处理生活垃圾 103.15 万吨。高度重视对水源保护区的保护工作，开展了全市饮用水水质督察，全市城市供水水质综合合格率为 99.51%，中心城区供水厂出厂水 106 项指标、管网水 42 项指标全部达到《生活饮用水卫生标准》相关指标要求。

绿道建设

百名团员青年欢乐畅游绿道。

沿绿道赏美景，尽享低碳生活。

自行车中转站点。

● 推进绿道网建设，2010年广东省省考核佛山市区域绿道（省立）年度计划应建设里程为319公里，实际完成379公里，并建设城市绿道29公里，实现佛山市区域绿道全线贯通基本建设的目标。

市领导身先垂范推行绿色出行。

佛山市绿道建设启动仪式。

绿树成荫的街道。

为绿化城市，市领导带头义务植树。

可持续发展的生态环境

汾江整治

汾江河“630”工程项目顺利完成，基本实现江水变清目标。整个社会更愿意也更主动地治理和保护汾江河，佛山12条主要内河涌明显改善。此外，汾江河整治还成为广佛同城化、广佛肇一体化的桥梁和纽带。

汾江河休渔放生节。

汾江河整治之摄影、征文颁奖典礼暨汾江主题曲发布仪式。

整治后的汾江河上龙舟竞渡。

汾江河恢复了碧波荡漾的景色。

汾江河整治得到世界各界的支持和帮助。

“我和汾江河”主题南风论坛。

文艺家在汾江河上采风。

可持续发展的生态环境

节能环保

● 佛山不断加强环境整治、节能减排、环境保护、节能监察服务体系的建设，促进佛山市节能减排、生态环境保护，增强可持续发展能力，并有力地推动了经济的发展。

广佛肇三地环保部门在西江输水口进行水质抽样检查。

佛山环保产品参加第六届中国国际中小企业博览会暨中西中小企业博览会。

召开节能降耗工作会议。

倡导节能环保，推进可持续发展。

倡导绿色交通，环保公交车整装待发。

佛山市汾江河活水公园。

第三届中德环境论坛在佛山举行。

可持续发展的生态环境

佛山环境整治、基础设施建设、城市管理等工作上新台阶，全面改善了人居环境，把佛山建设成为更加适合生活居住和创业发展的花园式城市。

生态环境

游览汾江河，感受新环境。

置身于绿色中的美好家园。

顺水而居的商业、家居环境。

山林水都高明荷城一隅。

清新优美的顺峰山公园。

可持续发展的生态环境

生态环境

● 全市城市供水水质综合合格率为99.51%，中心城区供水厂出厂水106项指标、管网水42项指标全部达到《生活饮用水卫生标准》相关指标要求。全市城镇生活垃圾无害化处理率达86.2%，城镇生活垃圾无害化处理率比上年提高4.18%。

壮观的北江景色。

北江水厂平流池。

东鄱污水处理厂。

新城区优质水厂采用先进的深度水处理工艺。

水利建设推进可持续发展。

沙岗污水处理厂全景。

佛山高明苗村白石坳生活垃圾卫生填埋场。

乡镇一级垃圾转运站保证了乡村清洁卫生。

可持续发展的生态环境

生态环境

繁华而恬静的生活环境。

顺德区北滘新城区新貌。

● 全面改善人居环境，把佛山建设更加适合生活居住和创业发展的花园城市，为市民营造一个“蓝天、碧水、绿地、静居”的具有岭南水乡特色的生活环境。

绿色环绕中的城市。

佛山大堤路堤结合。

江肇高速与广明高速“十”字相交于高明区明城镇。

高覆盖率的城市绿化。

大良城区。

扎实有效的创建活动

2010 年 12 月 30 日，市委、市政府召开创建全国文明城市再动员会，全面部署创建“冲刺”工作，确立了 2011 年全力争创“全国文明城市”的目标。会议明确提出：将“创文”工作作为 2011 年市委、市政府各项工作的“重中之重”，形成“举全市之力争创全国文明城市”的强势氛围，全面完成达标任务，为实现建成“全国文明城市”而努力奋斗。

建立了高规格的创建领导机构。成立了以市委书记陈云贤为组长、市长李贻伟为总指挥的创建全国文明城市工作领导小组，由市委副书记和市委两个常委、市政府一个副市长任常务副总指挥，其他常委和副市长分别任副总指挥和专门工作组组长，实行任务分工，每位市领导分管一块创建工作。成立市创建办，由市委常委、宣传部部长任创建办主任，两个副市长、两个秘书长任副主任，要求各区、镇（街）都要对照市的规格成立本级的创建领导机构。

实行“五区同创，条包块管”的创建工作原则。要求全市五区所有镇（街）都要参与创建，提出要明确市责任单位和各区的责任分工，市各责任单位要做好本系统创建任务的达标统筹、制定措施、组织培训、协调指导的工作，各区要实行“属地管理”，落实具体创建任务。要求市、区、镇（街）抽调素质好、能力强的人员组成专门的工作队伍，集中精力抓创建，要确保人力、物力、财力投入。

明确创建工作重点。提出创建工作的重点环节，分别是：实现“未达标”、“未知可否达标”、“易反弹”项目任务达标；全力推进交通秩序、社会治安、市容市貌等六大专项整治；大力提高市民对创建工作的支持率、提高公共文明指数。同时提出了强化整改、加快重大项目建设，实施城市“亮点”工程、完善城市服务功能、加大城市环境综合整治，实施“市民教育”战略等具体措施。

全国“青年文明号创先争优服务月”在佛山启动。

全市掀起全民参与"创文"行动热潮。

● 形成"举全市之力争创全国文明城市"的强势氛围，全面完成达标任务，为实现建成"全国文明城市"而努力奋斗。

佛山"的哥"签名倡导文明驾驶，遵守驾驶公约。

创文宣讲团"创文大家谈"活动启动。

创文动感社区走进生活社区。

城管小卫士们参与"告别脏乱差，全靠你我他"系列创文户外宣传活动。

创文标志活泼、新颖。

扎实有效的创建活动

● 文明佛山 你我同行

创文动感社区舞蹈队热烈起舞，振奋人心。

“崇文佛山 阅读春天” 诗文朗诵会上市领导向小朋友传递书香。

佛山创文动感社区论坛表演的精彩节目。

“爱心大使”义工志愿者为创文摇旗呐喊。

小学生表演鼓乐《鼓乐飞扬》。

自行车爱好者创文环游队伍。

佛山市校园创文宣讲活动。

扎实有效的创建活动

促进社会治安根本好转大行动誓师大会。

"万名小记者 创文巡城马"系列活动。

创文有奖知识问答活动。

创建全国文明城市工作动员会。

文明标语随处可见。

窗口服务单位发出《用心擦亮服务窗口，为文明添彩》倡议书及服务承诺宣誓。

2011年5月12日，佛山市档案馆晋升国家一级档案馆。

扎实有效的创建活动

● 创文明城市 享幸福生活

文明驾驶员宣誓文明驾驶。

创文论坛深入社区。

“佛山创文动感社区论坛”启动仪式。

职工运动会鼓起创文热情。

三水区党员志愿服务队开展“服务进万家”活动，宣传创建。

党员集体宣誓文明施工。

企业员工“五一”长跑倡导文明生活。

中小学生争先开展“创文”活动。

“千支彩笔会祥城”绘出长达200米的创文宣传画卷。

佛山创文动感社区论坛在各镇（街）、社区举行。

扎实有效的创建活动

荷城志愿者千人骑乐游支持创文活动。

深入社区举办迎亚运文明礼仪小品展演。

公交司机倡导文明行车。

“我为文明添姿彩”绘画比赛场面。

“十万市民大走访活动”启动仪式现场。

“文明出行”宣传文艺表演。

“十万市民大走访”活动走进千家万户。

文化艺术节推动文明社会发展。

互相监督，齐心创文。

驰名的千年古镇　深厚的文化底蕴

佛山

国家卫生城市

国家园林城市

国家洁净城市

国家环境保护模范城市

国家历史文化名城

中国优秀旅游城市

联合国“人类住区优秀范例”城市

全国双拥模范城

全国科技进步先进市

中国品牌经济城市

广东省教育强市

广东省文明城市

第五篇

法　　制

法　　制

佛山市委政法委

【综述】 2010年，是佛山政法工作经受严峻考验的一年，也是可圈可点、可歌可颂的一年。面对亚运安保“大考”，全市各级政法机关在市委、市政府的正确领导下，紧紧围绕实现“平安亚运”总体目标，以奉献的精神、务实的态度和创新的举措，深入推进“社会矛盾化解、社会管理创新、公正廉洁执法”三项重点工作，确保了佛山社会的稳定和谐，为佛山市经济社会的顺利发展创造了良好的社会环境。

【完善预防和应急机制，形成矛盾调处的强大合力】 下先手之棋，打主动之仗，行固本之举，按照“划地块、划对象、定单位、到人头、强问责”的原则，层层落实维稳责任制。全年全市有效防范一批不稳定苗头，成功化解一批不稳定事件，重点群体性事件预警率达到100%。平稳度过年内包括广州亚运会在内的各个敏感时期和重要节点，确保了佛山社会大局的持续稳定。

【发挥法律服务和司法保障职能，服务全市的发展大局】 法院系统依法妥善审理东华里拆迁、“外嫁女”、“三旧”改造、节能减排等引发的案件，执结一批重大案件；市检察院成立镇街预防职务犯罪宣讲团，深入全市33个镇（街）进行巡讲，有效加强了基层职务犯罪的预防工作；公安、武警不畏疲劳，连续作战，克服转场路线安保等诸多难题，构筑“一网二线三圈”治安防控体系，实现亚运安保“零差错”，得到了中央和省、市领导的肯定；司法行政机关启动法律讲座和律师法律服务、公证法律服务、法律援助“法律三下乡”活动，实施“百千万”工程，做到每个村对接一名公益律师、每个镇街都建立法律服务站和公证服务点，建立起覆盖城乡一体化的法律服务网络，更好地满足了人民群众的法律需求；市国家安全局加强情报收集工作，为市委提供富有价值的预警信息，积极推进人民防线建设，有力维护了佛山市的大局安全和社会政治稳定。

【积极构筑“大调解”格局，化解矛盾于萌芽状态】 一是发展专业化、社会化人民调解队伍，建立专业性、行业性人民调解组织，提高人民调解工作质量。2010年，全市500人以上规模企业成立人民调解委员会213家，成立区域行业人民调解委员会21家，增强了行业纠纷的自我消化能力，有效减少了矛盾的激化与上交现象。在加强人民调解工作的同时，积极推进人民调解与司法调解、行政调解有效衔接，南海法院的调解工作室、市劳动保障服务大厅的人民调解工作窗口等都是探索“三调对接”的生动实践。二是深入推进综治信访维稳中心三级平台建设，在继续加强镇街中心建设的基础上，大力推进中心两头延伸，开展“下沉上联”工作。一方面坚持重心、资源下沉村居，建立村居工作站，2010年，已建成764个村居工作站，实现了100%覆盖；另一方面，坚持职责、机制上联到区，建立区中心。三级平台实行联动，统筹三大调解资源，构筑起适应新形势下人民内部矛盾大排查、大调解的工作体系。全年三级平台共受理矛盾纠纷和信访案件1.44万宗，调处化解1.3万宗，调处化解率为90.37%。与此同时，大力开展大接访、大走访、大巡访行动，有效化解了一大批影响社会和谐稳定的突出问题，社会矛盾排查化解工作取得新进展。

【提高"见警率"增加市民安全感，实现社会治安好转】 全市公安机关充分挖掘和整合现有警力资源，按照"主控城区、牵动周边、以点带线、形成整体"的思路，各警种捆绑运作、巡逻设卡，加强对重点路段、敏感部位、人流密集场所及交通枢纽的巡逻防控，进一步提高巡警上路率、街面见警率、民警管事率和现场抓捕率，压减了街面犯罪。从9月15日到11月底，发动了4万群防群治力量上路巡逻，专群结合，警民携手，参加整治行动149次，抓获犯罪嫌疑人1000多人，协助破案500多宗，有力震慑了各类违法犯罪行为。强势开展打黑、扫赌、收黑枪"三项打击"和涉黄、涉赌、涉毒"三项整治"行动，强化对娱乐场所涉毒问题进行整治，打掉了一批涉黑恶犯罪团伙，查破一批"黄赌毒"案件。市综治委组织公安、工商、文化等部门开展打击无证经营专项行动，坚决取缔无证照经营的小旅馆、时租日租出租屋、发廊等，对违规经营又不整改的，严格处罚。2010年，全市110接报违法犯罪警情20万宗、立刑事案件6万余宗，同比分别下降6.2%、5.8%；破获刑事案件2.8万宗，同比上升1.4%，破案率为46%；逮捕人数同比下降3.4%；批捕6649件1.03万人，提起公诉6514件1万人；审结刑事案件8000宗，判处罪犯1.1万人。

【坚持社会管理创新，推进政法工作机制改革】

法院系统推行法庭集中拍卖制度，由法院监管掌控保证金专户，有效杜绝了不当干预、操纵拍卖的现象。推进专业化审判改革，设置劳动争议巡回法庭、交通巡回法庭等，进一步优化人民法庭职权配置，深化诉调对接工作，效果明显。市中院以案件"结收比"指标代替"结案率"指标，促进办案工作均衡发展。通过设立法官工作室、驻村联络点等形式，前置司法职能，前移司法活动，有效化解大量矛盾纠纷。检察机关在镇街设立检察工作室，将法律监督工作延伸到基层，形成覆盖全市的基层检察工作网络，协助党委政府解决许多征地拆迁、土地纠纷、村务公开、村务自治等突出矛盾和问题，促进基层社会的和谐稳定。南海区检察院在丹灶镇设立民营企业法律服务中心，提供法制教育、犯罪预警、法律咨询、受理信访和检察建议等服务，广受民营企业欢迎。公安机关按照以信息化引领社会管理创新的思路，加快推进信息化建设应用，大力推行网上作战、网上管控、网上公关、网上服务，实现警务效能大提升，创造出一批诸如"永安模式"等叫得响的品牌。尤其是建立和推行"网上警务室"、社区民警"网上述职"、网络发言人、"网上警视厅"、公安主持人"微博"等制度和措施，开辟了公安群众工作的崭新局面。司法行政机关主动牵头，各成员单位积极履行职责，在全市推开社区矫正工作，特别是加强审判工作与矫正工作对接、司法所接收执行、社区矫正教育、社区服刑人员救济扶持等重点环节的衔接协调，充分发挥执法管理工作者、专职社会工作者和志愿者"三支队伍"的作用，取得新的成效。全市接收社区矫正服刑人员1011人。佛山监狱体制改革也取得了阶段性成效。

【把"反恐处突"作为安保的重中之重，确保亚运安保零差错】 首先，对全市所有党政要害部门、水电油气、机场、车站、地铁、大型商场、中小学校、幼儿园等所有反恐重点单位进行地毯式检查和明察暗访及整改。尤其是对距亚运前不足10日才开通的广佛地铁，除购置先进安检、反恐设备外，还从江西新余司法警官学校聘请385名学员参与安检工作，做到了反恐措施、标准与广州同城同步。其次，突出抓好"三涉"工作，组织力量深入摸排，加大对"三非"外国人的清理力度，尤其是加强了对黄岐和乐从家具市场等外国人聚集的区域管控工作，建立市、区、镇（街）三级协调联动机制，确保了发现问题及时妥善解决。再次，认真组织对涉爆、涉枪、涉毒和放射性物品生产、销售、运输单位的全面检查，督促各单位落实安全管理责任，对存在安全隐患的单位，逐一落实整改措施，整改不到位的，协商有关部门暂停其相关业务，确保了不流失、不炸响、不打响。另外，佛山市组建的一支1000多人的机动应急力量，驻扎在岭南明珠体育馆、世纪莲和运动员转场途经的佛陈路，有效提高了反恐处突应急能力。

【坚持政治建警、素质强警】 从政法机关的班子抓起，继续深入推进社会主义法治理念教育活动和“创先争优”活动，采取集中轮训、岗位练兵、以案析理、实地考察学习、集体宣誓等多种有效形式。大力推进“阳光审判”、“阳光检务”、“阳光狱（所）务”，自觉接受监督，着力提高执法司法公信力。尤其在监督上，一方面是强化内部监督，在立案、侦查、取证、批捕、起诉、审判、执行、减刑、假释等各个执法环节，继续加强执法规范化建设。深入开展“百万案件评查活动”，组织专门工作组对近3年办理的案件进行评查，找准执法司法工作中存在的问题，加强执法司法程序中薄弱环节建设，健全执法监督制约机制，完善执法管理制度体系，促进了执法办案质量提高。市中级法院专门出台《非案件承办人过问案件登记制度》、《近亲属从事法律服务职业申报登记制度》等规定，杜绝了干预案件现象；公安机关大力加强网上监察，建立网上监察室，将出入境、户政、车管、监所、派出所等8个系统和场所纳入网上督察，初步实现了对民警执法、服务的全方位监督。另一方面是强化外部监督，继续主动接受人大监督、政协民主监督和社会监督，如邀请人大代表、政协委员、市民代表参与案件调解、参加开放日活动、参加进警营活动等和通过网络问政平台警民互动等途径，增加社会各界对政法工作的了解，便于实现有效监督。

（王　凯）

审判工作

【综述】 2010年，佛山法院在市委的领导以及人大的监督下，深入贯彻落实科学发展观，围绕“四化融合，智慧佛山”战略目标，切实履行司法职责，不断加强自身建设，各项工作取得了新的进展。全市法院共办结各类案件11.71万件，结收比为103.47%，同比上升7.44个百分点。其中，市中级法院共办结各类案件1.62万件，结收比为101%，同比上升1.95个百分点。全市法院案件质量、效率、效果进一步呈现良好态势：结案数同比上升34.76%，民商事案件调解、撤诉率同比上升21.41个百分点，上诉率同比下降8.3个百分点，实际执行率同比提高13.78个百分点，来信、来访同比下降34.6%。

【刑事审判】 全市法院共审结一审刑事案件7255件、二审刑事案件788件，判处罪犯1.11万人，其中判处五年以上有期徒刑直至死刑的罪犯1533人，为“平安亚运”建设提供有力保障。严惩各种严重刑事犯罪，审结成瑞龙等故意杀人、故意伤害、强奸、绑架严重暴力犯罪案件1141件；加大对多发性犯罪的打击力度，审结抢劫、抢夺、盗窃等侵犯财产犯罪案件3050件；依法惩处职务犯罪，审结贪污、贿赂、渎职案件61件；打击知识产权犯罪，审结假冒注册商标、生产销售伪劣产品等犯罪案件28件。准确把握宽严相济刑事政策，依法适用非监禁刑，对具有法定从宽情节的1193名被告人判处缓刑，非监禁刑适用率达13.96%，同比上升9.45个百分点；统一减刑、假释标准，率先公开开庭审理减刑、假释案件，共减刑6193人，假释462人。

【民事审判】 全市法院共审结一审民商事案件5.29万件，二审民商事案件5608件，诉讼标的额138.04亿元，同比提高18.63%。市中院制定了《关于为我市推进经济结构调整和经济发展方式转变提供司法保障和法律服务的若干意见》，针对经济转型发展中可能面临的法律纠纷，提出解决思路和建议。依法平等保护各类市场主体的合法权益，审结买卖、房地产开发等合同纠纷案件5110件，维护商业交易安全；积极防范和化解金融风险，审结借款、保险、信用卡等金融纠纷案件6278件，保障金融秩序稳定；推动产业升级，审结股东诉讼、企业重组、破产等案件408件，规范和促进企业健康发展；加大知识产权保护力度，适当提高知识产权损害赔偿标准，审结著作权、商标权、专利权等知识产权纠纷案件1050件，推进佛山市自主创新发展战略；加强涉外、涉港澳台案件审理工作，审结该类案件335件，营造招商引资的良好法治环境。

【行政审判】 全市法院共审结一审行政案件673件，二审行政案件527件。服务“三着力一推进”

工作大局，慎重处理“三旧”改造过程中所引发的行政纠纷，审结拆迁安置、土地征用、房屋登记等案件129件；配合全市农村集体经济管理体制改革，妥善解决“外嫁女”权益纠纷，审结此类案件327件；加大行政纠纷协调和解力度，行政机关主动完善或改变行政行为后，行政相对人自愿撤诉案件223件，同比上升76.98%；保护行政相对人的合法权益，监督行政机关依法行政，对52件行政案件判处撤销行政行为、确认行政行为违法无效或要求行政机关履行法定职责，对11名受到国家机关不当侵害的当事人依法决定予以国家赔偿。

【执行工作】 全市法院共执结各类执行案件4.06万件，实际执行率达74.64%，执行到位金额49.45亿元，执行到位率为45.56%，同比分别上升124.16%和6.76个百分点。深入开展争创“无执行积案先进法院”活动和委托执行案件专项清理活动；规范执行结案标准，清理往年中止执行的案件，共执结该类案件1418件；积极运用主动执行措施，减少执行环节，缩短执行周期，降低执行成本；加大强制执行力度，发布限制被执行人高消费公告，督促被执行人自动履行债务，对拒不履行法律义务的被执行人采取强制措施，共司法拘留350名被执行人；推广和完善集中拍卖制度，全市法院共组织354期集中拍卖会，拍卖成交价比起拍价高出48.13%。

【司法为民】 密切联系人民群众。深入推进人大代表联络工作，开展人大代表“百案调解”活动，全市法院共邀请各级人大代表参与案件调解活动200人次，调解成功率达67%；开展“法庭开放日”活动，共有750名群众参与；妥善化解民生纠纷。审结婚姻家庭、继承等案件3489件；审结农村承包合同纠纷等涉农案件284件；审结劳动争议、拖欠工资、工伤赔偿等案件1.47万件，为劳动者兑现被拖欠的工资和社会保险费1.34亿元。畅通申诉信访渠道。共办理信访积案100件，化解率为99%。通过明察暗访方式，加强对立案信访窗口的监督和指导，共处理群众来信751件，接待群众来访1260人次，同比分别下降17.2%和41.88%。依法保护当事人申请再审权，审结申诉案件268件、再审案件114件，同比分别下降10.96%和46.23%。加大司法救助力度。落实诉讼费减免缓制度，依法对4095件案件的当事人减免缓诉讼费654.95万元。依法为682名符合法律援助条件的刑事被告人指定律师出庭辩护。落实涉法涉诉救助资金管理制度，对262名经济困难的申请执行人发放救助金171万元。

【延伸职能】 完善诉调对接机制。不断完善巡回法庭机制，市中院指导各区法院在交警部门、劳动仲裁所、派出所等部门分别派驻交通、劳动、社区巡回法庭，与相关部门共同建立起“一站式”的纠纷解决机制；不断完善行业协会、社团、群众组织参与调解机制，邀请行业协会、工会、妇联等团体派员共同参与调解，化解类型化纠纷；不断完善镇街综治信访维稳中心机制，各区法院向基层组织派驻法官工作室、驻村联络点，努力将纠纷解决在基层，化解在矛盾的初始阶段，较好地实现了法律效果与社会效果的统一。全市法院一、二审民商事案件调解、撤诉率达63.53%。完善未成年罪犯帮教机制。全市法院共判处未成年罪犯804人，同比下降5.85%，未成年人非监禁刑适用率达23.63%，同比提高16.02个百分点。完善司法行政良性互动机制。针对审判活动中发现有关部门在工作方法、管理制度存在的问题，发出司法建议29份，其中包括地中海贫血基因案、“职业公民代理人”现象等，督促行政机关依法行政。

【改革创新】 创新知识产权案件审判模式，实行知识产权审判“三权合一”模式。创新审判模式，推行以“案件结收比”取代“结案率”作为考核审判执行工作的新指标。合理调配审判资源，通过“以案配人”、“以岗定人”方式合理配置审判力量，为审判工作的可持续发展奠定基础。创新基层执行模式。南海、顺德、三水法院共有16个人民法庭承担执行工作，执结案件1.76万件，实际执行率达81.67%。加快执行指挥中心建设，统一调配执行力量，加强对基层法院和人民法庭执行工作的监督和指导，办结了顺德金龙油墨公司系列案、太澳高速妨碍施工案等一批重大执行案件。

【队伍建设】 抓好司法能力建设。深入推进“人民法官为人民”主题实践活动，着力增强全体法官的司法为民意识，提高认识和把握社会矛盾、社情民意的能力。继续推进法官司法实务能力培训，共组织法官培训760人次。加大上下级法院双向交流锻炼力度，市中院选派3名中层干部及26名书记员到基层法院挂职，并从基层法院选调23名书记员到市中院锻炼。抓好司法廉政建设。加大廉政教育力度，组织观看《金钱背后的阴谋》警示教育专题片，认真反思省法院“11·13”案件的深刻教训；不断健全廉政预防机制，贯彻落实廉政情况申报登记、法官近亲属从业情况申报、过问案件登记等制度；切实执行问责制度，对在执行案件中管理监管不力和违规执行的2名中层领导及承办法官予以通报批评；加大查处违法违纪行为力度，全市法院查处违法违纪人员5人，调离审判执行岗位2人。抓好法院文化建设。推动建立学习型法院，营造崇尚学习、积极进取、公正廉洁的文化氛围。

（黄志庆）

检察工作

【综述】 2010年，佛山市检察机关在市委和上级检察机关的正确领导下，在人大及其常委会的监督和政府、政协以及社会各界的支持下，坚持以科学发展观为指导，牢固树立社会主义法治理念，立足检察职能，扎实推进“三项重点工作”，各项检察工作取得新的进展。

【刑事检察工作】 2010年共批准逮捕各类刑事犯罪嫌疑人1.03万人，同比下降6.14%；提起公诉1.01万人，同比下降7.8%。一是严厉打击各种刑事犯罪。结合落实亚运安保工作，深入开展打黑除恶专项斗争，全年分别批准逮捕、提起公诉杀人、放火、绑架等严重暴力犯罪、“两抢一盗”等侵财犯罪嫌疑人4448人，被告人4541人。市检察院成功对在社会上引起极大关注的成瑞龙抢劫、故意杀人、强奸案起诉及出庭支持公诉，并邀请市人大代表、政协委员、特邀检察员到庭旁听出庭支持公诉。二是坚决打击破坏市场经济秩序犯罪。全年分别批准逮捕、提起公诉走私、金融诈骗、偷税漏税、侵犯知识产权等破坏市场经济秩序的犯罪嫌疑人370人，被告人373人。三是突出打击校园暴力犯罪。针对年初全国校园暴力犯罪频发的实际情况，全市检察机关依法打击涉校安全刑事犯罪以及其他危害未成年人的刑事犯罪。市检察院对九江中学女学生被杀案被告人依法提起公诉，市中级法院判处其有期徒刑15年。四是全面贯彻宽严相济刑事政策。在打击严重刑事犯罪的同时，积极开展轻微刑事案件和解工作，探索建立社会矛盾化解机制。禅城区检察院依法对一起故意伤害案件适用刑事和解，对该案犯罪嫌疑人依法作出不起诉决定。

【查办和预防职务犯罪工作】 全年共查处职务犯罪案件91件110人，其中贪污、贿赂、挪用公款等职务犯罪案件84件103人。追回赃款折合人民币6426多万元，为国家挽回经济损失人民币8000多万元，抓捕在逃职务犯罪嫌疑人5名。一是大力查办贪污贿赂大案要案。共立案82件100人，占立案数的97.6%。其中1000万元以上案件2件3人，100万元以上案件20件28人；查办处级干部7人，科级干部17人。依法查处了三水区政协原副主席张宗会受贿、单位受贿和私分国有资产案，高明区原副区长梁瑞强受贿案等。二是积极推进专项查处工作。共查处商业贿赂犯罪案件62件69人，涉农贪污贿赂犯罪案件60件71人，工程建设领域贪污贿赂犯罪案件48件61人。三是加大反渎职侵权检察工作力度。共立案查办7件7人。市检察院邀请市人大代表和政协委员视察反渎职侵权检察工作，并向市人大常委会作专题报告。四是提高预防职务犯罪工作实效。积极配合《珠江三角洲地区改革发展规划纲要（2008～2020）》的实施和广东省简政强镇事权改革，将职务犯罪预防工作向“规划纲要”重点工程项目和基层镇街延伸。市检察院与市国土资源局联合对“三旧”改造项目加强预防职务犯罪工作。开展反渎职侵权展览广东巡展活动，组织全市逾100家单位3000多人参观。成立巡讲团，在全市33个镇（街）全面开展“佛山市镇街基层人员职务犯罪案件专题巡讲”活动，共有1万余名镇街基层干部听取了讲座，在社会上引起较大反响。

【诉讼监督工作】 全市检察机关坚持办案与诉讼活动监督并重，加大诉讼监督工作力度。一是加强刑事诉讼监督。共决定不批准逮捕905人，不起诉117人。对认为确有错误的刑事判决依法提出抗诉16件，法院审结13件，改判4件。严格纠正侦查机关办案中的漏事漏罪，市检察院在办理郭志浩抢劫案中发现还有犯罪事实未追究，依法要求公安机关补充侦查后，追加起诉遗漏的其他抢劫犯罪事实，该被告人被判处死刑，立即执行。制定落实了《量刑建议工作规则》（试行），共在3503件公诉案件中提出量刑建议，法院审结2746件，采纳2504件，采纳率91.2%。落实检察长列席法院审判委员会制度，市检察院全年共列席市中级法院审委会18次。二是加强民事和行政诉讼监督。共受理案件235件，立案221件，其中市检察院提请抗诉36件，基层检察院提请抗诉和建议提抗20件，向法院发出检察建议9件。在法院已审结的案件中改判8件，调解4件，维持原判5件。积极尝试公益诉讼，三水区检察院在办案中发现原三水市建宏混凝土公司存在国有资产流失情况，依法督促该区公有资产投资管理公司提起追回国有资产的民事诉讼。三是加强刑罚执行监督。坚持深入监管场所一线进行巡视监督，2010年累计接受在押人员约见236人。加强对减刑、假释、暂予监外执行和保外就医人员的监督，全年共参加提请罪犯减刑联合办公会议共72次，对8772名服刑人员的减刑档案材料依法进行书面审查；依法开展对社区矫正工作的监督衔接，加强对社区矫正的法律监督。四是加强控告申诉检察工作。共受理群众来信364件，来访1604批；受理各类刑事申诉案件25宗，办结22宗，立案复查7宗；受理刑事赔偿案件20宗，办结18宗，决定赔偿12宗。认真落实广东省检察机关“迎亚运”涉检信访维稳工作会议暨环粤“护城河”信访工作协调会等会议精神，积极开展“化矛盾、保平安、迎亚运”清理涉法涉诉信访积案活动，集中化解社会矛盾，确保亚运期间佛山市未发生涉检上访事件。

【检察工作机制改革】 积极稳妥地推进检察工作机制改革，实现检察工作自身科学发展。一是深入调研，服务大局。市检察院通过专题调研，提出服务工作大局、突出抓好重点工程预防职务犯罪、重点打击侵犯知识产权等危害经济长远发展的刑事犯罪、为土地资源保护和征地拆迁顺利推进提供司法保障、维护基层镇街和谐稳定等工作举措，服务佛山市经济又好又快发展和社会管理创新有序进行。二是全面推进镇街检察室工作。通过近3年的运作，至2010年底，全市33个镇（街）已全部设立检察室，其工作职责主要包括深入基层接访、法制宣传、惩防职务犯罪，及时有效化解矛盾纠纷，维护基层和谐稳定等。检察室负责人兼任当地镇街综治信访维稳中心副主任，全面参与镇街综治维稳工作。7月，南海区检察院全面规范镇街检察室工作，在已设立4个检察室的基础上，又经区批准增加编制新设立了4个检察室。省检察院将南海区检察院作为全省开展检察室工作的试点，市检察院召开了全市检察机关驻镇街检察工作现场会，总结推广。佛山市镇街检察室工作日趋成熟，在镇街基层化解社会矛盾、惩防职务犯罪等方面发挥了积极作用。三是规范未成年人案件检察工作。实行未成年人犯罪案件社会调查制度，在充分调查掌握涉案未成年人的犯罪动机后综合分析评议，力图做到慎捕慎诉。在全市推进未成年人案件分案处理工作，加强对未成年人权益的保护。四是做好涉检舆情应对工作。健全完善网络舆情处理五大机制，在全市检察机关推广和加强网络舆情应对工作。五是继续推广阳光检务工作。共接受案件办理情况网上查询等1.22万次，举行检察开放日23次、接待群众490人次，与人大代表等座谈10次、向人大作专题报告5次、走访人大代表81次。市、区两级检察院全部设立了案件管理中心，其中市检察院经市批准定编设立案件管理科。市检察院开通以“阳阳”、“光光”生动形象为代表的“网络检察官”平台，全天24小时接受群众网上咨询，开展检民互动。六是加强办案监督机制建设。加强职务犯罪线索规范管理，科学评估线索。市检察院对全市检察机关规范线索管理制度和职务犯罪案件判决量刑情况进行调研，提出了依法、规范的意见。全面落实人民监督员评议制度，评议检察机关立案侦查案件中犯罪嫌疑人不服逮捕决定、检察机关拟不诉、撤案等三类案件22件，共28人。全面落实自侦案件由上一级检察院决定逮捕的改革，加强了上级对下级侦查工作的监督。对犯罪嫌疑人的讯问工作实现同步录音录像，职务犯罪的侦查工作更加规范。

【检察队伍建设】 全市检察机关坚持加强检察队伍建设，队伍整体素质不断提高。2010年，全市检察机关共有7个先进集体、9名先进个人获省级以上表彰，其中，市检察院荣获依法治省先进单位荣誉称号。

一是加强领导班子建设。坚持基层检察院检察长每半年到市检察院述职述廉、个人有关事项报告等制度，深化市检察院派员参加基层检察院党组民主生活会、市检察院与基层检察院负责人谈话等制度，切实加强对领导班子尤其是“一把手”的监督。

二是加强干警思想作风建设。扎实开展“恪守检察职业道德、促进公正廉洁执法”、“创先争优”、“检察官宣誓”等主题活动，强化广大干警的思想作风建设。深入开展检务督察工作，加强对重点岗位、重点环节执法人员的监督。全年没有检察干警因违纪违法而受到党纪政纪处分。

三是加强队伍素质教育。市检察院制定出台了《2010～2014年佛山市检察机关人才队伍建设规划》，着力培养一批检察业务骨干、办案能手。先后在清华大学和西北政法大学开展专题培训，提升领导干部理论素养和办案人员业务技能。

四是加强检察宣传工作。市检察院协办的电视栏目《法治佛山》，在社会上引起强烈反响。在最高检察院召开的文化建设座谈会上，市检察院作了题为《文化建设是检察工作科学发展的“推进器”》的经验发言，获得较高评价。市检察院潘娟获得“全国模范检察官”荣誉称号，其先进事迹在《检察日报》、《当代检察官》等媒体相继报道，并在全省检察机关作先进事迹巡讲，潘娟作为亚运火炬手参加了亚运火炬传递活动，为检察机关赢得了荣誉。

五是加强基层检察院建设。加强对基层检察院工作指导力度，落实基层检察院业务工作情况等考评机制，促进全市基层检察院建设科学协调发展。顺德区检察院、禅城区检察院被评为2010年度佛山市先进基层检察院。

（王　建）

政府法制工作

【综述】 2010年，佛山市政府法制工作围绕全市经济社会发展大局，以深入贯彻国务院《全面推进依法行政实施纲要》、《关于加强市县政府依法行政的决定》和《关于加强法治政府建设的意见》为主线，切实加强政府法制建设，全面推进依法行政，努力建设法治政府，各项工作取得显著成效，为建设“四化融合，智慧佛山”和构建和谐社会创造了良好的法治环境。

【围绕广佛肇经济圈建设和广佛规制一体化开展政府法制合作】 一是制定落实《广佛同城化政府法制合作框架协议》的配套制度。为落实上年佛山市法制局与广州市政府法制办签署的《合作框架协议》，2010年，广佛两地政府法制机构联合制定了《关于进一步推进广佛同城化政府法制合作的具体工作方案》，具体细化了合作机制的实施内容，就如何构建法治政府的合作机制、行政立法信息沟通机制、行政执法争议协调机制、政府法制课题研究成果共享制度等方面作了进一步的明确规定。

二是加强对涉及广佛两市经济社会共同发展的规范性文件互相征询意见的合作。2010年，佛山市法制局先后对广州市政府法制办送来的《关于征求〈关于建立广佛同城化行政立法和规范性文件管理合作机制的通知〉意见的函》等提出相关意见，也就佛山市规范性文件清理结果专门发函征求广州市政府法制办的意见和建议，并组织有关部门为《广州市户外广告和招牌设置管理办法》提供法律参考意见。

三是广佛两地政府法制机构共同研究解决具体问题。3月，佛山市法制局邀请广州市政府法制办复议处处长参加佛山市全市行政复议案例研讨会。6月，广州市政府法制办与佛山市法制局在广东省迎宾馆联合组织召开“生猪产品质量安全监管制度广佛一体化”研讨会，对促进广佛两地规制一体和规则对接进行了有益探索和尝试。

四是加强与肇庆市法制局的业务交流。4月，肇庆市法制局局长带领肇庆市、县（区）两级政府法制机构负责人一行15人来佛山市调研考察交流政府法制工作经验，对如何实施《广佛肇经济圈合作框架协议》中涉及政府法制工作的问题进行了深入的交流探讨。

【贯彻落实全国、全省依法行政工作会议精神，全面实施国务院《关于加强法治政府建设的意见》】 领导重视，及时传达贯彻会议精神。2010年8月27日，市长李贻伟、副市长王玲以及市有关单位领导集中收听收看了全国、全省依法行政工作电视电话会议，认真学习会议精神，特别是总理温家宝、省长黄华华的讲话精神。会议结束后，接着召开了全市依法行政工作会议，李贻伟要求各部门务必按照全国、全省依法行政工作电视电话会议的部署和要求，结合本地、本部门实际，迅速组织学习贯彻落实。佛山市法制局按照市领导的要求，向市政府提交了《关于贯彻落实全国、全省依法行政工作会议精神的意见和建议》，市领导同意该建议并要求认真做好贯彻落实全国、全省依法行政工作会议精神的相关工作。

明确任务，全面部署落实会议精神和贯彻实施国务院《关于加强法治政府建设的意见》。一是健全依法行政工作领导机制。成立以市长为组长，分管副市长为副组长的市依法行政工作领导小组，具体负责全市依法行政工作的组织领导、协调督察和检查落实等工作。二是编制《佛山市法治政府建设"十二五"规划（2011~2015）》，作为佛山市今后一段时期贯彻落实国务院《关于加强法治政府建设的意见》的具体措施，并健全和完善依法行政工作制度，为全面推进佛山市依法行政工作提供制度保障。三是筹备召开全市依法行政工作会议，对贯彻落实国务院《关于加强法治政府建设的意见》，进一步做好当前和"十二五"期间的法治政府建设工作进行安排部署。四是建立健全领导干部学法制度和法律培训制度，明确要求领导干部带头学法，提高依法行政意识。

【以制度建设和机制创新为抓手，为法治政府建设提供保障】 建立完善科学民主的决策机制，着力提高决策水平。一是完善重大行政决策听取人大代表、政协委员意见制度和重大行政决策听取专家意见制度。二是推行重大行政决策听证制度。三是建立重大行政决策合法性审查制度。2010年，市政府与广东粤财投资控股有限公司及其子公司广东省中小企业信用担保有限公司签订《全面战略合作框架协议》及《共建金融服务综合平台项目合作协议》等都经过佛山市政府法律顾问室的合法性论证。四是坚持重大行政决策集体决定制度。五是初步建立重大行政决策实施情况后跟踪评价反馈制度。2010年，佛山市《加强佛山市摩托车管理的实施意见》实施后，市政府聘请佛山科技学院的科研机构开展了实施效果评价工作。六是建立健全行政决策监督和责任追究制度。

加强规范性文件审查和清理，规范性文件管理工作取得新实效。一是做好市政府及政府部门规范性文件合法性审查工作。2010年，佛山市法制局共审查市政府规范性文件33份，部门规范性文件20份，向省政府和市人大报备市政府规范性文件28份，接受各区政府报备规范性文件22份。为了加强规范性文件的管理工作，草拟了《佛山市行政机关规范性文件管理办法》。二是完成市政府和部门规范性文件清理结果的整理和发布工作。佛山市法制局对市政府和部门规范性文件进行全面清理，对335件政府规范性文件和486件部门规范性文件分别提出了废止、保留、修改的清理意见，并对决定保留、修改的规范性文件电子文本进行统一整理，清理结果于2010年2月公开发布。

【贯彻实施《广东省行政执法责任制条例》，全面推进行政执法责任制工作】 严格实行行政执法主体资格制度，全面开展行政执法职权的核准界定公告工作。2010年，全面对新一轮机构改革后的33个市直部门的行政执法依据及执法职权重新进行梳理、核准和公告，共梳理出行政执法职权3290项，涉及法律、法规、规章等行政执法依据283部。同时，编制行政执法流程图，完善行政执法程序，确保规范执法、公正执法、文明执法。二是实行严格的行政执法人员资格管理制度，对拟上岗的行政执法人员实行法律培训和考试制度，全年全市共组织举办行政执法人员法律培训5期，完善行政执法证件申领和管理制度，未申领行政执法证件的人员不得从事行政执法活动。三是积极推动区向镇（街）下放行政执法权工作开展。结合大部制和简政强镇事权改革，为规范并推动区向镇（街）下放行政执法权工作，市政府出台《佛山市人民政府关于区向镇（街）下放行政执法权的指导意见》，指导和规范行政执法权的下放工作。各区根据自身实际，稳步推进行政执法权下放工作，其中顺德区已向镇（街）下放行政执法权3000多项。

建立行政处罚自由裁量基准制度，开展规范行政处罚自由裁量权工作。2010年，全市通过市区联动、试点先行的方式，历经了调查研究、制定方案、梳理依据、制定标准、审核公告等5个阶段工作，制定了适用全市的行政处罚自由裁量细化标准。至年底，全市除公安、安监、统计外的30个行政执法系统的行政处罚自由裁量细化标准已经市政府核准公告，并正式配置到市监察局的行政监察电子平台运行。通过规范行政处罚自由裁量权，基本杜绝了违法裁量、随意裁量、滥用自由裁量权的现象，保障了法律、法规、规章的正确实施。

完善监督机制，强化对行政行为的监督。一是高度重视司法监督。2010年，市政府出台《佛山市行政机关负责人出庭应诉工作暂行办法》，建立健全行政机关负责人出庭应诉制度和行政机关与司法机关良性互动机制，督促行政机关依法执行法院判决，定期研究司法实践中反映出的行政执法共性问题，改进执法工作。二是发挥行政复议职能，及时化解行政争议。畅通行政复议渠道，推行灵活的案件受理方式，及时受理当事人申请，促进行政复议渠道的畅通。坚持复议案件合议制度，做到每件行政复议案件集体讨论，必要时邀请市中级法院法官、政府法律顾问参与，广泛听取意见。2010年，共办理复议案件74件，切实维护了政府的公信力。三是办理行政应诉案件。全年市本级办理以市政府为被告的行政诉讼案件50件。

（梁月莹）

公安工作

【综述】 2010年是佛山公安工作迎接新考验、战胜新挑战，谋求新发展、取得新成效的一年。一年来，全市公安机关在党委、政府和上级公安机关领导下，紧紧围绕“四化融合，智慧佛山”的总体思路，按照市委、市政府“三着力一推进”工作部署，以“三项建设”（法制体制建设、保障能力建设、监管队伍建设）、“三项重点工作”（促进社会矛盾化解，促进和谐社会建设；参与社会管理创新，提高自身管理水平；促进公正执法，保障人民群众根本利益）和亚运安保为重点，锐意进取，忠实履职，维护了全市社会政治稳定，实现平安亚运工作目标，促进了全市社会治安明显好转。

【刑事犯罪侦查工作】 全市公安机关以重点打击为龙头，建立健全常态化严打机制，以重点整治为依托，完善社会治安防控体系，对各类犯罪活动展开全方位、密集式进攻，带动社会治安持续好转。全年全市110接报违法犯罪警情20.53万宗，立刑事案件6.13万宗，同比分别下降6.2%、5.8%；破获刑事案件2.81万宗，同比上升1.4%，逮捕1.05万人，同比下降3.4%；查处治安案件14.73万宗，行政拘留3.14万人，劳教663人，同比分别上升15.5%、9%、28.5%。共查处黄赌毒案件1.25万宗（涉黄854宗、涉赌7523宗、涉毒4085宗），抓获黄赌毒嫌疑人3.46万人（其中，有行政拘留1.9万人、刑事拘留2433人和逮捕1571人，等等）。破获毒品犯罪案件1030宗，抓获毒品犯罪嫌疑人（刑拘以上）1237人，同比分别上升23.5%、23.2%；缴获各类毒品合计115千克，同比下降61%；缴获毒资207万元，同比增加42%；收戒吸毒人员3386名，提前两个月完成年度“大收戒”工作目标。

2010年，组织开展“粤安10”、“打黑扫赌收黑枪”百日行动、“安全隐患大排查”百日行动、“创平安、迎亚运”和“平安亚运十大行动”等多项严打行动。坚持以打黑、扫赌、收黑枪“三项打击”为龙头，坚持每月2次以上全市严打统一行动，共打掉黑社会性质组织团伙3个，恶势力犯罪团伙102个，打掉地下赌场116个，收缴各类枪支1555枝（自制枪162枝、仿真枪1393枝）、子弹4544发；侦破了“5·10”南海涉黑团伙案、“5·12”三水涉黑团伙案、“10·14”三水制贩猎枪弹团伙案等一批重特大案件。全市共侦破命案159宗，破案率93%。50宗省厅挂牌督办案件破获42宗。设立打击涉枪犯罪、电信诈骗和两车犯罪等专责工作组，对突出犯罪实施专业打击，共打掉三类犯罪团伙39个，抓获犯罪嫌疑人260人，破案480多宗，有效遏制了该三类案件高发态势。开展跨区域联动打击，以禅桂新区及亚运场馆周边为重点，开展针对车站、医院、商场、地铁沿线等公共场所的反盗、扒、抢行动。积极配合“限摩”工作，加大对车扒团伙、公交车盗抢团伙和制贩假“禅桂新”通行证犯罪团伙打击力度。2010年，全市立“两抢”案件615宗，其中禅城区立117宗，同比分别下降18%和42.1%。

建立治安重点地区和突出治安问题整治机制。7月30日起由市综治委牵头对全市桑拿服务场所开展集中整治，全市娱乐服务场所涉黄涉毒现象得到明显遏制。开展校园周边治安秩序整治，确保全市1447所中小学、幼儿园110万师生人身安全。完善“情报先行、规模用警、联合作战、集中清剿、精确打击、规范建设”的治安整治模式，集中整治车站、公园、学校周边以及城市拆迁区域、城郊结合部等治安复杂区域。确定高明区为全省社会治安整治重点区，确定禅城区祖庙街道等10个镇（街）为社会治安整治重点镇（街），各派出所分别确定重点村（居）为治安重点整治区域，对突出治安问题和部位进行集中整治，收到明显成效。

建立健全重点人、场、物、事管控机制。结合“推居”（推行居住证制度）工作排查流动人口223.86万人次、出租屋40.7万间次，从中抓获犯罪嫌疑人243人。大力开展“三非”外国人整治，全市查处“三非”外国人案件452宗492人，同比增长10.2%、19.7%。加强涉毒娱乐服务场所整治，共清查涉毒娱乐场所85间，停业整顿23间，行政拘留吸毒人员900多名，刑事拘留场所经营者和工作人员150名。配合“限摩”工作，组织开展涉牌涉证和外地籍摩托车、电动自行车和车辆乱停放整治等专项行动，查处涉牌涉证交通违法行为10.82万宗，查扣外地摩托车3.86万辆，查处违规进入“限摩”区域摩托车2.71万宗。

健全完善社会面防控机制。组织4万人以上社会力量开展大巡防活动，巡防力量参加整治行动149次，抓获违法犯罪嫌疑人1089人，协破案件504宗，其中刑事案件180宗。加强环穗、环市、环亚运场馆治安检查站建设，全市共建立治安检查站78个，其中一类检查站15个，环穗陆路检查站10个、水上检查站5个。10个环穗检查站自10月1日试运行。至年底共出动警力6.12万人次，检查车辆44.94万辆，检查人员59.41万人，查获违法犯罪嫌疑人416人，劝返精神病人和上访人员16人，查缴毒品114克，管制刀具1465把。

【经济犯罪侦查】 全市经侦部门全面履行“打击、服务、参谋”三大职能，深入开展全国性打击假币专项行动、打击发票犯罪专项行动、打击侵犯知识产权犯罪专项行动，破获了“4·21”唐美群非法吸收公众存款案、“4·13”信用卡诈骗案等大要案件，有效维护了特殊时期的市场经济秩序。全市共受理经济犯罪案件1172宗，同比上升38.7%，立案876宗，同比上升17.6%，破案704宗，同比上升24.1%，破案率为80.36%，受案、立案、破案、破案率四项指标全部上升；刑事拘留678人，逮捕499人，移送起诉451人，涉案金额9.86亿元，挽回经济损失1.43亿元。

【治安行政管理工作】 2010年，全市公安机关认真落实执法为民的要求，以构建和谐警民关系为核心，以群众满意为着力点，不断转变工作作风，创新管理服务方式，有效地提高了行政服务效能。全市发生一般以上交通事故4028宗，死亡624人，受伤4519人，直接经济损失779.9万元，同比分别下降4.5%、0.3%、6.5%和5.7%，连续6年实现四项指数全面下降。没有发生涉及危险物品和监所安全管理的责任事故。全市发生火灾事故77宗，死亡6人，受伤4人，同比分别上升42.6%、50%、33.3%，直接经济损失578.9万元，下降28.3%。受理各类出入境证件业务167.1万人次，办理各类证件（签注）195.1万个次。流动人口服务管理创新扎实开展，“推居”（推行居住证制度）工作稳步推进，市、区、镇（街）财政共落实专项经费3300万元，共制发居住证217.36万张，超额完成省下达的制证任务。

【创新社会管理】 以社会管理创新为抓手，全力提升公安工作水平。推行“网上维稳”，及时掌握网络舆情民意，实现了矛盾化解由现实社会向虚拟社会延伸。全市43个派出所、3个交警大队开设“网上警务室”，点击量达180多万人次，化解矛盾纠纷320多起。提高虚拟社会管控能力，排查重点网上社区和网上重点人员，落实管控措施。推行“网上作战”，实现了打击犯罪由人海战术向情报导侦转变。2010年，全市通过跨区域办案协作平台外地案件破案611宗，本地案件破案1291宗。侦破电信诈骗案件175宗，涉案金额2600多万元，抓获电信诈骗犯罪嫌疑人146名。全市建成治安视频监控点12多万个，其中一类点8656个，治安卡口110多个，实现与省厅治安卡口布控平台对接及对涉案车辆的“一点布控，全网响应”。全年全市通过视频监控协助破案共3639宗，抓获犯罪嫌疑人4010名。推行“网上管控”，建立网上治安动态管控机制，加强网上追捕逃犯，全年全市公安机关共抓获全国在逃人员957人，同比上升85.5%。推行“网上社区”，全面推广“永安网络警长”品牌经验，实现了群众工作由传统方式向网络警务拓展。推行“网上公关”，率先开设“网上警事厅”、“公安微博”等警民互动论坛，实现宣传引导由被动宣传向主动公关转变。推行“网上服务”，全市公安行政业务网上办理量占审批总量的87.81%，“佛山警务在线”日均点击量达2万多次，初步实现行政管理由坐堂受理向家居式服务转变。

【亚运安保】 2010年8月，全力推动亚运安保升级。一是组织领导升级。以市委、市政府名义先后召开全市亚运安保升级和反恐工作等会议，市委、市政府主要领导亲自动员部署亚运安保和严打整治工作。二是重点人、场、物安全监管升级。对重点人、场、物全面摸查，逐一核对、造册，派出所定期实地检查和网上巡查，全市每周通报。三是维稳和反恐处突工作升级。对不安定因素进行拉网式排查，对全市1000个重点目标、部位进行明察暗访，逐一落实内部安全保卫。组建反恐防范和应急机动反恐处突队伍，举行3次反恐应急处置演练。四是涉亚场所和道路安保升级。主动加强与部队、武警安保对接，对涉亚场所及周边2公里范围内的维稳、火灾、治安、电力、危爆等安全隐患进行反复排查整治，加强地铁开通运营安全保卫。圆满完成亚运火炬（佛山站）传递安保。每日投入安保力量1.26万人次，群防群治力量4万人次，确保了佛山赛区202场赛事、279名参赛运动员、200名技术官员、300名媒体记者、7万观众的绝对安全；完成运动员转场交通保障任务332班次，总里程7669公里。圆满完成广佛地铁开通运营安保工作。圆满完成列级警卫任务118批次。迅速侦破“11·12”扬言爆炸亚运开幕式案、3宗涉亚工作人员被盗财物案、协助香港警方侦破盗窃价值9000万元黄金案等亚运期间大要案件，夺得“平安亚运”和“文明执法”两块金牌。

【公安队伍正规化建设】 全市公安机关创新队伍管理方法，深化思想政治工作，最大限度地激发队伍活力。开展了荣誉教育、“警队核心价值观”大讨论等活动；加强队伍教育培训，年内共有19批次2089名民警参加警校脱产培训。开展机关作风建设，提高民警服务意识和责任意识，加强队伍管理，确保公正廉洁执法。加强网上督察，市局、分局均建立网上督察室，将出入境、户政、车管、监所、派出所等8个系统和场所纳入网上督察，初步实现对民警执法、服务的全方位网上监督，市局网上督察做法在全省推广。探索阳光警务新机制，主动接受人大审议；落实警务廉政监督员制度，加强警民互动。局领导杨建华、蓝华、谭炽荣、汤捍东等带头参与警民互动或上线上网，或做客电台，或接受采访。全面推进“一网考”、“三考合一”，落实“三挂钩”奖励经费，提升基层民警积极性。特种行业、场所等基础信息采集率、更新率、准确率分别达100%、95.5%、100%，网吧上网人员采集率100%，案件受理率、立案率、录入率均达98%以上。全市县级公安机关执法质量考核平均93分，4个区公安机关自评达优秀档次。禅城分局永安派出所被评为全国公安机关执法示范单位。全市公安机关共受理行政复议案件111宗，办结105宗，撤销5宗，不变率95.2%；办理行政诉讼案件37宗，办结31宗，胜诉率100%，案件办理质量稳步提升。党风廉政建设进一步加强，队伍违纪人数低于全省平均水平，民警违反公安部“五条禁令”、省厅“8号令”的案件逐步得到遏制。

（谢腊松）

司法行政工作

【综述】 2010年，佛山市司法行政机关紧紧围绕市委、市政府关于“三着力一推进”、“四化融合、智慧佛山”的决策部署，充分发挥法制宣传、法律服务和法律保障职能，深入推进社会矛盾化解、社会管理创新和公正廉洁执法三项重点工作，为全面建成小康佛山、实现民富市强作出了积极贡献。

【大力加强亚运安保工作，确保亚运期间佛山社会和谐稳定】 一是积极开展排查、攻坚活动，专人负责、限期整改，对重难点问题集中攻坚，确保实现“八无”目标。建立起与武警、公安的联防机制，从实战需要出发确定应急演练的内容和课题，提高维护监所安全的实战能力。二是深入开展迎亚运、保平安专项攻坚活动。实施双层人民调解化解矛盾纠纷协作联动，建立环亚运场馆安全圈，加强环穗护城河工程。与市卫生局共同筹建医患纠纷调委会。2010年，全市各驻法院、驻劳动保障、驻交警部门的人民调解工作室共受理矛盾纠纷735宗，调解540宗，调解成功473宗，调解成功率达87%。三是加强在社区服刑人员及刑释解教人员管控力度，创新社会管理，全市没有因两类人员管控不到位而发生影响“平安亚运”的问题。完善监所与司法所、家庭、单位和社区的全面衔接机制。加强重点人员信息管理平台建设。全面试行社区矫正，顺利实现社区矫正对象全部接收、严格管控和规范改造。组建市、区、司法所三级社区矫正队伍网络。充分调动各种社会力量，积极参与社会管理。

【充分发挥法律服务职能作用，积极服务党委政府中心工作】 一是积极主动推进司法行政广佛同城化发展，签署《广佛同城化人民调解工作合作框架协议》、《广佛同城化律师行业合作框架协议》，加强人民调解和律师办理群体性、敏感性案件的协调联动。加强与港澳律师业交流合作，分别签订合作框架协议，全年三地律师之间业务交流往来200多人次。举办了“珠三角地区公职律师合作与发展研讨会”。二是为经济发展方式转变、统筹城乡协调发展以及民生事业发展提供优质高效的法律服务。9月份正式启动律师法律服务、公证法律服务、法律援助“法律服务三下乡”活动，实施“百千万”工程，组织动员100家律师所、公证处、法援机构，1000名律师、公证员、法律援助法律服务工作者开展为期3年的法律服务下乡活动，每年为各个乡村社区居民办理1万件以上的法律事务。在全市律师队伍当中深入开展警示教育活动，充分发挥律师服务经济社会发展的能力。提升法律援助工作效能，落实便民服务十项措施，加强异地法律援助协作，建立健全异地办案协调配合机制，完善“一小时法律援助服务圈”、“网上受理法律援助”等工作机制。2010年，全市承办法援案件2000多件，受援群众7000多人次，提供法律咨询解答4万多人次。圆满完成2010年国家司法考试佛山考区2000多名考生的考务工作。三是制定《佛山市司法行政系统信息化建设三年发展规划》，建设智能安防、突发事件应急指挥平台、智能法律服务、智能办公“四大工程”，拓展网上办事服务功能。

【积极开展法制宣传教育，为法治城市建设营造浓厚法治氛围】 一是加强维护社会和谐稳定、促进社会公平正义等法律法规宣传，切实加大程序法的宣传力度，促进群众依法表达利益诉求。巩固“佛山法律讲坛”、手机短信服务，媒体法律专栏普法平台，拓展和挖掘普法博客、法律咨询网上平台、社区法制论坛等新兴载体作用；深入推进法治城市、法治区和基层民主法治村（社区）创建。二是健全公务员法律知识考试制度，提高领导干部、公务员学法用法的自觉性和主动性；推进青少年法制教育计划、课时、教材、师资“四落实”；组织法律服务人员和法制宣传志愿者深入进城务工农民生活居住地开展法制宣传和法律咨询，增强农民工的法律和依法维权意识。三是积极组织“五五”普法检查验收工作。成立由市委常委杨建华担任组长的检查验收工作领导小组，对全市五区及20个市直单位的“五五”普法依法治理工作进行了检查验收。省普法检查验收小组对佛山市“五五”普法工作成效给予高度评价。

【以监所体制改革为重点，切实提高教育改造质量】 监狱工作方面：一是顺利完成监狱体制改革工作。成立佛山市西江企业有限责任公司，实现企业经营生产与监狱相分离的体制机制。建立健全企业的领导机构和规章制度，划清企业和监狱的不同资产，落实全额保障，确保规范运行。二是推行“5+1+1”新型教育改造模式。11月1日起在佛山监狱全面推行“5+1+1”的改造模式，实行5天劳动、1天教育、1天休息的管理制度，确保劳动改造、教育改造、生活改造同步推进，积极探索有效降低刑释人员的重新犯罪率的新途径。三是进一步加强监狱文化建设。以文化为基础提高教育改造效果，举行服刑人员文化节，打造清明节思亲等形式多样的节庆文化，背诵《三字经》等国学经典，进一步深化监狱文化建设。全年有671人参加文化课学习，420人参加职业技术培训，获证率和合格率均达100%；开展心理健康教育率、测试率、建档率均为100%。

劳教和强制隔离戒毒工作方面。一是抓好场所生活卫生和疾病防控。加强食堂管理，严格落实食品留样备检、餐具消毒制度，严格执行疾病“三级防控”管理制度，先后组织5次全所性心脑血管疾病等易导致猝死事件疾病的排查；加强排查防控艾滋病及携带者的力度，制定甲型H1N1流感、食物中毒等疾病防控预案并进行演练；加强与禅城区中心医院、市一医院合作，建立医疗绿色通道及开设流动检验室等服务。二是推行戒毒脱瘾教育。认真开展心理测量、心理咨询和健康教育活动，建立心理档案；继续与高校合作开展课题研究，改造装修心理矫治中心咨询室、数据处理室、宣泄室、会客室、个体辅导室、团体咨询室等专用室。三是开展法律服务和文化活动。每周五为劳教（强戒）人员法律咨询日，重点解答婚姻、家庭、劳资、债权债务等法律问题；开展羞耻心、自信心、责任心、感恩心、爱心的“五心”教育；加强职业技术培训，开展丰富多彩的文化娱乐活动。

【围绕公正廉洁执法，大力加强司法行政队伍建设】 一是强调求真务实的工作作风，提高领导干部政治理论水平和个人修养，增强把握大局、改革创新能力，充分发挥率先垂范的带头人作用。建立科学的选人用人机制，通过竞争上岗的方式选拔42名德才兼备的科级中层领导干部。深入开展争先创优活动，把“服务亚运当先锋”活动作为创先争优活动的载体。二是制定《佛山市司法局机关绩效考评实施办法》（试行）、《关于科级领导干部问责的实施办法》（试行）等制度，确定考评和问责的工作内容和标准，明确奖惩办法。各区局和监所也都根据工作的任务和要求，进一步健全和完善考评工作制度，促进司法行政各项工作任务的落实。三是在全市系统举办各类培训班40多场次，受训3000多人次。在监狱劳教人民警察队伍中组织开展执法大培训、岗位大练兵“双大”活动，培训监狱劳教人民警察1877人次。开展各类训练33批次，参加练兵的监所警察达2297人次。四是广泛开展“好书共读”活动，在全系统形成爱读书、读好书、勤学习、善思考的良好风尚。举办全市司法行政系统首届体育运动会。五是全市司法行政系统进一步建立健全党风廉政责任制度，落实各项责任分解、责任考核、责任追究制度，从制度建设上堵塞可能发生问题的漏洞，全年全系统没有发现违法违纪的情况。

（粟　稳）

第六篇

经　　济

工　业

工业发展概况

【综述】 2010年是“十一五”的收官之年，也是启动“十二五”规划的承接之年。佛山市深入贯彻落实科学发展观，全面贯彻市委十届九次全会精神，围绕“四化融合，智慧佛山”目标，努力进取、创新争先，推动工业经济摆脱国际金融危机的影响，从回升向好向平稳较快发展转变。“十一五”规划目标圆满完成，为“十二五”开局起步奠定坚实基础。

【经济运行情况】 2010年，全市规模以上工业企业完成工业总产值14781.59亿元，同比增长23.1%；完成工业增加值3291.92亿元，同比增长19.4%。全社会固定资产完成投资1719.63亿元，同比增长16.9%，其中工业605.38亿元，增长8.8%，占全社会固定资产投资的35.2%。

【产业结构调整】 产业高级化步伐持续加快。从规模看，2010年，先进制造业增加值993.77亿元，增长16.1%；从增幅看，先进制造业中装备制造业完成增加值747.71亿元，比上年增长17.3%；钢材加工业66.66亿元，增长11.7%；石油及化学制品制造业179.4亿元，增长12.4%。高技术制造业中医药制造业完成增加值17.18亿元，比上年增长30.5%；医疗设备及仪器仪表制造业15.83亿元，增长127%；电子及通信设备制造业98.94亿元，增长18.7%。产业适度重型化发展趋势明显。轻工业1591.98亿元，增长21.2%；重工业1699.95亿元，增长17.6%。轻重工业的比例为1∶1.07。产业集中度进一步提高。2010年，年产值超亿元的企业有2505家，其中超10亿元的158家、超50亿元的17家、超100亿元的6家；纳税超千万元以上企业729户，是2005年的2.39倍；五年新增上市企业16家，超过以往时期总和。内外源经济优化协调发展。外商及港澳台投资企业1099.54亿元，增长15.1%；民营企业1952.59亿元，增长20.1%。工业经济效益不断提高，2010年，规模以上工业经济效益综合指数为263.13%，其中，全员劳动生产率23.76万元/人年，产品销售率95.68%。

【传统产业】 以信息技术、高新技术、先进适用技术和现代管理技术改造提升家用电器、陶瓷建材、纺织服装等优势传统产业，积极推动产业链条向高附加值的两端延伸，增强整体竞争力。陶瓷产业按照“扶持壮大一批，改造提升一批，转移淘汰一批”的方针，“十一五”期间全力推进调整提升，2010年实现工业总产值1000.24亿元，同比增长了16.6%，真正实现了经济、社会效益双丰收。2010年，传统产业中纺织服装、化纤制造业完成增加值256.72亿元，比上年增长22.8%；食品饮料业94.9亿元，增长18.2%；家具制造业77.59亿元，增长23.8%；金属制品业268.89亿元，增长14%；家用电力器具制造业484.9亿元，增长28.6%；塑料制品业177.6亿元，增长16.7%。

【先进制造业】 2010年全市先进制造业增加值993.77亿元，增长16.1%，约占全市工业增加值的1/3。佛山市被省委、省政府确定为全省三大装备制造业基地之一，全市拥有国家火炬计划佛山精密制造产业基地、国家火炬计划佛山自动化机械及设备产业基地、中国医疗器械（佛山）产业基地等国家级特色产业基地。作为佛山新兴主导产业的汽车及零配件产业，2010年规模以上企业完成工业总产值296.59亿元，占规模以上工业的2%。拥有本田变速箱、爱信精机、阿兹米特、东海理化电机、优达佳等国际知名汽配企业和福迪汽车、文灿压铸、中南铝车轮、豹王滤心、富华工程机械等一批民营龙头企业。随着一汽大众、陆地方舟等项目的落户，带动全市从汽配到整车迈上一个新台阶。

【战略性新兴产业】 全市已初步形成了光电显示、光照明、光伏产业链异军突起的“光电产业”立体发展格局。光电显示产业，引进台湾奇美、中显、彩虹4.5代AMOLED生产线等世界级先进的光电显示技术，形成了以液晶显示和OLED显示产业为双主线，兼顾发展数字视听、LED等相关产业的立体发展格局，OLED领域的技术水平领跑全国；新光源产业，雪莱特、南海奇美、朗仕照明、旭瑞光电等一大批有高水平技术含量和一定知名度的优质企业齐聚佛山，广东新光源产业化基地的落成，成功引进旭瑞光电和华丰鸿基光电两大龙头项目，加快了促进产业集聚和配套发展；太阳能光伏产业，中国建材集团太阳能广东基地和国家光伏系统工程研究中心产业化基地落户佛山，引进广州圣大光伏逆变器首个光伏关键零部件项目；新材料产业，佛山新材料产业被授予“国家火炬计划佛山新材料产业基地”称号；生物医药产业，以“华南基因谷”为载体，通过引入基因和生命科学人才、技术进行技术转化，“孵化”生命科技产业链，重点建设四大国际级的生物医药服务平台；环保产业，绿色照明产业方面佛山市成为全国节能电光源的主产地之一，绿色家电产业方面佛山市家电产量占全国三成以上，正大力开发“节能环保”产品，引领家电产业制造、设计的新趋势。

【节能降耗】 全市节能降耗工作成效明显，2010年实现万元GDP能耗0.65吨标准煤，超额完成“十一五”规划任务。节能降耗淘汰落后产能成绩突出，五年关停高耗能、高污染企业600多家，陶瓷行业调整进展明显，小火电和立窑水泥全部退出市场，小印染、小熔铸大部分已清理。企业清洁生产全省领先，全市共有105家企业通过省清洁生产企业认证，排在全省首位；建陶生产企业按照省清洁生产标准完成改造提升，全部企业实现达标排放，获得了省或市级“清洁生产企业”称号。重点领域节能取得成效，对50家陶瓷、金属材料加工、纺织企业实施了能效限额的专项节能监察，对140家重点用能企业落实目标责任制，强化了对重点用能企业的监管。实施节能重点工程，2010年全市节能专项资金共支持循环经济、资源综合利用项目8个，节能公共服务平台项目4个，奖励重点用能企业10家，奖励清洁生产企业52家；积极申报省节能专项资金，全市共有13个节能项目（年可实现节能量4.4万吨标准煤）、1个资源综合利用项目、1个节能服务机构获省节能专项资金支持；推广高效照明产品，至2010年12月底，全市完成高效照明产品推广任务114.58万只，完成任务率114.6%，超额完成推广任务，可实现年节电量5500万千瓦时（1.93万吨标准煤），估计可减少SO_2、CO_2排放量0.06万吨和5.5万吨，节能减排效果理想。

节能降耗淘汰落后产能成绩突出，5年关停高耗能、高污染企业600多家。

【工业园区】 工业园区自主创新能力不断加强。2010年佛山高新区“一区六园”共有6家企业跻身广东省自主创新百强企业，占佛山总量的42%。推进创新中心的建设和人才的引进，工业园区已建成科技企业孵化器9个，各类科技企业孵化器投入资金超过12亿元，各类在孵科技企业达到465家，拥有包含博士、硕士等高素质人才的专业团队190人。产业结构不断优化升级。2010年佛山高新区共有24个项目跻身“广东省现代产业500强项目”名单，总投资549亿元，其中包括了总投资分别达260亿元、80亿元和57亿元的广东金融高新区项目、一汽大众项目和中建材广东薄膜太阳能产业基地项目等。在新兴产业发展方面，其主导地位逐步显现，2010年以节能环保、新材料、电子信息和光电产业为支撑的战略性新兴产业完成工业总产值约占佛山高新区经济总量的52%，高新区作为培育和发展战略性新兴产业的核心载体作用不断增强。在招商引资方面，“一园六区”加大了对世界500强企业和国内外知名企业的招商力度，吸引了世纪互联云计算南中国总部基地、一汽大众、丰田纺织、腾龙光学、彩虹集团、美国旭瑞光电、香港新鸿基集团、奇美电子等一批世界知名企业落户。倾力打造特色园区，高新区顺德园通过汇聚海信科龙、美芝、松下等家电行业巨头，带动行业配套发展，打造出一条本地配套率超过90%的家电产业链；高新区南海园通过一汽大众项目的落户，以及吸引一大批包括世界500强的优质汽配项目，形成一条涵盖汽车配件生产、整车制造、销售及服务的完整产业链，集群特征明显。

【名牌带动战略】 名牌带动战略取得明显成效。全市工业中不乏国内乃至国际同行知名的龙头企业，如美的入选2010年全国企业500强，格兰仕是全球最大的微波炉生产企业之一，顺特电气是全球最大的干式变压器生产企业之一。名牌战略硕果累累。五年新增中国驰名商标37件、中国名牌产品25个，参与研制国家及行业标准457个，佛山还被有关权威机构授予“国家新型工业化产业示范基地”和“全国流通领域物流示范城市”等称号。2010年，全市有各级工程中心608家，高新技术企业457家，新增中国驰名商标12件，新增广东名牌产品51个。

（程继东　卢燕玲）

佛山市促进战略性新兴产业和现代服务业集聚发展，加速新一轮的产业转型升级，加快经济发展方式的转变。图为佛山与世纪互联云计算产业基地合作签约仪式。

2010年佛山市入选“中国企业500强”优秀企业介绍（1家）

【美的集团有限公司】 创业于1968年的美的集团，是一家以家电业为主，涉足房产、物流等领域的大型综合性现代化企业集团，旗下拥有4家上市公司、四大产业集团，是中国最具规模的白色家电生产基地和出口基地之一。至2010年底，美的集团有员工20万人，旗下拥有美的、小天鹅、威灵、华凌等十余个品牌。除顺德外，美的集团在广州及中山、安徽合肥及芜湖、湖北武汉及荆州、江苏无锡、淮安及苏州、重庆、山西临汾、江西贵溪、河北邯郸等国内地区建有生产基地，辐射华南、华东、华中、西南、华北五大区域；并在越南、白俄罗斯、埃及等地建有3个海外生产基地；在全球设有60多个海外分支机构，产品远销200多个国家和地区。

主要产品有家用空调、商用空调、大型中央空调、冰箱、洗衣机、微波炉、风扇、洗碗机、电磁炉、电饭煲、电压力锅、豆浆机、饮水机、热水器、吸尘器、取暖器、电水壶、烤箱、抽油烟机、净水设备、空气清新机、灶具、消毒柜、个人护理、照明等家电产品和空调压缩机、冰箱压缩机、电机、磁控管、变压器等家电配件产品。现拥有中国最大最完整的空调产业链、冰箱产业链、洗衣机产业链、微波炉产业链和洗碗机产业链。拥有中国最大最完整的小家电产品群和厨房家电产品群。同时产业拓展至房产、物流及金融领域。

2010年，美的集团整体实现销售收入达1150亿元，其中出口额50.8亿美元。在“2010年中国最有价值品牌”的评定中，美的品牌价值达到497.86亿元，名列全国最有价值品牌第六位。2010年2月，在国际知名机构、英国品牌价值咨询公司Brand Finance公布的“全球最有价值500品牌排行榜”中，美的集团作为唯一的中国家电企业入选。2010年9月，在中国企业联合会、中国企业家协会发布的“中国企业500强”中，美的集团列第67位。

美的集团一直保持着健康、稳定、快速的增长。20世纪80年代平均增长速度为60%，90年代平均增长速度为50%。21世纪以来，年均增长速度超过30%。“十一五”期间，美的上缴税收超过160亿元。至2010年底，美的集团为赈济灾害、社会福利、科教文卫、体育事业等累计捐赠超过4亿元。

（市经贸局）

2010年佛山市被认定为“中国驰名商标”名单（12件）

编号	商标	使用商品或服务项目	类别	商标注册人	认定时间
1	强辉	瓷砖	19	广东强辉陶瓷有限公司	2010年1月
2	OVERLAND	瓷砖	19	广东欧文莱陶瓷有限公司	2010年1月
3	CASKA	显示屏、影碟机	9	广东好帮手电子科技有限公司	2010年1月
4	甘竹牌	听装（罐装）鱼、水产罐头、蔬菜罐头	29	广东甘竹罐头有限公司	2010年1月
5	DTC	家具金属部件、金属铰链、金属滑轮（非机器用）	6	广东东泰金属制品有限公司	2010年1月
6	罗浮宫	家具	20	广东罗浮宫国际家具博览中心有限公司	2010年1月
7		电热开水瓶、电饭锅	11	佛山市盛发电器有限公司	2010年1月
8	WEIYE	铝型材	6	广东伟业铝厂有限公司	2010年2月
9		油漆、涂料	2	佛山市三爱化工有限公司	2010年10月
10	百特	瓷砖	19	佛山市高明贝斯特陶瓷有限公司	2010年10月
11	XH	铝型材	6	广东新合铝业有限公司	2010年10月
12	金科	瓷砖	19	广东能强陶瓷有限公司	2010年10月

（市工商局）

2010年佛山市被认定为“广东省著名商标”名单（90件）

编号	商标	商标注册人	类别	商标注册证号	认定商品或服务项目	所属地区
1	pine 松树	广东德联集团股份有限公司	1	3249441	防冻液、制动液	南海
2	金葵子	佛山金葵子植物营养有限公司	1	1280092	肥料制剂（肥料增效剂）	高明
3	常青树	佛山市常青树化工有限公司	1	3113460	工业用黏合剂	顺德
4	君子蘭	佛山市顺德区乐从镇科斯化工有限公司	2	842051	涂料（家具漆）	顺德
5	FULLN	佛山市禅城区丰霖化工企业中心	2	1805402	陶瓷品用漆、陶瓷涂料、陶瓷制品上的亮铂	禅城
6	GD 沥東	佛山市沥东铝型材制品有限公司	6	644587	铝合金型材	南海
7	长城	佛山市澜石炜联不锈钢制品有限公司	6	1742137	金属管（装饰用）	禅城
8	耀达	佛山市南海耀达建材有限公司	6	3093254	可移动的金属建筑物	南海
9	四五六	广东中侨五金电器制造有限公司	6	1975134	金属铰链	顺德
10	QNN 全能	佛山市顺德区安能保险柜制造有限公司	6	1205749	保险柜（箱）	顺德
11	V-HOLD	佛山市顺德区富豪木工机械制造有限公司	7	3141315	木材加工机	顺德
12	富 Fuli 利	佛山市南海富利包装机械有限公司	7	1912392	纸板机	南海

（续表）

编号	商标	商标注册人	类别	商标注册证号	认定商品或服务项目	所属地区
13	萬聯	广东万联包装机械有限公司	7	1542880、3901842	纸板机	顺德
14		佛山市南海东方纸箱机械实业有限公司	7	1281849	包装机、印刷机、轮转印刷机	南海
15		佛山市星光传动机械有限公司	7	3747395	减速变速器	禅城
16	创新	佛山市南海创新五金实业有限公司	8	1487085	指甲刀（电动或非电动）、修指甲工具	南海
17	CONYA 创亚	广东创亚电气有限公司	9	1578788	高低压开关板、变压器（电）、断路器	禅城
18		广东必达保安系统有限公司	9	1662260	电锁	顺德
19	汾江	佛山电器照明股份有限公司	11	982341	照明灯、白炽灯	禅城
20	Galanz格兰仕	广东格兰仕集团有限公司	11	1979466、1979465	电磁炉	顺德
21	川凌 CHUANLING	佛山市川凌电器有限公司	11	1920806	电热壶	三水
22	奥特龙	广东奥特龙电器制造有限公司	11	1682126	厨房用抽油烟机	顺德
23	annwa 安华洁具	佛山市高明安华陶瓷洁具有限公司	11	3777070	水龙头	高明
24	萬事達	佛山市高明粤华卫生洁具有限公司	11	3355800	浴室装置（蒸汽房）、洗澡盆	高明
25	palallo 派拉素	广东新中源陶瓷有限公司	11	1630134	抽水马桶	禅城

（续表）

编号	商标	商标注册人	类别	商标注册证号	认定商品或服务项目	所属地区
26	Fuwa	广东富华工程机械制造有限公司	12	1239424	汽车或货车零件（车轴）	顺德
27	Powerful	吴伍元	12	1467110	车辆保险杠、车辆行李架	顺德
28	凯洋	佛山市南海凯洋医疗设备有限公司	12	3700256	轮椅、手推椅	南海
29	达美	广东达美胶粘制品有限公司	16	574926	包装用纸（保护纸）	顺德
30	港豐	广东港丰电器有限公司	17	1660088	塑料管	顺德
31	澳翔	广东金牌陶瓷有限公司	19	3449768	瓷砖、非金属地板砖	三水
32	XINGHUI 兴辉	广东兴辉陶瓷集团有限公司	19	3875536	瓷砖、非金属地板砖	南海
33	卓远	佛山市三水宏源陶瓷企业有限公司	19	3866234	非金属砖瓦（墙地砖）	三水
34	利家居陶瓷	广东强辉陶瓷有限公司	19	3941625	非金属地板砖、建筑用非金属墙砖	禅城
35	溶洲 RONGZHOU	佛山市溶洲建筑陶瓷二厂有限公司	19	632383	彩釉墙地砖（外墙砖）	禅城
36	KETELONG	佛山金科特塑胶有限公司	19	1791110	非金属建筑隔板	三水
37	XINGMUZAI 醒目仔	罗桂明	20	1443773	儿童床	禅城
38	likang 立康牌	佛山市南海毛巾有限公司	24	522380	毛巾	南海

（续表）

编号	商标	商标注册人	类别	商标注册证号	认定商品或服务项目	所属地区
39	ST&SAT	佛山星期六鞋业有限公司	25	917173	鞋	南海
40	WEN GE	佛山市远华塑料实业有限公司	27	3814088	地垫（瑜珈垫）	高明
41	庆联 QLF OOD	佛山市庆联食品有限公司	30	3893134	（无糖）糖果、（无糖）饼干、（无糖）月饼	南海
42	Chen bao 晨寶	佛山市晨宝树脂涂料有限公司	1	3744389	未加工合成树脂	三水
43	GAO JU	佛山市三水科鑫化工有限公司	1	3934321	靴和鞋黏接剂	三水
44	宏英 HONG YING	佛山市宏英实业有限公司	1	3273485、3295506	粘胶液（硅铜耐候胶）	禅城
45	自然涂 FABRICO	仇启明、伍惠芝	2	3001187、1668887	油漆（弹性质感涂料）	顺德
46		佛山市华鸿铜管有限公司	6	846517	铜管、铜型材	南海
47	粤亚	佛山市南海新亚铝业不锈钢有限公司	6	1061347、1266664	普通金属合金（铝合金型材）	南海
48	ND 南大	佛山市兴亚铝业有限公司	6	312315、3119466	铝合金型材	南海
49	CHANG SHI	佛山市高明协进不锈钢制品有限公司	6	788413	不锈钢型材	高明
50	蓝塔	佛山市业和不锈钢有限公司	6	1669619	钢管（装饰用）	高明
51		佛山市南海永丰铝型材有限公司	6	1974123	金属隔板、金属门（铝制品）、金属板条	南海

（续表）

编号	商标	商标注册人	类别	商标注册证号	认定商品或服务项目	所属地区
52	BOREER 宝丽雅	佛山市顺德区宝丽雅塑铝复合板材有限公司	6	1374381	建筑用金属板（金属装饰保温板）	顺德
53	SH·A3C	广东星徽金属制品有限公司	6	3291212	金属铰链、家具用金属附件（滑轨）	顺德
54	金德 KINGTEX	广东丰凯机械股份有限公司	7	965992、1253445	剑杆式无梭织布机	顺德
55	新明和机械	佛山市高明新明和机械技术研究开发有限公司	7	3424149	湿式PV人造革生产线，干式PV、PVC人造革生产线	高明
56		佛山市顺德区乐善机械实业有限公司	7	818458	塑料吹瓶机	顺德
57	Monte-Bianco	广东奔朗新材料股份有限公司	7	1577967	切削工具(包括机械刀片)、刀具（机器零件）、机械加工装置	顺德
58	卡仕达	广东好帮手电子科技股份有限公司	9	4245248	车辆用导航仪器（随车计算机）、车辆用收音机、电视荧光屏	三水
59		广东天波信息技术股份有限公司	9	3940107	程控电话交换设备（IC卡公用电话终端、无线终端、IP融合通信系统）	南海
60	顺特电气 SUNTEN	顺特阿海珐电气有限公司	9	1713913	变压器、电抗器、组合式变电站	顺德
61	BM 百明	佛山市顺德区丰明电子科技有限公司	9	1662307	电容器	顺德
62	MANK曼科	广东锦力电器有限公司	9	4033417	电器插座（触点）、高低压开关板	顺德
63	ST.WIN ZHUOSHI	卓道杰、卓道民	9	3401021	体育用风镜、安全头盔、体育用保护头盔	南海
64		佛山市东方医疗设备厂有限公司	10	3826664	大便坐椅（坐厕椅）、助行器、拐杖	南海

（续表）

编号	商标	商标注册人	类别	商标注册证号	认定商品或服务项目	所属地区
65	華豐 HUA FENG WideCare	佛山市南海新华丰医疗设备有限公司	10	1379364、4093789	医用特制家具（医用床）	南海
66		广东本邦电器有限公司	11	1980046	灯	顺德
67	WINJET	广东威捷极光汽车灯具有限公司	11	3634918	车辆灯、车辆前灯、车辆转向指示灯	顺德
68	Weber	广东威博电器有限公司	11		电热水器	顺德
69		广东长菱空调冷气机制造有限公司	11	3803459	热水器（热泵热水器）	顺德
70	Junte 骏特	冼锡彬	11	1602070	风扇（空气调节）	顺德
71	SSWW 浪鲸	佛山市浪鲸洁具有限公司	11	3824402、3824386	坐便器、浴室装置	禅城
72	福迪	广东福迪汽车有限公司	12	4314620	汽车（皮卡车）	南海
73		佛山市南海红棉童车实业有限公司	12	326421	童车（三轮车）	南海
74	COBOL 高宝	佛山市顺德区高宝实业发展有限公司	16	1925288	色带、墨水	顺德
75	金朝阳陶瓷 GOLDEN SUN CERAMICS	广东新明珠陶瓷集团有限公司	19	3446991	建筑用非金属墙砖、非金属地板砖、瓷砖	禅城
76	華鵬	佛山石湾鹰牌陶瓷有限公司	19	1250051	墙地砖	禅城
77	来德利	广东强辉陶瓷有限公司	19	3680730	瓷砖、非金属地板砖、建筑用非金属墙砖	禅城

（续表）

编号	商标	商标注册人	类别	商标注册证号	认定商品或服务项目	所属地区
78	荣冠	佛山市荣冠玻璃建材有限公司	19	3614291、3614293	玻璃马赛克、人造石	三水
79	RCCZ 润成创展	广东润成创展木业有限公司	19	3606749	非金属门、非金属门板、非金属门框	南海
80	新元素	广东新元素板业有限公司	19	3862929	非金属天花板、非金属护壁板	南海
81	Dong Yuan 东原	广东省东原厨具实业有限公司	21	1933835	非贵重金属厨房用具（不锈钢水槽）	顺德
82		广东汇益纺织有限公司	24	1806312	纺织织物（经编拉架布）	高明
83	Qian Jin	广东前进牛仔布有限公司	24	3149135	布（牛仔布）	顺德
84	Shaply	广东新怡内衣集团有限公司	25	1533530、1525173	内衣	南海
85	KURHN	佛山市南海可儿玩具有限公司	28	3834724	玩具娃娃（时装娃娃）	南海
86	三水黑皮冬瓜	佛山市三水区农业技术推广中心	31	4843870	黑皮冬瓜	三水
87	廿四味	佛山市三水华力饮料有限公司	32	4192270	植物饮料	三水
88	远航九江	广东省九江酒厂有限公司	33	1619545	米酒、酒（饮料）	南海
89	LITED	利泰集团有限公司	37	1954402	车辆保养和修理、车辆维修	禅城
90	欧浦	广东欧浦钢铁物流股份有限公司	39	3964254	（钢铁）货物贮存、运输、仓库出租	顺德

（市工商局）

安全生产

【综述】 佛山市安全生产工作在市委、市政府“四化融合，智慧佛山”发展战略的引领下，深入贯彻落实科学发展观和安全生产方针政策，以降低事故总量、遏制重特大事故发生为主要目标，以抓基层、打基础、强素质、谋发展为工作主线，推动各级各部门安全生产责任制和企业安全生产主体责任有效落实，构筑全市经济社会稳定运行和亚运会胜利举行的“安全屏障”，安全生产事故起数、死亡人数、受伤人数和直接经济损失四项指标全面下降，成为全省7个事故总量和指标全面下降的地市之一。各类事故总量和死亡人数大幅下降，2010年各类事故起数、死亡人数较2005年降幅达53.5%和27.42%。全市无发生一次性死亡10人以上的重特大事故。反映事故稳控能力的相对指标亿元GDP生产安全事故死亡率下降69.3%；工矿商贸企业10万从业人员死亡率下降54.7%；道路交通万车死亡率下降34.46%，降幅均超过“十一五”规划预定目标。

【年度安全生产事故统计情况】 2010年，全市共发生各类事故4477起，死亡720人、受伤4913人，直接经济损失2328.7万元。与上年同期相比，事故起数下降4.56%，死亡人数下降3.36%，受伤人数下降6.35%，直接经济损失下降13.75%。

工矿商贸事故：全市发生工矿商贸企业职工伤亡事故32起，死亡32人，重伤3人，直接经济损失861万元，事故起数、死亡人数、重伤人数、直接经济损失与上年同期相比分别下降12.5%、下降9.38%、上升33.33%、下降0.73%。

火灾：全市发生火灾事故71起，死亡6人（包括住宅火灾死亡3人），伤4人，直接经济损失578.9万元，事故起数、死亡人数、受伤人数、直接经济损失与上年同期相比分别上升43.6%、持平、上升33.3%、下降28.3%。

道路交通事故：全市发生道路交通事故4366起，死亡679人，受伤4906人，直接经济损失887.8万元，事故起数、死亡人数、受伤人数和直接经济损失与上年同期相比分别下降5.09%、下降3.55%、下降6.39%和下降7.44%。

水上交通事故：全市发生水上交通事故2起，死亡3人，事故起数和死亡人数与上年同期相比分别持平和上升3人。

较大事故：2010年全市共发生较大事故5起，死亡20人，事故起数和死亡人数与上年同期相比均上升25%。

【落实责任制，做好事故稳控工作】 年初，市政府与各区政府、市直17个负有安全监管重要职责的部门签订安全生产责任书，各区、各镇（街）、各村（居）也分别与下级或辖区企业签订责任书（承诺书），把安全事故年度控制指标层层分解，落实到最基层。建立由市安监局牵头、承担安全监管重要职责的单位参与的生产安全事故统计联动机制，加强对重点工作任务和事故控制指标的跟踪检查。进一步健全和完善定期监督检查制度，市安委会每月向市领导、各区党政主要领导通报重点基础工作任务完成情况和事故指标控制情况，及时发出预警信息，促进和带动全市安全生产责任制落实到位。

【标本兼治，提升本质安全水平】 扎实开展安全生产“三项行动”，切实加强“三项建设”。全市发动企业8.15万家次开展隐患排查治理，排查隐患17.83万条，99.48%完成整改；督察企业5.46万家次，督察隐患6.28万宗，99.77%完成整改。出动执法人员7.69万人次，打击、查处无证或证照不全从事建设、生产和经营行为9296起，打击关闭取缔后“死灰复燃”的生产、经营行为65起，打击不按规定进行安全培训或无证上岗违法行为774起，有力地消除安全隐患，防范事故的发生。

全面推行安全生产标准化创建工作，鼓励扶持130家高危企业争创标准化级企业，7家企业创建成功。高标准、高要求开展安全生产规范化管理验收考评工作，超过1000家企业创建规范化A类企业，3.09万家企业创建B类企业，1290家C类企业在安监部门的指导下，实现规范化等级提升，提高本质安全水平。

深化重点行业和领域隐患治理。有计划、有重点开展危险化学品和烟花爆竹专项整治和检查工作，全市共出动监管员1.1万人，检查危化品生产、经营、储存企业846家次，发现隐患问题2360

处，95%完成整改；检查已取证烟花爆竹零售单位55个，查处烟花爆竹非法经营点1500多家，查获烟花爆竹2万箱，罚没15万元。组织专家对全市270余家危险化学品生产企业进行“回头看”检查，对全市256家已取得安全生产许可证的生产企业进行分类评定。深入开展非煤矿山隐患整治，安监、国土部门联合检查非煤矿山14家次，发现安全生产隐患21宗，要求企业100%兑现整改承诺。加强机械、家具、纺织等无行政主管部门行业和领域监管，历时一年半编制三大行业安全生产调研报告，科学分析三大行业安全发展现状、存在问题，建设性提出强化监管的措施。深入开展工程建设领域安全生产突出问题专项治理，对2008年起开工建设的规模以上项目的安全生产情况进行排查治理，全面加强广佛轨道交通工程、广州市西江饮水工程、贵广（南广）铁路等多条在建重点工程安全监管工作，确保亚运比赛安全。

【四化融合，推进智慧安监建设】 以“四化融合，智慧佛山”战略助推“信息兴安”建设，编制《佛山市“智能安监”建设工程规划纲要（2011～2015）》，科学提出安全生产信息化发展目标、任务、措施。建成融监管业务和应急救援业务于一体的综合信息平台，信息平台录入企业总数累计达4.09万家，新增加1.98万家企业规范化管理考评验收资料档案，收录3.93万家企业上报的隐患排查治理报表14.87万份，共发现隐患40.45万条，有力推动安全监管从传统监管模式向现代监管模式转变，佛山市安全监管信息化建设工作走在全省乃至全国的前列。

积极推动视频监控试点工作的开展，全市36家重大危险源企业接入互联网。加快推广应用卫星定位汽车行驶记录仪工作进度，全市1748辆危险货运车辆全部安装GPS或行驶记录仪；全市883辆道路客运班车和557台旅游包车全部安装GPS系统；全市2300多辆公交车安装了GPS系统。

【救援队伍发展壮大，应急救援能力提升】 不断完善应急救援信息平台功能，收录4万多家生产经营单位的安全生产基本状况，3814种应急物资，876支应急救援队伍，安全生产专家346位，应急预案5887份，危险化学品3880种，向重点企业发送预警信息24万余条。加强应急救援队伍建设，协调有关单位组建15支专业救援队伍。加强企业应急预案管理，有计划地对佛山供电局、高明峰江石矿场等重点企业的应急预案管理进行评审，预案管理工作走在全省前列，其先进经验向全省推广。积极探索应急救援力量社会化，将佛山市华昊化工有限公司应急救援队伍整合为市级危险化学品应急救援骨干队伍，不断壮大应急救援力量。

【落实安保，构筑亚运安全屏障】 佛山组成5个督察组，重点对全市的消防隐患、旅游景点、建筑工地、危化品、非煤矿山、渡口渡船和特种设备等领域进行全面排查，排查和整改一大批隐患。抓整治，会同有关部门对广佛地铁开通运营前安全生产情况和亚运比赛场馆内的安全设施以及交通运输行业进行重点检查整治，100%完成重大隐患的整改工作。治违规，对亚运场馆周边2公里范围内的28家危险品企业开展地毯式的执法检查。备应急，编制和修订特殊时期应急救援预案，组织3次针对亚运安保的实战演习，要求110家重点企业报送亚运期间应急预案并做好应急准备，确保万无一失。

【强化宣传，提升全民安全意识】 全市各级、各部门开展安全生产活动1.25万次，参与人数121万多人；安全生产新闻报道1430篇，悬挂标语、横幅1.93万条；在全市放映各类公益安全生产宣传电影76场；接待安全咨询市民1.2万多人次。大力加强培训和轮训工作，全市共发动1.44万家企业参加培训，培训人数累计51.8万人。其中，培训生产经营单位主要负责人3879人、安全生产管理人员764人、各级安全生产监管人员1074人，新培训初级注册主任7141人、特种作业人员4375人。使全市初级注册安全主任总数达到2.9万余名，特种作业持证人数达7万余人。 （冼碧玲）

民营经济

【综述】 2010年全市以科学发展观统领全局，不断提升服务企业的能力和水平，采取各种措施优化中小企业和民营经济发展环境，推动中小企业和民营经济进一步走出国际金融危机的低谷，实现平稳健康发展。民营经济中坚作用继续强化，2010年全市私营企业及个体工商户登记数32.13万户，占全部企业登记数的94.1%。民营工业对全市工业生产增长拉动明显，规模以上民营工业企业累计完成工业总产值8795.44亿元，比上年同期增长23.9%，高于全市工业增幅0.8个百分点，对全市工业增长的贡献率为61%，拉动全市工业增长14.1个百分点，占全市工业总产值的比重由上年同期的59.1%上升到59.5%。在省政府对全省各地市2009年度民营经济工作考核中，佛山市得分最高，获得“民营经济工作考核优秀地市”称号。

【民营经济发展环境进一步优化】 加强中小企业成长工程建设，培育大批优质中小企业。开展“成长型中小企业评价研究”，优选300家成长型中小企业，提供技术改造、技术创新、投融资、培训等多方面快速通道支持；因地制宜推行“雄鹰计划”、“龙腾计划”、“三二一”腾飞计划等。加强服务体系建设，为中小企业发展提供支撑平台。全市有广东省中小企业社会化服务示范机构（基地）共26个，其中综合服务机构4个，专业服务机构15个，省中小企业创新产业化示范基地3个，省中小企业创业基地4个，服务平台逐趋多元化；施行共性技术研发、政策信息咨询、管理咨询、融资担保、会展物流服务、人才培训和项目申报等系列化服务项目，为中小企业拓展了服务范围；积极帮助企业争取各级政府财政资金支持，先后组织全市符合条件的3批企业申报国家和省项目，其中包括4家担保机构和1家服务机构申报国家项目，5家担保机构、14家服务机构、5家企业申报24个省项目。加快信用担保体系建设，拓宽中小企业融资渠道。2010年，全市共有127家信用担保机构（本地注册担保机构68家，分支机构58家，个体户1家），比上年新增25家担保机构，增幅为24.51%，其中1亿元（含）以上担保机构22家，增幅为144.45%。加强企业上市环境优化建设，积极推动企业上市。全市设立股权质押融资中心，为企业并购重组、产股权抵押提供融资；建立中小企业融资服务中心，通过网络信息平台为中小企业构建快速融资通道；出台了广东金融高新区扶持私募创投产业发展的优惠政策，设立了4亿元的政府引导基金，推动国内外风险投资和私募基金加快在广东金融高新区的集聚步伐。组织企业参加全省2010年加快传统产业转型升级行动计划、全省2010年促进民营经济发展上水平行动计划，推进民营企业做强做大。

【企业技改创新能力不断增强】 大力推进企业技术改造，2010年，全市技改项目备案254个，投资总额120亿元，占全省的比重20.6%，位于全省前列；2010年重点向家电、陶瓷、金属材料与制品、纺织服装四大行业征集佛山传统产业升级相关技术改造项目，全年上报国家和省各类专项资金项目150个。技术创新体系逐步完善，全市省级企业技术中心总数达到105家；全市现有各级工程中心608家，其中省级工程中心94家，市级工程中心199家。有5家企业获得中小企业公共（技术）服务平台认定。

【名牌带动战略成效明显】 深入推进名牌带动战略，2010年，全市有中国驰名商标46件、中国名牌产品65个、广东省著名商标323件、广东省名牌产品218个，在这些国家、省名牌产品、驰（著）名商标中，民营企业都是主力军，其产品深受市场欢迎。全市有14家企业入选广东省百强民营企业，入选企业数量位居全省各市第三名，其中美的集团连续3次位居全省百强民企之首。

【工业设计创意产业蓬勃发展】 组织企业参加2010年广东省职业技能大赛和广东省第五届“省长杯”工业设计大赛、第三届中国（顺德）国际工业设计创意博览会，全市共征集参赛项目472个，进入大赛终评阶段的参赛项目75个，项目征集总量和进入终评项目总量均位居全省第一。总投资超过20亿元在顺德区打造广东工业设计城，总投资超过10亿元在南海区建设广东工业设计培训学院，依靠工业设计提升产业价值创造力、带动区域创新；在家电、家具等传统优势产业促进工业设计与制造业对接、推动有条件的企业建立企业工业设计中心，推动二次城市化。　（程继东　卢燕玲）

农　业

概　况

【综述】 2010年，佛山市各地全面贯彻落实科学发展观以及各级农村工作会议精神，按照“四化融合，智慧佛山”和“三着力一推进”的工作要求，加快转变农业发展方式，大力发展现代农业，全面推进统筹城乡综合改革，着力缩小城乡收入差距，有效促进了全市农业不断增效、农民持续增收、农村大局稳定。2010年，全市农业增加值104.63亿元，比上年（下同）增长2.4%；现代农业增加值占第一产业比重达到84%，农地产出率达1.62万元/亩以上；农村经济总收入10590亿元，增长13.2%；其中农村居民人均纯收入达12202元，增长14%，城乡收入差距比为2.23∶1。

【现代农业加快发展】 现代农业项目建设提速。全市启动实施现代农业建设项目20个，总投资超28.5亿元，面积超13.5万亩。农业基础设施不断完善。全市60%的耕地和鱼塘完成标准化改造，大棚面积达6500亩，节水灌溉设施面积达1万亩。现代农业园区建设如火如荼。2010年申报建设农业园区5个，投资5900万元，全市共有现代农业园区26个。农业组织化程度不断提高。新增农民专业合作社8个，全市现有20个；新增省级农业龙头企业1家，新增市级农业龙头企业6家，全市市级以上农业龙头企业共33家。农业标准化水平日益提高。省级以上农业标准化示范区11个，无公害农产品生产基地116个，绿色食品8个，农业类省级名牌产品29个。农产品质量安全系数保持高标准。蔬菜、猪瘦肉精样品检测合格率分别达98.5%、99.9%，全市未发生重大动植物疫情。农业科技水平不断提升。建设6个农业科技示范平台，农作物良种覆盖率达98%，优质鱼养殖面积占塘鱼养殖面积的43%，优质鱼养殖、节水灌溉以及兰花、淡水鱼苗和禽苗的研发生产在全省领先，工厂化养鱼、环保养猪等新型种养模式得到推广。农产品加工物流业发展加快。经农业部审定的定点农贸市场4个，供港淡水鱼占香港市场份额的1/3，鲮鱼加工量和鳗鱼、加州鲈、年桔产量均居全国首位。休闲观光旅游农业快速发展。顺德长鹿农庄、高明塘伙农家旅游度假村等推进顺利，经济和社会效益凸显。

【统筹城乡向纵深推进】 以《珠江三角洲地区改革发展规划纲要（2008～2020）》赋予佛山市统筹城乡发展综合改革试点市为契机，制定实施《关于加快统筹城乡发展的若干意见》及相关配套政策，掀起新一轮加快统筹城乡发展的热潮。全市启动了十大类城市基础设施下乡项目建设；启动了26个村居宅基地换房试点，其中4个试点村居基本完成首期建设工程。三水区新农村建设经验在全省推广。禅城区大力推进旧村居改造。顺德区推进“城中村、园中村”的社区化、城市化改造，加快城乡一体化发展。南海区率先在224个村居全面建成农村社区行政服务中心，全面开展农村社区化建设，加快行政服务城乡全覆盖。

【农村综合改革不断深化】 农村集体经济管理体制改革有新进展。全市有18个试点村（居）完成了“培育、整合、改造、规范”四种类型的改革，2951个村民小组（经济社）完成“两确权”界定、资料整理等基础工作，占集体经济组织总数的2/3，其中禅城区、南海区“股权固化到户”改革试点工作已全面完成。农村集体资产交易平台建设迈出新步伐。全市部署推进农村集体资产管理交易和财务网上监控平台建设，三水区建立了区级农村土地承包经营权流转中心，南海区的西樵、丹灶、狮山等镇建立了农村集体资产交易中心。金融服务“三农”不断深化。全市政策性水稻保险参保率100%，政策性农村住房保险率达80%以上，顺德区率先推行政策性生猪保险；三水区“政银保”合作农业贷款429笔，总额5590万元；全市实现小额贷款公司五区全覆盖，高明、三水区村镇银行正式运行。农村管理体制改革有新探索。南海区以“村改居”为重点的农村综合改革试点工作全面启动，力促农村管理体制五大转变。

【城乡生态建设扎实推进】 广泛开展植树造林活动。全市共组织168.7万人参加植树活动，植树327.9万株，营造主题林102个，面积3.41万亩，完成100个自然村的绿化。扎实推进集体林权制度改革。完成林权产权确认工作，全市发放林地所有权证林地面积80.6万亩，占95.3%；发放林地使用权证6300本，面积79.16万亩。加快林业生态建设步伐。三水区成功创建广东省林业生态县，南海、顺德、高明区也通过了省的检查验收。积极开展江河渔业增殖放流和野生动物保护执法工作。举办“休渔放生节”主题活动，全市累计投放各类鱼苗约2100万尾。

【扶贫开发工作取得阶段性成效】 抓好对口扶贫开发工作。全市已落实对口帮扶资金2.61亿元，打造了20个各具特色的脱贫示范村，其中典型示范村6个；对口帮扶的170个贫困村规划建设产业项目450个，计划总投资7260万元，其中农业项目110个，面积超过15.3万亩。至年底，佛山市对口帮扶肇庆、清远两市的贫困村集体和贫困户，家庭收入达到脱贫目标的分别为89个村和8506户，占省下达任务的52%和57%，为“三年帮扶脱贫任务两年基本完成”打下了坚实基础。扎实推进高明革命老区扶贫工作。制定实施了《关于革命老区扶贫开发“规划到户责任到人”工作的实施意见》，全面启动帮扶高明革命老区建设工作。至年底，各帮扶单位与被帮扶村已开展对接工作，驻村干部已全部到位开展工作。

（徐　鹰）

种植业

【综述】 2010年，佛山市各级农业主管部门认真克服多次自然灾害的影响，切实加强农业生产管理，各地农业生产情况良好。全市农作物总面积162.03万亩，同比（下同）减少0.92万亩，其中粮食作物31.24万亩，产量9.7万吨，同比均基本持平；蔬菜91.8万亩，产量144.1万吨，分别减少0.57万亩和0.03万吨；花卉种植面积17万亩，减少0.4万亩。

【加强组织部署】 3月和4月，佛山市先后组织召开全市春耕生产及做好当前农业生产工作的电视电话会议，传达省的会议精神，分析农业生产形势，动员、部署春季农业生产工作，提出抓好农业生产的各项工作任务和要求。为落实好省、市会议精神，切实抓好春季农业生产工作，市农业局对春季及全年农业生产工作认真做了安排和部署，精心组织，深入生产第一线检查、了解农业生产情况，督促各地抓住关键环节，有重点、有计划地落实各项措施。农技部门制定生产技术指导性意见，组织技术人员下乡，指导春耕备耕、夏收夏种、秋收冬种等工作，力促农业生产顺利开展。

【紧抓粮食安全】 为稳定粮食种植面积，佛山市各级认真贯彻省、市农业和粮食生产工作电视电话会议精神，把粮食工作作为农业农村工作的重点认真抓好。一是抓好粮食工作考评。根据省农业厅《关于下达2010年粮食工作考评指标的通知》精神，市农业局将粮食工作考评指标分解下达到各区政府，要求各区加强领导，采取切实措施落实粮食工作考评责任制，把考评指标作为粮食工作的硬指标、死任务认真完成，确保全市粮食生产稳定。二是开展粮食创高产活动。为提高粮食单产和效益，以点带面推动粮食生产发展，佛山市按照省农业厅《关于开展全省粮食高产创建活动工作方案》的部署和要求，积极争取市政府的支持，采取“五统一”管理措施，继续在高明开展粮食创高产活动，主要品种有七花占、金花占、五山丝苗等优质水稻品种。经测产验收，示范片早、晚造的亩产量均比高明全区平均亩产量高出80公斤，高产示范效果显著。

【狠抓生产管理及科技推广】 各级农业主管部门十分重视农业生产工作，加强组织领导，采取得力措施，狠抓生产各环节的管理工作，加大科技示范推广，促进农业增效农民增收。一是加强春季生产指导。2月中旬，为抵御持续低温阴雨天气，市农业局发出了《关于做好防寒工作的紧急通知》，要求各地采取措施做好抗寒工作，切实减轻农业损失。3月初，市农业局发出了《关于下派春耕工作组的通知》，及时组织相关工作人员，分5个工作组赴各区检查、指导春耕生产工作。二是加强农资市场监管。市、区两级积极组织开展春季农资打假护农行动，规范农资市场秩序，维护农民的合法权益，确保春耕生产顺利进行。5月和9月，市农业局联合市农林技术管理办公室及市工商局分别在全市范围内开展农药经营使用情况督查及农产品质量安全抽检工作，抽检了农药样品300多份，进一步净化农药市场，保障农资质量。10月，市农业局和市农林技术管理办公室联合开展秋季种子执法大检查行动，进一步规范种子经营市场。三是开展新品种示范推广。11月是全市农业科技示范推广月，各区积极组织开展了新品种、新技术示范活动，其中佛山市第四届农业良种示范展示会在社会上备受关注，展示面积共90亩，有蔬菜、玉米、盆栽蔬菜和花卉等600多个优新品种。四是推进农业设施发展。大力推广先进适用的农业新机械，重点扶持温室大棚、节水喷灌等农业设施发展。各区相继出台政策措施，扶持农业设施发展。南海、三水区对温室大棚建设，分别给予每亩2万元和3万元的补贴，顺德区对种植蝴蝶兰等高值花卉智能温室大棚建设，给予5万元/亩的补贴。至年底，全市园艺温室大棚面积450万平方米，管道节水灌溉设施750万平方米。

【抓好惠农政策落实】 佛山认真贯彻落实《广东省对种粮农民直接补贴暂行办法》等政策精神，加强领导，全力推进种粮直补、农资综合直补、农机购置补贴和良种补贴等工作的开展，努力确保补贴资金能及时、足额落实到位，农民真正受惠。一是认真落实种粮补贴政策。各级农业、财政部门根据省农业厅、财政厅《关于进一步做好我省种粮直补工作的通知》及《广东省2010年中央财政农作物良种补贴项目实施方案》等精神，紧密配合，积极宣传，并严格按规定程序申报补贴资金。据统计，全市为粮农发放种粮补贴资金约1460万元，惠及粮农7万户次。二是落实农机购置补贴政策。各级农机主管部门按《广东省扶持农业机械化发展议案农机购置补贴实施方案》和全省农业机械购置补贴工作会议的精神，迅速动员，狠抓落实，规范操作，切实加快推进工作进度，取得了较好的成效。全市各地共购置农机具1.02万台，使用财政补贴资金426万元，惠及农民近3500户。三是落实政策性水稻保险工作。认真贯彻落实《佛山市开展政策性农业保险试点工作的意见》，采取措施，宣传发动农民积极参保，增强农业抗风险能力。全市水稻保险投保面积累计20.56万亩，参保农户共6.5万户次，覆盖率达到100%；投缴保险费金额414.6万元，其中财政负担保险费金额414.6万元。

【推进农业园区建设】 一是调整优化农业园区发展规划。根据社会经济的发展状况和新一轮土地利用规划，及时调整园区的发展方向和重点。以国家级农业示范区的建设标准，以“一园多区”的布局定位，进一步完善、细化、充实南海区现代农业园区建设规划，为下一阶段大力发展广佛都市农业，提升园区发展档次打下基础。二是加大力度推进项目建设。加快在建项目建设进度，至年底，在建项目6个，总投资6372万元。根据佛山都市农业的发展定位，科学编制新增项目，其中2010年编制项目5个，总投资5900万元，重点建设广佛万顷洋园艺新天地、陈村花卉世界鲜花电子商务平台、市农科所农科基地等项目，完善农业园区农产品物流、电子商务、科技推广等功能，进一步改善农业园区投资环境，逐步提升农业园区发展档次。

【扶持培育农业龙头企业】 一是大力发展市级农业龙头企业。认真贯彻落实市委、市政府关于农业龙头企业的优惠政策，广泛发动符合条件的农业企业申报市级农业龙头企业，认真开展市级农业龙头企业年度考核评审工作。据统计，2010年新增市级农业龙头企业6家，全市市级以上农业龙头企业达到33家，超额完成《佛山市农业发展规划纲要》设定的2010年达到30家的任务目标。二是积极培育省级农业龙头企业。对照省重点农业龙头企业标准，以项目倾斜的形式，扶大扶强综合实力和辐射带动能力较强的企业，鼓励符合条件的农业企业申报省级农业龙头企业。至年底，佛山市省级农业龙头企业11家，全省排名第八。三是积极筹划项目，积极申报省级以上项目支持佛山市农业龙头企业发展。全市申报省级以上项目9类，共24个项目，涉及农业龙头企业15家，拟争取资金达3769万元。

【力促两岸农业合作发展】 一是科学规划编制新增建设项目。以发展高科技农业和外向型农业为重点，以引入台湾农业优良品种、先进技术、管理经验和科研成果为切入点，科学规划新增项目，共编制项目10个，总投资2.45亿元，项目建设内容涵盖基地建设、种苗繁育、技术推广等。二是加快推进重点项目建设。全力推进国通物流城和国佳、中南、桂江、国新等配套物流项目建设，积极发展现代物流业；加快推进温室大棚、工厂化养鱼等设施农业项目建设，以项目建设带动试验区现代物流、种苗研发等配套设施建设，逐步完善试验区农业生物技术、农产品深加工等先进功能。三是抓好“台湾·广东周”签约项目工作。8月，省政府举办的“台湾·广东周”经贸文化交流活动，佛山市组织多家企业赴台湾签订了总额为5536万美元的农业合作项目，签约额占全省六成多。签约项目的实施，将为佛台农业交流合作树立典型，推动两岸农业交流合作进一步扩大和深化，推动两岸经贸关系进一步密切。

【抓好农机安全生产】 2010年，佛山市进一步加强农业机械化工作，认真落实《农业机械安全监督管理条例》和《佛山市开展2010年农机安全生产年活动实施方案》，力促农业机械化又好又快发展，农业现代化水平不断提高。2月，为确保春节期间农机安全，市农业局会同市农机监理所组成检查组，分别对五区进行节前农机安全工作督查，排除隐患，预防、减少农机事故。4月，市农业局和各区农业行政主管部门签订了《佛山市农业机械安全生产责任书》，并把农机安全生产纳入了地方政府考核内容。5月，市农业局再次会同市农机监理所组成农机安全生产督查组到各区进行农机安全生产督查和指导工作。佛山市还出台了《佛山市集中开展整治农机安全生产违法行为专项行动方案》，组织开展整治农机安全生产违法行为专项行动。2010年，全市各级开展农机安全检查41次，出动执法人员168人次，检查拖拉机642台，检查场地44处，纠正违章拖拉机3台，与拖拉机、联合收割机驾驶员签订《拖拉机及驾驶人安全生产责任书》1380份。

（杨斯宁）

林　业

【综述】 2010年，佛山市林业工作在各级党委和政府的高度重视和正确领导下，进一步巩固完善“三年促变，绿地佛山”成果，广泛深入开展全民义务植树活动，积极掀起造林绿化热潮，加强生态公益林建设管理，狠抓森林防火工作，稳步开展集体林权制度改革工作，强化森林资源保护和管理，全市林业工作取得了明显的成效，森林资源得到了健康持续发展，全市共完成造林面积3.41万亩；组织168.7万人参加植树活动，种植各类树木327.9万株，营造各类主题林102个；完成林业生态文明万村绿建设100个。

【广泛深入开展义务植树活动】 2010年是实施“三年促变，绿地佛山”的总结提升年。为抓好植树绿化工作，年初，市委办、市府办先后发出《佛山市2010年绿化工作意见》和《关于佛山市2010年义务植树活动安排的通知》，对绿化工作进行部署，将植树绿化任务分解落实到各单位各行业，要求各级各部门积极组织本系统及相关行业的适龄公民以捐资出力等形式大力开展植树活动。其中，2月21日，市委书记陈云贤等市几套班子领导在春节假期后上班第一天带领市直机关干部和部队官兵在汾江河岸开展植树拜年活动；3月12日植树节，市直机关干部和部队官兵再次在顺德区陈村镇登洲开展植树活动，共迎一年一度植树节的到来。在市领导的带动下，市纪委、市直机关工委、团市委、市汾江办、市妇联等单位相继开展营造了"市直机关亚运林"、"广佛亚运林"、"同心林"、"巾帼林"等主题林。各区、镇（街）也纷纷行动起来，积极组织机关干部、企事业单位员工、群众大力开展形式多样的植树活动，有效地推动全民义务植树活动的深入开展。

【积极推进林业生态建设】 一是扎实推进山上造林绿化。各级林业主管部门紧抓春季造林有利时机，全力组织人员，迅速开展造林绿化工作，全市共完成造林面积3.41万亩，中幼龄林抚育3.56万亩，其中完成中央扩大内需投资造林0.82万亩。二是加快推进创建林业生态县建设。继三水区成功创建广东省林业生态县（区）后，其他各区也高度重视，积极行动起来，认真部署开展各项申报工作，制定创建方案，落实创建资金，抓好自查摸底、创建资料筹备和宣传工作等。南海、顺德、高明区先后获得"广东省林业生态县"称号。三是积极开展村庄绿化。各区继续按照《广东省开展"建设林业生态文明万村绿"大行动方案》要求，结合社会主义新村镇和"三旧"改造工作，积极开展送苗下乡活动，全面推进村庄绿化，共完成建设林业生态文明示范村100个。

【全面推进集体林权制度改革】 林改工作启动后，市和各区高度重视，狠抓落实，全力推进，林改主体工作基本完成。主要做法有：一是领导重视，高位推进。市委、市政府高度重视林改工作，成立以市委书记陈云贤为组长的市集体林权制度改革领导小组，并出台《关于推进集体林权制度改革的意见》。市委副书记、市长李贻伟作出"要按时、保质完成省政府部署的集体林权制度改革工作任务"的指示；常务副市长冼瑞伦多次率队深入基层走村访户，调研、指导林改工作。二是分片督导，落实责任。市林改办印发《关于加强集体林权制度改革督导工作的通知》，市农业局由局领导分区负责督促指导。同时，市林改办实行"每月一督导，每周一电话"的工作机制，了解和解决存在问题。三是因地制宜，分类指导。采取因地制宜、分类指导的原则，要求各区充分尊重广大农民群众的意愿，维护农村现行的集体经济管理体制，研究制定切合实际的实施方案，摸索符合本地区实际的集体林权制度改革路子。四是加强宣传培训，营造良好氛围。市林改办主动与电视台、日报社、电台等宣传媒体联系，对林改工作进程进行宣传报道，引导广大林农积极支持参加林改。

【狠抓森林防火工作】 各级政府严格落实森林防火责任，精心组织，科学防范，取得全年无森林火灾发生的好成绩。一是及早部署，高位布防森林火灾防控。3月1日，市政府召开全市森林防火工作电视电话会议，市委常委、常务副市长冼瑞伦对全市春防工作作了深入全面部署。进入秋冬季森林防火期，市政府再次召开森林防火工作电视电话会议，要求各级政府森林防火部门全力以赴抓好森林防护工作，确保亚运、亚残运的顺利举行。二是严格管控，全面清理森林火险隐患。针对高火险天气存在野外火险隐患多的情况，市森林防火指挥部适时组织开展森林火险隐患大排查活动，发动镇、村对临山企业、垃圾场和工程施工场地进行检查，发现隐患即时消除；市防火办、林业局组织安全生产检查，由副局长周春生带队到各责任单位指导督促，确保从源头上遏制森林火灾发生。三是加大宣传力度，提高群众防火安全意识。各区以电视公益广告、横幅等形式，广泛宣传森林防火知识。高明区协调宣传部门，利用送电影下乡活动，播放森林防火宣传片，提高农村居民防火意识。四是完善基层防火责任制体系。各镇、村认真抓好与临山企业、养殖户等负责人的森林防火责任书签订工作，全市已签订基层防火责任书2000多份，层级责任体系逐步完善。五是加强森林消防队伍和基础设施建设管理。据统计，全市有森林防火专业队伍3支共

130人；库存器材消防泵107台、油锯300台、二号工具2万多把。

【强化森林资源保护】 一是组织开展林业目标责任制考核检查。经市政府同意，市林业局组织对各责任单位2009年森林资源保护和生态建设工作进行了检查考核。二是广泛宣传教育，强化野生动物保护管理。结合“爱鸟周”和“野生动物保护宣传月”，3月27日，市林业局联合南海区林业局在南海区罗村街道中南农产品交易中心举办以“保护野生鸟类，防控动物疫病，迎接亚运盛会”为主题的野生动物保护宣传活动，接受市民有关野生动物保护、禽类疫病防控知识咨询，派发宣传资料1万多份。三是依法行政，严厉打击破坏森林资源的违法犯罪活动。根据国家和省的统一部署，佛山市相继组织开展“2010春季行动”、“春季行动”、“打击走私、经营虎产品行动”、“鸟类等野生动物保护”等一系列专项执法检查，加强南海九江璜玑鹭鸟天堂、顺德长鹿农庄等的检查监管。四是严格林地征占用审核管理。根据省林业局关于清理整治非法征占用林地专项行动和“绿粤行动”的部署要求，市林业局组织制订实施方案，迅速开展专项执法检查，全面清理非法采石采矿取土活动和盗伐滥伐林木等破坏林地林木资源的违法犯罪行为，并严格征占用林地审核报批程序，确保林地资源安全。

（刘建立）

畜牧兽医

【综述】 2010年，各级农业部门认真贯彻中央农业农村工作会议精神，紧紧围绕市委、市政府“三着力一推进”工作方针，以农业增效、农民增收为中心，以调优牧业结构、提升效益为切入点，以第16届亚运会在广州举办为契机，全面推进畜禽养殖整治和标准化建设，切实抓好动物防疫、畜产品质量安全监管，实现了全市重大动物疫情稳定，畜产品质量安全有保障，畜牧业生产保持良性健康发展。据统计，全市生猪饲养量310.7万头，比上年同期减少0.2%，出栏205.02万头，增加3.5%，存栏105.7万头，减少6.6%；家禽饲养量1.19亿只，同比增加0.45%，上市量9481.1万只，增加0.29%，存栏量2405.4万只，同比增加1.09%；饲料总产量465万吨，与上年同期基本持平。

【生猪价格先跌后升，生产维持微利】 2010年上半年，生猪价格呈逐月下滑态势，2月底广州发生口蹄疫疫情后，猪价跌幅加大，生猪饲养出现亏损；但进入第三季度后，由于生猪存栏减少、生产成本上升，生猪价格开始大幅反弹，至11月底价格有所回稳，生猪饲养亦逐步扭亏为盈。全年普通肉猪和优质瘦肉型肉猪均价分别为10.8元／公斤、12.1元／公斤，比上年同期分别上升5.2%和1.7%。猪苗售价与肉猪价格走势相似，但比上年略有下滑。普通猪苗（30公斤）平均销售价格为16.1元／公斤，比上年同期下降4.8%；优质瘦肉型猪苗（15公斤）平均销售价格为411元／头，与上年同期持平。扣减上半年的亏损，全年生猪饲养基本能保本或微利。

【家禽价格波动大，生产效益较好】 一季度及三季度，在元旦、春节以及中秋等传统佳节的带动下，肉禽价格持续走高；二季度及四季度，肉鸡及肉鹅价格出现回落。全年石岐杂黄羽肉鸡出场均价为10.2元／公斤、白鸭8元／公斤、肉鹅16.1元／公斤，分别比上年同期上升19.2%、20.9%和29.6%。虽然肉禽价格波动较大，但总体生产形势较好，生产正常的养殖户基本可获利。而禽苗价格经过一年多低迷，下半年才开始大幅回升，获利丰厚。据统计，全年黄羽鸡苗均价1.55元／羽，白鸭苗3.0元／羽，鹅苗15.5元／羽，分别比上年同期上升50.1%、66.7%和43.9%。

【加强防控，确保全市动物疫情稳定】 面对周边地区口蹄疫疫情的严重威胁，各级农业部门强化“内防外堵”工作措施，重点抓好“春秋两防”及“查源灭原”工作，确保了全市重大动物疫病免疫率100%，保障了全市重大动物疫情稳定。与此同时，还突出抓好三项重点工作：一是加快推进基层防疫体系建设。按照国家扩大内需动物防疫体系建设项目批复文件和有关监管部门的要求，各级农业部门加强与发改、财政部门沟通，争取尽快落实项目配套资金，并加大对项目实施检查，督促承担单位加快项目建设。全市有4个县级动物防疫监督所（疫控中心）及19个乡镇动物防疫检疫站进行了动工改造，共计投入改造资金411万元。11月份，三水区作为佛山市唯一的生猪调出大县，再争取了国家财政35万元扶持资金，为7个镇（街）的动物防疫检疫站购置检疫工具和仪器装备。另外，市农业局还开展村级防疫员情况专题调查，为下一阶段加强村级防疫队伍建设和管理提供依据。二是把好来禅表演的马属动物检疫防疫关。5月21、22日哈萨克斯坦国立马戏表演团到佛山进行马戏表演，为配合做好广州亚运“无规定马属动物疫病区”建设项目的马属动物疫病监管工作，市农业局制定了《入禅马戏团的动物检疫实施方案》，成立动物防疫条件和动物疫情评估专家组，派员到马属动物调入地进行抽样监测，并组织对入禅期间的马属动物实施防疫及检疫全程监控，确保了没有“规定的马属动物疫病”传入。三是开展机打检疫证试点工作。年初市农业局选定了大沥肉联厂等三家单位作为试点，在生猪流通、屠宰等环节推广生猪耳标信息智能读取，实施检疫证电脑打印，取代手工填写开具检疫证，防止伪造、使用假冒检疫证现象发生，配合做好生猪肉品及质量安全监管的长效管理；8月，专门召开培训班，对耳标佩带管理及溯源信息系统使用进行讲解，现场演示耳标防疫信息录入及机打检疫证操作流程，将机打检疫证试点工作经验在全市推广。

【加强扶持引导，推动牧业持续发展】 一是落实生猪保险政策，促进生猪业持续健康发展。除南海区因开展畜禽污染整治工作，暂缓实施能繁母猪保险政策外，其他各区积极宣传发动，全面推进政策性能繁母猪保险。全市投保能繁母猪近7.69万头，落实财政补贴资金369万元。另外，2010年2月，顺德区出台《佛山市顺德区政策性生猪保险实施方案》，选取8家优质生猪养殖企业作为试点，投保生猪12.7万头，成为佛山首个开展生猪保险的地区，进一步降低了生猪生产风险。二是积极争取财政扶持，加快畜禽养殖标准化改造。2010年，先后争取5家养殖场的扩改建项目列入国家扶持的生猪及奶牛标准化规模养殖场建设项目，4家生猪养殖场被省农业厅认定为广东省重点生猪养殖场，3家规模畜禽养殖场被评为国家畜禽养殖标准化示范场。三是加快良种繁育推广，提高畜禽养殖良种化水平。在争取财政部门配套资金，尽快推动由佛山科学技术学院承担的“广东省仙湖肉鸭种鸭扩繁场建设项目”实施，进一步“提纯优化”仙湖肉鸭配套系，加快白鸭良种繁育的同时，还将佛山黄鸡、新广黄鸡、岭南黄鸡及三水白鸭、仙湖肉鸭、华农温氏1号猪等畜禽良种列为市级畜禽养殖主导品种推广，引导广大农户养殖畜禽良种。四是推广生态环保养殖，减少畜禽饲养污染。全市各级重点引导和推广各养殖场进行沼气利用、干式养殖等生态环保养殖模式改造。其中，南海区开展非法畜禽养殖场清理，累计清理畜禽养殖场近4000户；顺德区安排1807万元财政资金，用3年时间，对规模以上生猪养殖场全面推广干式无臭养猪技术；三水区利用生猪调出大县的扶持资金，扶持规模养猪场兴建沼气池，减少畜禽养殖对周边环境的污染。9月26～27日，市农业局又在高明区召开全市畜禽健康养殖技术推广现场会议，进一步研究布置全市推广畜禽健康养殖技术工作。

【强化行业管理，规范生产经营秩序】 一是开展饲料、饲料添加剂生产企业“准入”验收和行业年度审查备案。全年共对135家饲料和饲料添加剂生产企业进行登记和年审，对企业生产、原料把关、质量监测、产品标签等情况进行实地抽查，督促企业规范生产经营，有效保障了产品质量安全。二是开展兽药经营质量管理规范（GSP）试点工作，规范兽药生产经营行为。根据上级有关文件要求和省农业厅部署，年初市农业局专门向全市400多家兽药经营企业发出兽药GSP整改通知信；11月，市农业局又专门举办全市兽药GSP检查员培训班，集中各区兽药GSP检查员及兽药经营GSP试点企业负责人学习兽药GSP相关法规及省试点工作经验，并对全市兽药经营企业GSP改造试点工作进行再部署。三是开展专项执法检查，规范种畜禽生产经营行为。4月，市农业局专门组成检查组，对南海、高明、三水区种畜禽发证工作和部分已发证种畜禽企业的生产条件进行了突击检查，对检查发现问题和不达标企业进行了整改。

【加强宣传培训，提高从业人员素质】 各级农业部门通过制订方案，采取多种形式，积极提高相关从业人员技能水平。其中，4月中旬，市农业局举办全市农业系统兽医实验室操作技能培训班，培训市、区动物防疫监督所、动物疫病预防控制中心负责人和技术骨干近20人；4月底，市农业局、市养殖业协会牵头组织举办养猪技术培训班，培训全市各区养猪户和兽医技术人员130多人；8月下旬，市农业局委托华南农业大学举办全市动物检疫员技能提升培训班，培训市、区、镇现职动物检疫员近200人；11月10日，市农业局联合三水区经济促进局和省动物疫苗供应站，在三水区乐平镇南边侨鑫生态园举办冬季猪病防治培训班，共培训规模养猪场场长、兽医共100多人。另外，市农业局还积极组织开展全国首次执业兽医师资格考试，充分做好宣传、网上资格审核、现场报名确认等考务工作，全市402名通过网上报名的考生有342人在规定时间内进行现场确认，当中316人初审合格，26人不合格，302人通过了终审并缴交了考试费用，取得了资格考试准考证。

【落实措施，强化农产品质量安全监管】 一是开展农产品质量安全监测。全市共检测叶菜类、根茎类、豆类、瓜类等各类蔬菜样品49.2万份，合格率98.5%；生猪“瘦肉精”样品11.4万份，仅有7份样品不合格，合格率99.9 %；检测牛肉水分含量样品503份，合格率97%；抽检生鲜乳“三聚氰胺”样品97份，合格率100%；检测鱼苗和成鱼样品556份，合格率94%；抽检冰鲜产品361份，合格率99%。二是开展农产品质量安全专项整治行动。根据《2010年佛山市深化农产品质量安全整治方案》，全市围绕农业投入品生产经营及农产品田头生产两大环节，共开展农资打假专项执法检查3次、兽药专项执法检查行动3次、饲料标签大检查1次、水产苗种专项检查2次、农产品质量安全督查2次，检查农资经营单位1300多家次，发放宣传资料3万多份，监测饲料646份、农药150多份、兽药40多份，在8000多家规模畜禽养殖场、水产品养殖场及大型蔬菜种植基地建立生产记录档案，在11家兽药生产企业、135家饲料生产企业、2家生鲜乳收购站、900多家农资经营店建立生产管理档案或购销台账，确保生产经营有记录、产品质量有监测、经营管理有检查。三是积极推进食用农产品标识管理工作。为推动农产品质量可追溯体系的建立，市农业局与市工商局联合下发通知，部署各地积极试点、推广食用农产品标识管理。至年底，全市城区农产品生产经营单位已基本形成批发市场和农贸市场实行挂牌标识、超市实行标签与简易牌互补、农产品生产基地实行简易包装等方式进行信息标识的格局，如南海桂江农产品批发市场、中南农产品交易中心已实行经营档口挂标识牌经营，南海环球水产品批发市场实行条形码信息标签，高明土包子公司、黄丽塘蔬菜协会、三水区大塘蔬菜协会等通过简易包装标示信息，初步建立健全农产品流通可追溯制度。四是开展亚运农产品质量安全保障工作。根据农业部、省农业厅的统一部署，市农业局及早着手，先后制定亚运会农产品质量安全总体监管方案、质量监测方案、供亚基地管理方案、接待酒店初级农产品监测要求等一系列方案，并于7月14～15日举办亚运会农产品质量安全保障工作培训班，11月4日召开全市冬季农业生产及农业安全工作会议，对全市亚运农产品质量安全保障工作分阶段、分类别、分环节进行统一安排部署。同时，又专门制定《佛山市中秋国庆和亚运会期间农产品质量安全监测抽检工作方案》，于9～11月共3个月内，以市区联动方式进一步加大各环节农产品质量安全监测。

（何建强）

水　产

【综述】 2010年，水产生产继续保持增长。全市水产品总产量56.5万吨，比上年增长2.9%，其中塘鱼55.2万吨，增长2.9 %；水产品总产值81.7亿元，比上年增长5.6 %；优质鱼养殖面积24.5万亩，与上年持平，其中：鳗鱼2.8万亩、桂花鱼4.5万亩、加州鲈4.2万亩、甲鱼1.1万亩、罗非鱼2.9万亩、生鱼2.2万亩。

【水产品市场运行基本平稳，价格稳定】 据南海盐步环球水产交易市场统计，2010年，该市场的塘鱼交易量为 10.6 万吨，比上年同期增长 10.5%，交易额 9.1 亿元，增长 19.7%，塘鱼的市场平均交易价为 8.61 元 / 公斤，比上年同期上升 8.3%。据顺德、南海和高明三区收集的信息显示，水产品塘头交易价格有跌有升，总体平稳。草鱼、鳙鱼、鲢鱼的价格分别为 10.1 元 / 公斤、8.78 元 / 公斤和 5.44 元 / 公斤，分别比上年上升 7.6%、7.3% 和 3%；鲮鱼的价格为 6.08 元 / 公斤，比上年下跌 6.9%；菜鳗（2p 规格）6.88 万元 / 吨、规格鳗（5p 规格）10.02 万元 / 吨，分别上涨 63.1% 和 35.1%；加州鲈 23.12 元 / 公斤，上升 29.3%；罗非鱼 9.5 元 / 公斤，上升 13.8%；甲鱼 38.36 元 / 公斤，上升 2.7%；桂花鱼 50.92 元 / 公斤，下跌 5.0%。

【异常天气对春孵春放生产造成了一定的影响】 2010 年上半年的几次寒潮和多雨天气对全市水产春孵春放产生一定的影响。一是鱼塘积温低影响亲鱼的成熟度；二是反复多变的气候严重影响鱼苗的成活率。据各地反映，鱼苗的价格尤其是桂花鱼、黄骨鱼等优质鱼鱼苗的价格普遍比上年有所上涨，如桂花鱼的鱼苗由上年每厘米 0.07 元 / 尾上升到 0.18 元 / 尾。据统计，全市共生产鱼苗 2654 亿尾，比上年增加 600 亿尾。另外，由于 2010 年鳗苗产量比上年大幅度减少六成，导致平均价格翻了一番，使养殖成本大幅度增加，后市风险增大，以致有部分养殖户减少或者放弃投苗，转养其他品种，全市鳗鱼养殖面积减少了近 5000 亩。

【水产品质量安全的执法监督力度进一步加大】 水产品质量安全执法监督工作进一步加强。市农业局向各区下达了 2010 年佛山市水产品质量安全监测任务，并制定了《佛山市 2010 年水产品质量安全专项整治实施方案》，除加强对全市水产品的质量安全监督监测外，进一步加大水产品质量安全的执法监督工作，确保水产品质量安全。一是开展例行监测。根据年初监测工作计划，市、区农产品质量安全检测机构定期、定点对全市水产品质量进行抽样监测，完成农业部抽样 30 个，省级抽样 132 个，市级抽样 346 个。二是开展亚运前农产品质量安全专项抽检行动。根据《印发佛山市中秋国庆和亚运会期间农产品质量安全监测抽检工作方案的通知》的要求，对全市部分重点生产基地、批发市场、农贸市场和超市进行监督抽检，在亚运会开幕前，全市开展两次农产品质量专项监督抽检行动。第一次行动完成抽取水产品样品 20 份，有 2 份样品不合格。10 月份完成第二次监督抽检，抽取水产样品 94 份，进行孔雀石绿、氯霉素和呋喃唑酮等残留监测。其中，检测孔雀石绿残留样品 43 份，合格率为 93%；检测氯霉素残留样品 94 份，合格率为 100%；检测呋喃唑酮残留样品 94 份，合格率为 100%。三是开展水产品质量安全专项整治行动。根据 2010 年佛山市深化农产品质量安全整治方案要求，各地认真组织开展水产品、农资打假等方面的专项整治行动，对南海、三水、高明区的水产苗种场和养殖场进行现场检查。市农业局成立由有关科室和检测中心人员组成的检查小组，分别在 7 月和 10 月开展检查行动，抽查南海区水南良记种苗繁育场等 6 家水产苗种场和三水区金本陆文陪养殖场等 4 家水产养殖场，查阅《广东省水产品质量安全监控产地检查记录表》，检查各区水产苗种专项整治开展情况；检查水产苗种场和养殖场的生产记录、用药记录和销售记录；检查生产单位的仓库和渔具，检查是否储存有违禁药物和存在违法违规用药情况；抽取 18 个水产品样本进行监测，合格率达 100%。全年全市共出动执法人员 353 人次，检查养殖场 128 家、鱼苗场 152 家。

【举办汾江河“休渔放生节”活动】 为响应国家农业部关于休渔放生的号召，结合汾江河龙舟赛的盛事，达到宣传汾江河综合整治、加快汾江河生态恢复的目的，6 月 11 日，市农业局与市汾江河（佛山水道）综合整治指挥部办公室在汾江河禅城区河段开展了“休渔放生节”活动，投放草鱼、鲤鱼、观赏锦鲤等鱼苗鱼种 800 多万尾。各区均举办了各种形式的“休渔放生节”活动，据统计，全市共投入 86 万元，投放各类鱼苗鱼种 2100 多万尾。

（李　湘）

农业科技

【综述】 2010 年，佛山市全面落实科学发展观，以市场为导向，以先进实用技术为支撑，以推广新品种、新技术，提高农业科技成果转化率为核心，以发展佛山市优势特色主导产业为突破口，加快转变农业发展方式，推动农业不断增效、农民持续增收、农村和谐稳定。

【实施“科技兴农”战略，推动现代农业发展】 一是市农业局年初制定《关于进一步加强2010年农业科技示范推广工作的意见》和《2010年佛山市重点推广的农业主导品种和主推技术》，部署全年农业科技工作。二是市委、市政府决定从2010年起，每年11月定为农业科技推广月，通过举办农业展会，强化护农、强农、兴农的氛围。三是举办2010年佛山农业良种示范展示会，展示全市农业科技推广工作成果和示范新品种、新技术。11月25日，佛山农业良种示范展示会在三水区迳口农科园举行。展示会展示蔬菜、玉米、花卉等良种和新品种超过600个，展示水培育苗技术、防虫网隔离技术、水肥一体化施肥技术、青瓜有机栽培技术等十多项新技术，参观人数超过1万人次。四是继续加大农业科技资金投入，着力打造6个农业科技示范平台，促进农业科技成果转化，提升农业科技创新水平。

【送科技下乡，加强农业科技培训】 2010年，根据佛山市农业、农村的实际情况，通过举办多媒体教学培训班、现场讲授咨询、发放农资、印发宣传资料等方式，送科技到田间地头，不断提高广大农户的科学种养水平。3月24日，市农业局在高明区更合镇军田村举办放心农资下乡进村宣传活动。活动围绕“放心农资下乡，维护农民权益”的主题，以送农业新品种新技术、送农资监管法律法规、送放心农资下乡进村为重点，组织农业专家和技术人员，介绍识别真假农资的常识，讲解科学使用农资的知识，现场接受农户咨询，宣传展示名优农资企业和产品，共派发宣传资料1万份，肥料1000包，种子2000包，农药1000袋。4月13日，为深入开展农资打假专项治理行动，积极营造打假护农良好社会氛围，普及和提高农民科技种养水平，保障春耕生产，市农业局在三水区芦苞镇上塘村举行了放心农资下乡进村宣传活动，活动中共派发放心肥料近6吨，派发宣传资料2000份。9月29日，由佛山市农业局、三水区经促局和大塘镇人民政府联合主办的三水（大塘）第六届冬瓜王大赛暨大型农科集市，在三水区大塘镇社区文化广场举行。

【加强管理，推进农业品牌化】 发展无公害农产品是确保农产品质量安全的基本要求，对促进农民增收、确保消费者身体健康均有重大意义。2010年，市农业局加强农业科技与信息服务管理工作，做好无公害农产品生产基地认证、新的农业标准化示范区创建和申报省、市农业技术推广奖工作，并积极组织发动企业开展2010年广东省名牌产品（农业类）的申报和复审工作。至年底，全市有省级以上农业标准化示范区11个，无公害农产品120个，绿色食品8个，有机农产品8个，农业类省级名牌产品29个。

（陈红湖）

农村经营管理

【综述】 2010年，全市农村经营管理系统坚持“抓改革、促发展、强管理、保稳定”的十二字方针，围绕农村集体经济体制改革、农村集体资产和财务管理、发展农民专业合作社和促进农村居民增收等主题，通过完善制度建设、推进改革试点、实施示范建设工程等手段，使农村经营管理和财务管理工作上了一个台阶。

【大胆探索，深化和完善农村经营管理体制改革】 一是继续推进农村“两确权”和农村集体经济组织体制改革试点工作。全市有2951个村民小组（经济社）完成“两确权”工作，占集体经济组织总数的2/3；全市28个试点村居中，已完成18个。二是试点探索农村股权“固化到户”。禅城区和南海区率先开展“股权固化到户”试点探索。禅城区南庄镇已完成16个行政村股权“股权固化到户”工作，占村居总数的88.9%。通过“股权固化到户”，有1371名“外嫁女”的股权得到确认，占应落实总人数的99.6%。南海区在桂城平南村“股权固化到户”试点的基础上，8月，召开全区“股权固化到户”工作动员大会，部署了各镇（街）全面开展“股权固化到户”试点工作。

【搭建平台，提升农村集体资产管理信息化水平】 在总结南海、顺德做法的基础上，联合市纪委监察局、市信产局等部门部署推进农村集体资产管理交易平台和财务网上监控系统建设工作，促进农村集体资产信息化管理、规范化运作和全方位监管。一是加强领导。成立农村集体资产管理交易平台和农村财务网上监控系统建设工作领导小组。由市委副书记、市纪委书记杨晓光任组长，市委常委、常务副市长冼瑞伦任副组长，纪委、监察、农业、信产等部门为成员单位，办公室设在市农业局。二是出台文件。出台了《关于推进农村集体资产管理交易和财务网上监控平台建设的意见》，明确“两个平台”建设的指导思想、工作目标、主要任务和保障措施等。三是召开会议。10月15日，全市召开推进农村集体资产管理交易和财务网上监控平台建设工作会议，总结推广南海、顺德区经验，部署全市推进工作。

【加强引导，加快发展农民专业合作社】 一是出台政策。研究制定《关于开展农民专业合作社示范社建设行动的实施意见》，并由市政府进行转发。二是抓好调查研究和项目申报部署工作。联合市供销联合社对全市多家典型合作社发展情况进行调研，结合推进示范社建设行动，制定2010年市级财政资金项目扶持的初步方案，组织各区示范社进行项目申报。三是加强合作社宣传推介工作。组织有关合作社参加省“农超对接”、“农校对接”等洽谈会，并编印农民专业合作社政策法规汇编资料，派发到基层部门和合作社成员手中。四是指导各地因地制宜发展专业合作社。立足于顺德水产、三水畜禽等优势主导产业，加强业务指导，引导各地因势利导培育发展农民专业合作社，促进当地主导产业发展和农民增收。

2010年，新成立8家合作社，全市各类农民专业合作经济组织发展到42个，其中专业合作社20个。按行业划分，种植业18个、畜牧业8个、渔业12个、其他4个。

【加强协调，扎实推进农民增收工作】 一是做好沟通和协调工作。按照市委、市政府“三着力一推进”的部署，加强与市统计局、社保局等相关职能部门的沟通协调，积极配合做好“转变农业发展方式促进农村居民持续增收”专责小组的相关工作，确保农村居民增收“4+4”计划各项政策措施顺利推进。二是抓好农民收入指标测算工作。积极配合统计局做好《珠江三角洲地区改革发展规划纲要（2008 ~ 2020）》的农民收入指标的测算和分解工作。三是抓好宣传工作。按照市纪委关于开展“民生直通车”上线直播的部署和要求，牵头组织有关部门做好“转变农业发展方式促进农村居民持续增收”专责小组上线准备工作。四是建立健全农村土地承包经营权流转机制。研究制定《关于加强农村土地承包经营权流转管理与服务的实施意见》，并以市政府名义正式下发，促进了土地有效流转和规范管理，提高了经济效益。

【强化服务，维护农村社会大局稳定】 一是切实加强农经队伍业务培训。2010年7月，为积极适应“大部制”改革和农村发展形势的要求，举办市、区、镇（街）三级农经人员业务知识培训班；12月初，又结合村“两委”换届选举审计、重点村居审计等工作需要，举办农村审计业务知识培训班。二是认真做好农民信访服务工作。对群众来访及时派人接待，并按信访制度规定认真做好调查处理工作；积极协助做好市领导接访工作；协助市政府信访事项复查复核办公室做好信访事项复核工作。三是协助抓好农村党风廉政信息平台建设。上半年，根据《佛山市农村党风廉政信息公开平台建设工作方案》和全市农村党风廉政信息公开平台建设动员会的工作要求和部署，配合市纪委对公开报表指标进行了修改完善，并协助做好系统调试工作，为平台建设奠定了基础。

（彭焱明）

交通·邮政

交通概况

【综述】 2010年，在市委、市政府的正确领导下，市交通运输局深入实践科学发展观，全面贯彻落实《珠江三角洲地区改革发展规划纲要（2008～2020）》和《佛山市城乡交通升级计划及实施方案》，以做好广州亚运会交通保障和落实市加强摩托车管理工作为契机，以打造“智能交通”和落实“三着力一推进”为工作重点，加快交通基础设施建设，全面提升公交服务水平，强化机关作风建设和廉政建设，努力提高行业管理水平，积极推动交通运输事业的全面发展。

【城市公共交通管理】 全面推进《佛山市公共交通服务改善方案》的各项工作，使全市公交在较短时间内有明显改善，既有力地支持禅桂新区域的限摩工作，又为亚运会提供良好的公交服务。至年底，佛山市城市公交分担率达到12%，万人公交车拥有量超过12台。

广佛地铁首通段开通后，积极做好广佛地铁的营运行业管理工作。实施常规公交与地铁的接驳方案，使市民能在各种交通方式之间无缝衔接；完成广佛地铁公交应急接驳预案，减少因地铁运行中断造成的突发性地面交通混乱，保障城市公交系统安全有序地运转；为加强地铁票务管理，维护地铁乘坐秩序，制定广佛地铁乘坐守则，为乘客提供出行指引。及时做好超大客流的应急工作，广佛地铁营运服务日益完善，客流量保持在平均每天10万人次左右。

公交TC改革向纵深层次推进。禅城区继续深化TC管理模式，总结管理经验，做大做强TC品牌。南海区继续按桂城模式（即政府定额购买公交服务）深化和加快镇内公交发展。顺德大良街道公交线路全部实行TC模式运营，共投入运力318台，大良城区公交出行分担率从原来的约8%提升到11%左右，先行先试成功的北滘公交已着手开通二期TC镇巴。高明、三水区已在研究政府购买公交服务的具体办法。

增加公交车和出租车运力投放。禅桂新区域内新增200台、更新272辆公交车辆（其中禅城投入了283台新能源LNG公交车），并改造了593辆公交车，使公交排放标准达到亚运会的要求。全市新增出租车运力1000辆，更新1162辆，其中禅桂新区域新增600辆，三水区新增100辆，南海区完成160辆“镇的”的投放。

科学合理调整线路。在亚运前调整禅桂新公交线路30条；对跨区的道路客运班线进行公交化的改造；积极做好与轨道交通的公交线路衔接，开通陈村、乐从、狮山、罗村、南庄等邻近区域连接广佛线的公交快线，并加强高铁、广珠轻轨、火车站、机场、港口等重点枢纽与轨道交通的接驳，使全市立体交通网络初步形成。

推进公共自行车系统建设。为解决公交出行的“最后一公里”，并完善与地铁的接驳，以及解决限摩后市民短距离出行需求，协调开展公共自行车服务系统建设。至年底，禅城区、南海桂城、顺德大良均建成一批公共自行车系统，禅桂新区域实现通借通还。全市公共自行车站点为283个，投入车辆超1万台。禅桂及大良公共自行车每天客运量达3.8万人次。

实施自然村通公共汽车计划。在上年全市行政村100%通公共汽车基础上，实现自然村通公共汽车率达70%。2010年，全市已有24个镇（街）开通镇内公交，共开通88条线路，投入548台车辆，极大方便了基层镇、街和行政村居民的出行，进一步推进了城乡公共服务均等化目标的实现。

推进禅桂新公共汽车一体化整合。禅桂新公共汽车在管理模式、车辆标准、站亭站场建设标准、司机收入标准已经完成统一；对15条穿越禅城的南海黄巴进行调整，22条在禅桂区域经营的南海公交实施与禅城同样的票价刷卡优惠。

开展公共交通“创先争优”系列活动。举办全市公共交通运输企业“迎亚运、树形象”暨首届佛山市公共交通文化节活动；开展文明驾驶员和优秀公交企业评选；邀请有关专家学者、热心市民、人大代表和政协委员等为佛山公交献言献策等。通过开展活动，一方面督促企业和驾驶员提高服务质量；另一方面，动员广大市民积极参与公共交通建设，促进全市公共交通服务水平的整体提高。

【区域交通一体化建设】 根据广佛同城建设2010年度重点工作计划，全力推进28项交通项目的实施工作。在路网对接方面，首个广佛共建的同城化交通基础设施项目南番大道（海怡大桥）于9月29日通车；东新高速、南二环高速公路实现通车；广明高速公路二期工程、海八路西路改造工程、五沙大桥扩建工程等正在抓紧建设中。在客运服务对接方面，广州方向已开通16条广佛快巴、14条广佛城巴、7条广佛公交。肇庆方面，参照广佛道路客运同城化的运作模式，在三水区与肇庆四会市新开通2条跨市公交线路。在年票互通方面，3月31日零时起，广佛肇三市的53个收费站实施车辆通行费年票互认，有力地推进了广佛肇一体化。在公交一卡通方面，广佛通卡在11月8日起可在肇庆使用；全省通卡“岭南通”在广州、佛山、肇庆、江门、汕尾首发，已先期实现互联互通的广州、佛山两地现有的2000万张羊城通、广佛通无须换卡，即可无障碍通行“岭南通”所覆盖的各城市、各行业和领域。

【空港管理】 积极协调佛山机场与地方的关系，协助解决机场配套交通、安保工作等一系列问题，使佛山机场顺利地完成2010年春运任务，出色履行好航空港亚运安保职责，保证了机场全年安全运营。同时开展了本场停放一架飞机、多条航线以及夜航的试运行，均取得了很好的经验，为佛山机场今后的发展奠定了良好的基础。通过一年多的运营，很好地培育了佛山市的航空市场，基本体现了开辟佛山机场，提升佛山市的城市形象，促进佛山市社会经济发展的初衷。同时，积极利用好广佛交通同城化资源，加强与广州新白云机场的衔接。

2011年1月14日，广佛快巴6号线在南海区千灯湖举行开通仪式。

公路建设与运输

【公路基础设施】 2010年，佛山市公路通车里程达5215 .99公里，其中高速公路419.79公里，一级公路1347.49公里，二级公路408.74公里，三级公路921.47公里，四级公路2107.24公里，等外公路11.26公里。全市公路密度达136.76公里／百平方公里。全年全市完成公路（桥梁）基础设施建设约 80.73 亿元（未包括省在佛山市建设的高速公路投资）。

【客运站场基础设施】 全市共有客、货运站场 62 个，其中客运站场 37 个，包括一级站 5 个，二级站 4 个，三级站 16 个，三级以下站场 12 个；货运站场 25 个，包括一级站 15 个，二级站 3 个，三级站 1 个，四级站 6 个。全年完成站场建设（含公交候车亭）1592 万元。

【高速公路工程】 2010 年是高速公路建设的丰收年，先后有广珠西线高速二期、广肇二期、广贺三水段、东新高速、南二环、江肇高速等 6 个项目合计 97.8 公里建成通车。全市“十一五”高速公路新增 303 公里（含一环），高速公路网基本建成，超过了“十一五”规划中 220 公里的目标。全市高速公路通车里程达 408 公里，在珠三角地区的排名也从 2005 年的第八名跃升到 2010 年底的第二名。其他在建的 5 个项目分别是：佛开高速扩建，广三扩建，广明高速陈村到西樵段、广州段和肇花高速三水段。

【市重点路桥工程】 为加快推进 44 个市重点路桥建设项目，交通部门积极跟进各项目立项、用地、环评和施工许可等手续的办理进度，在项目的设计审查方面设立绿色通道，为项目建设打下良好基础。至年底已有北滘立交、北滘立交二期及连接线、大金山隧道、G325 国道下沉立交、碧云路、一环北延线、北滘至均安公路工程北滘至南国路段（不含番村立交）、迳口公路工程、高明西岸路口立交、佛陈路快速化改造、龙高公路快速化改造工程等项目建成通车。其余项目也在抓紧推进，预计 2012 年前可陆续完工。

【农村公路建设】 为全面完成 2010 年全市升级改造农村公路 212 公里的任务，市、区两级公路部门积极协调同级政府部门，研究落实资金筹集渠道，制订项目实施计划，摸底排查及按月填报进度。2010 年实际完成升级改造公路 225.8 公里，完成投资 4.53 亿元，超额完成了年初升级计划制订的目标。

【营运车辆保有量】 2010 年，全市在册营运货车 15.94 万辆，总计约 63.53 万吨位。在册营运客车 1722 辆，7.25 万客位，其中，客运班车 930 辆，3.72 万客位；包车客车 720 辆，3.21 万客位。城市公交车辆 7032 辆，其中：公共汽车 3687 辆，16.16 万客位；出租客车 3345 辆，1.67 万客位。

【经营业户及从业人员】 全市在册经营道路客运业户 40 户，从业人员 1.4 万人；道路货运业户 12.76 万户，从业人员 14.39 万人；道路运输相关业务经营业户 7630 户，从业人员 4.41 万人。全市在册的机动车维修业户 6173 户，其中汽车维修业户 3546 户（一类 108 户、二类 577 户、三类 2861 户），摩托车维修业户 2617 户。

【道路客运】 全市客运线路 560 条，年平均日发 7754.5 班次。其中跨省线路 206 条，年平均日发 295.5 班次；跨地（市）客运线路 253 条，年平均日发 2136 班次。

【客、货运输量】 全年道路运输客运量完成 2.57 亿人次，较上年同期增长 22.5%；旅客周转量完成 82.32 亿人公里，较上年同期增长 23.7 %；道路货运量完成 1.53 亿吨，较上年同期增长 16.3 %；货物周转量完成 110.62 亿吨公里，较上年同期增长 16.7 %。

【汽车综合性能检测站及检测量】 全市共有汽车综合性能检测站 A 级站 10 个，年完成检测量共 25.91 万辆次。其中维修竣工检测 18.88 万辆次，等级评定检测 14.17 万辆次。

【城市公共交通】 2010 年，全市共有城市公交车辆 7032 辆，其中公共汽车 3687 辆，驾驶员 5632 名，客运量 3.28 亿人次；出租车 3345 辆，驾驶员 6707 名，客运总量 5345.8 万人次。

【维护运输市场良好秩序】 强化运输组织、服务和市场监管。加快改造和提升传统货物运输业，研究探索货运物流业发展之路。对全市机动车驾驶员培训行业开展了清理整顿、规范管理和行业自律等一系列针对性较强的工作，使驾培市场的经营秩序有了较大好转；开展各种执法整治，重点打击非法营运和超载超限运输，规范出租车和各类营运车辆的经营行为，并配合打私部门开展水路反走私工作。全年共查处违法车辆1.78万辆，其中摩托车非法营运6295宗，蓝牌车非法营运205宗，超限超载车辆3181辆次，卸货转运5.19万吨；查处水运违章行为18宗。

水运·港航

【水路基础设施】 全市有生产用码头泊位325个，码头岸线2.39万米，泊位年通过能力9415万吨。其中公用码头泊位92个，码头岸线6050米，泊位年通过能力3693万吨。2010年港口年吞吐量5410万吨、外贸吞吐量2267万吨，其中集装箱吞吐量达306万标准箱。全年完成港航建设固定资产投资约1.65亿元。

【船舶保有量】 2010年底全市在册营运船舶632艘（其中客船4艘，1358客位）总载重量46.1万吨位，功率21.02万千瓦。其中：集装箱船54艘，载重量5.63万吨位，5519个国际标准集装箱位。

【水路运输】 全年全市水路完成货运量3851万吨，同比下降14.2%，货运周转量41.46亿吨公里，同比下降43.3%；水路完成客运量 81.81万人次，同比增长19.3%。客运周转量1.03亿人公里，同比增长23.9%。

【港口吞吐量】 2010年全市港口货物吞吐量为5410万吨，其中集装箱吞吐量达306万TEU、吞吐量为3035.94万吨。主要大宗货类有：液化气、天然气及制品612.12万吨，煤炭及制品674.23万吨，金属矿石8.7万吨，水泥159.5万吨。

【港口航道建设和维护】 2010年，港口码头设施建设方面完成了佛山港北滘港区扩建工程、顺德乐从镇件杂货码头一期工程、高明珠江货运码头续建工程、中外运一期第一阶段码头工程；佛山港了哥山港区本港作业区通用码头项目和高明高富配套码头项目也在抓紧报批中。内河航道整治方面，顺德水道、东平水道航道整治工程已分别完成总工程量的92%和74%。

【港航管理】 通过引导发展优选船型、淘汰老旧水泥船、开展内贸集装箱超载治理工作、开展水运管理规范年活动等，力推水路货运升级。针对全市沙船、港澳线船运力过剩的实际，严格市场管理，控制运力投放，积极引导水运企业应对市场变化，维护公平、有序和可持续发展的水运市场环境。

（李丹心）

邮　政

【综述】 2010年，佛山邮政推进企业的全面转型发展，着力以质量与效益为中心，增强市场开拓能力，推进机制改革与创新，全面推进全市邮政科学发展。全市邮政三大板块合计实现收入7.67亿元，同比增长19%，增幅创近七年来的新高。其中邮政企业实现收入4.13亿元，同比增长13.28%；速递物流公司实现收入2.27亿元，同比增长16.3%；银行自营实现收入1.27亿元，同比增长59.76%。

【基础能力建设】 全年整治网点达13个，建设自助银行16个。全市已有邮政服务亭440个，全市信报箱群达43万个。全市共有服务网点198个（含邮政银行网点和邮政营业网点），设置投递部99个，投递道段1113条，其中城市投递段道680条，农村投递道段12条，速递投递道段413段，个性化投递专段8条。

【网络运行】 开展商函运行质量年活动，运行质量稳步提升，银企账单妥收率、银企账单回邮率、投递系统上线网点使用率达100%，未妥投邮件信息反馈率达99.08%。基本建立起个性化投递队伍，设个性化投递部5个，重点区域实现了账单专投与账单分层投递。构建广佛同城邮运网络，调整后的网络实现了广佛“今天收寄，明天投递”的同城网络时限。优化商函账单作业流程，月均客户信息分拣到段的数量达到 112 万件，提高处理时限 1 天。推进信报箱建设，新建信报箱 2.8 万个，在新建设的楼盘小区，邮政信箱建设覆盖率基本达到 100%。做好名址信息维护，至年底，佛山全市有基础地址约为 182 万条，准确率达 99%；组织机构数据为 9 万条，组织机构日常维护及时率达 93.33%。

【信息化建设】 完成城市网通信网络重点通信工程，全市营业网点的网络集中到市局中心机房，实现了网络的集中维护，网络的安全性得到进一步提升。完成了其他 18 个信息系统上线。

【社会服务】 广州亚运会和亚残运会期间，在佛山亚运比赛场馆和定点酒店共设置 5 个临时服务点。为确保亚运网络与投递的安全，安装亚运安检监控系统并实现集中监控，利用 3G 通信移动手段实现亚运 4 个场馆的营业电子化收寄；对全市邮政营业前台加强邮包验视，并对佛山亚运场馆和定点酒店的邮件采用专封、专趟、专频、专投投递方式，共对 3.8 万袋进口总包邮件进行安检，问题邮件量为 0；投递涉亚场馆邮件共 589 件，未有发生邮件安全及投诉等服务问题。（顾丽冰）

繁荣的水上运输通达海内外。

信 息 化

信息化建设

【信息化政策环境日益优化】 2010年，佛山市信息产业局印发《"四化融合，智慧佛山"发展规划纲要》及实施方案、《国家新型工业化产业示范基地（佛山）规划》及实施方案。完善《佛山市加快培育发展战略性新兴产业工作方案》和《佛山市战略性新兴产业扶持办法》。加强信息化和工业化融合（简称"两化融合"）领域基础研究，编制《佛山市信息化与工业化融合发展规划及战略研究报告》。印发《佛山市电子政务资源整合工作实施方案》，建立全市电子政务信息资源共享机制和规范标准。编制《佛山市无线电管理"十二五"规划》和《佛山市移动通信网络基站"十二五"专项规划（2011~2015）》。

【电子政务重点项目加快建设】 数字城管系统实现市及五区平台上线试运行。数字人事系统（一期）通过验收并投入使用，二期项目已在五区试运行。数字佛山地理空间框架通过验收，佛山成为"全国数字城市建设示范市"。农村党风廉政信息公开平台通过验收并在全市推广使用。佛山市电子监察系统建设进展顺利，行政处罚电子监察系统正在抓紧建设。行政审批电子网络一体化项目系统开发基本完成，进入系统部署阶段。市级政务云平台初步建成。人口基础信息库完成系统开发，正在进行数据的采集与整理。综合治税系统进展顺利，各单位的综合治税信息通过"佛山市数据共享平台系统"进行采集。电子政务数据中心完成中心管理系统建设，实现与省电子政务数据中心的互联互通。

【完善政务网站建设，实施网络民生民情工程】 佛山市整合五区政务网站，建设全市统一电子政务网站群，基本完成高明区16个政务网站的迁移工作，实现了高明区政务网站的统一平台管理。完成佛山市政府网的优化升级，进一步整合和完善"在线办事"功能，提供包括教育、社保、求职就业、医疗保健等九大领域的一站式在线办事服务。佛山市政府网在2010年中国政府网站绩效评估中，位列地级市第二名，网络发言人平台荣获"品牌栏目奖"。

大力推进网络问政工作。网络发言人平台实现除顺德区外的全市覆盖，全市网络发言人和网络评论员已经发展至1873人。截至2010年12月30日，平台已有注册用户1.38万人，浏览量逾6123万人次，发帖数达4.77万篇，日均有效发帖量在200篇以上，网络发言人对全部网民发帖回复率达97%，对有效发帖回复率达100%。全市政民在线交流实现常态化，有计划地开展"三着力一推进"民生直通车网络在线直播、"在线访谈"和"对话民生"活动，进一步拓宽民意表达平台，畅通政民互动渠道。

【推进重点民生领域智能化建设】 智能卫生工程在全市6家医院联网试点应用市民健康卡，实现病人诊疗信息的高度共享和有效利用。加快完成15家医疗卫生机构信息系统的改造和整合，全市区域医院信息系统建设得到进一步规范和加强，数字化医院雏形正在形成。智能交通工程完成市、区、企业三级营运车辆GPS监控平台建设，禅城区和南海区智能交通系统一期工程投入使用，开通了交通诱导、红绿灯自动调节、电台实时播报各类道路交通服务信息等基本功能。智能教育工程《区域教育信息化整体应用实践与创新公共服务》获得教育部立项，逐步建构全民终身学习公用服务平台——“数码学习港”。无线教育城域网试点加快建设，将逐步满足全国范围对佛山教育网的无线远程安全访问。智能社会保障工程顺利实现全市新社保信息系统上线，参保人在全市定点医疗机构就医可实现现场结算，社保关系市内转移自动接续，真正实现同城生活，同城待遇。智能文化工程建设佛山市联合图书馆，市民手持“一卡通”借阅证即可享受所有服务网点的文献服务。实施“数字图书馆”工程，实现各成员馆数字资源的网络共享。智能警务工程成功开发社区警务“e超市”系统，市民在家门口就能享受到公安机关提供的社区警务咨询、社区警务自助服务，满足社区群众生活需求。综合反映“智慧佛山”发展理念和建设成果的体验展示馆项目进展顺利，将按照“2011年4月份整体验收和试运行，5月份正式对外开放”总体进度完成场馆建设。

2010年11月1日，禅城区首期智能交通管理系统建成。

【广佛通信同城化】 广佛两地基本实现移动通信资费同城化，两地大部分移动通信用户已实现广佛乃至全省一致的资费，其余用户则可通过电信运营商提供的全省组网套餐业务实现广佛两地通话包月的优惠。广佛地区固定电话资费一体化建设取得成效，2010年，各电信运营商为落实广佛地区固定电话资费一体化，推出一系列优惠套餐，开展两地固定电话资费同城工作。广佛通信基础及客户服务同城化取得初步成功，两市电信运营商正推进基础设施同城化规划，初步实现基站和传输共享，部分电信运营商已基本完成两市营业厅业务对接，加强两地客户的同城化服务体验。

信息产业

【综述】 2010年，佛山全市信息产业总产值约为3568亿元，同比增长23.8%；实现增加值832.5亿元，同比增长24.6%。其中，规模以上电子信息制造业完成工业总产值3053亿元，同比增长24.3%，工业增加值为658.4亿元，同比增长26.7%；电子信息制造业占全市规模以上工业总产值和增加值的比重均超过20%。全年通信业务总量约为356亿元，比上年增长19.5%；全市信息服务业总量超过500亿元，增长速度约为20%。

【战略性新兴产业和高端新型电子信息产业发展顺利】 光电显示产业。奇美一期项目发展势头良好，二期工程初步实现试产。广东中显科技有限公司“低温多晶硅TFT AMOLED项目”实现试产，“TFT-OLED显示屏大规模产业化技术项目”中标成为2010年粤港关键领域重点突破项目。彩虹项目正式纳入省现代产业500强项目，在建设用地指标、项目融合等方面获省政府配套政策支持。投资5.08亿元的彩虹一期PMOLED项目完工并试产，二期投资49.6亿元的4.5代AMOLED生产线项目开工奠基，彩虹南方研究院在顺德挂牌营运。

光照明产业。旭瑞光电股份有限公司“大功率高亮度LED芯片产业化项目”工程建设顺利。总投资10亿元的广东新光源产业基地核心区一期项目完成基础建设，核心园区将成为罗村乃至南海绿色照明的景观示范区。南庄LED产业基地奠基，正完善区内硬件配套，引进LED上下游配套企业。

太阳能光伏产业。国家高新区佛山三水园广东爱康太阳能电池生产基地奠基，首期120兆瓦太阳能项目达到设计生产能力产量，二期项目启动。顺德区规划建设太阳能产业发展基地和光伏技术创新平台，与中山大学合作建设华南太阳能研究院，筹建国家太阳能产品质量监督检验中心，引导美的集团等家电企业开发新能源家电产品，构建完整的光伏产业链，建设华南太阳能产业化基地。

云计算产业聚集态势初步形成。华南地区首个“云计算中心”——南海云计算中心一期项目已经完成，二期项目进入商业运作阶段，将加大投入陆续完善基础设施。平台围绕“产业云、实训云、创意云、研发云”部署了各类云计算应用20多项、50多家企业应用或试用，待开通平台服务企业70家。汇丰数据中心、富士通数据中心等项目相继落户，世纪互联在禅城区投资12亿元建设云计算南中国总部基地。

物联网产业以应用实施重点突破。佛山德众药业推广应用“基于RFID的生产过程及质量控制信息系统”，提高企业生产管理效率；高明举世农业公司建设水产品可追溯性监管系统；市信息产业局与国家射频识别产业化（上海）基地抓紧落实RFID产业发展战略合作框架协议，着力推进家电物联网发展；成立佛山市物联网与无线城市产业联盟，为佛山市物联网发展建立了技术融合、信息沟通、优势互补的发展平台。

佛山市禅城区城域物联网应用工程启动仪式现场。

【信息产业发展载体日益丰富】 佛山市先后被授予“国家新型工业化产业示范基地（佛山·光电显示）”、“广东省战略性新兴产业基地（光电显示）”、“广东省省级信息化和工业化融合示范试验区”，顺德区获得“国家新型工业化产业示范基地（顺德·工业设计）”、“广东省战略性新兴产业基地（OLED）”、“广东省省级信息化和工业化融合示范试验区”等称号。

【信息化与工业化融合】 企业信息化试点成效明显，广东新明珠陶瓷集团、广东坚美铝型材厂有限公司、广东志高空调有限公司等3家企业成为国家首批“两化融合”促进节能减排试点示范企业。广东科达机电股份有限公司、佛山维尚家具制造有限公司、佛山市海天（高明）调味食品有限公司成为广东省“两化融合”“4个100”示范工程行业标杆企业；18家企业成为广东省信息化和工业化融合“4个100”示范工程企业，为全市企业转型发展提供示范效应。

行业服务支撑体系初步构建。全市确立了南海南方技术创新中心等5家市级信息化与工业化融合支撑服务单位，省级企业技术中心总数达到88家。禅城区启动佛山市珠江数字创新和服务中心建设，顺德区成立信息化与工业化融合创新服务中心，三水区加快推动中科院能源环境技术创新与育成中心等平台建设，技术创新体系建设不断加强。

区域试点示范顺利推进。顺德区乐从镇加快国家级电子商务试点建设，编制完成《乐从镇电子商务发展规划》，并与北京大学信息科学技术管理学院、中国移动顺德分公司签订信息化战略合作协议，在人才培训、项目引进、技术应用等方面展开合作。南海区九江镇加快建设广东省物流信息化试点，完成物流信息平台总体规划，针对大宗生产资料的电子交易现货系统、电子仓单交易系统、珠三角大卖场自由贸易系统等主要模块上线运行。

加强指导培训，巩固信息化和工业化融合人才基础。相继成功承办国家“两化融合”试验区工作会议和广东省电子商务现场会，积极争取国家和省的政策业务指导，扩大佛山“两化融合”工作影响力。举办2010年佛山市信息化与工业化融合工作会议暨专题培训、“四化融合，智慧佛山”巡回培训，累计培训约1000人次，培训中小企业800余家。

无线电事业

【加快“U–佛山”建设，构建便捷高效的信息网络体系】 继续加大落实三大通信运营企业与市政府战略合作协议，佛山移动公司2010年建设TD–SCDMA基站超过1500个，拉动产值近10亿元，TD网络接通率达到98%；佛山电信公司大力推进“光进铜退”工程，加快“C + W”天翼移动无线宽带网络的覆盖，基本完成全市酒店、大中院校、机场及候机楼等重要区域的热点覆盖；佛山联通公司建成了覆盖率达到99%的通信网络，WCDMA3G网络覆盖全市五区所有乡镇，并在主干道、工业园区、商贸园区、核心城区等地实现优质网络覆盖。一批重大信息基础设施建设进展顺利，中国移动南海TD – SCDMA数据处理中心和佛山区域呼叫中心建设落成，华南大区物流中心在三水区奠基。中国电信顺德IDC数据中心、南海里水全省网络操作维护中心（NOC）、南海丹灶电信集团应急物资储备中心、南海里水八达通国际商品贸易港相继建成。依托这些重大项目，佛山通信服务和保障能力大大提升。

【圆满完成亚运会佛山赛区无线电保障工作】 组织开展亚运前台站资料和频率资源专项清理行动，共对643个单位，将近600个频率进行整理清查，保障了亚运会用频需求。制定了火炬传递和赛事举办期间的无线电安全保障工作方案和应急预案，使各项工作有序开展。赛事期间，出动监测车56辆次，检测设备约36部（套），监测人员303人次，监测时间达912小时，指配备案频点560个，频段328个。组织备用频点90个，成功解决三起干扰事件，保证了亚运圣火传递电视直播和央视空中直播正常进行，保障了亚运赛事的顺利开展。

【认真开展行政许可事项审批和日常管理等业务】 完善无线电频率台站数据地理信息管理系统，全面实现以信息化、电子化构建综合无线电管理平台。无线电管理基础性工作有序开展。认真开展行政许可事项审批和日常管理等业务，2010年全市核发无线电台执照904份，重新规范办理电台执照45份；完成电磁波辐射站点测试61个次；检测各类无线电台站设备566部；查处无线电干扰41起。认真妥善地受理群众对基站电磁辐射投诉98起，为维护社会和谐稳定做出贡献。

【确保公共活动及重要时期无线电业务安全】 开展预防高考、公务员和各类职称考试无线电作弊行为工作。积极参与高考、会计师、职称外语等级、公务员考试等各类国家和省考试的无线电舞弊预防工作共12次，合18天，累计参加考试监测任务共236人次，圆满完成了各类“监考”任务。

（梁丽嫦　龚国梁）

基本建设・环境保护

供　水

【综述】 2010年，佛山水业紧紧围绕将公司打造成“创新、科技、服务型”企业的战略目标，推进多项工作的开展，突破瓶颈改革体制，多管齐下强化管理，全力以赴实现目标，促进了企业持续健康发展。全年实现供水量3.26亿吨，售水量2.81亿吨，供水水质综合合格率99.96%；污水处理量2.27亿吨。

【亚运保障】 2010年是亚运年，在亚运会举办期间，佛山水业狠抓生产、调度、水质、抢修、客服等关键环节，对佛山全市的水质进行监测，保障了佛山地区的饮用水安全。亚运会举办期间，佛山市北江沿岸各水厂出厂水水质合格，没有出现一起水质事故，佛山水业圆满完成了“迎亚运，保供水”的重要任务。

【第二水源】 2005年北江镉污染事故发生后，市委、市政府作出决策，要求佛山水业迅速启动第二水源工程建设。第二水源首期第一阶段20万吨／日工程于2009年12月投产供水，并连通了禅城、三水及南海丹灶管网，初步搭建起“一市三区、西江北江双水源供水、互为备用”的安全供水保障体系。在2010年“抗击北江污染，保障亚运供水”的应急工作中，第二水源发挥了一定的作用。但是由于种种原因，西江水厂日供水量仅约9万立方米，远远达不到规划预期水量，未能发挥应有的应急保障作用。

【供水服务】 2010年，在广东省省情研究中心组织的第三方客户满意度调查中，佛山水业总分居佛山地区公共服务行业第三名。佛山水业根据供水区域不断扩大、各区域客户服务需求各有不同的现状，完善网上服务厅，分别设有禅城市区、禅城南庄片区、三水区、南海金沙片区四个客服专区，增加了用户资料变更等系列电子服务。通过加强对大客户的管理、及时降低漏耗等多种途径，完善日常客户服务，各片区都取得了优异的成绩。

【科技进步】 2010年4月，佛山水业与中国工程院院士、哈尔滨工业大学教授李圭白及其科研团队合作成立了“李圭白院士工作室”，这是国内水务行业首家院士工作室。该工作室已开展一系列的研发工作，对保障地方城市用水安全具有重要意义。佛山水业获省科技厅批准成立“广东省企业技术中心”，为科研成果的转化创造了更广阔的平台。此外，佛山水业与高等院校的横向合作力度也得到进一步加强，与哈尔滨工业大学建立了战略合作关系，与中山大学共同建立“中大—佛水水工程技术产学研结合示范基地”，企业与高等院校的优质资源的强强联合，为加快科技成果的转化提供了有利条件。

【企业管理】 为贯彻战略发展规划，适应集团化管控模式转变的要求，优化经营管理，2010年，佛山水业逐步实施《佛山水业集团组织架构优化调整方案》，使组织架构得到了优化调整。上半年，物资采购中心和排水事业部相继成立，实现了集团物资采购的统一管理以及污水板块业务的集中运营管理；下半年，集团职能部门组织架构优化调整，由原来的13个优化整合为10个。与此同时，公司的绩效管理改革工作取得突破。

面对严峻的经营形势，佛山水业通过实施全面预算管理、节能减排计划等措施，确保全年目标的实施。通过层层分解目标，有效控制了生产和经营成本。2010年佛山水业运营成本同比下降8%，直接减少经济支出超过500万元。节能减排工作有效推进，降低了能耗和物耗，使生产成本得到控制，直接节省开支超过300万元。

（全秋娜）

供　电

【综述】 2010年，佛山供电局坚持以科学发展观为引领，在市委、市政府和上级公司的领导下，忠实履行“两个绝不发生”和“万无一失”的庄严承诺，打赢亚运保供电攻坚战；始终围绕创建国内领先供电企业的奋斗目标，迈进国内领先水平供电局行列，创先工作总体排名跃居广东电网公司各地市供电局第一，国际通行衡量先进水平供电局的5个定量指标和21个必备指标全部达到国内领先标准。

【电力供应】 坚持以客户为中心的核心价值观，在最大电力缺口119万千瓦、最大错峰为59万千瓦的情况下，有力地保障了全市电力有序供应。全年全口径用户平均停电时间9.98小时，同比减少7.42小时；全口径用户平均停电次数为1.58次，同比减少0.85次；全年完成供电量459.31亿千瓦时，同比增长11.48%；完成售电量440.98亿千瓦时，同比增长11.26%。

【亚运保供电】 佛山供电局全力投入亚运保电攻坚战。投入3.61亿元并提前完成涉亚工程项目建设改造，对比赛场馆做到“保电到灯头、到插座”。亚运及亚残会期间，出动7万人次投入亚运保电巡视值守，做到佛山电网“零事件”、保电工作“零差错”、客户服务“零投诉”。佛山供电局被评为南方电网公司亚运保供电先进集体、广东电网公司亚运保供电突出贡献单位。

【安全生产】 牢抓安全生产风险管理体系暨规范化建设，成功应对各类电网风险200次，电网实现连续安全运行575天。输电线路实现历史性的首次“零事故”，输电线路施工外力破坏事件同比下降61%。“科技兴安”的步伐不断加大，全年有1项技术填补了国内空白，2项技术获得国家专利；全年获得广东电网公司及以上科技进步奖17项，佛山供电局被评为广东省生产先进单位。

【电网建设】 建立起“以规划为龙头，专业部门具体实施”的项目管理模式，高标准完成“十二五”电网规划滚动修编，在全省率先开展并完成110千伏电网优化研究，首次以签订“合作备忘录”形式推动电网建设，将“安全、优质、文明”样板工程创建活动延伸到各电压等级工程。全年电网建设投资计划完成率101%、优质工程率99.45%，全面完成“十一五”电网建设任务。

【优质服务】 以客户满意度为抓手，在全年错峰114天的情况下，供电服务在省社情民意调查中排名全市公共服务行业第一，盖洛普第三方调查客户满意度排名跃居全省第三。全年综合电压合格率99.91%，为全省最高。“95598”通过国际客服热线CCCS五星认定，禅城营业厅被评为南方电网公司A类供电营业厅。

【精神文明建设】 扎实开展企业文化创建和“创先争优”活动，积极推动员工辅导计划试点工作，举办“身边的感动”企业文化故事会、“亚运有我更精彩”等活动，激励员工更加爱岗敬业。2010年，佛山供电局先后荣获南方电网公司文明单位、广东省文明单位、全国电力系统企业文化建设突出贡献单位、佛山市首批劳动关系和谐模范企业等荣誉。

（林志泉）

城乡规划管理

【深化各类规划编制，不断完善规划体系】 佛山市城乡规划局组织编制《东平新城CBD发展策划与城市规划设计》、《东平新城东部片区控制性详细规划》、《清洁能源及节能汽车新技术专题研究》、《佛山市交通发展年度报告及交通设施建设年度计划》、《佛山西站综合交通枢纽概念性设计方案》、《佛山市新型交通系统规划研究》、《佛山市城市快速轨道交通建设规划》、《佛山市城乡统筹规划》、《佛山市绿地系统规划》等系列规划，并深化对“强心”战略研究，反思和检讨“2+5”组团城市空间发展方向，要求各区根据《佛山市“三旧”改造专项规划》组织编制区属的“三旧”改造专项规划。

积极做好控制性详细规划编制和报审工作，共组织7个控制性详细规划项目的专家评审会议。完成《佛山市对口支援全伽师县城乡建设专项规划》和《佛山市对口支援全伽师县城市生活示范区控制性详细规划及城市设计》的编制工作，规划成果都获得了省厅和当地领导的肯定。

【密切区域合作关系，促进区域协调发展】 佛山市根据《珠江三角洲地区改革发展规划纲要（2008～2020）》的要求，加强与广州、肇庆、中山等周边城市规划部门的衔接，就空间发展、交通衔接、产业对接、环境共保等事项进行沟通、协商和合作。组织完成《广佛同城化城镇空间发展战略规划》、《广佛同城化区域交通一体化规划》、《广佛同城新客站周边地区整合规划》、《广佛同城芳村桂城地区整合规划》、《2009年城市规划近期建设项目库指引》、《广州市佛山市同城化建设城市规划三年工作计划》。会同广州市规划局出台《广佛同城化金沙洲片区整合规划》初步成果，启动《跨界地区城市规划协调机制研究》，使之成为推动广佛同城化城市规划管理的重要指引。

【全力推进重点工作，优化经济发展环境】 西江引水工程。征借地工作自2009年2月启动，2010年底全部完成佛山段的规划建设、征借地和建设工作，有效保障了西江引水工程建设工作按目标推进。

轨道交通建设和站场。佛山市规划局积极配合铁路部门，加强与设计单位和各区相关部门的沟通和协调，开展贵广铁路、南广铁路、广珠铁路、南沙疏港铁路、西部沿海铁路、广珠城际线、佛肇城际线、广佛环线、广佛江珠城际线以及广佛地铁等重点项目的建设配合、方案协调及规划审核手续。配合做好佛山西火车站综合交通枢纽、丹灶铁路物流中心的方案深化、协调和下阶段站场规划编制、控制和实施工作。

东平新城项目建设。市规划局多次就东平新城相关轨道选线、美旗项目选址、220千伏熙悦变电站选址等问题召开协调会议；积极配合市经贸局、顺德区政府做好引进美旗广东佛山国际采购与区域物流中心项目的各项规划前期工作，积极配合美旗公司做好该公司方案竞赛与方案修改完善工作。

高速公路项目建设。主动配合做好佛山市境内广明高速、珠外环高速、广肇高速、佛清从高速、广明高速支线等高速公路以及其他高等级市政道路项目的方案协调、规划审核工作。

【加强规划信息建设，提升规划管理水平】 实现电子报批，规范规划审批。建立了城市规划管理指标核算与电子报批系统，7月1日开始试运行；配套制订和完善了一系列技术规定、标准表单、审批流程等，制订《佛山市城市规划诚信管理暂行规定（试行）》、《佛山市城市规划指标核算与电子报批诚信技术规定（试行）》。继续推进佛山市区一体化规划政务信息平台建设。完成一体化规划政务信息平台（二期）的系统软件开发，将原有规划成果整理入库，进一步加强了规划政务信息平台与市城建档案管理系统的衔接和共建共享。

（许　伟）

国土资源管理

【综述】 2010年是佛山市国土资源部门抢抓落实《珠江三角洲地区改革发展规划纲要（2008～2020）》和广东建设节约集约用地示范省工作的关键年、创新年，全市国土资源管理工作主要围绕“依法、创新、落实”六个字下工夫，更有力促进佛山经济社会又好又快发展。6月，省政府授予佛山市土地管理综合二等奖和“三旧”改造专项奖。

【用地供应】 一是统筹使用用地指标。2010年省下达给佛山市的农转用指标508公顷（顺德区另有

115公顷）按照保重点、保民生、保急需的原则进行安排，基本使用完毕。二是全力加快用地报批。重点完成一汽大众汽车首期、美的集团、佛职院、广明高速（陈村至西樵段）、广佛城轨等重点项目用地报批，太澳、广肇、广贺等高速公路新建或扩建工程征地拆迁工作全部完成，佛山市国家、省级重点项目征地拆迁和用地报批数量居全省各地级市前列。佛山市上报国家或省的批次（项目）建设用地1290公顷，涉及新增用地1123公顷。佛山市审批的农用地转用210.4公顷。上报“三旧”改造项目（转国有）用地171.1公顷。

【节约集约用地】 一是全面推进“三旧”改造有新成效。2010年7月、9月，国土资源部部长徐绍史、省人大常委会主任欧广源等领导再次视察佛山市“三旧”改造工作。7月，中央电视台《焦点访谈》栏目专题报道佛山市“三旧”改造。12月，佛山市召开“三旧”改造政策储备专家研讨会，均对新成效给予高度评价，认为佛山市“三旧”改造是实现从农业化向工业化、向城市化发展的必由之路。全市“三旧”改造工作结合“两转型一再造”，向更高层次、更广范围、更好质量方向全面迈进，佛山市东华里、家居博览城等原有重点项目进展顺利，成效显现。全市各区掀起新一轮改造高潮，比如禅城区开展广佛地铁沿线改造规划，南海区实施城市更新计划、顺德区开展村民住房建设改革试点，新启动了佛山古镇、广佛商贸城等一批大项目。据统计，2010年全市启动改造项目567个，涉及土地面积5.05万亩，投入资金约1140.63亿元。全市标图建库“三旧”用地约有41.6万亩，其中：旧城镇7.6万亩，旧厂房26.5万亩，旧村居7.5万亩，未完善手续的约8.9万亩，农用地785亩。协同市纪委组织检查“三旧”改造项目，对存在的土地管理问题进行排查整改。二是加大闲置土地处置力度。对闲置土地进行专项清理，清理闲置土地共472宗1064公顷并已全部完成处理，清理出闲置房地产用地96宗197.4公顷并已全部完成处置。三是拓宽节约集约用地新路子。全面开展实施土地用地置换，解决土地批而未用和指标不足的问题，已置换约2818亩。加大储备土地力度，新增储备土地6159亩，其中：市直698亩，市、区联动5461亩。完成佛山市1个国家级和6个省级开发区的集约用地评价更新工作。

【土地市场】 一是做好土地市场供应。认真落实房地产用地调控政策，明显加大住宅用地供应计划。2010年全市经营性用地计划为779公顷，其中保障性住房用地11.38公顷，比上年增加129公顷。全市土地公开交易1.72万亩，比上年多1700亩，成交金额为368.3亿元，比上年多18.7亿元；经营性商住用地约9433亩，比上年少1167亩，成交金额约为348.78亿元，比上年多9.56亿。其中一级市场商住用地出让约7749.7亩，比上年少2108亩，成交金额约为304.87亿元，比上年少15.23亿。二是农村集体建设用地流转有新突破，南海狮山、丹灶镇利用农村资产交易平台，采取政府主导、搭建平台、建立台账、减免税费等措施，开展农村集体建设用地流转试点，既还利于民、预防腐败、维护稳定，还有利于节约用地、缓解用地矛盾、减少违法用地。

【规划编制】 一是新一轮土地利用总体规划修编基本完成，市级成果已上报国土资源部。各区规划大纲、数据库和规划成果基本完成，五区30个镇级规划已经全部批复。二是编制或完善《佛山市国土资源“十二五”规划》、《佛山市矿产资源规划》、《佛山市基础测绘“十二五”规划》、《佛山市智慧国土发展规划》等，明确了未来五年工作指导思想、主要思路和目标。

【耕地保护】 一是全面实施《佛山市基本农田保护补贴实施办法》。从2009年开始，全市每年拨出2.5亿元财政资金，对全市约71万亩基本农田给予每亩每年200元或500元的补贴，其中南海区已落实，并另对非基本农田保护区内的耕地给予每亩每年100元的补贴。市财政补贴高明、三水区各1500万元已下划，其他区已出台办法并安排预算，2011年上半年发放。市委、市政府将其作为2010年十项民心工程之一，佛山市在全国耕地保护工作会议上作了经验介绍。二是履行耕地保护责任。逐级签订落实耕地保护目标责任书，确定"六定"、"五有"和"四统一"的基本农田保护规范措施，市人大常委会专题调研并充分肯定佛山市基本农田保护工作做法。三是严把土地开发整理质量关。三水区大塘、芦苞两个国家土地整理项目通过验收，增加耕地2082.6亩。规范低效园地山坡地整理工作，佛山市主要在高明、三水两区的山坡地开发整理面积约1.2万亩，已通过市验收约6678.58亩，新增耕地约5538.16亩。

【土地执法监察】 一是领导重视。市委书记陈云贤在市局多份上报材料上作出"严肃执行，防患未然"、"严查违规，以确保以'三旧'改造为重点的各项涉及土地工作顺利、规范进行"、"严格执法，严肃查处，不存侥幸心态"、"南海区执法工作抓得对、抓得好！可转各区负责同志参阅"的批示，市长李贻伟也作出"做得对，将态度宣传到每个村小组。市宣传部可专门报道"的批示，市主要领导的高度重视对强化土地执法起了重大的作用。二是完善机制。2010年区、镇大部制改革，由政府领导兼任国土资源部门首长，强化了土地管理共同责任制，建立健全违法用地案件举报有奖、土地执法巡查报告等系列制度，利用土地日、法制日等纪念日加强国土资源政策法规宣传普法工作，对履责不到位的个别镇街公职人员进行问责，公开通报了6宗典型违法案件。三是强力整改。以铁的手腕查处违法违规用地行为，维护佛山市国土资源管理良好秩序。2009年度通过卫星遥感图片执法发现违法用地92宗，面积7662.95亩，其中耕地300.95亩，应立案91宗（其中有1宗在卫星遥感图片执法开始前已自行拆除并复耕），已立案91宗，查处91宗，结案90宗；立案率100%，查处率100%，结案率98.9%，并已向司法机关移送3人，复耕复绿95.13亩，罚款3901万元，拆除违法建筑25.2万平方米。

【矿产资源开发管理】 开展佛山市矿业权实地核查工作，率先成为第一个上报成果的地级市。继续推进以三水岩盐资源开发整合为重点的矿产资源开发整合工作。开展矿山安全生产月宣传教育活动，加大违法、无证开采矿产资源查处力度。

【土地信访】 认真落实省厅和市委、市政府关于亚运会信访维稳工作安排，协助做好市领导亚运会前大接访（国土局点）活动，加强对重点难点信访案件的跟踪、排查、化解，实现亚运会期间土地信访态势平稳。亚运会期间，经市局领导包案处置的12宗重点信访案件的上访人无一到省进京越级上访或者到赛场周边上访。

【地质灾害防治】 坚持不懈地做好地质灾害防治工作。继禅城区、高明区成为全国地质灾害群测群防"十有县"后，南海、顺德区已申报材料。禅城、高明、南海区级地质灾害防治规划已公布实施，三水、顺德区编制完成。落实年度地质灾害防治方案，妥善做好南海桂城夏北片区地质灾害责任认定工作。全年地质灾害灾情九起，同比减少40%（其中小型地质灾害仅两起），连续四年实现了零伤亡的目标。全年共发布三级以上的地质灾害气象预报预警11次，预报预警系统运行准确率较高。全年消除地质灾害隐患点71个，其中消除威胁100人以上的地质灾害隐患点4个，超额完成与省厅签订的工作责任书有关指标的162%和100%。开展了边坡普查，组织地质灾害防治宣传培训。省政府政风行风评议团视察佛山市地质灾害防治工作后给予充分肯定。

【地籍管理】 一是做好土地调查工作。以严谨、科学、细致的作风核实上报数据，确保经得住上级相关考核，第二次土地调查成果已上报国家审核，2010年度土地变更调查工作初步成果已报送省厅检查确认。二是规范和加快登记发证工作。进一步开展土地登记规范化检查，加快农村集体土地发证工作，共发土地证20.6万本，同比增加16%。其中集体土地使用证3.03万本，同比增加48 %。三是推进地价管理工作。禅城、南海、顺德区2009年更新成果已经公布，高明、三水区初步成果正在修改完善。全市农用地产能核算成果已上报省。城市地价监测与评估工作成果于2011年1月底验收。

【测绘管理】 一是基础测绘工作有新成果。连续运行卫星定位系统、似大地水准面精化等测绘基准设施建设已经完成并通过了验收，结合2006年完成的佛山市统一坐标体系，从而建立了全市统一、省市一致，高精度、三维、动态现代测绘基准体系，为全市各项测绘工作、为国土资源“金土工程”、“一张图”建设奠定了坚实基础。积极推进大比例尺基础测绘，取得1:500地形图数据覆盖2882.6平方公里和1:2000地形图数据覆盖561平方公里，两项合计覆盖率达90.6%等新成果，佛山市基本完成“十一五”期间珠三角大比例尺数据全覆盖目标。二是数字佛山地理空间框架建设国家试点项目全面完成并推广应用。项目顺利通过了国家验收，并获得“特色鲜明，具有创新性，总体水平达到国际先进”的高度评价。佛山市被国家测绘局授予“全国数字城市建设示范市”称号。积极推进地理信息资源共享，项目建设成果——佛山市地理信息公共平台已正式开通，应用于城管、环保、国安、公安、应急、“三旧”改造等重要工作，水利、工商、交通等部门也表示了强烈的应用意向，这极大地推进了佛山的信息化进程，为“四化融合，智慧佛山”建设提供了坚实支撑。三是强化测绘市场监管。认真做好资质审核和复审换证工作，全年已完成换证审批、发放新证的有27家。地理信息市场秩序进一步整顿和规范，全市共有1个单位得到国家表彰，3个个人得到省的表彰。积极开展国家版图意识宣传教育和地图市场监管，建立了协调指导机制和联席会议工作制度，重点加强涉及亚运会用图专项检查。开展测绘质量监督检查，保障各项测绘成果质量。

【信息化建设】 一是完成《广东省国土资源信息化目标责任书》要求的各项建设任务，建设“省—市—区—镇”四级互联的视频会商系统，完成“空间地理数据管理平台”建设，为“三旧”改造、规划修编、土地调查、土地执法等中心工作提供有力支撑。二是“金土工程”与“一张图”建设基本完成。基于“一张图”成果、涵盖全市国土资源管理所有行政审批与日常管理事项的全市统一国土资源电子政务系统，先后在高明、禅城、三水区开展数据迁移、上线应用等工作。

【党风廉政建设】 一是开展“两整治一改革”专项行动。加强领导，成立机构，制订方案，开展梳理权力事项、查找廉政风险点和自查自纠等工作，共清理权力事项58个，查找权力事项廉政风险点76个，查找现行制度缺陷及漏洞18个，提出完善制度的建议26条。市局机关及直属单位、区局共550人进行自查自纠，没有反映存在违反系统工作人员“五条”禁令和违反《党员干部廉洁从政若干准则》的情况，被省厅评为“好”的等次。二是开展工程建设领域国有建设用地使用权、矿业权审批出让专项清理工作。制定了市级工程建设领域项目信息公开和诚信体系建设工作方案，对2009年以来的工程项目信息进行公开，对全市存在用地手续不完善等问题清查了280个项目，已完成整改223个，剩余整改任务57个正抓紧督办。三是开展读书活动、创先争优活动、纪律教育月活动、中心组理论学习、政风行风民主评议回头看等工作，认真学习贯彻《党员领导干部廉洁从政若干准则》，加强正反面教育，不断健全以学习教育、制度建设、监督检查三位一体的惩防腐败体系建设。

（吴福明）

城乡建设

【综述】 2010年，佛山市住房城乡建设系统按照佛山市委、市政府的工作部署，围绕“四化融合，智慧佛山”的目标，以“三着力一推进”作为工作主线，认真履行住房和城乡建设职责，推动住房城乡建设事业取得新成绩。

【广佛地铁等一批重点基础设施建设得到有效推进】 广佛轨道交通首通段于2010年11月3日开通运营；二期工程（南延线工程）8月底工可报告通过专家评审，广佛环线和佛莞项目11月25日召开预可研审查会。至12月底，佛肇城际轨道项目三水段已完成征地324.41亩，贵广（南广）铁路佛山段已完成征地约2395亩，广珠铁路佛山段已完成征地工作，拆迁已完成51.15万平方米，完成计划的96.74%。

【以保障性住房建设为抓手，推进“住有所居”工程成效突出】 为加快解决城镇低收入家庭住房困难，建立了层层考核的目标责任制、督查工作机制、定期报告制度和联席会议制度，将住房保障工作纳入工作重中之重，加强督促检查，强化责任考核，推进了住房保障工作的落实。全年全市五区开工建设廉租住房和经济适用住房1893套，超额完成了省政府年初下达给市政府1600套目标任务。

【创建无障碍建设城市工作取得明显成效】 2010年是全市建设部门推进创建无障碍建设城市工作的关键一年，成效明显。新建项目无障碍设施建设率达到100%，全市417项无障碍设施改造工程全部完成，改造项目涵盖各区中心城区范围内与广大市民密切相关的场所。全市完成167公里城市道路无障碍设施改造，设置提示盲道3163处，缘石坡道1743个。9月，佛山市顺利通过了省组织的创建全国无障碍建设城市初审检查。

【建筑房地产等行业管理进一步规范】 以诚信管理为抓手，对行业管理实行动态化、信息化、规范化管理，建筑、房地产市场得到进一步规范，工程质量安全生产得到有效控制，全年发生安全生产事故2起，死亡人数3人，没有超过省下达的安全生产事故死亡4人的控制指标，死亡人数同比持平，事故起数同比下降33%。

【积极推进生态环境建设取得新成绩】 新建、扩建14个污水处理厂项目已基本完成，新增污水处理能力规模42.8万吨／日，全市年污水排放量为6.34亿吨，全年污水处理量预计可达到5.53亿吨，已完成污水处理率达到77%的目标任务。汾江河及内河涌综合整治成效显著，汾江河成功举行端午节汾江河龙舟赛。水源地保护进一步加强，集中式饮用水源地水质达标率100%。大气污染治理深入推进，有效治理机动车尾气和陶瓷行业污染排放。“三年促变，绿地佛山”工作取得成效，全市区域绿道建设里程共完成379公里，比省下达的指标超额60公里。

【城市规划引领作用明显】 随着各层次城乡规划的完善和实施，城市化水平不断提高，有效地遏制城市蔓延发展趋势，加强对战略资源的规划控制，提升城市整体形象，逐步引导构建立体交通网络，初步形成以“3G”（绿地——Greedland，绿网——Greednet，绿道——Greedway）为骨架的“岭南绿城”（Greedcity），深化与周边城市在资源利用、环境保护、道路衔接、能源设施等方面的衔接与合作。

【积极推进“三旧”改造成效显著】 2010年全市共启动“三旧”改造项目567个，其中旧城镇项目157个，旧厂房项目344个，旧村居项目66个，涉及土地面积5.05万亩，投入资金1160.63亿元。祖庙—东华里、禅城石头村、三水西南涌等一批改造项目成效显著，成为全省“三旧”改造工作示范区。

（陈　伟）

【建筑工程质量安全管理】 2010年，全市在建监督工程7161项，建筑面积2756.93万平方米，工程合计造价304.8亿元；全市（顺德区除外）新报建项目2057项，建筑面积1809.98万平方米，工程合计造价267.7亿元。2家企业被评为2010年度优秀施工企业，7家企业被评为2010年度先进监理企业。

2010年建筑工程质量报监工程3836项，建筑面积2756.93万平方米，工程合计造价304.8亿元；竣工2818项，建筑面积2053.91万平方米，工程合计造价179.1亿元。全市建筑工程质量稳定，11项工程被评为佛山市优良样板工程，1项工程被评为省优良样板工程。31项工程被评为佛山市建筑工程安全生产文明施工优良样板工地。发生2起建筑施工安全事故，死亡3人，死亡人数与上年持平，事故起数比上年下降33%，全面完成了省住房和城乡建设厅下达的各项指标。

（谭树治）

【城镇村庄建设】 2010年全市设建制镇21个，行政村385个，已编制村庄规划的行政村273个。建制镇镇域面积22.89万公顷，镇域户籍人口206.26万人，镇域暂住人口151.71万人，其中建成区面积1.68万公顷，建成区人口74.5万人，建成区暂住人口56.15万人。村庄建设管理人员779人，其中专职人员528人。建制镇人均道路面积14.81平方米，人均公园绿地面积3.52平方米，绿化覆盖率16.01%，燃气普及率73.85%。

【城市建设】 为加快推进佛山市宜居城乡创建工作，经市政府同意，2010年5月26日建立市创建宜居城乡工作联席会议制度。9月佛山市出台《佛山市创建宜居城乡工作实施方案》，明确提出“主要通过规划引导、住有所居、人居环境、社会管理、公共服务等方面开展宜居城乡建设，到2020年，把佛山市建设成为生产发展、生活富裕、生态良好、文化繁荣、社会和谐、人民群众具有幸福感的宜居城市”。

11月，市创建宜居城乡工作联席会议办公室组织开展佛山市宜居城镇、宜居村庄、宜居社区考核评审工作。全市共1个镇、15条村、59个社区进行了申报。至年底，1镇9村已经公布作为2010年佛山市第一批宜居城镇、宜居村庄。

（黎裕成）

佛山市加快推进宜居城乡建设，把佛山建设成为生产发展、生活富裕、生态良好、文化繁荣、社会和谐、人民群众具有幸福感的宜居城市。

住房与房地产业

【综述】 2010年佛山市住宅和房地产业蓬勃发展，随着规章制度的出台和对房地产工作监管力度的加强，佛山市的房地产市场秩序得到全面的规范，物业管理水平进一步提升。

【房地产开发投资活跃】 2010年全市累计完成房地产开发投资485.52亿元，同比增长35.5%，占全社会固定资产投资的28.2%，投资金额是近五年最高。房地产开发企业本年资金来源822.64亿元，同比增长23.6%。全市房地产开发企业商品房施工面积2831.38万平方米，同比增长35.8%。新开工面积982.61万平方米，增长80%。竣工面积330.88万平方米，增长37.2%。商品房空置面积111.11万平方米，同比减少15.5个百分点。全年商品住宅批准预售886.06万平方米，同比增加23.89%，商品住宅销售面积781.36万平方米，同比下降19.33%。销售总金额581.97亿元，同比增加2.6%。商品住宅销售均价7448元/平方米，同比上升27.2%。

【房地产产权登记】 2010年，全市累计已登记房屋总建筑面积3.48亿平方米，其中住宅155.28万套，建筑面积计2.16亿平方米，非住宅建筑面积计1.32亿平方米。

全年全市国有土地上房屋初始登记共计3.35万件，建筑面积计1004.31万平方米；转移登记共计13.35万件，建筑面积计1518.82万平方米；变更登记共计1.74万件，建筑面积计720.38万平方米；抵押权登记共计8.02万件，建筑面积计4350.45万平方米；注销登记共计5538件，建筑面积计344.63万平方米。全市集体土地上房屋登记共计2.04万件，建筑面积计526.96万平方米。

4月，佛山市住房和城乡建设局依据住房和城乡建设部《房屋登记办法》的规定，对全市的房屋登记审批事项进行了重新调整，共分为七大项26个子项。经市政府审查通过，于9月8日印发《佛山市第四轮行政审批（管理）事项调整目录的通知》。

根据市委、市政府《关于加快统筹城乡发展的若干意见》 文件的要求，经调研，佛山市住房和城乡建设局制定了规范性文件《佛山市住房和城乡建设局农村改革“两确权”、“旧村居改造”、“宅基地换房”项目房产证办理细则》，在《佛山政报》2010年第18期上公布。市住房和城乡建设局于11月1日向各区国土城建和水务（利）局下发《关于抓紧贯彻落实市委、市政府〈关于加快统筹城乡发展的若干意见〉等文件精神有关问题的通知》，要求各区国土城建和水务（利）局认真梳理、抓紧落实佛山市集体经济组织管理体制改革过程中“两确权”、“旧村居改造”、“宅基地换房”项目房产办证工作。

（江　飞）

【保障性住房建设】 2010年佛山市保障性住房建设取得了阶段性成果。全市完成开工建设保障性住房1739套，完成解决低收入住房困难家庭1841户，超额完成省下达佛山市2011年解决低收入住房困难户1723户、新建保障性住房1600套的目标任务。其中南海、顺德、高明、三水4个区已完成了对2007年底调查在册低收入住房困难家庭的保障任务。

在加快解决在册住房困难户的基础上，2010年各区都开展了新一轮新增低收入家庭住房困难户的调查，并计划在2011、2012年内完成解决。

加快建立公共租赁住房制度。组织开展了禅城、南海、高明、三水4个区的公共租赁住房需求问卷调查。

（谭伯东）

【加强市场监管，促进房地产市场平稳健康发展】为应对房地产市场出现的积极变化，佛山市切实贯彻《国务院关于坚决遏制部分城市房价过快上涨的通知》精神，采取有效措施，通过加强商品房预销售管理，做好调控房地产市场工作。一是出台《关于规范商品房销售信息公示的通知》，规定房地产企业商品房预（销）售信息必须在网上公开，房地产企业预（销）售商品房应当在销售现场设立公示栏和公示台，方便购房者了解该商品房项目的基本情况和获取相关信息等。二是利用商品房预（销）售系统对可售房源进行实时监测，做好商品房销售的网签认购和网签合同。三是严格要求在项目销售现场和网上进行商品房价格“一户一标”公示工作，对“捂盘惜售”行为进行界定和处罚措施，坚决打击投资投机行为。四是做好房地产市场监测。每月密切监测商品房和存量房供给与交易情况，并将交易均价等信息在媒体和网络进行发布。

【《佛山市物业管理办法》出台】 佛山市根据“物权法”和《广东省物业管理条例》等规定，结合实际于4月1日正式出台《佛山市物业管理办法》，共11章111条，包括总则；业主大会、业主委员会；共有收益管理；前期物业管理；物业管理服务；物业的使用和维护（住宅专项维修资金管理）；物业服务收费管理；旧住宅区物业管理；行业管理；法律责任；附则。作为配套文件，8月制定了《首届业主委员会和业主委员会成立指引程序》和《业主委员会换届选举程序指引》。

【建立房地产行业诚信管理系统】 10月1日正式在

全市推行“佛山市房地产行业诚信系统”。房地产诚信管理的建立范围是房地产开发企业，房地产中介机构、物业服务企业和房地产估价师、房地产经纪人、房地产经纪人协理等专业人员。房地产信用档案的内容包括企业基本情况、业绩、项目及良好行为记录、房地产市场违法违规行为、服务质量问题及其他不良行为记录和公众投诉及处理情况等，以便为各级政府部门和社会公众监督房地产企业市场行为提供依据，为社会公众查询企业和个人信用信息提供服务，为社会公众投诉房地产领域违法违纪行为提供途径。

（孔竞兰）

【住房公积金业务各项指标不断增长】“十一五”期间住房公积金业务情况。佛山市公积金开户职工从2006年初接近30万名发展到2010年底约52万名（保有量），累计开户63.2万名，企业职工占72.5%。归集资金从2006年17.89亿元，发展到2010年44.55亿元。公积金贷款购房职工从2006年的3014户，发展到2010年累计5.13万户，贷款额95.47亿元。公积金增值收益，2006年2459.31万元，发展到2010年1.25亿元；支持廉租房建设的补充资金共2.65亿元。

2010年度佛山市住房公积金业务情况。至2010年末，开户职工52.02万名（保有量），增长13.03%。归集资金44.55亿元，同比增长15.76%；至2010年累计归集180.97亿元，归集余额73.01亿元。职工提取公积金32.93亿元，同比增长16.4%，其中：购建住房提取的职工12.39万名，金额30.81亿元，占总额93.56%；其余为退休销户、租房等提取。历年累计提取107.96亿元。发放公积金抵押贷款8075笔，金额22.86亿元；历年累计发放贷款5.13万笔，金额95.47亿元，贷款余额67.62亿元。住房公积金抵押贷款资金安全。2010年回收贷款本金8.65亿元，历年累计收回贷款本金27.85亿元。2010年末，贷款逾期57.22万元，逾期率0.0085%。

【开展珠三角城市间住房公积金“互认互贷”工作】

配合珠三角发展规划纲要的实施，开展珠三角城市间住房公积金“互认互贷”工作。至2010年末，佛山市向其他城市的公积金缴存职工发放公积金贷款3956笔，金额9.12亿元。

【依法行政，维护职工住房公积金合法权益】 根据职工投诉，依照“条例”规定，对部分单位开展执法工作共76宗，涉及职工人数528人。其中无效投诉或所提要求不符合法律法规的23宗，发出催缴函的46宗，发出责令函的13宗，作出行政处理决定的7宗，申请法院强制执行的5宗。另外，企业或职工个人对中心作出的行政处理决定不服，要求行政复议的3宗，提起行政诉讼的1宗。

【实行住房公积金信息公开，接受社会监督】 一是业务办理公开，每位职工都可以在管理中心的网站上查看到自己的明细、每笔业务办理的过程和完成时间；二是业务流程和业务手续须知的公开，所有对外的业务流程和手续须知，以三种形式向社会公开：印发单张、业务大厅告示、网站显示；三是每年的管理、财务运营、资产负债表、增值收益及分配等情况，经管委会审议后，通过媒体和网站向社会公示。

【落实和完善公积金各项监管制度】 一是落实管委会制度。严格根据国家法律法规，实施住房公积金管理委员会决策和监督工作；定期召开管委会会议，对管理中心的各项政策和管理工作情况进行审核，审核通过向社会公示。二是严格实施备案。根据规定，把佛山市公积金的管理情况、各项决策、重大事项等，及时报送省级监管部门备案。三是实施和完善内部管理制度。按照国家规定的统一管理、统一制度、统一核算即“三统一”原则，开展全市五区各项业务和实施管理制度。制定内部管理制度，并把具体工作要求作为中心内部规章编入工作手册。不断升级和完善佛山市公积金管理网络系统，以满足公积金各项业务的受理办理要求和内控监督。四是逐步完善住房公积金贷款管理。制度考核。管理中心对承办银行的业务进行制度考核，每季以简报形式向承办银行通报考核情况，敦促其改正存在的问题；每年度向市管委会报告考核情况，市管委会审议通过后，把承办银行的年度考核情况向社会公示。登记制度。实行住房公积金贷款受理办理登记制度，有效地规范承办银行业务的受理办理，提高办理速度。准入退出制度。建立公积金贷款业务承办银行的准入标准和退出制度，一方面从源头上保证公积金贷款业务承办银行应具备的基本条件和质素；另一方面也对承办银行承办的业务起到督促和监管的效应。制订和实施《住房公积金抵押贷款信用评级制度》，对被评为不同信用等级的贷款申请人，实行差别化管理，以保障贷款资金的安全。

（市住房公积金管理中心）

环境保护

【环境质量】 2010年，全市空气质量总体良好，整体达到国家环境空气质量二级标准值，优良天数（API ≤ 100）为354天。影响空气质量的主要污染物二氧化硫、二氧化氮、可吸入颗粒物情况分别为：二氧化硫年平均浓度为0.037毫克／立方米，比2009年（0.039毫克／立方米）下降5.1%；二氧化氮年平均浓度为0.051毫克／立方米，比2009年（0.052毫克／立方米）下降1.9%；可吸入颗粒物年平均浓度为0.064毫克／立方米，比2009年（0.066毫克／立方米）下降3%。2010年全市酸雨频率为83.4%，比2009年上升10.3个百分点。降尘量年平均浓度值为4.66吨／平方公里·月，达到广东省推荐标准。全市饮用水源水质达标率为100%。全市声环境质量较好，城市区域环境噪声、道路交通噪声的平均等效声级均优于国家相应标准。全市放射源和射线装置对周围环境的电离辐射影响符合《电离辐射防护与辐射源安全基本标准》的要求。

【污染减排】 切实加强减排日常督查，将监管减排作为污染减排的工作重点。化学需氧量减排重点是跟进新建成污水处理厂的管网完善和稳定运行，监管原有污水处理厂的运行效果和减排成效。二氧化硫减排工作重点是确保电厂脱硫设施的长期稳定运行，跟进结构减排工作进度，完成火电企业脱硫设施旁路烟道挡板铅封工作。完善中控系统建设，对原有污水处理厂实现中控系统的改造升级，督促污水处理厂加强对中央控制系统的建设和管理，定期检查设备及在线监测仪器的运行情况。继续完善电厂和工业锅炉、窑炉脱硫工程建设。2010年佛山市完成160个减排重点项目。

2010年佛山市顺利完成省下达的年度污染减排目标任务，并累计超额完成“十一五”减排任务。

【环境综合整治】 以迎亚运为契机，切实做好亚运会环境质量保障工作，促进了环境质量的改善。全面实施机动车环保标志管理制度，8月份开始分阶段、分区域、分时段逐步对高污染汽车进行限行。推进简易工况法检测线和机动车排气污染监督管理数据库、数据传输网络建设，全市23个机动车排气检测站全部完成简易工况法检测线的替换工作。2010年基本完成全市加油站、油罐车、储油库油气回收工作任务。开展了化工、涂料、家具、制鞋、印刷等企业的挥发性有机化合物排放现状调查和建立重点管理企业名录。制定了工业VOC重点企业监管名录，全市共343家企业纳入重点管理企业名录，其挥发性有机物排放贡献率总和达88%。125家大气污染综合整治重点企业，全部落实治理设施或实施关停；淘汰转产的39间陶瓷厂，有27间完成整改，12家关停；南海发电一厂一期2×20万千瓦燃水煤浆发电机组安装低氮燃烧器，二期2×30万千瓦燃煤发电机组及其配套的废气治理设施建成，江南、长海发电厂发电机组完成降氮脱硝改造。大力开展锅炉污染整治，对于无环保审批手续的在用锅炉，予以关停；对于具有完备环保审批手续，但锅炉污染物排放达不到省新标准限值的企业下达整改通知，锅炉整治在亚运前基本完成。加强扬尘污染控制，落实工地防尘措施。提高道路、裸露土地喷洒水频次，对运输散体物料的车辆实行遮盖或密闭等措施，减少道路扬尘。推进广佛跨界河流和亚运比赛场馆周边河涌的综合整治，合理调度水利设施，科学安排生态补水，改善内河涌水质。汾江河“630”工程项目顺利完成，基本实现江水变清目标；大棉涌、秀水涌、窖口涌等河涌综合整治工程也基本完成；消灭亚运比赛场馆（岭南明珠体育馆、世纪莲体育中心）及接待酒店（顺德陈村新君悦酒店、禅城区佳宁娜酒店）周边河涌水体黑臭现象。保障饮用水源安全，加强巡查力度，清理禁养区内的畜禽养殖业，清除威胁饮用水安全的隐患。

【环境监督执法】 加强污染源头控制，完善审批制度，提高建设项目环评执行率，加强“三同时”过程管理，稳步提高“三同时”验收率和合格率。进一步下放建设项目审批权限，加强分级管理，加大对下放项目审批的督查力度。开辟“绿色通道”，在保证依法办事的前提下，加快环评审批速度，缩减环评审批时间，切实提高环境影响评价文件审批的工作效率。开展重点行业企业环境风险及化学品检查，建立了重点行业企业环境风险和化学品档案及数据库，加强了环境应急管理平台建设，对原辅材料、中间产品、产品及排放废水、废气、废渣中涉铅、汞、镉、铬和类金属砷的企业以及其周边区域环境隐患进行全面排查。开展放射源专项检查，加强对涉源单位隐患排查整治。另外，开展了含酚废水、畜禽养殖业专项环境执法检查及亚运环境质量专项执法督查。2010年，全市出动环境监察人员3.65万人次，现场检查企业2.11万次，立案查处违法排污企业614宗，罚款金额1536万元。2010年，全市环保系统共受理环境信访案件1.15万宗。

（陈振华）

城市综合管理

【综述】 2010年，佛山市城市管理系统在佛山市委、市政府的正确领导下，以科学发展观为指导，围绕佛山经济和社会发展中心任务，顺应佛山市、区大部制机构改革、“简政强镇”事权改革的新形势，推进绿道网建设、数字城管建设，加强广佛同城化城市管理领域合作，落实迎亚运环境升级计划，强化市容环境综合治理等方面工作，顺利完成年度工作任务。

【城市管理行政执法】 2010年，佛山市城市综合管理局做好第16届广州亚运会佛山赛区保障工作，加大力度整治城市“八乱”（乱摆卖、乱搭建、乱张贴、乱拉挂、乱砍伐、乱堆放、乱挖占、乱撒漏），禅城、南海、顺德、高明、三水区环境运输和城市管理局共查处市容环卫、城市规划、园林绿化、市政管理、生活环境噪声等污染、无照商贩占道经营、室内违建等方面的行政处罚案件46万多宗，其中劝导教育和纠正各类违法行为45万多宗，立案处理1.01万宗。加强广佛同城化城市管理领域合作，6月和9月，广州、佛山城管部门对两地接壤区开展联合专项整治行动，共出动执法人员1.14万人次，出动车辆1343台次，教育纠正违法行为4291宗，处罚363宗，为治理两地接壤区域城市“八乱”起了积极作用。广州、佛山城管部门建立两地相连河涌河面日常保洁联系工作例会制度，针对广州、佛山交界处的佛山水道、水口水道、北村水闸、洲村水闸等地段河涌河面的保洁情况开展实地考察调研。2010年，佛山市城市综合管理局做好“一环”“两违”查控工作，发现新增涉嫌“两违”项目4宗，建筑面积约100.32万平方米。做好佛山水道“两违”查控工作，2010年，禅城张槎段共排查出新增涉嫌违法建设项目1宗，建筑面积约200平方米（已督促拆除）。推进数字城管建设工作，年内完成数字城管系统管理平台开发、部署完毕，数据普查工作。6月，南海区数字城管监督、指挥中心率先投入试运行。11月，佛山市级、禅城、顺德、高明、三水区数字城管平台基本完成试运行。

【城市桥梁】 2010年，佛山市城市综合管理局加强城市桥梁管理，编制《佛山市城市桥梁检测和养护维修中长期规划纲要》，并通过专家评审会评审；落实城市桥梁的单位责任人和联络人，完善“佛山市城市桥梁信息管理系统”；1月，广东省城市桥梁检查组到佛山市进行城市桥梁专项检查，检查组对佛山市城市桥梁管理工作给予肯定。6月，在广东省城市建设工作会议上，佛山市城市综合管理局作为城市桥梁管理工作的代表作工作经验介绍。12月，举办“佛山市城市桥梁信息管理系统使用”培训班，佛山市禅城、南海、顺德、高明、三水区、东平新城及32个各镇（街）城市桥梁管养人员参加培训。

【垃圾处理】 2010年，全市城镇生活垃圾无害化处理率达86.2%，城镇生活垃圾无害化处理率比上年提高4.18%。佛山高明苗村白石坳生活垃圾卫生填埋场接收处理生活垃圾103.15万吨。市政府与禅城、南海、顺德、高明、三水区签订"佛山市城镇生活垃圾无害化处理率达标责任书"；推进城乡垃圾转运站及配套设施向乡村延伸，在乡镇一级建设10个密封式生活垃圾收集转运站及配套设施建设；组织《佛山市生活垃圾清运处理设施专项规划》的修编工作；组织佛山高明苗村白石坳生活垃圾卫生填埋场填埋气利用发电工程项目论证，明确实施方案；佛山市城市综合管理局加强对垃圾运输车辆的监管，与各垃圾运输单位签订"规范运输城市垃圾承诺书"，采取专项整治方式强化监管力度，使垃圾运输车辆撒漏行为大幅减少。

【园林绿化】 2010年，佛山"三年促变，绿地佛山"建设工作顺利收官。2008～2010年3年全市完成绿化建设和改造项目1041项， 新增绿地面积913万平方米，改造提升绿地面积2147万平方米，完成绿化总投资22.37亿元，至2010年底，佛山市建成区绿地率达34.67％，建成区绿化覆盖率达37.11％，人均公园绿地面积达10.24平方米，比上年人均增加1.12平方米，全市整体绿量明显增长，绿地布局日趋合理，绿化景观和绿化水平迅速提升，初步形成"组团城市、绿脉相通、绿廊环绕、公园棋布"的绿地系统格局。推进绿道网建设，2010年省考核佛山市区域绿道（省立）年度计划应建设里程为319公里，实际完成379公里，并建设城市绿道29公里，实现佛山市区域绿道全线贯通基本建设的目标。

（张珍妮）

水务管理

【综述】 2010年是佛山市水务一体化机构改革后的第一年，围绕市委、市政府提出的"四化融合，智慧佛山"的目标，结合创建全国文明城市的任务要求，市水务局加快实施以"三着力一推进"为主要目标的水务中心工作，提高公共服务意识，全市基础设施建设得到进一步推动，防灾减灾能力大大提高，依法行政、严格执法得到贯彻落实。全市水务建设投入42.88亿元（含污水处理项目），完成重点项目171宗，涉水事务一体化管理的优势逐步体现，为水务一体化科学发展奠定了坚实基础。

【城乡水利防灾减灾工程建设】 历经8年奋战，全面完成城乡水利防灾减灾工程建设任务。城乡水利防灾减灾工程是2003年省委、省政府列入实施的"全省十项民心工程"之一，提出了"一年初见成效，三年大见成效，五到八年基本完成"的总体建设目标。佛山市各级党委政府和职能部门高度重视，坚持与城乡规划改造、水环境综合整治、内河涌治理、休闲旅游和城市开发等相结合，贯彻"水安全、水环境、水景观、水文化、水经济"五位一体的城市防洪建设理念，扎实地推进18大项338宗子项目的城乡水利防灾减灾工程建设。全市累计完成投资31.18亿元，累计完成堤防加固378.29公里，新建重建水闸76座，电排站45座。全部工程按期完工，工程质量100%合格，优良率达85%以上，所有工程项目未发生质量、安全责任事故，市水务局荣获"全省城乡水利防灾减灾工程建设先进单位"称号。包括佛山大堤、樵桑联围、罗格围、顺德第一联围、西南涌、芦苞涌等一批城乡水利防灾减灾工程达标加固工程经整治后发挥了明显的防洪减灾综合效益，成功抗击2005年6月百年一遇特大洪水，抵御了"碧利斯"、"派比安"、"风神"、"黑格比"等多场强台风、特大暴雨等灾害袭击，在保障城乡防洪安全和改善生态环境等方面发挥了重要作用。

【增强供水安全保障，加强饮用水源水质保护】 2010年，全市建成水厂55座，供水管网约7898公里（管径75cm以上），总设计供水能力561万吨/日，年实际供水量11.58亿吨，日均供水量342万吨。其中，各区中心城区供水厂11间，设计供水能力300万吨/日，年实际供水量6.5亿吨，日均供水量200万吨，约占全市供水量的75%。佛山市积极实施城市基础设施向乡村延伸工程建设，加快推进"村村通自来水"工程，至年底有159条自然村全面通水，农村自来水普及率达到99.4%。

佛山市高度重视对水源保护区的保护工作，继2009年实施西江水系饮用水源保护区划调整后，北江水系饮用水源保护区划调整方案于4月经省人民政府批准实施，从根本上解决佛山市饮用水源因行政区划调整造成的取水口分散、水源保护难度大、水源抗风险能力低等问题，为构建“西、北江双水源供水，互为备用”的安全供水模式打下了坚实的基础。另外，修订《佛山市供用水管理规定》，开展全市饮用水水质督察，全市城市供水水质综合合格率为99.51%，中心城区供水厂出厂水106项指标、管网水42项指标全部达到《生活饮用水卫生标准》相关指标要求。

此外，佛山市协助广州西江引水工程于2010年亚运会前实现在佛山河洲岗第二饮用水源地进行取水，成为全国取水量最大的河流型饮用水源地。

【加强污水处理设施建设，推进排污工作发展】 2010年全市新建、扩建污水处理厂16座（项），新增污水处理能力规模46.2万吨/日，管网新增约299.8公里。至2010年底佛山市投入正式运营的污水处理厂共54座，设计污水处理规模为224.36万吨/日，城镇污水处理率达到79.08%，城市污水处理率达到88.98%，完成年度目标值，并达到创建国家文明城市的相关指标。

2010年全市五个区全面开征生活污水处理费，各区居民用水污水处理费由0.7元/吨至0.98元/吨不等，其他类用水污水处理费由0.6元/吨至1.22元/吨不等，委托当地供水公司按月随水费代为收取，逐月上缴财政部门，用于污水处理设施的运营、建设。全年全市征收城市污水处理费7.4亿元，支付污水处理费用7.5亿元，除南海区、三水区外，其余各区收取的污水处理费未能满足当地污水处理厂的BOT费用。

【亚运会水环境保障任务】 为做好第十六届广州亚运会的水环境和水质保障工作，全力推进内河涌综合整治，成立佛山市亚运会水环境质量保障闸站联合调度领导小组，编制《佛山市亚运会期间水资源调度实施方案》，加强水质监测。全面开展跨界河流、广佛接壤区域河涌和比赛场馆周边河涌的治理和保洁工作，专门新建生活污水处理项目23项，污水处理装置2项，完成各类污水处理管网1100公里，对23条河涌进行清淤，确保了佛山市中心组团区域河涌以及芦苞涌、西南涌、解放涌、佛山水道、佛山涌等广佛连接江河水域水质达标，圆满完成全市的亚运会水环境保障工作。

佛山“一环”东涌兼具防洪排涝和景观功能。

【依法治水管水见成效】 一是切实推进行政审批改革工作，对照清理行政审批（审核）事项，优化审批程序。二是加强水利工程建设专项治理，对水利建设领域突出问题开展了自查排查，水利工程建设领域秩序总体良好。三是加快制定配套政策措施，出台了《关于实施水土保持补偿收费的通知》、《佛山市利用水利工程设施进行绿道建设的技术指引》、《佛山市河道水利设施与自来水厂取水口联动运行管理工作方案》等规范性、指导性文件。四是加强河道管理，开展水事违法行为调查登记，清理整治126宗水事违法行为。五是加快《佛山市水务发展“十二五”发展规划》、《佛山市应急备用水源保障规划》修编，为水务工作新发展奠定基础。

（刘　勇）

气象事业

【综述】 2010年，佛山市气象局紧密围绕市委提出的“两转型一再造”和“四化融合，智慧佛山”的工作大局，突出公共气象服务中心工作，积极开展气象监测、预报和防灾减灾服务，认真细致做好亚运气象保障服务，组织实施佛山市气象发展“十一五”规划项目建设，推动气象事业科学发展。市气象台获佛山市“工人先锋号”称号，市气象局被市政府行政服务中心评为年度先进窗口单位；气象局黄先香荣获2009年全国优秀预报员称号、陈志芳荣获市“三八红旗手”称号，还有1人被评为省前汛期重大气象服务先进个人、1人被市政府行政服务中心评为2009年度先进工作者。

【气候特征】 2010年佛山市主要气候特点：年平均气温较常年偏高，阶段性起伏大；雨量偏多，各月分布不均。汛期降水明显偏多，暴雨日数略偏多，台风影响偏多偏强。强降雨、热带气旋和寒冷是年内三大气象灾害。

年内气温变化起伏大，阶段性偏高或偏低显著。全年平均气温22℃~23.2℃，中部和南部较历史平均偏高1℃；年极端最高气温出现在7月5日，南海高达38℃；年极端最低气温出现在12月17日，三水低至1.5℃。高温天气集中在7~9月，高温日数以7月最多，7月佛山市各地高温日数平均为13天，比常年同期偏多8天，发生全市范围的高温天气过程持续10天之久。

开汛迟，汛期暴雨频发。4月22日为全市开汛日，较常年偏迟一周。各区全年降雨量1686~2003毫米，总体偏多一成左右。平均降雨日数为156天，属正常年份。全年暴雨日数8天，属略偏多年份。各月降水量较常年同期波动幅度大，其中1月、9月雨量较历史同期显著偏多，3月、11月则显著偏少。

汛期热带气旋偏多，影响偏强。先后有“灿都”、“狮子山”、“凡亚比”等3个热带气旋对佛山市有影响，这3个热带气旋都不同程度地给佛山市带来大风和暴雨灾害天气。

另外，汛期雷雨天气频繁，灾害严重。首次强雷雨天出现在2月6日，全年雷暴日数为79天。全年总日照时数1605.6小时，属正常年份。

【主要天气气候事件】 强雷雨天气较常年偏多，雷暴致佛山市3死6伤。3月24日14时许，三水区大塘镇出现雷暴天气，某村一村民在耕地盖瓜苗时遭雷击昏迷，送医院途中死亡。8月5日下午，南海区大沥、狮山镇部分地方受到强对流天气和强雷暴袭击，造成2人死亡，6人受伤。

全年佛山市主要受3个热带气旋影响，局部地区受灾。其中，第3号台风“灿都”于7月22日在吴川沿海登陆，受其外围环流影响，当日佛山市中南部普降暴雨。第6号强热带风暴“狮子山”9月2日登陆福建漳浦，受其外围环流影响，9月3日白天到夜间，佛山市普降暴雨，最大雨量393.3毫米出现在南海区里水。这次强降雨造成南海区里水、大沥、狮山共1.8万多亩花场和农田受浸，直接经济损失1600多万元。第11号超强台风“凡亚比”9月19日登陆台湾花莲县沿海、20日在福建漳浦再次登陆，佛山市20～21日受其外围环流影响，普降大到暴雨，局部出现短时大风，造成高明区受浸农田面积约6000亩，直接经济损失1200万元。

低温阴雨明显、入冬寒潮早强度强。较大范围的低温天气出现在2月、3月和12月。其中，2月中旬受寒潮袭击，出现持续9天的中度低温阴雨天气，该次过程降温幅度大、低温时间长、降水频密，对农业生产造成不利影响。12月中旬的寒潮导致佛山市出现了1975年以来的历史同期最低气温，各区最低温度全部下降到4℃以下，并出现了霜冻。

【业务建设】 2010年是实施“十一五”规划的收官之年，以总投入1亿多元资金建设气象监测系统、预报预警系统、公共服务系统和科技支撑保障系统等项目为主体的佛山市气象事业发展“十一五”规划，基本实施完成，佛山市气象事业取得了跨越式发展。与“十五”期间相比，天气预报准确率在原有的基础上提高5%至10%，天气预报产品可用时效达到了5～7天，决策服务总体及时到位，公众服务覆盖面扩大，专项服务针对性增强，预报预测能力进一步提高，综合观测业务稳定发展，台站建设取得新进展。主要成就：新建83个中尺度自动气象站，至年底已达到135个，使佛山市中尺度自动站密度由“十五”期间的75平方公里一个提升到25平方公里一个；增设1辆车载式综合监测应急指挥系统；增设18个能见度仪、19个天气实景观测仪、4个水温观测点、5个路面温度观测点、1台小型天气雷达；新建气象资料共享数据库、新建市一区可视化天气会商系统（4套），以及引进多普勒天气雷达二、三级应用终端（二级1套，三级4套）；引进并开发适合本地的SWIFT短时临近监测系统，与有关部门联合开发城市地质灾害气象预报预警系统、城市空气质量预报业务系统，建立暴雨业务系统和决策气象服务系统，开展城市道路交通气象预报业务建设；开展每天制作实时气象影视节目，升级全市的“12121”气象电话信息服务系统，建立突发公共事件预警信息发布平台；“佛山市气象监测预警中心”正在建设中；高明区气象局正式成立，其人员配备工作基本完成；顺利启动南海区气象局观测站迁站工作。

（炎利军　陈干劲）

防汛防旱防风工作

【综述】 2010年，佛山市各级“三防”部门按照“以防为主，常备不懈”的原则，认真落实防汛行政首长责任制，在抗击暴雨台风过程中，防汛工作切实做到责任到位、预案到位、队伍到位、物资到位，最大限度地减少灾害损失，确保人民群众生命财产安全。

【水雨风情特点】 2010年，佛山市受到五月暴雨、“灿都”、“狮子山”、“莫兰蒂”、“凡亚比”等4个热带气旋的影响。汛期期间，五区共发出暴雨预警信号83次，雷雨大风蓝色预警信号41次，台风白色预警信号10次。2010年全市水雨风情特点主要有三个：一是开汛偏迟，暴雨频发。4月22日为开汛日，较历年偏晚。全年降雨量1680～2000毫米，汛期降雨量1445.3～1695.5毫米，较历年同期偏多20%～30%，呈现降水量偏多、暴雨（包括台风引发的暴雨）频繁的特点。二是六月西、北江出现两次洪峰，均未超警戒水位。汛期受西、北江上游来水影响，三水、马口站最高水位超过3米的明显涨水过程共有8次。6月中上旬，受西、北江上游来水影响，下游三角洲地区出现全年最大洪水，马口、三水水文站分别出现了两次洪峰水位。第一次是在17日22时，马口站出现4.94米洪峰水位，相应流量2.8万立方米/秒；三水站出现5.06米洪峰水位，相应流量8900立方米/秒。第二次是在23日中午，马口站出现洪峰水位4.58米，相应流量2.66万立方米/秒；三水站出现洪峰水位4.5米，相应流量8200立方米/秒。两次洪峰均未达到警戒水位，此次洪水少于五年一遇。三是热带气旋登陆少、影响大。2010年登陆或严重影响广东的有4个（“灿都”、“狮子山”、“凡亚比”、“鲇鱼”），登陆仅1个（常年3.8个），具有个数偏少、前少后多、初终台偏迟、台风暴雨至灾重的特点。而影响佛山的有4个（“灿都”、“狮子山”、“莫兰蒂”、“凡亚比”）。其中，“灿都”、“狮子山”和“凡亚比”等台风具有“路径曲折、强度较大、持续时间长、影响范围广和风雨猛烈”的特点，给全市造成一定的经济损失。

【暴雨台风袭击受损情况】 在抗击2010年暴雨台风袭击过程中，各级“三防”指挥部门高度重视，市“三防”指挥部成员单位紧密配合，各项防御措施得到及时有效落实，实现无人员伤亡、无堤围崩溃的目标，把经济损失减少到最低限度。据统计，2010年佛山市因暴雨台风造成直接经济损失5070万元（含农林牧渔业直接经济损失3220万元，工业交通运输业直接经济损失20万元），农作物受灾面积4.17万亩，水产养殖受灾面积1500亩，受浸房屋商铺900多间，受灾乡（镇）有10个，公路供电中断1次，受灾人口1500人。

【防汛工作落实情况】 为切实做好防汛各项工作，各级“三防”部门积极筹备，从责任、预案、队伍、物资4个方面确保各项防御措施落到实处。2010年全市完成263宗“地区防洪安全责任书”和“水利工程防汛安全责任书”签订工作，对小（一）型以上水库、万亩以上堤围责任书统一整理归档。4月15日，市“三防”指挥部在《佛山日报》公布了全市万亩以上堤围、小（一）型以上水库防汛行政责任人及技术负责人名单，接受社会监督。6月，市政府正式印发了《佛山市特大自然灾害救灾应急预案》、《佛山市防汛应急预案》、《佛山市防台风应急预案》、《佛山市防暴雨应急预案》、《佛山市抗旱应急预案》、《佛山市关于北江大堤—飞来峡水利枢纽抗洪抢险预案的实施方案》，对“三防”工作具有实际指导意义。

2010年，市、区两级建成中心仓库10个，其中市防汛物资中心仓库2个，禅城区1个，南海区3个，顺德区2个，三水区1个，高明区1个。南海区3个防汛物资中心仓库，共储备防汛物资价值约500万元；三水区芦苞中心物资仓库，共储备物资价值约100万元。2009年市级投入250万元用于佛山市防汛物资中心仓库二期工程的建设，2010年汛前完成投入使用，并新增加储备50万元防汛抢险物资。5月28日，举办全市行政首长防汛知识培训班，这次培训邀请了国家水利防汛专家库成员郑士元教授和市气象台副台长炎利军进行授课，重点对防汛行政首长有关责任暨抢险救灾经验和佛山市气象灾害特征以及如何提高预报预警能力进行详细专业的讲解，各区、镇（街）主管“三防”工作的行政负责人，水务（水利）部门领导以及中型以上水利工程防汛行政责任人和技术负责人共130多人参加了这次培训。5月19日，组织了广东省民兵轻舟机动一大队训练，次日参加省军区、省防总组织的考核检查活动，并荣获全省检查考核第一名。编印《轻舟救援》训练教材1500册。9月，广州军区副司令员吕丁文中将到佛山市视察省民兵轻舟机动一大队训练和管理情况，检阅了轻舟救援的表演科目。7月23日，南海、三水民兵轻舟机动大队共103人，携冲锋舟20艘，连夜赶赴茂名化州林尘镇参加抢险救灾，转移被困群众100余人，运送食品、矿泉水等各类物资1200多件。

（陈冬喜　董欣欣）

城乡环境卫生

【爱国卫生】 开展巩固国家卫生城市工作。组织开展了“国家卫生城市先进城区的评比”活动。改革环境卫生管理水平，建立了“村收、镇运、区处理”的管理新模式。巩固中心城区除“四害”工作成果，除“四害”工作不断向城镇、农村推进。

【卫生镇、村创建工作】 推进创建国家卫生镇和省卫生村工作，2010年，全市共有国家卫生镇21个；省卫生镇1个；省卫生村836个（其中行政村434个；自然村402个），创建工作在全省乃至全国处于先进行列。

【农村改水改厕工作】 改水改厕工作方面，推进“村村通自来水”工程，自来水普及率达99%以上。共进行了5000户农户改厕工作，增加改厕受益人口约1.5万人，卫生厕所普及率达98%以上。

（市卫生局）

商贸流通业

工商行政管理

【综述】 2010年，佛山市工商系统紧紧围绕“调结构、促转型”两大中心任务，认真贯彻市委、市政府“四化融合，智慧佛山”和省局“服务年、创新年、落实年”的决策部署，牢牢把握服务发展第一要务、市场监管第一职责、群众满意第一标准、依法行政第一准则、安全管理第一责任，巩固成绩、规范操作、提升效能，全力推进转型升级，全面提升执行力，各项工作取得新成绩。市工商局有9项经验做法被市政府、省工商局和国家总局推广，并被授予“全国工商行政管理系统法制工作先进集体”等7项荣誉称号。在省局组织的3次竞赛活动中，都取得了前3名的好成绩。佛山被授予首批国家商标战略实施示范城市。

【企业登记注册】 全市工商系统19个窗口、113个席位顺利进驻行政服务中心，所有审批业务100%“一个窗口许可”；加大简政放权力度，推进工商服务向镇（街）和村（居）延伸；高明区局改革并联审批，实现工商业务完全“一站式办理”，经验做法在市、区两级审改会上被推广；至年底，全市市场主体34.1万户，其中企业10.9万户。

着力推进告知承诺制。推动市政府出台《工商登记涉及前置审批许可处理意见》和《佛山市创新企业登记行政审批综合改革工作方案》，除法律法规明确规定外，消防等事项不再作为登记前置审批，降低登记许可风险。

大力规范窗口运作。普遍设立导办员，开展预约服务、延时服务和网上服务等个性化服务，许可效能全面提升；全系统共有24个登记窗口获当地政府“五星级服务窗口”等荣誉，市局被广东省省情调查研究中心评为佛山政务窗口群众最满意单位，国家总局编发专项《简报》作了推广。

【企业监管】 一是推动政府将“清无”纳入综治考评，查处取缔无照经营1832户，批量吊销1.2万户，省“清无”考评组给予“走在全省前列”的高度评价。二是严厉查处“黑网吧”。禅城区局加强政务督办，推动将“黑网吧”清理纳入镇（街）对村居的考核体系，并牵头实行工商、公安、电信三方合署办公，南海区局推动政府建立打击“黑网吧”专业队，高明区局推动政府划拨专项经费奖励举报人，市局与公安、电信部门共同建立取缔“黑网吧”长效机制；继“飓风行动”之后，组织“雷霆行动”、“秋风行动”，取缔“黑网吧”541间，集中销毁电脑设备6431套，移送公安机关刑事拘留6人。三是稳步推进企业信用体系建设。推动海关、财政等16个部门落实守重企业52条优惠措施；推广禅城区局试点经验，建立失信企业“黑名单”数据库，对6354户企业法定代表人进行任职受限管理。

【扎实推进商标战略】 一是加大驰名、著名商标培育力度。邀请国家总局商标局5位处长对150家重点企业进行为期2天的脱产培训；新增驰名商标12件、著名商标41件，其中“三水黑皮冬瓜”为全省第1件蔬菜类著名商标；新增“乐平雪梨瓜”证明商标和“张槎针织”、“平洲玉器”、“南海平洲鞋业”3件集体商标。现全市共有驰名商标46件、省著名商标323件，居全省前列。二是稳步推进区域品牌建设。充分发挥基层政府和行业协会作用，由龙头企业牵头制定并发布国内首个内衣联盟标准，大力推进“佛山陶瓷”、“南海盐步内衣”等区域品牌建设。三是全面推进示范城市建设。组织召开全市动员大会，市委书记陈云贤亲自到会并作重要讲话；促成市、区两级政府成立商标战略领导小组，建立联席会议制度，安排专项资金，纳入政府年度考核范畴；市局制作《佛山商标战略》宣传画册，与佛山传媒集团签订合作协议，利用五大媒体开展立体宣传。

【市场合同管理】 一是高标准创建诚信市场。争取政府支持，划拨专项经费，给予税收减免等优惠，将创建诚信市场活动纳入文明镇（街）和社区考核指标；禅城区局推动紫南市场升级改造，广受好评，首批推荐2个省级“创建诚信市场”和7个“农村文明集市”；禅城、三水区局自主开发市场台账录入系统；高明区局深入开展“诚信经营示范街”创建活动。二是大力加强肉类食品监管。对9个批发市场、2个生猪交易市场、21个农贸市场实行“错时巡查”。与农业部门建立流通环节猪牛羊肉品监管联动机制，开辟农产品送检快速通道。三是加大对市场开办方规范力度。强调经营者食品安全第一责任，查处食品安全案件514宗。强调市场开办方法定义务，查处市场开办方违法经营案件22宗，同比增长3倍多。办理抵押登记1019份、担保金额322亿元，均居全省系统首位。四是服务新农村建设。规范农资“两证一票”、“两账一表”管理，农资集中配送覆盖面达70%。查处农资案件21宗。以22家农业龙头企业为重点推广订单农业，签订订单农业合同773份，合同金额9539万元。

【食品市场的安全监管和经济检查】 一是以食品安全为重点，加大市场监管力度。推广使用“一票通”系统，大力推进“食品安全示范店”建设，运用专项经费抽检食品998批次。自主开发“一票通”电子监管系统，收录27万多条食品信息到数据库，覆盖到全市310家商场超市和食品批发企业，受到国家工商总局副局长王东峰的充分肯定。全面整治亚运场馆周边等重点区域秩序，派员进驻供亚食品企业，做好供亚食品物流配送安全保障工作，组织食品安全事故应急处置“沙盘推演”和实战演练，确保了亚运期间市场安全。大力查处违法行为，立案查处各类案件4587宗，总案值2.4亿元。其中，不正当竞争案件289宗、商标案件306宗、违法广告案件294宗、走私贩私案件32宗。市局创新执法办案机制的做法被省局推广。

二是加大12315体系建设。加强宣传，成功承办省局“12315社会开放日”活动，围绕消费年主题，开展多种形式宣传，与《珠江时报》联合开办《12315就在你身边》栏目，支持办好南海《消费全接触》、高明《天天315》等电视栏目。规范操作，完成对全市254个投诉联络站的考核评价，在快递行业、直销企业、金融高新区等地新设联络站18个。全年受理解决消费者投诉1390宗。10年来首次实现央视“315”晚会转办“零投诉”。成立消费维权志愿者团，组建消费维权律师团，巩固与《消费维权协作公约》13个成员单位的业务协作。高明区局设立了“消费维权快速处理中心”。

三是跟踪解决民生热点问题，快速妥善处理媒体曝光事件。妥善处理“地沟油”、“魔法牛肉”，以及“问题紫砂锅”、“一次性发泡塑料餐盒”等突发或媒体曝光事件10宗。召开“无传销社区”现场会，捣毁传销窝点8个，遣散87人。全市推广房地产经纪行业合同范本，查处非法房地产中介案件24宗。组织打击组、拼装车专项整治行动，依法取缔无照经营废旧收购站183间。

（王宇青）

流通业

【综述】 2010年，全市认真贯彻落实科学发展观，围绕建设“现代制造基地、产业服务中心、岭南文化名城、美丽富裕家园”的目标，以《珠江三角洲地区改革发展规划纲要（2008～2020）》为指导，推动商贸物流业呈现出又好又快的发展态势。全年社会消费品零售总额1687.13亿元，比上年增长20.1%。

【市场开拓】 2010年，全市经贸代表团参加各类展销会、洽谈会和经贸考察活动共31个，其中省内7个、省外23个、海外1个；组织近500家企业、近千人次参加，达成合作项目113个，合作金额162.3亿元。参加的展会和活动包括第十四届中国东西部合作与投资贸易洽谈会、第六届中国新疆喀什·中亚南亚商品交易会、第六届泛珠三角区域合作经贸洽谈会、“广东台湾周”、中山—越南企业经贸合作交流会和2010年广州博览会等，为企业开拓市场搭建平台，同时极大地加强了区域合作。

【商业网点】 广佛地铁开通为城市主要商圈发展加速，推动零售业稳步发展。祖庙商圈不断提升改造，顺联国际广场收购了百花总汇和百花广场；桂城商圈的保利水城、百花时代广场等逐步走上正轨；容桂商圈每到节假日，其主力店吉之岛的销售额可与广州等大城市的相媲美；三水广场已吸引超过230家品牌商家进驻经营，年收入超10亿元；高明正在加紧筹建“京柏城商贸中心”，并与全球最大的连锁零售企业沃尔玛公司签订合作协议。大型商业网点建设加快，佛山（国际）家居博览城进入招商阶段；九江木材市场、金属材料交易市场开始运作；顺博电器美居中心、红星美凯龙家居博览中心、顺联橱柜灯饰城经营情况良好。全年全市批发和零售业零售额1453.05亿元，增长21%；住宿和餐饮业零售额234.08亿元，增长14.8%。

【现代服务业】 2010年，全市现代服务业增加值1089.07亿元，增长10.5%，发展速度和比重逐年上升。现代物流加快发展，成为全国流通领域物流示范城市；“内地与港澳落实CEPA加强物流领域合作研讨会暨第七届佛山（国际）物流合作洽谈会”达成签约项目80项，投资合作总额323.79亿元；珠三角国际采购和区域物流中心、九江珠三角中西部生产资料区域中心、中新物流园、普洛斯（三水）工业物流园等大型物流园区建设进展顺利。乐从镇成为广东省唯一的电子商务试点单位、全国首个以镇为单位的国家级电子商务试点。信息技术的运用为生产服务业发展提供强有力的支撑。通过信息化先进技术手段，赋予传统服务业新的内涵，建成广东省最大的RFID演示中心及RFID交易平台，引入世界最大的RFID标签生产商美国艾利森公司、香港交通系统最大RFID供应商快易通公司等。

【连锁经营】 2010年，在沃尔玛、吉之岛、乐购、好又多、苏宁、国美、7-11、顺客隆、新协力和健民医药等一批国内外和本地著名品牌连锁企业的带动下，全市连锁经营发展迅速。“百佳珠三角城市配送中心”、“屈臣氏配送中心”、“粤泰冷链物流中心”、“顺客隆配送中心”等为连锁经营企业配套的大型配送中心功能不断完善，极大提升了流通现代化的整体水平。“万村千乡”市场工程、示范社区商业建设、家电下乡工程和家电以旧换新工作有效带动农村和社区消费增长，促进了连锁经营网络向基层延伸。全市全年销售以旧换新产品28.29万台，金额10.75亿元；销售各类家电下乡产品7.14万台，销售金额1.64亿元。

【会展经济】 全市共建成展览场馆14个，其中室内展厅面积超万平方米的展馆5个，有会议展览机构近30家。打造出中国（佛山）国际陶瓷及卫浴博览交易会、中国（佛山）国际金属工业博览会、佛山（国际）物流合作洽谈会等品牌展会。亚运期间，佛山与广州、肇庆一起组织举办“2010广佛肇迎亚运欢乐购物节”，其中在佛山举办的“名品展销会”为期4天，迎来10万客流，总销售额达1亿元；“2010畅赏高明绿色欢乐节暨高明绿博会”吸引2万多名游客；“2010第三届中国三水饮品文化节”吸引380多家饮料及食品品牌企业参展，销售总金额达2800多万元。

【CEPA建设】 举办“佛山—澳门CEPA合作交流会”，与澳门经济局签署了《落实CEPA加强合作备忘录》。积极推行香港特区政府“清洁生产伙伴计划”，鼓励和协助符合条件的港资企业积极申报清洁生产伙伴计划，全市有46个清洁生产项目通过香港特区政府环保署和香港生产力促进局的审批，获得港方资助。组团参加第五届香港国际环保博览会，在展会中设置佛山市展览专区，并利用大会活动，推动企业积极学习国际先进的节能减排做法和经验。

【整顿和规范市场经济秩序】 实施惠民保障工程，加强执法监管，认真抓好酒类“随附单”执行检查，推行生猪屠宰“厂场挂钩、定点供应”，全面实施菜牛、活羊定点屠宰，构建“放心肉”、“放心酒”的消费体系。亚运会期间，制定《佛山市确保亚运会期间猪肉质量和酒类消费安全工作方案和应急预案》及《佛山市确保亚运会期间猪肉质量安全工作方案和应急预案》，确保酒类食品、肉品的安全。为打造酒业强市，制定《佛山市白酒产业发展规划（2010 ~ 2015）》和《佛山市振兴白酒产业实施方案》，并成功申报“中国豉香型白酒产业基地”。建设屠宰环节监控系统，加强对屠宰厂的监管。推进市场诚信体系建设，进一步规范市场秩序。

（程继东　卢燕玲）

粮食流通

【综述】 2010 年，佛山市各级粮食部门认真贯彻落实科学发展观和国家的粮油方针政策，切实抓好粮食工作政府负责制，积极推进粮食依法行政，强化粮食市场监管和地方储备粮管理，进一步完善储备体系，健全应急机制，保证辖区内的粮食安全，为推进“四化融合，智慧佛山”建设作出了积极的贡献。

【粮油“保供稳价”工作扎实有效】 面对国内外粮油市场价格上涨带来的冲击，各级粮食部门采取积极有效措施，全力做好粮油市场供应和价格稳定工作：一是成立工作小组，统一组织协调粮油市场供应和价格稳定工作；二是加强粮油市场监测，密切关注粮油经营量和价格变化情况；三是充实储备规模，完善储备体系，保证全市粮油储备按时、足额落实到位；四是明确企业责任，保障市场稳定。通过全面落实粮油市场“保供稳价”各项任务，及时发现并解决苗头性、趋势性问题。2010 年，全市粮食市场稳定，价格平稳，没有发生异常情况。

【粮食安全责任届满前考核工作圆满完成】 2010 年 9 ~ 10 月，市和省粮食安全责任届满前考核领导小组先后对五区 2008 ~ 2009 年落实粮食安全责任制的情况进行考核，经过严格的检查评分，各区均达到优秀等级。省考核检查组认为佛山市高度重视粮食安全责任落实工作，成效明显，做到保障机制好、储备落实好、设施建设好、产业发展好，在发展粮食产销合作、完善粮食应急机制、健全粮食流通管理规章制度、加强粮食流通监督检查等方面取得可喜的成绩，粮食工作呈现出“重落实、抓投入、促发展”的良好局面，值得充分肯定。

【粮油储备管理工作成绩斐然】 佛山市切实抓好地方储备粮管理工作，取得了良好成绩：一是以账实相符、质量良好、储存安全的检查结果，完成全国粮食库存检查工作。二是积极完成粮油仓储规范化管理评价工作，努力提高粮油仓储管理水平。通过考核评比，全市 10 家粮油仓储企业达到良好以上标准，其中，顺德区储备粮管理总公司和广东佛山国家粮食储备库被省粮食局授予“广东省粮油仓储规范化管理优秀企业”称号。三是认真抓好粮油储备规模的落实工作，地方储备粮油体系进一步完善。按照省粮食局和市政府的安排和部署，全市新增储备粮任务于 9 月底提前完成，高于省下达的粮食储备规模 20% 以上，食用植物油储备于 10 月底提前全部完成。四是认真抓好粮食流通基础设施建设，夯实粮食宏观调控基础。全市各区新粮库建设工作稳步推进，现代粮食流通体系已初具雏形。

【粮食应急工作水平得到提升】 为适应粮食突发事件应急救援需要，检验《粮食应急预案》的完整性、科学性和可操作性，佛山市于 8 月下旬组织有关单位进行粮食应急演练。通过演练，分解细化应急响应的具体程序，重点强化应急响应的关键措施，进一步提高应对粮食突发事件时的组织指挥、协调配合、快速反应、高效处置的能力。

【国有粮食企业主渠道作用成绩显著】 佛山市高度重视粮食产业发展，充分发挥国有粮食企业在活跃粮食流通、保障粮食供应方面的重要作用，“放心粮油”工程建设和争当军粮供应工作排头兵活动成绩显著。禅城区嘉惠粮油连锁店先后获得了“全国放心粮油进农村进社区先进单位”、国家级和省级

“放心粮店”、广东省“三八红旗集体”和“商业服务业改革开放三十周年杰出贡献企业”等光荣称号，南海区军粮供应站被国家粮食局、财政部、总后勤部联合授予“全国军粮供应管理先进单位”称号。

（骆家洪）

食品安全

【健全食品安全监管长效机制】 一是在全市推行生猪“定点供应、厂场挂钩”制度，选定符合标准的养殖场挂钩供应，确保肉品质量安全。二是质监部门加强食品生产加工小作坊监管，让小作坊进入集中加工点并进行改造升级，提高行业整体水平。三是工商部门在全市食品经营者中逐步推广应用佛山市流通环节食品安全监管系统，实现严把准入关和快速追溯源头的功能。四是农业部门积极推进食用农产品标识工作。各区结合实际开展试点工作，探索农产品标识方式。如南海环球水产品批发市场实行条形码信息标签试点，高明土包子公司、三水区大塘蔬菜协会等通过简易包装标示信息，进一步加强了农产品可追溯管理。五是食品药品监管部门在接管消费环节监管职责后，着手建立起一系列餐饮服务食品安全监管制度和工作机制，完善了餐饮服务食品安全监管的基础性工作。

【积极开展食品安全知识宣传】 以《中华人民共和国食品安全法》及其实施条例颁布实施一周年为契机，宣传推广普及食品安全知识和法律知识，提高消费者的自我保护能力。佛山市食品安全委员会办公室与市普法办联合开展“食品安全法”实施一周年征文活动。活动以“食品安全·健康平安·和谐佛山”为主题，向社会征文，重点阐述“食品安全法”实施一周年以来，给市民的生活保障、食品行业发展、食品安全监管工作带来的影响和感想，以及取得的成就和今后贯彻“食品安全法”的意见和建议。各区、各部门结合实际开展一系列食品安全特色宣传活动，着力宣传食品安全、消费者权益保护、食品质量、食品安全常识等知识，切实帮助广大群众提高鉴别能力和防范意识。

【全面推进食品安全整顿工作】 佛山市食品安全委员会及时动员部署，制订工作方案，开展为期两年的食品安全集中整顿工作，全面整顿农产品、食品生产、流通、餐饮消费、畜禽屠宰、进出口环节食品质量安全，先后组织开展打击违法添加非食用物质和滥用食品添加剂专项整治、生猪专项治理、海南毒豆角、广州金鼎乳制品厂问题奶粉及麦乳精、问题乳粉清查、一次性发泡塑料餐盒等专项整顿工作，经过整治有力地规范了市场，取得显著的成效。经贸、工商、质监、食品药品监管等部门联合开展打击“注水牛肉”专项整治行动，对菜牛屠宰企业及牛肉产品流通、加工、消费等环节开展专项检查，有效确保人民群众吃上“放心肉”。

【切实保障亚运期间食品安全】 制订方案，周密部署。市政府制定《2010年广州亚（残）运会佛山赛区食品安全保障工作方案》，成立广州亚（残）运会佛山赛区食品安全保障领导小组，明确各职能部门的职责分工，并要求对涉亚供货单位、定点接待单位、供餐单位、比赛场馆周边、旅游景点的食品生产经营企业进行整治。同时，进一步完善《第16届亚洲运动会佛山赛区重大食品安全事故应急预案》，加强对亚运期间的食品安全事故的应急处置工作。

主动沟通衔接，提前介入保障。佛山市积极做好与广州亚组委相关部门的工作对接，保障佛山赛区食品安全各项工作的顺利开展，坚持做到“三主动、三提前”，即主动加强沟通协调，提前介入亚运食品安全保障工作；主动沟通食品质量安全要求，提前考虑亚运食品安全风险防范措施；主动发挥成员单位职能优势，提前协助相关单位做好亚运接待单位遴选工作。

扎实开展食品安全保障工作。一是对重点区域、重点单位进行检查。主要对涉亚供货单位、定点接待单位、供餐单位、比赛场馆周边、旅游景点的食品生产经营企业进行整治。二是积极组织各部门对“供亚”生产经营企业、接待酒店以及比赛场馆进行驻点监督。亚运期间，佛山市食品安全委员会积极组织协调相关部门派人进驻“供亚”生产经营企业、接待酒店以及比赛场馆，确保全市食品安全保障工作万无一失。三是开展亚运场馆及周边食品安全检查工作。从2010年9月15日开始，佛山市先后4次组织市经贸、农业、工商、质监、城管、食品药品监管局及禅城区、顺德区等相关职能部门组成联合检查组，对亚运场馆、接待单位、旅游景点及周边进行全面检查。

（梁家谊）

药品安全

【不断强化各项日常监管工作】 严格实施行政许可事项审批，共办理药品、保健食品、化妆品、医疗器械等有关审批事项2331件，受理药品零售企业GSP认证748家，所有受理事项均在规定时限内妥善办结，办结率达100%。切实按照计划开展现场检查工作，共对全市“三品一械”生产、经营企业和医疗机构等进行日常检查4056家次，完成GSP跟踪检查360家。开展药品抽验工作。全年全市共完成药品评价性抽验240批，药品监督性抽检780批，亚运专项药品抽验300批，化妆品抽验180批，保健食品抽验23批，医疗器械抽验25批。开展违法药品、保健食品广告的日常监测工作，发现并处理涉嫌违法广告37次。切实做好医疗器械不良事件监测、药品不良反应监测和药物滥用监测工作，共上报药品不良反应监测数据1542份；收集药物滥用监测报表5382份，占全省1/6以上。

【药品专项整治力度加大】 重点开展针对药品流通市场、非药品冒充药品、清热解表类中药材（饮片）、中药饮片生产、工业氧冒充医用氧、阿胶类产品、互联网和邮寄等方式销售假药、定制式义齿及口腔科设备等专项整治。继续加大打击“三品一械”违法案件的力度。全市共出动稽查执法人员9210人次，处理群众投诉304宗，立案查处违法案件167宗，涉案货值29.86万元，上缴国库罚没款约84.94万元，取缔无证生产、经营“三品一械”窝点44个，查扣涉嫌违法物品1585件，销毁货值128.6万元。全市医药市场秩序有效净化。

【保健食品、化妆品监管成绩突出】 对保健食品开展从生产、经营到产品标签、广告宣传等各个环节的专项治理工作。加大对产品的抽验力度，着重打击保健食品违法添加药物的行为。开展保健食品标签、说明书内容专项检查。开展蜂胶类保健食品专项整治，治理保健食品夸大宣传功能和利用公益讲座等方式变相销售假冒伪劣保健食品的行为，严肃查处制售假劣保健食品行为。化妆品方面，突出对染烫类、护肤类、爽身粉等原料产品生产企业进行检查，重点检查企业原料使用、生产情况、产品许可批件、标签标识管理等方面内容。2010年佛山市的保健食品、化妆品监管工作得到了上级部门的充分肯定，佛山市食品药品监督管理局保健食品化妆品监管科被广东省食品药品监督管理局推荐为全国食品药品监管系统先进单位。

【圆满完成亚运药品安全保障】 一是广泛开展反兴奋剂知识宣传活动。向全市3900多家涉药单位、定点酒店派发3900份宣传画报和1000份宣传手册。联合电视台、电台、报刊等媒体，广泛宣传兴奋剂基本常识、反兴奋剂法律法规，提高公众对反兴奋剂工作的认识。向药品零售企业印制发放统一的“禁止销售蛋白同化制剂、肽类激素（胰岛素除外）”和“含兴奋剂药品运动员慎用”警示标语牌，并督促其在店堂醒目位置放置。二是深入开展药源性兴奋剂专项治理。重点针对蛋白同化制剂、肽类激素生产经营管理中存在的安全隐患和薄弱环节进行检查，抽查含有药源性兴奋剂物质的药品是否标注“运动员慎用”字样。对3家重点医疗机构、2家医院制剂室、21家药品生产企业和49家药品批发企业进行监督检查，未发现有违法违规生产经营药源性兴奋剂的情况。三是全力保障运动员专用药品质量安全。加强运动员专用药品定点生产企业的监管和对运动员专用药品专项抽验。四是加强与珠三角附近城市在亚运药品安全保障工作中的协作。9月，佛山市食品药品监督管理局协同广州、东莞、珠海、中山、江门、肇庆等食品药品监管部门共同组织开展了7市药品、医疗器械、保健食品、化妆品市场整治专项联合行动，营造“区域联动、共保亚运”的整治声势，建立起亚运赛时案件协查、应急联动的绿色通道。

【监管方式方法不断创新】 一是开展应急演练，提升应对突发事件能力。为有效预防、及时控制和消除重大食品药品安全事故的危害，进一步完善《"三品一械"安全事故应急预案》，落实职责，明晰程序，规范操作。同时积极做好应急物资储备，配备突发事件处置物资。10月，组织开展药品应急工作沙盘演练。围绕预定模拟的亚运期间药品安全事故场景，就现场控制、初步分析、综合上报、控制流向、查溯源头、技术检验、信息发布等环节进行充分预想和实操安排，明确应急预案的启动标准，重点节点间的分工，相关部门情况通报以及后勤保障人员调配等具体事项，对可能出现情况的环节进行研判并明确分工。二是加强信息化建设，进一步提升监管效能。根据"四化融合，智慧佛山"建设目标，努力探索以信息化建设推动食品药品监管工作又好又快发展。设立"四化融合，智慧佛山"信息化建设工作领导小组，并召开专门办公会对信息化建设工作任务进行规划布置，还针对执法案件管理工作制定"药品安全执法监察系统"开发方案，促进稽查执法工作效率的提高和方便实行执法工作的全过程监督。三是配备快检工具，普及快速筛查检验技术。进一步普及第二代药品检测车、药品快检箱和食品快速检测仪器等快筛快检工具的配备和利用，开展快筛培训和实操演练，使全市食品药品监管系统的有关执法人员均熟练掌握快检箱和快检仪器的使用，并有针对性地对市场上有违法添加化学物质嫌疑的8类中成药、保健食品、化妆品运用已有快筛方法、快筛试剂盒进行快速筛查。全市共筛查110批产品，初步筛查出阳性产品30批，样品已及时送达省药品检验所完成确认工作。快筛快检工具及技术在全市的稽查工作中也得到有效的应用，尤其是利用全省先进的第二代药品检测车在全市打假治劣工作中发挥了突出作用。

（梁家谊）

2010年春节前，佛山市副市长麦洁华率市食品安全委员会成员单位深入市场开展食品安全联合检查。

国有资产经营管理

国有资产监督管理

【综述】 2010年，佛山市国资委以“创新”为理念，以“抓项目、调结构、强监管”为工作目标，各项工作取得可喜的成绩，有力地推进市属企业的平稳较快发展，较好地实现国有资产的保值增值。

2010年，市属监管企业资产总额、净资产继续保持增长的态势，企业经营收入增加，全年月平均增长率达12.4%，经营效益好转，亏损额大幅减少。至年底，全市监管国有资产总额1270.56亿元，同比增长13.7%，其中市属企业资产总额997.10亿元，区属企业资产总额273.46亿元，分别比上年同期增长15.4%和7.9%；全市企业净资产总额338.42亿元，同比增长20.5%，其中市属企业净资产总额260.81亿元，区属企业净资产总额77.61亿元，分别比上年同期增长18.8%和26.6%；全市企业营业收入累计71.56亿元，同比增长19%，其中市属企业42.59亿元，区属企业28.97亿元，同比分别增长27.1%和8.8%。

【制定新规划引领国资发展】 为谋划好“十二五”时期国企改革、发展工作，以“体现战略性、前瞻性、创新性、可操作性”为编写原则，结合市属企业实际，做好企业的“十二五”发展规划编制，突出国企发展战略、目标及重点，并制定相应的政策措施，促进全市国有经济平稳较快增长、推动经济社会又好又快发展，不断增强国有经济的影响力、控制力和引导力。

【打造新资本运作平台引导产业升级】 按照“政府引导、市场运作、公司经营”的理念，成立佛山市投资控股有限公司，从公盈公司划入佛投控公司的12家全资、参控股企业合计资产总额16.59亿元、净资产7.3亿元，打造经营性国有资产合理利用、通过资本运作手段引导本地产业调整升级的新平台。积极推进“佛山市科技孵化基金”项目，加强与广东粤科风险投资集团有限公司的合作，合资成立佛山市科技风险投资有限公司，打造全新的投融资平台。佛山燃气上市工作有序推进，9月份向中国证监会正式递交上市申报材料。盈天医药集团成功收购佛山市安宁有限公司（德众药业的职工持股公司，持有德众药业49%的股权）93%的股权。

【推进金融产品的创新助力公用事业发展】 利用短期融资券利率低、准入门槛和审批程序相对简单的特点，鼓励企业发行短期融资券工作。公用控股公司把握时机成功获得三年期、基准利率下浮10%且锁定不变的银行贷款3.6亿元，同时积极做好第二期短期融资券的发行工作，通过努力将公司的债项评级由原AA–调高至AA，在严峻的融资环境下成功发行5亿元短券，发行年利率维持在3.27%的低水平，保证生产经营所需资金，有效降低资金成本。路桥公司积极探索发债融资方案。加强银企合作，以集团公司为贷款主体，增强与金融机构谈判的能力，降低财务费用，减少利息支出。加大金融监管力度，在监管企业全面推行财务预算制度，向所监管企业全部派驻财务总监，部分企业也向子公司派驻财务总监，实现财务监管的无缝对接，积极推进财务总监“联签”制度，有效降低和化解财务风险。

【推进技术创新促进企业可持续发展】 鼓励企业进行技术创新，研发新项目，不断提高产品附加值，增强企业竞争力。水业集团成立“广东省企业技术中心”和“中国工程院李圭白院士工作室”，与哈尔滨工业大学签订合作协议，加快水行业科技成果转化。燃气集团加强信息化建设，“佛山市燃气管网资源管理系统”获得2010中国GIS优秀工程金奖，是唯一一家获得该奖的城市燃气经营企业。

【整合资源促进区域经济优化发展】 整合路网资源，加快广佛经济一体化建设，广佛地铁首通段11月3日顺利建成通车，促进了广佛两市资源共享、优势互补和整体竞争力，成为推动和引领广佛都市圈崛起的核心引擎。佛陈路快速化改造和龙山跨线桥工程等广州亚运安保项目如期完工。广明高速陈村至西樵段建设顺利推进，广佛肇高速公路佛山段项目成功中标。东平新城中央商务区（CBD）项目建设提速，东平小学按期完工，公共文化综合体、交通枢纽中心、区内与区外路网、绿道及主题绿化、气象中心、世纪莲体育中心网球馆等项目建设有序推进。整合公用资源，佛山燃气成功收购顺德港华燃气，水业集团成功收购高明供水公司80%的股权。

【深化薪酬与考核制度改革加强监管力度】 不断完善相关规章制度，继续完善企业法人治理结构和企业领导人员监管制度。首次对市属国企进行明确分类，各类企业均有相应的业绩考核指标；首次把企业负责人薪酬、职务任免与业绩考核指标挂钩；首次把企业负责人薪酬与社会平均工资及行政事业单位正处级人员工资挂钩；首次引入企业负责人任期经营业绩考核制度；首次将业绩考核制度正式化和规范化，与各企业负责人签订责任书，以规范形式约束企业；首次将业绩考核与预算管理相结合，强化企业领导人员监管，强化监督管理长效机制。

【创新“双到”扶贫模式超额完成任务】 先后为对口帮扶单位清远英德市英红镇水头村引入供港蔬菜基地、香芋种植项目以及旅游开发项目，打破当地“产业贫困”的局面，并把传统“输血式”的扶贫模式转变为“造血式”的扶贫新模式。通过实施智力扶贫，破解水头村“知识贫困”的局面。加强基础设施建设破解“民生贫困”，包括开展饮用水质化验、进行新农村道路改造、筹建卫生健康楼等。水头村266户贫困户中，已有188户实现脱贫，超额完成省、市两级“一年实现脱贫45%”的扶贫目标。为实现市国资委提出“三年扶贫目标两年实现”的工作目标。

【创新党建工作新方式促进企业和谐发展】 抓好国资党建工作，以主题实践活动为主线，围绕“抓规范、出精品、塑形象”思路，带动国资党建工作开展，开展创建基层党建示范点工作，确立首批3个基层党建示范点创建单位，做好各项评先推优工作，展现国资良好形象，加强企业文化建设，创办《佛山国资党建》刊物，召开首届国资委系统企业文化建设研讨会，加强网站建设、组织各类文体活动等形式，营造和谐团结的企业文化氛围。加强党风廉政建设，促进委机关和企业各项工作健康发展。

（肖先勇）

市属资产经营管理公司和授权经营企业集团介绍

【佛山市公用事业控股有限公司】 2010年，佛山市公用事业控股有限公司在市委、市政府的统一领导下，市国资委的正确指导下，紧紧围绕“一确保、二着力、三加强”的“九字”工作方针，抓住宏观经济复苏的有利条件，全力推进各项工作。生产经营实现新增长，资本运营取得新突破，发展后劲有新增强，为亚运成功举办作出新贡献，描绘出“十二五”发展新蓝图，企业文化建设取得新成效，品牌进一步提升。注重加强对各项重点工程的监督管理和科学调度，克服重重困难，各项重点工程建设扎实推进。

水业集团供排水建设取得丰硕成果。西江水厂首期工程第一阶段工程（20万吨／日）收尾工作全部完成，实现向丹灶片区联网供水。2010年立项项目石湾水厂取水口迁移应急保障工程项目立项完成。在落实第二水源营运模式方面，完成《第二水源首期工程运营模式细化方案》。污水处理方面，镇安污水厂三期扩建工程于4月30日通水调试，南庄污水处理厂工程完成厂区的土建和设备调试，具备进水条件。

恒益电厂建设进展顺利，基本按节点计划进行。开展两个“大干一百天，拼抢保发电”的专项行动，吹响恒益建设的冲锋号。恒益电厂项目主体工程里程碑节点均按时或提前完成，码头主体工程完工，接入系统按计划推进。

天然气利用二期工程按计划推进，西江穿越等一批重点工程进展顺利。天然气高压管网二期工程建设规模调整方案获省发改局核准。有效提高气源接收能力，并使高压管线总建设里程缩短7公里，节约建设成本，提高输配效率。西南调压计量站正式通气；明城液化天然气（LNG）储备站通气试运行，向高明区供气；大良调压计量站主体基本完工；西樵调压计量站完成形象进度40%，西江调压计量站完成土建工程。东西二线正式通气，实现向南海、三水更大范围供气；一环南延线北滘—大良、广明高速一期（西樵—明城段）分别完成形象进度40%和48%；西江段的控制性工程——西江穿越工程完成导向孔及全部（四级）扩孔施工。各区天然气利用工程如期推进。禅城、三水、高明共敷设市政管52千米，庭院管24千米，楼栋室内管安装1.2万户，楼栋室外管安装0.9万户。

（陈伟明）

【佛山市公盈投资控股有限公司】 2010年，佛山公盈公司在市委、市政府和市国资委领导下，各企业共同努力，解决企业历史问题不断有新突破，确保大局稳定；改革重组深入推进，促进资产结构的优化调整；资产营运取得新成绩，各项管理进一步完善，充分发挥公司的营运主体作用；企业党建与纪监、工会等工作进一步加强，促进企业和谐发展。

改革重组促进资产结构优化调整。一是土地储备工作有好的成效。按市政府统一部署，加快实施土地储备，配合做好安置补偿。第二阶段准备入储土地清理工作已完成。这项工作对促进城市建设和改革资金筹集具有重要意义。二是佛陶集团资源整合收效显著。努力盘活资产，维持经营稳定。三是劣势企业退出清理工作加快推进。四是佛山市投资控股有限公司分立组建并独立运作。共12家企业资产总额16亿元，划分到该公司管理，加快转型发展。

解决企业历史问题取得较大突破。配合政府有关部门，加强调研，做好工作。一是解决企业职工住房和房地产开发的历史遗留问题成效良好。二是切实做好企业退休人员的服务保障工作。至年底，所属国企大部分退休人员已移交社区管理。三是解决好其他一些历史遗留问题。如企业在城市改造中遇到的问题，以及企业改制、人员待遇等方面遗留的问题。

切实做好信访维稳工作。抓基础建设，建立公盈公司系统大信访机制。按照市委、市政府关于加强信访工作的部署，3月31日，正式挂牌成立“公盈公司群众来访接待中心”，探索建立“一站式接待、一条龙办理、一揽子解决”的大信访格局。在基层解决大量信访问题。该中心是市政府设在国有企业的一个重要接访点，市委、市政府有关领导曾到该中心接待来访群众。信访工作力度不断加强，确保了稳定，也促进了亚运会期间的大局和谐。

经营管理工作进一步加强。资产营运工作有序推进。重视制度建设等基础性工作，并注重做好清产核资、评估、审计、法律，以及人力资源、纪检监察等项工作，起到很好的保障作用。切实抓好安全生产，确保平安。同时抓好档案处置、管理，建好信息平台，保持良好的工作效率。

加强企业党建，做好纪监、工会工作。公盈公司党委、公司非公企业党工委与各企业党组织，充分发挥战斗堡垒作用。抓理论学习，开展“创先争优”活动，把“创先争优”活动更好地与企业经营发展相结合，注入新活力。“结对”三水桥头社区，开展学习实践科学发展观“批次联动”活动，所属的国有企业，以及海天、汽运、东建、六建、国星光电、水泵厂、电器照明、华丰纺织等民企党组织，积极参加活动，做出成绩。落实市国资委“双到”扶贫工作任务。在英德水头村开展扶贫活动，重点推进蔬菜基地项目建设，被省评为扶贫示范点。各企业工会努力促进建立和谐劳动关系，团结广大职工开创科学发展观新局面。

10月12日，按照上级部署，分别向市“两新”组织党工委及有关区委共计移交150多家国企改制而成的非公企业党组织和党员5000多人，占公盈公司原有党员的70%。公盈公司基本完成了改革转型期对非公企业党组织管理的任务。

（杜 强 庞 海）

【佛山市路桥建设有限公司】 佛山市路桥建设有限公司成立于2003年3月3日，是市政府批准成立的国有独资企业，归口市国资委管理。至年底，该公司总资产443.5亿元，总负债295.5亿元，所有者权益148亿元，企业资信等级AA级。

2010年，市路桥公司按照市委、市政府的工作部署，在市国资委的直接领导和市交通运输局的业务指导下，公路建设、年次票征收、“一环”养护及内部管理等主要工作均取得可喜的成绩。

公路建设。按照市政府的工作部署，全年由市路桥公司负责建设的市重点公路项目有8个，总投资约为56.46亿元。至年底，佛陈路快速化改造工程、龙山跨线桥工程、北滘立交二期工程、G325下沉式立交工程等4个项目按期完工通车，禅西大道一期工程、禅西大道二期工程、龙湾大桥及引道工程、吉利佛开立交工程等4个项目按计划推进。

佛陈路作为第16届亚洲运动会的主要交通道路，其快速化改造工程成为各级领导和社会各界的关注点。市主要领导多次深入施工现场视察指导，新闻媒体也适时跟进报道。市路桥公司从政治高度谋划推进，将此列为“一号工程”，明确集公司之力，确保安全优质提前完成亚运通道建设的目标、任务和措施。经过全体参建人员全力以赴，不辞劳苦地拼搏，9月30日提前完成亚运通道的快速化改造，10月20日基本完成全线建设任务。改造后的佛陈路以平畅、整洁、亮丽的新面貌为亚运会的胜利举办提供良好的交通条件。

年次票征收。在广佛肇年票互认政策的冲击下，年次票收入仍然创造历史新高，2010年总收入达到14.81亿元，与上年相比增长1.15亿元，增幅为8.42%。其中，年票收入11.29亿元，增收1.49亿元，同比增长15.2%；次票收入3.52亿元，减收0.34亿元，同比下降8.81%。同时，市路桥公司认真贯彻省委、省政府关于收费改革的各项政策要求，切实落实广佛肇年票互认次票互免政策和收费站节日保通工作等重大部署，充分体现国有企业高度的社会责任感。

“一环”养护。市路桥公司遵循“建养并重，科学养护，保障畅通，树立形象”的工作方针，参照高速公路的养护标准，积极探索管养的路子，认真履行“一环”管养职责，全年累计完成养护投资约5054万元。另外，在市交通运输局的指导下，市路桥公司开展路政管理和公路治超业务，清理整顿“一环”沿线违法建设，全年共出动6227人次实施路政巡查，巡查里程23.7万公里，有效地维护“一环”的路权产权，确保“一环”的安全、舒适、通畅。

（林少锋）

【佛山市东平新城开发建设有限公司】 2010年是东平新城发展的关键年。按照市委、市政府“四化融合，智慧佛山”的战略新方向，以及全速加快东平新城建设发展的具体要求，各方面工作全面快速推进。

紧扣新形势，全速推项目。一是打造智慧新城，提出“生活方式的智慧”、“产业发展的智慧”、“支持平台的智慧”等三大智慧东平的目标。加快推进智慧信息大厦的规划、设计工作。推进LED智能化照明项目建设、数字城管项目前期准备、重点项目智慧管理以及公共自行车服务系统建设工作。二是打造文化新城，重点加快文化中心建设工作。该项目集坊塔、图书馆、档案中心、科技馆、青少年宫、博物馆、艺术馆、广场大街、艺术村等公共建筑和书城、写字楼、酒店等商业建筑于一体。依托该项目，从不同层面上挖掘佛山本土文化，讨论现代文化的发展趋势，把佛山本土文化与现代文化融入到项目中。三是打造绿色新城，全面铺开“东平・水绿香”主题绿化项目建设工作。全面完成世纪莲体育中心周边道路，含岭南大道（东平桥至富华路段）、裕和路（岭南大道至西出口段）、华康道（天虹路至富华路段）等道路的绿化提升工作。四是完善交通基础配套设施。推动交通枢纽中心，以及汾江路南延（含佛山第一条过江隧道东平隧道）、岭南大道南延、华阳路南延（含跨江大桥华阳桥）、裕和路东延等4条主干道路动工建设，加强东平新城对周边区域的辐射能力。同时，加速核心区为道路的建设，搭建核心区内交通网络。五是完善教育配套设施。东平新城核心区内第一所公立学校东平小学于9月1日正式开学。现有教学班52个，教师114人，学生2320人。六是完善气象中心、世纪莲体育中心网球馆等其他配套设施。

加大招商引资力度。组织开展文化中心业态运营策划及商业建筑概念性设计，对商业地块进行策划与规划，有针对性地引进高水平商业项目。6月，文化中心酒店地块以0.94亿元高价拍得，折合2780元/平方米，创佛山纯酒店项目楼面地价新高。11月，影城和书城两个项目地块分别以1.33亿元和0.81亿元成功挂牌出让，折合楼面地价分别为2091元/平方米和1660元/平方米，规划建设"三最"——华南地区最大的影城、佛山最大的实体书店、珠三角最大的文化创意产业交易平台。

（徐婉贞）

【佛山市交通发展总公司】 2010年，佛山市交通发展总公司以科学发展观为统领，紧紧围绕市国资委和市交通局的工作要求和公司的年度目标，着力开展以下工作：

一是全力推进高速公路项目。按照科学规划、科学组织、科学管理、科学施工的要求，千方百计地克服征地拆迁等困难，竭尽全力推进广明高速公路陈村至西樵段的建设。认真组织准备，多方沟通协调，积极努力申报佛（山）清（远）从（化）高速公路的报批，立项工作按计划有序推进。整治修缮佛陈公路和佛陈大桥，确保亚运通道的顺畅高效、美观整洁。

二是编制公司"十二五"规划。确定高速公路和现代物流"双轮驱动"的发展方向和思路，规划、引领今后5年公司发展的指导思想、总体目标、发展战略、重点项目、风险分析和化解对策、保障措施等，成立佛山市现代物流有限公司，推进物流信息交易平台建设，促进公司传统物流业务向现代物流方向转变、发展。

三是务实改进和加强财务管理。积极落实财务总监工作细则制度、巡视制度、绩效考核制度，充分发挥财务总监对国有资产运营和财务活动监管职能，整改巡视中发现的问题，完成公司财务核算体系的调整，修订财务管理制度，加强内部流程控制，认真开展清产核资工作，真实反映企业资产状况，不断提升公司的财务管理水平。

四是进一步完善、强化制度管理。认真落实贯彻"三重一大"制度，提高科学决策水平，推行深化民主管理，完善企业法人治理结构，工程建设管理规范，双标管理落实到位，修订、完善各项内部管理制度，制度管理得到进一步深化和强化。

五是预防整治并举，确保安全生产。总公司和所属相关企业、部门在安全生产工作上齐抓共管，共同努力，坚持"安全第一、预防为主、综合治理"的方针，按照"标本兼治、重在治本"的原则，开展安全生产三项行动、安全生产专项整治、安全生产大检查、安全生产月等活动，提高预防能力与应急能力，做到安全生产全年零事故，圆满完成全年各项安全控制指标。

六是积极开展公益、文体活动，提升企业文化和企业形象。按照"规划到户，责任到人"的工作方针，该公司认真落实对英德市英红镇水头村的帮扶支援，共投资22万元帮该村修建社会主义新农村基地的道路和供港蔬菜基地收购中心，扶贫工作成效显著；积极开展"广东扶贫济困日"等捐款活动；组织广佛地铁志愿者，争当亚运服务先锋，营造"一起来，更精彩"的志愿服务氛围；自编自演节目参加佛山市国资委举办的"清风漾佛山"反腐倡廉文艺汇演。这些活动，充分体现公司的社会责任感，有力地促进公司的文化建设，有效地提升公司形象。

（市交通发展总公司）

【佛山市铁路投资建设集团有限公司】 2010年，广佛地铁建设进入冲刺阶段。佛山市铁路投资建设集团有限公司按照"一个确保、两个升级"（即确保广佛地铁首通段亚运会前建成开通，努力实现轨道交通建设升级，努力实现企业管理升级）的总体思路，努力拼搏，扎实工作，积极履行广佛地铁筹资出资、征地拆迁、建设协调、运营筹备等重要职责，较好地完成各项工作任务，企业发展迈上一个新台阶。11月3日，全国第一条城际地铁——广佛地铁首通段（魁奇路至西朗）建成通车，佛山成为全国第一个拥有地铁的地级城市，跨入地铁时代。至年底，佛山铁投总资产70亿元，总负债49

亿元，所有者权益21亿元。

保质保量完成工程建设任务。佛山铁投积极支持广佛地铁业主代理广州地铁的建设管理工作。至年底，佛山铁投按工程进度累计支付44.36亿元，其中2010年拨付工程进度款10.91亿元，确保工程建设的顺利推进。4月8日，首通段隧道全线贯通；4月14日，最后一个车站（桂城站）主体结构封顶；5月18日，首列车下线；6月25日，首批3列车到达佛山；7月8日，车辆段“三权”（管理权、使用权、指挥权）移交；9月25日，供电系统工程接触网一次性受电成功；9月28日，列车热滑成功；9月30日，首通段“三权”移交；10月28～29日，广佛6万市民试乘广佛地铁；11月3日14时开通试运营。

全面落实运营筹备工作。佛山铁投积极配合运营商广州地铁开展运营筹备工作，实现人员到位、培训到位、物资设备保障到位。分析、测算广佛地铁运营成本和收益，提出票价和补贴建议方案，市政府批准广佛地铁执行广州地铁线网票价及其优惠政策。研究、起草《佛山市城市轨道交通管理办法》、《佛山市轨道交通运营突发事件应急救援预案》、《广佛地铁乘坐守则》等法规制度，经市政府批准后发布实施。完成《广佛线运营服务采购合同》谈判并签订合同，保障佛山市的合法权益。

圆满完成广州亚运会、亚残会期间客运任务。广州亚运会11月12日开幕，27日闭幕，开、闭幕式当天，广佛地铁通宵运营。亚运会期间11月13日至26日及亚残运会开幕式（12月12日）、闭幕式（12月19日）当天均延长服务1小时。行车间隔从最初的8分30秒缩减至8分12秒。12月20日，广佛地铁增加运力，行车间隔时间减至7分25秒。亚运会、亚残会期间，佛山铁投组织开展了“精彩亚运、地铁先行”志愿者服务活动，参与志愿者共2297人，投入志愿服务共5200人次。从11月3日开通至12月31日，广佛地铁客车累计客运量615.44万人次，日均客运量10.43万人，开行1.66万列次，运营里程32.24万列公里，准点率达99.93%。

广佛地铁二期工程（魁奇路至东平新城）可行性研究报告及佛山市轨道交通建设规划（2010～2015）报批工作取得重要进展。广佛地铁二期工程可行性研究报告通过了省发改委委托的中铁二院的评估。佛山市轨道交通建设规划（2010～2015）通过了国家发改委委托的中国国际工程咨询公司的评估，进入最后的审批程序。

途经佛山的国家铁路项目和珠三角城际轨道交通项目有序推进。广珠城际2010年12月建成通车。贵广铁路、南广铁路、广珠铁路、佛肇城际的征地拆迁工作抓紧落实，工程建设有序推进。

佛山市铁路投资建设集团荣获“广州亚运会、亚残运会地铁志愿者工作十大标兵单位”称号暨2010年度“佛山市公共交通行业先进企业”称号。

（刘国玲）

对外经济贸易

对外贸易

【综述】 2010年，市外经贸部门以“四化融合，智慧佛山”为目标，大力实施“三着力一推进”战略，迎难而上，砥砺奋进，积极引进项目，调整外贸结构，营造高效通关环境。全市进出口首次突破500亿美元，全年进出口总值达516.55亿美元，同比增长34.7%。其中出口330.39亿美元，增长34.4%；进口186.16亿美元，增长35.3%。外贸出口增幅领跑珠三角。

【扎实巩固传统市场】 组织企业参加20多个国内外展会。组织855家次企业参加2010年的两届广交会，获得2884个展位，有力地促进进出口市场发展。组织200多家次企业参加西班牙博洛尼亚建材展、德国柏林电子展、中国品牌商品美国展等国际性展会，利用这些优质展会平台有效地扩大出口市场发展。佛山市主要进出口市场进出口额保持20%以上的增长，其中对欧盟进出口增长41.5%、对香港增长40.3%、对日本增长32.6%。

【大力开拓新兴市场】 举办或参加南美、东欧及东盟系列经贸活动。在南美，举办巴西贸易投资洽谈会、阿根廷两地企业家商务交流会，参展巴西国际建材展；在东欧，参加中国广东—保加利亚经贸洽谈会；在东盟，组织近40家企业参加第六届菲律宾中国机电产品展览会。各种平台促进新兴市场的开拓，全市对新兴市场出口大幅增长，其中对巴西出口增长111.2%、对俄罗斯出口增长95%、对印度出口增长71.3%。

【优化外贸进出口结构】 帮助企业争取相关资金支持，推动企业大力开展自主研发、自主品牌出口和自主营销，提升自主品牌国际知名度。广交会佛山市获得品牌展位的企业892家次。全市机电产品出口187.5亿美元，增长31.9%，占出口总值的62.7%。一般贸易出口167.2亿美元，增长45.2%，占出口总值的55.9%。办理技术进口合同大幅增加，技术来源国多元化，达15个国家和地区，来源于欧美等国的技术进口合同金额增长迅速。

【支持企业走出去】 为企业走出去打造平台提供服务。积极推动企业进驻匈牙利中国品牌产品贸易中心，一批企业签订了进驻协议。协助德国北威州投资促进署拜访佛山市相关企业。组织企业参加中国—葡语国家以及中国的澳门经贸合作论坛，鼓励企业与葡语国家及地区的企业开展贸易投资合作。联合举办投资香港活动，促进企业“立足香港，迈向国际”。海外投资实现新进展，美的集团收购埃及Miraco公司标志着佛山市企业尝试以海外并购的方式实现走出去，全年共设立境外企业24家，同比增长26%。

【落实外经贸支持政策】 举办10多场企业外经贸政策宣讲会和银企对接会进行政策宣传，使国家、省和市的扶持政策覆盖和惠及更多外向型企业，帮助其用好用足用活政策。全市外经贸企业共获得中央、省和市各项外经贸专项资金超过2.3亿元，惠及企业3849家次。其中，中央资金5834万元，惠及企业592家次；省资金1.5亿元，惠及企业2514家次；市资金1953万元，惠及企业743家次。

【促进加工贸易转型升级】 落实加工贸易转型升级鼓励政策，重点推进中国港、澳、台资的企业转型升级。建立有关职能部门联席会议制度，推动外资企业加强人文关怀改善用工环境，解决转型升级中存在的困难和问题。做好加工贸易企业外商投资企业内销的服务工作，组织和引导企业参加国内展销会，外商投资企业内销同比增长三成。

【积极应对国际贸易壁垒】 2010年，涉及佛山市企业的贸易摩擦案件共4起，涉案企业447家，直接涉案金额3.45亿美元。主要集中在建筑陶瓷和铝型材等传统出口产业，和欧盟、美国两大主要市场。通过加大宣传培训，支持企业应诉，应对取得显著效果。美国铝挤压材调查中，佛山市应诉企业初裁获得全国最低的6.18%的税率，而其他企业则初裁税率高达137%。澳大利亚铝挤压材反倾销反补贴调查裁决后应诉企业产品重新进入澳大利亚市场，月出口额递增超过15%。

（夏军强　刘子亮）

利用外资

【综述】 2010年佛山市实际吸收外资创历史新高。实际吸收外商直接投资19.67亿美元，同比增长5.01%；合同利用外资21.9亿美元，同比增长116.06%。实际吸收外商直接投资、合同利用外资、工业实际吸收外商直接投资和服务业实际吸收外资占吸收外资总额比重等4大外资指标任务均超额完成。

【做好做实投资推介活动】 组织和参加40多场海外推介和市场开拓活动，以此为平台签约或达成合作意向的项目100多个。在中国台湾、南美、德国、东欧、东盟等地的经贸活动都有一批项目签约。全年共有500强项目9个（新引入4家，增资5家），投资总额5.47亿美元。

【积极引进龙头大项目】 以龙头项目引进为重点全力推动产业集聚发展。积极协调省外经贸厅等上级部门，配合做好一汽大众汽车整车生产项目引进工作，实现佛山市汽车产业招商引资的重大突破。围绕一汽大众项目全力做好上下游配套招商，争取其重点汽车零部件项目抱团落户。还引进日本东普雷汽车部件、法尔特克汽车零部件、富士气门、池内顶锋、东亚汽车部件等5个超千万美元的汽车零部件项目；百威啤酒、可口可乐、红牛、维他奶、生力啤酒等5个食品饮料的龙头项目均大规模增资扩产，投资总额2.44亿美元。全市引进总投资新批或净增资超千万美元以上项目69个，同比增长91.7%，其中生产性超千万美元项目45个，主要涵盖新光源、汽车零部件、家电、食品饮料、纺织等佛山重点发展产业。

【积极引进战略性新兴产业】 制定“三着力一推进”招商引资专责工作方案，对战略性新兴产业进行资源倾斜。光电产业引入的旭瑞光电项目使佛山LED产业链进一步完善；新材料领域引入三井化学聚氨酯等5个超千万美元项目，投资总额1.6亿美元；环保领域引入马来西亚成功绿源环保工程项目；广东环球制药有限公司增资3000万美元；现代服务业引入富士通数据中心项目，以及新加坡最大风险投资集团——亿胜集团。

【大力加强工业利用外资】 充分利用制造业优势，利用本土企业优化提升的内在需要引进合作者。制定工业实际利用外资考核目标，加强服务推进企业增资，积极为制造业大项目设立及增资解决各方面的问题。一批大项目进行了增资，浦项钢板增资2.98亿美元，溢达纺织两次共增资1.09亿美元。全市工业外资项目120个，同比增长62.2%；工业合同外资10.76亿美元，同比增长150.92%；实际外资10.04亿美元，同比增长7.8%。

【积极引进服务外包项目】 积极配合广东金融高新区做好服务外包项目的引进工作，落实市与广东外语外贸大学签订的战略性合作框架协议，先后举办3场全市服务外包业务培训班。引进包括富士通数据中心、IBM外包基地等多个世界级的服务外包项目，大大提升佛山市服务外包的整体水平，第三产业实际吸收外资占吸收外资总额比重达48.92%。

（夏军强　刘子亮）

口岸管理

【综述】 2010年，佛山市口岸工作以“把握机遇、突出重点、提升服务、科学发展”为工作目标，着力抓好口岸通关环境建设及口岸协调管理，为招商引资和外贸进出口营造安全畅通、优质高效的通关环境。口岸货运量首超2000万吨大关。全市口岸进出口货运量达2142万吨，同比增长9.4%；出入境超过100万人次。

【积极推进电子口岸】 海关、国检、国税、外管等单位积极应用电子口岸项目，实现跨部门、跨行业的联网数据核查。全市的主要口岸实现口岸物流监管与服务的智能化。佛山电子口岸平台的港口社区等系统广泛应用，电子口岸的用户数量已达到3000多家，电子口岸已成功为用户传输船舶申报数据1.77万航次，集装箱及查验数据150万条。港口社区系统在三山港应用，码头作业每天可节省2小时，跨境电子报关平台项目在世博会智能城市论坛中荣获香港智能城市大奖创新应用奖项。

【加快保税物流建设】 国通物流城申报保税物流中心（B型）正式上报至海关总署。启动九江综合保税区申报前期调研，协助中国社科院开展九江综合保税区的规划调研工作，完成可行性报告的调研。

【加强口岸协调服务】 积极开展口岸共建活动，协调落实，确保亚运期间口岸安全畅通。合理规划，拓展佛山市口岸发展空间。提出禅城区二类口岸的整合方案，全市的二类口岸清理整顿方案已全部上报；召开现场协调会议使得高明食出码头增加了集装箱装卸业务；针对美的集团开拓海外市场需要计划开通顺德至港澳的直升机航线的问题，积极沟通，落实工作责任力促项目落实。

（杨剑梅）

海　关

【综述】 2010年，佛山海关深入学习和实践科学发展观，以“创新、优化、强基、内控”为目标，紧贴佛山区域经济发展思路，进一步优化海关监管和服务，着力推进大监管体系建设，促进佛山区域经济平稳较快发展。佛山海关全年监管进出口货物2142.05万吨，进出口货值462.31亿美元，同比分别增长9.4%和33.1%；征收关税164.8亿元，同比增长30.3%。

【海关税收征管】 佛山海关深化综合治税，加强税收征管，以完成税收任务为己任，主动作为，向管理要税，向质量要税。切实加强税收监控和考评，坚持税收旬统计、月分析、季评估制度，加强对关区主要税源商品分析。严格减免税审批和后续管理，加大加工贸易内销征税、海关归类审价、稽查补税力度。完善第三方网上支付模式，引导企业由“纸本总担保”向银行网上支付担保转变。网上付税继续高速增长，累计网上付税95.66亿元，同比增长1.2倍，占广州关区网上付税总额的35%，网上支付使用率接近60%。

【优化通关监管】 切实加强正面监管，以规范“两废”监管为切入点，加强基础建设，统一规范执法行为，狠抓各项监管制度的执行和落实，关区整体监管水平得到提升。整顿和规范监管场所，充分运用闭路电视等监控系统，加强对查验场所和查验环节的监控，监管有效性不断提高。落实关区分类通关改革试点实施方案，佛山海关驻禅城办事处作为广州海关进口分类通关改革首批试点单位，积极开展进口分类通关改革试点工作，有效提升企业通关速度。积极推进协勤武警长效机制建设，科学配置驻点兵力，全面提高与协勤武警在通关监管和打击走私工作上的协调配合能力，做好“三共八同”工作。加强关警融合，不断提高反走私工作整体执行力和战斗力，积极开展打击出口骗退税百日专项行动，加大打击毒品走私力度，佛山海关驻顺德办事处查获利用人体藏毒走私263克盐酸海洛因毒品案，是广州海关查获的首宗水路客运人体藏毒案；佛山海关驻南海办事处查获出口走私毒品“尼美西泮”66万粒，是广州海关近年来在货运渠道查获的第二起重大涉毒案件。围绕分类通关改革，做好企业分类管理工作，准确评估企业资信情况，为分类通关打好基础。

【助推经济发展】 佛山海关坚持优质高效服务，积极协调指导佛山关区行政审批、口岸整合、保税物流等项目推动和落实。配合地方政府积极开展特殊监管区域前期调研，重点跟进和支持广东九江综合保税区科学、合理地申请设立特殊监管区域，指导国通物流中心完善配套设施建设，引导其充分发挥产业集聚和保税物流网点的辐射效应，推进加工贸易转型升级。协助佛山市政府落实 CEPA 示范城市和创建全国精神文明城市工作，以佛山电子口岸建设为抓手，大力支持佛港澳物流公共信息平台建设，促进佛港澳区域经济合作。支持地方口岸改造与扩建工作，促进口岸物流健康稳定发展。支持顺德了哥山口岸搬迁、北滘港二期工程建设及高明食出码头改建工作，促进地方口岸升级。为企业提供量身服务，支持企业做大做强，支持美的集团公司在本部设立直升机直飞港澳临时监管点，配合奇美公司业务整合计划拟定海关服务方案，帮助企业实现联网监管。建立与地方政府定期沟通机制，通过《佛山海关工作动态》、《佛山公平贸易简报》等形式，围绕佛山市“四化融合，智慧佛山”发展目标，加强统计分析与监测预警，为地方政府领导提供决策参考。

（陈凯燕）

检验检疫

【综述】 2010 年，佛山出入境检验检疫局以“以质取胜‘创先争优’”活动为主线，积极做好亚运会有关检验检疫的筹备工作，扎实开展“质量提升”活动和 “三扶持”工作，努力促进外经贸战略转型，全力以赴维护地方经济稳定发展，全年共受理出入境货物报检 17.9 万批，总值 72.88 亿美元。

【做好卫生防控工作】 一是加强口岸卫生监督，做好口岸医学媒介的监测防控工作。对各口岸开展蚊类、蜚蠊类、蝇类和鼠类的监测调查共 81 次。二是做好卫检实验室监测工作，在佛山火车站口岸增添两台通道式辐射检测仪，配合之前安装的热成像仪，实现对旅客的无打扰快速通关。对亚运大家庭持证人员增设绿色通道，确保广州亚运会出入境人员、物资安全、快速通关。

【加强动植物及其产品、食品的检验检疫监管工作】 一是严格执行国家质检总局、广东检验检疫局的相关规定，加强从业人员培训、单证核查等工作，进口肉类经入境口岸现场查验合格后运到指定冷库，并按规定抽样进行相应的检测。二是着重提高进口水果安全水平，对来自敏感国家的进口水果实施预报，加大现场开箱查验力度和抽样量，从进境水果中截获有害生物 138 种。三是认真落实“协同查验、严格监管”的原则，从进口的约 0.4 万吨小麦中检出检疫性杂草 2 种（硬雀麦、法国野燕麦）。对敏感国家或地区、敏感产品加大抽样量及检测项目。对出口食品通过采取抓重点货物、重点部位、重点环节的措施，提高检验检疫把关工作的有效性，加快验放速度。

【切实做好检验检疫监管模式改革】 一是大力推广应用出口商品合格评定体系。对辖区内 55 家陶瓷、玩具和木制品及家具生产企业、148 家机电产品生产企业、145 家轻纺产品出口企业和出口量较多的 9 家化矿产品出口企业实施分类管理评审。大力扶持诚信等级高、质量效益好、自主创新能力强的企业，逐步建立科学有效的出口商品监管体系。二是促进申报主体的多元化，推进集中申报，简化全申报随附单证和受理申报审核工作程序，优化全申报计算机管理系统。逐步扩大出口货物直通放行范围，积极探索无纸化报检业务模式，建立检验检疫无纸化通关工作机制，进一步优化直通放行工作机制。三是对出口企业实行出口前的备案制度，对出口产品实施“备案检测 + 抽批检测 + 体系监管”的检管模式。对 49 大类机电出口产品进行型式试验或备案检测，对新增的 8 家生产出口木制品及家具企业实施注册备案和产品备案，对出口玩具抽取 23 种原料及 20 种成品进行检测验证，对出口陶瓷继续加强备案制度，出具备案书 659 份。

【进一步提高服务外贸发展的有效性】 一是充分利用检验检疫的人才、技术、信息优势，组织开展国外新技术指令、法规、警示和召回案例、贸易壁垒信息及应对办法、国际国家标准及其检测方法等方面的培训。上半年共组织免费培训35次，培训企业44家，召开质量分析会议13次，参与企业120家。二是认真分析辖区内出口企业的类型和特点，提高原产地证政策宣传的有效性和针对性，帮助企业获得关税减免优惠。签发各种原产地证书3.5万份。三是结合“质量提升”活动继续深化“三扶持”工作，针对企业面临招工难、原料价格波动和汇率波动等多种困难和压力，分类别实施推进或深化改革，把新标准新法规具体到在生产环节中解读和运用，使企业直观地理解输往国技术法规和指令要求，增强产品的竞争力，扩大出口。

【实施“科技兴检”战略，加强科技信息化建设】 2010年组织相关科室申报广东局制标3项、科研项目7项（其中获批2项），组织承担广东检验检疫局科研项目1项，国家质检总局项目1项。向广东检验检疫局推荐2名技术人员为广东局仪器设备专家、推荐国家质检总局实验室仪器设备专家3名。科研、TBT和全国首届检验检疫报告会等共发表论文7篇。

【完善工作质量管理长效机制，加强政务效能建设】 修订《佛山检验检疫局岗位责任制》，在全局范围内推行“一岗三责”，结合本单位职能和业务范围制作工作手册，将检验检疫工作质量、党风廉政建设以及安全生产和保卫三项重点工作职责分层次落实到每个工作岗位，确保任务到岗、责任到人。

【加强实验室建设，提升检测技术实力】 积极与国外政府机构、检验认证机构、物流公司等开展业务合作，扩大检测范围，提升检测能力。顺利通过CNAS的复评审和扩项评审，认可商品类别由98类增加至167类，认可项目由414项增加至1662项。努力建设具有核心竞争力的检测技术公共服务平台。积极做好“水接触材料”认证检测的各项准备工作。

【全力以赴做好亚运会有关的检验检疫工作】 建立应急组织体系和应急预案体系。制定《2010年广州亚运会佛山赛区检验检疫实施方案》，修订《佛山检验检疫局突发公共事件总体应急预案》。在佛山火车站口岸增添通道式辐射检测仪、超低温冰箱和高压蒸汽灭菌器等设备。加强演练和培训。进行对反恐袭击相关工作的培训与演练、以“旅客携带含放射性元素的疑似爆炸物品通关”为背景的亚运安保反恐联合演练、“粤港直通车沿线口岸突发公共卫生事件处置联合预演练”、防生化恐怖事件等多项目演练。

（杨　珊）

财政税务

财　政

【综述】 2010年，佛山市各级财政部门深入贯彻党的十七届五中全会精神，以科学发展观为统领，紧紧围绕市委、市政府“四化融合，智慧佛山”的决策部署，狠抓增收节支，积极打造民生财政，推进基本公共服务均等化，促进经济发展方式加快转变，深化财政改革，强化财政监督管理，圆满完成了财政工作任务，财政运行情况良好。2010年，全市财政实现收支平衡，并有结余。全市地方财政一般预算收入完成306.05亿元，比上年增长20.16%；全市一般预算支出完成363.35亿元，比上年增长36.09%。

【狠抓增收节支，圆满完成财政预算任务】 2010年，在各项政策的刺激下，佛山市基本形成了“持续回暖、率先突围”的良好经济运行态势，但同时也面临着国家各项结构性减税政策等减收因素。佛山市各级财税部门积极采取应对，坚持实行财税收入首长责任制，实施综合治税新机制，加强非税收入征管，促进了全市财政收入总量跃上新台阶，实现了“三个新突破”：一是来源于佛山市的财政收入总量突破1000亿元，达到1040.15亿元；二是全市税收总额突破800亿元，达到809.87亿元；三是全市地方一般预算收入总额突破300亿元，达到306.05亿元。与此同时，通过加强经费节约考核，严格预算编制，加强支出管理，以及积极配合做好市直公车改革的相关工作，厉行节约，严格控制一般性行政经费支出，切实降低行政运行成本。

【推进基本公共服务均等化，积极打造民生财政】 坚持民生为重的理念，加大财政对民生事业的投入，推进基本公共服务均等化，加快构建幸福佛山。一是起草《佛山市基本公共服务均等化发展规划（2010～2020年）》（送审稿），为进一步推进佛山市基本公共服务均等化提供行动纲领。二是加大财政对民生事业的投入。全市财政一般预算用于民生方面支出213.42亿元，比上年增长40.67%，占一般预算支出的59.3%。通过加大投入，落实教师工资福利待遇“两相当”以及扶贫助学，推进教育均衡、公平发展，率先成为全省地级市中推进教育现代化的先进区域；落实城乡基本公共卫生服务，实施国家基本药物制度，深化医药卫生体制改革；落实第16届亚运会佛山分赛区专项经费，着力打造以祖庙百年修缮、佛山市公共文化综合体建设为代表的文化项目，推进岭南文化名城建设；加快农业产业化，实施农田整治、基本农田保护、政策性农业保险扩面以及公共基础设施延伸到农村等工作，推进城乡一体化发展；实施新型农村养老保险制度，落实老年人高龄津贴，提高企业离退休人员待遇水平，扩大失业保险基金支出范围，进一步提高社会保障水平；加强保障性住房建设，进一步解决中低收入家庭“住房难”问题；落实援建和扶贫资金，促进欠发达地区经济社会发展。

【发挥财政职能作用，促进经济平稳较快发展】 集中财力保障基础设施建设，发挥资金的导向作用，支持产业结构调整，认真落实积极的财政政策，积极应对国际金融危机，为佛山市经济平稳较快发展发挥了积极的作用。一是大力支持铁路、公路、轨道以及东平新城、“三旧”改造等重点项目建设，提升城市现代化水平，促进广佛同城发展和广佛肇经济圈建设。二是发挥财政资金的导向作用，推进产业和劳动力“双转移”，支持产学研合作、科技孵化基金、高新区发展，促进企业自主创新、节能减排，重点扶持战略性新兴产业、信息产业和文化产业，推动产业结构调整，加快经济方式转变。三是加快兑付补贴工作，确保“家电下乡”、“汽车、摩托车下乡”、“家电以旧换新”、“汽车以旧换新”等工作顺利实施，刺激消费，扩大内需；落实各级减免税费政策，并通过地方财政贴息、扶持担保体系、鼓励上市融资等方式，帮助企业渡过难关；拨付中小企业国际市场开拓和服务外包扶持资金，助推进出口贸易发展。四是围绕《佛山市落实 CEPA 示范城市实施方案》，搭建佛、港、澳三地会计行业交流合作平台，着力推介佛山市经济环境，促进了佛、港、澳三地的经贸合作。

【深化财政改革，完善公共财政管理体系】 围绕公共财政管理体系中的预算编制、绩效管理、国库支付、资产管理等重要环节，深化推进各项财政改革。一是支持顺德区开展综合改革试验工作，理顺区、镇之间的财政分配关系，增强镇（街）经济社会发展活力。二是市区两级全面铺开绩效预算改革，扩大了纳入绩效评审的资金范围，试点财政专项资金竞争性分配并积极探索建立财政绩效问责制度。三是深化国库管理制度改革。市级全面推行公务卡结算制度改革，铺开财务核算信息集中监管改革，启动预算执行动态监控改革，同时积极推动各区开展试点工作。四是稳步开展行政事业单位资产管理改革，进一步提升资产信息化管理水平。五是推进政府采购改革，在全市推广应用电子化政府采购管理交易平台，研究加强镇（街）级政府采购管理。六是推广“一站式”服务的非税 POS 机刷卡收费模式，在加强“收支两条线管理”的同时，解决了群众缴费难的问题。

【严格财政监管，保障资金安全运行】 严格加强财政监管，逐步建立起事前、事中、事后相衔接，日常检查、专项检查和重点检查相结合的财政监督体系，切实保障财政资金安全运行。一是在社会团体和国有及国有控股企业中深入开展“小金库”专项治理。二是加强债务监管，防范财政金融风险。三是制定《关于加强我市社会保险基金监督管理的有关问题的意见》，把市社保基金预决算的编制范围从省规定的城镇职工五大险种扩大到包括“新农保”、居民医保等社保基金，进一步加强社保基金管理。四是加强财政内部监督检查，同时强化财务总监管理，加强预算执行分析，做好财政性投资基建工程造价评审工作。五是对佛山市 2007 ～ 2009 年度强农惠农专项资金安排使用情况进行全面清查，确保各项强农惠农政策落到实处。六是积极稳妥地推进财政信息公开，主动接受人大和社会公众监督。

（黄长明）

国家税务

【综述】 2010 年，佛山市国家税务局按照确定的全年工作重点，全系统坚定信心，主动出击，克服全球金融危机后续影响等不利因素，圆满完成了各项税收收入任务。全年共组织税收收入 509.81 亿元，历史性突破 500 亿元大关，同比增长 21.4%，增收 89.88 亿元，超额完成了省国税局和市政府下达的税收收入任务，各区国税局税收收入增幅均在 10% 以上，最高达到 50%，为各级政府“调结构、保民生、促发展”提供了坚强的财力保障。全年办理出口退（免）税 209.25 亿元，同比增长 21.6%，为佛山市出口经济发展注入了强大动力。

【发挥职能作用，税收收入规模再创新高】 一是强化数据分析。全系统进一步完善了税源监控分析机制，采取市局、区局、分局三级联动、信息共享，精确的数据分析结果成为指导全系统组织收入的重要依据。二是加强组织领导。领导干部真抓实干，一线征管人员积极作为，组织收入工作质效显著提高。三是做好沟通协调。强化与各级地方党政的沟通，成功与相关部门建立涉税数据交换机制，形成齐抓共管、综合治税的局面。四是抓好以管促收。全系统立足征管，强化措施，积极以管促收。

【实施征管创新，征管质效再上新台阶】 征管工作实现突破性发展，为进一步实施税源专业化管理打下坚实基础。一是实施税收管理员制度改革。调整基层征收单位37项工作职责，首开全省基层单位税收管理员制度改革先河，同时还修改完善税务管理流程，保证管理员制度改革的顺利实施。二是开发税源与征管状况监控分析一体化平台。组织业务骨干集中攻关，成功开发具有7大功能模块的税源监控分析平台，全局的信息管税迈入新起点。三是各税种管理更加精细。各税种管理部门、各区国税局根据自身工作特点，创新多项管理制度，深入推进专业化、精细化管理。

【丰富服务手段，纳税服务不断优化】 全方位、多渠道为纳税人提供优质高效的纳税服务。一是依托信息技术，强化网上办税功能。在全市推广了网上预申请功能项目，降低了纳税人的纳税成本；在全省率先推行网上打印电子缴(退)税凭证试点。二是升级改造原有服务产品，最大限度满足纳税人日益增长的合理需求。整合"12366"纳税服务咨询热线，建立纳税人宣传需求分析运用机制，统一规范全市办税服务厅功能分布、窗口设置、办税标识；将办税服务时间承诺纳入税务流程管理，提升纳税服务规范度。三是拓展服务渠道，创新推出多种服务方式。试点推广应用ATS自助办税服务系统，为纳税人提供全天候、综合性的自助式办税服务模式，得到省国税局的高度评价；整合推广应用"免填单"功能，进一步缩短纳税人上门办税的时间；编写《办税服务厅表证单书填写范本》，方便纳税人参考使用。此外，各区国税局也因地制宜地推出纳税服务新措施。

【坚持多管齐下，依法治税水平显著提高】 内外并举、多管齐下，提高税收法治水平。对内，强化检查监管，提升人员执法规范度。将各项专项检查整合到税收执法检查中，将执法检查延伸到企业，提高检查的精度和准度；建立健全各项规程，编写案例文集，保证执法行为有规可依，有例可循。对外，加大打击税收违法行为和税法宣传工作力度，提高纳税人税法遵从度。一是通过锁定重点稽查目标、强化稽查任务考核、创新稽查案件初查机制等措施，2010年共查处451户，完成稽查查补收入5.83亿元，其中，稽查直接查补收入达4.15亿元，占查补总额71%；二是联合公检法等单位，查获虚假发票923万份，整顿了经济秩序；三是充分运用传媒、税宣教育基地、行业协会等平台载体，坚持"普法宣传与分类辅导相结合、日常宣传与集中宣传相结合、统一部署与因地制宜相结合"，健全税收宣传长效机制，使纳税人税法遵从度不断提升，2010年全市A级纳税人达到2500户，比2008年翻了一番。

【选准着力点，干部队伍管理的长效机制更加健全】 一是加强领导班子建设。针对禅城、南海、顺德三个区局机构升格，开展区局正科级领导班子成员选拔任用工作，调整了五区局领导班子；组织对三水区局领导班子及其成员进行巡视回访，优化区局班子配置。二是探索建立科级领导干部岗位素质结构模型和人才测评中心。拓宽人力资源管理手段，改进人才培养激励机制，探索人力资源管理新模式，激发队伍活力。三是全面开展分层分类相结合的教育培训。重点抓好领导干部、基层干部和专业人才三支队伍的培训；积极探索内部师资队伍的建设，组织师资队伍培训；创新教育培训方法，开设佛山国税网校。2010年全系统共有17个单位和18个个人获得市、厅级以上表彰。四是狠抓党风廉政建设。建立市局、区局和分局三级联动内控机制体系，实现风险防范与业务管理紧密融合；制定领导干部问责制、税收管理员监督管理、行政管理权过程监督等办法和规程，规范基层分局纪检监察员设置，落实稽查案件"一案双查"工作机制，加强对重点部位或薄弱环节的监督，形成较为完备的廉政制度体系；认真组织"纪律教育学习月"活动和开展各种廉政文化活动，廉洁自律意识深入人心。

（市国税局）

地方税收

【综述】 2010年，佛山市地税局以文化建设为主旋律和突破口，用文化凝聚队伍、推动管理、支撑服务、塑造形象，税费收入任务圆满完成，社保费全责征收上线目标全面实现，社会综合治税取得突破性进展，自助办税服务走在全省前列，政风行风建设硕果累累，2008 ~ 2010 年 3 年规划目标圆满实现。全市地税部门共组织地方税收收入 261.8 亿元，同比增收 38.7 亿元，增长 17.3%。非税收入 209.3 亿元，同比增收 83.9 亿元，增长 66.9%。其中：社保费收入 176.7 亿元，同比增收 65 亿元，增长 58.2%。

【全面启动地税文化建设】 制定实施地税文化建设 2010 ~ 2012 年 3 年规划，选取 7 个基层试点单位先行探索，通过“我心中的地税文化”大讨论、主题演讲比赛等主题活动，以及禅城区局“佛山地税文化大家谈”沙龙、南海区局 EAP（员工帮助计划）项目、三水区局“三水 e 家”文化社区、高明区局红色文化等各类文化建设实践平台，大力宣传“求实、创新、崇德、和谐”的核心价值观和“地利税通、乐业有为”的价值追求目标，使地税核心价值理念逐渐深入人心。在文化无形力量的影响下，地税队伍呈现出团结进取、干事创业的勃勃生机，队伍整体执行力不断提升。

【贴心服务地方经济社会民生】 充分发挥地税职能，落实政策，建言献策，有力促进佛山市加快经济发展方式转变和民生事业发展。围绕市委、市政府“四化融合，智慧佛山”，“三着力一推进”等重大决策部署，严格执行节能减排、自主创新、促进就业和中小企业发展等税收优惠政策，全年减免税收共计 4.5 亿元；历时 3 个月，圆满完成佛山市第三产业发展调研，得到市长李贻伟多次表扬，同时，李贻伟指示在制定佛山市第三产业发展规划时要以该报告作为参考；首次到市委党校面向各级党政官员开设税法专题讲座，召开全市建筑业、零售业和女企业家商会等地方税收座谈会，及时为各级党政、广大企业提供税收政策前置服务。

【稳步提升税费精细化管理水平】 牵头召开全市综合治税工作第一次联席会议，协助搭建综合治税信息交换平台，2010 年，平台共收到 29 个单位 566 万条涉税信息。制定完善纳税评估工作规程、评估员制度实施办法等配套制度，积极开展专项评估与全市集中交叉评估，全年累计评估入库税款 10 亿元。逐步推广发票在线应用系统，成功开出全省首张新版电子发票。不断拓宽征管信息应用范围，搭建完毕税源管理综合应用平台主框架。高明、三水、南海、顺德四区社保费全责征收业务分别于 4 月、8 月、9 月、11 月实现平稳上线，全市五区圆满完成社保费全责征收上线任务。此外，村居大社保补缴业务、残疾人就业保障金地税代征业务等规费工作均按时按质完成。

【多元化纳税服务领先全省】 全年新建 15 个 24 小时自助办税服务厅，设置 133 台自助办税服务终端，“同城通办、多网点、全天候”的自助办税版图逐步覆盖全市。率先在全省开发应用自助办税服务系统，新增“个人所得税完税证明”自助打印等多项功能，在全国首创社保费缴费明细自助打印及社保费个人信息网上查询服务，在全省地税系统率先组建法律援助中心，成立首个“纳税人之家”，多元化纳税服务格局基本形成。

【不断优化税收法治环境】 调整全市土地增值税预征率和核定征收率，制定《印花税核定征收管理办法》，稳妥接管契税和耕地占用税征管职能，规范政策管理。以提前介入、源头化解等方式做好税务争议预防和调解工作，成功化解 2 宗涉税诉讼。先后挂牌成立全市各级地税与公安联合执法办公室，税警联手打击防范发票违法犯罪活动，收缴假发票 77 万份。

【廉政建设和内部管理取得新绩效】 认真学习贯彻《廉政准则》，健全内审工作制度，坚持制度防腐；升级改版莲源教育网站，推出“廉政文化长廊”，坚持文化防腐；应用广东地税惩防体系信息管理系统，坚持科技防腐。2010 年，全市地税系统没有发现一起重大违法违纪行为，南海区局纳税服务局成为全省地税基层站所政风行风建设唯一示范点，党风廉政建设开创新局面。平稳试点上线全省统一工作平台，成功开发运行全省地税首个机关后勤自动化管理系统，切实做好世博会、亚运会期间信访维稳工作，全年实现零差错、零事故，政务事务管理水平实现新提升。

（姚友谊）

金　融

银行业

【综述】 2010年，国民经济企稳回升、总体向好，经济运行朝着宏观调控预期方向发展。佛山市金融机构严格按照国家统一部署，认真贯彻执行适度宽松货币政策，辖区各项存款稳定增长，各项贷款增速强劲，现金收支呈现净投放，金融机构经营效益明显提升，改革创新加速发展，金融对地方经济的支持力度进一步增强。

【存款保持稳定增长，增速有所放缓；贷款保持较快增长，结构更趋合理】 2010年末，佛山市金融机构本外币各项存款余额8462.33亿元，比年初增加1251.19亿元，增幅17.35%，同比少增246亿元，增幅同比下降4.15个百分点。其中：人民币各项存款余额8335.04亿元，比年初增加1230.66亿元，增幅17.32%，同比少增267.67亿元，增幅同比下降4.6个百分点；外汇存款余额19.22亿美元，比年初增加3.58亿美元，增幅22.93%，同比多增3.73亿美元，增幅同比上升23.71个百分点。佛山市金融机构本外币各项贷款余额4868.99亿元，比年初增加767.02亿元，增长18.70%，同比少增335.22亿元，增幅同比下降10.56个百分点。其中：人民币各项贷款余额4749.09亿元，比年初增加817.22亿元，增长20.78%，同比少增173.66亿元，增幅同比下降5.59个百分点；外币各项贷款余额18.10亿美元，比年初减少6.81亿美元，降幅27.33%。

【现金收支呈现净投放】 2010年，佛山市金融机构累计现金支出8929.05亿元，同比增加1478.31亿元，增幅19.84%；累计现金收入8894.49亿元，同比增加1430.35亿元，增幅19.16%；现金净投放34.56亿元，同比多投放47.96亿元。全年现金收支呈现出以下特点：一是储蓄现金流量依然占主导地位。2010年居民理财投资活跃，储蓄资金进出理财产品及证券市场频繁，日常消费品及农产品价格不断上扬，居民日常刚性消费支出增加，导致储蓄存款收支增长。二是经济状况从复苏向稳定发展迈进，经济预期持续向好，企业营业收入增长，个体经营户增加商品库存，导致采购支出增长。三是生产资料价格及工资上涨，导致城乡个体经营的成本支出增加。

【金融支持外向型经济发展力度进一步加大】 2010年，佛山市贸易便利化服务水平进一步提高，经常项目外汇管理改革不断深化。人民币跨境结算业务稳步推进，取得显著成效。至年末，佛山市累计办理跨境人民币结算业务236.77亿元，在全省位居第三，仅次于深圳、广州；不断完善资本流入管理，有序拓宽资本流出渠道，为企业“走出去”提供各种政策支持和服务。2010年，佛山成功办理全国首笔人民币境外放款业务，积极引导、鼓励更多有意向和需求的企业使用人民币进行对外投融资。

【金融体系不断完善发展，金融机构经营效益显著提升】 2010年，佛山地区银行类金融机构总计增加6家，机构数目较2009年的19家大幅增长30%。农村金融机构改革稳步推进，顺德农村商业银行成功实现跨区域经营，并发起设立高明顺银村镇银行、江西丰城村镇银行；南海农信联社已经具备改制为农商行的条件，获省人民政府同意启动改制工作。同时，辖区新型金融组织快速成长。2010年，新成立村镇银行2家，财务公司1家，小额贷款公司3家。全年佛山市金融机构累计实现本外币账面利润144.14亿元，较上年增长44.73亿元，增幅45%，增幅同比上升41.07个百分点。其中：农村信用社本外币账面利润5.17亿元，同比大幅上升109.45%；四大国有商业银行本外币账面利润90.78亿元，增幅36.49%，增幅同比上升33.04个百分点。

（杨宽红）

证券业

【企业上市工作稳步推进】 2010年佛山市共有5家企业发行上市：4月12日，德宝地产在新加坡成功挂牌上市；6月23日，中国联塑在香港成功挂牌上市；7月13日，盛路通信在深圳证交所上市，这是三水区首家成功上市的企业；7月16日，国星光电成功登陆深圳证交所中小板；9月6日，亚洲陶瓷控股有限公司在英国伦敦证券交易所创业板挂牌上市，成为国内首家在伦敦上市的陶瓷企业。至年底，全市上市公司数量达到27家，其中国内上市16家，香港上市7家，新加坡上市3家，伦敦上市1家，合计融资超过290亿元。

【证券期货市场稳步发展】 证券业方面，2010年，全市新增湘财证券营业部、东兴证券等营业部，辖区券商营业部达到47家。全市2010年证券交易成交总额（不含权证）为16377亿元，与上年相比增长4%，与2005年925亿元交易量相比，大幅增长近16倍，成交总额占全省15.6%，会员手续费收入达18.2亿元，实现营业税8867.6万元；期货业方面，2010年佛山市新增盛达期货等营业部，期货营业部数量达到13家，成交规模与上年基本持平。“合理布局、保质保量，稳抓稳打、努力创新”成为2010年佛山市场证券期货业金融机构的主要特点。

【全面提升证券期货发展环境】 一是举办辖区地方证券业协会工作座谈会。广东证券期货业协会于2010年11月18日在广东阳江召开辖区地方证券业协会工作座谈会。为贯彻落实中国证券业协会《关于进一步加强证券公司客户服务和证券交易佣金管理工作的通知》和《关于发送〈证券营业部客户服务和证券交易佣金自律管理检查工作方案〉的通知》的精神，建立地方协会的沟通联络机制和省协会与各地方协会的工作合作机制。

二是组织会员单位集体交流活动。8月18日召开协会中期理事会，主要总结概括了上半年佛山市场有关手续费率竞争的问题；审议通过了两项协会日常工作制度：协会投诉协调机制和会员单位参与重大社会活动登记制度。同时，协办佛山市2010年第五届理财文化节，积极将新加入佛山市场的证券期货营业部纳入协会等。

三是加强投资者教育工作。佛山协会组织辖区内会员单位学习《关于进一步加强投资者教育、强化市场监管有关工作的通知》、《中国证券业协会会员投资者教育工作指引（试行）》、《关于开展投资者教育和风险揭示工作的方案》等相关文件，增强其开展投资者教育工作的自觉性和主动性。

四是强化行业自律管理。组织辖区会员单位学习《广东证件局关于做好证券投诉和纠纷处理工作的通知》，引导辖区证券期货经营机构主动承担处理投诉纠纷的职责，自觉维护证券期货市场的正常秩序。认真组织辖区会员单位学习相关文件，自觉承担处理投诉纠纷的职责；做好对投资者、上访人员的解释、劝导和安抚工作，将问题解决在当时、解决在当地。

五是全力维护资本市场稳定运行。2010年继续开展金融系统的反洗钱工作。为全面推进佛山市金融机构反洗钱工作，参与人民银行组织的“佛山市反洗钱联席会议办公室联络员工作会议”，并根据会议要求，组织证券期货业协会会员单位成立“反洗钱工作领导小组”，设立反洗钱工作岗位，指定专人具体负责反洗钱工作，并量化工作内容，确保反洗钱工作扎实有效开展。

（曾昭武）

保险业

【综述】 2010年度佛山保险业在广东保监局、佛山市委、市政府的正确领导下，积极开拓佛山保险市场，保费收入稳健增长；自觉依法合规经营，各项监管制度、监管规定得到有效执行，各项经营指标排名在全省前列。全年佛山保险业共计完成保费收入142.31亿元，同比增长20.5%，其中产险保费收入43.27亿元，同比增长28.32%；寿险保费收入99.04亿元，同比增长17.28%，保险业的业务增长质量和效益进一步提高。

【依法合规经营，市场经营秩序良好】 2010年佛山有保险主体44家，其中产险20家，寿险24家，产寿险营业网点417间，遍布全市五区乡镇。专业中介机构119家。在激烈的市场竞争中，各经营主体能自觉依法合规经营，实行行业自律，共同维护行业利益，“三高一低”的恶性竞争行为基本得到遏制，广大保险从业人员实现了持证上岗，能正确引导保险消费者理性消费，推荐适合投保人的保险产品。各主体之间和谐发展，差异化服务，基本形成公平竞争的市场格局，广大人民群众从中得到更多实惠和便利，保险的社会管理和保障功能作用得到进一步加强和提高。

【创新服务方式，加快提高售后服务水平】 各保险主体为了争取客户，提高市场份额，加快自身发展速度，须改善和创新服务方式，通过提升保险理赔服务水平，来争取客户赢得市场：一是认真贯彻执行“机动车保险理赔服务标准”、“人身险服务标准”，制定和完善时效管理，进一步规范理赔行为，认真履行承诺，笃守信誉，不惜赔、不滥赔；二是联合公安部门、佛山市价格事务所有限公司，建立了佛山市机动车道路交通事故快速处理电话服务中心，该中心电话直接与公安局“110”对接，可以直接派交警处理交通事故和指引保险理赔，该中心还建立了网上平台，保险公司可以适时查看事故发生的有关情况，极大地推进了保险公司处理交通事故的质量和效率，深受广大车主的欢迎，营造了和谐的社会；三是坚持“以人为本，客户至上”的服务理念，加强科学管理，简化理赔流程，务实的工作作风、贴心的售后服务，加快提升服务大众服务社会的能力；四是完善保单和保险理赔网上查询制度，客户可以及时查询保单信息和保险理赔进度；五是加快理赔查勘速度，广泛使用3G网络传输受损信息；六是全面执行理赔单证电子化，定损及审批流转E化的案件流转过程，突破物理案卷流转的“时效瓶颈”，极大加快理赔服务速度和效率；七是全面执行保险赔款网上实名全额支付，为客户提供快捷、安全高效的理赔服务。

【加强自身诚信建设，发挥保险功能作用，积极承担社会责任】 佛山保险业加强自身诚信建设和保险从业人员职业道德教育，全行业保险销售人员实行资格证上岗制度，推荐符合客户需求的保险产品，认真解释保险条款，诚信经营；积极参与佛山平安建设，维护金融市场稳定；积极支持和配合公安交警部门打击骗保骗赔的违法犯罪行为，净化佛山金融市场环境。

发挥保险功能作用，服务佛山经济发展。一是加快保险产品创新，适时推出符合市场需求的保险产品，满足不同层次、不同群体的保险需求；二是对原有的传统保险产品进行改进和创新，力求实现产品品质的提升，改进后的条款更通俗，更容易理解，更符合广大消费者日益增长的保险需求；三是发展“三农”业务，开办了农村住房保险、能繁母猪保险、水稻保险等支农惠农业务；四是服务医改，与社保局等政府部门合作积极参与医疗保障建设，成功运用保险的社会管理功能，服务广大群众，提高医疗保障水平；五是大力支持市政建设，为佛山道路交通和市政建设提供巨额风险保障。

（莫有芝）

审计·技术监督

审　计

【审计成果】 2010年，佛山市各级审计机关共审计（调查）177个单位。审计查出主要问题金额30.31亿元，其中：违规金额1597万元，管理不规范金额30.14亿元。审计查出问题处理处罚应上缴财政金额1386万元。通过审计，为国家增收节支3162万元。全年共出具审计报告和专项审计调查报告177份，提交审计专题、综合性报告和信息简报78篇，其中党政领导和有关部门批示、采用47篇次。向被审计单位提出审计建议541条，被采纳427条。被审计单位根据审计建议制定整改措施29项，建立健全重要规章制度4份。

【财政审计】 佛山市审计机关构建财政审计大格局，加强对财政资金运行过程的审计监督，在防范风险、保障安全、提高财政预算管理水平方面取得明显成效。全年共审计（调查）79个单位，查出管理不规范金额24.75亿元，上缴财政金额2699万元。在财政审计中，不断拓宽监督范围，促进健全预算管理制度和政府性债务资金审批制度；推进财政内部控制管理系统审计，促进健全市本级财政资金国库支付的控制管理办法，完善区级国库支付系统的权限制衡机制；开展部门预算执行绩效审计，促进深化财政绩效预算和预算信息公开；深化财政审计结果运用，连续四年向社会公开预算执行审计情况，首次向社会公开审计整改结果，增强了财政审计工作成效。

【固定资产投资审计】 佛山市审计机关突出对重点工程建设项目的审计监督，促进加强建设项目管理，提高政府投资效益。全年共审计（调查）29个项目，涉及项目投资金额144.27亿元，查出管理不规范金额1.43亿元，审计核减或节约投资金额628万元。重点对6个重大交通建设项目提前介入实施跟踪审计，及早揭露建设项目存在的问题，审计报告得到市领导重要批示。圆满完成对口四川省汶川县水磨灾区援建项目的审计任务，保障实现优质援建工程、廉洁工程，被《中国审计报》（2010年第1622期）头版报道。在审计中，同步推进工程建设领域突出问题专项治理工作，综合分析审计发现的问题，向市政府提交了4份专题报告，促进健全建设项目资金的监管制度。

【经济责任审计】 佛山市审计机关共对23名领导干部开展了经济责任审计，查出违规金额951万元，管理不规范金额2548万元，促进领导干部依法、科学和全面履行职责。在审计中，创新经济责任审计监督方式，以领导干部履行的经济责任为主线，把经济责任审计与预算执行审计、效益审计结合起来，有效拓展审计监督的深度和广度；注重审计监督和干部考察相结合，对佛山市拟提拔任用的100多名副处级以上领导干部，都从审计的角度把好关口，与市委组织部形成干部任前考察联动机制，加大了经济责任审计结果的运用力度。

【专项资金审计（调查）】 佛山市审计机关围绕提升民生社会事业的目标，加强对社会保障、扩内需促进经济增长项目、玉树救灾、“广东扶贫济困日”捐赠款物、亚运会佛山赛区项目资金、“代转公”和“两相当”专项经费等民生领域的专项审计和审计调查，促进各项惠民政策措施落实。全年共审计（调查）44个单位，审计专项资金总额达847.99亿元，查出管理不规范金额3.84亿元。在审计中，做到“边审计、边促进、边规范”，促进健全完善《第16届亚运会佛山赛区协调委员会专项经费财务管理办法》等各项专项资金管理制度；还从制度的层面查找社保基金管理的薄弱环节，提出审计对策建议，促进相关单位出台《关于进一步加强我市社保基金管理的实施意见》，健全佛山市社保基金共同监管机制。

（龙遨海）

佛山市深入对口援建灾区水磨镇，对审计工作进行现场指导，了解审计组的工作进展。

质量技术监督

【综述】 2010年，佛山市质监局在市委、市政府和省质监局的正确领导下，以科学发展观为统领，紧紧围绕佛山市推进“四化融合”、建设“智慧佛山”的新一轮战略部署，认真贯彻落实质监工作“三服务”方针和“五个转变”要求，围绕中心、服务大局，依法行政、严格把关，在促进佛山经济社会又好又快发展的主战场中努力发挥质监部门应有的作用。

【开展质量强市活动】 2010年佛山市78个产品荣获广东省名牌产品称号，至年底，全市共有广东省名牌产品248个；深入开展质量专家义诊活动，派出专家100多人次，义诊企业50多家；扎实推进质量强市活动，成立领导机构，召开专题会议并起草相关配套文件。2010年国家监督抽查佛山市172批次产品，合格率77.9%；省监督抽查佛山市630家企业的730批次产品，合格率80%，市级定期监督抽查共抽检4687家企业生产的5463批次产品，合格率88.5%。

【纵深推进技术标准战略】 佛山市对2008～2010年期间的专利和科技成果等进行梳理，召开全市实施技术标准战略和全市农业标准化工作会议，建立全市实施技术标准战略联席会议制度，制定并实施《构建我市先进制造业标准体系工作方案》。2010年，全市141个产品通过采标确认，完成省局下达任务的104%；13家企业申报创建“标准化良好企业”，3个省级TC落户佛山市，发布联盟标准6项。

【大力营造诚信计量环境】 狠抓机动车安检站监管，重点整治安检站与代办中介勾结变相提价、出具不实检测数据的违法违规行为；检查餐饮企业83家，查处利用计量器具作弊的企业15家，检查定量包装生产销售、液化气充装和加油站等企业383家次，立案查处12家；174家生产企业通过二级、三级计量管理体系确认，比上年增长16%；9家定量包装生产企业通过C标志确认考核，比上年增加3家。

【扎实做好食品生产环节安全监管】 圆满完成供亚运、世博食品安全保障工作；积极妥善应对紫砂煲等突发事件；对38类食品实施专项检查，全市共巡查企业2284家，抽检1076家企业的1582批次产品，合格率91.8%；深入开展应节食品、食品相关产品等专项检查和整治，落实《广佛食品加工环节监管同城化合作协议》，持续抓好小作坊监管。

【狠抓特种设备安全保障工作】 全年共检查使用

单位7725家，发出《特种设备安全监察指令书》2365份，特种设备作业人员考核发证1.94万人。圆满完成亚运会、亚残运会特种设备安全保障任务，涉亚特种设备实现“零故障、零事故”。全年未发生因特种设备原因引发的重特大安全事故。

【进一步加强执法打假工作】 深入开展打击侵犯知识产权和制售假冒伪劣商品“双打”专项行动，依法查处了“毒鱼翅”、“猪肉变牛肉”、“一次性发泡餐盒”等案件，全年共出动执法人员1.1万人次，检查生产、销售单位2538家，立案1443宗，移送公安机关案件5宗，涉案货值达2839万元，捣毁制假窝点118个，销毁假冒伪劣产品货值260万元。

【深入推进节能减排工作】 全市完成能源计量考核企业321家，为200家企业开展用能单位能源计量管理人员培训，完成锅炉能效测试78台，完成了11家企业的“十二五”节能规划报告和23家重点耗能企业2009年度能源自查报告审核。

【大力推进检验检测平台建设】 完成产品检验检测6.06万多批次，检定校准计量器具41.9万台（件），业务量同比增长8.72%。完成国家汽车配件产品质量监督检验中心一期工程基本建设。

（杨明涛）

佛山市扎实推进质量强市活动，依法行政，严格把关，促进经济社会又好又快发展。

旅　　游

旅游发展及建设

【综述】 2010年全市旅游总收入231.3亿元，与上年同比增长12.91%，其中国内旅游收入181.76亿元，与上年同比增长13.49%；国际旅游收入7.25亿美元，与上年同比增长11.26%。全市旅游景区点接待境内外游客2210万人次，同比增长1.38%。城市住宿设施接待过夜游客867.01万人次，同比增长3.72%。全市旅行社接待境内外游客68.52万人，同比增长6.5%。全市旅行社总组团269.48万人，同比增长5.1%，其中组织国内游237.73万人，同比增长5%；出境游31.75万人，同比增长5.74%。旅游直接从业人员4.6万人，接待内外宾客的能力得到了新的提升。

【举办"佛山秋色欢乐节"】 2010佛山旅游文化节同时也是2010广东国际旅游文化节分会场，市旅游局提出《2010佛山秋色欢乐节（2010佛山旅游文化节暨广东国际旅游文化节佛山分会场）活动方案》，协助"佛山秋色欢乐节"组委会，组织各有关部门和五区举办"2010佛山秋色欢乐节"，13天时间吸引了海内外180万人次前来观看；佛山美食欢乐节8天时间吸引55万人次前来品尝；佛山武术文化节举办期间，有海内外3167人参加的大型咏春展示活动，创造了新的世界吉尼斯纪录。各区旅游文化节庆活动精彩纷呈，禅城区举办首届岭南年俗欢乐节、"2010粤剧华光诞民俗活动"等18场大型民俗活动；南海区举办"南海新春休闲欢乐节"与"2010珠三角休闲欢乐节"；顺德区举办"第五届中国岭南美食文化节及第五届顺德私房菜大赛决赛"；三水区举办"第三届中国三水饮品节"；高明区举办2010年畅赏高明绿色欢乐节、首届绿色博览会、首届皂幕登山节和第四届"万人濑粉节"等。

【积极推动大型旅游项目建设，打造名牌旅游景区】

禅城区南庄生态休闲区已完成首期基础设施建设，岭南天地一期工程已于年底竣工，"佛山名镇"的汾宁古道项目已顺利施工，佛山祖庙于10月完成百年大修；南海区成功引进广东中旅旅游投资公司在西岸建设国家级旅游产业园，投资12亿元的"樵山梦工场"武术影视主题公园落户西樵；顺德区省级文物保护单位均安冰玉堂的修缮工程已基本完成，计划将其建成顺德自梳女文化的综合展示馆，杏坛镇完成逢简水乡整体规划，致力建设"岭南周庄"；高明区唐伙旅游生态乐园10月开业，深水步度假村建设加紧推进；三水区芦苞镇通过"省旅游文化技术创新专业镇"验收，首个养生风景区南丹山风景区首期项目"南山雨林"7月开张迎客，芦苞温泉、奥特莱斯世界名牌折扣店加紧建设。

【着力推进农家乐旅游发展】 佛山市制定《关于大力发展农家乐休闲旅游业的指导意见》，打造了一批乡村、休闲旅游示范点。三水区制订出《三水区农家乐休闲旅游业管理实施办法（试行）》以及相关配套文件，发展了20多家农家乐旅游点；高明区出台了《佛山市高明区促进农家乐休闲旅游业发展的意见》，大力推动农家乐休闲旅游项目的规划建设，选定了8个旅游项目作为政府重点扶持农家乐发展项目，荣获"中国低碳旅游示范区"。

【推进品牌企业培育，提升旅游企业实力】 佛山市高星级酒店数量不断增加，全市共有星级饭店99家，其中五星级5家、四星级18家、三星级47家，2010年新增3家四星级酒店，佛山皇冠假日酒店获中国饭店业最高荣誉奖“金星奖”殊荣，佛山恒安瑞士大酒店荣获“中国最佳商务酒店”及“十佳国际酒店品牌”两项中国饭店金马奖。全市共有5家旅行社荣获“全国百强旅行社”称号，新批准成立9家旅行社，全市旅行社总数达80家，其中出境游旅行社14家，非出境游旅行社66家。南风古灶被评为国家4A级旅游景区，西樵山、清晖园、长鹿农庄、荷花世界、三水森林公园、南风古灶6个4A级旅游景区顺利通过了复核；高明海天公司等7家企业成为首批广东省工业旅游示范单位。

【加强宣传促销，提升旅游形象】 参加2010广东国际旅游文化节花车大巡游和2010广东国际旅游展览会和旅游投资推介会，并分别获得花车巡游设计二等奖、国际旅游展览会最佳展位和优秀组织等奖项；举办“广东（佛山）旅游高峰论坛”、“最具特色旅游线路评选”活动；组织过百家旅游企业参加香港国际旅游展、重庆国内旅游交易会和义乌国际旅游商品展览会；借助香港《大公报》等媒体在广东国际旅游文化节宣传佛山市整体旅游形象；推出新版《佛山旅游指南》、《佛山观光指南》、《外国人在佛山指南》；完成佛山“旅游通”触摸屏的招标、采购、资料更新工作，新装18台触摸屏安装到四星级饭（酒）店；南番顺旅游联盟联合促销推介成效显著；顺德区开展系列美食推介活动并荣获“中国美食名城”。

【落实珠三角发展规划纲要，推动广佛肇旅游一体化发展】 共同编制广佛肇旅游规划，三市联合前往湖南、湖北举办旅游推介会，联合参加广州国际旅游展、北京国际旅游博览会暨北方旅游交易会；落实“请进来”策略，组织“广佛肇记者采风团”、“全国百名记者、旅行商采风团”以及北京电视台、省旅游卫视拍摄活动；广佛肇三地积极推进乡村风情游、美食精品游、武术修学游等特色旅游线路；围绕亚运主题，整合广佛两地岭南文化特色旅游资源，推出4条“亚运旅游”之“广佛精品旅游线路”，打造岭南文化和广府文化旅游品牌。

【组织“2010中国世博旅游年”活动】 承办“全国百城（佛山）世博旅游宣传推广周”活动，大力开展世博旅游宣传，全市旅行社策划推出多条世博旅游线路，宣传及销售世博旅游线路产品，共组织5万多名市民游客报名参团游世博。

【强化行业管理，规范行业行为】 对全市17家三星级以上满5年期饭店进行评定性复核，完成75家星级饭店的年度复核工作。开展旅行社购买责任险的普查工作，举办旅行社责任保险培训班。严格执行导游证年检制度，共发放导游证IC卡288张，换证55张，顺利完成1163名导游人员的年审工作。指导旅游协会制订年度工作计划，积极开展各项工作，完善相关工作机制，顺利完成换届工作。

【加强旅游监管，维护市场秩序】 开展旅游服务质量提升年活动，通过媒体发布黄金周旅游消费警示宣传，做好《旅游投诉处理办法》宣贯工作，帮助旅游者树立理性消费观念；配合有关部门，做好国际消费者权益日宣传活动；参加佛山电台政风行风热线栏目《民生直通车》上线直播活动，接听市民现场投诉与咨询；制定《佛山市旅游局行政处罚自由裁量权细化标准》；狠抓旅游市场服务质量，及时解决群众在旅游方面反映的问题，对旅游中的坑骗行为进行严厉打击，处理旅游投诉16宗，理赔金额2.93万元，有效投诉办结率100%；扎实做好旅游安全工作，全市旅游行业管理部门共出动140人次，开展20次检查，被检查企业总数达100多个；完成了亚运佛山赛区安保和接待工作，做到零差错无事故。

【加强人员培训，提高服务水平】 组织两次初级导游资格考试和酒店职业英语考试；组织1047人参加导游年审培训；成功举办2010年全国旅游饭店服务技能大赛佛山赛区选拔赛、2010年广东省职业技能大赛导游人员佛山市选拔赛；在全省导游人员职业技能大赛竞赛中，佛山市2名选手分别获得了二等奖和三等奖，佛山市荣获“最佳组织奖”。

南海区举办了第二届“南海中旅杯”广佛高校导游之星大赛、西樵镇酒店业职工技能竞赛与西樵镇导游人员技能竞赛；高明区举办了2010年高明“凤凰杯”旅游饭店服务技能大赛等。

【党风廉政建设】 修改完善《佛山市旅游局专项采购制度》、《佛山市旅游局财务管理制度》、《佛山市旅游局重大事项督办制度》、《佛山市旅游局关于公务接待和签单的规定》、《佛山市旅游局考勤、休假制度》及《佛山市旅游局公务车辆使用管理制度》，保证党风廉政建设有章可依；推行政务公开制、岗位责任制、服务承诺制、限时办结制、首问责任制、党风廉政建设责任制等制度，全面提高服务质量；严格执行津贴补贴、会议、公务接待、车辆管理和差旅费标准管理的有关规定；重点抓好局党组议事制度、专题民主生活会制度、重大事项报告制度、廉洁自律承诺制度等制度体系建设，扎实推进了责任制的落实，增强了班子勤政廉洁、拒腐防变能力。

【机关队伍建设】 按照市委、市政府的统一部署和要求，在市局机关开展了“三深入”活动，以建立创新型、学习型、服务型机关为动力，狠抓机关作风建设，坚持做到服务一线、服务基层；积极配合市政府做好对口扶贫和援助新疆伽师县各项工作。

【行政审改】 认真贯彻落实市政府《深化行政审批制度改革实施方案》，完成旅游系统行政审批清理工作，修订《佛山市旅游局行政审批事项办事指南》和其他办事信息，认真做好与行政审批电子网络一体化项目的衔接。进一步规范审批程序，明确审批时限，实现市辖五区统一办事指南、统一办事程序、统一审批时限、统一服务标准，并在行政审批的过程中接受行政审批电子监察系统的监督。

（汝百乐）

佛山新八景介绍

【祖庙圣域】 禅城区佛山祖庙始建于北宋元丰年间，现为国家重点文物保护单位。在祖庙的中轴线上，为酬神演戏而建的万福台，从顺治十五年至今，见证了广府大戏——粤剧发源地佛山三四百年孕育无数名家的辉煌历程，保存了活生生的岭南戏曲氛围，焕发着粤剧朝宗和粤剧审戏台的影响力。以陶、砖、木、石、灰雕固化在祖庙内外的戏曲人物故事、角色、服饰、招式、造型，为粤剧寻根留下大量物证。祖庙以其独特的岭南古建风貌和所存的冶铸、漆朴、箔金、雕刻，反映了明清至民国本地高超的工艺技术水平，融古代佛山经济、文化、宗教、民间艺术于一炉，展现着工商、科举、民俗、粤剧、武术五大文化主题，凝结成古代佛山的缩影。新世纪开始，设在祖庙的佛山黄飞鸿纪念馆，引发全世界黄飞鸿门人的寻根拜祖，叶问堂吸引上千外籍咏春门徒归宗朝圣，万福台的粤剧朝宗演出和佛山粤剧博物馆、国际粤剧珍藏馆吸引着世界各地的粤剧寻根之旅。在林海和夜色之中，交融着珠三角风情的古典婚礼和吉期神诞的北帝崇拜浪潮。祖庙这座号称珠三角诸庙之首的“古祠艺宫”宛如一颗明珠，道出一曲新韵。

【古灶新传】 禅城区南风古灶建于明代正德年间（1506～1521年），窑火不绝，生产不断，完好保存至今，是我国乃至世界上年代最久远、保存最完好且延续使用至今最古老的龙窑。邻侧的高灶也是与南风古灶同年代建成的同类龙窑，与南风古灶同为全国重点文物保护单位，不久前，又被载入世界吉尼斯纪录，被誉为“活的文物”。南风古灶旅游区的面积近400亩，除古窑吐艳主景点外，还有广东省重点文物保护单位林家厅及古民居群、生态奇观古灶榕风、用5000年古陶片镶嵌的巨型文物壁画《瑞龙献宝》、保留石湾古老制陶场景的古寮场、荟萃陶艺精品的艺术长廊公仔街、广东石湾陶瓷博物馆；旅游区内的石湾陶塑公园，沐浴在林木葱茏、湖光山色、鸟语花香之中，有世界最大的网式孔雀园、最大型的陶塑人物“陶女”、8座大型陶柱“中华之光”和展示中外名家户外陶塑作品的陶园等。旅游区还兴办了石湾陶艺研究院、玩陶玩釉欢乐厅、少儿陶艺培训基地和国际艺术家村等项目，是集制陶、赏陶、商贸、休闲于一体的陶文化旅游区。

【樵山叠翠】 南海区西樵山位于西樵镇境内，由海底火山喷发的岩浆、岩块所形成的古火山，已有七八千万年历史。西樵山状若莲花，七十二峰回溪叠壑、四十八洞幽深神奇、二十八处瀑布飞珠溅玉、二百多泉眼甘甜清冽；山上有湖湖里有山，水在山中山在水里。山中松竹森茂，山茶尤多。因山中多瀑泉，林中云气蒸腾，处处皆泉，有“泉山”之称。西樵文化历史久远，明清两代游西樵并留有诗作者，有陈世和、袁枚、丘逢甲等，今人郭沫若亦有诗咏。西樵山被誉为珠江三角洲平原上的历史宝卷，南粤山水中的绚丽明珠。西樵山旅游度假区是广东省政府批准设立的首批省级旅游度假区，还是国家重点风景名胜区、国家AAAA级旅游区、国家森林公园，素有“绿色翡翠”之称，因为怡人多姿的自然风光，优秀的旅游服务设施而成为人们休闲度假旅游的理想之地。云海莲台(南海观音文化苑)、黄大仙圣境园、黄飞鸿狮艺武术馆、白云洞、天湖公园、碧玉洞、翠岩、石燕岩、九龙岩、四方竹园、茶花园等景点各具特色，交相辉映。

【南国桃园】 南海区狮山镇南国桃园旅游度假区是南海区新兴的一个旅游胜地，由狮山镇的平顶山、尖峰岭组成，占地面积6.8平方公里。南国桃园一带是广东著名的桃花之乡。这里山清水秀，洞幽石奇，山花烂漫，绿草如茵，森林覆盖面积已达90%以上，宛如一片绿色的海洋，融入现代文明的文化绿洲，已成为清静、幽雅，既可陶冶情操，又可享受自然美景的旅游度假胜地，有许多令人心旷神怡，流连忘返的景点：倾城倾国的桃花园，引人入胜的鹭鸟天堂，南海影视文化城，欧陆风格的乡村俱乐部，时尚的高尔夫球场，历史悠久的南海观音寺等。现已建设成为一个集旅游、度假、会议、文化、体育、商贸、田园风光于一体的大型现代化旅游胜地。环境幽雅的南国桃园现正以一流的服务，热情迎候着海内外嘉宾、朋友来观光旅游。

【清晖毓秀】 顺德区大良清晖园是中国十大名园、广东四大名园之一，现系省级文物保护单位。清晖园原为明朝万历状元黄士俊的府邸。乾隆年间，为进士龙应时购得，其后，复经龙家一门数代精心营建，格局始臻定型。20世纪90年代以来，地方政府对清晖园投入了大量的人力、物力、财力扩复旧制，丰富园内旅游项目，完善园内布局，使清晖园这个百年名园重现古名园的风采。清晖园的建筑艺术造诣颇高。庭院曲径回廊，景趣盎然，园内幽深清空，布局紧凑，步移景换；建筑物形式轻巧灵活，雅读朴素。园内有大量装饰性和欣赏性的陶瓷、灰塑、木雕、玻璃。园内妙联佳句俯仰可拾，名人雅士音韵尚存，艺术精品比比皆是。园林艺术处理颇具匠心。园内叠石假山，曲水流觞。银杏千秋，龙眼百龄，玉棠春瑞，垂柳轻扬。闲步曲桥，喜看金鲤碧波嬉戏；徐行花径，绿树时花扑面，时而庭园内传出袅袅玄歌，听一粤曲，心清耳悦，如醉如痴。“清晖毓秀”由此而得名。清晖园历史文化内涵深厚，作为明朝时期的状元府邸，清代龙家子孙“一门三进士”，是当时广东有名的书香门第，并传为美谈。清晖园是岭南园林的杰出代表，亭、榭、厅、轩、馆、楼、阁、廊、舫等建筑形式品种齐全，建筑外观独特，具有鲜明的岭南水乡特色，还有多姿多彩的窗，别具一格的雕花地砖，独具特色的园林布局，题材丰富的灰塑壁画，工艺精湛的木雕工艺以及珍贵的陶瓷艺术品，等等，在中国古典园林建筑中占有重要地位。

【花海奇观】 顺德区陈村花卉世界是集花卉生产、销售、科研、信息、观光旅游于一体的大型花卉交易中心和花卉文化主题公园。它以完善的配套设施和优质的服务吸引了300多家国内外花商进驻经营，其中来自美国、法国、澳大利亚、韩国、日本、泰国、菲律宾、新加坡及中国香港、澳门、台湾等10多个国家和地区，总占地面积1万亩，总投资达10亿元，花卉品种达2000多个，是国内最大的花卉种植地和花卉交易市场。陈村花卉世界国际兰花博览会、广东省花卉展销会、全国牡丹展、国兰展览会、中国花卉展览会和陈村迎春花市等大型花卉展览活动在这里成功举办。“花·奇·绝·艺术之旅”是陈村花卉世界的重点旅游线路。中国南方最大的草花温室生产基地以自动化播种育苗形成的花海景点是一片亮丽的色彩，由百日草、万寿菊、何氏凤仙、仙客来、四季海棠等五彩的花卉组成大地上一道七色的彩虹。紫竹轩根雕艺术馆内以根艺绝活、古旧杂项和研究及传播竹文化、茶文化、制作园林景观等而吸引着海内外休闲文化的发烧友。奇石馆奇石珍藏量达1.5万多件，部分奇石曾代表广东参加昆明世博会并获多个奖项。大名堂艺术馆则集观赏石文化、名家字画、陶瓷工艺品、明清家私、木雕手工作坊等于一体，是一家著名的私立艺术馆，也是广东省赏石会会员交流中心。还有大型现代化花卉超市凝聚大自然精华的迷你小盆栽、各种奇花异草琳琅满目；奇石广场精美绝伦、妙趣天成的奇石相映成趣，令游客爱不释手。此外，新建设落成的兰花生物科技园是花卉世界的又一主景，展现现代文明社会中兰花所赋予人们生活的深刻内涵与时代品味。

【云水荷香】 位于三水区的荷花世界是目前世界上规模最大，品种资源最丰富的集建筑、雕塑、荷文化于一体的荷花生态园。三水荷花世界首期投资1.8亿元，并聘请中国荷花研究中心王其超、张行言教授为荷花种植生产的高级顾问，开发荷花栽培管理技术。荷花世界占地1300多亩，水面面积超过800亩。荷花世界成功种植各种珍贵荷花480个品种，其中有着花率高、花期长的多个太空莲品种、辽宁出土的千年古莲"古代莲"等珍稀品种。荷花世界主要划分为以下几大区：文化广场区、中心区、籽莲区、品种观赏区、王莲区和睡莲区、饮食娱乐区、云水荷香区、"百荷争妍"科普长廊区、生产科研育种区以及与台湾有关方面合作创建的首个香水莲种植基地等。开业以来，荷花世界成功举办了"2000年香港小姐竞选外景特辑拍摄活动"、"中国三水'健力宝杯'体育舞蹈（国标）公开赛"、"第十五届全国荷花展览会"等各项较具规模的大型活动，一度引起了社会各界的广泛关注，珠三角乃至港澳台等地新闻媒体争相报道。2001年5月荷花世界荣获"佛山市科普教育基地"称号，同年8月荣获"广东省科普教育基地"称号。景区内配套娱乐设施完善，有炮制特色风味荷花宴的荷花美食村、荷花酒楼，装修豪华气派的大、中、小型齐全的多功能会议室，三星级酒店服务，康乐城娱乐中心等配套项目。

【皂幕凌云】 "佛山岂无登高处，一上皂幕气象雄"，在少有伟岸之山的珠三角，位于高明区的皂幕山气势磅礴，浑然天成。这里溪涧潺潺，松涛阵阵，凝碧叠翠，群峰起伏蜿蜒，嶙峋争雄，敦厚雄浑，耸立于天幕，皂幕山即因此而得名。皂幕山东起鹤山四堡林场，西止高明杨梅镇公田村，北起坑尾林场，南达罗汉尖，自北向南绵延11公里，纵深5公里，位于高明境内的主峰海拔805米，雄踞佛山第一峰。立于峰顶，远山近峦浩荡奔来，尽收眼底。极目东望，群峰起浪，浑然无际，西江如练，婉约东去；放眼北方，穿过高矮不一的峰峦、河流、山道、村庄、城镇清晰入画。晴朗日，与鹤山交界处的九江大桥依稀可辨，甚至可以东探广州市的喧嚣。清人赋诗赞曰：上欲参天只咫尺，下临无地可盘桓。幽人若许峰头立，摘得一星堪弄丸。

（汝百乐）

第七篇

科 教 文

科学技术

科学技术

【综述】 2010年，在佛山市委、市政府的正确领导下，佛山市各级科技部门围绕实现“四化融合，智慧佛山”的目标，全面贯彻落实科学发展观，大力推进自主创新，为经济社会全面发展、提升全市综合竞争力提供了强有力的科技支撑。

【产学研合作稳步高效推进】 佛山市推动产学研工作已有10年，产学研合作已成为全市企业技术创新的主要手段。2010年，佛山市重点加强与中国科学院的合作，继续完善中国科学院佛山产业技术创新与育成中心的建设，努力提升全市产学研合作的层次与水平。

院市合作取得显著成效。一是专业中心建设进展顺利。以育成中心作为中科院在佛山的组织协调核心，按需建设多个专业平台。至年底已经建成7个专业中心、8个创新平台，各专业中心建设工作稳步推进，集聚了一批管理、研发和服务人才，部分项目取得实质性进展。二是拓展了院市合作的深度和广度。中科院研究所与佛山企业开展合作项目300多项，涉及32所中科院研究所分所；获得中科院、研究所、省科技厅、佛山市及所属区的项目建设经费合计1.12亿元。三是培养了一批企业创新型人才。通过与中科院开展全方位多形式的合作，吸引了中科院研发精英近310人、涉及30多个来自不同领域的研发团队参与院市合作项目，通过实施项目培养了一批专业基础好、研发能力强、业务素质高的企业科技人才。四是促进了佛山产业结构的调整优化。院市合作以来开展的合作项目，大部分涉及电子信息、先进制造、新材料、新能源、资源环保等近年佛山重点发展的新兴战略产业，有力促进了佛山产业结构的优化升级。五是加强了信息沟通。建立了中科院所属研究所与佛山企业的信息沟通渠道，在佛山市科技信息网和中科院佛山产业技术创新与育成中心网站广泛征集合作信息，至年底，已征集企业技术需求信息和中科院科技成果信息300多项。建立了“企业技术需求”和“中科院科技成果”项目信息数据库，并鼓励技术供需方利用该信息数据库实施项目对接。六是建立多级联动机制。中科院和佛山市领导高度重视院市合作工作，多次亲自率团进行互访和开展科技洽谈，已形成长期互访和定期协商的长效合作机制。此外，随着院市合作工作的深入开展，中科院各研究所与市各政府职能部门互访交流日益频繁，与企业开展合作对接的积极性也日益高涨，合作层次不断提升。据统计，院市合作一年中，先后有40多所研究所的200多名专家到佛山考察和洽谈，举办各类交流对接活动近50场次，实地考察企业80多家，期间共有300多家企业参加了活动。

为推动高校与企业深化合作，在尊重企业基于市场的创新选择的同时，发挥学校在基础研究方面的特长和优势，使高校的创新资源与企业的技术需求实现有效对接，教育部、广东省科技厅提出“省部企业科技特派员行动计划”。科技特派员行动计划推行2年，在协助企业提高研发能力等方面取得了较好的成效，但科研院校与企业间的有效对接需要更充分的信息沟通，为此，广东省科技厅提出了“科技联络员行动计划”，从地级以上市科技部门、高新区、专业镇和创新型企业选派多名科技人员到国家重点建设高校和科研机构担任科技联络员，加强科研前沿与市场需求的信息互通。佛山市科技局作为“优秀特派员工作单位”积极配合两项行动计划的推进工作。至2010年底，佛山市获得广东省科技厅批准进驻企业的科技特派员共437名，约占全省特派员总数的10%，其中4名特派员于2010年7月获得广东省科技厅授予的“优秀企业科技特派员”称号；发动有关单位共6人次申请担任首批科技联络员，进驻外省重点高校和科研院所。

【区域创新体系继续完善】 以特色专业镇为依托，构建区域性技术创新体系。2010年，全市共有省级专业镇35个，专业镇创新平台19个，数量均居全省第一位。佛山市通过专业镇建设，提升了区域品牌价值和市场容量，集聚了大批专业化分工中小企业。专业镇构建了包括产品研发、质量检测认证、职工教育培训、电子商务和现代物流五大体系在内的产业创新服务平台，使中小企业共享科技人才、科研、技术、管理、信息和物流资源，提高了企业的创新能力。

以企业为创新主体，构建企业技术创新体系。佛山市大力加强以企业为主体的技术创新体系建设，建立健全资源向企业聚集的机制，引导企业发挥技术创新的主要作用，成为技术创新投资的主体、研究开发的主体、聚集和培育创新人才的主体。2010年，全市已建立省级工程中心94家，市级工程中心192家，院士工作室13家，博士后科研工作站30家。

扶持产业公共创新平台建设，构建行业技术创新体系。整合现有的产业政策和科技投入、科技金融、创新平台、税收、知识产权、政府采购、科技人才等科技政策，围绕佛山重点产业，扶持产业公共创新平台建设，构建行业技术创新体系。2010年，华南精密制造技术研究开发院加强与俄罗斯、乌克兰等独联体国家在精密制造方面的合作；华夏建瓷研究开发中心承担了“陶瓷产业低碳技术路线图”编制。

【以科技创新推动产业结构调整】 以高新技术、先进适用技术和信息化改造提升传统产业，突破产业发展的技术瓶颈。佛山市针对传统产业高能耗、高排放的特征，推动应用高新技术、先进适用技术和信息化改造提升传统产业。在陶瓷、纺织印染、铝型材等领域，加强技术改造，实行清洁生产，促进产业向集约、节约、环保的方向发展。以认定为“广东省产业技术路线图实施示范市”为契机，佛山市深化开展产业技术路线图的研究制定工作，不断发展和完善产业技术路线图实施模式，并努力做好实施示范工作，积极主动推广经验，利用技术路线图引领、带动作用，推动区域经济的全面升级发展。同时，集中省、市更多科技资源，突破优势产业发展的技术瓶颈，更着力于通过若干带动性强、关联性高的科研项目，吸引创新型人才，打造创新型团队，引领新一轮的产业发展。2010年，全市集中市、区两级财政资金3100万元，继续参与粤港关键领域重点突破招投标工作；获得省“节能减排及可再生资源”及“产业共性技术”重大科技项目立项21项，经费支持2955万元。

发展高新技术产业，加快产业结构调整升级。2010年，佛山市共组织了176家企业申报高新技术企业。全年全市共有356家企业通过新标准下的高新技术企业认定，认定数量占广东省总数的11%，涉及电子信息、生物、医药技术、新材料、光机电一体化、环保和新能源等领域。涌现了美的、格兰仕、国星光电、雪莱特等一批高新技术龙头企业。佛山市共组织了171家企业申报民营科技企业，其中有165家企业通过省民营科技企业认定。全年全市共有省民营科技企业786家，认定数量居全省前列。

培育新兴产业，增强经济发展后劲。佛山市科技部门以编制新光源、光伏等产业规划为契机，大力培育新兴产业。为加快培育LED产业，市科技部门推动建立了LED产业发展联席会议制度，加强对行业发展的统筹引领；建立产学研联盟，组建集技术、专利、标准、组织、市场“五位一体”的大功率LED路灯产业化应用创新联盟；重点扶持香港科技大学LED-PFD工程技术研究开发中心、中山大学佛山研究院半导体中试基地建设，为相关产业发展提供技术创新、人才培训等服务。加快推进南海罗村广东新光源产业化基地建设，推动佛山新光源产业的集聚化、集约化和集群化发展。2010年9月8日，佛山市政府与广东省科技厅签署了省、市共建“广东省LED产品应用及产业发展综合示范区”协议，双方将在多方面加强合作，以建设“广东省绿色照明示范市”为先导，建成服务广东、辐射华南的LED产品应用及产业发展综合示范区。

【加强知识产权工作】 2010年2月，国家知识产权局正式发文批准佛山市为“国家知识产权工作示范城市”。为此，全市加大对知识产权工作的力度，知识产权创造能力得到稳步的提升。全年佛山市专利申请1.78万件，同比增长16.3%，发明专利申请2178件，同比增长17.5%；专利授权1.69万件，同比增长31.8%，发明专利授权681件，同比增长5.4%，各项数据均居全省前列。

2010年，佛山市重点从以下几个方面开展知识产权工作。一是召开佛山市国家知识产权工作示范城市推进大会，以国家知识产权工作示范城市为新的起点，布置和落实国家知识产权工作示范城市的各项工作，努力把市知识产权工作提高到一个新的水平。二是制定了《佛山市知识产权战略纲要》。这是加强全市的自主创新体系建设，提升区域的创新能力，增强全市综合竞争力的重要举措。三是建设中国（佛山）知识产权维权援助中心。10月26日维权援助中心举行了揭牌仪式，11月7日知识产权维权援助网站正式开通，邀请佛山科学技术学院政法学院等单位成为首批合作单位，聘请相关法律专业人士为首批顾问。四是积极开展知识产权宣传活动。以亚运会为契机，举办广佛同城知识产权保护自行车巡游活动和中学生迎亚运知识产权竞赛，宣传知识产权保护。五是建设行业预警机制。围绕佛山市陶瓷、家用电器、机械装备等支柱产业和战略性新兴产业，逐步建立知识产权预警服务平台。六是扶持国家专利技术（佛山）展示交易中心发展。交易中心为专利权人提供专利价值实现平台，促进专利技术转移及运用，推进专利展示交易工作，交易中心于9月通过了国家知识产权局的验收。

【大力推动科普工作】 贯彻落实《科普法》，加强《科普法》宣传工作，为自主创新提供坚实基础。认真组织和落实佛山市科技进步活动月活动，积极营造有利于科技进步的良好氛围。以6月举办的“科技进步活动月”为契机，根据广东省科技厅、广东省委宣传部、广东省科协《2010年广东省科技活动月工作安排的意见》精神，按照市委、市政府的部署和要求，积极与市委宣传部、市科协及各区科技局沟通，落实科技进步活动月方案和工作安排，印发了《2010佛山市“科技进步活动月”工作安排的意见》。在各区、各部门的共同努力下，发动群众参与，普及科技知识，面向基层开展组织了各种科普活动近400项。积极组织送科技下乡和送科技进园区活动，传授先进实用技术，普及科学知识，弘扬科学精神，提高全市人民群众的科学文化素质。

加强科普场所建设，充分发挥青少年科技教育基地的作用。全市共有佛山市科学馆、佛山市青少年文化宫、佛山市霭雯教育农庄、佛山市陈村花卉世界、佛山市南风古灶、佛山市三水荷花世界、佛山市高明盈香生态果园等10个单位列入了广东省青少年科技教育基地。引导和推荐科学馆等多个单位申报省青少年科技教育基地建设与科普活动计划项目，争取获得广东省科技厅的资金支持，充分发挥青少年科技教育基地的作用，开展形式多样的青少年科普活动。

【科技政策制定】 为适应佛山市科技工作的新情况，加大对国家、广东省和佛山市促进企业自主创新政策的宣传力度，切实增强企业的创新积极性，2010年6月，市科技局全面整理收集了国家、广东省及佛山市共25个有关促进自主创新的政策，完成了自主创新政策汇编的初稿报送市政府，并对部分政策和制度进行了增补和完善。

根据全市的科技发展状况，重点制定《佛山市科技服务业规划》和《佛山市引进海内外创新科研团队项目管理工作规程》。其中《佛山市科技服务业规划》，由市科技局委托中山大学中国第三产业研究中心负责规划的编制工作。3月，召开《佛山市科技服务业规划》（初稿）专家论证会，并将初稿发至五区政府和有关部门征求意见，在此基础上对初稿进行多次修改完善，形成《佛山市科技服务业规划》（送审稿），于8月2日报送市政府审议。为加强佛山市科技人才的引进力度，编制《佛山市海内外创新团队项目管理工作规程》，并将初稿发至五区政府和有关部门征求意见，在此基础上，对初稿进行了多次修改完善并报送市政府。

委托广东省科学技术发展战略研究院承担《佛山市“十二五”科技发展规划》的编制工作，将规划初稿在召开专家论证会和征求相关职能部门意见的基础上形成送审稿报市政府审批。后又根据市府办1145号办文意见，对《佛山市“十二五”科技发展规划》（送审稿）进行再次修改并在征求相关部门意见后，形成二次送审稿报市政府审批。

【试行科技管理专员制度】 2010年11月，为了与佛山市委、市政府简政强镇改革工作相结合，市科技部门出台了《佛山市科技局科技管理专员工作方案》，准备在2011年试行科技管理专员制度，为全市各镇(街)提供更优更好的科技管理服务，引导镇域经济依靠自主创新转变发展方式、提升核心竞争力。市科技局采用全员参与的方式委派科技管理专员至全市33个建制镇(街)，明确专门人员进行对口服务。局领导班子成员分别对口联系一个区，并指导协调该区内科技管理专员开展工作。科技管理专员深入镇区、企业，积极与相关部门沟通协调，指导开展科技业务，切实提升基层科技管理水平，把提高基层及企业自主创新能力工作落到实处。

（李淑艳）

科协工作

【综述】 2010年，佛山市科学技术协会在市委、市政府的正确领导和省科协的指导下，以邓小平理论和“三个代表”重要思想为指导，以科学发展观统领全局工作，认真贯彻《珠江三角洲地区改革发展规划纲要（2008 ~ 2020）》，依照“三服务一加强”的工作定位，紧紧围绕市委、市政府的中心工作和构建社会主义和谐社会这个目标，以提高全民科学素质为主线，贯彻落实市科协常委会的工作部署，积极发动所属学会及广大科技工作者，开展多层次、多形式的科技服务、学术交流和科学普及等活动，各项工作取得了新的成绩，为佛山市加快建设“四化融合，智慧佛山”作出了积极贡献。

【为经济社会发展服务】 围绕经济社会发展中的问题积极建言献策。在专题调研基础上，提交《佛山市现代工业园区建设亟待解决的问题与建议》、《关于进一步发展繁荣石湾陶艺产业的建议》、《关于授予施丽姬教授佛山市荣誉市民的建议》等3个政协提案，为党委、政府的决策提供科学依据。

围绕“四化融合，智慧佛山”组织研讨培训活动。7月，举办了物联网高级人才研修班，邀请广东省RFID中心主任李鹰高工、南京航空航天大学丁秋林教授、中科院赵壮教授等专家讲授物联网技术与产业知识，积极推动企业物联网技术的应用以及制造业优化升级，促进“四化融合，智慧佛山”建设。同时组织发动属下学会开展相关的工作。其中，市信息协会开展了“四化融合，智慧佛山”五区巡回培训活动，使广大信息化工作者和企业家们对“四化融合，智慧佛山”有了更清晰的认识和把握，通过知识转型引领信息化，推进工业化转型、城市化加速以及国际化提升。此外，举办了陶瓷企业高级管理人才和专业技术人才高研班，安排了陶瓷创新思路、生产现场管理、工艺技术管理、人力资源管理等多门企业管理课程，有效地提升了全市陶瓷生产、研发、流通等企事业单位科技人员的专业水平。

围绕低碳经济开展“佛山科协论坛”学术交流活动。5月，举办陶瓷资源综合利用学术交流会，面向全国征集学术论文，邀请国家建材标准化技术委员会秘书长王静博士介绍了国内外生态环境建材发展现状、标准化意义和进程及其展望。矽比科首席科学家Kevin Young介绍了欧洲陶瓷原料标准化的成功经验，溶洲建筑陶瓷二厂有限公司等优秀企业介绍了陶瓷资源循环综合利用的实践成果。8月，举办了佛山市纺织服装行业低碳减排技术路线高研班，邀请国家级专家、东华大学博导奚旦立教授为科技人员宣讲国家纺织行业节能减排的任务，分析纺织服装行业面临的低碳经济问题，倡导企业淘汰高能耗设备和开展清洁生产审核。香港理工大学李翼教授从“碳足迹”入手讲解纺织低碳经济路线图的建立。广东溢达集团公司研发总监张玉高介绍了公司近年来节能减排的成功经验。据统计，在科技进步活动月期间，市科协所属学会共举办学术和科技交流活动130多场，受众1万多人次。在

11月的学术活动周期间，各学会共开展活动17场次，受众2300多人次。同时，各学会十分重视开展学术研讨，鼓励会员撰写专业论文，如市公路工程学会面向会员征集论文并编印了优秀论文集，对论文作者进行了表彰奖励；市护理学会举办了护理学术年会，编印优秀论文集收录论文88篇。

围绕科技创新开展“厂会协作”等科技服务活动。4月，市质量管理协会举办质量管理成果发布会，评出市级优秀成果44个，其中推荐省级优秀成果30个，推荐参加竞选国优和南粤之星杯成果11个。市技术创新协会、佛山科学技术学院等单位牵头开展了全国首个铝蜂窝复合材料产业技术路线图绘制工作，并于7月底召开首场专家研讨会，开创了珠三角由民企主持，委托高校、科技团体绘制产业技术路线图的先河。6月，市纺织丝绸学会面向本行业的科技人员举办了国内外纺织品、服装最新技术法规及生态纺织品标准和标签培训班，以提高本地纺织行业的竞争能力。此外，积极争取和配合省科协在佛山市企业建立“院士专家企业工作站”，先后在广东格兰仕集团有限公司、广东万和新电气股份有限公司、广东志高空调有限公司、广东炜林纳功能材料有限公司等4家企业成功建站，很好地促进了院士专家等高端科技资源向企业集聚，为企业创新和发展提供了智力支持，大大提高了企业的经济效益和社会效益。

围绕农民收入倍增计划，开展农业技术推广。一是积极组织开展全国、省级“科普惠农兴村计划”项目推荐、申报工作。2010年，三水蔬菜协会、高明白鸽养殖协会黎耀辉等单位专家分别被评为先进单位和示范带头人，共获得奖励资金25万元。二是组织由华南农业大学原校长骆世明教授担任组长的专家组，编辑《生态农业实用技术图册》。本图册的编辑工作历时半年，期间充分听取了基层农技人员的建议，做到了图文并茂、通俗易懂、内容实用，深受农民朋友的欢迎。图册已面向基层农民免费发放4000多册，对宣传生态农业知识，普及生态农业实用技术，促进农村的可持续发展起到了积极的作用。三是配合组织部门开展农村专题和基层干部培训工作。依托远程教育网络和农业技术专家服务团，开展多种多样的农业种养技术培训，提高了农民的生产能力，逐步实现增产增收。

【为提高全民科学素质服务】 青少年科普活动。一是组织佛山市代表队参加第25届全省、全国青少年科技创新大赛及国际青少年水科技大赛。在省创新大赛中，取得了14项一等奖、20项二等奖、11项三等奖优异成绩，获奖数量居全省第三。在全国创新大赛中，获得了5项一等奖、5项二等奖、1项三等奖的好成绩，位列全省前茅。9月，市二中3位同学的《“释能保氮土壤重塑”抗污染新技术的研究与应用》项目在瑞典举办的斯德哥尔摩青少年水科技大赛中获得全球唯一“特别奖”，受到了大赛评审团高度评价，认为其研究成果有助于解决农业生产领域所面临的一些最紧迫问题。二是举办了第26届全市青少年科技创新大赛，共336所学校622名选手1300多件作品参赛（展），掀起了新一轮青少年科技创新热潮。三是开展科技辅导员培训活动。邀请全国青少年科技创新大赛知名专家韩静老师及佛山市创新大赛的评委曾凡智教授、聂呈荣教授，为全市五区及市直学校的240多名科技老师授课，从创新大赛的选题、辅导、评审、如何进行实验设计、数据分析等方面进行了培训，为提高科技辅导水平打下坚实基础。四是组织中小学生参加首届全国青少年科学影像节活动，取得了3项一等奖、6项二等奖、12项三等奖的好成绩。在第十届广东省机器人大赛中，佛山市代表队成绩突出，取得了2项一等奖、9项三等奖。五是组织禅城、南海两区近百名师生参加第五届徐罗伐韩—中青少年文化交流活动，开阔了师生的科技视野，建立了友谊。六是支持市物理学会承办了广东省大学生物理实验设计大赛和佛山市中学生创意物理实验设计展评活动，促进了中学生的创新意识的培养。

居民科普活动。各地以创建科普示范单位为契机，大力开展社区科普活动。其中禅城区、高明区分别入选中国科协2011～2015年度“全国科普示范城区（县）”建设名单，禅城区南庄镇罗南村等3个社区被评为“广东省科普示范社区”。4月下旬，市科协组织各区科协相关人员到浙江宁波等地进行考察，学习社区科普主题公园、电子科普画廊等社区科普先进经验，并进行了工作经验交流。此外，市科协所属各学会利用自身优势开展居民科普活动。如市气象学会在市科普教育基地接待了多批数百名市民的参观，并在市科学馆开设了“奇妙的天气现象”主题科普讲座。

农民科普活动。联合市农林技术管理办公室、农业科学研究所、地震局、健康教育所等部门，分别在三水区芦苞镇、高明区明城镇、南海区罗村街道、顺德区均安镇举办“送科技下乡”活动，组织近百位次专家，到基层为村民免费提供医疗卫生、保健等服务和咨询活动，普及节能减排、知识产权、农业科技知识；免费发放《农村种养实用技术简明读本》、《地震离我们有多远》、《预防甲型流感》等20多种共计2万多本（份）科普读物；播放防震减灾影视片，组织“走进低碳时代”和“预防甲型流感”两个专题图片展。此外，市气象学会在高明区明城举行“2010农业气象科普下乡”活动，为当地农民提供气象避险等知识咨询。

公众科普活动。在“科技进步活动月”期间，市科协与市级学会及各区科协统筹安排，上下联动，共组织安排了350多项科学普及、交流等各种形式的活动。在“全国科普日”期间，举办了“走进低碳时代，健康生活”为主题的科普活动，组织200多名市民到佛山科学馆、利铭复合材料公司、海天集团、侨鑫生态园、长鹿农庄等科普基地进行“科普一日游”，让市民在接受科普知识的同时，充分感受科普活动的乐趣。同时，针对公众关心的热点事件开展科普宣传，如在5月编印“科普飞讯”小单张《地震离我们有多远》，向市民派发宣传，传播有关地震的科学知识，化解个别人发布地震谣言造成的不良影响。

科普资源建设。2010年，市科协购买、刻录《科普大篷车》、《生活中的科普》等科普光碟200多份，编印《地震离我们有多远》、《科普基地地图》等科普读物2万多册，免费派发到各区及科普基地开展宣传。科普基地的建设和管理进一步加强，新挂牌成立科普基地3家。至年底，全市共有市级科普基地17家，省级科普基地10家。

【为科技工作者服务】 搭建联络服务平台。一是做好科技人员教育的配套服务工作。利用市科协科普培训中心作为服务平台，为各学会开展继续教育提供场地、师资、教务、财务等方面的配套服务，解决长期困扰学会的难题。同时，市科协积极与市人社局、市行政学院合作，利用更多的社会资源为学会开展继续教育创造条件，年内所属学会先后在市行政学院举办继续教育培训班3期。二是组织开展科技交流活动。5月，组织家电、机械、建筑等10个学会的干部参加由广东省科协主办的中西南学会管理研究第28届年会，学习科技社团创新理念以及优秀学会的工作经验。9月，组织学会干部和会员参观上海世界博览会。此外，各学会利用自身条件为学会提供活动平台。7月，市专利协会组团参观深圳的比亚迪股份公司，并与当地专利协会、企业代表进行座谈。8月，市陶瓷学会组织会员企业代表赴台湾考察当地陶瓷企业，并与当地陶瓷学会、科研院所、企业的代表交流，学习台湾企业的先进管理经验和创新精神，并探索两岸陶瓷业合作发展方向等。三是办好一年一度全市科技工作者迎春茶话会。通过茶话会的平台，表达市委、市政府对科技人员的关心关怀，加强各行各业科技人员的交流和友谊。在2010年的迎春茶话会上，市委常委、组织部长冯德良代表市委、市政府向全市科技工作者过去一年为佛山社会进步所作出的贡献表示衷心感谢，并对新一年全市科协及科普工作提出要求。全市各行各业300多位科技工作者代表欢聚一堂，辞旧迎新，共话发展。四是在“科协会员日”期间举办了“佛山科协杯”年度锦标赛，来自市级学会、各区科协和科普基地近百名选手参加了比赛。通过比赛活动，展示了科技工作者的风采，增进了友谊，提高了科协组织的凝聚力。五是开展了“结缘科技　携手未来”对外联谊活动。4月，组织科协所属学会未婚青年会员与第25届全市青少年创新大赛承办学校——南海执信中学的青年教师进行联谊，开阔了学会会员的视野，有助于解决个人婚恋问题，受到了大家的欢迎。

搭建人才成长平台。一是开展了第11届佛山市自然科学优秀学术论文（著作）评选工作。通过评选活动，活跃科协系统学术氛围，提高学术水平，促进人才成长。经学会初评后，本届共征集论文（著作）216篇（部），其中，机电类25篇，综合类35篇，医学类146篇。经专业评审组和评审委员会的审议，共评出获奖论文（著作）共148篇（部），其中优秀著作5部，优秀学术论文特等奖1篇，一等奖15篇，二等奖48篇，三等奖79篇。二是根据科技人员的要求，举办了“职称政策与科技论文写作技巧培训班”。来自全市机械、陶瓷、信息、塑料、建筑等多个学会的会员及企业科技工作者100多人参加本次培训。邀请了市人力资源与社会保障局专技科负责人作职称政策宣讲，并讲解了申报途径、职称外语与计算机、社保要求、继续教育、学历资历、论文发表要求等方面的内容；并邀请佛山科技学院机电与信息工程学院副院长叶树林教授作了“科技论文写作技巧”的辅导课。此外，继续坚持办好《科普时空》杂志，为科技人员开展学术交流和发表论文提供阵地和载体。

【加强自身建设】 加强组织建设。重点抓好对学会建设的指导工作。2010年先后有市建筑学会、市电机工程学会、市家电工程学会、市纺织丝绸学会和市工艺美术学会等学会召开了换届大会，选举了新一届理事会。同时制定了学会换届选举的规范文本，进一步加强了学会组织建设的严谨性。

加强干部队伍建设。市科协机关在12月增配了1名专职副主席及2名工作人员，大大充实了干部队伍。根据市委的统一安排，在科协机关同时开展了“创先争优党旗红，智慧佛山当先锋”主题实践活动、党员“一岗一面旗”创先争优活动和“智慧佛山”读书活动等，促进了机关的作风建设，提高了干部的综合素质。此外，按照市委的统一部署，市科协参与了“双到”扶贫工作，较好地落实了扶贫的各项任务。9月，举办了学会管理暨科普工作培训班，对来自市级学会、区科协、科普教育基地的60多名管理人员进行了培训。培训班邀请了省科协秘书长杨豪标作了学会改革发展专题报告，邀请省经信委副处长肖颜良作了物联网发展专题报告。

加强工作条件建设。发挥学会的专家优势，继续做好机械、轻化、纺织化纤、工艺美术等四个专业的中、初级职称的评审工作。通过承接政府职能转移，进一步拓展了学会的工作空间，树立了学会的学术权威地位。进一步完善了佛山科协综合信息管理系统，实行与市级学会、各区科协和科普基地的信息互通和共享共建，形成了更大的信息化平台。2010年度市科协网站被评为“佛山市先进政务网站”。

（王月新）

社会科学

社会科学联合会

【综述】 2010年，佛山市社会科学联合会坚持以科学发展观统领哲学社会科学工作，团结拼搏，开拓创新，带领广大哲学社会科学工作者共同促进全市哲学社会科学事业实现新发展新繁荣，为建设“四化融合，智慧佛山”提供理论支撑和智力支持。

【广泛开展理论宣传，推动学习型党组织建设】 围绕学习贯彻党的十七届五中全会精神，组织形势政策宣讲，开展宣讲报告会。2010年4月开办《珠江三角洲地区改革发展规划纲要（2008 ~ 2020）》群众论坛，每月1期，至年底共举办9期。编辑出版《学习天地》，为党员干部学习提供参考。

【扎实开展理论研究，充分发挥社科专家的智囊团作用】 围绕“限摩工作”，“四化融合，智慧佛山”发展战略，“简政强镇事权改革”等社会热点难点问题，多次组织社科专家展开研讨，并结合实地考察开展“头脑风暴”式的专家研讨，形成调研报告，报市委、市政府参考，得到市委主要领导批示。成立专门课题组，为制定《哲学社会科学“十二五”发展规划》深入到各院校、各社团以及有关单位进行调研。

【认真做好社科课题立项工作，促进社科成果应用转化】 全年共推出中长期战略研究项目1项、重点项目10项、一般项目23项、立项不资助项目64项。积极推进《社科研究成果摘报》和《2007~2008年度社科优秀成果汇编》编印工作。组织社科界、文化界召开座谈会，制定编撰《佛山历史文化文丛》（或《佛山文库》）近期和长期计划。

【扶持人文社科研究基地建设，鼓励早出成果、多出人才】 佛山市社科联和佛山科学技术学院组成联合考察组，先后赴广东侨乡文化研究中心和广东省客家文化研究基地学习考察，吸取其先进经验和成功做法，并向市委、市政府作专题报告。促成佛山市文广新局、禅城区委宣传部、顺德区社科联、顺德历史文化研究会与广府文化研究基地的对接。

【创新内容和形式，提高社科普及活动的受众面和实效性】 佛山社会科学普及周活动以“智慧佛山、社科导航”为主题，举办社科建设图片展，“社科专家下基层六进活动”，“智慧佛山，文化先行”理论研讨会，“智慧佛山 全民阅读”优秀社科读物展等一系列社科普及活动，内容创新，形式多样，提高了社科普及活动的受众面和实效性。五区及各社团也积极响应，开展各式各样的社科普及活动。

【扎实推进《佛山科学发展蓝皮书》编撰工作，着力打造社科联品牌】 精心挑选10个专家团队，对佛山2009~2010年落实《珠江三角洲地区改革发展规划纲要（2008 ~ 2020）》进展情况进行独立系统的研究，编撰《佛山科学发展蓝皮书》。本书由市委书记、市人大常委会主任陈云贤，市委副书记、市长李贻伟担任顾问，市委常委、宣传部长叶志容担任编委会主任，是佛山历史上第一本也是全省地级市中第一本科学发展蓝皮书。

【加强社科队伍和阵地建设，进一步扩大社科联的影响力】 选举产生专职副主席，同时配备一名副调研员，加强了社科联的领导力量。对佛山社科理论网的网站进行改版。吸收新成员，2010年市社科联团体会员已发展到41个。督促社团高质量完成年检工作，市小记者协会等7个社团受到市民政局通报表扬。2010年先后走访10多个社团，并召开社团工作座谈会，交流和推广社团工作经验。赴珠海考察学习，研究制订《提升南风讲坛工作方案》，力求把南风讲坛进一步做大做强。

（石朝阳）

市委党校

【综述】 2010年是佛山市委党校承前启后，继往开来，深化改革，打造品牌的一年。在市委的正确领导下，党校围绕加快转变经济发展方式，建设“四化融合，智慧佛山”的大局，顺应干部教育培训改革的趋势，总结升华改革创新的经验，继续推动党校事业科学发展。

【总结升华干部培训改革的经验，打造一流教学品牌】 年初，校委会总结2007～2009年的工作，始终坚持推进品牌战略、打造鲜明特色、提高党校教育知名度和竞争力是党校的重要经验。党校逐步形成了以培训需求调研为基础，以党性教育为灵魂，以能力培训为重点，以组织大规模培训能力为支撑，以利用校外资源为重要渠道，以体验式教学、课题组授课、现场教学为亮点，以周到服务、严格管理为特色的干部教育培训品牌。在此基础上，2010年要以增强教学的针对性和实效性为重点，全面提升教学品质，继续深化教学改革。

一是强化教学管理部门的力量，完善培训需求调研，增强干部培训的针对性和实效性；二是围绕市委工作部署，及时调整教学计划，充实干部培训内容；三是坚持“党校姓党”，巩固发展党性锻炼品牌课程；四是拓展本市现场教学点，丰富现场教学内容；五是完善和改进课题组教学，授课形式日臻成熟；六是顺应干部培训市场化改革，打造适销对路课程；七是巩固发展合作关系，充分利用境内外优质教学资源；八是创新培训形式，降低培训成本，提高大规模培训能力；九是完善教学管理制度，进行优质课评选活动，提高培训整体水平。

深化改革结硕果，品牌战略赢口碑。全年党校举办各类培训班153期，培训学员5.07万人次。其中计划内班次104期，培训学员4.61万人次，计划外办班49期，培训学员4663人次。在线教育网站全年新增50个专题，200多个课程，访问量达6.4万人次。党校培训工作得到了市委、市政府的充分肯定，也得到广大干部的认可。在干部培训需求调查中，单位和党员干部对党校干部教育培训的满意率达到94%。培训班学员对主体班教师的评价，得分最高92.97分，最低85.89分，平均89.55分，优秀率100%。

【总结升华科研管理改革的经验，打造本土研究品牌】 党校已初步确立了在佛山社会科学界的新形象。科研管理制度的改革，要更加注重把科研与主体班教学结合起来，促进教学、科研质量同步提高；要更加注重把科研与现实问题研究结合起来，培养研究现实问题的本地专家；要更加注重把科研咨政与服务大局结合起来，发挥在党委政府决策中的思想库作用；要更加注重把科研咨政与办好刊物结合起来，扩大党校在社会科学界的影响。

一是制定《科研管理制度》实施细则，围绕教学、科研、学科和人才队伍建设“四位一体”的发展目标开展工作；二是重视以课题组形式推进教学科研一体化，壮大主体班师资力量；三是加强对佛山经济社会现实问题的研究，培养有独到见解的本土专家；四是加强校际合作，成功举办首届广佛肇一体化发展理论研讨会；五是总结经验强化特色完善制度，提升《佛山研究》和《调研快报》办刊水平；六是加强数字图书馆建设，提高服务质量。

经过教研人员共同努力，党校科研实力大大增强。全年发表论文150篇，其中在全国性刊物6篇、省级25篇、市级119篇。在国家级出版社出版专著1部、参与出版经济蓝皮书1本。接受各种媒体采访96人次。参加各种理论研讨会、论坛28人次。获国家级论文奖1人。在全省党校（行政学院）科研工作会议上，获优秀科研论文奖21项，占全省的11.8%，其中一等奖5项，二等奖7项，三等奖9项；同时还获得科研工作组织奖和优秀科研管理工作者奖。获得广东县域经济研究会优秀论文三等奖2项。

（赵　伟）

党史研究

【综述】 2010年，佛山市委党史研究室围绕全市党史工作五年规划和市委的工作大局，以学习全国、全省党史工作会议精神为契机，振奋精神，统一思想，扎实做好党史资料征编、党史研究、党史宣传教育等各项工作，开创了全市党史工作科学发展的新局面。

【深入学习贯彻全国、全省关于加强新形势下党史工作的有关精神，进一步推动全市党史工作上新台阶】 中央发出《中共中央关于加强和改进新形势下党史工作的意见》后，迅即组织各区党史研究室领导进行学习，深刻领会文件精神实质，结合如何做好新形势下全市的党史工作，查找存在问题，探讨解决办法，力求将文件精神落到实处。并经市委同意，到各区开展调研，检查五区完成党史工作五年规划任务的进度，摸清党史工作现状，找出与中央提出要求的差距。通过层层学习，提高了全市党史工作者的思想认识，使大家认清了新形势下党史工作的新任务、新要求，统一思想，振奋精神，进一步增强工作信心。

【党史二卷编研工作顺利开展】 市、区党史部门在完成党史二卷资料征集、整理的基础上已进入编研阶段，工作如期有序开展。高明区已完成初稿，并先后两次送市党史研究室审稿；南海区、三水区完成全书的80%；顺德区、禅城区也完成了全书的50%以上。区级都按30万字篇幅写初稿，市级按40万字篇幅写初稿，市委党史研究室已写出初稿。

【佛山地区抗战时期人口伤亡和财产损失课题工作进入收尾阶段】 完成全书55万字的编写工作，并送中央和省审稿，已交付印刷厂排印。全书55万字，分上、下两册，由中共党史出版社公开出版。

【出了一批党史编研成果】 市委党史研究室编辑出版党代会文献选编1册，组织力量撰写历史事件（课题）文章5篇。征集2010年度佛山党史大事记资料，并写出初稿；禅城区编辑出版《中共佛山禅城区大事记》，顺德区编辑出版专题资料《铭记历史，毋忘过去》、《敢为人先30年》。

【开展革命遗址普查工作】 根据中央、省的统一部署，对全市革命遗迹遗址进行了普查登记。多次开会，统一思想认识，动员各级力量，保证质量完成工作任务。通过半年多的工作，完成调查、登记、整理文字，已基本弄清佛山市革命遗址的情况。全市共有革命遗址75个（其中9个为其他遗址）：禅城区20个（其中2个为其他遗址）、南海区22个（其中6个为其他遗址）、顺德区10个、三水区5个、高明区18个（其中1个为其他遗址）。

【加强对各区党史工作的指导和检查】 市委副秘书长张奋发、市委党史研究室主任方焕赞率领调研组前往全市五区检查党史工作完成任务的情况。通过检查，肯定成绩，找出差距，继续做好党史工作五年规划的各项任务。南海、顺德、禅城、三水、高明五区，基本能完成任务，但五区工作发展不平衡。在党史二卷工作进度上，高明、南海、三水基本完成初稿。大事记、党代会文献的收集编研和出版，各区都有计划安排出版并取得高质量的成果。在机构设置、人员队伍建设以及党史经费的落实方面都取得了较大进步。初步形成了佛山党史工作一盘棋的局面。同时，加强对各区党史业务的指导，担负审稿职责，为各区二卷的编写提出指导意见。

【配合有关部门，做好党史宣传工作】 为中央电视台、重庆电视台拍摄党史专题片提供罗登贤、陈铁军有关史料；佛山为一三一师老战士联谊会、南海为南海博物馆提供党史咨询服务；顺德、南海应广州地区老游击战士联谊会邀请，参与筹备珠江纵队纪念馆工作，分别对珠江纵队有关史料进行核实；佛山、三水协助组织部门做好党员教育基地申报工作。

（何燕玲）

教　育

概　况

【综述】 2010年，是佛山市持续推进教育现代化建设并取得重大成绩的一年，也是全市教育综合改革试点工作正式启动之年，更是承前启后、与时俱进、科学谋划教育未来发展的关键之年。在市委、市政府的正确领导下，全市教育系统坚持以科学发展观统领全局，深入学习贯彻全国、全省教育工作会议精神和国家、省中长期教育改革发展规划纲要，全力推进教育改革与发展，取得了令人瞩目的成绩。5月，全市五区都通过广东省推进教育现代化先进区督导评估，建成了“广东省推进教育现代化先进区”，佛山成为全省首个所有区都建成广东省推进教育现代化先进区的地级市。

【教育事业均衡协调发展】 佛山区域间、城乡间、学校间、群体间教育差距不断缩小。学前教育、基础教育、职业教育、高等教育、成人教育与社区教育相互衔接、协调发展，形成了较为完善的现代国民教育体系和终身教育体系。以教育管理体制、办学体制、投入机制为重点的教育体制机制改革不断深入，教育发展活力日益增强。教师队伍建设成效显著，已拥有一支师德高尚、结构合理、素质优良、善教乐教、充满活力的教师队伍。素质教育扎实推进，学生综合素质全面提高，佛山高考成绩多年来一直位居全省前列。在全面提升教育综合实力的同时，精心培育教育特色，职业教育、教育信息化、英语教育、艺术教育、学校体育、民族教育等方面凸显出鲜明的地域特色。发展特殊教育、全面实施免费义务教育、推进扶贫助学工作、解决非户籍常住人口子女入学问题、规范学校办学行为等与广大人民群众切身利益息息相关的民生问题得到妥善解决。佛山教育在多方面发生了根本性改变，即从传统教育模式向现代教育模式转变，从普及型向提高型转变，从量的扩张向质的提升转变，从常规建设向教育现代化迈进。

2010年，全市各级各类学校1437所，其中普通高校3所，成人高校6所，中职学校50所（含省属中职7所），普通高中52所，初中127所，小学424所，幼儿园771所，特殊教育学校4所，各级各类学校在校生111万人。全市民办中小学（含职校）98所、民办幼儿园416所，在校生19.4万人。3～6周岁幼儿入园率99.15%，小学、初中适龄儿童入学率均达100%，初中毕业生升学率99.04%，高中阶段毛入学率104.72%，高等教育毛入学率达58%，适龄残疾儿童入学率98.33%。

【教育质量不断提升】 坚持德育为先，切实做好思想政治教育工作。把社会主义核心价值体系融入国民教育全过程。各校把理想信念教育作为教育核心价值的重中之重，把思想道德教育作为教育核心价值的核心要素，把弘扬爱国主义为核心的民族精神和改革创新为核心的时代精神作为重要内容，教育学生自觉践行社会主义荣辱观，增强社会责任感，培养高尚道德情操和健康生活情趣。把德育融入学校课堂教学、学生管理、学生生活全过程，增强德育实效性。完善学校家庭社会“三位一体”德育网络，构筑全方位立体化育人机制；以班主任队伍和安全文明校园建设为重点，提高师德教育、法制教育、禁毒预防教育、心理健康教育、安全教育的实效性。

坚持以素质教育为核心，促进学生综合素质全面发展。始终注重人的素质的提高、能力的培养、个性的发展，着重培养人的创新精神和实践能力。把德育、智育、体育、美育等有机融合在教育教学各环节，提高学生综合素质，实现全面发展。积极开展多样性、个性化和特色化的教育，尊重学生个性和差别，实施适合每位学生成长需要的教育，促进个性发展。注重通过有效教研提高教学质量，以优秀教研成果树立佛山教育品牌。提升教师队伍“教学研”和“传帮带”的水平与质量，促进教育内涵发展。积极开展教学评价研究，探索建立新的学生学习质量评价机制，着力抓好课堂教学评价、学生学习成绩评价、学生学习表现评价等，保障素质教育深入有效实施。

高考各项指标位居全省前列。全市高考普通类第一批（重点）上线3991人，比上年增加89人，增长率2.28%，占考生总数的11.8%；上本科线以上1.82万人，比上年增加2275人，占考生总数的53.78%；上三批A线以上2.51万人，比上年增加1553人，占考生总数的74.08%；上三批B线以上3.15万人，占考生总数的93.07%。高考呈现出三大特点：一是上线率提升幅度大，较上年87.88%的总上线率提高了5.19个百分点，达93.07%。二是高分层考生人数在全省所占比例较大。三是全市考生整体上线水平和质量提高，本科以上上线率较上年提高14.29%，高中教育内涵发展水平继续提升。

各类教育

【学前教育】 学前教育加快发展。启动等级幼儿园复评工作，加速优质幼儿园创建步伐。开展幼儿园教育培养成本监审，全面规范幼儿园收费行为。积极开展教育教学活动和幼儿园园长、骨干教师培训，以及幼儿园教科研活动，提高师资队伍素质，提升幼教质量。初步建成学前教育信息资源服务网，通过网络公开幼儿园办园资格程序和幼儿园等级、收费、招生等信息，强化对学前教育的管理。至2010年年底，全市100%幼儿园达到办学标准，省级幼儿园有56所、市一级120所，等级幼儿园所占比例49.81%。

【义务教育】 义务教育优质均衡发展。坚持义务教育优质均衡发展不动摇，强化公共教育资源均衡配置。一是全力做好推进区域义务教育均衡发展规划，为促进义务教育均衡发展奠定基础。二是着眼校际均衡，推进义务教育基本公共服务均等化。大力促进学校办学标准化和优质化，全市义务教育规范化学校达100%，在全省领先。建立学校对口帮扶捆绑发展制度，构建城乡学校联片发展共同体，健全校长教师交流机制，促进学校均衡发展。三是着力城乡一体，促进公共教育资源配置公平。各区致力建立教育资源区级均衡配置机制，推进区内均衡。改造、撤并薄弱学校，新建、扩建学校，在投入上向薄弱镇和学校倾斜，实现高起点办学。

【普通高中教育】 普通高中发展水平进一步提高。加大政府投入，不断满足普通高中改革发展需要。加快普通高中布局调整，推进示范性普通高中建设，促进普通高中优质化。完善现代化学校管理制度，加强学校教育教学管理，提升学校教育质量。在全市普通高中优质学位达100%的基础上，致力推进普通高中特色发展与国际化进程。佛山一中、石门中学狮山校区、南海艺术高中3所学校成功通过全国教育科学规划办及中央教科所的评审，获教育部特色高中立项课题，各自成为全国300所特色高中培育校之一，高中教育国际化发展日渐成为高中多样化、特色化发展的重要内容。4月，南海区被教育部确定为全国唯一的“区域教育国际化实验区”。

【职业教育】 职业教育服务能力显著增强。顺应佛山产业结构调整需求，积极推进职业教育发展。一是推进职教基地建设。投资5000万元、建筑面积约1.2万平方米的佛山职教基地总部大楼，占地480亩、投资近4亿元的高明职校，占地360亩、投资2.6亿元的三水新理工学校等项目都在加紧建设，一些工程进度已超过80%。计划总投资2.5亿元的顺德梁銶琚职校也准备易地重建。南海区、禅城区一些职校也在筹划扩建。二是推进学生职业技能培养。成功举办了全市中职学校学生技能大赛，并积极参加全国全省技能大赛，都取得了优异成绩，均居全省前列。三是扎实推进“双转移”工作。2010年省下达给佛山“双转移”最低招生人数为1.17万人。在招生任务、财政投入、校舍师资、设施设备等方面备受压力的情况下，佛山市迎难而上，全力以赴，全市“双转移”招生1.45万人，完成率高达127.93%，圆满完成了招生任务。四是推进广佛肇职教合作。签订了《广佛肇三市职业教育合作意向书》。启动了三市部分优质中职学校定向互相招生工作，三市各安排2～5所省级以上重点中职学校共100个指标，定向互招对方学生。五是推进职教管理信息化。在全省率先建成并启动了中职教育管理信息系统，实现职教管理科学高效。六是推进学校专业建设。着力开展中职学校市级重点专业评估工作，增强职教特色与活力。七是完善校企合作机制。研制了《佛山市职业教育校企合作联席会议方案》，推进校企合作制度化。全市43所市属中职学校中，国家级重点学校13所（含高级技工学校2所）、省级重点学校12所，优质学位近90%。

【高等教育】 高等教育发展步伐加快。着力推进佛山科技学院规划建设，学院内涵建设与办学层次实现了新飞跃，被国家批准成为硕士学位立项单位，成为2010年全省地级市唯一一所硕士学位立项授予学校。由市政府全额投资、坐落在三水区乐平工业园内的佛山职院新校园占地面积881亩，建筑面积22.1万平方米，总投资为9.08亿元，计划在校生规模8000人。新校园建设一期工程已全面竣工，并于12月迁至新校园办学。顺德职院加强内涵建设，成为示范性院校。

【特殊教育】 特殊教育发展取得新成绩。进一步完善特殊教育体系，实施特殊教育“两头延伸”，并作为教育民生工程推进实施。加快特殊教育学校布局调整步伐，加快推进启聪学校改造扩建和高明区筹建特殊教育学校项目。指导和督促各区加快特殊教育班的建设步伐，市政府批准在启聪学校开设盲班。4月成功举办了“佛山市星晖地产爱心杯高尔夫球慈善邀请赛”，共筹得100多万元善款，用于启聪学校“创业实训中心”建设以及师生奖教奖学。

教育改革与发展

【教育现代化建设】 佛山各级党委政府坚持把教育摆在优先发展的战略地位，围绕率先基本实现教育现代化的战略目标，切实担负起教育现代化建设试点工作的重任。实施市、区、镇党政一把手亲自抓教育现代化建设工作的领导体制，形成各级党委政府统筹领导、有关部门协调联动、抓教育促发展的生动局面。市委常委会议、市政府常务会议、市长办公会议等重要会议经常研究解决教育重大问题。狠抓教育现代化建设重要工作落实，注重教育硬件与内涵大提升，致力解决突出矛盾和主要问题，努力补齐短板。各级政府不断完善督查指导制度，经常深入基层进行督查指导，确保试点工作顺利推进。广泛开展教育宣传，营造全社会关心支持教育现代化建设的良好氛围。

2010年5月，高明、三水区先后通过“广东省推进教育现代化先进区”督导评估。至此，五区都通过了省的评估。佛山成为全省第一个推进教育现代化先进地区，率先迈出一条教育现代化建设的典型之路。6月底，省长黄华华专门视察佛山教育，盛赞佛山教育现代化建设所取得的突出成绩。在9月召开的全省教育工作会议上，佛山作为珠三角地级市代表作教育现代化建设经验发言。10月，省政府教育督导室在《2007、2008年度地级以上市、县（市、区）党政领导干部基础教育工作责任考核结果》中，对佛山教育现代化建设试点工作给予了充分肯定。

【教育综合改革】 为进一步提升教育现代化水平，根据国家教育综合改革的形势要求和佛山五区全部建成“广东省推进教育现代化先进区”的明显优势，佛山市向省申报创建教育综合改革试验区。省教育厅2010年7月正式复函同意佛山在广东部省协议框架下开展教育综合改革试点。在市的统一部署下，五区和各校积极申报教育综合改革试点。顺德区4月与中国教育学会签署了合作协议，重点在教育管理体制、现代学校制度、人才培养模式和教师队伍专业发展等方面进行改革创新；12月省教育厅批复同意顺德区实施职业教育体制改革试点。南海区7月获省教育厅正式批准，在教育体系、教育体制机制、人才培养模式等方面进行改革创新。南海区“推进基础教育高水平均衡发展”、顺德区“职业教育体制改革探索”项目更被列入国家教育体制改革试点项目。同时，禅城、高明、三水也分别着手在义务教育高位均衡发展、县域教育一体化发展、职业教育等方面开展综合改革试验，其中高明区农村学校城市化成为典范。佛山职院开展基于佛山职教基地的“区域性职业教育基地建设及运行模式”试验，顺德职院开展职教体制改革试验。为推动教育综合改革工作，10月底召开了全市推进教育现代化先进区总结暨教育综合改革工作会议，全面启动教育综合改革工作，吹响了向新一轮教育改革发展进军的号角。

【加强教师队伍和校长队伍建设，教育人力保障措施得到落实】 一是深化人事制度改革。在全市教育系统大力推进事业单位聘任制改革，落实教师岗位聘任制度，优化教师竞岗和双向选择，唤醒教师危机意识。二是稳步推进教师“民生工程”。积极稳妥地实施义务教育学校绩效工资；近两年全市共投入约8亿元落实“两相当”；全市基本解决了代课教师问题，教师队伍更加稳定。三是加强校长教师培训。全市校长教师共约1万人分别参加了英特尔未来教育（省级）培训、教师教育能力技术中级（省级）培训、班主任培训、高中教师培训、名师培训、名校长培训、省级校长培训以及幼儿园园长培训等，队伍专业化水平不断提升。

【教育信息化和教育装备取得新发展】 2010年是佛山教育信息化建设力度较大的一年，成效尤为显著。佛山教育信息化基础设施、重点项目、“网上资源超市”建设和信息技术应用水平提升等工作走在全省前列。中小学体育运动场（馆）面积、体育器械、音乐和美术器材配备、数学自然实验仪器、校园网等多项指标均位列全省第一或第二。着力贯彻落实《“四化融合，智慧佛山”发展规划纲要》，制定了《佛山市智能教育工程实施方案——“873计划”》和《关于加快佛山市智能教育工程建设工作的意见》，研究并启动“智能教育”工程，加强经国家教育部立项的《区域教育信息化整体应用实践与创新公共服务》项目研究与实践，探索教育信息化可持续发展途径。在“智能教育”工程推进中，禅城区被确定为“智能教育”示范区，南海大沥镇被确定为“智能教育”示范镇。全面启动教育信息化品牌创建工作，打造教育信息化特色品牌“佛山e教育”，建立了一批数字化智能学校、优秀教育门户网站、优质教学资源库和“名师博客群”，为教育信息化持续发展树立了标杆。建设“网上教育资源超市”，完善区域资源共建共享机制，在全省起到了引领作用。

【教育科研水平继续提升】 坚持以教科研为教育行政决策服务、为基层学校服务、为提高教育教学质量服务，积极开展“佛山市争创教育综合改革试验区”研究和专家研讨，为创建教育综合改革试验区提供科学指导和决策服务。积极开展“佛山教育改革与发展”研究、总结与宣传工作。全面推进国家和省教科研课题工作，提升了教科研指导力，其中基础教育领域国家级和省级立项课题数量和质量全省突出。切实开展学校研究、教师专业发展研究和教改研究，总结推广成果，打造学校特色发展精品项目，紧密跟踪、适时服务中小学教改实践，及时总结提炼和推广佛山市优秀教科研成果，提升了教科研服务力。认真做好广佛肇教科研合作和与香港教科研交流，提升了教科研协作力。积极参与全国、全省及兄弟地区重要教科研活动，提升了教科研影响力。

【招生制度改革稳步推进】 持续推进中考改革，以优质普通高中佛山一中为试点，将该校5%招生指标分配到各区，为义务教育均衡发展提供政策土壤。支持双语教学试点和教育国际化，新增佛山三中双语教学实验班30个名额面向全市招生，拓展多途径的教育教学模式。2010年中考对录取照顾政策作了一定调整，取消了学科竞赛加分政策，使招生工作更加公平公正。将民办中职招生纳入全市中考工作计划，为考生提供更多选择机会，同时提升了民办中职学校的地位。

【成功举办第二届佛山教育博览会】 2010年5月，佛山以“走向均衡、走向特色、走向世界”为主题，按特色办学展、教育服务展、教育技术装备展、国际教育展、高等教育展等五大主题展区划分，成功举办了第二届佛山教育博览会。在持续3天的展会期间，全市75所各级各类学校参展，并吸引了来自澳大利亚和香港、上海、浙江、广州等地近200所院校及社会教育机构参展，超过15万市民观展，成为规模大、参展单位多、观展人数众、国际化程度高、盛况空前的教育盛会，取得了明显成效。

【加强教育交流与合作】 一是教育国际化卓有成效。建立了相对稳定和常态化的对外开放合作机制。与英国、澳大利亚、美国、日本等国际友城的教育交流活跃，并与多个国际教育机构建立关系。培养国际化人才“立交”体系基本构建，继佛山华英学校开设IGCSE课程后，佛山三中、南海桂城中学分别成立的国际课程中心（国际部），引进开设了A-Level课程。南海区被教育部基础教育课程教材发展中心定为“区域教育国际化实验区”。对外教育科研交流合作不断深入，禅城区与香港科技大学签署了新一期《教育科研合作协议书》，在资优教育、人才培养、教育研究等方面展开深度合作。佛山市与香港教育局在佛山共同开展“香港英文教师内地交流协作计划”、香港中小学“普通话教中文”专题交流活动、香港青少年学生“同心同根”国情交流活动等项目，得到了国家、香港和广东省教育部门的充分肯定，并指定佛山作为2010年度教育部对港交流的重点承接单位。

二是加强广佛肇三市教育交流。三市共同研制了《广佛肇经济圈建设教育培训合作专项规划（2010～2013）》，明确了合作工作目标和任务分工。交流合作包括基础教育、职业教育、高等教育、教育科研、教育人才、合作办学等6大方面。同时，利用教育博览会等交流平台，组织广佛肇三地艺术展演、珠三角校长一席谈、广佛肇德育大家谈、广佛肇名师面对面，社会反响良好。

教育民生

【免费义务教育政策全面落实】 免费教育受惠面拓宽到全省户籍学生和非本省户籍政策性借读生，同时全面免除义务教育学校借读费，确保党的惠民政策全面惠及非户籍常住人口子女。全市流动人口子女义务教育阶段在校生已超过26万人，占佛山市义务教育阶段在校生总人数的40%左右，近80%的流动人口子女在公办学校就读。其中，高明区就读公办学校比例高达100%，顺德区达90%以上。2010年春季，共有13.3万流动人口子女享受免费义务教育，占在佛山市就读的流动人口子女总数的51.1%，每学年政府投入免费资金达1.03亿元。其中，“连续暂住5年以上”类别的免费对象占全市政策性借读生人数的50%以上，政策普惠性得到进一步体现。

【扶贫助学保障机制全面完善】 继续做好扶贫助学工作，基本实现“不让一个学生因家庭困难而失学”的目标。2009～2010学年助学总额约1.34亿元中，省级资金1332.74万元，占总额的9.91%；市级资金1064.21万元，占总额的8.14%；区级资金1亿元，占总额的74.57%；镇（街）级资金167.31万元，占总额的1.24%；学校自筹资金682.87万元，占总额的5.08%；其他资金142.19万元，占总额的1.06%。

【推进中小学校舍安全工程】 制订了全市中小学校舍安全工程规划，并经省政府批准实施。计划在2011年底前全市总投资1.57亿元，完成加固、改造、重建校舍19.2万平方米。2010年，校舍安全工程作为市政府“民生实事”之一，目标任务是加固、改造、重建校舍9.51万平方米，投资约9000万元。工程项目涉及学校42所，共68项。截至年底，绝大部分项目已经动工，涉及面积约15.32万平方米。实际完成加固、改造、重建工程12.77万平方米，超额完成2010年的工程任务。

（吴海桐）

文化艺术

概　况

2010年，佛山市文化建设以科学发展观为统领，在十七届五中全会、省委十届七次全会和市委十届九次全会精神指引下，积极贯彻实施《珠江三角洲地区改革发展规划纲要（2008～2020）》、《"四化融合，智慧佛山"发展规划纲要（2010～2015）》，践行市委、市政府"智慧佛山·文化先行"的战略部署，完善公共文化服务体系，提升文化民生福利，加强文化遗产保护和合理利用，加快推动文化产业集聚发展，文化建设生机勃勃，呈现可喜新局面。

公共文化服务体系

【各级重点文化设施建设全面展开】 纳入佛山市公共文化综合体建设的市图书馆新馆2010年1月开始桩基施工；市博物馆、艺术馆新馆及坊塔戏剧院已完成方案设计，力争及早动工。南海区博物馆正加紧建设，南海区文化馆改造竣工并投入使用。三水区拟建占地面积8.5万平方米、建筑面积4.27万平方米的文化中心，该区图书馆新馆已完成施工图设计。高明区西江新城文化活动中心项目正抓紧推进。

【全国文化信息资源共享工程】 全国文化信息资源共享工程已建成1个市级支中心，5个区级支中心，街道（镇）、社区（村）、学校、企业等其他类型的基层服务点288个，四级服务网络运行良好，其中镇街一级覆盖率达100%，服务触角遍布城乡，深入千家万户。继续深化与佛山市农村党员干部现代远程教育网络的合作共建工作，正式配置"农村党员干部现代远程教育网"接收终端，成为该系统站点之一，全年为该网络790个终端站点提供383部，约580G视频资源。制作《佛山记忆——佛山乡土文化系列纪录片》50集，并在电视台播出，社会反响良好。

【文化温暖工程深入民心】 通过固定、流动等多种形式，开展演出、展览、培训等多种活动，举办"魅力佛山·和谐村居"美术摄影作品巡展、外来务工人员艺术培训工程、劳动者纪实摄影展览（巡展）、"寻梦佛山"外来务工人员子女艺术和阅读夏令营等外来务工人员系列文化活动，将文化向外来务工人员聚集的重点区域延伸，让外来务工人员分享工业化和城市化的成果，感受现代文明的丰富多彩，在城市生活中寻找到自己的精神家园。

【公共文化服务重点工程成效显著】 广播电视"村村通"工程完成仅剩的3个20户以下已通电自然村"村村通"建设任务，并对全市已完成的"20户以上村村通"进行运行维护情况调查，结果表明佛山市无"返盲"现象。全面完成城乡数字电视整体转换工作。2010年佛山市数字电视用户约138.5万户，数字电视终端达186万台，整体转换率达到99.5%，在全国起到良好示范作用；12月26日，广东省广播电影电视局在佛山市组织并通过了对佛山市城、乡有线数字电视整体转换工作的验收。基层公益数字电影放映工程超额完成全年8004场的放映计划，实际完成9241场，观众418万人次。

“农家书屋”工程全年共建成161间农家书屋，至年底，全市拥有390间，超额完成“十一五”末期建成376间的预定目标任务。联合图书馆工程既成功实现“多馆联合服务，一卡通借通还”，又实现与数字图书馆的系统对接。市联合图书馆拥有22间成员馆，累计办证数8.2万个，可供读者借阅的图书期刊总数为168万册，累计流通册数为253万册，进一步凸显了图书馆在公共文化服务体系中的地位和作用。

文化活动和艺术创作

【大型文化活动组织有序】 5月中下旬，围绕第九届中国艺术节分会场相关活动，佛山市文化广电新闻出版局共组织4个剧目8场剧场演出、5场艺术家下基层活动，并开展了粤剧与川剧的对话。7月末组织彩扎、剪纸、木板年画等7大项目亮相2010年上海世博会广东文化周，并进行粤剧、醒狮现场表演，参展项目位于全省前列。11月，组织演职人员共732名，出色完成第十六届亚洲运动会火炬传递（佛山站）活动两场演出和仪式的策划组织工作，吸引20万市民激情追火。12月，圆满完成“智慧佛山·一流技工——第四届全国数控技能大赛”总决赛开幕式文艺演出。此外，为配合佛山市对口支援水磨镇建设项目整体移交，佛山市文化广电新闻出版局组织规模为60人的艺术团，给水磨人民带去了歌舞、杂技、小品等文艺表演节目。

【各类群众文化活动丰富多彩】 2010年佛山市新春系列文化活动主要在全市基层村镇及外来务工人员较为集中的地点展开，举办晚会、戏曲、民俗、展览讲座等4大门类活动近200项，内容包括“情暖佛山春满家园”——佛山市2010迎春文艺联欢会、“魅力佛山·精品荟萃”——佛山市元宵民族音乐会、大型龙狮表演、武术表演、灯会、游园活动以及各类书画、摄影、艺术品、民俗文化展览等，在全市营造了欢乐喜庆的春节文化氛围。

【高雅艺术展演精彩纷呈】 通过财政专项补贴引导社会资金投入，以市场运作方式引进19场国内外高水准的艺术演出和展览，并实行20%半价票政策，降低了市民享受高雅艺术的门槛。

【文艺创作繁荣发展】 着力打造粤剧电影《小周后》、精品粤剧《紫钗记》、电影《天鼓》（原名《无防之城》）、数字电影《老窦假，感情真》（原名《祖庙附近有我家》）、全市第一部服务未成年人及其家长的原创儿童音乐剧《大侠虎虎羊》等文艺精品。启动“佛山市重大历史文化题材美术创作工程”，组织创作一批反映佛山重大历史文化事件、历史人物以及城市发展变迁的美术精品。围绕第九届中国艺术节、广东省第八届少儿艺术花会等重大艺术活动开展群众文艺创作，女声小组唱《月下情歌》获全国群星奖，5个节目入选广东省第八届少儿艺术花会。组织2010佛山市群众文艺“百花奖”评选活动，音乐、舞蹈、文学、戏剧、曲艺、美术等8大门类577件作品入选，131件佳作获奖。

【打造特色文化品牌，提升城市文化形象】 持续打造“魅力佛山”文化艺术工程、“南风讲坛”公益讲座、“崇文佛山 阅读春天”等文化活动品牌，丰富市民文化生活，提升未成年人思想道德素质，提升城市文化形象。为期13天的2010“欢乐秋色·智慧佛山”秋色欢乐节于9月末至10月初在南海区千灯湖公园成功举行，吸引广佛市民180万人次参与，展现了岭南文化名城的深厚历史底蕴和现代智慧新城的浓郁文化氛围。

文化名城建设和文化遗产保护

【祖庙全面修缮工程圆满竣工】 祖庙修缮采取分区施工、逐步推进、边施工边开放的方式，至2010年11月主体完成古建筑群修缮工程。11月29日，在佛山祖庙全面修缮圆满竣工之际，举行了佛山祖庙全面修缮竣工系列活动。活动包括竣工仪式、秋祭乡饮、万福台粤剧演出、城市论坛等。其中，自新中国成立以来首次恢复了传统的秋祭仪式，并邀请社会各界人士参加乡饮酒礼。

【《全国重点文物保护单位佛山祖庙保护规划》完成编制】 经过近两年的编制、评估和论证，《全国重点文物保护单位佛山祖庙保护规划》定稿，即将正式进入报批程序。

【“数字祖庙”项目结题】 至2010年11月底，与祖庙修缮同步推进的“数字祖庙”项目取得重要成果，“数字祖庙”数据库基本建成，“数字祖庙”网站于祖庙竣工仪式当天正式开通。

【推进第三次全国文物普查】 截至2010年年底，佛山市第三次全国文物普查第二阶段的查漏补缺和资料汇总工作已完成，转入进行普查成果的汇编和数据库建设等第三阶段工作。全市共实地调查登记不可移动文物1988处，其中新发现1517处，复查471处；累计到位普查经费698万元。

【扎实开展文物保护工作】 编制完成《佛山市第五批广东省文物保护单位保护范围和建设控制地带》，并经省人民政府批准，由省文化厅、省建设厅公布。省级文物保护单位简氏别墅的修缮设计方案获省文化厅批准；市级文物保护单位苏氏书塾重建方案获省文化厅批复同意；顺德区乐从陈氏大宗祠一期修缮工程、明远桥修缮工程经省文化厅验收通过。

加强市级文物保护单位的保护管理和修缮审批。审批通过隔塘霍氏家庙建筑群、傅氏家庙、李众胜堂祖铺、龙塘诗社、简照南佛堂、黄祥华如意油祖铺、祖庙大街店铺、酒行会馆、秀岩傅公祠、文会里嫁娶屋、陈铁军故居以及艺能严公祠等市级文物保护单位的修缮设计方案。

【非物质文化遗产保护工作取得成效】 完善全市非物质文化遗产名录体系建设。4月启动佛山市第三批名录和第二批代表性传承人评选工作；其中，第二批市级非遗传承人于年底前完成评审和社会公示。认真落实《佛山市文化广电新闻出版局非物质文化遗产项目代表性传承人资助暂行办法》精神，共资助传承人生活补贴12人（国家级4人，省级8人）；资助佛山十番、粤曲星腔、木版年画等传承项目7项。

【开展全市文化遗产宣传月活动】 全市文化遗产保护宣传月活动自5月中旬开始，历时1个多月，涵盖“5·18国际博物馆日”和6月中国“文化遗产日”。活动内容包括文物鉴宝、展览展示、专题讲座、佛山文化遗产专线游等7大类共23项活动。

【积极开展文化互动交流】 积极推动佛山文化“走出去”。2月在阿联酋迪拜举办“佛山陶艺和现代绘画展”，这是“欢乐春节·2010迪拜中国文化周”的开幕活动。6月在蒙古乌兰巴托中国文化中心举办“佛山陶艺展”，国务院总理温家宝和蒙古副总理为乌兰巴托中国文化中心揭牌并参观了展览，赞誉佛山陶艺“惟妙惟肖”、“栩栩如生”。8月组织剪纸、木版年画、灯色扎作和陶艺在内的佛山工艺美术精品力作在台湾国父纪念馆展出，为佛山工艺美术业开辟了更广阔的市场空间。加大对国外和港澳台艺术项目的引进力度。2月邀请香港油尖旺社区服务协会举办“佛港粤曲文化交流演出”。6月与美国驻广州总领馆联合举办美国马克·谢尔曼–蒂姆·霍纳四重奏乐队爵士乐演奏会。

行业监管

【加强行业管理，提升服务水平】 指导全市广播电视播出机构做好广州亚运会、亚残运会以及玉树地震等重大事件的宣传和报道工作。做好对全市广播电视播出机构的宣传监管和各项服务工作。做好广电安全播出管理工作。积极有序推进网吧连锁化经营模式的各项工作，至年底市级以上网吧连锁企业在佛山市开设的网吧经营门店为67间（含已立项），占全市现有383间（顺德区除外）网吧经营门店的17.5%。制订全市游戏游艺经营场所总量和布局规划，于2010年、2011年两年组织实施。做到合理布局、有序准入。全市新增游艺娱乐场所指标141间，总量为543间。协调各区在90间网吧设立了“外来务工人员上网服务专区”，免费为外来务工人员提供劳动就业信息、培训咨询、法律保护等有关活动的各类信息。初步建立起新闻出版统计数据库和新闻出版基层单位名录库。成立市文化产业促进会，为文化产业营造良好的发展氛围。

【严格市场执法，净化社会文化环境】 文化市场综合行政执法重点抓好打击网络传播有害信息、打击侵权盗版与游商地摊、开展印刷企业和出版物集中经营场所专项检查、打击查处“黄赌毒”专项行动和娱乐场所清理整治行动、迎亚运“扫黄打非”专项行动。2010 年，全市共组织执法人员 4.63 万人次，检查市场 2.9 万家次；收缴各类非法出版物 134.5 万件；受理举报 252 件，举报查处率为 100%；对 369 家持证单位作出行政处罚；取缔无证经营店 941 间（档）；捣毁地下储存、批销非法出版物窝点 26 个，组织销毁非法物品 43 万多件。各个专项行动的有序开展，对震慑违法、打击犯罪、净化市场发挥了积极作用，为“两会”召开和上海世博会、广州亚运会举办营造了良好的社会文化环境。

文化产业发展

【制定实施文化产业行动计划和重要配套政策】 力促《中共佛山市委 佛山市人民政府关于“智慧佛山 · 文化先行”的实施意见（2010 ~ 2015 年）》出台，提出打造文化魅力之城、文化创意之城、文化民生之城的目标，并从 2011 年起，由市牵头设立文化产业发展专项资金（初定市区每年共同筹集 2000 万元），用于扶持佛山市重点文化产业集聚区建设、重大文化产业项目开发，培育具备核心竞争力的文化产业市场主体；公布实施《文化产业加快发展行动计划》，明确了未来 5 年的文化产业发展行动目标，并提出了十大重点产业门类、十大重点产业集聚区以及十大重点企业，确定了做大做强佛山市文化产业的抓手。颁布《佛山市人民政府关于加快文化产业发展的若干意见》，从鼓励创新、多元投入、市场培育等多方面提供政策优惠。此外，在项目落地、政策支持等方面，积极为文化产业项目在各区和镇街牵线搭桥，形成区区有重点、市区联动的创新发展格局。

【扶持基地，打造平台，推动佛山工艺美术业发展】 重点建设佛山市民间艺术创意基地，以艺术家领衔的岭南剪纸坊、陶艺坊已进驻园区。举办首届“佛山市工艺美术创新市长奖”评选活动，征集参评作品 224 件，共评出金奖作品 2 件，银奖作品 3 件，铜奖作品 5 件，优秀奖作品 40 件，并举行颁奖活动和精品展览，有力推动了工艺美术领域的继承创新和产业化发展。5 月，首次以政府组团形式参展深圳文博会，集中展示佛山文化整体形象和工艺美术精品，被组委会授予优秀组织奖和优秀展示奖。

文化艺术

【综述】 2010 年，佛山市文联及其团体会员、文艺团体围绕市委、市政府“三着力一推进”的工作要求和“四化融合、智慧佛山”的战略目标，着眼文化建设大局，充分发挥自身优势，积极开展丰富多彩的文艺活动，出精品、出人才。大力开展文艺创、展、演、赛活动，全年举办各类文艺创、展、演、赛活动近千场。市文联机关刊物《佛山艺术》通过改版提高了整体质量，编辑《文联简讯》双月刊，各区文联继续编辑出版各自主办的刊物。

【申报创建“中国书法名城”取得初步成效】 为进一步发展佛山书法文化事业，市文联积极提出申报创建“中国书法名城”的建议并得到市委、市政府和市委宣传部大力支持，在创建过程中召开了全市申报创建“中国书法名城”工作动员会议，以市委、市政府“两办”名义下发了《佛山市创建“中国书法名城”工作方案》，并在《政府工作报告》中将创建“中国书法名城”列入当年重点工作之一。市文联和市书协将创建“中国书法名城”作为当年中心工作，先后 16 次召开专门会议，研究部署和落实有关申报创建工作，同时努力完善申报创建相关资料和材料。在市委、市政府高度重视和各区及相关部门紧密配合下，申报“中国书法名城”工作取得明显成效。7 月，中国书协专家考察组对佛山市创建工作进行了全面检查考核。

【喜迎亚运，营造全民参与氛围，弘扬亚运精神】 围绕迎亚运主题，市文联开展了形式多样的文艺活动。其中举办了“迎亚运 保平安——佛山市文艺家走进军营慰问演出”、“迎亚运 颂军魂”刘谦强书法艺术展及作品研讨会、“迎亚运盛会佛山市文艺家走进大沥文艺系列活动”、“迎亚运——佛山市文艺家走进乐从书画名家即席挥毫活动”、“庆亚运·佛山市美术家协会名家邀请展”、“迎亚运奇石书画邀请展”、“市老年书画家协会迎亚运书画作品展”等，营造全民参与亚运的浓厚氛围。艺术家们也以其独特的艺术形式共迎亚运。佛山和河南新乡的9名书画家联合创作了书画作品《盛世花开迎亚运》，梁根祥与周祖文共同设计了剪纸作品《亚运之城》，赠送给亚组委。由佛山市唯一国家级非遗剪纸项目传承人陈永才和徒弟饶宝莲联手创作的亚运题材剪纸《激情盛会　和谐亚洲》由南海区政府作为亚运礼品献礼第16届广州亚组委。佛山剪纸艺术家邓燕平用环保材料做成的剪纸作品《激情亚运　和谐亚洲》入选省亚运主题展览。佛山8位剪纸艺术家在广州亚运会青年营担任剪纸艺术导师。木版年画非遗传人冯炳棠、冯锦强，佛山陶艺大师钟汝荣、冼艳芬受邀在广州亚运会国家领导人会见厅现场创作，其作品在“2010广州亚运会岭南民间工艺精品展”上展出。陶艺大师钟汝荣一家在亚残运会艺术精品展上献艺。多位陶艺家的陶艺作品成为亚运特许商品。

【培养与扶持青年艺术人才】 市文联举办文艺创意策划培训班，首次通过市委组织部主体班形式对全市中青年艺术人才及创作骨干共40人在市委党校进行集中培训，邀请国内著名的专家、教授来佛山授课，让学员们开阔眼界，增长见识，提高文艺创意策划能力。同时，市文联还通过多种途径创造青年人才脱颖而出的平台。如积极组织创作、研讨、展览活动，在《佛山艺术》宣传、推介优秀青年艺术人才，在开展佛山市文艺家“六走进”等文艺活动中重视发挥青年人才的作用，注重在各艺术门类培养年轻的文艺骨干，定期举办文艺评奖等。

【文学创作活动活跃，成绩斐然】 廖雪林的童话《调皮的天蓝蜻蜓》和盛慧的长篇小说《白茫》在广东首届“香市杯”青年文学奖评选中获作品奖；《郑启谦诗选》荣获广东省首届“大沙田”诗歌奖；佛山作家看佛山系列作品之《陶都英姿》、《江河丰碑》、《禅西新曲》也分别获多项大奖。此外，还有多位作家的作品入选全国、省多种选集、文集、图书、教材和获得各类奖项。

【舞台艺术精彩纷呈，喜获丰收】 戏剧舞台绽放光彩。编剧廖维康的《狂飙1924》和尹洪波的《风尘侠女》分别获得2009年度广东省剧本征集活动二等奖和三等奖。甘泳梅创作的剧本《清白与明白》获广东省群众文艺作品评选二等奖。音乐演出精彩多姿。中国音乐家协会顺德合唱基地签约落户。顺德合唱团在第六届世界合唱比赛女子室内组比赛中摘得金奖；三水女声小组唱《月下情歌》获群星奖；邓国平连续5年、袁新荣连续3年获省优秀音乐家殊荣；《长江水》等13件作品，分获广东省群众文艺作品评选一等奖和二等奖。曲艺多方搭台放异彩。协助祖庙街道成功获授“中国曲艺之乡”，举办了“粤韵之星耀汾江”曲艺擂台赛、2010第三届国际广东小曲王争霸赛佛山初赛、2010年广佛肇“黄振龙杯”岭南粤韵新星粤曲大赛、顺德之春文艺花会曲艺欣赏晚会等，承办了第五届广东省曲艺“明日之星”选拔赛、广东省第七届“四洲杯”粤曲演唱大赛佛山选拔赛及复赛等。舞蹈培训、演出成果卓越。江业群获广东省舞协“优秀舞者”称号、李红获广东省舞协“优秀组织工作者”称号；在“2010年第75届中国舞蹈家协会教学成果展演广东省片区比赛”中，获得1金、3铜、1表演奖的好成绩，市舞协获组织奖。杂技公益演出效果好。杂技、魔术、小品先后参加了禅城区建设安全文明小区、用电安全展演以及喜迎亚运的杂技、魔术节目公益演出，收到很好的效果。

【美术、书法、摄影百花齐放，喜创佳绩】 美术展览活动层出不穷。举办佛山市首届水彩展等各类、各层次美术展览活动不下百场次。中国美术创作研究基地落户大沥。美术作品喜报频传：龙恩海水彩画《修补·状态》入选2010年上海朱家角国际水彩画双年展；卢卫的水墨画《卷帘瓜芋熟西畴》系列中的四幅作品入选在迪拜艺术中心举行的“中国文化周”艺术大展，水墨画《行通济》入选“广东岭南美术大展”；钟有生、郑英念水彩画入选广东省第五届水彩、水粉画展；钟汝荣作品《海神》

获得中国（深圳）第六届国际文化产业博览交易会中国工艺美术文化创意奖金奖；黄松坚的《大汉雄风》、钟汝荣的《齐天大圣》、黄志伟的《乐济公》、杨锐华的《醉》、吴满均的《江山揽胜》、扶庆凤的《飘来的歌》获中国工艺美术行业最高奖项“百花奖”金奖，还有多位陶艺家在工艺美术博览会的“金凤凰”中国工艺美术大赛上获得6金、5银、3铜、3优秀奖的可喜佳绩。书法活动丰富多彩。围绕创建“中国书法名城”工作，先后举办了佛山首届千人广场书法活动等数十场书法活动。在广东省第四届新人新作书法篆刻展中，有30人入选；在广东省第三届“康有为奖”书法大赛中，有10人获优秀奖，11人入选；庞国钟书法作品入编《艺海华章——纪念广东省文学艺术界联合会成立60周年专刊》，是该专刊遴选的60年10件书法作品之一。摄影佳作纷呈。举办了“印象南庄之龙腾水乡”广佛影友大PK摄影比赛获奖作品展等展览约百场。广东摄影创作基地落户西樵山和松塘村。邓伟根、孔林光、罗品禧、梁注锴、潘秋明、吴锦荣、肖建荣7人在2010全国摄影艺术展览中荣获各类奖项，其中邓伟根的作品《飞扬》获铜质收藏奖，《慈痴半世纪》组照获评委推荐作品和网络最高人气作品奖。

【民间文艺重放光华，形势喜人】 举行迎亚运市、区剪纸作品联展、古琴艺术欣赏会和研讨会、禅城区第六届青少年剪纸大赛等活动；编辑出版《佛山现代剪纸》、文艺作品集《通济天下》等，协助中国民协出版了《中国木版年画集成 · 佛山卷》；积极组织木版年画、剪纸、灯色等各类民间文艺精品亮相佛山非物质文化遗产展示周、南海民俗文化节、石梁文化艺术节等。陈永才和饶宝莲联手打造迄今最长铜凿剪纸《佛山新八景》，引起很大反响，获得佛山市长奖铜奖。陈永才、吴子洲、何燕、饶宝莲5件剪纸作品获首届中国农民艺术节民间剪纸精品展优秀奖。在第四届广东省民间工艺精品展中，佛山市取得1金、2银、4铜的优异成绩，其中潘超安的陶瓷作品《水浒系列》荣获金奖。

【情暖佛山系列活动】 精心组织文艺家深入生活，深入基层，走进各区、镇、社区、机关、校园、企业和军营，全年共开展文艺“六走进”活动50多场次，群众文化生活得到进一步丰富。如市文联与市汾江办组织全市文艺工作者到汾江河整治现场，举行了“走近汾江，文化之流——佛山市文艺家南北大涌整治现场慰问演出”；连续6年走进石门中学狮山校区，举办了“佛山市民间艺术作品展”、“惠风和畅——四方艺林书画作品展”和“激情亚运 · 活力校园”佛山市文艺家走进校园文艺晚会；组织一市五区摄影家走进佛山供电局举行“亚运 · 佛山 · 供电”摄影展活动；组织作家、书画家走进罗南村，建立了南庄罗南诗书画创作基地；组织“五一”慰问演出团到江肇高速将军山隧道工地慰问演出等。

【做好宣传推介，加强对外交流】 加强各级主流媒体宣传，在《人民日报》、新华社、《光明日报》、《中国艺术报》、《南方日报》等中央、省、市主流媒体上，加强宣传报道佛山市开展的一系列重要文艺活动。同时，加强艺术研究，对佛山文艺家及文艺精品进行系统评论推介，在《剧本》、《中国艺术评论》、《中国戏剧》、《中国艺术报》、《中国文化报》、《文艺报》等报刊上，对中青年艺术家及其文艺作品进行宣传推介和评论，为郑启谦、张况、廖东明、欧阳少锋等几十位艺术家举办了作品研讨会。

加强对外交流，积极组织走出去考察学习。组织了陶艺家前往台湾考察；结合筹备申报“中国书法名城”，先后组织到湖南湘潭和浙江杭州以及省内中山市小榄镇、湛江市雷州考察学习。积极组织请进来沟通交流。邀请中山市文联一行21人到佛山，共同交流如何做好文联工作的经验；在市石景宜艺术馆举行“日本燕京书道交流协会书道作品展览”；邀请澳门艺穗会在澜石和市群艺馆举行了“2010年禅澳戏剧交流演出”，蝉联禅澳二十多载情谊；邀请广州、香港、澳门戏剧社团到佛山举行“2010年穗港禅澳戏剧交流”活动；邀请高要、鹤山、新兴摄影协会在高明举行“要明鹤兴四地侨乡风光摄影联展”；在南海软件科技园举行“中美文化交流活动暨狮山国际友好艺术园、吴信坤艺术馆揭幕典礼”；举办归侨画家南岭梅画展和北京画家于水、陈鹏、高立峰中国画展等。

（霍锦莹）

传播媒体

新闻出版和版权

【综述】 2010年，佛山市的出版和版权工作坚持以科学发展观为指导，积极贯彻落实党的十七届五中全会、省委十届七次全会和市委十届九次全会精神，以科学发展观为统领，围绕建设“四化融合，智慧佛山”的工作大局，积极推进各项工作。

【完善产业统计机制，掌握产业发展情况】 开展产业调查工作，进一步掌握从事新闻出版业务的单位和个体经营户的数量、地区分布、从业人员、经营状况、产业规模等基础数据，初步建立起新闻出版统计数据库和新闻出版基层单位名录库，为加强新闻出版产业的监管和规划，促进其健康发展，提供了科学的数据基础。2010年全市印刷业（除顺德区外，下同）工业生产总值153.87亿元，实现利润总额4.13亿元；出版物发行业销售总额3.38亿元，实现利润4353.8万元。

【加强出版管理，保证正确的舆论导向】 积极引导《佛山日报》、《珠江时报》、《珠江商报》等发挥主流媒体作用，唱响主旋律，宣传、落实中央、省委及市委、市政府的战略部署，对“四化融合，智慧佛山”的建设、“两会”的召开，区级大部制改革、简政强镇，禅桂新中心城区限制摩托行驶、市区班子领导大接访等中心工作和重要部署作了系列的动态报道和相关解读，充分发挥“权威、理性、责任”的主流媒体作用。成立佛山市出版物审读工作委员会，聘请有关专家担任审读员，对市内各类出版物进行审读，及时掌握出版动态，确保正确出版方向，进一步提高各类报刊、音像的出版质量。

【推进版权兴业工程】 2010年4月，佛山市版权局与山东潍坊、江苏南通、浙江绍兴等地版权管理部门和纺织业代表共同签订了《江苏南通、山东潍坊、广东佛山、浙江绍兴纺织品市场版权保护与合作协议》，旨在携手打击纺织品市场版权侵权行为，促进纺织业的健康发展。同时，成立了广东省版权基层工作站和佛山市版权登记服务中心，出台《佛山市作品著作权登记资助办法》，为佛山市的版权相关企业和著作权人提供更便利、更优质的版权服务。至12月底，佛山市版权登记服务中心已受理作品登记申请180多件，全年受理作品版权登记数量位居广东省地市前列。

【加大著作权保护知识宣传力度】 利用“4·26”保护著作权宣传周活动等机会，以推进版权兴业工程为中心，重点向广大版权相关企业和群众宣传版权保护知识；开展“绿书签行动2010”，提高企业经营者和广大青少年保护著作权的意识；结合亚运盛会的召开，联合广州、佛山两市的知识产权局、工商局、版权局开展知识产权保护宣传广佛自行车巡游活动。同时，积极举行版权知识培训班，如版权行政执法人员培训班和面向企业的软件正版化知识讲座。

（市文广新局）

佛山传媒集团

【综述】 2010年，佛山传媒集团继续深化改革，坚定不移推进传媒品牌战略，践行“媒政互动，媒企互动，媒众互动”宣传策略，塑造“大事不缺位、大事不越位、大事做到位”的主流媒体高端传播品牌；推行文化产业品牌经营战略，打造文化产业经营支柱品牌。致力成长为跨媒体、跨地域、跨行业、跨所有制的大型综合型文化集团。

【塑造主流媒体品牌，担当城市文化引领者】 围绕市委、市政府提出的“四化融合，智慧佛山”工作目标，发挥文化先行作用，出色完成主流媒体的舆论引导功能及“权威、理性、责任”的媒体作用，如组织对《“四化融合，智慧佛山”发展规划纲要（2010 ~ 2015）》等重要文件的解读，推出《佛山日报》系列报道等一批相当有影响力的报道；对大部制改革、简政强镇等中心工作延续“媒政互动”做法，举办“2010 中国沿海地区强镇发展论坛（佛山）”，智慧助力区镇行政改革，以传媒文化资源及媒体出品担当城市文化引领者，塑造了佛山传媒集团高端媒体品牌。2010 年，《佛山日报》和佛山电视台双双荣获中国新闻奖二等奖，标志着佛山报业冲刺中国新闻最高奖实现零的突破，佛山电视台成为广东省 2010 年度唯一获此殊荣的电视机构。

【树立高端传播品牌，力当城市品牌传播者】 佛山传媒集团贯彻落实“以内宣促外宣，以外宣带内宣”的宣传策略，借力中央和外省、市新闻媒体平台资源，对外宣传佛山经验模式，提升佛山城市品质。如联合央视直播祖庙百年修缮竣工仪式，参与直播亚运会等重大活动中，佛山传媒集团展现出传媒人的智慧与胆魄，树立了高端传播品牌形象。2010 年 6 月，在第二届（2010）中国品牌与传播大会评选中，佛山传媒集团被评为“最具品牌传播价值城市传媒集团”。9 月，《珠江商报》被授予“推动中国社会进步最具贡献媒体”荣誉。

【打造文化产业经营支柱品牌，甘当文化产业推动者】 贯彻实践“文化产业打造成为现代服务业的支柱产业”指导精神，充分利用传媒资源和优势，策划开展多项品牌经营活动。2010 年，成功开展上百场文化活动项目，包括演唱会、剧场演出、体育活动组织、旅游活动组织等，取得了社会效益与经济效益双赢的格局，打造了文化产业经营支柱品牌，赢得各级政府信赖，成为文化产业首选合作者。中国广播电视协会选择佛山市举办“纪录中国”评选活动，佛山传媒集团圆满承办了活动并获颁“十大特殊贡献单位”殊荣。

【建立优秀传媒企业文化品牌，争当企业文化建设领跑者】 坚持施行“以人为本，和而不同，敢为天下先”主题企业文化，以优秀企业文化助力发展。如以人为本实施人才战略，采取产学研联动方式，大力培养专业人才，选派优秀员工到美国密苏里大学新闻学院进修等；坚持媒体融合战略，培养跨媒体复合型人才。人才战略培养了一批传媒行业精英，2010 年，佛山传媒集团 1 人被国家新闻出版总署评为“全国新闻出版行业第二批领军人才”和“中国百名优秀出版企业家”；1 人被评为“广东省首届百佳电视工作者”；1 人被评为推动中国社会进步最具价值传媒人物等。“和而不同”的媒体差异化发展策略和“敢为天下先”的胆魄使各媒体发展精彩纷呈。佛山日报社获得 2009 ~ 2010 年中国品牌媒体百强地市党报品牌十强荣誉。佛山电台被评为第七届中国最具投资潜力媒体。佛山电视台被评为中国十大区域广播电视台、频道，成为承担亚运会等重大赛事活动直播的专业技术型机构，并圆满完成安全播出工作。佛山传媒集团获颁南方传媒集团 2010 年度广播电视安全播出奖。珠江商报社被评为 2010 年中国十大创新商报。珠江时报社获得最具品牌价值传播地市报奖等。

（李建清）

报　刊

【《佛山日报》】 2010 年，中共佛山市委机关报《佛山日报》的规格为周七刊日均 24 版。围绕佛山市委、市政府“四化融合，智慧佛山”、调整产业结构、广佛同城国家战略的全面实施、“智慧佛山　文化先行”、限摩及公共交通报道、广佛地铁开通、亚运会、“十二五规划”、创建文明城市等中心工作、重大部署，以及百姓生活大事等，《佛山日报》坚持以开拓进取、勇于创新的姿态去抓重大报道策划与实施，努力使党和政府的方针、政策及时、准确、广泛地同群众见面，为群众提供参与政治、经济、文化等社会生活以及了解世界所需要的新闻和信息，并将党委和政府决策的意义、对百姓生活的影响、对佛山未来发展的作用等进行全面的解读，充分体现传媒的舆论导向功能和上传下达的桥梁作用，让市委、市政府的重点工作能够得到各级部门的重视和广大群众的理解支持，有力地推动了全市各项工作的开展。比如“智慧浪潮 引领未来”系列报道、人均GDP过万话转型、走出佛山看转型等系列报道，《佛山日报》打破就事论事的报道模式，发挥报道“超前引领”方面的优势，跳出佛山看佛山未来的发展，从国际的视野，对佛山经济社会形态进行全面的分析，分析佛山有可能面临的矛盾和挑战，为佛山新一轮城市、经济转型增长提供前瞻性思维，获得社会各界的广泛好评。

《佛山日报》的宣传报道，得到了行业内的充分认同。第20届中国新闻奖评选揭晓，消息《顺德大部制改革再迈大步》荣获二等奖。在广东新闻奖评选中，《佛山日报》获奖作品数量在全省各地市报中位居前列。报社总编辑助理沈煜荣获第九届广东新闻“金枪奖”。

在第三届中国品牌媒体高峰论坛评出的中国品牌媒体百强中，《佛山日报》荣登全国百强，获“中国地市党报十强”称号。在“中国传媒大会·2010年会”上，《佛山日报》荣获“金长城奖·中国十大地市报”称号，佛山日报社社长、党委书记戴晓军荣获“金长城奖·2010中国传媒年度经营人物”称号。

（报社总编办）

【《珠江时报》】 2010年，珠江时报社及时准确地报道了上海世博会、广州亚运会等世界大事件，以及广佛地铁开通、大部制改革、“四化融合 智慧佛山”新战略、“智慧佛山 文化先行”文化发展规划纲要、一汽大众落户南海、限摩等佛山大事件。

2010年，《珠江时报》推行了3次较大的改革措施。一是7月16日成功改版，瘦身大报改成四开报型；二是《新罗村》正式试刊；三是转变广告经营方式，摒弃了沿用4年的经理承包制，改为整合营销团队作战方式。2010年7月16日，《珠江时报》全新改版，成为佛山本土第一份四开报型的主流报纸。此次改版是《珠江时报》2004年5月12日创刊以来最大规模的一次改版，不仅仅是版面形态的改变和内容的简单调整，而是在找准方向、准确定位的基础上，对《珠江时报》差异化特征的明晰以及时报核心竞争力的构建。版面形态上，将原来的瘦身大报改成四开的小报型后，以最大限度地方便读者阅读；内容以“本土、有用、新锐、互动”为指导思想，以“市民的、社区的、生活的、文化的、服务的、互动的”为报道思路，以“生活视角 大众情怀”为新闻理念，将时报打造成一份贴近生活、实用、文化味浓的市民报。《珠江时报》日均48个版。改版着重强化了对南海的服务，增加了南海区域的报道分量，开设专门的“镇街”、“村居”版面，加大对南海镇（街）、村居的关注。村居版的设置使时报成为南海区域内覆盖最深入的一个媒体，更加稳固了时报与南海的关系。从专家、学者、领导和普通读者的反馈来看，广大读者对时报的改版给予了肯定和认同，认为改版后时报无论从版式、内容、信息量、可读性还是专业性方面都有了很大提升。广告客户反映，改版后时报的品牌和影响力有了大幅提升，前景良好。反映在广告经营上，改版后的6个月，广告经营连续增长，体现了市场对时报的认同。《新罗村》试刊，《桂城社区》社会影响扩大。珠江时报社与罗村街道于2010年9月正式签订共同创办《新罗村》社区报的协议。此举是继2009年10月28日创办《桂城社区》之后的第二份社区报。《新罗村》于2010年10月29日已正式试刊，调查结果显示，大部分罗村居民喜欢这样的社区报。至年底已试刊8期，有1000多名罗村居民来信（手机短信）索阅《新罗村》。《桂城社区》开办一年里，在服务桂城经济社会发展过程中发挥了积极作用，影响力不断扩大。除了已发行到户的3万份之外，还有2000多名桂城读者发来短信索阅《桂城社区》；《桂城社区》的QQ群已加入的读者近200人。

打破广告经营的经理承包制，实行团队整合营销制。2010年，摒弃了经理承包制的广告经营模式后，改为整合营销团队作战，经营体制的改变取得了较为明显的成效。2010年，时报广告上版比上年略有增长，顺利完成集团和报业工委下达的收入指标任务。

（戴满香）

【《珠江商报》】《珠江商报》立足佛山，把握正确舆论导向，全力服务佛山、顺德的经济、文化和社会建设，新闻报道再上台阶。2010年，该报社被中国发展战略学会经济战略专业委员会等单位评为“推动中国社会进步最具贡献媒体”，是广东省唯一一个获此殊荣的媒体，报社总编辑黄荻获得“推动中国社会进步最具贡献个人”奖。经中国传媒大会专家评审委员会评审，《珠江商报》获得“金长城传媒奖 ·2010中国最具创新商报”荣誉。

2010年，《珠江商报》推出20多个系列报道，重点报道1000余篇，在读者中反响较大的有“顺德‘特区’闯关——顺德大部制改革一周年”特别报道、“简政放权”系列报道、“转型路上——探析顺德经济发展态势”系列报道、“顺德转型进行时”调研报道、“龙腾计划”系列报道和“顺德交通提速”系列报道等。出版特刊《顺德提速》、《金秋顺德》、《乡聚》、《倾城之链》和《顺德金地》等；全年共举办活动12场次，分别承办顺德第一人民医院新址奠基仪式、顺德新城CBD启动仪式、顺德团委青年读书活动启动仪式、伦桂路奠基等活动启动仪式，顺德私房菜大赛、顺德农商行财经论坛、顺德城市文化艺术节等，主办“传媒大奖 · 餐饮业风云榜”、“传媒大奖·房地产风云榜”、“传媒大奖·汽车风云榜”等。《珠江商报》为服务顺德经济文化和社会进步起到积极的推动作用。

《珠江商报》积极参与地方经济文化建设，提高报业发展的市场化水平。由经营中心编辑出版的《顺德楼市》、《家具产业》、《教育周刊》、《健康周刊》、《消费导刊》、《汽车周刊》、《旅游美食》等都是顺德地区最具权威性的行业周刊。《顺德时尚》是引导顺德时尚潮流的新锐月刊，2010年，其成功地举办了一系列贴近市场、服务经济的重大活动，其中第五届顺德私房菜大赛、第二届顺德房地产传媒大奖、首届城市文化艺术节等活动，都取得了良好的社会效益和经济效益。

《顺德视角》杂志由顺德区委宣传部主管、顺德现代化研究中心和顺德社科联联合主办，珠江商报社编辑出版、发行，是顺德唯一的理论宣传刊物。2010年出版《顺德视角》共11期，发行范围包括：国内和省内有关领导、理论界人士，顺德各镇（街）主要领导和顺德党政及各部门有关领导、顺德各大企业负责人，派送到顺德各大消费娱乐公共场所。

（伍趣琼）

【市新闻工作者协会】 2010年5月27日，佛山市第四届新闻工作者协会暨佛山市第三届新闻学会理事大会召开，选举产生新一届市记协领导班子。鉴于新闻“两会”功能重叠，经市委宣传部同意，市新闻“两会”换届后注销新闻学会，将其相关业务并入新闻工作者协会，合并后的市新闻工作者协会主管单位为市委宣传部，主办单位为佛山传媒集团。经选举，协会成立了主席团，推选出总干事。

5月和8月，佛山市新闻工作者协会分别出版发行一期《珠三角新闻界》，共编辑刊登新闻“两会”会员论文108篇，内容涉及“品牌经营——让美丽成就品牌魅力”、“策划心得——由点及面纵深延展”及“业务探讨——将显著版面让给‘民生’”等。

10月，佛山市新闻工作者协会与市总工会一起，对2008年6月至2010年7月宣传佛山市新时期工人阶级和报道工会工作的优秀作品进行评选，评出市五一新闻奖一等奖4个，二等奖6个，三等奖10个，并向省五一新闻奖评委会推荐相关作品。

结合各新闻单位的实际，佛山市新闻工作者协会在记者节期间对佛山市的新闻工作者进行慰问。

（记协办）

广播电视

【佛山电视台】 2010年，佛山电视台积极推动强台战略，全面提升内部管理、节目创新、经营收入、技术革新等水平，抓宣传，促增长；抓管理，促提升。各项工作有了长足的发展。

当好“喉舌”，树立佛山重要媒体形象。一方面做好时政报道和民生报道，一方面全面实现直播节目常态化，使佛山各方面的资讯及时生动地呈现给广大观众。产生重要社会反响的主题策划包括：《中国风向标——2010全国两会特别报道》、《相约世博》上海世博会系列报道、《政坛新面孔》佛山两会系列专访、《智慧佛山　文化先行》系列报道、《寻找佛山文化名片》系列活动、《百年祖庙大修》、《向绿道出发》、《地铁下一站》系列报道、《广佛地铁之最》系列报道、《亚运最前线》系列报道以及《杀人狂魔成瑞龙案开审》全天滚动直播等，播出后获得不俗收视，建立起佛山台新闻的影响力和公信力。做好本地报道的同时，做到大事不缺位，对玉树地震、广州亚运会、全国“两会”等重大事件均派出特派记者直击现场乃至出动直播团队全程参与，积极担负起佛山重要媒体的社会责任。

策划大型活动，扩大影响力。佛山电视台策划的“珠江小姐竞选”、“漂亮妈妈大赛”、“新年音乐会”等较具影响力的品牌活动，已成为对外宣传佛山的亮丽名片，其制作品质不断提高，直逼省级甚至国家级水平。特别是承办的中国纪录片大会十周年庆典系列活动，吸引了全国300多名业界精英出席，影响尤为广泛。

广泛开展合作，开拓外宣新领域。佛山电视台与中央电视台、省台以及多个城市台合作更为深入，除了合作直播“行通济”盛况，佛山电视台围绕市委、市政府的重大工作，切实做好对外宣传、对内通联等各项工作，通过建立大通联体制，与广东电视台、中央电视台以及全国性交流平台合作，大量上送优秀稿件。其中在对外宣传方面，乘佛山大事好事多的好势头，佛山电视台2010年主动积极向中央电视台上送稿件共94条138次，全省各城市台排名第二。广东电视台用稿816条，《广东报道》共200条。其他合作及宣传渠道包括新华社、南方台以及结合重大宣传事项与其他城市的卫视频道、地面频道。亚运期间佛山电视台积极介入第十六届亚洲运动会佛山分赛场的电视宣传与转播工作，从各个渠道让世界记住佛山的声音，在宣传佛山、报道佛山、塑造佛山城市影响力上成就显著。

创优工作新突破。通过一系列的精品系统管理，优秀作品不断涌现，上送评奖的作品数及获奖数也创了历年之最。在广东省广播电视节目评奖上，佛山电视台获得奖项共25个，创优作品总量仅次于广东台，居全省电视系统第二位，《大学生猪肉佬》获省广播电视节目一等奖、《纪念白求恩》和《佛山老字号》获纪录片大会一等奖、《小岛师生》再获南粤纪录片大会优秀作品奖；电视新闻评论《顺德缘何要当全国机构改革先锋？》获得中国新闻奖二等奖，为近年获得中国新闻奖的最高奖项，也是2010年广东省获得中国新闻奖的唯一电视作品。

收视份额、经营创收快速增长。随着宣传质量提升，电视台的收视份额和经营收入有了较大提高。2010年完成3亿元经营创收，积极扶持佛山市佛视文化传播有限公司的发展，与央视同场制作的项目展现了高水平，提升了影响力，实现目标并超过了预期。自办节目收视创新高，1 ~ 10月份在晚上黄金时段（18：30 ~ 19：45）的收视率为5.62%，市场份额为20.02%，较上年同时段收视率上升0.47%，升幅9.1%，市场份额上升3.03%，升幅17.9%。

理顺宣传架构，推动节目创新。佛山电视台对宣传体系架构进行调整，梳理各职能部门所属业务，重点对节目流程建立规范化标准，有效提升了宣传、经营、技术、行政等各线间的工作衔接及运作效率，对保障安全播出、开展绩效考核等工作发挥了积极作用。

升级技术设备，提高保障能力。配合节目改版在“三网融合”的大前提下，佛山电视台积极跟进国内外技术发展，在新媒体技术上取得长足进展，分别进行了国标移动数字发射项目和CMMB数字移动电视项目的预研、设计和项目建设，实现了新闻节目的直播常态化，图像质量有明显提升，安全播出保障能力得到提高。至年末，国标移动数字发射项目正在进行方案布局，CMMB数字移动电视项目已完成了初步覆盖，补点完善工作正在进行中，为佛山电视台迈进“三网融合”作出了有益的尝试。

亚运期间佛山电视台积极介入第十六届亚洲运动会的电视转播工作，总共完成了200余场赛事的转播，并首次为国际A级赛事制作公共信号。场馆服务团队5月率先进驻佛山世纪莲花样游泳馆和佛山岭南明珠拳击馆，出色的工作得到了亚组委和亚运转播公司领导的高度评价，被称为各场馆的样板。转播技术团队使用佛山电视台14讯道转播车，不但完成了亚运拳击项目预决赛全程的转播，还在亚组委的统一调度下，完成了亚运柔道测试赛和亚运男子足球小组预赛的转播。

促进“琼花”发展，催生文化精品。琼花艺术剧院下属各单位结合市场变化逐步改变原有的用人和薪酬机制，部分单位顺利实现转制，拥有其更多的经营自主权，提升了国有资产的市场竞争力。2010年，佛山青年粤剧团团长李淑勤携精品剧目再次登上中央台“戏曲春晚”，受到好评。

（乔　卫）

【佛山电台】 2010年，佛山电台在新闻宣传、经营业务、人才培训、“创文明城市”活动等四方面亮点纷呈，取得了骄人的成绩，为佛山市两个文明建设作出了应有的贡献。

新闻宣传方面。一是主题鲜明、导向正确。2010年，佛山电台相继完成亚运、佛山祖庙百年大修、广佛地铁开通运行等三个重大新闻报道任务；并推出了一批有影响力的重点题材，如“三着力一推进”专题报道，“二转型一再造”专题报道，全国、省、市三级的“两会”专题报道，佛山元宵系列活动报道，上海世博会报道，“四化融合，智慧佛山”主题报道，《汾江治水图》系列报道，限摩宣传和禅桂公共自行车项目的跟踪报道，“十一五”成就回顾和“十二五”规划展望系列专题报道，等等。二是加大民生报道力度，积极主动搭建市民群众与政府沟通的桥梁和平台。2010年，佛山电台在保留了《政风行风热线》、《网络问政》等老牌优秀民生节目栏目外，陆续推出了《头条话你知》、《舆情风向标》、《新闻快评》、《媒体连线》等一批新的民生节目，佛山电台属下的924、901、906、883等四个频率，也先后推出了具有当地特点的区域特色报道，深受市民听众欢迎。三是积极响应佛山市委、市政府“智慧佛山　文化先行”政策的号召，推出了本土文化系列，包括歌曲《石湾公仔》、《佛山一家人》、《梦想汾江》等，举办了首个本地主持人的演唱会“交通国玩唱会”；承办了美国太平洋男童合唱晚会、话剧表演及朝鲜歌舞等；参与了第十三届粤港澳普通话大赛；两度组织球迷远赴英国欣赏英超顶级大战等活动。四是大力实施精品工程。2010年，佛山电台一批精品节目获得国家和省级奖项，据统计共获国家级奖项3个，获广东省广播电视节目奖、广东新闻奖一至三等奖16个，省级荣誉称号1个。创优工作取得较好成绩。

经营业务方面。2010年，佛山电台按照佛山市委宣传部和佛山传媒集团的工作方针，及时调整经营策略，从“做强做大”向“做强做优”转变，以工商广告和演艺市场为主渠道，实现了全年创收的两增长：工商广告比上年增长21%，演艺及广播旅游项目比上年增长56%。此举有效克服了各种不利因素带来的消极影响，全年各项经营收入达到1.28亿元，圆满完成上级下达的任务指标。

人才培训方面。一是完善制度，提高管理水平。2010年间，佛山电台相继制定了一系列的规章制度，如：《佛山电台2010年经营责任问责办法》、《佛山电台岗位设置方案》、《佛山电台机构编制方案》、《佛山电台实习（见习）人员管理办法》等，并与全台司机签订了“安全驾驶责任书”，从制度上去堵塞工作漏洞。二是抓好培训，做好人才发展规划。2010年以来，佛山电台积极组织职称英语考前培训工作、计算机培训考试、论文辅导写作、经济类以考代评职称考试等工作，其中，职称英语通过率达到80%，并在年内完成了全台的初级职称评审工作，取得较好成效。

“创文明城市”活动方面。2010年底，佛山电台积极贯彻落实佛山市委、市政府开展“创文”活动的有关部署，成立了由台长到各部门负责人和频率总监组成的“佛山电台‘创文’工作领导小组”，专门负责“创文”工作的相关事宜。并从2010年12月开始，在佛山电台的六个频率播出有关“创文”活动的公益宣传广告。2010年12月31日，佛山电台又在全台业务骨干中召开动员会，部署了“创文”活动的工作计划，为新一年“创文”工作的开展打下了坚实的基础。

（钟　毅）

图书·档案·地方志·博物

图　书

【佛山市图书馆】 2010年，在市文化广电新闻出版局的直接领导及支持下，市图书馆以“智慧佛山 文化先行”战略思想为指导，把图书馆各项工作与岭南文化名城建设紧密结合起来，为开创图书馆发展新局面，勇当文化先行主力军作出了积极的努力。

联合图书馆建设规模不断扩大，服务效益日益显著。2010年，佛山市联合图书馆在各成员馆的通力协作下，取得持续的发展，形成由市、区（顺德区除外）、多个街道（镇）、社区（村）馆及学校图书馆组成的联合体系，且规模仍在不断扩大，社会效益日益显著。事实证明，交通便利、分布合理、数量众多的图书馆，大大方便了市民的使用。至11月底，联合馆拥有25间成员馆，累计办证数8.3万个，可供读者借阅的图书期刊总数为171万册，累计流通册数为259万册。

文化信息共享工程工作日益深化，合作共建，传递共享。2010年，各项文化信息共享服务工作顺利有效开展，共享工程系统运行良好，并且在推进佛山地方文献全文库数字化项目，自建及整合馆藏数字资源实现共享，提升佛山共享工程分中心的信息服务能力等方面都取得了显著的成绩。

图书馆新馆建设正式动工，未来蓝图精心描绘。年初，伴随着东平新城建设工地第一声桩机打响，佛山市图书馆新馆工程进入实质性建设阶段。配合东平新城建设管理委员会和市文化广电新闻出版局三馆办完成了新馆主体结构、设备、装修、弱电、特殊设备等施工图的审查工作，上报经费情况调研、新馆家具系统方案（草案）、新馆专用系统规划方案（草案）等，并根据实际情况提出建议。对专用家具方案、多媒体系统方案、RFID系统方案、图书自动分拣系统方案等方面开展调研，为新馆建设做好相关的技术储备。

基础业务稳中求胜，办馆效益显著提升。一是文献资源建设以读者为本，安排好全年订购计划，在尽力保证馆藏的连贯性、科学性、实用性和特色性的基础上，实现书刊、报纸、音像资料订购工作的条理化、规范化。二是信息资源建设稳步推进，特色鲜明。2010年佛山市数字图书馆网站新建设发布专题数据库2个，新采购和续订的数字资源共12个，其中《佛山市社会经济发展综合数据库研究》将全面展示佛山市社会经济改革发展的真实轨迹，为政府决策参考和相关研究机构研究利用提供长期的数字化信息保障；纪录片《佛山记忆》加大力度对佛山老字号和南海区地方文化进行抢救式录制，全年共录制纪录片50集；“地方文献全文数据库”进一步得到完善，新增地方资料167册；“讲座数据库”新增音（视）频70部；对馆藏家谱进行数字化和元数据编目。三是古籍保护加大投入，妥善安置。佛山市馆古籍全部入库，得到了妥善的保护与安置，并完成广东省古籍名录保护单位申报工作。被誉为四大印谱之一的明崇祯年间钤印本《学山堂印谱》入选第三批国家珍贵古籍名录，并参加了6月11日至7月12日期间在国家图书馆展出的“国家珍贵古籍特展”。

积极推广阅读文化，构建城市文化深层内涵。一是“阅读春天”，让图书馆书香氤氲，四季如春。佛山市再次启动了“崇文佛山”——2010年佛山全民阅读活动。作为该项活动的主导和中坚力量，市图书馆深入持久地举办系列读书活动，推动全民阅读社会建设，倡导社会公共资源全民共享。活动从3月开始历时大半年，贯穿于图书馆各部门业务之中，内容包括：佛山市2010年“崇文佛山·阅读春天”诗文朗诵会、佛山市中小学生诗文朗诵邀请赛、首届“书香佛山”摄影大赛及作品展、“阅读·与经典同行”名著改编电影赏析、“南风讲坛·阅读春天”系列讲座、“阅读春风”下基层、“崇文佛山·阅读春天”晒书会等读书活动。活动创意独特、亮点频现。二是少儿阅读推广，让市图书馆成为孩子们的童年记忆。由佛山市文化广电新闻出版局主办、市图书馆承办的“寻梦佛山”——外来务工人员子女阅读夏令营以多元化、趣味性的活动形式引导孩子们在阅读中开阔视野、培养性情；佛山市禅城区青少年校外读书基地走进学校，积极加强“儿童阅读”的推广工作；“蜂蜂故事会”全年共举办27场，受到家长的关注。

讲座展览长开不断，聚集城市人文气息。一是“南风讲坛”因有为而有位，引起政府重视。2010年是“南风讲坛”创办的第15个年头，全年共举办讲座68场。10月8日，佛山市委书记陈云贤等领导一行视察“南风讲坛”，对讲坛取得的成绩给予高度肯定，同时提出了要进一步扩大“南风讲坛”影响力的意见和要求。二是发挥公共文化设施作用，让展厅一展风采。佛山市馆充分利用馆内展厅、报告厅，通过自办、协办、合办，并根据社会热点、重大节日、纪念日等契机策划开展各类公益文化展览活动，丰富图书馆的服务内涵。据统计，全年共举办各类展览42场、流动展览8场，文化活动116场、放映数字电影53场。

服务读者手段多样，满足各类读者文献信息及学习需求。一是信息服务勇于创新，亮点纷呈。“佛图专递”信息服务品牌，不仅每月编辑多种决策参考信息产品，还积极为党政多个部门提供了多项高质量的定题和专题服务，为多个党政部门提供专题信息50余项。积极探索舆情信息服务工作的新方法、新途径，获得2009年度全市舆情信息工作先进单位称号，每周提供《境内外媒体对佛山的重要报道专题目录》，及时传递给市委、市政府重要领导。二是读者活动有声有色，营造温暖的读者之家。开展“佛图爱书人书友会”、“英语角”等系列活动，并通过创建QQ群、豆瓣活动小组进行日常的读书话题讨论和联络，全年举行了50多场主题讨论、好书共读、朗诵、小型话剧欣赏、英语晚会、讲座等形式多样、主题创新的沙龙活动，加强读者文化与思想的交流与碰撞，促进图书馆与读者的了解和沟通，为图书馆的忠实读者营造一个温暖的“读者之家”。招募外文志愿者服务队，组织参加馆内外的志愿服务，实现读者自我管理、自我服务，体现公益精神。

宣传工作步入正轨，树立鲜明的图书馆文化。《南风——佛图季刊》、《佛图风向标》两刊全年按时印刷“出街”，力求做到图文并茂、内涵丰厚、编印精美，激发了馆员的创作热情，树立了鲜明的图书馆文化，成为市图书馆对内对外的宣传利器；信息上报工作2010年拓宽渠道，除上报上级单位外还与《佛山文化信息》、《佛山社科通讯》、《广东社会文化》、佛山社科联网站、佛山文化政府网、广东文化政府网、中国图书馆学会网站等宣传媒介保持联系，做到“有事必报、多报快报”。2010年佛山市图书馆有多篇深度报道在以上网站和杂志得以刊登，加强了在佛山、广东文化界以及全国图书馆界的影响力。

倡导良好的学术风气，带动人才队伍建设。完成《佛山家谱提要及书影》、《西庵集》、《图书馆公益讲座》、“香云纱发源地研究”、“加强我市生活垃圾的处理利用”等专著及课题的编撰、点校、统稿工作，人才优势和科研实力进一步得到彰显。

（柯　静）

【佛山市新华书店】 2010年，佛山市新华书店坚持抓好图书主业，努力开拓市场，积极挖掘新的业绩增长点，确保了市场份额，事业发展又迈上一个新的台阶。全店一年总销售8378万元，比上年增加190万元，增幅为2.3%，其中一般图书销售330万册、3317万元；课本、教辅图书销售344万册、2459万元。全年上交税金357万元，比上年增加了76万元，取得较好的社会效益和经济效益。惠景书城被广东省书报刊发行业协会评选为2010年全省10家“文明店堂”之一，将参加全国200家“文明店堂”的评选。

参与东平新城书城项目。2010年11月19日，经参加投标竞拍，佛山市新华书店与合作单位成功以8100万元投得东平新城书城项目地块。该地块位于东平新城天虹路以南、世纪莲体育中心以西的公共文化综合体内，项目总用地面积为2.26万平方米，净用地面积为1.58万平方米，总建筑面积达7万多平方米。该地块将建成集图书经营、展览、创意文化活动、研发设计、商业等功能设施于一体的书城和创意文化活动中心，其中图书经营和文化创意电子交易场所各约1.5万平方米，预计将在3年内建成投入使用。

参与农家书屋建设。农家书屋工程是政府为农民办的一件实实在在的好事，是德政工程、民心工程。佛山市新华书店作为2010年广东省农家书屋工程项目的中标单位，负责广东省第三片区农家书屋的建点任务，在清远、韶关两市的偏远山村承建了1259家农家书屋，配送图书、音像制品共2286万元。把承接农家书屋工程项目列为年内的一项重点工作。经过全店上下2个多月的齐心协力、加班加点工作，按照省新闻出版局签订合同的要求，按质按量按时完成所有任务，受到省新闻出版局的多次表扬。

参与“倡导全民阅读、送关爱进校园”活动。4～5月，市新华书店与市文明办、市教育局、共青团佛山市委联合在惠景书城首层营业大厅举办“倡导全民阅读、送关爱进校园”精品图书惠民助学献爱心活动，组织400多种精品图书，以2~7折的价格向读者让利销售，奉献爱心。顾客购买图书每达100元者，以其个人（或单位）名义，由市新华书店捐出一册价格为15.8元的高品质、彩版中小学生课外读物，扶持外来工子弟学校和边远镇街学校建设“爱心图书角”，活动共募集捐书4700册，建立17个“爱心图书角”。

开展各种营销活动。2010年，佛山市新华书店为提升自身的影响力，进一步促进图书销售，先后通过多种形式开展一系列营销活动。一是配合佛山书香节，组织了10场作家、名人现场签名售书活动，其中刘墉“处世经典”读者见面会、招卓宁新书《过招》签售见面会、《钱文忠解读〈弟子规〉》讲座暨签售活动、“郑达与你面对面”之《解密大行动》新书签售会等，现场人气较旺，互动气氛热烈，达到了为读者与作者、名人提供交流互动平台的目的，成为佛山书香节的一大亮点。二是举办各类咨询讲座、主题书展和鼓励少儿读物的创作生产，积极开展面向未成年人的“阅读推广”活动。如举办禅城区保护知识产权暨推动全民阅读宣传咨询活动、组织各类出版社的专业书展，开展“世界图书日”购书优惠活动、“暑假读一本好书”有奖征文活动等近30场次。通过这些营销活动，营造了良好的读书氛围，为佛山市创建全国文明城市工作的顺利开展发挥了积极的作用。

（梁金旺）

档案与地方志

【综述】 2010年，佛山市档案事业稳步发展，监督指导、档案管理、信息化等工作都取得了喜人的成绩。

【档案监督指导】 做好指导、年度检查工作。文件材料归档年度检查工作，市直单位中共佛山市委办公室等134个单位年检合格；49个单位及时向市档案馆移交电子政务文件。做好档案目标管理工作。全市机关档案通过目标管理共14家，其中省特级8家，省一级6家。省特级中有市直1家、禅城区2家、南海区4家、顺德区1家；省一级中有南海区1家、顺德区3家、高明区1家、三水区1家。全市社区、村委会档案通过目标管理48家，省特级20家、省一级23家、省二级5家。全市企业档案通过目标管理国家二级2家。做好档案验收工作。全市重点建设项目档案共验收83项。市档案局组织专家对援建水磨镇26个项目档案进行了验收，验收及格后相关档案向汶川县档案馆、佛山市档案馆和广东省档案馆移交。做好国有及国有控股企业档案工作，对佛陶集团下属企业和中力公司的退市企业档案工作进行检查。做好行政审批工作，市局、禅城区局对有关行政审批事项进行清理。加强民生档案的检查和指导，如市局、高明区局对婚姻登记和收养登记档案进行检查和指导。圆满完成4期档案人员岗位培训班任务，培训630多人。

【档案馆建设】 加强档案管理工作，如市档案馆认真执行档案和库房安全检查制度、出入库登记等管理制度。市档案局制定了《佛山市档案馆接收（整理）档案的质量标准》，印发给150多个有关单位，明确接收质量标准。大力开展档案收集工作，至2010年底市档案馆已建立22位名人的档案，三水区建立17个名人全宗。大力开展档案抢救工作。改善服务质量，坚持“服务为先”思想，民生档案利用数量大大提高，市民通过预约查档、函电代查和网上查询等方式查阅档案的条件越来越成熟，市档案馆服务总台可利用系统进行部分馆藏档案图片检索利用。市、区档案馆大力开展鉴定开放和抢救档案工作。

全年全市国家档案馆接收档案20万卷、11.1万件，其中市档案馆接收档案0.6万卷、2.1万件。全市国家档案馆馆藏档案259.1万卷、45.4万件；照片档案24.4万张。馆藏资料9.4万册。至2010年底，市、区档案馆累计开放档案7.8万卷、2.4万件，抢救档案3480卷。全市国家档案馆接待利用者6.4万人次，利用档案资料12.1万卷（件、册）次。

市、区档案馆参照标准做好2010年度评估工作。新馆建设取得实质性进展，市档案中心主体工程正在按计划组织施工建设，禅城区异地档案库房正式投入使用，顺德区、三水区新馆建设都在周密筹划中。

【档案信息化建设】 市、区档案局认真做好现行电子文件收集和管理工作，至2010年，累计已接收并存入数据库电子文件25.06万份，2010年3.71万份；累计已上公众网现行电子文件查询中心的电子文件共9.18万份，2010年1.39万份；档案目录查询中心开放档案目录46.57万条。市、区档案馆利用现行文件49.1万件次。“佛山市数字档案馆项目”一期已进入开发实施阶段。各区全年数字化处理馆藏档案，禅城区16.3万页，南海区47.5万页，高明区15.6万页，三水区13.8万页。全市国家档案馆机读目录2700万条。

【档案开发利用】 佛山市、区档案局新增编研成果《佛山陶瓷纵览》、《佛山市档案局工作大事记（2009）》、《档案资政参考》、《中共佛山市禅城区历史大事记（2003 ～ 2007）》、《南海名胜》、《南海名人》、《南海风俗》等。市、区档案馆展览22个，接待参观1.4万人次。

【档案学会】 佛山市档案学会积极发动有关单位和广大会员参加活动，参加了2010年学术年会论文的征集，选送论文29篇，获优秀论文二等奖1篇、三等奖1篇；参加“民生档案”专题学术研讨会论文的征集，选送论文7篇，获优秀论文一等奖1篇、二等奖1篇；参加广东省民间档案珍藏汇展，报送展品目录。

（伍婕芸）

【组织编修《佛山市志》】 2010年，佛山市方志办把市、区两级地方志书编修作为首要任务。同时，认真做好地方志相关工作。为做好编修市、区两级志书工作，佛山市及禅城区、南海区、高明区地方志部门层层把关，力求“精品”。市方志办编纂的《佛山市志》实行“三审定稿”的办法进行审稿，反复修改，定期召开业务会，保证了志书的质量。12月20日，《佛山市志》经过广东省地方志书审查验收委员会成员的审核，一致同意通过终审。

禅城区方志办对《城区志》和《石湾区志》进行了多次评议和修改，年底，《城区志》已通过市终审；南海区展开了《南海市志》和“南海市地方志丛书”共72部志书的发行工作；至12月，《高明市志》已进入印刷过程中，即将出版发行。

根据20年左右开展编修地方志的要求，到2012年，三水区离第一轮修志已经20年。三水区积极启动第二轮修志的筹备工作，已向区政府呈送了《三水区修志工作情况汇报》和《三水区第二轮修志工作方案》。

【编辑出版综合年鉴】 南海、高明、三水区按时保质编纂出版年鉴。《南海年鉴》在固定的26个篇目中，根据上年度的中心工作和热点事件，分别在“特载”篇和“党政机关”篇对南海区探索环保新路的调研文章和对“三旧”改造，节能减排等中心工作作重点记述。体现了南海区以环境保护优化经济增长的热点事件。高明区树立精品意识，认真编纂《高明年鉴》，并增加索引，方便读者检索。《三水年鉴》（2009）被"中国年鉴全文数据库"全文收录，成为海内外人士了解三水的窗口。

【做好地情资料搜集和开发利用】 市方志办从主流媒体报纸搜集、辑录有关佛山的报道，编辑为《从国内主媒体看佛山》，已形成初稿。与市档案局联合出版了《佛山陶瓷纵览》，发送至市直有关单位、各区和市几套领导班子成员。

禅城区方志办继续做好年报资料报送工作，并对祖庙—东华里、澜石片区改造以及汾江河治理等专题材料进行收集、整理。

南海区方志办与有关部门合编的首辑"南海历史文化系列丛书"《南海名人》、《南海名胜》、《南海风俗》于5月出版发行，第二辑《南海龙狮》、《南海衣冠》、《南海古村》也在编写中。另外，《南海将领录》一书已完成编写，10月送交印刷。翻印清乾隆《南海县志》和《西樵山志》的工作正在进行中。

高明区史志办围绕如何开发利用史志资源，为地方科学发展服务等方面进行了调研，形成《开发利用史志资源，为地方科学发展服务》调研报告。对提高公共服务能力和水平，起到积极作用。

三水区方志办收集了原三水籍女科学探险家、香港理工大学院士李乐诗的口述资料、图片、证书及光碟等各种资料。编印了区方志办退休干部植伟森编写的《三水地情资料汇编》共10万字。

市、区方志办认真编写大事记等材料。

【认真完成上级下达的工作任务】 根据上级的要求，认真编纂《国家灾后重建志》和《广东省人物志》佛山部分相关内容，此两项工作已于7月完成并上报。8月，完成了《珠江三角洲城市群年鉴》组稿和编辑工作。

【开展"创先争优"活动】 全市地方志工作取得优异成绩，受到省的肯定。在推荐评选全国地方志系统先进单位和先进个人的活动中，市方志办谭永多被评为全国地方志系统先进个人，于12月16日上京接受颁奖。

（张丽珍）

博　物

【佛山市祖庙文物管理所】 2010年，祖庙文物管理所在主管部门领导下，着力提升管理和服务水平，顺利完成了各项主要工作。

圆满完成祖庙全面修缮工程。2010年主要对祖庙正殿及庆真楼进行全面修葺，这是祖庙修缮工程的最后阶段。为确保工程顺利进行及文物安全，修缮部门作了周详的文物搬迁计划，使文物在维修时也能得到有效保护。9月举行传统的封龙口仪式，标志着历时3年的祖庙大修圆满竣工。11月，祖庙文管所作为主要协办单位，积极参与举办了祖庙全面修缮竣工仪式系列活动，恢复佛山历史上有名的"秋祭"和"乡饮酒礼"民俗活动，省市领导、海外乡亲及社会贤达济济一堂，共享佛山民俗文化盛宴。

举办"三月三"北帝诞庙会，不断增添有特色的新元素，使之成为祖庙的品牌项目；"5·18"国际博物馆日、孔庙学童开笔礼等活动的影响力不断扩大，参与者日众。举办"佛山历代状元榜"、"激情盛会　和谐亚运"、"祖庙百年修缮　圣域千载流芳——佛山祖庙百年修缮成果展"等专题展览以及讲座"瑰伟独特　独树一帜——佛山祖庙建筑研究"，用多种形式宣扬佛山传统历史文化。专题研究项目《佛山传统民俗文化遗产的保护与文化产业发展的可行性研究——以国家非遗名录佛山祖庙庙会为例》的课题研究工作正深入开展。

作为国家级文物保护单位，祖庙的安保工作任重道远。文管所注重加强保安队伍建设，强化安全责任制和全体员工的安全防范意识，建立安全巡逻制度，积极开展消防安全教育，在祖庙大修期间内外环境较为复杂以及举办相关大型活动、游客增多的情况下确保祖庙的安全。

高质量完成中国最高人民法院原院长肖扬、澳门特区最高行政长官崔世安、瓦努阿图总理纳塔佩、密克罗尼西亚总统伊曼纽尔·莫里等国内外重要嘉宾的接待任务。全年接待游客148万人，其中购票人数74万人。

（邹文平）

【佛山市博物馆】 2010年，佛山市委、市政府提出了“智慧佛山　文化先行”的发展方针，引领着文化事业迈向新的征程。这一年里，市非遗中心迁入市博物馆，市博物馆机构组织进行了调整，人员结构也得到整合优化，形成了一支高效的工作队伍。

一是新馆建设工作稳步推进。虽然受轨道交通的影响，博物馆项目被迫延缓，市博物馆仍按计划推进新馆筹备工作。组织了3次专家咨询会，邀请专家对建筑设计提意见，组织省内外调研考察，加强与东平新城建设管理委员会、建筑设计师的沟通，在各方努力下新馆方案于4月15日顺利通过专家评审会；编写新馆陈展大纲，成立的历史、民间工艺、陶瓷和书画四个陈列小组，经过一年的调研，掌握了大量一手资料，征集到100余件实物，已完成部分陈展大纲初稿。

二是积极开展各项业务工作。按照国家文物局的要求，市博物馆紧张有序地开展文物调查及数据库管理系统建设项目，在时间紧迫、任务繁重的情况下，克服种种困难，至9月中旬，完成了馆藏珍贵文物5939件（套）的拍摄任务，期间无一件文物损坏和遗失。

文物征集。根据新馆陈展的需要，市博物馆认真制定文物征集计划，通过调查与评估，制定了征集制度，完善征集记录和手续，做好接收、登记和入库等工作。2010年共征集文物资料4批80件（套）；发动市民捐赠文物资料7批45件（套），其中价值较高的有吴氏家世碑、20世纪五十年代的“鸾凤和鸣”喜帐等。另外，委托石湾新美陶厂仿制祖庙三门瓦脊顺利推进，陶胎制作已经完成。

文物普查工作。2009年佛山五区在全省率先完成了全国第三次文物普查第二阶段工作。2010年下半年省普查办公室把全省第三阶段的工作试点放在顺德区。市博物馆人员紧密配合市普查办与省普查办，积极落实试点工作，并对五区的“查漏补缺”工作给予检查督促。

专题活动。在没有开放场地的情况下，积极克服困难，组织和参与了多项专题活动：5月，与石湾陶瓷博物馆共同主办“5·18国际博物馆日”活动，承办“佛山市第三次全国文物普查新发现不可移动文物成果展”，同月参加了“2010澳港粤博物馆嘉年华”博物馆日宣传活动；7月，配合“寻梦佛山”——外来务工人员子女阅读夏令营，主讲题为“佛山武术文化——精武雄风”的讲座；10月，举办“文博之友专题讲座——‘南海1号’的发现与发掘”专题报告；11月，承办“刘传陶艺研讨会暨《石湾陶艺家丛书——刘传》首发式”、协助祖庙文物管理所筹办“祖庙全面修缮成果展”、举办“文博之友专题讲座——安阳西高穴大墓的主人是曹操吗？”专题报告；12月，举办“文物鉴赏知识培训班”。

学术研究。2010年市博物馆学术研究成果丰硕。副研究馆员黄晓蕙荣获2007～2008年度哲学社会科学优秀成果奖；学术研究丛书之《我佛山人评传》、《广东木鱼说唱史研究》出版；围绕着博物馆学、地方史等方面，业务人员在学术刊物发表论文20余篇。另外，为参加省“非遗”课题研究，上送“非遗”理论研究论文10篇，并积极推进《佛山市非物质文化遗产保护丛书》的整理出版工作。

档案资料室的建立。2010年市博物馆重新建立档案资料室，选购档案库房柜架、设备，合理布局，对档案进行开启、消毒，完成了2911册（份）档案、6095册图书、2555册古籍的整理上架，11月底完成档案资料室建立工作。

三是“非遗”工作扎实有序展开。2010年市“非遗”中心积极参与协助省政府、市政府起草《广东省非物质文化遗产保护法》等法规文件。同时，继续深入普查，对禅城咏春拳、古琴等项目进行重点跟踪和调研，组织申报培训，完成申报、建立名录、推荐传承人等工作。另外，积极进行“非遗”交流活动，参加上海世博会“广东周”活动、国家首届非物质文化遗产博览会等国际、国家级非物质文化遗产展演活动，积极传播了佛山传统的精彩项目和深厚底蕴；承办“佛山·禅城2010‘文化遗产日’”系列活动，围绕“文化遗产·在我身边”主题展开丰富多彩的宣传活动，以首次石湾陶艺微塑展览等形式，引导市民加深对佛山市非物质文化遗产的了解和认识；积极参与组织“魅力佛山·秋色辉煌——秋色欢乐节”活动，取得骄人成绩。

（邝倩华）

体育·卫生

体　育

【综述】 2010年，全市体育工作以邓小平理论和“三个代表”重要思想为指导，深入贯彻落实科学发展观，全面实施《珠江三角洲地区改革发展规划纲要（2008~2020）》（以下简称《规划纲要》），以承办亚运会项目为工作中心，以参加第十三届省运会为工作重点，认真贯彻执行《全民健身条例》，以“迎接亚运会，创造新生活”为主题，按照体育强市建设的要求，积极努力探索现代化体育发展模式，继续打造城市体育亮点和品牌，实现了群众体育、竞技体育、体育产业等工作持续、创新、和谐发展，将亚运会佛山赛区办成了一届富有中国特色，广东风格，佛山风采，祥和、精彩的体育盛会。佛山代表团参加第十三届省运会取得了优异成绩，体育竞赛表演业、体育休闲产业取得重大突破，佛山体育较好地完成了年度工作任务。

【践行办赛承诺，第十六届亚洲运动会佛山赛区祥和、精彩、圆满】 第十六届亚洲运动会拳击、花样游泳两个项目比赛在佛山市进行。岭南明珠体育馆承担了11月16日至26日的拳击项目比赛任务，花样游泳比赛于11月19日至21日在世纪莲游泳跳水馆进行。第十六届亚洲运动会佛山赛区比赛是展示“激情盛会、和谐亚洲”理念，深入贯彻落实科学发展观，展现佛山市经济社会发展水平、城市面貌、社会文明程度的大舞台，意义重大，影响深远。在省委、省政府，亚组委，市委、市政府的正确领导下，在全市各级的共同努力下，亚运会佛山赛区围绕广州亚运会总体目标，以“一流的组织、一流的设施、一流的环境、一流的服务”，高标准、高质量、高效率完成了各项筹办工作，把佛山赛区的比赛办成了具有中国特色，广东风格，佛山风采，祥和、精彩的体育盛会，取得了圆满成功。两个项目比赛期间总体秩序良好，安全保卫佛山赛区顺利实现了“确保安全，万无一失”，“大事不出、小事也不出”的目标；新闻宣传措施得力，形成了人人“关心亚运、支持亚运、参与亚运”的良好社会氛围；媒体服务周到；环境综合治理大刀阔斧，实现了“水更清，天更蓝，路更畅，房更靓，城更美”的目标；交通畅通便民，广佛地铁、市内公交升级改造等多项民生工程如期完成；卫生与食品监管工作到位，赛事期间没有发生群体性的医疗卫生疫情和任何食品安全事故；电力设施安全运行，顺利实现了“绝不发生一起场馆供电事故”目标；嘉宾接待周密细致，起到了增进友谊、促进交流的良好效果；信息系统运转正常，无线电通讯流畅；志愿者积极热情，赢得了各方宾客一致赞誉。佛山赛区整个赛时运行情况受到了亚奥理事会领导、国内外技术官员、媒体记者以及观众的好评。

火炬传递精彩、热烈、有序、富有特色。佛山站火炬传递是广东省整个亚运火炬传递3个（中山、佛山、广州）直播城市之一，更是第一个中央、省、市联合现场直播的城市。整个活动组织涉及面广，衔接环节多，规格高，参与群众多。在市委、市政府的统筹指挥下，佛山火炬传递活动以“形式多样、内容丰富、宣传立体、形象亲民”为原则，整个活动流畅顺利、场面热烈、气氛和谐；仪式庆典有序、隆重、精彩而具特色；安保工作安全有序、零差错；宣传工作导向鲜明、服务到位；后勤保障服务热情、到位，受到了亚组委火炬传递运行中心、各新闻媒体和广大市民的广泛赞誉。

亚运会佛山赛区向全亚洲人民展示了佛山经济社会发展取得的巨大成就，展示了佛山人民奋发向上、开拓进取的精神风貌，充分体现了中国特色，广东风格，佛山风采，极大激发了全市人民团结奋斗、建设“四化融合，智慧佛山”的昂扬斗志，有力地推动佛山市物质文明、政治文明、精神文明、社会文明建设和各项事业的蓬勃发展。亚运会给佛山留下了一笔非常宝贵的精神财富和物质财富。认真总结亚运会成功经验，继续发扬成绩，对推动岭南文化名城建设有重要指导作用。

【第十三届省运会佛山代表团取得优异成绩，业余训练取得可喜成就】 第十三届广东省运动会取得优异成绩。广东省第十三届运动会历时3个月，于2010年5月2日开始至7月16日结束。本届省运会共设田径、游泳、射击、击剑等33个大项、617个小项、714枚金牌，共有21个单位7179名运动员参赛。佛山市派出662名运动员参加22个大项比赛，以6245分获得大会总分第三名，以133.75枚金牌、74枚银牌、104枚铜牌获得大会奖牌第三名，以1118.5分获得重竞技五项第三名，以420分获得球类五项第三名，以第三名成绩（1346.4分）获得2006~2009年地级市突出贡献奖，南海区、顺德区、三水区分别以第四名、第七名、第十二名获得县(区)级突出贡献奖，以良好参赛作风和精神风貌获得代表团体育道德风尚奖，超额完成市委、市政府交给的“总分第三名”的任务。佛山体育健儿在整个比赛过程中，赛出了风格，赛出了友谊，赛出了斗志，赛出了水平，赛出了形象，以精湛的技能、顽强的作风、团结的力量、和谐的氛围，充分展现了佛山市的综合实力和竞技体育实力，以实际行动实践了中华体育精神和佛山人精神，为佛山人民争了光。

业余训练取得可喜成就。2010年佛山市共有14个项目35名运动员参加广州亚运会，是佛山市参加亚运会参赛运动员最多的一届，取得3金5银7铜的好成绩，是佛山市历届亚运会取得奖牌最多的一届；2010年佛山市向省体育局申报12名一级运动员，审批128名二级运动员和46名三级运动员，较好地完成了年度任务；切实加强培训，提高教练员、管理干部、裁判员业务水平。

【学习贯彻《全民健身条例》，推动佛山市全民健身工作深入开展】 制定了《佛山市贯彻全民健身条例实施办法》，上报市政府，争取将全民健身事业的公共体育设施建设、全民健身工作经费纳入国民经济和社会发展规划，列入地方财政预算和《政府工作报告》。举办《全民健身条例》培训班，扩大《全民健身条例》的宣传。2010年，全市337个行政村，全部达到省体育局要求的“1场2台”标准，其中有300个行政村还超额完成了任务。据统计，全市平均每个行政村拥有4.7个篮球场、6张乒乓球台、20件室外运动器材，农村人均体育设施面积0.78平方米，为广大农民开展健身活动打下了良好的基础。2010年培训了二级和三级社会体育指导员1107名，佛山市社会体育指导员总人数累计5807名，达到了万分之十的比例。

精心组织大型群体活动。在南海罗村街道办事处举行的3167人参与表演的咏春拳表演创造了新的吉尼斯世界纪录；岭南武术文化论坛则邀请了嵩山少林寺监院释延琳、香港咏春联会副主席冼国林等名家名师；9月24日至26日进行的国际咏春邀请赛有来自12个国家和地区75个拳馆的600多名运动健儿参赛，人数创历届之最；“黄飞鸿杯”世界华人狮王争霸赛则是在西樵山连续举办6届，2010年吸引了几十万观众上山观看。据统计，全年市、区、镇（街）共组织体育活动100多次，带动了全市人民积极参与体育活动，全市参加体育活动人数已达到50%以上。此外，市、区直属机关篮球、乒乓球、羽毛球、射击等四项比赛取得圆满成功，全省万村篮球赛开幕式在南海区举行，佛山市百村篮球赛总决赛在高明区举行，这些精品群体活动的开展进一步丰富了市民的业余文化生活。

积极组队参加群众体育项目比赛。2010年，佛山市组队参加了一系列群众参与面广的比赛并取得了不俗成绩：南海九江龙舟队代表国家参加第16届亚运会，获得了2枚铜牌；组织龙舟、舞狮、保龄球等项目代表省参加全国体育大会，获得了6枚金牌；组队参加广东省第六届残疾人运动会，取得金牌总数、团体总分双第一；组队参加广东省第四届少数民族运动会，获得团体总分第六名；组队参加广东省职工运动会比赛，获得了总分第四名、金牌第五名。

【充分利用亚运会平台，促进体育产业创新发展】 佛山成立本土第一个中国男子篮球职业俱乐部。经过多方的不懈努力，佛山龙狮篮球俱乐部有限公司取得参加中国男子篮球职业联赛的资格，这是佛山历史上第一支中国男子职业篮球队，俱乐部已经于2010年12月开始参加中国男子篮球职业联赛。佛山龙狮篮球俱乐部以篮球为载体，结合佛山传统体育文化，将文化教育与青少年运动的培养紧密结合，创建中国体育产业的全新模式和发展途径。俱乐部的成立，将促进佛山体育及相关产业的发展，为市民带来高水平的文化体育赛事。

佛山第一家武术学校——佛山黄飞鸿国际武术学校筹建。武术作为佛山最有传统的品牌项目，一直以来各级政府及社会各界都在致力打造佛山武术品牌，并取得突破性进展。由香港财团投资的、位于南海区西樵山的佛山黄飞鸿国际武术学校和梦工厂已获市有关行政主管部门批准成立，国际武术学校将成为佛山市培养武术人才的基地和佛山武术对外交流的平台和窗口；影视基地的建造，将扩大佛山武术运动的影响，促使武术走出去，促进武术文化旅游的快速发展。

体育彩票销售创历史新高。全市体育彩票销量实现连续6年快速增长。全年全市销量5.97亿元，同比增长41.47%，超全省平均增长水平，为佛山市筹集公益金4302万元，代扣税1174万元，为国家、省、市公益事业和体育事业的发展作出了应有的贡献。

加强体育市场监管和场馆经营管理。联合工商、卫生等相关职能部门对体育市场进行检查，对危险性大的体育经营项目进行重点监管，特别是加强对游泳场所的管理，举办了3期共200多人的游泳救生员培训班，对全市300多个游泳场所开展了大检查，不断规范体育市场，促进有序健康发展。完成了首次体育及相关产业专项调查工作。加快了行政审批改革。场馆经营管理取得新的发展。

【深入贯彻落实科学发展观，立足长远为佛山体育发展谋篇布局】 佛山市体育系统继续深入落实科学发展观，认真贯彻实施《规划纲要》，积极推进广佛体育同城建设；认真抓好“三深入”（深入农村、深入社区、深入企业）活动，对对口帮扶的流寨村开展服务工作；坚持“标本兼治、综合治理、惩防并举、注重预防”的方针，切实加强党风廉政教育，推进体育系统党风廉政制度建设。认真组织编写了《佛山市体育发展“十二五规划”》，“十二五”期间佛山体育发展要争取纳入佛山经济社会发展全局统筹谋划，打造体育“健康”、“精彩”、“生机”之城，基本实现体育现代化，积极建设较为完善的全民健身体系，着力提升竞技体育实力，大力发展适应社会需求的体育产业，为建设“富民强市，幸福佛山”，不断提高佛山市民生活质量做贡献。

（胡建中）

医疗卫生

【综述】 2010年，佛山市卫生系统落实市委、市政府有关部署，抓住机遇，顺势而为，着力推进医改重点工作，大力推进基本药物制度建设和智能卫生建设，落实民生实事，推进广佛肇同城化建设，加强医疗监督监管，取得了喜人的成绩，推动了全市卫生事业科学发展。

2010年，佛山市网络直报法定报告的甲乙丙类传染病25种，共报告病例数5.68万例（按发病日期统计），发病率949.65/10万，死亡27例（按死亡日期统计），死亡率0.45/10万，病死率0.05%。全年佛山市医疗机构门诊人次达7438.27万人次，比上年增加18.68%。住院人数达85.89万人次，比上年增加10.5%。全年病床周转次数为38.1次，平均住院日9.6天，病床使用率93.97%。

【推进医药卫生体制改革】 12月20日，正式实施基本药物制度。佛山市四区（禅城、南海、高明、三水）共有28家政府举办的镇（街）卫生院和社区卫生服务中心、192家政府举办的社区卫生服务站及分支机构正式实施了国家基本药物制度。实施的单位总数达到220家，在全省率先实现基本药物制度在基层医疗卫生单位的全覆盖；加快社区卫生服务机构建设。2010年佛山市新建24间社区卫生服务站，完成当年全部建设任务。共举办全科医师岗位培训班6期，共培训全科医师460人，社区护士培训班11期，培训社区护士811人，超额完成全年培训任务；落实基本公共卫生服务项目和重大公共卫生项目。免费为常住居民提供9项基本公共卫生服务。2010年，建立居民健康档案149.44万份，健康教育服务179.11万人次，儿童保健服务10.16万人，孕产妇保健服务6.51万人，开展老年人保健服务14.17万人次，开展预防接种145.37万剂次，法定传染病疫情报告处理4.84万例，开展高血压、糖尿病管理8.25万人，开展重性精神病管理9781人。抓紧重大公共卫生服务项目的落实。已经完成儿童补种乙肝疫苗工作，共为25.14万名儿童补种乙肝疫苗50.07万剂次。完成省下达的增补叶酸预防神经管缺陷的补服任务；2010年，佛山市卫生事业共安排建设项目33个，投资总额61.16亿元，年度投资计划19.4亿元，完成投资10.62亿元，占年度计划的54.8%。其中在专业公共卫生机构基础设施方面，已经立项拟建和在建的市、区级公共卫生机构有6间，建设总投资额近4亿元。建立了广佛肇重大传染病和突发公共卫生事件联防联控工作机制，落实信息通报等方面工作。

【智能卫生建设】 贯彻落实《全国卫生信息化发展规划纲要》和佛山市委、市政府“四化融合，智慧佛山”战略部署，开展卫生信息化建设。完成卫生部区域卫生信息资源规划试点任务，编制完成了《基于人的健康信息的佛山区域卫生信息资源规划》、《佛山区域卫生信息数据集》。开展了佛山信息化示范医院建设试点工作，在12家医院开展医院信息化试点；编制完成《佛山区域卫生信息平台整体规划方案》。制定了《佛山智能卫生实用标准规范》。制定实施《佛山区域医院信息系统集中采购方案》，基本完成覆盖市卫生局、市卫生监督所和禅城、三水、高明三区及相关镇卫生监督分所的卫生监督信息系统建设任务。启动全市区域血液管理信息系统建设。佛山区域卫生信息平台建设进展顺利。开展了卫生部基于市民健康档案的区域卫生信息化建设试点，先行启动佛山区域卫生信息平台建设，在5家医院开展全市统一的区域电子病历建设试点。对15家医疗卫生机构信息系统进行了改造整合。基本实现佛山市民健康卡、区域医院电子病历和市民电子健康档案在5家医院互通共享的试点任务。市二医院等6家医院开始了佛山健康卡试点发放工作任务。

【疾病防控和卫生监督执法】 加强了手足口病防控工作。开展了流感样病例和病原学监测，流感监测系统保持高效运转。落实国家免疫规划，规范预防接种异常反应监测和处置。以镇为单位各种免疫规划疫苗常规免疫接种率达90%以上，维持无脊灰状态。组织开展麻疹强化免疫活动，全市的接种率为98.3%。加强了艾滋病防治工作。继续实施广东省结核病控制等结核病防治项目。建立健全精神卫生服务网络，推进重性精神疾病规范化管理和治疗工作。强化职业病防治工作，推进建设项目职业卫生评审工作，全市共完成了387个建设项目职业卫生评审。加强职业卫生技术服务机构能力建设，组织开展重点行业专项整治和专项抽检工作。建立和落实广佛肇重大传染病和突发公共卫生事件联防联控工作机制。组织开展“五五”普法验收工作。做好卫生应急和亚运会卫生保障工作，圆满完成第16届亚运会佛山赛区和中国艺术节等重大活动的医疗卫生保障工作。

【医疗服务质量监管】 继续加强规范医疗行为、感染管理、护理管理等各个医疗环节的制度落实。强化医疗市场及采供血机构监管，加强院感控制管理。规财、监察、医政等多部门协调，继续贯彻执行省药品阳光采购工作，严格执行招投标法和政府采购法，加强市直医疗卫生单位设备和器械部门类集中采购监督管理工作。推进临床路径试点工作，有23间医院分别被确定为卫生部、省卫生厅和佛山市卫生局临床路径管理试点单位。

【妇幼卫生和健康教育】 新生儿疾病筛查工作成绩突出。开展这项工作10年来，共筛查48.15万例新生儿，筛查率达到98.9%。新生儿筛查的病种由原来的3种增至5种。2010年启动了佛山市产前筛查与诊断工作。佛山市通过了《全国健康教育与健康促进规划纲要(2005 ～ 2010 年)》终末督导评估。继续开展“亿万农民健康促进行动”，已有 14 个省级“行动”示范镇，“行动”示范镇创建工作走在全省前列。

【爱国卫生】 开展巩固国家卫生城市工作。组织开展了国家卫生城市先进城区的评比活动。推进创建国家卫生镇和省卫生村工作，2010 年，共有国家卫生镇 21 个，省卫生镇 1 个，省卫生村 836 个（其中行政村 434 个、自然村 402 个），创建工作在全省以至全国处于先进行列。改水改厕工作方面，推进“村村通自来水”工程，2010 年自来水普及率达 99% 以上。2010 年共进行了 5000 户农户改厕工作，增加改厕受益人口约 1.5 万人，卫生厕所普及率达 98% 以上。改革环境卫生管理水平，建立了“村收、镇运、区处理”的管理新模式。巩固中心城区除“四害”工作成果，除“四害”工作不断向城镇、农村推进。

【医学科研教育】 2010 年，共获得市（厅）级及以上立项 284 项，其中国家自然科学基金项目 2 项，省自然科学基金项目 3 项，其他市（厅）级立项 279 项；获得省级科技进步三等奖 1 项，市级科技进步奖 25 项（其中一等奖 2 项、二等奖 9 项、三等奖 14 项）。组织实施《佛山市十二五医学重点专科、特色专科建设实施方案》，评选出 13 个重点专科和 34 个特色专科。举办了国家级继续医学教育项目 10 项，省级继续医学教育项目 31 项，市级继续医学教育项目 61 项。安排接收了来自新疆伽师、新疆哈密和重庆巫山 3 批 11 名卫生进修人员到佛山市进修学习。

【党风廉政建设和反腐纠风工作】 落实党风廉政建设和反腐败任务，加强对网上采购药品的监管。推行《佛山市卫生局医疗机构不良执业行为记分管理办法》（试行），对各类医疗机构出现的违法违规行为实行量化管理。推行多部门联动的医患纠纷第三方调解机制。聘请专业中介机构，测评医院医疗服务水平。继续开展治理商业贿赂专项工作。组织开展纪律教育学习月活动。设立佛山市卫生局领导接访日，参与市纪委、市监察局、市纠风办等部门举办的“民生对话”，“智能卫生，健康市民”的网络对话活动。

【扶贫开发、党务等工作】 按照市扶贫办的统一部署，佛山卫生系统对口帮扶清新县石潭镇中和村、德庆县凤村镇棠下村、英德市下砍镇新联村和德庆县凤村镇宝坪村 4 个贫困村。按照“规划到户责任到人”的工作原则，从思想、政治、产业等多方面给予了帮扶对象极大的帮扶。开展对口支援新疆伽师县工作。参与高明革命老区建设。2010 年佛山卫生系统组织开展了“争优创先”活动，共评选出 20 位“人民满意的白衣天使”。卫生系统工委会被评为 2010 年度全市工会工作优秀奖。继续开展青年文明号和青年志愿者工作，佛山市中医院急诊科获全国五星级青年文明号。

（市卫生局）

2011 特辑

FOSHAN NIANJIAN

同创文明智慧佛山　共建富裕幸福家园

建设"博大精深、近悦远来"幸福禅城

中共佛山市禅城区委、佛山市禅城区人民政府

2010 年，禅城区以科学发展观统筹全局，以建设精品禅城和近悦远来幸福禅城为目标，解放思想，改革创新，加快经济社会转型发展，各项工作迈上新台阶。

切实调结构促转型，经济竞争力显著增加

"十一五"规划顺利实施，经济总量首超千亿，实现五年再造一个经济禅城。战略新兴产业发展驶上快车道，世纪互联云计算南中国总部基地、神州数码数字城市（华南区）总部基地等项目落户禅城；LED、电动汽车、太阳能薄膜新材料、新能源电池、生物质能源等项目正式启动；国星光电成功上市融资，上市企业达到 6 家；现代服务业发展提速，总部经济呈现集聚发展趋势，华夏银行佛山分行、盈天医药集团总部大楼等 10 个总部项目顺利落户；自主创新取得新突破，建立佛山首个物联网工程技术研究中心，加快物联网技术推广应用。

强化统筹规划，城市建设管理取得新进步

加快"十二五"规划、城市和产业发展规划；城市基本设施建设快速推进。"四化融合，智慧佛山"示范区建设首批 40 个重点项目全面推进；广佛地铁首通段建成开通。城市形态进一步优化，完成"三旧"改造总面积 254.39 万平方米，"三旧"改造工作成为全国典范。岭南天地商业街一期工程全面落成并向市民开放；南庄生态休闲区雏形初现；澜石片区改造动迁工作进展顺利；佛山古镇一期工程汾宁路修缮工程启动；生态文明水平不断提升，坚持"铁腕治污"，汾江河水质明显改善，完成市政府下达的"三年江水变清"目标任务。

着力办实事惠民生，社会发展水平有效提升

全面完成 10 件民生实事。主要包括农村居民参加区城乡居民社会养老保险参保率达到 98.28%，为全市五区之首；全年建设保障性住房 1400 套，解决 1207 户城镇低收入家庭住房困难问题；落实 2.06 万名城镇独生子女父母退休奖励政策；完成智能交通治安管理系统首期工程并投入使用等。教育品牌有效提升。启动佛山"智慧教育"示范区创建工作，大力推进"校园 e 卡通"等工程建设。文化体育事业长足进步。公共文化服务体系进一步完善，"十分钟文化圈"全面建成。

政府自身建设不断加强，服务水平进一步提升

区政府以转变职能为核心，全面实施大部制改革，强化督办和监督机制，加强廉政建设。力推基本公共服务均等化，健全财源税基开拓长效机制，财政保障能力得到增强。全年共办理市、区两级人大代表议案、建议和政协提案 142 件，办复率 100%。全年办结行政复议案件 146 宗，办结率 96%，行政执行能力和工作实效进一步提升。

2011 年是实施"十二五"规划的开局之年，也是禅城区揭开历史新篇章的重要一年。禅城区在"十二五"期间将通过构筑"岭南文化、现代产业、自主创新、生态宜居"四个高地，全力实施文化引导、智慧发展、内涵提升、绿色发展、富民优先等"五大战略"，实现地区生产总值达到 1760 亿元左右，年均增长 12%。2011 年，禅城将围绕创建"四化融合，智慧佛山"示范区的奋斗目标，以"转型升级"为主线，以"创新发展"为动力，以"两轴五片三网络"建设为抓手，加快产业经济、城市发展、民生事业、政府服务转型升级，全面优化发展环境，切实改善社会民生，建设"博大精深、近悦远来"幸福禅城。

2010 年 11 月 13 日，中共中央政治局委员、中宣部部长刘云山在中共中央政治局委员、广东省委书记汪洋的陪同下参观南风古灶。

2011 年 5 月 19 日，中共中央政治局委员、广东省委书记汪洋和省长黄华华率领珠三角九市产业转型升级巡回检查讲评会一行走进佛山。佛山市长助理、禅城区委书记刘宏葆向在场的省市领导介绍禅城区"四化融合，智慧佛山"的规划和发展情况。

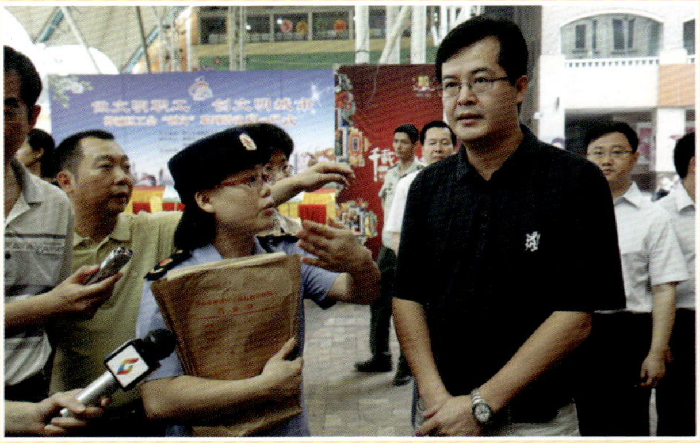

2011 年 4 月 28 日，为给禅城区"创文"鼓劲，禅城区委副书记、代区长苏伟波带领有关人员到东方广场进行实地检查和考察。

2011 年 3 月 16 日，为建设好“四化融合，智慧佛山”示范区，禅城区人民政府、中国电信广东公司、世纪互联智慧科技有限公司举行“云计算产业基地合作签约仪式”。

2011 年 4 月 6 日，由禅城区人民政府和佛山市信息产业局主办，天安塑料、鹰牌陶瓷、沃地森板业、智力科技与天一众合科技发展有限公司签订城域物联网应用合作协议。

季华商业圈。

迎春花市。

正在建设的佛山名镇，总面积约 8848 亩，核心区面积约 2700 亩，将有利于保护传承陶瓷、建筑、武术、粤剧、龙狮、秋色、剪纸、木雕、木板年画、美食以及一大批民间工艺、民俗节庆等光辉灿烂的历史文化。

富民强区 幸福南海

中共佛山市南海区委、佛山市南海区人民政府

2010年，南海区按照“四化融合，智慧佛山”的战略部署，不断加快“两转型一再造”步伐，全力创建“三着力一推进”示范区。这一年，南海以行政体制改革为契机，全面优化政府服务，促进产业发展、环境再造、城市建设同步飞跃，演绎出无数精彩：实施“中枢两翼、核心带动”发展新战略，进一步优化区域空间布局；产业转型渐入佳境，都市型产业集聚成型，先进制造业健康成长，新兴产业不断壮大，传统产业稳步提升；启动“城市更新”计划，提速城市化进程，广佛地铁、海怡大桥等基础设施加快完善，“三旧”改造效果显著，节能减排治污“南海经验”获得好评，区域绿道建设高标准建成，优美生态环境开始回归，环保理念深入人心；推动“狮舞岭南 龙腾南海”文化发展行动计划，以文化引领城市、环境、产业、社会乃至公民素质的提升，城市发展内涵不断丰富。

挥别2010年，南海迎来了“十二五”开局之年。随着珠三角一体化步伐的加快，广佛同城效应的进一步强化，敢为人先的南海已踌躇满志、蓄势待发，以创建“全国文明城市”为工作重心，在富民中下功夫，在强区中见实效，在改革中促发展，全力建设一个富民强区的幸福南海。

南海区党政机构改革大会召开。

一汽大众落户南海，开启佛山汽车产业新篇章。

“创文”行动 全民参与。

沿绿道赏美景，尽享低碳生活。

保利水城购物广场。

全力推进现代产业之都、品质生活之城建设

中共佛山市顺德区委、佛山市顺德区人民政府

2010年，顺德全区上下凝神聚力，加快转型，努力打造现代产业之都、品质生活之城，各项工作渐入佳境，精彩纷呈。

这是面貌更新的一年，顺德区着力优化城市格局，重点设施陆续竣工，城市化迈向新里程。这是蓬勃发展的一年，顺德区加快构建现代产业体系，企业乘势而上，发展势不可挡，全年实现地区生产总值1935.6亿元，增长14.5%。这是民生改善的一年，顺德区共建共享阳光城市幸福家园，市民得到更多实惠，生活品质不断提高。这是改革创新的一年，顺德区不断深化重点领域改革，政府服务效能稳步提高，市民办事更加便捷。

2011年，顺德将继承和发扬优秀传统，突出产业和改革两大主题，以产业作为区域发展的根基，以改革作为区域创新的动力，大力推进“两转型一再造”，继续推进现代产业之都、品质生活之城建设，力争在产业发展、宜居城市建设、体制创新、社会民生和公共治理等方面迈上新台阶，确保顺德在新一轮发展中继续领跑全省、领跑全国。

中宣部副部长、国家广电总局局长王太华到顺德区调研。

广东省第三届农业博览会在陈村花卉世界举行。省长黄华华参观展区。

广东省第五届“省长杯”工业设计大赛在顺德北滘广东工业设计城启动。省委常委、常务副省长肖志恒到场指点工作。

国家工信部副部长娄勤俭在美的调研顺德家电“家电下乡”企业。

南方智谷建设启动。

彩虹集团 4.5 代 AMOLED 生产线签约仪式。

美的总部大楼。

顺德与英德举行区域经济合作签约仪式。

龙腾企业授牌仪式。

教育基金百万行全景图。

中国银行顺德分行正式挂牌。

加快绿色崛起 建设幸福高明

中共佛山市高明区委、佛山市高明区人民政府

2010年是高明区深入推进“绿色崛起示范区”建设并顺利完成“十一五”规划的一年。高明区坚持抓项目、促转型，全区经济保持18.5%的高增长，生产总值突破400亿元大关，各项主要经济指标均较“十五”期末翻一番多，经济总量再上新台阶。推进招大商、大招商，引资总额超200亿元，创历史最好水平，并引入一批战略性新兴产业项目，为经济发展积蓄了新动力。着力优环境、强基础，西江新城核心区建设快速推进，第二条高速公路江肇高速高明段建成通车，并一举摘得“中国低碳旅游示范区”、“广东省林业生态区”荣誉称号，城市发展呈现新气象。加快惠民生、促和谐，教育、医疗、文化等各项社会民生事业蓬勃发展，完成“十大惠民工程”，建成省推进教育现代化先进区，建设和谐社会迈出了新步伐。

2011年是“十二五”规划开局之年，站在新的起点上，高明区委、区政府为“十二五”发展确立了宏伟目标：围绕建设“民富区强、幸福高明”目标，加快绿色崛起步伐，推进经济社会发展实现新跨越，全区经济总量要突破1000亿元，工业总产值要突破4000亿元，固定资产投资累计要突破1200亿元，城镇在岗职工年人均工资和农村居民年人均纯收入要分别突破30000元和12000元。2011年作为“十二五”的开局之年，高明区将围绕“四化融合，智慧佛山”战略部署，全面推进“绿色崛起示范区”建设步伐。一是以更加坚定的信心推进产业发展壮大，推动一批传统产业改造升级，巩固提升优势支柱产业；加强与央企等战略投资者合作，促成一批重大项目的动工投产，加快发展战略性新兴产业。二是以更大的手笔推动城市开发建设，提速西江新城开发建设，着力推进城市“三旧”改造，大力实施环境升级计划，实现城市面貌的大提升。三是以更加长远的规划推动交通建设，突出抓好“高速路”和“快速路”建设，加快构建“40·30·15”交通新格局，全面融入广佛都市圈。四是以更高的视野推动大旅游大文化发展，打造上档次的旅游景区及星级酒店群，大力发展有乡村特色的绿道生态旅游，提升城市美誉度。五是以更多精力和财力投入民生事业，全面推进革命老区扶贫开发，抓好一批民生工程，不断提升群众生活幸福指数，让改革发展成果更多地惠及市民群众。

市委书记陈云贤到高明区基层卫生院调研。

区委书记马亮照等区领导视察创文工作。

区委副书记、区长唐棣邦调研更合镇旅游项目。

红色旅游首发式暨革命火种传递活动。

宣传环保理念，荷城

参加千人骑乐游活动。

“十万市民大走访活动”启动仪式现场。

“陆地方舟”新能源汽车(佛山)项目暨高明区“绿色崛起”百亿项目签约、奠基(动工)仪式。

实现跨越发展，建设幸福三水

中共佛山市三水区委、佛山市三水区人民政府

中共中央政治局委员、广东省委书记汪洋到三水就三峡移民安置和社会主义新农村建设进行专题调研。

广东省委副书记、省长黄华华视察北江大堤西南险段和北江大堤芦苞沙墩险段。

三水区紧紧围绕市委、市政府的工作部署，以“四化融合，智慧佛山”为主线，以“实现跨越发展，建设幸福三水”为核心，以创建全国文明城市和国家生态区为重点，全面实施“三二一”腾飞计划，真抓实干调结构，真情实意惠民生，各项工作顺利推进。海尔产业园、保威太阳能、三和大汽配、杨协成等一批优质大项目签约落户，爱康、可口可乐、红牛等一批大项目投产运营，被认定为省太阳能产业基地、省食品饮料和通信天线产业集群升级示范区、省首个光伏产业专业镇（乐平镇），中建材等3家企业被认定为全省现代产业500强企业，好帮手、爱康被认定为全省首批战略性新兴产业骨干企业，新增中国驰名商标2件、省著名商标6件，盛路通信成功上市，并获批筹建“广东省移动通信传输设备标准化技术委员会”，成功举办第三届中国三水饮品文化节，获“中国饮料之都”称号，挂牌成立首个国家级长寿文化创意产业基地。全力推进“三旧”改造，全年共启动“三旧”改造项目36个，涉及用地面积3414亩。云东海北湖蓄水成型，白泥坑垃圾卫生填埋场首期、大塘生活污水处理厂一期、芦苞涌综合整治和樵桑联围达标加固等工程基本完成；“花园三水”建设蓬勃开展。深化农村经济体制改革，一批农业科技示范基地产生效益，开展农村土地承包经营权流转，完成88条自然村的创建任务，新农村覆盖面达到六成，得到省委、省政府高度评价。城镇登记失业率控制在3%以内，全面推进新农保工作，完成二期经适房、廉租房建设。

推进教育均衡发展，被评为省推进教育现代化先进区。大力开展公共卫生项目建设，区妇幼保健院住院大楼、市中医院三水分院建设进展顺利，乐平社区卫生服务中心建成使用。圆满完成区党政机构改革和“简政强镇”事权改革，理顺区、镇事权划分，按照上级要求全面下放行政管理事权。狠抓工作落实，机关作风持续好转，“民生十件实事”得到较好落实。2010年，全区实现生产总值541.2亿元，增长17.8%；工业总产值1867.5亿元，增长25.8%；全社会固定资产投资290.9亿元，增长24.8%；地方财政一般预算收入20.2亿元，增长22.6%；新签各类投资项目189个，合同投资总额244.8亿元；实际外商直接投资3.1亿美元；城镇居民年人均可支配收入20848元，增长9.3%；农村居民年人均纯收入9973元，增长10%。

省委副书记、省长黄华华在市领导的陪同下到三水调研。

三水区委书记卢立湃、区长刘东豪陪同市长李贻伟到区工业园区调研。

三水区委书记卢立湃（右二）宣布云东海北湖蓄水仪式开始。

红牛广东三水生产基地开业庆典现场。

三水区举行81项工程动工或竣工仪式。

举行区财税金融单位、企业家代表迎春座谈会暨纳税大户表彰会。

三水区大部制改革后的16个党政机构集体挂牌，从7月1日起，这16个党政机构将正式开始运作。

如诗如画的三水城区。

新起点、新高度、建岭南特色新城
——东平新城吹响开发建设冲锋号

佛山市东平新城建设管理委员会
佛山市东平新城开发建设有限公司

2010年，是东平新城发展的关键年。按照市委、市政府“四化融合，智慧佛山”的战略新方向，以及全速加快东平新城建设发展的具体要求，东平新城全体干部职工一鼓作气，为实现佛山人共同的理想，建造佛山强有力的城市中心而共同奋斗。

明晰新目标，描绘新蓝图

组织编制了《佛山市东平新城“十二五”发展规划纲要》，提出了东平新城未来五年的总体要求、战略定位，以及发展目标。

紧扣新形势，全速推项目

打造智慧新城，提出“生活方式的智慧”、“产业发展的智慧”、“支持平台的智慧”等三大智慧东平的目标。加快推进智慧信息大厦的规划、设计工作。推进LED智能化照明项目建设、数字城管项目前期准备、重点项目智慧管理以及公共自行车服务系统建设工作。

打造文化新城，重点加快文化中心建设工作。该项目集坊塔、图书馆、档案中心、科技馆、青少宫、博物馆、艺术馆、广场大街、艺术村等公共建筑和书城、写字楼、酒店等商业建筑于一体。依托该项目，将从不同层面上挖掘佛山本土文化，讨论现代文化的发展趋势，将佛山本土文化与现代文化融入到项目中。

打造绿色新城，全面铺开“东平 · 水绿香”主题绿化项目建设工作。全面完成世纪莲体育中心周边道路，含岭南大道（东平桥至富华路段）、裕和路（岭南大道至西出口段）、华康道（天虹路至富华路段）等道路的绿化提升工作。

完善交通基础配套设施。推动交通枢纽中心，以及汾江路南延（含佛山第一条过江隧道东平隧道）、岭南大道南延、华阳路南延（含跨江大桥华阳桥）、裕和路东延等四条主干道路动工建设，进一步加强东平新城对周边区域的辐射能力。同时，加速了核心区内道路的建设，加快搭建核心区内交通网络。

2011年5月19日，中共中央政治局委员、省委书记汪洋和省长黄华华率队到东平新城视察，寄语东平新城打造岭南文化高地，建设具有岭南水乡特色新城。

2011年4月28日，市委、市政府高规格召开加快推进东平新城建设动员大会，集全市之力打造佛山中心城区。

完善教育配套设施。东平新城核心区内第一所公立学校东平小学于9月1日正式开学。现有教学班52个，教师114人，学生2320人。

完善气象中心、世纪莲体育中心网球馆等其他配套设施。

加大招商引资力度

组织开展了文化中心业态运营策划及商业建筑概念性设计，对商业地块进行策划与规划，有针对性地引进高水平商业项目。2010年6月，文化中心酒店地块以0.94亿元高价拍得，折合2780元/平方米，创佛山纯酒店项目楼面地价新高。11月，影城和书城两个项目地块分别以1.33亿元和0.81亿元成功挂牌出让，折合楼面地价分别为2091元/平方米和1660元/平方米，规划建设"三最"——华南地区最大的影城、佛山最大的实体书店、珠三角最大的文化创意产业交易平台。

加强党建管理工作

科学发展，创先争优。组织开展劳动竞赛活动，激发广大干部职工积极投身新城建设的热情。深入推进"一线工作法"，切实把党委工作重心转向基层，现场办公，督促协调，现场解决施工难题，使工程进展大大加快。

加强党风廉政建设。强化对全体干部职工的反腐倡廉教育，提高拒腐防变能力。健全完善党风廉政建设责任制、效能监察工作制度，重点加强对重点工程项目所涉及的效率、质量、廉洁和安全等问题的监督。

2011年5月，中共中央政治局委员、省委书记汪洋，省长黄华华率队到东平新城视察，汪洋寄语东平新城打造岭南文化高地，彰显岭南水乡特色。东平新城，肩负着佛山实施"强中心"战略重要载体的历史重任，将致力建设成为具有国际一流水平、浓郁岭南风貌、辐射带动力强的佛山市中心城区，打造广东工业服务示范区和国家级文化创意产业基地。东平新城全体干部职工，已向着更高的目标扬帆起航，为佛山这座古老的城市续写更加辉煌的明天！

2011年5月24日，市政协主席蔡河义率队到东平新城进行专题调研。

2011年5月12日，市委常委、常务副市长周天明召集禅城、顺德及辖区有关镇（街）在东平新城召开现场工作会。

2011年1月26日，文化中心项目（坊城）图书馆、档案中心主体工程封顶。

2010年9月1日，东平新城核心区内第一所公共教育配套设施——东平小学正式投入使用。

2011年6月1日，东平新城"展翅行动"送戏下乡公益活动成功举办。

强化法律监督　提升工作水平
为建设“民富市强、幸福佛山”服务

2010年11月15日，广东省检察院检察长郑红、副检察长王雁林、检察日报社副社长肖中扬一行到佛山市检察院检查工作。

2010年5月19日，佛山市委书记、市长陈云贤到佛山市检察院调研。

佛山市人民检察院检察长　廖东明

2011年初，市委十届十次会议提出动员全市人民建设“民富市强、幸福佛山”。全市检察机关要积极响应市委最新号召，在深入落实上级检察机关决策部署的同时，正确把握我市检察工作面临的形势和任务，切实提高责任意识，以强化法律监督为总抓手，依法扎实办好案件，积极化解社会矛盾，推动社会管理机制创新，全面提升各项检察工作水平，为我市建设“民富市强、幸福佛山”服务。

围绕中心工作，服务经济社会发展大局

要牢牢把握我市“十二五”时期的发展大局，不断提高检察工作服务经济社会科学发展的能力和水平，充分发挥打击、监督、教育、预防、保护等职能作用，努力为我市经济社会发展营造良好的社会环境。

依法履行法律监督职能，维护社会和谐稳定

依法严厉打击黑恶势力、“两抢一盗”等危害公共安全和群众生命财产安全的犯罪，认真贯彻落实宽严相济的刑事政策，大力查办职务犯罪大案要案，重点开展镇街职务犯罪预防工作。强化立案监督、证据审查、法院刑事裁判监督，构建民事行政多元化法律监督格局，强化刑罚执行和监管活动监督，畅通群众控告申诉渠道、探索建立涉检信访终结机制，努力维护我市社会和谐稳定。

推进检察工作机制创新，强化检察职能效力

进一步推进镇街检察工作，在全市镇街检察室全面推进、落实民行申诉案件检察调解工作。落实刑事诉讼证据制度，落实批捕诽谤案件报上一级院审批制度。在全市推广人民监督员制度，扩大人民监督员的监督范围。进一步充实阳光检务公开内容，拓宽公开渠道，完善公开方式。健全涉检舆情应对机制，加强网络检民互动工作，提高检察宣传舆论引导水平。

抓好队伍建设，造就高素质检察队伍

实施人才战略，开展岗位练兵、业务竞赛和专业技能培训，推进检察人才培养选拔。大力弘扬法律监督文化、职业道德文化、廉政文化，将文化建设融入队伍建设和业务工作中。继续完善内部监督机制，探索建立统一、规范的执法办案监督办法。对检察人员从严管理，以“零容忍”的态度对待检察人员违法违纪问题。开展基层院“四化”建设工作考核评比，坚持和完善市院对基层院的领导，促进基层院建设协调发展。

亚运火炬手佛山市人民检察院未成年人案件检察科科长潘媚。

2010年4月8日，广东省检察院召开表彰大会，佛山市检察院设立分会场，检察长廖东明等院领导与部分先进个人合影留念。

2010年9月8日，佛山市检察院在市机关小礼堂举行检察官宣誓仪式，佛山市委书记、市人大常委会主任陈云贤出席并作监誓人。

佛山市人民检察院新办案技术大楼。

2010年7月30日，佛山市检察机关驻镇街检察工作现场会在禅城区南庄镇召开。

2010年1月7日，佛山市检察院依法出庭起诉杀人狂魔成瑞龙。

佛山市中级人民法院

2010 年 11 月 11 日，佛山市委副书记杨晓光（从左到右第六位）莅临佛山中院调研指导佛山法院改革创

2010 年 11 月 9 日，广东省高级人民法院院长郑鄂（前一）莅临佛山中院调研指导佛山法院改革创新工作。

2010 年 5 月 19 日，佛山市委书记陈云贤（前一）莅临佛山中院调研。

2010 年 6 月 7 日，佛山中院院长陈陟云（前一）率队到扶贫点清远市英德浛光镇福园村开展扶贫工作。

2010 年，佛山中院共办结各类案件 16222 件，结收比为 101%，同比上升 1.95 个百分点。结案数同比上升 34.76%，上诉率同比下降 8.3 个百分点，实际执行率同比提高 13.78 个百分点，来信、来访同比下降 34.6%。

履行司法职责，维护社会公平正义。加强刑事审判，保障社会和谐稳定。全市法院共审结一审刑事案件 7255 件、二审刑事案件 788 件；加强民商事审判，促进经济转型发展。全市法院共审结一审民商事案件 52942 件，二审民商事案件 5608 件，诉讼标的额 138.04 亿元，同比提高 18.63%。加强行政审判，妥善化解行政争议。全市法院共审结一审行政案件 673 件，二审行政案件 527 件。加强执行工作，维护胜诉当事人权益。全市法院共执结各类执行案件 40585 件，实际执行率达 74.64%，执行到位金额 49.45 亿元，执行到位率为 45.56%，同比分别上升 124.16% 和 6.76 个百分点。

体察社情民意，密切联系人民群众、妥善化解民生纠纷、畅通申诉信访渠道以及加大司法救助力度，满足群众司法需求。

延伸司法职能，完善诉调对接机制、完善未成年罪犯帮教机制以及完善司法行政良性互动机制，积极参与社会管理。

创新知识产权案件审判模式、审判管理模式以及基层执行模式，促进法院科学发展。

抓好司法能力建设、司法廉政建设以及法院文化建设，确保司法公正廉洁。

新审判综合办公大楼。

切实转变用地观念 走节约集约用地新路子

佛山市国土资源局

2011年佛山市委十届十次全会提出了"调结构、惠民生"、"民富市强、幸福佛山"的核心目标，全市国土资源部门要认清新形势、明确新任务，树立新观念、理清新思路，增创新优势、再创新佳绩，严把土地"闸门"，严守耕地"红线"，破解资源瓶颈，重点是要转变观念、依法依规、整合资源、盘活存量、提升质量、严控增量，保重点、保民生、保急需，走节约集约用地新路子。今年工作具体要做到"五个立足于"：

立足于转变用地观念，严格执行规划和计划

必须从根本上改变原有粗放、低效甚至违法违规用地的旧观念，强化依法、科学、高效用地的新观念；必须强化"佛山不是没地用，关键是如何用好地"的新观念；必须强化资源高度统一规划、统一开发、统一招商、统一管理的新观念；必须强化有限的用地指标保重点、保急需的新观念。全面实施市、区、镇三级土地利用总体规划（2010～2020）等专项规划，严格执行具有指令性的土地利用年度计划，要用好用活有限的指标，做到保重点、保民生、保急需。

立足于整合资源、盘活存量，走节约集约用地新路子

一是继续全力推动"三旧"改造。重点要抢抓政策机遇，规范和加快完善历史用地手续，全力推动重点项目改造。进一步建立健全"三旧"改造配套政策制度，落实好市政府2011年1号文件。二是加快盘活批而未供用地指标。三是加强土地市场监管。严格规范房地产用地出让行为，加大公共租赁住房、保障性住房、中小户型住宅用地供应，加强土地出让合同批后监管。四是探索城乡建设用地增减挂钩试点工作。五是科学、合理、高效供地。加快出台我市建设用地供应办法，提高用地门槛。六是盘活提升农村集体建设用地。要推广南海区狮山镇农村集体建设用地流转工作做法、经验，解决征地难和农村集体用地效益不高的问题。七是规范有序推进土地整理开发。八是推动政府储备土地工作。九是推动地下空间开发。

国土资源部部长徐绍史视察佛山市"三旧"改造工作。

佛山"三旧"改造专家研讨会。

立足于依法依规，强化共同责任

一是强化土地管理共同责任制，切实维护规范、健康、有序的国土资源管理秩序。二是加强执法动态巡查、排查、报告工作。继续以"铁腕"手段切实做好2010年度卫片执法检查各项工作。三是加快重点项目用地完善手续。四是提升土地信访工作成效。开展每周三上午市局领导接访日活动。加大历史用地和农村留用地问题的化解力度，深化留用地管理试点。五是督促落实《基本农田保护补贴实施办法》。

立足于夯实基础，提高支撑保障能力

一是继续推进地籍管理工作。全面实施我市第二次土地调查成果，推进土地登记信息查询工作。继续做好地价管理和城市地价监测评估工作。二是强化基础测绘和测绘管理。加快基础地理信息数据获取与更新，积极推进全市剩余354平方公里大比例地形图测绘工作。推广应用佛山市连续运行卫星定位系统与佛山市似大地水准面精化项目成果。加快数字佛山地理空间框架建设成果的推广应用。三是加快建设"智慧国土"，实现全市国土资源管理统一化、规范化、信息化和智能化。四是加强地质环境管理，尤其是地质灾害防治。着手修编市级地质灾害防治规划，全面完成我市地质灾害群测群防"十有县"建设，开展地质灾害隐患点避险搬迁和治理工程。五是规范矿产开发秩序。完成《佛山市第二轮矿产资源规划》的报批实施。

立足于改革创新，提高执行能力

一是抓改革，完善机制。重点做好部、省厅交给我市的深化征地制度改革、"三旧"改造政策储备、土地产权制度改革研究、金土工程、数字佛山等方面的各项改革任务，转化成实际工作成果。二是抓学习，提高素质。继续深入推进"创先争优"活动，提升国土资源干部执行力、创造力、防腐力。三是抓沟通协调，形成共识。继续加强镇（街）国土资源部门和土地执法队伍建设。四是抓监管，保护队伍。完善大部制后简政放权事项执行、监督机制，大力发挥信息化建设优势和作用，提升党风廉政建设和反腐倡廉工作水平。

夯实水务发展基础 全力服务社会民生

佛山市水务局

市委书记陈云贤（右一）、副市长冼瑞伦（左一）检查城乡水利防灾减灾工程建设。

对水质进行监测。

轻舟救援队。

新城区河涌设计了活水系统，打造了优美的水环境。

佛山大堤路堤结合达标加固工程。

2010 年，我市水务工作逐步走上正轨，涉水事务一体化管理的优势也逐步体现。围绕市委、市政府提出的“四化融合，智慧佛山”的目标任务要求，市水务局切实落实党风廉政责任制，加强干部队伍建设，全体干部职工认真履行职责，加快实施以“三着力一推进”为主要目标的水务中心工作，提高公共服务意识，基础设施建设得到进一步推动，防灾减灾能力大大提高，依法行政、严格执法得到贯彻落实，为水务一体化科学发展奠定了坚实基础。

有序推进水务基础设施建设

2010 年全市水务建设投入约 42.88 亿元（含污水处理项目），重点项目 171 宗，包括：全面完成 18 项 338 个子项目的城乡水利防灾减灾工程建设任务，累计完成投资 31.18 亿元，累计完成堤防加固 378.29 公里，新建重建水闸 76 座，电排站 45 座。加快推进“村村通自来水”工程，有 159 条自然村已全面通水，农村自来水普及率达到 99.4%。新建、扩建污水处理厂 16 座（项），新增污水处理能力规模 46.2 万吨 / 日，管网新增约 299.8 公里。

做好亚运会水环境保障和供水保障

为确保做好亚运期间水环境和水质保障工作，全力推进内河涌综合整治，督促完成对各区供水水质的水样采集和检测工作，加强水质监测。期间还密切配合有关部门做好北江铊污染事件的应急处置和水质监控工作，加快应急备用水源规划工作。

依法治水管水促成效

一是切实推进行政审批改革工作，对照清理行政审批（审核）事项，优化审批程序。二是加强水利工程建设专项治理，对水利建设领域突出问题开展了自查排查，水利工程建设领域秩序总体良好。三是加快制定配套政策措施，出台了《佛山市供用水管理规定》、《关于实施水土保持补偿收费的通知》等规范性、指导性文件。四是加强河道管理，开展水事违法行为调查登记，清理整治 126 宗水事违法行为。五是加快《佛山市水务发展十二五发展规划》、《佛山市应急备用水源保障规划》修编，为水务工作新发展奠定基础。

佛山市北江水厂

佛山供电局

贯彻发展战略 服务幸福佛山
全力创建国际先进供电企业

佛山供电局与南海区政府正式签署《广东金融高新技术服务区电网建设合作备忘录》。

2010 年，在上级公司和市委、市政府的正确领导下，佛山供电局坚持以科学发展观为引领，坚持“管理落地、持续改进”的工作思路，坚持“干”字当头、“实”字为本的工作作风，攻坚克难，砥砺奋进，圆满完成了年度和“十一五”既定的目标和任务。全年完成供电量 459.31 亿千瓦时，同比增长 11.48%；当年电费回收率 99.9%，旧欠电费回收率 83%。完成投资 33.37 亿元，投资完成率 100.8%，建成投产 110 千伏及以上主变容量 424.1 万千伏安、输电线路 241 千米。

2010 年，我们举全局之力投入亚运保电攻坚战，系统谋划，统筹兼顾，建立起科学合理、张弛有度的保供电工作机制，兑现了“两个绝不发生”的庄严承诺，取得了亚运保供电的全面胜利。我们制订《佛山智能电网建设工作方案》，坚定不移推进电网发展方式转变，打造了一张结构合理、技术先进、安全可靠的现代化大电网。我们始终坚持以客户为中心的核心价值观，以客户满意度为抓手，在最大电力缺口 119 万千瓦、最大错峰为 59 万千瓦的情况下，有力保障了电力的有序供应。供电服务在省社情民意调查中排名全市公共服务行业第一；盖洛普第三方调查客户满意度 76 分，排名跃居全省第三。我们始终以创先为工作主线，创先工作不断向纵深推进，国际通行衡量先进水平供电局的 5 个定量指标和 21 个必备指标全部达到国内领先标准，标志着我局实现了“迈入国内领先供电局行列”的奋斗目标，并加速向国际先进迈进！

2010 年，我局迈入了国内领先供电局行列，创先工作总体排名跃居全省第一；局被评为网公司亚运保供电先进集体、省公司亚运保供电突出贡献单位；安全生产风险管理体系外审评级达到“三钻”；全省首座绿色变电站 110 千伏平西变电站，被省公司评为“安全、优质、文明”样板工程。局先后荣获南方电网公司文明单位、广东省文明单位、全国电力系统企业文化建设突出贡献单位、广东省安全生产先进单位、佛山市首批劳动关系和谐模范企业等荣誉。

南方电网公司专家评审组宣布佛山供电局安全风险体系建设达到“三钻”水平。

佛山供电局局长刘启宏高举亚运火炬，传递亚运圣火。

佛山供电局举行亚运保供电领导干部和一线员工誓师大会，为亚运保电的最后冲刺鼓劲打气。

佛山供电局在南海区西樵山举办了 2010 年职工运动会启动仪式暨集体登山活动。

佛山市城市综合管理局

根据佛山市委、市政府《佛山市人民政府机构改革方案》精神，佛山市城市综合管理局于2009年12月16日正式挂牌成立，将原佛山市城市管理行政执法局职责，以及原佛山市公用事业管理局市政、园林、绿化、环卫管理的职责整合划入佛山市城市综合管理局。

2010年4月20日，广东省副省长林木声（左一）检查佛山市绿道网建设工作。

①

②

③

④

⑤

⑥

图片说明：

①2010年3月23日，时任佛山市市长陈云贤（左三）等几套班子领导和省绿道网工作领导小组成员李鸿辉参加佛山市绿道建设启动仪式。

②2010年9月26日，佛山市市委书记陈云贤（右一）带队检查佛山市绿道建设。

③三水区云东海街道组织百名团员青年欢乐畅游绿道活动。

④2010年6月30日，佛山市数字化城市管理信息系统试运行暨南海城市管理中心启动仪式在南海举行，时任副市长邓伟根参加了启动仪式。

⑤佛山高明苗村白石坳生活垃圾卫生填埋场。

⑥南海区江夏立交绿化。

同创文明智慧佛山 共建富裕幸福家园

环境保护部部长周生贤与佛山市环保骨干一一握手慰问。

市委书记陈云贤视察亚运会环境质量保障工作。

佛山市环境保护局

2010年，佛山市环保工作按照保护环境、优化发展、维护权益的根本要求，以确保完成“十一五”总量减排任务、确保亚运会环境质量保障、确保环境安全为重点，以“大环保”理念为指引，以创新的观念谋划工作思路、破解环保难题，推动环保工作上新水平，完成了年初确定的各项目标任务，超额完成“十一五”减排任务，顺利完成亚运会环境质量保障工作任务，及时有效应对突发环境事故，被环境保护部正式命名为“国家环境保护模范城市”，在探索环境保护新道路上迈出了坚实的步伐。

2011年全市环境保护工作将紧紧围绕市委、市政府的中心工作，以环境优化经济社会发展为主线，以强化污染减排为抓手，以提升环境质量、保障环境安全为目标，坚持优化服务和强化监管相结合，大力推进生态环境建设，为经济社会发展提供良好的生态环境支撑。要强化刚性约束，打好“十二五”污染减排的开局战；开展生态市的创建工作，探索有特色的环保新道路；进一步突出重点，全面深化环境污染整治；切实加强执法监管，维护环境安全和群众环境权益；加强环保自身能力建设，促进基础管理水平的显著提升。

亚运会环境升级计划启动仪式。

全省环境保护现场会。

全省环境保护现场会。

佛山市环境保护工作会议。

振奋精神、再接再厉 推动人防事业科学发展

佛山市人民防空办公室

2010年，我们以迎接新中国人民防空创立60周年和召开第六次全国人防会议为契机，以完成“十一五”规划各项任务为目标，在市委、市政府和佛山军分区的正确领导下，在省人防办的具体指导下，科学谋划，真抓实干，取得了新成绩。在第六次全国人防会议上，市人防办被评为“全国人防先进单位”，在全省人防工作目标管理考核中，被评为“达标先进单位”。

突出重点，指挥通信体系建设创新台阶

一是指挥所建设有新突破。2010年，佛山市人防战备指挥所选址方案获得了市政府的批准。南海区人防指挥所已于12月9日开工建设；高明区指挥所选址获得省人防办批准；禅城、顺德、三水指挥所选址和征地工作均已完成。此外，禅城、南海、高明、三水区完成了人防机动指挥所的建设，全市形成了地下、地面、机动三位一体的人防指挥网络体系。二是防空袭演练得到加强。9月，参加了佛山市举行的“佛联－2010”演习，获得了组织保障奖。10月，在全市防空警报试鸣中（新装警报器65台），鸣响率为100%。其中，顺德、三水还组织了消防、医疗救护专业队以及师生近3000人的演练。三是通信保障能力逐步提高。修订完善了《机动指挥所使用管理暂行规定》、《指挥自动化系统管理制度》等管理制度；组织了3期集训，快速提高在岗人员实际操作的能力。

全市人防工作会议。

强化管理，人防工程建设快速发展

全市核准应建防空地下室面积比上年增长37%；收取人防易地建设费同比增长100%；竣工人防地下室面积同比增长130%；全市人防专用工程均按要求完成专用工程平战转换工作；新竣工人防工程全部悬挂了统一样式的指示牌；全年平战结合收入有所增长。其中，南海桂城结合海八路改造修建1.27万平方米窗口工程已于8月开工。

市人大领导来检查指导人防工作。

创新宣传，人防法制宣传教育广泛深入

一是人防执法规范化。不断完善人防队伍建设和人防执法机制，坚持开展全市范围的执法巡查，发现问题，及时整改；召开2次“人防工程建设规范研讨会”，并到基层现场办公审查。一年来，没有出现违规违纪的行为；各区人防窗口均被评为“群众满意”的优秀窗口。二是宣传教育常态化。不断发挥人防网站、新闻媒体、杂志、资料的宣传实效，全年发表人防宣传报道128篇；发放人防宣传资料4万多份；出版人防杂志1期；全市中学生“三防”知识教育普及率达100%。三是主题宣传特色化。围绕纪念新中国人民防空创立60周年，市、区联动，通过报刊、电视、短信、光碟、海报、巡回展览、征文比赛、知识竞赛等方式，开展了形式多样，内容丰富的系列宣传活动，极大地增强了人防宣传的吸引力、感召力和影响力，增强了市民的国防意识和人防观念。

人防地下室防护设备安装会议。

内强素质，机关自身建设稳步加强

一是深化机关作风建设。以机关“准军事化”建设为标准，修订完善考勤考核、竞争上岗、车辆管理等制度，规范机关秩序；以“创优争先”活动为契机，扎实开展专题组织生活会、亚运安保、读书活动、慰问帮扶群众以及纪律教育学习月等实践活动，优化机关作风；以安全规范为落脚点，严格财务、档案和保密的管理，在上级组织的专项检查中，获得好评；紧贴帮扶驻点的实情，齐心协力做好德庆旺埠村的帮扶工作，取得好成效，被评为扶贫“先进单位”，并作经验介绍。二是全面提升队伍素质。致力于人防队伍的建设，除了吸收3名专业人员充实力量外，还注重以培训促提高，选训和组训人员达400人次，较好地提高了队伍的业务能力。

佛山人防机动指挥所。

参加佛联－2010联合演习。

参观中国人民防空60年建设成就展。

佛山市公安消防局

2010年，全市消防部队在省消防总队党委、市委、市政府和市公安局的正确领导下，坚持以科学发展观为指导，紧紧围绕亚运消防安保“零差错”目标，强举措，促发展，成功承办了全国消防部队两次后勤工作会议，圆满完成了亚运消防安全保卫、综合应急救援队伍建设，以及赴青海玉树抗震救灾等重大任务，社会面火灾形势保持持续稳定。我局被公安部消防局评为“亚运消防安保先进支队”，被总队评为“执法质量考评优秀单位”、“执勤岗位练兵先进支队”、“信息化建设先进支队”、“财务工作先进支队”，被总队推荐评选“广东省文明单位”。全年，共有3个单位荣立集体三等功，2人荣立二等功，139人次荣立三等功，311人次受到嘉奖。1人被评为“全国消防宣传先进工作者”和“全国模范消防监督员”，2个单位被评为全省标兵示范单位。

2011年，是党成立90周年和实施“十二五”规划的开局之年，也是我局面对新形势、站在新起点、开创新局面的起步之年。全市消防部队将坚持以科学发展观为指导，以胡总书记“三句话”总要求为统领，紧紧围绕服务幸福佛山和构建幸福警营两大目标，以推进“防火墙”工程建设为重点，全面落实政府部门、社会单位、公安派出所、农村社区和公民消防安全责任，持续开展“大排查、大整治、大宣传、大培训、大练兵”活动以及大运会期间消防安全专项行动，全面排查整治火灾隐患，全力加强执法队伍建设、执法规范化建设和执法信息化建设，最大限度地方便群众办事。紧紧围绕消防救援实战要求，着力打造佛山消防铁军，构建快速反应、多队联动的综合应急救援体系，全力确保火灾形势和队伍管理稳定，为建设“民富市强、幸福佛山”创造良好的消防安全环境。

省总队政委牛跃光少将、副市长冼瑞伦为全市综合应急救援支队揭牌。

与广播听众交流消防安全。

形式多样的消防宣传活动。

佛山市公用事业控股有限公司

佛山市公用事业控股有限公司领导班子

佛山市公用事业控股有限公司（简称公控公司）于 2006 年 8 月 18 日正式挂牌成立，是经佛山市人民政府批准设立的、由佛山市国资委监管的国有独资公司。公司注册资本六亿元，拥有雄厚的资金、人才、技术等行业优势，主要从事公用事业的投资、建设和运营以及高新技术、基础设施等其它项目的投资和管理。

公司下辖佛山市水业集团有限公司、佛山电建集团公司、佛山市气业集团有限公司、佛山市物业资产经营有限公司、佛山市海外投资发展有限公司等五个子公司。公司资产总额达 133 亿元，属下企业总数为 42 家，企业职工总数近 3700 多人。

佛山市水业集团公司

佛山市水业集团公司主营城市供水、污水处理及相关业务，供水市场覆盖佛山市禅城、三水两区，中心组团新城区以及南海部分片区，现有 11 间自来水厂，总供水规模 185 万立方米 / 日；9 间已建成运营的污水处理厂分布禅城、三水、南海、高明四个区，总处理规模 81.5 万立方米 / 日。

佛山电建集团公司

佛山电建集团公司主营电力生产和经营，先后投资建设了国内最大的柴油机电厂（佛山发电厂）、燃气轮机联合循环发电厂（沙口发电厂）和天然气—燃油双燃料发电厂（福能电厂），累计发电量超过 300 亿千瓦时，目前全力推进佛山市三水恒益火力发电厂“上大压小” 2×600MW 超临界燃煤机组工程项目，该工程项目总投资 55.2 亿元人民币，投产后预计年发电量可达 60 亿千瓦时，年产值可达 24.76 亿元。

佛山市气业集团公司

佛山市气业集团公司主营城市燃气供应及相关业务，其控股的佛山市燃气集团股份有限公司系广东省及至华南地区地级市中最具实力的城市燃气经营企业，年销售气（含 LNG 和 LPG）20 余万吨，销售收入 13 亿元，拥有覆盖佛山五区的天然气高压管网以及 500 余公里的城市燃气中、低压管网，拥有居民管道气客户 17 万户，工商业管道气客户 800 余户和瓶装气客户 30 万户，目前正积极筹划上市。

佛山市物业资产经营公司

佛山市物业资产经营公司主要从事授权范围内的国有物业资产的投资、经营和管理业务，公司资产 6.94 亿元，经营的物业面积共 15.6 万平方米，初步形成了以物业资产经营、烟酒经营、进出口贸易口岸服务等三大核心业务为支撑的经营格局。

佛山市海外投资发展有限公司

佛山市海外投资发展有限公司目前主要负责境外资产的投资、管理和营运，包括一家在香港的上市公司和四家较具规模的医药制造企业，集药品科研、制造、销售于一体，产品涵盖中成药、化学药及生物药三大领域，具有完整的产业链，拥有从传统中药到现代制药的全部剂型，拥有中国驰名商标“德众”、中华老字号“冯了性”、广东省著名商标“圣通平”、“高德”等知名品牌，品规共 200 多个，产品销售遍布全国，远销国外。

佛山市委书记陈云贤对佛山市公用事业控股有限公司 12 亿元短期融资券成功发行给予高度评价。

2010 年 7 月，佛山市委副书记、市长李贻伟到公控公司指导工作。

佛山公控员工参加 2010 年佛山市“五一”长跑场景。

近年来，面对国际金融危机等不利的经营环境，公控公司深入贯彻落实科学发展观，同心同德，不畏艰难，顽强拼搏，生产经营保持稳步较快发展，恒益电厂、第二水源和天然气利用等工程项目顺利推进。公司注重强化产权意识、发展意识和自主创新意识，在稳定发展的前提下，坚持以体制和机制创新为动力，以“持续改进”的管理理念，进一步完善战略规划和机制创新等改进措施，巩固管理基础，提升管理水平。不断创新经营管理的手段和方式，积极培育新的经济增长点，企业竞争力得到增强。紧抓安全生产，加强党风廉政建设，建立和谐企业文化，为企业发展保驾护航。在追求经济效益的同时，积极履行社会责任，取得良好的社会效益。

- 佛山市水业集团有限公司
- 佛山电建集团公司
- 佛山市气业集团有限公司
- 佛山市物业资产经营有限公司
- 佛山市海外投资发展有限公司

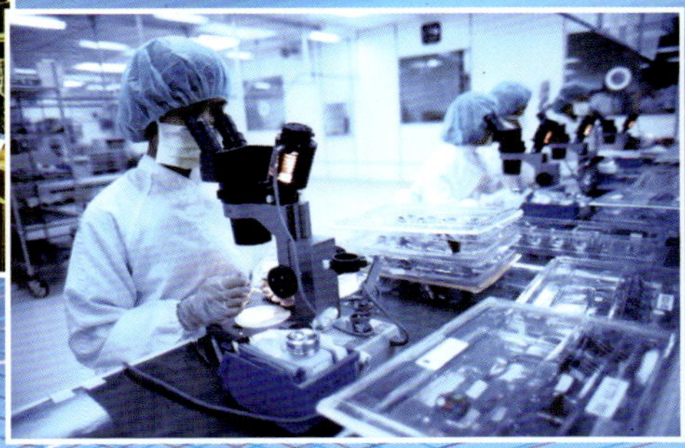

FOSHAN PUBLIC UTILITIES HOLDING CO.,LTD

佛山市公用事业控股有限公司

一线相连 两城相悦

11月3日广佛地铁首通段开通

2010年11月3日，珠江三角洲城际快速轨道交通广州至佛山段项目（魁奇路至西朗段）建成开通，这是珠江三角洲城际快速轨道交通线网第一条建成开通的线路，也是中国第一条城际地铁，佛山市成为中国内地第九个拥有地铁的城市（地级市是第一个），并由此进入了地铁时代。

广东省副省长林木声说：

广佛地铁是广佛同城化
最生动、最具体、最鲜活的标志。

广东省副省长林木声在开通典礼上致辞。

佛山市市长李贻伟赞曰：

惟有英雄多壮志，
敢叫日月换新天。

佛山市市长李贻伟在开通典礼上致辞。

佛山市铁路投资建设集团有限公司（简称佛山铁投）是经佛山市政府批准，市国资委按照《公司法》设立的国有独资公司，代表佛山市参与途经佛山的国家铁路、省属铁路、珠江三角洲城际轨道交通项目建设，负责佛山市城市轨道交通项目的投资、建设、运营和管理。

佛山铁投参建项目如下：

建成项目：武广高铁、广佛地铁首通段、广珠城际线；

在建项目：广佛地铁后通段、贵广铁路、南广铁路、广珠铁路、佛肇城际线；

拟建项目：广东西部沿海铁路、广佛地铁二期、广佛环线（佛山西站—广州南站）、广佛江珠线；

待建项目：南沙疏港铁路、佛莞城际线、肇顺南城际线。

佛山铁投目前辖两家子公司，佛山市轨道交通发展有限公司负责佛山市城市轨道交通项目的投资、建设、运营和管理，佛山市富思德基础设施投资有限公司是市政府市政项目投融资平台。

至2010年底，佛山铁投总资产70.58亿元，其中总负债49.81亿元，所有者权益21.77亿元。

广佛地铁首通段2010年运营指标

项　目	2010年11月6日至12月31日 （11月3-5日为免费乘坐，票务收入从11月6日起计算）
总客运量（万人次）	615.44
日均客运量（万人次）	10.43
客车开行列次（列次）	16635
运营里程（列公里）	322358.9
准点率（%）	99.93
票务收入（万元）	1460

地铁，让城市更幸福！

地址：禅城区汾江南路206号财富大厦A座8F-9F 邮编：528000

电话：（0757）83939800 传真：（0757）83211230 网址：www.fmetro.net

为国企的改革发展稳定作出新贡献

佛山市公盈投资控股有限公司董事长　韦顺海

国家"十一五"规划期间，佛山公盈公司推进市属国企资产的优化重组，做好公用事业企业投资发展，实施国有劣势企业的市场退出，安置好企业职工与退休人员，解决了企业的大量遗留问题，做好了国有和非公企业党建工作，共建和谐，保证了转型期的大局稳定，开创了新的局面。

下一阶段，公盈公司要按照市委、市政府和市国资委的部署，进一步发挥好资产整合营运和劣势国有企业市场退出的平台作用，承担好解决国企历史问题和维护稳定的职责。要认真学习、深入贯彻《企业国有资产法》，进一步打造高效精干的经营平台，进一步优化营运机制，整合资源、优化结构、盘活资产，全面解决好企业历史遗留问题，确保稳定、促进社会和谐，为完成"十二五"期间市属国企的改革发展稳定任务，为转变经济发展方式和加快城市建设发展，作出新贡献。

佛山市委常委、常务副市长周天明（左3）在公盈公司群众来访接待中心接待群众来访，市国资委领导倪全宏（左2）、邓向文（左1），市发改局副局长梁英志（左4），以及公盈公司负责人等参加了接访。

市委常委冯德良在公盈公司群众来访接待中心与群众亲切交谈。

安全生产工作总结大会。

公盈公司召开2010年度工作会议。

公盈公司、佛投控股公司联合召开动员大会，协助市档案局普查企业历史档案。市档案局和市国资委有关负责人出席会议。

亚运期间参加广佛地铁志愿者活动。

公盈公司党委、公盈公司非公企业党工委到广东六建公司调研。

协助市国资委在英德市水头村推进蔬菜基地项目建设，被省扶贫办评为扶贫示范点。

慰问一线巡警。

佛山市节能减排服务管理中心有限公司

Foshan Energy Conservation & Emission Reduction Service Management Center Co., Ltd

佛山市节能减排服务管理中心有限公司于2009年3月11日注册成立，是经佛山市政府批准，由佛山市国有资产监督管理委员会出资的国有独资公司，是政府落实科学发展观，促进经济社会协调可持续发展的重要战略举措。公司的成立是佛山市节能减排、环境保护、节能监察服务体系的组成部分，将促进佛山市节能减排、生态环境保护，增强可持续发展能力和推动经济发展。

公司是广东省节能技术服务单位和清洁生产技术服务单位，是佛山市节能协会副会长单位，是首批国家备案的节能服务公司，香港清洁生产伙伴计划环境技术服务供应商。经营范围为：节能减排项目的论证、咨询、投资、技术改造以及人员培训；能源审计、节能规划、节能量审核和固定资产投资项目节能评估；节能项目的设计、评价、审计；企业清洁生产审核、咨询及培训；节能减排技术交流与推广；节能项目、产品的检测；节能产品的推介；制定高能耗中小企业用能标准及管理；节能设备、仪器仪表的经营和维修等。

公司已为多家企业开展能源审计、节能量审核、固定资产投资项目节能评估和清洁生产审核咨询、节能减排技术改造等业务，并有多人入选省经信委和省科技厅、省环保厅组建的省清洁生产行业专家库，以及佛山市经贸局委托佛山市节能协会组建的佛山市节能降耗专家库，参与多家省、市监管重点耗能企业节能考核。为提高节能减排水平，公司目前也大力推进合同能源管理（EPC）项目，目前已列入国家发改委、财政部发布的首批节能服务公司备案名单。

公司致力于打造佛山市节能减排一站式服务平台，加强外引内联，扩大与科研、金融等组织的合作，拓展业务领域，形成规模，增强创新发展能力。同时要在节能减排领域努力实现与市场的对接，为市场节能减排需求寻找合适的产品，为政府和企业提供高水平的服务，促进节能减排事业的发展，为建设资源节约型和环境友好型社会作出贡献！

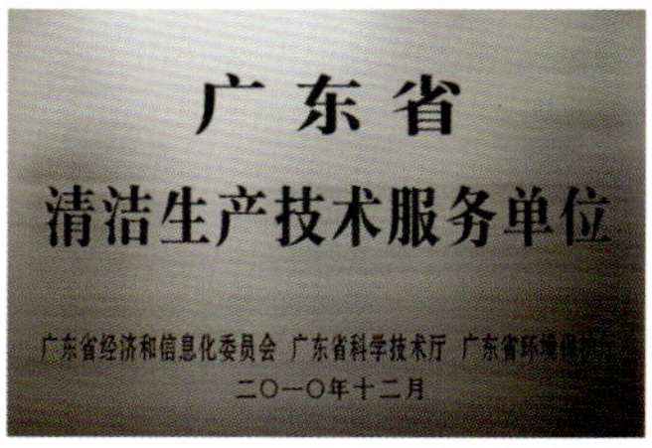

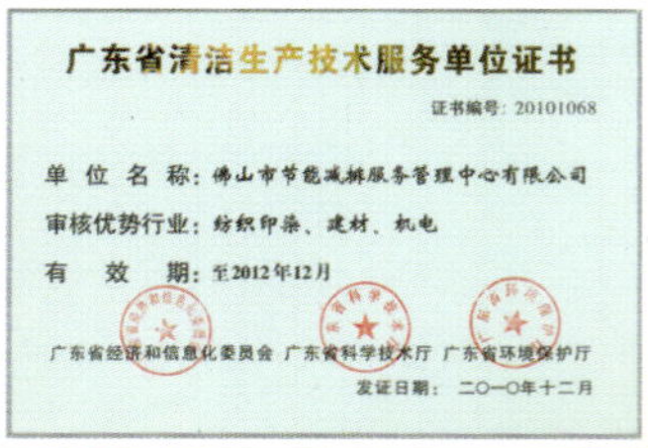

地址：禅城区汾江西路1号外贸大厦4楼C座 电话：82368675 传真：82026060 网址：www.fsjnjp.com 邮箱：fsjnjp@fsjnjp.com

佛山市路桥建设有限公司

市领导陈云贤、冼瑞伦、叶明权视察佛陈路。

佛山市路桥建设有限公司（以下简称市路桥公司）成立于 2003 年 3 月 3 日，是佛山市政府批准成立的国有独资企业，归口佛山市国资委管理。截止 2010 年底，公司总资产 443.5 亿元，总负债 295.5 亿元，所有者权益 148 亿元，企业资信等级 AA 级。

2010 年，市路桥公司按照市委、市政府的工作部署，在市国资委的直接领导和市交通运输局的业务指导下，公路建设、年次票征收、“一环”养护及内部管理等主要工作均取得了可喜的成绩。

公路建设　按照市政府的工作部署，2010 年由市路桥公司负责建设的市重点公路项目有 8 个，总投资约为 56.46 亿元。截止 2010 年底，佛陈路快速化改造工程、龙山跨线桥工程、北滘立交二期工程、G325 下沉式立交工程等 4 个项目按期完工通车，禅西大道一期工程、禅西大道二期工程、龙湾大桥及引道工程、吉利佛开立交工程等 4 个项目按计划推进。

佛山一环“南拓”龙高公路段通车仪式。

作为第 16 届亚运会的主要交通道路，佛陈路快速化改造工程成为各级领导和社会各界的关注点。市主要领导多次深入施工现场视察指导，新闻媒体也适时跟进报道。市路桥公司从政治高度谋划推进，将此列为“一号工程”，明确了集公司之力，确保安全优质提前完成亚运通道建设的目标、任务和措施。经过全体参建人员全力以赴，不辞劳苦地拼搏，2010 年 9 月 30 日提前完成亚运通道的快速化改造，10 月 20 日基本完成全线建设任务。改造后的佛陈路以平畅、整洁、亮丽的新面貌为亚运会的胜利举办提供了良好的交通条件。

北滘立交全线开通。

广州、佛山、肇庆三市实施车辆通行费年票互认。

年次票征收　在广佛肇年票互认政策的冲击下，年次票收入仍然创造了历史新高，2010 年总收入达到 14.81 亿元，与上年相比增长 1.15 亿元，增幅为 8.42%。其中，年票收入 11.29 亿元，增收 1.49 亿元，同比增长 15.2%；次票收入 3.52 亿元，减收 0.34 亿元，同比下降 8.81%。同时，市路桥公司认真贯彻省委省政府关于收费改革的各项政策要求，切实落实了广佛肇年票互认次票互免政策和收费站节日保通工作等重大部署，充分体现了国有企业高度的社会责任感。

“一环”养护　市路桥公司遵循“建养并重，科学养护，保障畅通，树立形象”的工作方针，参照高速公路的养护标准，积极探索管养的路子，认真履行“一环”管养职责，全年累计完成养护投资约 5054 万元。另外，在市交通运输局的指导下，市路桥公司开展路政管理和公路治超业务，清理整顿“一环”沿线违法建设，全年共出动 6227 人次实施路政巡查，巡查里程 23.7 万公里，有效地维护了“一环”的路权产权，确保“一环”的安全、舒适、通畅。

龙湾大桥及引道工程动工仪式。

党员宣誓。

2010 年，国资委主任卢建华为我公司发展作指示。

壮大主业谋发展 规划引领促提升

佛山市交通发展总公司

2010 年，我公司以科学发展观为统领，紧紧围绕市国资委和交通局的工作要求和公司的年度目标，着力开展以下工作：

一是全力推进高速公路项目。按照科学规划、科学组织、科学管理、科学施工的要求，千方百计地克服征地拆迁等困难，竭尽全力推进广明高速公路陈村至西樵段的建设。认真组织准备，多方沟通协调，积极努力申报佛（山）清（远）从（化）高速公路的报批，立项工作按计划有序推进。整治修缮佛陈公路和佛陈大桥，确保了亚运通道的顺畅高效、美观整洁。

二是编制公司"十二五"规划。确定了高速公路和现代物流"双轮驱动"的发展方向和思路，规划、引领了今后五年公司发展的指导思想、总体目标、发展战略、重点项目、风险分析和化解对策、保障措施等，成立佛山市现代物流有限公司，推进物流信息交易平台建设，促进公司传统物流业务向现代物流方向转变、发展。

三是务实改进和加强财务管理。积极落实财务总监工作细则制度、巡视制度、绩效考核制度，充分发挥财务总监对国有资产运营和财务活动监管职能，整改巡视中发现的问题，完成公司财务核算体系的调整，修订了财务管理制度，加强内部流程控制，认真开展清产核资工作，真实反映企业资产状况，不断提升公司的财务管理水平。

四是进一步完善、强化制度管理。认真落实贯彻"三重一大"制度，提高科学决策水平，推行深化民主管理，完善企业法人治理结构，工程建设管理规范，双标管理落实到位，修订、完善各项内部管理制度，制度管理得到进一步深化和强化。

五是预防整治并举，确保安全生产。2010 年，总公司和所属相关企业、部门在安全生产工作上齐抓共管，共同努力，坚持"安全第一、预防为主、综合治理"的方针，按照"标本兼治、重在治本"的原则，开展安全生产三项行动、安全生产专项整治、安全生产大检查、安全生产月等活动，提高了预防能力与应急能力，做到了安全生产全年零事故，圆满完成了全年各项安全控制指标。

六是积极开展公益、文体活动，提升企业文化和企业形象。按照"规划到户，责任到人"的工作方针，公司认真落实对英德市英红镇水头村的帮扶支援，共投资 22 万元帮该村修建了社会主义新农村基地的道路和供港蔬菜基地收购中心，扶贫工作成效显著；积极开展"广东扶贫济困日"等捐款活动；组织广佛地铁志愿者，争当亚运服务先锋，营造"一起来，更精彩"的志愿服务氛围；自编自演节目参加佛山市国资委举办的"清风漾佛山"反腐倡廉文艺汇演。这些活动，充分体现了公司的社会责任感，有力地促进了公司的文化建设，有效地提升了公司形象。

2011 年 3 月 17 日，市委常委、常务副市长周天明到我公司进行调研。

国资委副主任邓向文在 2010 年公司总结会上作指示。

2010 年赴英德市英红镇水头村开展对口扶贫工作。

广明高速佛山段杏头立交。

加快经济发展方式转变 建设地质幸福家园

佛山地质局

2010年，佛山地质局在佛山市委、市政府和省地质局党委的正确领导下，贯彻落实省局党委"服务立局、发展强局、改革塑局、和谐兴局"的工作思路和"保增长、调结构、促民生"的工作方针，服务经济社会发展大局，切实把智慧和力量凝聚到加快发展、科学发展、又好又快发展上来。经济运行较快增长，职工收入稳步提高，队伍稳定和谐。

地质勘查工作按照全省地质工作会议"立足地质主业，回归地质主业"的精神要求，强化公益性地质调查，充分发挥地质工作先行性、基础性作用，发挥地质工作在经济社会发展中的技术支撑作用。全年承担的地勘项目共74项，其中：国家财政项目16项，地方财政项目4项，核电地质调查5项，环境地质项目49项。利用单位技术优势，积极主动为地方经济发展提供全方位服务。继续推进佛山市地质灾害防治体系建设，建立了佛山市地质灾害信息采集、传输、管理、分析、预报预警、发布于一体的地质灾害监测预警系统，为全省地质灾害监测与预报预警建设提供了示范。同时，开展了佛山市边坡普查项目、佛山市地下水动态长期监测、地质遗迹调查等工作。

在能源、交通、市政、水利、工民建、测绘等领域为地方提供技术服务。完成了多项佛山市重点工程项目的地质勘察，如三水恒益电厂"上大压小"2×600MW超临界燃煤机组、佛山市G321国道（狮山段）快速化改造工程、一汽－大众30万辆轿车等项目。

展望2011年，将继续深入贯彻落实科学发展观，加快经济发展方式转变，推动地勘经济实现科学发展，要把加强地质找矿作为调整优化地勘产业结构最突出、最紧迫的一项任务抓好。继续坚持"调结构，惠民生"的工作要求，把"调结构"作为"强局"的主要抓手，把"惠民生"作为"富民"的主要路径，争取实现地质找矿有所实破。确保"十二五"开好局起好步，以优异成绩迎接建党90周年。

2010年1月，国土资源部副部长汪民到佛山地质局调研。

地质专家"会诊"高明富湾地陷。

省地质局领导到三水恒益电厂工地慰问。

中国银行股份有限公司佛山分行建立全省系统内首家中小企业新模式“中银信贷工厂”

“中银信贷工厂”简介

佛山作为一个快速发展的城市，是中小企业聚集并蓬勃发展的地区，经济环境、金融环境和信用环境均适合大力发展中小企业业务。为积极扶持佛山地区中小企业发展，解决中小企业“融资难”问题，中国银行佛山分行率先获得上级行批复，成为广东省中行系统内首家建立中小企业业务“中银信贷工厂”模式的二级分行。

“中银信贷工厂”模式建立后，将设置本行有权审批人岗位，根据佛山地区中小企业行业特征量身定制授信条件和管理模式，重点突出项目审批效率，实现佛山本地项目现场快速审批放款。“中银信贷工厂”以“成为中小企业高效、专业、满足全面需求的合作伙伴”为价值取向，紧扣“以客户为中心，以市场为导向”的核心理念，通过合理、简化、标准、端对端的工厂式“流水线”运作和专业化分工，确保业务从发起至审批整体协调一致、专业规范高效。

中国银行 佛山分行 BANK OF CHINA FOSHAN BRANCH

中国银行佛山分行中小企业部 82683591（3076）

中国农业银行
AGRICULTURAL BANK OF CHINA

金穗高尔夫白金卡

高尔夫白金卡特色专享

- ▲ 全国5家顶级球场任选1，一年1次免18洞果岭费畅打，入住星级酒店。
- ▲ 每年参加当地省市农行区域选拔赛两次，总行全国性精英赛两次。
- ▲ 提供电话快速预约，全国15家顶级球场超低嘉宾价 、200多家球场3-8折任您畅打。
- ▲ 刷卡累计积分可兑5家顶级球场果岭费。
- ▲ 凭白金卡登录中国高尔夫网，购买特惠球具及配件。
- ▲ 每周送发高尔夫夺标课堂邮件，免费登陆专业网站国际顶级教练面对面指点，助您球技快速提升。

通过CCCS五星认证24小时白金贵宾服务专线：400-619-5599 021-61295599
中国农业银行网站：www.abchina.com

中国农业发展银行 建设新农村的银行

中国农业发展银行佛山市分行（简称“农发行佛山市分行”）成立于1996年10月，是中国农业发展银行的二级分行，隶属中国农业发展银行广东省分行，是佛山市唯一的一家国有政策性银行。下辖顺德、南海、三水、高明四个支行。

成立十五年来，农发行佛山市分行始终坚持政策性银行的办行宗旨，坚持服务“三农”的办行方向，秉承“至诚服务、有效发展、以人为本、构建和谐”的核心理念，积极探索，锐意改革，各项业务得以有效快速发展。

近年来，农发行佛山市分行在认真履行农业政策性银行的基本职能，做好粮油收储信贷业务的前提下，按照“两轮驱动”的战略部署，向“三农”的各个领域拓展新业务。主要贷款品种有：农村基础设施建设贷款、农业综合开发贷款、县域城镇建设贷款、新农村建设贷款，主要支持农村路网、电网、水网、信息网建设，农村文化、教育、卫生设施建设，农村能源和环境设施建设和农村土地整治、农民集中住房等方面建设。

新的历史时期，农发行佛山市分行将认真贯彻落实党和国家有关惠农政策，充分发挥农发行在新农村建设中的骨干支柱作用，为支持佛山“三农”建设再做新贡献。

中国农业发展银行 佛山市分行
AGRICULTURAL DEVELOPMENT BANK OF CHINA

地址：禅城区岭南大道北48号A座
电话（传真）：（0757）83218088

中国建设银行
China Construction Bank
佛山市分行

中国建设银行始建于1954年10月，2005年10月作为第一家成功完成股改上市任务的大型国有商业银行，顺利在香港联交所H股挂牌上市，2007年9月强势回归A股上市。近年来，在境内外权威媒体和有关机构组织的各类调查评选中，中国建设银行多次荣膺“中国最佳银行”、“最佳管理公司”、“最佳治理公司”、“亚洲最赚钱的银行”、“中国最佳金融风险管理奖”、“企业社会责任贡献奖”、“中国网友喜爱的十大名牌核心品牌奖”、“中国最佳网上银行”、“中国最佳贸易融资银行”等奖项。

中国建设银行佛山市分行成立于1957年6月1日，是中国建设银行统一法人体制下的二级分行。截至2010年12月末，已拥有营业网点92个。2007年以来，致力于推行网点转型，以庄重鲜明的企业形象、亮丽舒适的服务环境、功能齐全的服务设备、丰富多彩的理财产品、亲切真诚的服务态度和快捷方便的服务效率在社会上引起良好的反响，取得了社会效益和经济效益双丰收。

一直以来，建设银行佛山市分行牢固树立科学发展观，落实“以客户为中心”的经营服务理念，随着“禹道现金管理”、“成长之路－小企业贷款”、“建行金”、“乾元”、“财富卡”、“私人银行卡”等一系列产品和服务品牌的推广，在佛山地区赢得了广大客户和社会各界的广泛赞誉。在2007～2010年的理财文化节上，建设银行佛山市分行连续四年荣获“最受佛山市民欢迎金融单位”奖。

面对经济金融全球化带来的机遇与挑战，建设银行佛山市分行将以“追求卓越、不断创新”为目标，进一步加快发展，提升服务水平，为广大客户提供优质先进的金融产品和高效便捷的金融服务，为佛山地区经济发展作出更大的贡献。

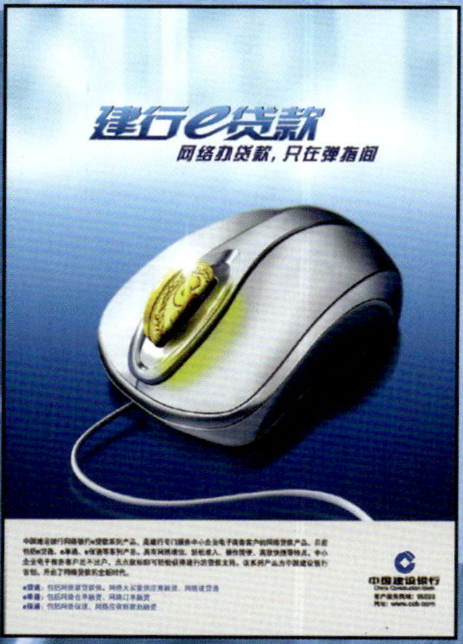

深圳发展银行
SHENZHEN DEVELOPMENT BANK

深圳发展银行股份有限公司（简称：深圳发展银行，股票简称：深发展A，股票代码：000001）是中国第一家面向社会公众公开发行股票并上市的商业银行。深发展于1987年5月10日以自由认购形式首次向社会公开发售人民币普通股，并于1987年12月22日正式宣告成立。

经过二十多年的快速发展，深圳发展银行综合实力日益增强，自身规模不断扩大，已在北京、上海、广州、深圳、杭州、武汉等20个经济发达城市设立了300多家分支机构，并在北京、香港设立代表处，与境外众多国家和地区的600多家银行建立了代理行关系。

近年来，深圳发展银行业务继续健康增长，业绩表现良好，面对纷繁多变的经营环境，深发展以出色的适应力积极应对，扎实推进各项改革，稳步实施发展战略，在包括供应链金融、零售业务等核心业务领域方面继续加大投入，进一步夯实竞争优势。

佛山深发展1996年进驻佛山，通过14年的发展，目前深圳发展银行在佛山拥有10家网点，分布在禅城、南海、顺德、三水四个区，其中禅城区有祖庙路支行、城南支行和华远支行，南海地区有南海支行和大沥支行，顺德区有分行营业部、顺德支行、乐从支行和容桂支行，三水区有三水支行一个网点。现在每个支行的存款规模都超过10亿元。已经为970家企业与近1万名个人提供融资、贷款服务，并以供应链金融、个性化的个人贷款产品为佛山的企业与市民提供先进的金融服务，致力打造精品银行。

2010年4月，深圳发展银行佛山分行总部乔迁至东平新城新闻中心，成为佛山市第一家总部进驻东平新城的银行类金融企业，深发行将紧抓这一先机优势，向东平新城及即将进驻的企业提供资金支持并提供完善的金融产品、金融服务，实现共同发展的目标，也为提高东平新城的城市形象作出贡献。

宽敞明亮的营业大厅。

天玑财富理财中心。

深圳发展银行佛山分行 地址：禅城区东平新城区裕和路佛山新闻中心五区 电话：（0757）82253828

中国人寿保险股份有限公司佛山分公司

中国人寿保险股份有限公司的前身是中国人民保险公司，成立于1949年。经过半个多世纪的发展和积淀，中国人寿拥有比肩全球的雄厚实力，于2003年、2007年分别在纽约、香港和上海三地上市，是中国最大的保险公司，连续八年入选《财富》杂志“全球500强”。多年来，中国人寿获得了社会公众及广大客户朋友的信赖与支持。

佛山分公司是中国人寿保险股份有限公司在佛山市设立的分支机构。与时俱进的佛山国寿，已经成长为一个机构网点和销售网络遍布城乡、服务机制不断完善、经营管理高度集中、信息技术全面渗透、企业文化独具特色的寿险企业，以雄厚的实力牢牢占据了佛山寿险市场的龙头地位。

齐全的销售服务网络

佛山国寿下设14个营业单位，在佛山地区服务网络完善，已经基本覆盖佛山市所有的行政区和乡镇。公司还与佛山市各大银行、邮政局、信用社和旅行社开展了代理业务的合作，合作渠道广，合作业务逐步深入。

业务快速增长，在佛山寿险市场牢牢占据领先位置

2010年，中国人寿在佛山占据寿险市场份额超过40%。2005年以来，佛山分公司自营保费从13.1亿元增长到37.76亿元，增长近三倍，在中国人寿全国大中城市分公司中排名第九。

专业、高效、诚信的客户服务

截至2010年底，佛山国寿为38.8万的有效客户提供个人、团体意外险和长期健康险保单和服务，累计赔款支出11.91亿元，满期、养老等各类给付总额11.02亿元。中国人寿每年举办国寿客户服务节，2010年佛山分公司客户服务节活动持续半年，一系列丰富多彩、贴心实惠的客户服务活动给客户留下深刻印象，佛山国寿品牌及服务在佛山城乡深入人心。

热心公益，回馈社会

佛山国寿奉行“成己为人，成人达己”的核心理念，以“诚信为本、稳健经营”为企业宗旨，致力于造福社会大众、回报广大客户和社会。曾多次向灾区捐赠赈灾款、为白血病患儿捐助医疗费、为教师和孤儿赠送保险；还曾协办第六届中国金鸡百花电影节、参与主办《见证重生：汶川地震灾后重建周年大型纪实摄影巡展》等。2010年青海玉树发生7.1级地震，公司第一时间组织了募捐大会，本部和14个营业单位联动，还有员工亲身赴灾区送捐款。经过多年的努力，佛山国寿的品牌形象深入人心，获得了政府及佛山市民的高度认同及喜爱，多次荣获“广东省用户满意企业”、“最受佛山市民喜爱的金融单位”等荣誉奖项。

2011年，是“十二五”规划的开局之年，对佛山国寿来讲，是遵循经营规律、加快科学发展的一年。我们将紧紧围绕市委、市政府中心工作，以科学发展为主线，全面增强公司综合实力和竞争力，贯彻服务理念，积极履行社会责任和企业义务，为打造“同创文明智慧佛山 共建富裕幸福家园”做出更大贡献。

地址：禅城区季华五路51号中国人寿保险大厦 总机：（0757）83218888 客户服务专线：95519 HTTP：//www.e-chinalife.com

PICC 中国人保财险

中国人民财产保险股份有限公司佛山市分公司

中国人民财产保险股份有限公司（简称“中国人保财险”）是中国人民保险集团公司（PICC）旗下标志性主业，是目前中国内地最大的非寿险公司。2003年11月6日，公司在香港联交所成功挂牌上市，成为中国内地大型国有金融企业海外上市“第一股”。凭借综合实力，公司和集团相继成为北京2008年奥运会、2010年上海世博会和2010年广州亚运会保险合作伙伴，为北京奥运会、上海世博会以及广州亚运会提供全面的保险保障服务。2008年亚洲保险业竞争力排名中，公司被评为“亚洲最具竞争力非寿险公司”。2010年，公司保费突破1500亿元，在全球上市保险公司非寿险业务排名第8位。

佛山市分公司党委书记、总经理 陈伟光

中国人保财险佛山市分公司成立于1980年10月，下设机构有禅城、顺德、南海、三水、高明共五区5个支公司、5个直属营业部；设置了52个营业部和120多个营销网点；从业人员共2000多人，可以为广大客户提供方便、快捷、贴身的保险服务。2010年，公司业务发展和管理工作迈上了新台阶，保费收入13.43亿元，承担的风险金额达到11011亿元，处理各类赔案195952件。公司承保了广明高速公路等大型交通建设工程，为广州亚运佛山赛区提供保险VIK保险服务，为全市180万城镇职工提供基本医疗补充保险保障，公司还开通了电话车险直通车，在全市设立了32个远程定损点，在承保、理算、查勘、定损、理赔等各个环节中给客户带来了高质量和多样化的保险服务。

分公司直通车业务开通仪式。

六十多年的卓越历程，历史蕴含价值，光荣成就未来。展望2011年，中国人保财险佛山市分公司将以科学发展观为指导，始终遵循“人民保险，造福于民”的使命，秉承“以人为本、诚信服务、价值至上、永续经营”的经营理念，奋发图强，开拓创新，抢抓机遇，加快发展，不断提高服务和谐社会建设的能力，为佛山市全面建设幸福文明社会做出更大的贡献。

分公司党员活动。

分公司“亚运同行、全员健身”运动会。

签订2010～2013年佛山市城镇职工基本医疗补充保险。

地址：禅城区季华五路9号中国人保大厦 邮编：528000
直通车投保专线：4001234567 客服专线：95518 传真：（0757）83354702

禅城区祖庙街道

中共中央政治局委员、书记处书记、中宣部部长刘云山，中共中央政治局委员、广东省委书记汪洋等领导一行在佛山市、区领导陪同下视察岭南新天地。

祖庙街道位于佛山市禅城区的东北部，辖区面积31.6平方公里，下辖9个村和56个社区居委会，常住人口近32万人，外来人口约20万人。2010年，全街道实现地区生产总值387.01亿元，同比增长14.3%，固定资产投资额75.89亿元，同比增长16.7%；社会消费品零售总额198亿元，增长16.4%；实际利用外资1.47亿美元；国、地两税收入55.9亿元；金融机构本外币存款余额1620亿元，增长22.2%。

实施“佛山名镇”支点战略

“佛山名镇”项目是禅城区委、区政府的“头号工程”和“支点工程”，总规划面积8848亩，项目总投资300多亿元，拟在3～5年内建成。整个项目是以历史建筑为载体，通过修复文物保护单位、重建历史文化街区的方式，将文化的回归与重新装载产业有机结合起来，重塑这片古老的土地上充满历史文化底蕴城市的文脉和商脉。重点在于：一是要传承佛山历史文化，复兴古镇的形态、神态；二是要打造相关适合的产业，复兴古镇的生态、业态，将其打造成为历史人文荟萃，近悦远来，万商云集的广佛都市圈历史文化城市客厅。目标是要将“佛山名镇”打造成为中国古镇复兴的巅峰之作。“佛山名镇”项目2010年9月正式启动，至2010年底，项目核心片区概念性规划方案已基本完成，动迁、产业规划和招商、安置房建设等工作进展顺利，示范段工程已经开工。

“三旧”改造稳步推进

至2010年底，祖庙一东华里片区动迁工作已完成总任务的99.89%，岭南天地商业街一期工程70%的招商工作已经完成。季华路重点项目稳步推进，永新南村项目已摘牌并进入动迁阶段，原周记酒家、禅龙山庄等改造项目统一调规工作已近尾声。全年街道“三旧”改造动工面积52.24万平方米，超额完成了区年度任务。

季华路·总部第一街高端论坛。

季华路总部第一街建设成效显著

2010年，强势推出“季华路·总部第一街”系列活动，全力打造祖庙街道“总部经济建设者”形象。深圳创维-RGB电子有限公司佛山分公司已正式营业；湛江商业银行佛山分行开始试营业；华夏银行佛山分行、南洋商业银行佛山分行、华泰长城期货、国元证券等区域总部纷纷签约进驻季华路，季华路总部企业集群化业态初步形成。

精细化管理带动社会事业持续繁荣

整合社区各类资源，将“一警四员”下沉到社区，理顺关系，落实社区属地管理责任。特色社区建设再创佳绩，白燕社区被评为“全国学习型家庭示范社区”和“全国基层组织建设示范社区”；省“六好”平安和谐社区数量达到41个。辖区城镇登记失业率控制在2%以下，“零就业家庭”为零。街道居家养老服务中心被确定为省居家养老示范中心。全面完成市、区下达的人口与计划生育指标任务，被评为市计划生育先进单位和市无政策外多孩镇（街）。成立了街道招标采购和农村集体资产交易中心，从制度上规范和保证了农村集体资产交易的公开、透明、有序。社会治安综合治理效果显著，社会大局保持稳定。2010年亚运期间做到了“零事故”，“零差错”，被评为“广州亚运会先进集体”。

白燕社区被评为“全国学习型家庭示范社区”。

上河广场效果图。

汾宁路内街效果图。

南海区狮山镇

区委常委、狮山镇党委书记孔海文深入群众家里倾听民声。

狮山镇位于广东省佛山市南海区西部，地处珠三角广佛经济圈核心地带。全镇面积256.09平方公里，常住人口42.6万人，流动人口25.8万人，下辖3个办事处、8个社区居委会和49个村委会。2010年实现地区生产总值464.4亿元，同比增长17％；工业总产值1643亿元，同比增长23%；税收39.7亿元，同比增长15%；完成全社会固定资产投资总额143.8亿元，同比增长30%；招商引资102.2亿元，同比增长7%。2011年，狮山镇将全面落实区委提出的“两大改革、三大行动、四大战略”，围绕“制造基地、产业智库、交通枢纽”的新定位，按照镇委“三城二区一带”的指导思想，积极打造产业与城市辉映，文化与生态相融的魅力新城。

一是围绕“双中枢”，引领城市建设。区委、区政府在《南海区十二五规划》中提出，狮山将要建成南海的交通中枢和公共服务中枢。狮山将以“双中枢”定位和要求引领狮山的城市建设，重新策划和实施重点城市建设项目，推动城市建设跨上新台阶。2011年狮山将主动配合落实佛山西站项目的规划，调整狮山中心城区规划方案，高标准实施博爱湖开发。将落实区行政服务中心、南海人民医院的规划选址，使中枢服务核心区蓝图呈现。

二是打造“产业智库”，引领产业提升。狮山将抓住全面整合提升南海经济开发区的契机，引智引资，建城造库，提速建设一批产业载体，尽快启动研发楼、孵化器、产业加速器等功能设施的建设，打造国家级产业智库城。成立产业载体发展基金、中小企业孵化和风险投资基金和人才引进基金，促进产业发展。重点围绕一汽大众、旭瑞光电、奇美电子等龙头项目，打造汽车产业基地、新光源产业基地和建设全球最大的新型显示产业基地，加速产业集聚。三是实施“城市更新”，引领环境再造。坚持生态优先，坚持高强度节能减排，推进环保数字平台研发，实现全镇排污企业实时监控。实施城市更新行动计划，重点推进佛山西站、环南国桃园都市型商业服务业产业带、红星路两侧、博爱湖片区等的更新改造，优化城市功能，提升城市发展品质和综合竞争力，全面加快“绿色美丽家园”建设。

建立工业设计专利池。

四是继续贯彻“以园带村”和“以城带村”，引领城乡统筹发展。深化探索“以园带村”和“以城带村”，带动市政建设和社区服务由城区和园区延伸进村。建设千亩桃花基地、水生蔬菜种植基地和南海花卉城，加快推进环南国桃园都市型商业服务业产业带成型。加大政策指引和资金扶持，大力发展农村经济，千方百计增加农民收入，强化农村社会保障，走城乡和谐共济，协调发展的道路。

五是“动感狮城”引领狮山现代产业文化建设。围绕“狮舞岭南·龙腾南海”主题，打造“动感狮城”现代产业文化高地。推广“产业之旅”、“树本之旅”、“休闲快乐之旅”，建设大学城文化创意馆，举办产业文化节，外塑“动感”产业文化形象。继续实施“树本”工程，内树“树本”城市人文精神。

六是深化简政强镇事权改革，引领服务型政府建设。加强对政府施政效能的评估与监督，全面推进社区服务中心建设，力促行政效能再提高。探索建立聘任制公务员制度，改革创新雇员管理制度，力促队伍执行力再提高。继续深化简政强镇事权改革，提升政府的管理和服务水平，强化干部队伍建设，积极构建服务型政府。

启动“树本”工程，倡导“仁爱、奉献、承担、互助、共享”。

2011狮山文化艺术节开幕式暨黄少强艺术馆奠基仪式。

南海区300辆镇（街）出租车暨狮山镇巴启运仪式。

境外上游LED芯片厂家首次落户中国的旭瑞光电项目顺利投产。

成立南海创新设计联盟。

第八篇

社会生活

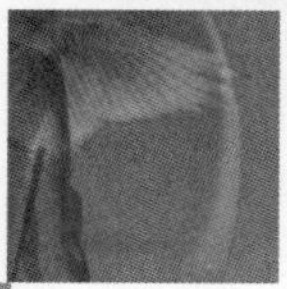

人力资源和社会保障

人力资源

【综述】 在市委、市政府的正确领导下，全市人才人事工作向广度和深度发展。公务员制度不断完善，事业单位人事制度改革稳步推进，转业军官安置制度建设得到加强。人才队伍建设取得突出成果，引智工作力度加大，为经济社会发展提供有力的人才和智力支持。

【公务员管理】 一是做好事业单位参公申报和新参公事业单位工作人员登记工作。2010年，全市有13个符合条件的事业单位报省审批参照公务员法管理。市人社局出台登记办法，妥善解决了全市新列入参照管理事业单位部分工作人员的登记问题，为各区大部制改革创造了有利条件。二是全面完成招录工作任务。2010年，在省的统一部署下，全市共组织实施3次公务员考试录用工作。其中，年初的常规公务员考试录用共招录公务员330名；从农村基层、生产一线选拔基层领导干部和公务员，共招录基层领导干部和公务员19名；乡镇机关考录和交通、国土考录共招录公务员220名。三是推进聘任制公务员试点工作。根据佛山市简政强镇事权改革的部署，在顺德区和南海区开展公务员分类管理和聘任制公务员试点。四是落实广佛公务员交流。2010年12月31日广佛互派公务员正式启动，两市分别派出10名副科级以上的公务员，到对方对口单位的相应岗位挂职，涉及教育、民政、社保、信息产业、卫生、交通运输、城乡规划、环保、旅游和城管共10个部门。

【人才队伍建设】 2010年通过加大人才工作力度、创新人才工作模式，多层次、多渠道引进和培养人才，在人才工作方面取得显著成效。2010年，全市引进大中专毕业生及在职人才3.5万多人（其中研究生以上978人），高技能人才增加5852人，专技人才队伍增加2.1万人；全市共有博士后科研工作站41家，分站13家，累计联合培养220名博士后人才，出站154人。2010年，面对人才竞争异常激烈的新形势，市人力资源和社会保障局与有关部门一起，对已有的相关人才政策文件进行了修订更新，在引才、育才、用才方面提出了多项新举措，包括设立政府人才开发专项基金，降低人才入户门槛等。其次，佛山紧紧围绕技术进步与产业升级需求，鼓励企业、高等院校、科研院所建立产学研相结合的专业性公共技术支撑服务平台，为全市战略性新兴产业发展不断输送人才。各工业园区、专业镇和特色产业基地等园区载体功能不断完善，成为全市最主要的人才聚集高地。为进一步提高全市各级政府机关决策的系统性和科学性，更好地为社会经济发展提供服务，佛山扩大了市政府顾问团的队伍，聘请了20名政府顾问和54名咨询专家。政府顾问和咨询专家通过参加政府顾问团会议建言献策、参加重大项目论证、向有关部门提供咨询等形式为全市进行智力服务，取得较好效果。8月，第二届佛山市政府专家顾问团第一次会议召开，会议采取集中大会、专题讨论、召开座谈会和实地考察等方式进行。专家顾问就如何推进“四化融合，智慧佛山”等课题提出规划方案与相关部门共同探讨。会议达到预期效果，受到社会各界好评。再次，佛山取得了“中国（广东）博士后人才交流与科技项目洽谈会”的承办权，并积极组织人员开展筹备工作，力争吸引更多高端人才来佛山创业、发展。此外，佛山将市直15个中评委会和4个初评委会委托给社会团体管理，初步建立了人才评价社会化的新机制；建立广佛职称评审、认定、确认工作联动机制，把民间传统文化人才纳入职称工作对象的服务范围，开展非公有制企业职称评审工作，开辟了职称评审工作的新局面。

【事业单位人事制度改革】 2010年，佛山按照岗位设置和人员聘用工作分两步走的总体思路，在全市全面铺开事业单位人事制度改革。全市基本实现了事业单位由国家用人到单位用人、由身份管理到岗位管理的转变。稳步推进义务教育学校绩效工资制度的实施工作，开展公共卫生和基层医疗事业单位收入分配的调研工作，为下一步实施绩效工资制度打下良好基础。研究解决了2006年工改后未获聘用而获得“政工”专业资格人员的聘用和待遇问题，解决了全市七大机关及参照公务员法管理单位不能登记为公务员工资待遇问题。工资新系统与数字人事顺利实现功能对接，并逐步走向正轨，保证了市直统发工资单位的人员的工资正常发放和非统发单位工资的正常审核。

【军官转业安置】 2009年共接收安置军转干部136名（未含师级转业干部）。按行政移交的131人，其中团级转业干部22名（正团5名，任职满3年须安排副处级干部的5人），占总人数的16.2%，正营级及以下转业干部74人；按专业技术移交的38人，其中技术8级1人，技术9级13人，技术9级及以下的转业干部24人。自主择业的军转干部5人，占总数的3.7%。从2010年1月开始，佛山调高部分退休企业军转干部临时生活困难补贴的标准。实施对企业军转干部中功臣模范和因战因公致残、患有严重疾病人员的优诊体检工作，并建立了健康档案。

【人事人才服务】 2010年，全市各级人才服务机构在完成好日常工作的基础上，重点抓好高校毕业生就业、区域人才服务合作等各项重点工作任务，取得较好的工作成效。2010年佛山生源应届普通高校毕业生共2.7万人，就业率达92.7%。为全面促进高校毕业就业工作，各级人才服务机构积极实施2010南粤高校毕业生就业推进行动，重点实施好“四项计划”，即“岗位拓展计划”、“创业引领计划”、“素质提升计划”、“就业服务与援助计划”，进一步完善高校毕业生信息平台，组织举办为期一个月的“佛山市2010年高校毕业生就业服务月”系列招聘会。为配合做好政府重点招商引资项目的人才引进工作，大力引进经济和社会发展急需的各类人才，市人才服务办提供多渠道、全方位的人才服务，为政府重点引资项目提供了良好的人才保障和智力支持。结合产业结构特点和高校毕业生就业工作的具体要求，全年共举办39场专场招聘活动，全年猎头服务共为用人单位推荐中高层次人才512人次，成功入职的中高层次人才23人。在人事考评工作方面，2010年共组织全市各类专业资格和职（执）业资格考试49项，累计报考者7.49万人；组织在佛山市区设置考场的较大型考试9场；公布2009年度、2010年度33个专业类别考试结果及发放资格证书，共有5173人分别取得高级、中级、初级专业技术资格；468人取得职业或执业资格。经过各相关部门的周密部署，通力合作，实现了各项资格考试考务组织工作“零差错”，公务员面试工作实现了“零投诉”。

（卢建华）

劳动就业

【综述】 2010年，全市各级人力资源社会保障部门紧紧围绕党委政府的中心工作，坚持发展经济与扩大就业的良性互动，坚持劳动关系双方自主协调和政府依法调整相结合，坚持促进用人单位发展与维护劳动者合法权益相统一，在促进就业、稳定劳动关系方面成效显著。

【就业再就业】 按照加快经济发展，以发展促进就业；加强劳务输入，以转移扩大就业；推动全民创业，以创业带动就业；实施就业援助，以服务稳定就业的工作思路，全力推进就业工作。2010年全市共有劳动力339.8万人，其中外来流动就业人员142.19万人；全市新增城镇就业10.43万人，就业困难人员实现就业 9464 人，城镇登记失业率为 1.86%；全市登记在册的“零就业家庭”全部实现 1 人以上就业，保持动态归零；实施农民工积分制入户工作，共吸纳 1.07 万名农民工入户佛山，对稳定技能型人才、提升人力资源整体素质起到了积极作用。对外劳务工作方面，佛山市坚持“引进高端，限制一般，禁止低端”的原则，结合实际情况将管理与服务相结合，抓好对外劳务服务工作，特别是在广州亚运会开幕前，按照上级的有关规定，对外国人来佛山就业的审批更加认真严谨，为广州亚运会的成功举办创造和谐、稳定的社会环境。2010 年，顺德区林头社区、禅城区永安社区、南海区罗湖社区被评为省充分就业星级社区，其中，顺德区林头社区还被评为国家级充分就业示范社区。

【职业技能培训】 注重转移增强培训，充分发挥职业技能培训促进就业的基础性作用。2010 年，佛山开展在岗职工培训、新成长劳动力培训、失业人员再就业培训、农村劳动力培训等各类培训，共培训 10.36 万人，包括“双转移”培训任务在内的全年培训任务圆满完成。2010 年，全市紧紧围绕产业发展需要，深入开展高技能人才培养工作；依托技工院校、职业技术院校、职业培训学校和企业培训机构，组织企业职工开展在岗和转岗技能培训，提高技能水平，通过培训稳定职工队伍；对入读技工院校和职业技术院校的初、高中毕业生，分类实施技能培训；组织失业人员参加 3 ~ 6 个月的再就业培训，实现失业人员技能提升与就业岗位的有效对接；对 45 周岁以下，有就业能力和培训愿望的本省农村劳动力提供 1 次免费职业技能培训，确保每个农村家庭有 1 名以上有就业能力和培训愿望的劳动力参加职业技能培训；依托各类创业培训基地，通过实施创业培训补贴等办法，鼓励和引导符合条件的各类群体参加创业培训。全市已建成 7 个较大规模的创业孵化基地，基地进驻企业 507 家，带动就业 3105 人。2010 年，佛山还成功承办了第四届全国数控技能大赛。大赛提升了佛山制造业的知名度，促进了全市技能人才素质水平的提升。比赛中，佛山选手出类拔萃，共有 13 名选手进入全国前五名，取得 2 个冠军（全国共 18 个冠军）、4 个亚军、2 个季军的优异成绩。

【职业技能鉴定】 以满足社会需求为导向，以配套政策、完善体系、强化管理为基础，严格按照《职业技能鉴定规定》和《职业技能鉴定工作规则》的要求，积极推进职业技能鉴定工作。2010 年，全市参加职业技能鉴定共 5.95 万人，鉴定合格并取得职业资格证书的共 5.17 万人，其中初级 2.26 万人、中级 2.4 万人、高级 5071 人，合格率为 86.9%。

【技工教育】 全市技工学校招生工作紧紧围绕省委、省政府关于“加快发展壮大技工教育”以及大力推进劳动力“双转移”的有关精神，进一步解放思想，充分挖掘学校现有的教学潜力，广开办学渠道，成效明显。2010 年，全市技工学校计划招生 9000 人，录取 9572 人，超额完成招生任务。在市教研会的重视和指导下，各校积极开展多形式的教学研究活动，其中仅市高级技工学校在省级以上全国发行杂志公开发表的论文就达 38 篇，获得国家级一等奖 2 项。2010 年，市高级技校、高明区技校和市实验技校等多所学校采取校企合作的模式，努力探索职业技术教育新方法，促进教学质量提高。市高级技工学校开展校企合作，已与数十家企业和行业协会建立了全方位、多层次的校企合作关系。2010 年，佛山还与劳务协作地区的技工学校、职业技术学院建立了劳务协作关系，为用人单位引进人才。

【企业工资分配】 全面实施企业工资集体协商制度，特别针对年初发生的企业员工集体停工事件，制定应对方案，引导企业劳资双方通过建立顺畅沟通渠道，协商解决企业工资分配中的问题。贯彻落实新最低工资标准，督促各类企业严格执行。制定颁布了工资指导线以及工资指导价位，将工资指导线、劳动力市场工资指导价位和企业的工资分配有机结合起来，合理确定各岗位的工资水平，充分体现工资的激励作用，建立健全职工工资科学合理的决定机制和正常增长机制。2010 年，全市累计有效集体合同 1.42 万份（工资集体合同 1620 份），覆盖企业 3.28 万家，涉及职工 187.61 万人。全市大中型企业中已订立工资专项集体合同的1428户，涉及职工37.05万人。工资集体协商建制率为86.23%，超出全年83%的工作目标。

【劳动关系调整】 全市各级人力资源保障部门始终把巩固和加强劳动合同管理放在劳动关系调整工作的首要位置，以推动签订劳动合同的办法从源头上规范企业用工管理和预防劳资纠纷的发生。广泛开展普法宣传，提高劳动关系双方法律意识。围绕“加强人文关怀改善用工环境”主题，认真实施劳动法律法规，督促和引导企业完善现代管理制度。以社区（街镇）、工业园区、行业等范围内的各类企业为基本创建单位，全面推进和谐劳动关系示范区创建工程。2010年，全市劳动合同签订率为99%，其中农民工劳动合同签订率97.6%。各区均已选定一个社区（街镇）、工业园区或行业作为创建和谐劳动关系示范点。

【劳动争议仲裁】 全市各级劳动人事仲裁机构认真实施《劳动争议调解仲裁法》，坚持“预防为主、调解为主、基层为主”的原则，按照“快立、快调、快审、快结”处理原则，积极稳妥处理劳动人事争议案件，维护劳动人事关系双方合法权益。着力推动贴近劳资双方的基层劳动争议调解组织建设，构建市、区、镇（街）、社区（村委、工业园区）多级联调网络，形成全市范围的“大调解”格局。2010年，全市各级劳动人事争议仲裁机构立案受理案件7448宗，加上上期未结的1016宗共8464宗，当期结案7565宗，当期结案率89.4%；全市劳动人事争议调解组织或单位共受理案件1.05万宗，当期调解结案9107宗，当期结案率86.8%。

【劳动监察】 全市各级劳动监察机构按照“刚柔并举、积极引导、强化监控、全面维权”的工作思路，加大劳动保障监察执法力度，完善劳动保障监察执法机制，有力地维护了劳动者的合法权益。加大日常巡查工作力度，加强对重点行业、重点区域和重点企业的摸底排查。实行市、区、街道三级联动，对排查出来的欠薪、超时加班等劳资纠纷隐患企业，实施专人负责、专人跟踪、专人督办，有效预防和减少违法行为的发生。2010年，全市劳动保障监察机构责令用人单位为劳动者补签劳动合同13万份，为15万名劳动者追回工资等待遇6075万元，督促企业补缴社会保险费67万元，妥善处理突发事件305宗，涉及劳动者2万人。2010年，全市受理举报投诉案件3836件，结案3806件，结案率99.2%。

【法制建设】 以自愿、无偿为原则，通过公开征集、与用人单位协商等方式，建立人力资源社会保障法制工作联系点制度，首批共26家用人单位的法制联系点，涵盖了多种企业类型。整合行政审批（管理）事项，推广网上审批服务，进一步完善了行政审批（管理）事项。

（卢建华）

社会保障

【综述】 2010年是“十一五”的收官之年。佛山市社会保障工作在市委、市政府和省相关部门的正确领导下，结合“四化融合，智慧佛山”的工作任务，突出重点，狠抓落实，各项工作进展顺利，圆满完成“十一五”各项任务，为“十二五”工作的顺利推进奠定良好的基础。至12月底，全市参加城镇职工基本养老、医疗、失业、工伤、生育各险种人数分别为245.13万人、201.16万人、155.22万人、196.43万人、173.47万人；农村社会养老保险人数55.50万人，居民医疗保险人数214.95万人。当年全市社会保险基金收入186.61亿元，支出87.93亿元，当期结余98.68亿元。

【扩面征缴工作成效明显，社保费地税全责征收工作顺利推进】 2010年初，按照“以支定收，略有结余”的原则，结合工作实际，科学编制了2010年全市社会保险扩面征缴计划。通过加强新年度缴费工资申报、深入企业进行实地稽核、积极开展社保宣传工作等方式，提前完成了市政府下达的扩面和各险种基金征缴任务，确保了各项社保待遇的按时足额发放。同时，按照社保费由地税部门全责征收的工作要求，社保部门和地税部门密切配合，坚持定期召开联席会议，积极采取有效措施，及时解决相关问题。在两局共同努力下，按照“成熟一个上一个”的思路，至2010年11月顺利完成了全市五区社保费地税全责征收上线工作，实现了平稳过渡，较好地完成了社会保险费征缴任务。

【落实政策，养老保险体系进一步完善】 一是提高企业退休人员基本养老金。根据国家和省有关文件的要求及时为全市企业退休人员增发养老金，月人均养老金由1277元增加到1420元，平均增加143元，受惠人群达23.4万人。二是大力推进“新农保”工作。在国家和省未将佛山市列入试点城市的情况下，佛山市从2010年1月起，开展新型农村社会养老保险，凡年满60周岁、未享受企业职工基本养老保险待遇的本市户籍的农村居民，可按月享受“新农保”待遇。1月10日全市举行“新农保”首发仪式，得到了人力资源和社会保障部及省、市领导的高度赞扬。至12月底，全市“新农保”参保人数55.5万人，参保率88.26%；享受待遇35.69万人，超额完成了市政府下达的年底前参保率达到80%的任务。三是妥善解决特殊人群养老后顾之忧。按照《佛山市农村居民参加企业职工基本养老保险的实施意见（试行）》的要求，各区积极鼓励“3545”（女性35岁，男性45岁）居民参加城镇职工基本养老保险，至12月底，全市农村居民参加企业职工基本养老保险约50万人。此外，2010年，全市继续开展早期离开县以上国有集体企业人员一次性补缴社会保险费工作，解决其后顾之忧。“新农保”业务的开展和特殊人群养老后顾之忧的解决，使佛山市率先迈入“全民养老”时代。四是切实做好养老保险跨省转移工作。国务院办公厅下发《城镇企业职工基本养老保险关系转移接续暂行办法》后，市社保局领导高度重视，对内加强培训，完善业务操作系统，对外加大宣传力度，让广大群众对新政策有更深认识，妥善解决了农民工“退保潮”问题。至年底已办理跨省转移600多人，打印缴费凭证1万多份。

【规范管理，不断完善医疗保险体系】 一是制定定点医疗机构费用结算、医保待遇核发业务、统一医保个人账户的管理和划拨等规章制度和实施细则，进一步规范了经办管理工作。二是为解决居民医保实施过程中遇到的难题，使参保人从中受惠，市社保局与市人社局联合发出《关于完善居民基本医疗保险有关问题的通知》，对中途参保、选择性参保等事项作出明确规定，进一步完善了居民基本医疗保险制度。此外，根据医改文件的有关规定，发布《关于开展居民基本医疗保险门诊特定病种业务的通知》，使部分患慢性病的参保人在门诊就医时能享受到相关待遇，缓解了参保人的经济压力，减轻其负担。三是贯彻执行国家基本药物制度和2010版药品目录的核对、更新及执行工作。四是扎实做好省医疗保险异地就医结算系统的上线工作。该系统已于6月7日在珠江医院正式上线启用，运行良好，省第二人民医院、421医院也陆续上线启用了该系统。

【改革创新，打开失业、工伤保险新局面】 2010年，围绕“改革创新”的理念和“管理提升，服务下沉”的要求，更新观念、创新服务方式，努力打开失业和工伤保险的新局面。一是继续做好工伤、失业保险缴费率下调工作。全年全市工伤、失业保险基金共减收3.6亿元（其中工伤保险1.1亿元，失业保险2.5亿元），减轻了企业负担，并且由于降低了缴费费率，提高了企业参保的积极性，促进了扩面征缴工作的顺利开展。二是及时调整保险待遇，让参保人共享社会发展成果。根据企业职工最低工资标准的调整以及失业保险条例的有关规定，从2010年5月起佛山市失业保险金标准调整为每人每月736元；对领取工伤保险长期待遇人员进行待遇调整，1～4级伤残人员人均增加143元/月，护理费人均增加115元/月，供养亲属抚恤金人均增加67元/月。至12月底，共支付老工伤人员13人，支付待遇58万元，离职后职业病3人，支付待遇102万元。三是实施援企稳岗政策。根据省政府发布的相关援缴稳岗政策，社保部门对3089名符合条件的失业人员进行转岗技能培训，支付培训经费258.59万元。同时扩大失业保险基金支出范围，对困难企业进行扶持，扶持项目包括：职业（创业）培训补贴、职业介绍补贴、社会保险补贴、职业技能鉴定补贴、劳动和社会保险信息化建设经费补助等。减轻了部分困难企业、参保单位的用人负担，保持了全市就业局势的稳定。

【坚持做好稽核工作，确保基金安全】 社会保障工作始终坚持按照省社保局稽核部的要求和全市社会保险稽核工作部署，开展社会保险日常稽核和重点稽核。2010年，共对全市1.56万家企业进行实地稽核，实地稽核参保人数18.95万人，查出违规人数1.77万人，少缴社保费2658.59万元，通过稽核已补缴2385.9万元；稽核部门还对53.95万名享受待遇的人员进行了核查，查出欺诈冒领92人，冒领金额44.42万元，追回金额38.44万元。对370家医疗机构、定点药店进行核查，查出违规机构18个，违规金额49.43万元，已如数追回。通过检查，加强了薄弱环节的管理，加强了基金监管力度，健全了基金核算和内控机制，有效约束了定点医药机构和参保人的行为，避免了基金的流失和保障了基金安全。此外，认真落实社保基金审计整改意见，并在加强与审计、财政部门联系的基础上，继续完善与农业银行和招商银行共同建立的社保基金银行账户监控管理系统，确保社会保险基金安全。

【顺利实现新社保信息系统全市上线】 全市统一的佛山市新社保信息系统自2009年7月禅城区实现上线后，经过后续的调整完善，系统逐步成熟稳定。至2010年6月底止，各区系统上线工作均已完成，其中，南海3月上线、高明4月上线、三水5月上线、顺德6月上线。新系统全市上线后，参保人在全市定点医疗机构就医可实现现场结算，社保关系市内转移自动接续，真正实现同城生活，同城待遇。

【启动社会保障卡系统建设工程】 佛山市社会保障（市民）卡系统工程建设是响应人社部和省人社厅重点规划工作的重要举措，是《“四化融合，智慧佛山”发展规划纲要（2010~2015）》的一个重要组成部分。佛山市社会保障（市民）卡拟采用多芯片复合卡技术，集接触式ICK、非接触式ICK、二维条形码于一身，可用于政府应用、银行卡应用、小额支付、公共管理和身份认证应用。该工程建设于2010年11月4日正式启动。2010年，由市社会保险基金管理局牵头制定的《佛山市社会保障（市民）卡管理系统总体规划方案》已报送市政府审批。预计2011年发卡量不低于30万张。

（市社会保险基金管理局）

社会福利

【综述】 2010年，全市各级民政部门贯彻落实《珠江三角洲地区改革发展规划纲要（2008 ~ 2020）》及国家民政部和广东省人民政府签订的《珠江三角洲地区民政工作改革发展协议》（简称《部省协议》），在围绕中心、服务大局中惠民生、促改革、强服务，推动民政工作改革发展，取得了明显成效。

【大力加强社会福利工作力度，积极探索建立普惠型社会福利制度】 一是“星光计划”得到进一步完善。全市共建立了1051个“星光老年之家”，并树立55个示范点。二是老年长寿文化建设得到进一步加强。举办了佛山市第七届老年人运动会；召开了第四次佛山市老龄问题研讨会，编印《佛山市百岁老人风采录》；原三水区民政局荣获“全国老龄工作先进单位”称号。三是组织实施“明天计划”扩大到临界低保家庭残疾子女工作。全市安排康复手术的共有75人，使用资金127.78万元，100%完成了任务。四是建立并完善高龄老人津贴制度。禅城区、南海区、高明区向90岁以上老人发放高龄津贴，顺德区、三水区向80岁以上老人发放高龄津贴，标准分别为80~89岁100元/人月，90~99岁150元/人月，100岁以上300元/人月。全年共发放老龄津贴3188.54万元。五是加大居家养老服务资金投入和工作力度，推进社区居家养老服务。全市大部分的镇（街道）已经开展了居家养老服务工作，已有5772名老人接受居家养老服务。佛山市在全省养老服务工作会议上作了经验发言，受到上级的充分肯定。六是完成本年度“蓝天计划”的目标任务。向全市福利机构投入资金30万元，推动各级儿童福利机构加快了改造步伐。七是开展了“环境优美型、服务创新型”养老服务机构项目建设，建立了一批环境美化试点和社工工作试点。市民政局被民政部评为全国农村五保供养工作先进单位，禅城张槎敬老院被评为全国模范敬老院。

【完善救灾救助体系建设，社会保障能力不断提高】 一是建立健全了防灾减灾机制。成立市、区减灾委员会，编制市、区、镇（街）、村（社区）四级自然灾害救助应急预案，建立覆盖全市的灾害信息员队伍，建立应急临时庇护场所383间，全市有19个社区被国家民政部、国家减灾委授予“全国综合减灾示范社区”称号。落实了市级救灾物资储备中心用房，完善了区级救灾物资储备仓库建设。二是全面推进城乡社会救助体系建设。制定出台《佛山市级社会医疗救助金使用和管理办法》；在全市五区28个镇（街）694个村（居）开展了低保规范化示范点建设；全面实施分类救助，全年共向1.49万户1.96万人发放分类救助金892.98万元；及时启动物价补贴机制，向52万多人次发放临时生活补助926.67万元。积极做好农村危房改造工作，共改造196户，改造率为100%，所有改造房均已交付使用。

【创新社会组织管理改革，推进社会组织有序发展】 一是规范登记和管理。2010年全市新登记社会组织92个，其中社区公益慈善类比上年增加27%。至2010年底，全市经民政部门注册登记的社会组织共2202个，其中社会团体1098个，民办非企业单位1104个。二是继续开展等级评估工作。2010年底对符合等级评估条件的24个市级和区级行业协会进行了评估，经过评估小组初评和评估委员会终评，其中5A社会组织4个，4A社会组织5个，3A等级15个。三是社会组织自身建设得到加强。社会组织的内部建设日趋完善，各项服务功能大为增强。全市社会组织和行业协会在开展自律与诚信建设活动中，共对726项内部制度进行了完善，建立了48个新的行规行约。

【加强双拥优抚安置工作，促进军民共建和谐】 一是完善优抚政策法规体系，不断提高优抚工作法制化水平。出台并实施《佛山市拥军优属实施办法》、《佛山市抚恤补助优抚对象医疗保障办法》、《佛山市正团职领导和飞行员随军家属安置工作细则》等。启用了全市统一的“佛山市优抚对象优待证”。二是完善优抚对象医疗保障体系，推进“一站式”结算服务工作。把优抚对象医疗补助费用“一站式”结算服务融入佛山市社保结算系统中，已在部分社保定点医院试运行优抚对象医疗费用补助“一站式”结算服务。三是完善优抚保障机制，不断提高优抚对象保障水平。7月，市政府增加抚恤补助经费1020万元，大幅调整提高优抚对象定期抚恤补助标准。全市各地还广泛开展走访慰问优抚对象活动，组织了“十百千万关爱功臣”活动，共为优抚对象检查身体和送医送药935人次。此外，全市用于解决优抚对象临时困难的资金共190多万元。四是完善安置新路子，认真做好退役士兵和军休干部的安置工作。2010年，全市共接收2009年冬季退役士兵1179人，全部完成安置任务，发放安置补助金2553.2万元；重点做好了退役士兵普遍接受的短期和3年高职的培训工作，全市共参加培训的退役士兵440人。军休干部的两个待遇得到落实。

【做好区划地名规划和管理工作，开展平安边界建设】 一是依法开展边界管理，保边界地区社会稳定。按计划完成了对广州—佛山界线的联检工作，指导南海区、高明区完成了界线的联检。积极开展创建平安边界活动，2010年初制订印发了《佛山市边界纠纷处置应急预案》，制定了开展平安边界创建活动的有关方案。二是进一步提升规范化信息化地名管理水平。升级完善地名数据库，全面实施《佛山市地名规划》，出台了《佛山市地名规划（2008~2010）》，规范佛山市地名命名。全年全市共规范命名建筑物、住宅区和道路共250多宗。

【大力发展慈善事业，探索福利彩票发行新机制】 一是积极打造慈善品牌。积极开展慈善捐助活动，打造慈善活动项目品牌，弘扬慈善理念，营造慈善氛围。大力推进慈善超市建设，全市共有慈善超市41间。各级慈善会运作良好。2010年共发起5次募捐倡议，为玉树地震等灾区和全省扶贫济困日活动接收捐款2.03亿元。二是积极筹集福利公益事业经费。2010年全市共销售福利彩票9.36亿元，同比增长40.08%，不单大幅超过省厅下达的7.4亿元的全年销售任务，也创了历史新高，为全市福利事业发展筹集了更多的公益金。

【大力推进社工人才队伍建设，创新社会管理模式】

一是积极组织专业培训和社工资格考试工作。成功举办了“佛山市民政系统社会工作者赴港培训班”。23名学员进行了一周的学习并获取了培训证书。组织相关人员积极参加社工职业水平考试，全市共有88人取得社会工作师资格，231人取得助理社会工作师资格。二是强化政策引导，培育社工服务机构，认真抓好社工试点工作。结合佛山市实际，草拟了加快推进社会工作发展的指导性意见及其五项配套文件（简称社工发展“1+5”文件，待市政府审定后出台）。此外，全年全市共扶持成立了5家民办社会工作服务机构，其中南海3家，顺德2家。同时，除了继续把禅城区、南海区和顺德区作为社工工作试点外，还将市福利院、精神病治疗管理所及五区福利院（中心）纳入机构社工试点范围，推进社工岗位设置，拓展社区服务；以项目申报形式在五区选择了6间养老机构引入社工服务项目，致力打造服务创新型养老服务机构。12月，南海桂城颐养院还成立了佛山市首个社工工作部。

（杨　俊）

老龄工作

【进一步完善佛山市各项老年人优待政策】　2010年佛山市按照低标准、广覆盖、可持续的要求，继续探讨完善全市高龄老人津贴制度。从2010年7月1日起，佛山市对90周岁以上高龄老人全面发放高龄津贴。其中顺德、三水两区根据本地实际，对80周岁以上高龄老人全部发放高龄津贴。至年底止，全市享受高龄津贴的老人约3.77万人，发放高龄津贴月支出431.08万元。此外，从2010年11月3日起，广佛地铁线开通，从此，广佛两地老年人乘坐地铁可享受同等优惠，65岁以上老年人免费，60岁半价，大大方便了老年人的出行。

【认真做好老年人法律援助工作，切实维护老年人合法权益】　2010年市各级老龄办与市司法局密切合作，按照司法部、全国老龄办的要求，扎实开展“夕阳幸福工程·法律援助在行动”活动。定期开展老年人维权宣传活动，通过电台、报纸以及各种宣传刊物大力宣传民法、婚姻法、继承法、老年人权益保障法等法律法规。根据老年人的身体特点，佛山市坚持法律援助的便民性，对老年人法律援助服务实行“三优先”。此外，还进一步简化受理手续，把老年人经济困难审查标准放宽到全市最低工资标准线。为确保老年法律援助的办案质量和效率，市法律援助机构还采取旁听庭审、案件跟踪回访等办法，加强对老年人法律援助办案质量的监督。2010年，全市共受理了1720人次的老年法律咨询，为112名老年人提供了各类法律援助服务。

【围绕“迎亚运，创造健康新生活”主题开展系列活动】　2010年市老龄委和市体育局联合举办了佛山市第七届老年人运动会。本届运动会设8个比赛项目，参赛运动员共468人，其中年龄最大的81岁。为充分展示佛山市老年人迎接亚运的热情和风采，在亚运会火炬传递活动中，三水区百岁老人邝永绍代表广东健力宝集团有限公司担任亚运会佛山火炬传递的火炬手，引来社会和各大媒体的广泛关注，争相报道，让世人充分感受到了长寿之区的美名和魅力。

祖庙居家养老服务中心的专职医务人员为该街道居家养老的老人家提供医疗服务。

【围绕老年事业重点工作和突出问题，加强调查研究】　2010年是实施“十一五”规划的最后一年，佛山市在总结“十一五”规划经验的基础上，结合《珠江三角洲地区改革发展规划纲要（2008 ~ 2020）》和《民政部、广东省政府共同推进珠江三角洲地区民政工作改革发展协议》的要求，着手谋划佛山市老龄事业发展“十二五”规划。此外，市老龄办和市老年学学会还深入开展居家养老服务研究。不断总结探索社区为老服务经验。《中国民政》专题刊登了佛山市禅城区祖庙街道居家养老服务中心的调研报告。市老龄办和市老年学学会动员各有关单位部门、专家以及各界热心人士广泛参与老龄问题研究，收到有关文章 30 多篇，召开了佛山市第四次老龄问题研讨会，出版了论文专集。禅城区开展老年人生活保障状况专项调研。对孤老、体弱多病和身边无子女老人进行造册登记，建立了 3000 多份老人档案。根据全国老龄办和省老龄办的要求，佛山市还开展了 2010 年中国城乡老年人口状况追踪调查的有关工作。

【发掘和弘扬长寿文化】 2010 年佛山市抓紧做好百岁老人资料的收集和整理工作，市老年学学会编写了《传奇三水》一书。三水区区委组织部、社会工作部专门为老同志编印了《三水老干（重阳节特刊）》、《三水寿星养生经》等书报。9 月 29 日，中国老年学学会长寿文化创意产业三水基地暨三水长寿研究会挂牌成立，“三水基地”是中国老年学学会批准成立的国内首个长寿文化创意产业研究基地，它的建立必将为佛山市探索发展长寿文化产业提供巨大的支持。三水区在着力打造文化创意产业园、发展特色长寿文化产业的同时，还与广东商学院签订了佛山市三水区“十二五”规划课题项目——佛山市三水区健康长寿产业发展研究合同书，推进产学研的结合。

【认真组织“敬老月”活动】 根据省老龄委《关于开展“敬老月”活动的通知》精神，佛山市利用报纸、电台、电视台等宣传媒体，大力宣传尊老、敬老、爱老、助老的典型人物和事迹。市老龄委发动媒体并利用老年刊物，重点对敬老先进单位和个人事迹进行宣传报道。各区结合本地实际，充分发挥社会各界及基层老年群众组织的作用，开展形式多样的关爱老年人活动，营造全社会敬老氛围。同时，还请各区配合做好市老龄委慰问特困老人和百岁老人等工作。推荐文艺节目参加省老年人文艺汇演，并取得一金一银的好成绩。

2010 年，佛山市各区都抓住“敬老月”活动的契机为老年人办实事好事。三水区在中旅华厦酒店举办第三届“千叟宴”，邀请近千名寿星欢聚庆重阳。禅城、南海、高明等区分别组织老龄委成员单位及辖区街道开展为老年人服务一条街活动。此外，各地还大力推行“关爱型社区”建设，实施“邻里关爱、长者互助”，组织老年人结对帮扶，分忧解难。

（彭　山）

物价改革与管理

【综述】 2010年，佛山市价格工作坚持以构建和谐价格关系为主线，以关注民生价格为重点，积极采取有效措施，努力加强价格调控，充分运用价格杠杆，不断推进价格改革，坚持开展价格惠民行动，较好地保持全市价格总水平基本稳定。

受国内外多种因素的影响，全市以农产品为主的生活必需品价格上涨较快，价格总水平逐步攀升。据国家统计局佛山调查队统计，全年居民消费价格总水平比上年上涨3.1%。其中消费品价格上涨3.9%，服务项目价格上涨0.5%。分类别看，食品类上涨6.1%，医疗保健及个人用品类上涨6.1%，居住类上涨4.9%，烟酒及用品类上涨2.1%，衣着类上涨1%，娱乐教育文化用品及服务类下降0.6%，家庭设备用品及维修服务类下降0.7%，交通及通信类下降1%。

【深化价格改革】 根据国家和省关于推进医疗服务和药品价格改革实施意见，就如何稳步推进全市医疗服务和药品价格改革进行了调研探讨，全市基层医疗机构实现了基本药物零差率制度。对全市管道天然气实行了同网同价的改革，成功举办了管道天然气价格调整听证会，并将居民管道天然气价格每立方米3.85元下调至每立方米3.65元。在实行广佛肇年票互认的同时，积极会同交通、财政、路桥等部门就推进珠三角年票互认的问题进行了调研，并提出了可行性的建议。为贯彻落实省有关加强堤围防护收费标准管理的要求，统一了全市五区堤围防护费的征收标准和征收方式，并规定未经省政府批准，各区不得减免堤围防护费，营造公平的发展环境。研究制定了广佛轨道佛山段票价，并积极向省物价局争取广佛地铁的用电价格，按照广州市地铁电价标准，统一为每千瓦时0.8015元（含政府基金和附加等补贴），比大工业电价一年节省开支1500万元。为配合市政府限摩工作，制定了摩托车提前报废补偿和交通补贴方案。根据行政事业性收费综合年审和经营服务性收费管理的有关规定，对全市行政事业性收费和经营服务性收费进行了年审检查。同时，认真贯彻落实国家和省取消、停止行政事业性收费项目的有关政策，狠抓清费减负工作，全市涉企收费大幅降低，有效减轻了企业和群众负担。全市经营服务性收费项目78个，经清理降低收费标准3项，减轻企业负担74万元。积极会同财政、民政等部门组织实施全市范围内的社团收费规范治理工作。为进一步加强全市中小学教育收费管理，将中小学原“一费制”以外收费重新规范为服务性收费和代收费两大类。为进一步做好防治水土流失，保持良好的生态环境，规范了全市水土保持补偿费标准。进一步完善了数字电视服务的收费政策，取消了有线电视移机费、过户手续费和停机开通费，维护有线电视用户的合法权益。组织实施新的《汽车运价规则》和《道路运输价格管理规定》，重新对所经营的线路新运价进行报备。重点对佛山市燃气集团有限公司2007～2009年度气源结构、气源价格、运行费用、经营利润、销售价格及发展规划等情况进行审核，形成了《佛山市管道天然气销售定价成本监审报告》，为全市管道天然气的价格改革提供了准确的数据。对市水业集团有限公司新城区优质水厂2007～2009年度供水销售成本进行监审，为调整水价提供依据。组织各区教育局和街道教育组分管人员进行中小学教育成本数据填报软件的培训工作，对50家幼儿园2007～2009年度收费标准进行成本监审。按照市纪委的要求，针对全市机动车检测收费不规范等问题，对全市38个年审车辆检测站、69条检测线的经营成本进行了调查，并对5个检测站进行了成本监审。为了合理制定全市物业服务收费标准，全市对抽样的30家物业服务单位进行了成本监审。

【清费减负治乱】 春运期间，重点对各类交通票务代售点的收费和明码标价情况以及出租小汽车客运票价执行情况进行了检查监督。先后两次会同市教育局、市政府纠风办组成联合检查组，对全市各区2010年春、秋季中小学教育收费管理情况进行检查，开展了市、区两级的中小学学校补课收费专项检查，有效地遏制了学校收取补课费的行为。派出6个检查组对全市行业协会收费情况开展了专项检查。针对群众反映电信行业的热点问题，对市部分的电信企业明码标价情况进行了检查。为整顿和规范佛山市成品油市场秩序，全市共出动10个检查组对成品油价格进行了检查。为打击恶意囤积、哄抬价格等炒作行为，先后对桂江农产品综合批发市场等所经营的农产品价格进行了检查。按照省物价局、质量技术监督局、出入境检验检疫局关于开展质量监督检验检疫系统专项收费检查的要求，对质量监督和检验检疫系统的40个单位进行了检查。按照广东省物价局等六部门转发《国家发展改革委、工业和信息化部、监察部、环境保护部、国家电监会、国家能源部关于立即组织开展全国电力价格大检查的通知》的要求，开展电力价格大检查工作。为保障广州亚运会在佛山举办的项目取得圆满成功，维护佛山和谐的价格环境和良好的城市形象，积极开展了亚运价格监管工作。全市共接到价格举报投诉、政策咨询3561件，已办结3072件，办结率97.2%。其中查处价格违法案件183件，退还群众41.2万元，罚款3.6万元。

【夯实价格基础】 按照平时调查、节假日及紧急状态下密切监视相结合的原则，建立市场巡视制度，加强对市场舆情、供求、价格的巡视工作，对发现的可能发展或引发价格波动的倾向性、苗头性问题立即向市政府和上级价格部门报告。并注意发挥舆论导向作用，适时发布相关商品和服务的市场供求和价格监测信息，就群众关心的价格问题答疑解惑，正确引导市场预期。坚持依法依规治价，努力规范全市价格工作。出台了全市价格行政处罚自由裁量权细化标准。完成市、区两级物价系统行政审批有关改革工作。

【完善惠民措施】 市物价局联同市财政局、地税局对全市征集价格调节基金工作进行了调研，拟出台《佛山市价格调节基金征收使用管理规定》。2月，全市低收入居民基本生活费用价格指数突破3%，市物价局联合市民政局、财政局和国家统计局佛山调查队发出《关于启动基本生活费用价格指数上涨与低收入居民临时生活补助联动机制的通知》，及时启动了生活补助联动机制，至年底，共向低收入居民发放临时生活补助1320万元。全市共完成各类案件涉案财产价格鉴定1.46万宗，涉案金额4.55亿元。其中刑事案件1.36万宗，比上年同期下降了24%，涉案金额4.04亿元；行政执法案件183宗，比去年同期上升了0.2%，涉案金额4893万元；复核裁定案件1宗，涉案金额0.39万元；价格咨询827宗。

（杨　璇）

收入与消费

【综述】 2010年，佛山市全面落实科学发展观和构建和谐社会的各项重要举措，积极实施各项惠民政策，推进社会经济又快又好发展，居民生活持续改善。城镇居民抽样调查资料显示，全市城镇居民收支呈现平稳增长态势，人均可支配收入和人均消费支出分别比上年增长10.9%和14%。

【居民收入平稳增长】 全市城镇居民人均可支配收入27245元，增长10.9%，四大组成收入均呈现不同程度增长（详见下表）。其中占收入比例较大的工资性收入和转移性收入是居民收入增长的重要保障。

2010年佛山市城镇居民收入情况

指 标	绝对数（元）	比上年增减（±%）	占家庭总收入比重（%）
家庭总收入	30917	12.7	100
其中：可支配收入	27245	10.9	88.1
工资性收入	22238	12.4	71.9
经营净收入	2530	11.4	8.2
财产性收入	1153	125.2	3.7
转移性收入	4996	3	16.2

工资性收入成为居民增收的主要支撑。全市城镇居民人均工资性收入22238元，增长12.4%，占家庭总收入的71.9%，对家庭收入增长的贡献率达70.1%，是城镇居民收入平稳增长的主要支撑。

居民工资性收入较快增长主要得到两方面的支持，一是社会经济稳定快速发展，居民就业环境稳定；二是政府政策支持，如提高最低工资标准、对市直公务人员实行车辆改革、稳定就业实现全市登记在册的"零就业家庭"一人以上就业等。就业环境稳定和政策支持增收两大因素的作用大大促进了城镇居民工资性收入的较快增长。

转移性收入成为居民增收的重要支撑。以离退休金为主的转移性收入是居民家庭的第二大收入来源，其增长是确保居民收入增长的重要支撑。全市城镇居民人均转移性收入4996元，增长3%，占家庭总收入的16.2%。其中离退休金和社会救济收入都有不同程度增长。近几年来，佛山市政府高度重视离退休人员和低收入群体的生活状况，不断加大对离退休人员和低收入群体的转移支付力度，为居民收入增长提供保障。最低生活保障线的提升和临时价格补助机制给予低保家庭的政府补贴人均比上年增加近400元。佛山市第六次提高企业离退休人员离退休金标准，月人均养老金由上年的1277元增加到1420元，为提高离退休人员收入起到积极作用。

高低收入群体收入差距略微扩大。虽然政府对特殊群体转移支付力度加大，但低收入群体因贫、病、残等因素导致增收能力不足，高低收入家庭的收入差距仍呈现扩大趋势。将调查户按收入进行分组，占调查家庭10%的最高收入家庭与10%的最低收入家庭的人均可支配收入比为5.8∶1，比上年的5.6∶1略微扩大。从收入增长情况看，最低收入家庭的收入增幅最低，低收入和较低收入家庭的收入增幅最高，中间收入和较高收入的家庭收入增幅处于中间水平（详见下图）。根据调查家庭的情况看，这些低收入家庭多为家有病患或就学负担，家庭负担较重，增收能力低，抗价格风险能力差的低保临界家庭，生活比较困难。

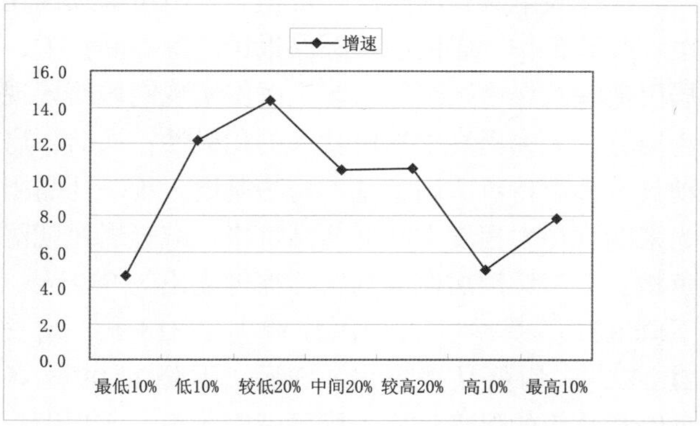

2010 年佛山市城镇居民不同收入家庭收入增长情况

【居民消费结构亮点突出】 全市城镇居民消费在价格和政策两大因素的带动下，消费出现较快增长，交通消费加速升级。全年城镇居民人均消费支出21995元，增长14%，增速比上年提高4.1个百分点。具体消费情况见下表。

2010 年全市城镇居民消费情况

指　标	绝对数（元）	比上年增减（±%）	占消费支出比重（%）
消费支出	21995	14	100
其中：食品	7417	11	33.7
衣着	1339	9.9	6.1
居住	1706	–3.8	7.8
家庭设备用品及服务	1372	22	6.2
医疗保健	999	–8.5	4.5
交通和通信	5152	35.3	23.4
教育文化娱乐服务	3187	13.6	14.5
其他商品和服务	824	3.4	3.7

物价上涨带动食品支出较快增长。全市居民消费价格总指数上涨3.1%，其中食品价格指数上涨最快，上涨6.1%；城镇居民人均食品支出7417元，增长11%，扣除物价上涨因素后实际支出6990元，增长4.6%。食品价格上涨使居民家庭的人均食品多支出427元。从各类食品消费情况看，居民消费显得有理智而且敢消费。对价格上涨较快又能找到相关替代的食品，居民消费趋于理智，用替代品规避价格风险，如水产品和乳制品价格上涨较快，居民支出增长明显缓慢，甚至负增长。对价格增长平缓的肉类和水果，居民消费明显增加，分别增长3.1%和19.9%。对价格上涨较快的生活必需品如粮油和蔬菜，以及享受型的在外饮食消费，居民仍表现得敢于消费。

“限摩”和“车改”加速居民交通消费升级。从2010年开始，提高汽车以旧换新的单车补贴标准、小排量车购置税减征、新能源汽车等补贴政策的实施已经对居民购车行为产生了积极影响。下半年，佛山市又推出“限摩”和市直机关车辆改革政策，更提振了居民消费，购车欲望明显加强，购车数量迅速上升。全市城镇居民人均交通支出5152元，增长35.3%，拉动消费支出增长7个百分点，其中，人均购买家用汽车支出1251元，人均支出增加659元，增长1.1倍，带动消费支出增长3.4个百分点。至12月底，每百户城镇居民家庭家用汽车拥有量为53.5辆，比上年增加8辆。随着汽车的增多，人均车辆燃料支出1415元，增长27.6%，成为除食品支出外的最大支出项目。

课外教育支出占居民教育支出的绝大比重。“教育很花钱，却最值得投入！”这是老百姓道出的一句心声。求学的新趋势、成才的多元化、就业的压力、自我增值等多种需求，使人们对知识的需求日益增强，越来越重视对教育的投入。全市城镇居民人均教育支出1235元，增长25.7%，用于非义务教育的学习费、托幼费、培训班费、家教费支出分别增长61.9%、55%、53.3%和89.9%，共占教育支出的82.4%。

服务性、享受型消费需求不断升温。全市城镇居民人均服务性消费支出为7093元，增长17.3%，高于消费支出总体增幅4.3个百分点，反映了居民消费观念的进一步转变。如家政服务中的钟点工，过去很少人使用，而现在已成为一种普遍现象。在服务性消费项目中，受消费者青睐的有在外饮食、以旅游为主的娱乐、教育、交通和通信服务等。支出增长较快的有家庭服务和教育服务。

2010年佛山市城镇居民服务性消费情况

指 标	绝对数（元）	比上年增减（±%）	占消费支出比重（%）
服务性消费支出	7093	17.3	100
其中：饮食服务	1347	17.9	19
居住服务	418	2.7	5.9
家庭服务	200	62.9	2.8
医疗服务	313	21.8	4.4
交通服务	920	23.1	13
通信服务	1141	3.5	16.1
文化娱乐服务	1312	1.4	18.5
教育费用	1133	62.8	16
其他服务	300	9.3	4.2

医疗改革减轻居民医疗负担。佛山市继续深化医疗改革工作，居民门诊医保报销范围不断扩大，居民住院医保市级统筹，职工医保实现同城跨区现场结算，大大提高了居民就医的积极性；同时，启动具有佛山特色的国家基本药物制度，统一药品阳光采购，很大程度上降低药品价格，减轻居民就医负担。全市城镇居民人均医疗保健支出为999元，下降8.5%。其中，人均医疗费支出313元，增长21.8%；人均药品费支出473元，下降11.9%。各种医疗政策的保障加速了居民就医频率，实现医疗性支出较快增长。同时，门诊医保报销范围扩大及药品价格的监管到位使居民药品费支出明显减少。

（丁　萧）

人们求学需求日渐增强，教育投入呈增长趋势。

婚姻家庭·计划生育

婚姻登记

2010年，佛山市各级婚姻登记机关坚持为民服务宗旨，以优质文明服务为目标，以依法行政为保障，以创建婚姻登记规范化单位为契机，圆满完成了婚姻登记的各项工作。一是婚姻登记规范化建设取得显著成效。各区民政部门继续深入推进婚姻登记规范化建设，加大力度，推进“十一五”目标的实现，不断加大资金投入，优化办公环境，完善配套设施，婚姻登记机关面貌焕然一新。二是抓好档案规范化管理工作。通过加强监督检查、加大培训力度，进一步提高了婚姻登记档案工作水平，提高了婚姻登记员的业务素质和依法行政水平。三是创新便民服务措施，提升服务水平。各级民政部门和婚姻登记机关进一步落实为民服务措施，加强窗口单位的行风建设，健全和落实服务承诺制，优化工作流程，不断探索和创新行之有效的便民服务措施，婚姻登记服务水平不断提升。

2010年，全市共办理结婚登记3.47万对，其中，国内居民3.45万对，涉外、华侨、港澳台236对；离婚登记7148对，其中，国内居民7092对，涉外、华侨、港澳台56对；补发结婚证3148份，补领离婚证143份。

（杨　俊）

计划生育

【综述】 佛山市人口和计划生育系统紧紧围绕市委、市政府确定的人口与计划生育工作思路，不断探索建立新时期工作新机制，稳定低生育水平，统筹解决人口问题，全市人口与计划生育工作保持良好发展态势。2010年，全市户籍人口出生率为10.37‰，自然增长率为4.88‰，政策生育率为97.11%，全面完成省下达的人口计划指标任务。佛山市及南海区、高明区、三水区被省政府授予“广东省2010年度人口与计划生育先进单位”称号。

【计划生育层级动态管理责任制进一步落实】 以开展省统一部署的“镇（街道）无政策外多孩出生、村（居）无政策外出生”活动为抓手，大力推行人口与计划生育层级动态管理责任制，落实人口与计划生育工作例会制度，建立预警、点评、督办、考评等制度，加强动态管理和检查监督，严格兑现奖罚，使基层计划生育工作基础进一步加强。2010年，全市20个镇（街）实现无政策外多孩出生，占镇（街）总数的60.6%；378个村（居）实现无政策外出生，占村（居）总数的49.61%。

【流动人口计划生育服务管理水平进一步提升】 认真执行流动人口计划生育工作规范，健全职能部门综合治理机制，推进职能部门之间信息系统的互联共享。做好流动人口全员管理相关工作，开展流动人口计划生育专项服务活动，提供免费查环查孕、生殖健康、普查普治等优质服务。推进流动人口计划生育服务管理区域协作，促进流动人口证件办理、孕情检查、长效避孕节育措施等工作的落实。2010年，全市居住半年以上流动人口符合政策生育率达95.85%，呈逐年提升态势。

【计划生育挂钩帮扶工作深入开展】 建立党政领导

干部挂钩帮扶人口与计划生育工作制度，认真开展计划生育挂钩帮扶工作。市、区、镇（街道）有关领导干部和部门认真落实职责，深入基层开展调研，掌握基层人口与计划生育工作情况，提出帮扶措施，解决挂钩点的实际困难，推动基层人口与计划生育工作水平进一步提升。

【计划生育综合改革有序推进】 围绕“政府统筹、部门参谋、各方联动、群众认同”的基本要求，积极开展创建计划生育综合改革示范区工作，按照项目管理的要求，落实项目工作，探索稳定低生育水平、统筹解决人口问题的途径和模式。2010年，五区均申报了全省综合改革示范区项目评选。

【计划生育利益导向机制进一步健全】 坚持处罚多生与奖励少生并举：一是认真做好社会抚养费依法征收工作，处罚多生，保持对违法生育行为的高压态势。二是落实各项奖励扶助制度，奖励少生。认真贯彻国家和省各项奖励扶助制度，以及佛山市节育奖制度和农村独生子女和纯二女结扎户女孩参加中考照顾录取政策。2010年，全市各级共投入2.3亿元，全面解决历史遗留城镇职工退休计划生育一次性奖励金的兑现工作。贯彻落实城镇独生子女父母计划生育奖励办法，将奖励标准从每人每月80元提高到每人每月150元。

【出生人口性别比偏高问题得到综合治理】 采取多种措施促进出生人口性别比平衡：一是加强宣传教育，大力开展关爱女孩行动，营造“生男生女一样好”的舆论氛围；二是完善职能部门综合治理机制，将职责落实情况列入责任制考核内容；三是加强对从事计划生育技术服务医疗机构的监督管理，完善B超使用、孕情跟踪、药物管理、信息通报和有奖举报等制度；四是有关部门不定期联合开展出生人口性别比偏高问题专项治理行动，净化生育环境。2010年，全市出生人口性别比为109.75 ：100。

【计划生育宣传教育进一步深化】 推进计划生育宣传阵地建设，开展形式多样的宣传服务活动，宣传计划生育政策法规、生殖健康、优生优育等知识。创新宣传教育工作思路，推进人口文化建设，打造了一批具有佛山特色的人口文化品牌。2010年，佛山市“基地型”青春期教育模式入选“全省‘十佳’人口计生宣教创新项目”，禅城区“石湾人口陶文化天地”、顺德区“整合宣教医技资源 共建健康幸福家庭”入选“全省人口计生宣教创新项目”。

【计划生育依法行政扎实推进】 认真落实国家和省的人口与计划生育政策法规，完善行政执法责任制和监督机制，简化办事程序，不断提升依法行政水平。抓好信访工作，将矛盾化解在萌芽状态。2010年，全市没有发生因计划生育引起的突发性事件和恶性事件，无越级上访，无上访积案。

【计划生育优质服务提质提速大力推进】 加强技术服务机构的规范化、标准化建设，全市49所计划生育技术服务机构均已完成“六统一”改造和内部设施的规范。广泛开展科技大练兵活动，不断提高技术人员业务水平。落实免费婚检、产检相关工作，推进出生缺陷一级干预工作，为育龄群众提供计划生育、生殖健康、避孕节育等优质服务。

【计划生育信息化应用水平进一步提升】 加强计划生育信息化建设，完善工作制度，强化信息化在人口与计划生育领域的应用。加强部门协调，推进人口基础信息库建设，推动职能部门之间的资源共享，提高工作效率。

（何敏宏　张银钿）

第九篇

各区、镇（街道）建设

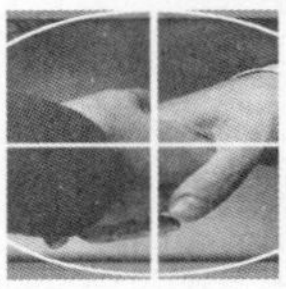

禅 城 区

概 况

禅城区，佛山市五个行政区之一，东距广州仅6公里，东南距香港96公里，南距澳门135公里，广珠(海)、广湛（江）公路和广茂铁路横贯境内，交通便利。禅城区下辖一个镇和三个街道办事处，既是佛山市人民政府驻地，也是佛山市的中心城区。

佛山禅城“肇迹于晋，得名于唐”，历史悠久，文化底蕴深厚，素有粤剧之乡、陶瓷艺术之乡、武术之乡、民间艺术之乡和秋色艺术之乡的美誉，至北宋时期，与湖北汉口、江西景德镇和河南朱仙并称“四大名镇”，明清时期，与北京、苏州、汉口并称“天下四大聚”，拥有被外国朋友誉为东方民间艺术之宫的名胜古迹“祖庙”、岭南四大名园之一的“梁园”和凝聚中华武术精髓的“黄飞鸿博物馆”。

禅城区委、区政府以科学发展观统领全局，以建设精品禅城和“近悦远来幸福禅城”为目标，解放思想，改革创新，加快经济社会转型发展，各项工作迈上新台阶。2010年，禅城区实现地区生产总值1042.73亿元，同比增长14.5%，历史性迈上千亿元台阶，比2005年翻了一番，实现5年再造一个经济禅城；完成工业总产值2451.16亿元，增长18.1%；全区完成社会消费品零售总额390.74亿元，增长19.8%；外贸出口总额80.92亿美元，增长40%；固定资产投资311.81亿元，增长13.8%；禅城本级财政一般预算收入30.79亿元，增长19.9%。

经 济

【工业】 全面实施“优二进三、精品发展战略”，工业产业保持快速增长的发展势头。2010年，全区实现工业总产值2451.16亿元，比上年增长18.1%。其中规模以上工业产值2307.35亿元，增长18.5%。全区实现工业增加值534.52亿元，增长14.5%。工业运作主要特点：一是工业生产比例有所回升，二、三产业的比例为53.8∶46.2。二是第二产业保持快速增长。第二产业增加值562.17亿元，同比增长14.5%，比上年增幅多4.5%；制造业纳税总额同比增长32.4%，进一步显示第二产业的较高质量发展。此外，国有、民营和“三资”企业同比分别增长28%、23%和4.8%。三是主导产业引领全局，支持作用明显。形成以陶瓷、不锈钢、纺织、塑料、电力为支柱的产业格局，强势支撑和引领全区工作的快速发展。规模以上五大支柱产业占规模以上工业的59.3%，增长23.2%。四是结构进一步优化。先进制造业、高技术制造业增加值规模与增速有所提升，先进制造业和高技术制造业增加值比例占规模以上工业的15.8%和5.8%。五是战略新兴产业发展驶上快通车。区政府制定出台相关优惠政策，成立10亿元的产业战略发展基金，推出首期200套专家公寓，从产业规划、土地保障、资金支持和人才引进等方面加大扶持力度。世纪互联云计算南中国总部基地、神州数码数字城市(华南区)总部基地等项目落户禅城。南庄成为省、市共建循环经济产业基地。华南智慧新城启动区、南庄战略新兴产业基地加紧规划建设。LED、电动汽车、太阳能薄膜新材料、新能源电池、生物质能源等项目正式启动。陶瓷等传统产业加快向营销、研发、物流、会展等产业链高端延伸。南庄获得“中国陶瓷商贸之都”称号。佛山照明、欧司朗、佛山塑料、腾龙光学等优势企业加快发展。国星光电成功上市融资，禅城区上市企业达到6家。

【商贸旅游】 现代物流、金融、会展、科技服务、商务服务等生产性服务业发展提速，电子商务和文化创意产业蓬勃发展。交通运输仓储邮政业、批发零售业、房地产业、其他营利性服务业增加值分别增长21.6%、13.3%、13.3%和14.1%。现代服务业发展提速。总部经济呈现集聚发展态势，华夏银行佛山分行、盈天医药集团总部大楼等10个总部项目顺利落户。季华中央商务区项目、佛山（国际）家居博览城、碧桂园希尔顿五星级酒店、海盛东方国际环保城等项目进展顺利。广州友谊商场、王府井百货进驻禅城。新公示5个中华老字号，全区中华老字号企业增至7个。居民消费时常保持活跃。二、三产业比重为53.8∶46.2，落实政策促消费，“家电下乡”、“汽车下乡”及其“以旧换新”不断深入发展，限额以上批发零售类值中汽车增长31.4%，建筑及装潢材料类增长46.2%，家用电器和音像器材类增长26.9%。

2010年，禅城区实现旅游总收入64.5亿元，同比增长10.07%。其中旅游外汇收入2.31亿美元，同比增长9.32%；接待过夜客人208.33万人次，同比增长2.17%。至年底，禅城区拥有星级旅游饭店22家，其中五星级2家，四星级2家，三星级9家；共有旅行社25家，其中出境组团社5家；重点旅游景区（点）5家，其中4A级旅游景区1家。

【农业】 农业生产基本稳定，全年实现农业总产值和增加值分别增长0.7%和1.4%。畜牧业生产前低后稳，猪肉产量0.26万吨，增长1.7%；渔业稳步发展，水产品产量0.5万吨，增长0.1%。大力发展都市型现代农业，稳步推进罗南生态园示范区建设，一期项目包括蔬菜瓜果园、果树生产区、茶花园等已经完成70%，投入建设资金达到700万元；开展以“恢复汾江生态，创建和谐家园”为主题的“休渔放生节”活动，保护江河生态环境，恢复渔业资源；强化动物卫生监管，落实春秋两季和亚运期间的畜禽集中强制免疫、重大免疫监测和消毒灭源措施；推进农产品实验室计量认证工作，大力开展农产品安全专项整治行动和农业综合执法，完善农产品管理体系。

【招商引资】 全区合同外资6.21亿美元，同比增长3倍。其中，新批项目49个，新批合同外资额5.92亿美元，增资项目19个，增加合同外资2971万美元。全区实际利用外资3.32亿美元，顺利完成市下达的全年3.25亿美元的任务指标。其中，工业实际利用外资为5875万美元，服务业实际利用外资为2.73亿美元，占总体82.3%。全区共洽谈内、外资项目193个，已落户45个，其中包括世纪互联云计算南中国总部基地、神州数码数字城市（华南区）总部基地、大势环保能源科技、北京华芯微特科技公司等一批战略性新兴产业龙头企业。LED、电动汽车、太阳能薄膜新材料、新能源电池等项目正式启动。佛山照明、欧司朗、佛山塑料、腾龙光学等优势企业加快发展，国星光电成功上市融资。

【财政金融】 2010年，禅城区辖区税收总额实现137.6亿元，同比增长145%，其中区级（不含镇、街道）收入23.5亿元，同比增长22.9%。全区一般预算收入完成30.8亿元，同比增长19.9%。一般预算支出完成41.5亿元，同比增长20.6%。全区财政实现收支平衡，略有结余。财政收支运行总体良好，有效应对国际金融危机冲击；财源结构持续优化，收入质量进一步提升；大力向重点工程和民生领域倾斜，民生支出占一般预算支出60%。2010年，财政工作以“保增长，扩内需，调结构，惠民生”为工作思路，紧紧围绕建设“近悦远来、幸福禅城”为核心和“转型升级”为主线，执行积极财政政策，扶持培植经济税源，健全科学财政收入体系，着力保障公共服务和民生事业发展需要。以科学化、精细化为指引，加大财政收入经营力度，强化开源长效机制，狠抓重点收入来源，财政收入实现快速增长；科学调度政府可控财力，加强资金增值管理，财政资金效益不断提升；落实“两转型一再造”和“优二进三”战略，扶持企业提高自主创新能力，推动产业加快转型优化，促进循环经济发展；加大“三旧”改造、城市建设和管理投入，积极推进“四化融合，智慧佛山”示范区重点项目，祖庙东华里片区改造、澜石片区改造等项目稳步推进，轨道交通、智能交通和公交改革建设取得新成效；加大水利建设、环保治理和污水处理投入，优化城市生态环境，推进南庄湖涌片区生态改造，汾江河综合整治取得明显成效；贯彻落实积极财政政策，全力“扩内需，调结构，惠民生”，严控行政运行成本，实现“五个零增长”，公共财政大力向民生领域倾斜，民生支出占一般预算支出60%。

2010年，金融业取得新进展。1月16日，佛山市国星光电股份有限公司在深圳证券交易所正式挂牌上市，成为2010年禅城区第一家上市公司。9月6日，亚洲陶瓷控股有限公司在英国伦敦证券交易所创业板挂牌上市，成为国内首家登陆欧洲资本市场的陶瓷企业。为创建“智慧禅城”，成立总额10亿元的产业投资基金。该基金由产业扶持基金和产业引导基金两个子基金组成。该项基金的设立，将进一步加强对高新企业的支持力度，加大高新产业的扶持力度，向高新技术产业提供更优良的发展土壤。

金融办构建中心企业融资服务体系，通过政府拨款3000万元，创造性地建立可带动几十亿元银行贷款的中小企业融资扶持基金（包括风险补偿基金和信用担保基金）。此外，2010年10月25日，禅城区首家全省民营金融集团公司——佛山集成金融集团有限公司正式开业。

【食品药品安全】 2010年，禅城区药品安全工作以大部制改革为契机，立足本地实际，加强对“三品一械”监管工作的领导，坚持科学监督，不断规范禅城区药品、医疗器械、保健食品以及化妆品市场秩序，实行信用评级管理、区别管理、重点检查，引导医疗机构建设健全药品质量管理制度，强化医疗机构药房管理，加大药品、医院制剂监管力度。全年检查企业597家次，对156家不规范企业责令进行整改，对8家涉嫌违法企业进行查处；完成药品、医疗器械、保健品和化妆品抽样送验363批次，对18批次不合格的进行立案查处。对144家药品零售企业进行了GSP认证现场检查，对84家药品零售企业进行GSP跟踪检查。

加强稽查打假，保障群众食品药品使用安全，开展药品、医疗器械、保健品和化妆品质量安全专项整治。全年开展专项整治20余次，检查经营、使用单位1030家次，查处案件33宗，罚没款32.31万元，取缔无证经营药品、医疗器械企业5家；联合公安、工商、环保、综治等部门开展打击无证行医、非医学需要胎儿性别鉴定专项行动，取缔非法行医窝点39家，进一步规范医疗服务市场。

城乡建设

【规划建设】 组织编制的区“十二五”规划获区人大审议通过，《禅城区低碳发展战略基础研究》、《禅城区现代产业体系建设规划》、《近悦远来、智慧禅城规划纲要（2010 ~ 2015）》已审议通过并正式印发，为区新兴战略产业发展勾勒出清晰的脉络。《佛山市禅城区绿道网修建性详细规划》顺利完成，绿道交通网路区域发展建设加快，区控规总覆盖率已达61%。统筹城乡区域发展，积极做好城市基础设施向乡村延伸工作。《佛山市禅城区南庄湖涌片区控制性详细规划》、《禅城区文华公园以东季华路沿线控制线详细规划调整》、《永新南村片区控规调整》获审议通过。

【国土资源】 2010年，禅城区共接受24宗建设用地使用权的公开交易委托，成交21宗建设用地使用权，成交土地总面积约1566.37亩，成交金额约80.21亿元（平均每亩约512万元）。土地出让收入约67.53亿元（其中东华里缴纳出让金9.4亿元，澜改一期改造地块缴纳出让金15.03亿元，澜改二期改造地块23.53亿元）。

在土地储备方面，2010年，禅城区住房用地实际供应面积为74.07公顷，其中保障性住房实际供应面积为1.87公顷，中低价位、中小套型普通商品房用地50.54公顷，保障性住房、中低价位、中小套型普通商品房用地的实际供应量占住房用地实际供应量的70.76%。

在房产交易方面，商品房预售登记面积111.96

万平方米，预售金额108.48亿元；一手住宅均价为9946元/平方米，二手住宅均价4816元/平方米；一手住宅成交9259宗（不含车位），二手住宅成交3947宗。

在建筑市场方面，2010年，禅城区建筑工程报建1522项，建筑面积351万平方米，工程造价46.1亿元，建筑工程竣工备案103项，竣工备案面积122.2万平方米。全年共计发出安全隐患整改通知书293份，挂黄牌警告16项，挂黑牌停工整改7项，对施工企业发出安全生产不良记录抄告单23份，对监理企业发出安全生产不良记录抄告单22份。全年受监工程没有发生严重质量安全事故。

在住房保障工作方面，2010年，禅城区新增落实保障性住房建设用地近2公顷，建设保障性住房1400套（廉租住房1100套，经济适用住房300套），新增解决符合住房保障条件的低收入住房困难家庭1218户（廉租住房保障858户，经济适用住房保障360户）。

在人防工程方面，2010年，共受理报建工程70宗，其中“结建”37宗，应建人防地下室面积16.52万平方米，规划人防地下室面积7.24万平方米；申请防空地下室易地建设22宗，共收易地建设费851.22万元；竣工人防工程14项，面积4.47万平方米；在建工程13项，面积7.06万平方米。

在交通畅顺工程方面，在2009年正式启动政府投资约1.68亿元，主要在季华路、绿景路、魁奇路等主要路段的6个交叉口架设天桥，除绿景路天桥因故推迟外，其余天桥已基本完工。

【交通建设】 交通设施不断完善，交通运输业稳步发展。一是公交服务全面升级。新增加和更新LNG新能源公交车283台，新增和更新出租车570台，提升了公交车和出租车服务水平；完成6个摩托公交免费搭乘点和3个公交站场的建成，推进196个站点的候车亭新建和改建，建成公共自行车服务站点106个，投入自行车4000部，完成自行车与地铁无缝对接，实现禅桂新的通借通还。二是交通运输行业稳步发展。全年公路客运量3418万人次，同比增长5%；公路货运量2724万吨，同比增长9%；水路货运量1012万吨，同比增长7%；港口吞吐量915万吨（其中标准集装箱49万个），依法征收货物港务费181万元，代征摩托车路桥年票费928万元。

【环境保护】 结构减排加快推进，环境质量进一步改善。一是污染减排任务基本完成。严把审批关，源头控制新增污染源，有效削减二氧化硫、烟尘、COD等主要污染物排放，完成了“十一五”减排任务。二是大气污染防治取得实效。完成区内19条检测线的基建和环保验收，发放环保标志近20万个，完成区内47座加油站和20辆油罐车的油气回收及区内111家企业共136台在用锅炉的整治任务，大气环境持续改善。三是水污染治理取得突破。深入推进汾江河整治，重点抓好汾江河生态修复，建造生态浮岛6285平方米，人工充氧曝气点4处，促进了水面景观的提升和水质的改善。四是绿化环境显著提升。累计建成绿道44.9公里，新增绿地面积12万平方米，全区绿化覆盖率达31.1%，人均公园绿地面积5.14平方米，同比增长10%，城区绿化环境显著提升。

【绿化美化】 精细化管理有效推进，设施管理质量持续稳定。一是园林环卫管养保持稳定。加强区内园林绿化的日常管理，积极开展“城市清洁工程”活动，组织镇（街）完成区域范围内“门前市容卫生责任书”的签订。全年共处理城市生活垃圾约30万吨，生活垃圾无害化处理率达到100%，增设果皮箱3300多套，建设26座无障碍公厕。二是道路桥梁设施保持完好。年内完成辖区201座地方公路桥梁监测，完成了文昌桥（除跨铁路部分外）的加固工程及文庆桥的加固设计方案。加强区内市政道路、公路的养护，保持市政道路的完好，保持常养县道优良率95.72%，乡道好路率93.69%。三是路灯广告管理取得实效。安装近千盏大功率LED路灯，形成以城南为主的LED路灯片区示范效应，节能效果明显。

【城市管理】 城市管理全面加强，市容形象进一步提升。一是综合整治初见成效。全面实施“八个一遍”提升整治和“穿衣戴帽”工程。完成了岭南大道、季华路示范路的创建，成为城市管理的精品和亮点。全年共组织整治1100多次，大力开展“五乱”（乱丢吐、乱贴挂、乱推倒、乱摆卖、乱撒漏）整治，效果显著，城市环境实现全面升级。二是安全和保障有效开展。初步形成了1个总体预案和20多个子预案的应急体系，多次组织交通运输、环境污染、城市管理等突发事件的应急演练，提高了应急处置突发事件的能力，圆满完成了2010年度春运、花市、行通济、清明、高中考等各项保障任务。全年共接投诉2.49万宗，已处理2.44万宗，处理率达98%，群众满意率97%。

【水利建设】 2010年，禅城区城乡防灾工程总投资近5亿元，主要建设项目包括佛山大堤达标加固工程、罗格围达标加固工程、南顺二联围（吉利片）达标加固工程及南庄镇紫洞、贺丰、龙津等三座水闸的重建，已全部完成并顺利通过工程验收，验收合格率达100%。在治理水环境方面，禅城区顺利完成汾江河北岸佛山大桥西侧整治工程、南北大涌整治、石角涌整治、丰收涌截污（一期）工程、区中心城区污水收集系统完善工程等多项汾江河综合整治，以及“630”重点项目的工程建设任务。举办迎亚运系列活动。承办佛山市首届千人广场书法活动，开展公共文明指数测评，参与文明礼仪小品展演活动。

以提升市民素质为重点，全力推进现代公民道德教育。表彰30多名优秀法制副校长，聘任新一届法制副校长。启动第二届邻里日活动，表彰一批互帮互助先进集体和个人。季华五路成为省级“百城万店无假货”活动示范街，我爱宝宝有限公司、吉之岛东方广场店成为省级“百城万店无假货”活动示范店。

科教文体卫

【科技创新】 国家知识产权强区建设顺利推进，在全国率先启动专利保险合作社模式。

2010年，禅城区科技创新实施“环境优化、高端聚集、创新集群、产学研合作深化、知识产权强县”等五项工程，区域创新能力与水平显著提升。制定政策优化自主创新环境，出台了《关于构建智慧型产业体系　加快转变经济方式的决定》、《禅城区关于保障都市型战略性新兴产业发展用地的实施办法》、《禅城区关于引进“四化融合，智慧佛山”示范区建设急需紧缺高层次人才的实施办法》等一批政策性文件。大力推进省级可持续发展实验区建设，顺利通过省科技厅组织的实验区中期检查。加大对新IT、RFID、云计算、物联网、LED等战略性新兴产业的科技招商，神州数码信息系统（佛山）公司等一批国内知名企业落户禅城，成功组建专利保险合作社，于12月21日出具了国内首份专利侵权保单。深化产学研合作，区政府与中国科学院上海硅酸盐研究所签订了共建“中国科学院佛山特种陶瓷创新与育成中心”协议；充分发挥华南精密制造技术研究开发院、华南建筑陶瓷研究中心等公共平台创新集群作用，完成“佛山市陶瓷产业技术路线图”、“不锈钢产业技术路线图”等的制定，为传统产业转型升级提供重要技术支撑。推进节能减排和循环经济工作，禅城获省科技厅批准成为全省第一批绿色照明示范城市，南庄生物质能源产业园获省经信委批复为“省市共建循环经济产业基地”。

2010年，全区共有284个项目列入市级以上科技计划，其中7项被列入2010年广东省重大科技专项；获2009年度省科技技术奖5项、市科学技术奖39项、区科学技术奖58项；专利申请总量2368件、授权总量2306件，其中发明专利申请量390件、授权量176件；“广东省百强创新型企业培育工程”示范企业1家，广东省创新型（试点）企业3家，“佛山市自主创新示范企业”5家，新建省级企业研究院2家。全区累计建立国家高新技术企业91家，民营科技企业284家；累计设立院市工作室11家，各级工程技术（研究）中心130家，其中省级23家、市级70家、区级37家。

【教育】 2010年，禅城区免费义务教育受惠范围拓宽，共有14.94万人次享受免费义务教育，投入免费义务教育经费5877万元。科技创新教育取得历史性突破，体艺及高考成绩突出。佛山二中学子以全国总决赛冠军身份代表国家参加国际青少年水科技大赛，摘取2010年斯德哥尔摩国际青少年水科技大赛全球唯一特别奖。禅城区代表队还获得“气候酷派”绿色校园行动总决赛全国高中组唯一一等奖。在2010年亚洲青少年体操锦标赛上，禅城学子代表国家体操队获得男子双杠冠军、全能季军，并代表国家参加在新加坡举行的第一届青年奥运会。2010年高考5项高考上线率、全部6门学科平均分均居全市第一，高考学科平均分连续4年领先全市。禅港交流与国际合作得到加强。禅城区以佛山三中A-Level国际课程班、世界数学测试、数学精英邀请赛、香港英文教师内地交流协作试点及佛港网络学习交流等活动为抓手，拓宽和深化了教育国际化渠道。通过校企合作及技能训练，全区职业教育取得突破性进展。华财职校夺得全国总决赛服装专业类一等奖，47人在省大赛中获奖；华财职校在市中职学校技能大赛中获团体总冠军；财经学校获得第二届“用友杯”全国中职中专财会专业学生企业经营沙盘模拟精英全国决赛资格，并代表佛山市参加了“‘省长杯’职业技能全省决赛”。通过集中研修、分散研修、启动小学班主任国培项目、举办班主任专业能力大赛等多种方式大力开展名班主任培养系列工作，全区社会综合实践、家庭教育及安全法制教育品牌特色突显，禅城特色德育品牌不断涌现。佛山三中、汾江中学等4所学校作为“智慧校园”试点学校着手实施“智慧校园”示范工程项目，禅城区被市教育局批准为“争创佛山市‘智能教育’示范区”。顺利完成区直中学校级领导任期届满考核、区直幼儿园园级干部任期届满考核以及校长缺位竞争上岗等工作，在教师招聘工作中努力探索定向招聘与公开招聘相结合的新形式。扎实推进“三名”工程建设，通过“联教研讨”、“送教下乡”、“教师工作坊”、“学校管理沙龙”和建立“名校长、名班主任、名教师工作室”等形式，禅城区师资队伍素质不断提高。努力推进学校无障碍改造建设工作，切实抓好学校基建工程建设。佛山四中扩建工程前期工作正在进行，城北中学运动场及周边环境改造工程年内完工。2010年9月，南庄高中西藏班顺利开学。

【文化】 全力推进“十分钟文化圈”建设。至2010年，全区建成文化活动站点455个，包括三级文化网络的活动场馆、对社会开放的辖区单位文体场所、公园、广场固定宣传橱窗、私伙局家庭活动等，全区86个社区居委会、54个行政村中大部分建成了文化室（2个待建，建成率为98.6%）。与市电视大学共同创办了岭南文化艺术创作教育基地，为文艺人才提供创作、交流、展示、传业授艺的平台，开创教育与文化共建双赢的新路。禅城区图书馆进一步提升办馆条件和服务体系建设，成绩突出，在2010年复评中获得免检资格，连续四次蝉联“国家一级图书馆”。

积极参与区域文化交流展示、亚运交流展示、深化广佛肇文化交流重大活动。其中，以石湾南风古灶片区的改造变迁为切入点的佛山案例，成为世博会159年历史上第一个以陶文化为主题的案例展示。向世界讲述佛山的陶文化历史和城市变迁，展示陶文化和陶瓷产业转移升级的成果。此外，佛山禅城区、广州越秀区、肇庆端州三地公共举办了主题为“同声同气、广府情深”的“粤语新童谣大赛——2010年越秀·禅城·端州传承广府文化”活动。

组织起草《佛山市禅城区文化产业发展规划（2011～2020）》，依据禅城区文化资源分布和文化产业发展现状，紧密结合工业化、信息化、国际化、城市化的四化融合的趋势，构建区文化产业“一轴五片区”的文化发展架构。即以季华路总部时尚大道为核心轴，以佛山名镇、华南智慧新城、石湾千年陶都、南庄战略性新兴产业基地和岭南生态水乡五大文化产业功能区为板块，构建传统岭南文化与现代科技文化相互融合、相得益彰的产业空间布局，以此调整产业结构和城市功能，打造一个“近悦远来，博大精深”的智慧禅城。

同时还组织起草了4份配套文件草案，包括《禅城区公共文化服务体系建设行动计划（2011～2015）》、《禅城区扶持文化产业发展的若干政策》、《禅城区文化产业发展专项资金管理试行办法》、《禅城区宣传文化人才扶持奖励办法》等工作机制，以保障规划的全面实现。《禅城区扶持文化产业发展的若干政策》中明确，区政府将设立文化产业发展专项资金，纳入相应年度财政预算，从2011年起，每年安排不少于3000万元专项资金，并按区财政总额的增长比例逐年递增。

成功举办多项重大文化活动和品牌赛事。2010年春节期间举办首届中国（禅城）岭南年俗欢乐节。欢乐节采用“政府主导、媒体推动、企业支撑、公众参与”的运作模式，共举行11项具有浓郁岭南年味的活动，吸引了过百万市民参与。

【体育】 全民健身活动深入开展。一是继续推行“政府购买服务”，全区服务活动点已达12个，活动内容涵盖游泳、足球、羽毛球、乒乓球等。2010年，全区12个服务活动场馆共免费向市民开放25天，累计投入资金65万元，受惠市民超过10万人次。二是加强基础体育设施建设。充分挖掘现有的场地空间，本着就近、便捷、小型、多样的原则，协助社区建设，更新健身路径、篮球场等惠民健身设施及器材。三是铺开国民体质监测工作。禅城区国民体质监测中心正式挂牌成立，全年为近1500个受测对象开出运动处方。四是推动本地特色体育运动发展。通过举办中小学生武术、龙狮锦标赛等赛事，在中小学中推广、弘扬武术和龙狮运动，禅城区已有14所中小学挂牌成立武术龙狮特色学校，其中4所获得省级武术龙狮特色学校。五是举办第八届粤桂港澳台狮王争霸赛暨夜光龙邀请赛，端午节禅城区汾江河龙舟锦标赛，中小学生武术、龙狮锦标赛，第六届珠江三角洲标准舞、拉丁舞公开赛暨第二届珠江三角洲青少年标准舞、拉丁舞公开赛，第21届佛山市“五一”职工万人长跑活动，以及“全民健身日”系列活动等多项重大活动和品牌赛等。区体育局获得2010年全国全民健身活动优秀组织奖以及广东省第十届体育节优秀组织奖。第十六届广州亚运会火炬传递佛山站11月4日成功在禅城传递。

【卫生】 2010年，禅城区卫生工作以深入实践科学发展观为指引，以大部制改革为契机，以建立大卫生为理念，积极推动医药卫生体制改革，加强社区卫生服务网络建设，增强公共卫生服务能力，深化医疗质量管理，加强卫生执法监督，强化重大疾病防控和职业病防治，在落实“完善社区卫生服务网络”的民生实事、启动国家基本药物制度、落实亚运会接待酒店医疗卫生保障工作等方面取得成效。

全区人均基本公共卫生服务经费补助标准达到25元。居民健康档案建档39.9万份，免费婚检人数4396人，免费产检人数3093人，宫颈癌筛查1.78万人次，乙肝疫苗接种5.98万针次，启动生育妇女增补叶酸预防神经管缺陷项目，落实艾滋病高危行为干预5384人次。启动实施国家基本药物制度，区内7家政府举办的镇（街道）卫生院和社区卫生服务中心、44家社区卫生服务站实行药品零差价销售。

张槎医院、澜石医院、向阳医院、南庄医院等基层医院完成扩建改造。以基层医疗为重点的数字医疗项目纳入全区创建“四化融合，智慧佛山”示范区十大项目之一，区中心医院发放健康卡9425张，“一卡通”的联网应用进入实质阶段。新建成8间社区卫生服务站，全区投入使用的社区卫生站达到50个，社区卫生服务人口覆盖率达到100%。全区参保职工及居民到社区卫生服务机构（一级医院）就诊146.9万人次，社区就诊比例达到60.74%。

全年网上采购药品总金额2.4亿元，占西药购入总额的96%。区属10间医院全年门诊累计695.5万人次，较上年同期增加95.95万人次，增幅16.01%；出院者占用总床日数为41.72万床日，较上年同期增加5.48万床日，增幅15.12%；出院人数4.82万人，较上年同期增加0.57万人，增幅13.49%。平均住院天数约8.66天，每门诊人次费用73.77元，每床日费用625.37元。

实行重点传染病疫情监测，及时掌握疫情动态。全年无甲类传染病报告，乙类传染病报告11种，共3542例，发病率为419.7/10万，死亡4例，传染病发病平稳，甲型H1N1流感、手足口病、基孔肯雅热等传染病疫情及时处置并有效控制。积极推进国家免疫规划。接种麻疹疫苗强化免疫6.59万针次，接种率99.36%。区疾控中心通过省卫生厅“建设项目职业病危害评价”资质审核，办理建设项目职业卫生审查17件，区卫生监督所积极推进公共场所量化分级管理制度，建立学校卫生长效监督机制，核发公共场所卫生许可证1948个，监督检查医疗机构、学校和托幼机构等机构70余间，为90余间中小学校建立卫生监督档案。

社会事业

【精神文明建设】 禅城区以提升城市品位为重点，

全力推进精神文明建设。禅城区表彰16个村委会、9个社区居委会为第二批“十好”和谐文明村和文明社区；区召开全区文明委工作会议，重点明确创建全国文明城市责任分工，全力完成好创建全国文明城市任务；开展“文明交通伴我行”活动，深入推进文明导乘、交通协管等志愿服务，以文艺表演、有奖问答、媒体宣传、发放倡议书等形式倡导文明出行；举行迎亚运系列活动；承办佛山市首届千人广场书法活动。开展公共文明指数测评，参与文明礼仪小品展演活动，发动市民群众加入“迎亚运、讲文明、树新风”行列。

以提升市民素质为重点，全力推进现代公民普法教育。表彰30名优秀法制副校长，聘任新一届法制副校长；开展国学经典诵读教育创建工程；举行“创文明城市、建智慧佛山”公民道德宣传日活动；启动第二届邻里日活动，表彰一批互帮互助先进集体和个人，营造邻里和睦、守望相助浓厚氛围。

【人力资源和社会保障】 加大劳动保障法规宣传力度，强化用人单位劳动合同管理，全区劳动合同签订率达99.03%，继续居全市前列。2010年，全区主动监察用人单位5383家，立案查处企业劳动保障违法行为和举报投诉案件2282宗，受理劳动争议案件2406宗，认定工伤3276宗，妥善处置10人以上群众性突发事件118宗。共为9680名劳动者追加工资、补偿、社保待遇等共2417万元。有效维护了劳资双方的合法权益和社会大局稳定。

区、镇（街）、村（居）三级公共就业服务网络进一步完善，整合组建区新的人力资源中心市场。禅城区新增就业岗位3.42万个，新增就业人数2.08万人，年末城镇登记失业率为2.06%，全区就业形势保持稳定。

创新工作思路，与湖南长沙正式建立人才合作关系，并组团跨省招揽急需人才，取得良好成效。高层次人才工作取得新进展，新增3家博士后工作站，引进外国专家25人。制定出台引进“四化融合，智慧佛山”示范区建设急需紧缺高层次人才实施办法，进一步完善人才工作配套政策。

城乡居民养老保险制度（“新农保”制度）取得开门红，全区参保率达到98.3%，居全市五区之首。创新居民住院医保费结算机制，建立医保基金支出总量控制制度，有效遏制医保基金支出不合理增长的现象，将居民住院医保纳入范围的乙类药品报销比例从70%提高到80%。企业职工养老保险覆盖面不断扩大，妥善解决了早期离开国企人员的社保问题。

充实和创新养老服务内容和模式，建立起佛山市首家长者日间托养中心，居家养老工作被广东省确定为全省居家养老服务示范点。全面深入推进基层低保规范化建设。启动实施物价上涨与临时补贴联动机制、低保与就业联动机制，居民社会救助体系进一步完善。大力创建全国综合减灾示范社区，平远、金沙等10个社区获得“全国综合减灾示范社区”称号，救灾应急能力不断提高。精心组织开展“禅城通济慈善行”系列11项活动，成功承办“广东扶贫济困日 · 佛山慈善万人行”大型活动。慈善救助支出450万元，惠及困难群众3万多人次。

因地制宜、科学设计城乡居民养老保险制度，成功举办养老金和个人对账折首发仪式。2010年，有54个村委会已全部参保，农村居民参保人数为9.03万人，参保率达到98.3%，享受待遇人数为2.62万人，待遇享受率为100%，各项指标均为全市五区之首，仅用1年的时间就完成了市政府提出2年全覆盖的工作目标。

全区共有1.37万名城乡居民参加了企业职工养老保险，其中有3973人通过一次性补缴后办理退休手续，月人均基本养老金达到650元。

严格政策把关，有序开展早期离开企业人员的档案审核、确认、缴费、待遇审批等一站式服务，妥善处理历史遗留问题。全区已办理一次性补缴养老保险业务8500人（其中1753人申领了养老保险待遇），补缴社会保险费1.05亿元。

及时提高各项社会保险待遇，各项社会保险待遇的计发基数均调整为2842元。居民住院医保结算机制不断健全，医保基金支出不合理增长的现象得到有效遏制。

完成2010年度区居民医保的参保申报工作，共受理居民医保参保、停保等业务1.94万宗（其中参保业务8720宗、停保业务7684宗、其他业务2949宗），全区居民医保参保率达到96.9%。

扩充居民门诊医保药品目录，将居民住院医保纳入范围的乙类药品报销比例从70%提高到80%。开展反欺诈反骗领社保待遇百日稽核行动。对3月底前领取失业待遇的5808多人进行排查，发出稽核整改通知书31份，追回被骗领的失业保险金9.94万元，并对其中31人作停发失业保险金处理，有效杜绝欺诈、冒领社会保险待遇的行为，确保基金安全。全年共纠正定点医院各种违规行为374人次，涉及医院基金544万元，整改6间违规定点药店，取消4家药店的定点资格。将佛山市皮肤病防治所纳入区居民门诊医保定点医院，区居民门诊医保定点医疗机构增至17家。新增了58家医保定点药店，全区医保定点药店达到273家。

【人口与计划生育】 2010年，全区人口计生工作健康发展，继续保持低生育水平稳定的良好态势。全区户籍人口出生5630人，出生率为9.22‰，自然增长率3.73‰，政策生育率96.07%，出生性别比为108.21，3个镇（街道）无政策外多孩出生，65个村（居）无政策外出生，全面完成市下达的任务指标，被市政府授予“2010年度计划生育工作先进单位”称号。落实全区2.06万名城镇独生子女父母退休奖励政策。

建立103间为群众提供综合文化产品的“新家庭人口文化屋”，全面实施出生缺陷一级预防工作，开展妇女健康普查3.6万人次。

【社会治安综合治理】 2010年，禅城区政法部门围绕“平安亚运”，深入推进社会矛盾化解、社会管理创新、公正廉洁执法三项重点工作。全区共立刑事案件1.54万宗，同比下降8.9%；公安机关侦破刑事案件7693宗，同比上升3.1%；检察机关批准逮捕1146件1770人，提起公诉1213件1835人；法院审结刑事案件1340件2041人，同比分别上升25.8%和21.5%。在全市社会治安综合治理工作检查考评中被评为优秀区。

全区在镇街综治信访维稳中心的基础上，建立区综治信访维稳中心和各村（居）的工作站，共受理各类矛盾纠纷618宗，成功调处589宗。通过尝试建立法官调解室，派出所综合调解中心，设立交通事故、劳动争议巡回法庭等，初步形成以司法为主导，多个部门协同的多元化纠纷解决机制，把大量矛盾化解在基层。全区继续改造升级流动人员和出租屋管理服务站，推进流动人口居住证制度，共发放居住证30万张。

佛山市作为亚运会分赛区之一，禅城区积极组织开展治安安全隐患排查、“万人大巡逻”和环境整治、场馆安保等工作。安保能力全面提升，亚运会赛事期间日均投入安保执勤力量2000多人次，社会面群防群治力量1万多人次，确保了参会224名参赛运动员、100余名亚运会技术官员及工作人员、领导来宾、媒体人员和6万多观众的人身安全以及各项赛事活动的顺利举行。禅城分赛区197场赛事均实现了“精彩与安全的和谐统一”，迅速破获3宗涉亚工作人员被盗财物案，未发生影响转场工作的交通拥堵和突发事件，确保了两个亚运会“同样精彩、同样安全”的目标，得到中央、省、市各级领导和中外嘉宾的高度肯定。禅城公安分局获得“佛山市亚运、亚残运先进集体”称号，祖庙派出所获得“省亚运、亚残运先进集体”称号。

综合改革

【区级党政机构改革】 2010年6月21日，禅城区委、区政府出台了《关于印发〈佛山市禅城区党政机构改革方案〉的通知》。6月22日，禅城区召开党政机构改革动员大会，正式宣布机构改革方案和16个大部门的领导班子任职情况。改革后，禅城区将原来50个党政群工作部门精简为16个。其中，设置区纪律检查委员会机关（区政务监察和审计局）和区委办公室（区政府办公室）、区委组织部（区机构编制委员会办公室）、区委宣传部（区文体旅游局）、区委政法委员会（区司法局）、区委社会工作部（区委统一战线工作部、区民政宗教和外事侨务局）等5个党委工作部门，以及区发展规划和统计局、区经济促进局、区教育局、区财政局、区人力资源和社会保障局、区国土城建和水务局、区卫生和人口计划生育局、区市场安全监管局、区环境运输和城市管理局等9个政府工作部门和市公安局禅城分局。

【“简政强镇”事权改革】 禅城区按照佛山市委、市政府的要求，有计划、有步骤地开展“简政强镇”事权改革工作。2010年5月17日，禅城区召开事权下放工作会议，要求各部门综合考虑各镇（街道）经济实力、人口规模、发展潜力、地域特点等因素，切实扩大镇政府和街道办事处行政事务的管理和处置权限。8月2日，佛山市编办批复确定禅城区4个镇（街道）均为综合指数400以上的特大镇，依法赋予县级经济社会管理权限，其综合性办事机构按特大镇要求设置。9月16日，禅城区召开佛山市禅城区“简政强镇”事权改革工作会议。改革后，禅城区各镇（街道）统一设置党（工）委办公室、组织工作办公室、综治信访维稳办公室、财政局、经济促进局、宣教文体局、社会工作局、人力资源和社会保障局、国土城建和水务局、卫生和人口计划生育局等10个综合性办事机构，以及纪律检查（工作）委员会（区政务监察和审计分局）、市场安全监管分局、环境运输和城市管理分局等3个区、镇（街道）双重管理机构。

各镇（街道）介绍

【南庄镇】 南庄镇位于佛山市禅城区西部，面积76.69平方公里，辖1个社区、18个行政村，户籍人口约8万人，外来人口约6万人。2010年，南庄镇着力推进产业、环境优化升级和城市化建设，积极培育和发展新兴产业，发展质量与内涵不断提升，全年实现地区生产总值109.43亿元，同比增长14.3%；工业总产值338.88亿元，同比增长18.3%；固定资产投资58.89亿元，增长10.4%；完成税收10.29亿元，增长9.2%；财政收入2.8亿元。

产业转型和“双提升”成效明显。战略性新兴产业基地完成规划选址等前期工作，佛山市沃德森板业有限公司成功申报“广东省生物质研究院”，被列为省重大科技专项，启动全国首个以废弃木材为原料生产的生物质煤生产项目。陶瓷、金属加工、通讯器材、汽配等产业呈现较好发展态势，被中国陶瓷工业协会授予“中国陶瓷商贸之都”称号，成为广东省“双提升”示范专业镇之一。清洁生产企业率先推广使用天然气。全年新增中国驰名商标1个，广东省著名商标3个；新增国家级高新技术企业3家，省级高新技术企业8家。

园城融合营造全新发展局面。禅城经济开发区光机电、汽配、陶机等主体产业呈现良好局面，全年实现工业总产值41.43亿元，同比增长23.8%，天安塑料、兴发玻璃幕墙正加快增资扩产步伐。南庄生态园被列入“广东省重点工作”。《南庄镇湖涌片区控制性详细规划》获市政府批准；顺利完成东片区土地征收；完成超过5万平方米的绿化工程；建成44公里生态绿道，其中途经生态园的17公里绿道被划入省6号区域绿道的示范段；体育训练休闲基地、高压电线网改造工程、五星级度假酒店和动漫产业园等项目加快推进。总部基地启动陶瓷价格指数平台建设；海盛东方城、国际水暖卫浴城、纵横国际大饭店、港宏世家、汇银上元等项目加快建设。

民生和社会事业取得新进步。农村改革加快步伐，17个村完成农村“股权固化到户”改革。社会保障体系更为完善，“新农保”、全征地养老工作全面落实，全年转移农村富余劳动力就业3139人，困难家庭救助金合计发放204.2万元，免费为村民的1.97万间房屋办理政策性住房保险。投入17.34万元对低保特困家庭危房实施改造，镇慈善会筹集资金2800多万元，镇级全年资助困难群体63.84万元。镇财政投入400多万元投入校园配套建设，新建吉利社区卫生服务站，积极推行二次医疗改革，紫南、上元等村已实现农民持卡免费看病。打造“开心大舞台”群众性广场文化品牌，建成南庄艺术展览馆并举办高端书画展览。

【石湾镇街道】 石湾镇街道地处佛山市中心组团禅城核心区，是中国陶瓷之都，中国不锈钢商城和中国十大魅力古镇。辖区面积26.62平方公里，下辖12个行政村，23个社区居委会，户籍人口约15万人，外来人口约15万人。

经济持续健康发展。全年完成地区生产总值301亿元，增长14.7%。社会工业总产值669.35亿元，增长11.5%。第三产业产值127.1亿元，同比增长14.7%。完成社会消费品零售总额133亿元，增长20%。

传统特色产业提升发展。完成了对鹰牌陶瓷的收购。加快推进不锈钢产业示范基地的规划建设。在第四届中国品牌节上，石湾获得“品牌中国·澜石不锈钢”、“品牌中国不锈钢（国际）产业示范基地”两大荣誉称号。

产业结构进一步优化。现代服务业加快发展。以商贸、酒店、文化创意等为代表的现代服务业项目在各类重点项目中占的比重达90%以上。

澜石片区改造、佛山（国际）家居博览城、碧桂园希尔顿酒店等重点“三旧”改造项目顺利推进。澜石片区改造项目已完成60%以上的动迁任务，家居博览城已有超过1万个品牌登记进驻。全年共完成“三旧”改造面积96.85万平方米。

“千年陶都”形成了“一核两翼”的总体思路。启动了“千年陶都”首期项目建设。加快推进陶瓷总部、王府井百货、大师研究院等15个重点项目建设，着手申报“广东省陶瓷文化研究基地”，进一步加快南风古灶片区改造等。

扎实推进综治信访维稳工作，社会和谐稳定，实现亚运安保零差错。安全生产形势良好，全年辖区工商企业没有发生一起生产安全事故及火灾伤亡事故。成立“石湾镇街道小学陶艺教育研究中心”，石湾第一小学、城南小学等4所小学成为首批陶艺教育基地学校。石湾一小被评为广东省体育特色学校，被推荐申报广东省“中华优秀文化艺术传承学校”。计生、社区建设等全面发展。“石湾人口陶文化天地”项目荣获“2010年度全省人口和计划生育宣传教育创新项目”称号。惠景社区被评为2010年全国妇女基层组织示范小区，怡景社区获得“2010年省文明社区”称号。

“简政强镇”事权改革和村级党组织换届选举工作顺利完成。大部制改革后街道共设置10个综合性办事机构和3个区、街双重管理机构。特色党建活动成效明显。共成立8个“两新”组织党组织。石湾文化广场被确定为省远程教育大型户外示范点，10个村建立起村级行政服务中心，方便群众办事。

【张槎街道】 张槎街道位于佛山市禅城区西部、广佛经济商圈的重要组成部分，总面积26.5平方公里，下辖15个村委会和6个居委会；常住人口8万多人，外来人口20多万人。2010年实现地方生产总值236.29亿元，同比增长14.7%，其中第二产业184.39亿元，同比增长14.5%，第三产业51.13亿元，同比增长15.1%；完成固定资产投资62亿元，同比增长12.5%；社会消费品零售总额32.46亿元，同比增长21.5%；实际利用外资5290万美元。

张槎交通便利，广珠、广湛、佛开高速公路、一环贯穿境内。张槎有着较为典型的岭南水乡气息，拥有东平河、汾江河、王借岗自然风景区等，为张槎营造得天独厚的经商环境和人居环境。2010年，张槎街道加快转变经济发展方式，加大产业结构调整步伐，新兴产业发展迅猛，一批以智能科技、电子机械为主导的高新技术企业强势进驻，以民科园转型促进高新产业向组团式和集聚式方向发展。RFID物联网应用于生产环节，张槎针织专业镇技术创新试点通过省科技厅鉴定验收，科技创新推动传统针纺织产业向高端发展。完成“三旧”改造面积57.22万平方米，新建成物业面积70万平方米。继续推进轻工路、张槎西路、季华北路等多条道路的改造建设，完善交通路网，提升现代化城市形态；全面完成村居行政服务中心建设，大力发展社会文化体育事业，切实维护社会大局稳定，促进张槎经济社会持续、快速、和谐发展。

【祖庙街道】 祖庙街道位于佛山市禅城区的东北部，辖区面积31.6平方公里，下辖9个村和56个社区居委会，常住户籍人口32.4万人，外来常住人口及流动人口约20万人。2010年，全街道实现地区生产总值387.01亿元（按在地统计口径，下同），同比增长14.3%，固定资产投资额75.89亿元，同比增长16.7%；社会消费品零售总额198亿元，增长16.4%；实际利用外资1.47亿美元；国、地两税收入55.9亿元，其中地税26.2亿元，增长16%；金融机构本外币存款余额1620亿元，增长22.2%。

实施“佛山名镇”支点战略。“佛山名镇”项目位于佛山老城核心区域，总规划面积约589公顷（合共8848亩），核心区范围包括汾江河两岸、中山桥、筷子路、祖庙路、福贤路一带，面积约180公顷（合共2700亩）。项目总投资300多亿元，拟在3～5年内建成。项目定位是充分挖掘汾江河两岸5个历史文化街区、43个历史文保单位的文化内涵，运用现代城市规划理念和现代技术，推动汇集时尚与传统元素的现代服务业集聚发展，全力推动岭南天地、梁园、任围、莲花、品字街等历史文化街区建设，实现历史与现代交融、人文与环境并重、经济与文化齐飞，将佛山名镇打造成为中国名镇开发的“珠峰”、广东名镇建设的典范，成为人文荟萃、万商云集、近悦远来的“岭南清明上河图”、广佛都市圈历史文化城市客厅。

项目坚持“政府引领、市场参与、借势借力”模式，成立了佛山名镇功能区管理委员会，根据“功能区的事功能区办”原则，具体实施“佛山名镇”开发建设。2010年9月正式启动“佛山名镇”项目建设，至年底，项目核心片区概念性规划方案已基本完成，动迁、产业规划和招商、安置房建设等工作进展顺利，示范段工作已经开工。

“三旧”改造稳步推进。祖庙东华里片区动迁已完成总任务的99.89%，岭南天地商业街一期工程70%的招商工作已经完成。季华路重点项目稳步推进，永新南村项目已摘牌并进入动迁阶段，原周记酒家、禅龙山庄等改造项目统一调查规划工作已近尾声。全年街道“三旧”改造动工面积52.24万平方米，超额完成区年度任务。

季华路总部第一街建设成效显著。举办了“季华路·总部第一街”高端论坛和投资环境推介会等系统推介活动。2010年，深圳创维—RGB电子有限公司佛山分公司已正式营业；湛江商业银行佛山分行开始试营业；华夏银行佛山分行、南洋商业银行佛山分行、华泰长城期货、国元证券等区域总部纷纷签约进驻季华路，季华路总部企业集群化业态初步形成。

社会事业持续繁荣。有效整合了社区各类资源，明确将“一警四员”下放到社区，理顺关系，落实社区属地管理责任。特色社区建设再创佳绩，白燕社区被评为“全国学习型家庭示范社区”和“全国基层组织建设示范社区”；省“六好”平安和谐社区数量达到41个。全年为90岁以上老人发放高龄津贴69.9万元，辖区城镇登记失业率控制在2%以下，零就业家庭为零。街道居家养老服务中心被确定为省居家养老示范中心。全面完成市、区下达的人口与计划生育指标任务，被评为市计划生育先进单位。成立了街道招标采购和农村集体资产交易中心，从制度上规范和保证了农村集体资产交易的公开、透明、有序。亚运期间做到零事故、零差错，社会大局保持稳定。

（徐 航 赵 军 王 鹰）

附：2010年禅城区党政领导班子成员名单

书　记：刘宏葆
副书记：黄喜忠　何家泰
常　委：葛承书　罗涧华　裴广明　王京穗
　　　　谭伟平　郑年胜　马志强　黄清华
区　长：黄喜忠
副区长：葛承书　杨中慧　乔　羽　梁炳军
　　　　张辉明　黎志军
政务委员：李　军

现任禅城区党政领导班子成员名单

书　记：刘宏葆
副书记：苏伟波　何家泰
常　委：卢建华　罗涧华　裴广明　谭伟平
　　　　郑年胜　马志强　黄清华　李剑雄
代区长：苏伟波
副区长：卢建华　杨中慧　乔　羽　梁炳军
　　　　张辉明　黎志军
政务委员：杜　梅　李　军　叶　飞
　　　　　高成建　罗　振

（2011年5月禅城区供稿）

南 海 区

概 况

南海区位于广东省中部、珠江三角洲腹地，毗邻广州，邻近港澳，环抱佛山市禅城区。面积1073.82平方公里，辖2个街道、6个镇、224个行政村和60个社区。2010年，全区常住人口210万人，其中户籍人口118.94万人，流动人口96.47万人，有旅居海外的侨胞和港澳台同胞40多万人。

南海历史悠久，文化底蕴深厚。早在6000多年前，就孕育出新石器时代的“西樵山文化”。秦始皇三十三年（前214年）始设南海郡；隋开皇十年（590年）设置南海县。近代以来，涌现出维新运动领袖康有为，民族实业家陈启沅，政治活动家何香凝，科学家詹天佑、邹伯奇等杰出人物。区内旅游资源丰富，有西樵山、南国桃园、西岸、仙湖等四大旅游度假区及康有为故居、黄飞鸿狮艺武术馆、叶问纪念馆、九江双蒸酒博物馆等特色景点。民俗活动丰富多彩，官窑生菜会、乐安花灯会、赛龙舟、醒狮盛会等传统民俗独具魅力。南海先后被命名为“中国龙舟运动之乡”、“中国龙狮运动之乡”；广东醒狮（南海）、十番被列入国家级非物质文化遗产，官窑生菜会、乐安花灯会、九江双蒸酒酿造技艺被列入广东省非物质文化遗产。

2010年，全年实现地区生产总值1796.58亿元，增长14.5%；工业总产值4404亿元，增长16.4%；全社会固定资产投资541.46亿元，比上年增长14%；社会消费品零售总额545.5亿元，增长19.8%；金融机构存款余额2633.5亿元，增长16.5%；城镇居民人均可支配收入29978元，增长5.9%；农村居民人均纯收入13285元，增长7.8%。

经济建设

【农业】 2010年，南海区以农业招商引资为抓手，积极推进农业产业结构调整，发展壮大农业龙头企业。海大集团百容现代水产种苗基地、桂江农产品电子交易中心、何氏水产物流基地二期工程等3个重点项目基本建成投产。万顷洋园艺世界项目累计集约农地2000多亩，项目工程全面铺开。积极培育农业龙头企业，至年末，全区共有农业龙头企业27家，其中省级5家、市级5家、区级17家，农业龙头企业规模和水平得到提升。成功举办“首届南海香水百合花节”，组织企业参加“2010年广东经贸合作推介会”（台湾举办）、第八届中国国际农产品交易会等多项农业交流合作活动，累计签约总金额达21.2亿元。

全年实现农业生产总值65.73亿元，同比增长4.9%。其中，种植业总产值25.37亿元，水产品总产值22.87亿元，畜牧业总产值14.11亿元，农林牧渔服务业总产值3.36亿元。

【工业】 2010年，南海区继续推进产业转型升级，促进现代产业体系加速形成。平板显示、绿色照明、机械装备、整车汽配等新兴产业规模不断壮大。一汽大众、奇美二期等重点项目顺利推进；半导体照明产业集聚成势，旭瑞光电即将试产，广东新光源产业化基地首期投入使用，国家半导体照明产业联盟佛山分中心等一批产业公共技术服务平台落户，初步形成从芯片制造、封装、应用到技术服务的产业链；中科院生物医药科技产业中心汇集了20多个优质孵化项目，生物制药产业雏形逐步显现。有色金属、纺织等传统产业得到质的提升。“雄鹰计划”深入推进，通过引导成立小额贷款公司、试点知识产权质押、帮助企业上市等途径，不断创新中小企业融资模式，一批科技成长型企业开始崭露头角；传统企业全年技改投入达78亿元，连续多年居全省同级前列。

全年实现工业总产值4404亿元，增长16.4%，其中规模以上工业实现产值3938亿元。至年末，全区共有中国驰名商标9个，中国名牌产品15个，广东省名牌产品72个，广东省著名商标104个，集体商标3件。

南海区新兴产业规模不断壮大。图为一汽大众落户南海。

【都市型产业】 2010年，广东金融高新技术服务区、广东都市型产业基地建设、招商进展顺利，都市型产业聚集成势。广东金融高新技术服务区全年引进中国银监会南方国际培训中心、广发银行后援中心、渣打银行佛山分行、富士通数据中心、IBM服务外包基地等17个项目；成功举办首届“中国（千灯湖）金融·科技·产业融合发展论坛”，吸引了大批私募、风投基金涌入，首期募集资金规模达26亿元。至年末，广东都市型产业基地已吸纳包括瀚天科技城、天安南海数码新城、鸿晖·都市产业新城、慧丰科技大厦、南海一号、金谷·光电产业社区和中国（平洲）玉器城等11个大型孵化平台项目，汇聚资金50多亿元。其中天安南海数码新城和瀚天科技城共计30万平方米物业投入使用，吸引成长型科技企业300多个。

【第三产业】 2010年，南海区完成第三产业增加值660.41亿元，增长11.2%。其中，交通运输、仓储和邮政业增长5.3%，批发和零售业增长17.9%，住宿和餐饮业增长2.2%，金融业增长8%。实现旅游总收入68.17亿元，增长11%；接待过夜游客268.17万人次，增长6.8%。全年社会消费品零售总额545.5亿元，增长19.8%。其中，批发零售贸易业实现零售额462.19亿元，增长20.3%；住宿餐饮业零售额83.31亿元，增长17.2%。

【对外经济贸易】 对外贸易实现进口和出口同步增长。全年进出口总值166.04亿美元，增长42.2%，其中出口总值83.93亿美元，增长37.7%；进口总值82.11亿美元，增长47.2%。全年实现贸易顺差1.82亿美元，外贸结构趋于平衡。全年“三资”企业合同利用外资5.56亿美元，增长220.8%；“三资”企业实际利用外资6.13亿美元，增长5.8%。

【财政金融】 2010年，南海区一般预算收入为102.66亿元，增长19.59%，首次突破百亿元大关；一般预算支出108.88亿元，增长36.65%，实现了收支平衡，略有结余的目标。年末金融机构本外币存款余额2663.61亿元，增长16.4%，其中人民币存款余额2633.5亿元，增长16.5%；外币储蓄存款余额4.55亿美元，增长16.2%。城乡居民本外币储蓄存款余额1544.86亿元，增长14%。年末金融机构本外币贷款余额1248.78亿元，增长16.1%，其中人民币贷款余额1209.95亿元，增长20.9%；外币贷款余额5.86亿美元，下降46.1%。

城乡建设

【基础设施】 2010年，南海区交通建设投资总额23.27亿元，增长95.1%，全区通车里程1843.51公里，增长2.2%。广佛地铁首通段开通，海怡大桥建成通车，桂丹路改造项目竣工，魁奇路东延线、广佛新干线二期等项目取得突破性进展。完成220千伏洲边变电站配套线路等7项工程建设及1012项配网的建设，配网可转供电率由上年的42.38%提升到62.01%。全年完成供电量170.24亿千瓦时，同比增长9.85%，保证了企业和居民用电。

【节能减排治污】 2010年，南海环境整治工作继续向纵深推进，生态环境进一步优化。至年末，累计关停各类污染企业1500多家，基本完成陶瓷、纺织、有色金属等传统行业的污染整治。加大打击“偷排偷放”力度，出动7526人次，现场监察污染源8967家，责令进行整改1619家。全年工业二氧化硫排放量2.61万吨，下降22.4%，减排7500吨；COD排放量预计数为2.15万吨，下降8.5%，减排2000吨。完成57条主支干河涌的整治，累计建成各类截污管网约1000公里、生活污水处理项目36个，并将污水管网建设逐步向农村延伸，提高了全区污水处理能力，城市生活污水集中处理率达88.6%。“绿色美丽家园”计划取得实质进展，区域绿道建设实现全线贯通，建成区绿化覆盖面积5.64平方公里，人均公共绿地面积13.1平方米，分别增长7%、10%。

社会各项事业

【教育】 2010年，南海成为全省首个县域教育综合改革示范区试点与国家教育体制改革试点，教育事业进入一个新的发展时期。全年预算内教育投入24.98亿元，比上年增加4.68亿元；人均教育经费支出2101元，比上年提高21.6%。至年末，全区普通中学65所，在校学生11.61万人；小学128所，在校学生14.36万人；幼儿园285所，在校学生6.82万人。全年初中升学率98.8%，高中升学率88.5%。

【文化与体育】 积极推动“狮舞岭南 · 龙腾南海”文化发展行动计划，全年文化事业总投资1319.67万元，公共文化服务体系日趋完善，群众文化活动精彩纷呈。区博物馆及各镇（街道）一批文化活动设施如期推进。至年末，全区有文化馆1间，镇文化站8个，农村文化室286间，博物馆1间，纪念馆2间，图书馆1间，数字影院7间，图书馆藏书量136万册。成功举办珠三角休闲欢乐节、西樵山观音文化节等；全年“农村公益电影送影下乡”送影3149场，惠及观众达210万人次。

全年体育事业总投资2621万元。至年末，全区有体育场地3205个，群众健身点226个，人均占有体育场地面积4.79平方米。全区参加省运会的运动员超过150人，共获得14枚金牌、41枚银牌、31枚铜牌。

【医疗卫生】 2010年，全区有卫生机构411个，其中医院8所，卫生院13所，门诊部62所。“以防为主，防治结合”的卫生体系逐步建立，社区卫生服务站免费健康服务全面铺开，中医和妇幼保健服务向社区延伸；城乡居民健康档案建成达70%，累计有112个村成为“星级健康村”；免费孕前优生健康检查覆盖率达98%，婴儿死亡率3.12‰，下降0.82个千分点，产妇住院分娩比例达100%。

【人民生活】 城乡人民收入稳定增长。全年在岗职工年平均工资39177元，增长2.4%；城镇居民人均可支配收入29978元，增长5.9%；农村居民人均纯收入13285元，增长7.8%。全年居民消费价格总水平增长3.2个百分点。城镇居民人均消费性支出23647元，增长5.9%；农村居民人均消费性支出9279元。城镇居民人均住房面积40.14平方米，农村居民人均住房面积44.8平方米。

【社会保障】 2010年，南海城乡居民基本医疗保险、养老保险实现全覆盖，“新农保”和“大社保”综合参保率达90%。至年末，在职参加社会保险235.53万人次，增长10.3%，其中养老保险在职参保人数55.92万人，增长3.8%；医疗保险在职参保人数48.47万人，增长13.2%；失业保险在职参保人数37.35万人，增长22.1%；工伤保险在职参保人数69.47万人，增长3.6%。参与农村合作医疗58.26万人，农村养老保险参保人数16.08万人。城镇居民享受最低生活保障待遇3888人，农村居民享受最低生活保障待遇1.47万人，农村五保供养743人。

【综治维稳】 2010年，南海区继续深入推进强综治工作，全力推进“平安村居”建设，4月，召开2009年度“平安村居”建设总结表彰大会，对91个获评2009年度“平安村居”进行命名和颁奖，并发放硬件建设补助金和奖励金2295万元，带动其他村（社区）创建热情，至年末，全区有229个村（社区）创建为“平安村居”。进一步完善区、镇（街道）、村（社区）三级综治信访维稳中心建设，7月，南海区综治信访维稳中心正式挂牌运作；以“简政强镇”改革为契机，镇（街道）统一设置综治信访维稳办；全面完成286个村居综治工作中心建设。以“亚运安保”为主题，开展整治公共娱乐服务经营场所涉“黄赌毒”等突出问题专项行动、“迎亚运、保平安”治安大巡逻活动等各项行动，确保了社会大局的和谐稳定。

全年破获刑事案件8806宗，创历史新高，其中破获五类恶性案件108宗，命案74宗，破案率分别达到93.9%和96.1%；检察院批准逮捕刑事案件2270宗3622人，提起公诉3351人；法院审结刑事案件2347宗3812人。

各镇（街道）介绍

【桂城街道】 桂城街道位于南海区东部，是南海区的政治、经济和文化中心。辖区面积84.16平方公里，辖22个行政村和20个社区，常住人口近55万人，其中户籍人口约22.2万人。2010年，街道实现地区生产总值287亿元，增长16.4%；工业总产值312.5亿元，增长17%；社会消费品零售总额176.8亿元，增长16.8%；全社会固定资产投资111.2亿元，增长15.3%；实际利用外资2.22亿美元，增长5.3%；税收总额62.06亿元，增长11.1%；财政收入27.87亿元，增长76.8%；金融机构各项存款余额942亿元，增长14.22%；城乡居民存款余额422亿元，增长14.3%。

创新性提出“产业社区”理念，推动都市型产业载体的发展壮大。广东都市型产业基地、瀚天科技城、天安南海数码新城、佛山电力科技园、三山青年创业园等新兴园区载体成为桂城新的支柱产业发展壮大的摇篮。广东金融高新技术服务区初具规模，至年末，已吸引36个重大项目进驻，总投资额120亿元，建筑面积180万平方米，带动周边区域的土地和物业不断升值。广东都市型产业基地累计汇聚社会投资资金超过50亿元，启用和在建的产业载体达12栋，各类民营科技企业保有量增加至363家。金谷·光电产业社区完成6万平方米旧厂房改造，完成广佛全民健身中心规划，成为产业社区的典范。

三山新城建设渐入佳境。污水处理厂投入运营，顺利启动调蓄湖和水生态项目；魁奇路东延线贯通海怡大桥，实现与武广高铁广州南站的对接；实施三山郊野公园林相改造工程，建造河堤公园、郊野公园形成休闲景观；邀请专家研究低碳城市的解决方案，制定低碳产业准入标准；委托新加坡裕廊顾问开展“科技、创意”产业规划，引入可罗浓缩果汁研发中心、星联总部基地、三山科技创意产业中心、虹港国际时尚创意港等大型项目；花田喜地生态休闲旅游项目按期推进，渡口工业区“三旧”改造正式启动。

城区面貌焕然一新。落实十年水网规划，活化城市水资源，怡海公园按期完工，千灯湖二期顺利竣工。完成总长17公里的区域绿道建设，新增和改造绿化面积超过70万平方米。完成桂城站、南桂站、蠕岗站、千灯湖站、金融高新区站等地铁站点周边环境和停车场等公共服务设施建设。全力实施景观亮化工程，实施蠕岗山体和千灯湖二期照明工程，形成“灯湖明珠”城市灯影艺术，小区路照明、LED灯具和城市管理智能监控系统全面推广。大力倡导低碳出行文化，成为全国镇（街道）一级首个引入公共自行车系统的城市，一、二期合计启用100个站点，投入4000辆公共自行车，桂城巴士二期项目新增6条线路，投入56台公交车。

各项事业全面发展。出台规范“关爱基金”资助项目管理办法，确立“关爱桂城”政府授勋制度，启动NGO(民间组织)孵化机制，已有34个社会专业团体、36个服务项目通过公开评审获得资助，5家NGO成功注册。完成六大社区服务中心的布局和功能规划，文化公园健身康体中心和南桂港式服务中心投入使用，桂城创益中心加紧建设。南海中心小学顺利开学，组建南海机关幼儿教育集团，农村幼教水平显著提升。举办4场大型青年成长和创业活动，实现转移就业和推荐就业4.6万人次。为低收入家庭分配廉租房142套，建成经济适用房72套，为低保、困难户提供各类救助、补贴和物资353万元，提供女性健康服务超过10万人次，与社会机构合作结对关爱农民工子女7112名，惠民工程得到有效落实。

以广东金融高新技术服务区、瀚天科技城为标杆的都市型产业在城市化中集聚成型。图为南海桂城千灯湖。

【罗村街道】 罗村街道位于南海区中部，东接桂城、南依禅城、西连狮山、北临大沥，属佛山中心组团。辖区总面积44.64平方公里，下辖10个行政村和4个社区，户籍人口6.69万人，流动人口7万多人。2010年，街道实现地区生产总值85.65亿元，增长16.8%；规模以上工业产值158.3亿元，增长35.89%；批发零售、住宿餐饮营业额55.3亿元，增长27.7%；全社会固定资产投资43.8亿元，增长45.2%；招商引资40.9亿元，增长32.89%；税收总额9.7亿元，增长29.65%。

产业结构更加优化。新光源产业发展迅猛。华南（国际）电光源灯饰城正式开业；广东新光源产业基地一期项目启用，基地核心区10万平方米产业载体实现封顶，国家半导体照明产业联盟华南分中心进驻办公，成功引入近20家企业进驻园区，另外，在园区周边引入照明电器、灯具、机电、五金机械等新光源配套企业30多家，逐步形成完整的产业链。传统产业大力开展自主创新，不断加大技术改造力度。全年新增技改项目15个，计划总投资达3亿元。

城市化水平进一步提升。聘请新加坡裕廊集团完成街道战略研究规划。顺利推进佛山西站、机场立交、禅西大道、机场路等重点基础设施工程。启动状元公园建设，投入1000万元建设“一河两岸”（三期）工程。出台《罗村街道非商住项目三旧改造扶持办法》等规范扶持“三旧”改造，强化连片改造，全年启动项目66个，已完善确权手续106宗，占地面积879亩，累计拆迁旧建筑物35万平方米。罗村污水处理厂二期、务庄污水处理厂和上柏小型污水处理装置投入使用，全镇生活污水处理量达4万多吨／日。“大市政”管理覆盖70%的村，城乡市政管理逐步统一。巩固城市社区管理服务，罗湖南社区创建“全国综合减灾示范社区”，推动罗湖社区和罗湖北社区创建佛山市宜居社区，向新加坡飞跃中心等社会机构购买服务，进一步提升管理服务水平。投入3000多万元，实现农村社区服务中心、活动中心、综治中心、卫生服务站和理事会的全覆盖。

各项事业稳步发展。成立罗村教育发展理事会，成功引入中幼教育集团，投资7000万元建设罗村（国际）实验幼儿园，投资近2000万元扩建沙坑小学、芦塘小学和联和幼儿园，教育软硬件实力进一步提升。成立文化发展理事会，成功举办第三届孝德文化节，发布《孝德之歌》，编排《新编二十四孝》舞台剧，以全新的形式弘扬社会公德、家庭美德、职业道德；启动叶问纪念馆建设，推动叶问咏春申报广东省非物质文化遗产，3000人练习咏春，成功创造新的吉尼斯世界纪录。进一步完善“一中心十站点”卫生服务网络，启动“微笑行动”中小学生口腔卫生保健活动，获建广东省“社区口腔疾病防治试点基地”。关注帮扶弱势群体，发放慰问物资、款项80余万元，募集各类善款超过160万元。

社会大局持续稳定。全力推进“大综治”工作，全年受理案件114宗，成功调处110宗，成功调处率96.5%。推进“平安村居”建设，全年投入安全小区建设238万元，各村（社区）新安装视频监控摄像头390个。扎实开展普法宣传，举办各类普法宣传活动近228次，参与人员达10万人次。

【九江镇】 九江镇位于南海区西南部，西、北两江成环抱状流经镇域南北，江岸线长40多公里，是佛山市重点建设的“八大港区”之一。辖区面积94.75平方公里，下辖23个行政村和5个社区，户籍人口约10.2万人，外来人口8.4万人。2010年，全镇实现地区生产总值110.69亿元，增长14%；固定资产投资35.01亿元，增长4.72%；地方财政一般预算收入3.82亿元，增长48.21%；税收总额7.88亿元，增长11.18%。

新兴产业快速发展。中外运、南鲲两大码头业务增长迅猛，全港区全年实现货物吞吐量611万吨，标箱32万箱，分别增长82.52%和57.52%。金属材料市场建成及在建商铺约50万平方米，累计引入商户300多家，项目总投资超20亿元，其中广东九江钢材城基本竣工，中铁物资广东钢材交易中心成功进驻，上百家商户即将投入经营。木材夹板市场认租率超六成。“珠江物流交易资讯网”正式发布，物流信息化、金融服务步伐加快。

水产养殖迈向联盟化、信息化和高效化。成立九江水产协会，运营九江水产信息网；推进石江村1700多亩鱼塘方格化整治，养殖环境进一步改善；启动下东工厂化养殖试点，引导扶持2家鱼苗场申报区级标准化种苗场和区良种场，2家水产经营户成为区级农业龙头企业；种苗提纯研究取得成效，“优鲈1号”通过省、部级“新品种”验收。

城市建设取得新成效。“三旧”改造效果明显，九江汇龙商业广场、辉利酒店四星级改造竣工开业，南海盈信商业广场、沙头桂香路商业街、沙头四星级喜力酒店陆续启动，区十大城市更新项目——大正新城筹建有序开展。绿色美丽家园建设有力推进，至年末，累计投入资金4.5亿元，完成污水处理厂一、二期工程并投入运行，累计完成55.43公里的镇主、支干河涌和223.2公里的村支干河涌整治；新增绿化面积8.5万平方米，绿化覆盖率大幅提升；12.7公里的绿道建设完成并投入运行；九江、沙头城区“一河两岸”改造提升工程前期工作加紧进行。2010年，九江镇获评“广东省生态示范镇”，3个行政村通过市级生态示范村验收，海寿岛被评为“佛山最美丽乡村”。

社会事业蓬勃发展。九江镇精心打造“名镇腾龙·儒乡溢彩”系列活动品牌，举办各类文体活动200多场。文化载体建设稳步推进，吴家大院历史文化街区完成设计，主体修缮进入招标；朱九江纪念公园、沙头文体公园等项目前期准备工作加紧进行。九江男子龙舟队代表国家队参加第16届亚运会龙舟比赛项目，勇夺两枚铜牌。九江医院新门诊大楼即将投入使用，新增3个社区卫生服务分诊点，社区卫生服务网络进一步完善。举办镇慈善基金募捐及慈善百万行，筹集善款近3200万元。强化社会救济救助，全年发放各类慈善及政府救助金365万元。加强社会治安综合治理，“平安村居”创建率85.7%，安全小区覆盖率91%，视频安全小区覆盖率92.8%。

【西樵镇】 西樵镇位于南海区西南部，是中国面料名镇、中国龙狮名镇、全国首个纺织产业升级示范区、国家AAAA级风景名胜区。辖区面积177平方公里，下辖27个行政村和5个社区，户籍人口14.8万人，流动人口8万人。2010年，全镇实现地区生产总值161.91亿元，增长16.4%；全社会固定资产投资72.95亿元，增长43.1%；新增投资项目39个，计划投资38.68亿元；工商税收15.4亿元，增长17.7%；农村人均纯收入13151元，增长9.1%。

纺织业实现新的提升。被评为省级“双提升”示范专业镇和专业镇建设先进单位，西樵纺织产业基地获评“省市共建循环经济产业基地”。全年纺织企业投入6亿多元购进高档设备1200多台套。产学研合作取得重大进展，“东华大学纺织面料技术教育部重点实验室西樵分中心”挂牌成立，广东纺织职业技术学院与镇内多家纺企建立教研实践基地，成都纺织高等专科学院与镇内企业共同研发的多项成果应用到生产中。“纺织工业废水集中处理关键技术攻关和推广项目”通过省科技厅验收。

文化旅游业加速发展。成功举办全国南北狮王争霸赛、世界华人狮王争霸赛、大仙诞文化周、观音文化节、樵山文化节等活动，全年接待游客233万人次，实现旅游收入4.36亿元。总投资62亿元的广东中旅西岸旅游产业园和投资3000万元的岭南文化苑奠基建设，投资14亿元的西樵山梦工场主题公园正式签约，国家地质公园揭碑开园。松塘村成为南海首个国家级历史文化名村，广东省摄影协会分别在西樵山和松塘村设立摄影创作基地。

城市建设全面提速。完成《西樵镇总体规划（2006～2020）》、《西岸城区及度假区分区规划》、《西樵镇新城区概念规划》等的编审。龙湾大桥、崇民路和南九复线、广明高速二期等重点工程全面动工，官山大桥、下安桥平交、樵北公路（大岸至联新段）、锦云路建成通车，“一环六纵六横”的路网新格局渐成雏形。金花街项目启动拆迁，西樵新车站、旅游文化休闲特色街和周家塱项目进入土地开发阶段，南海区体育学校签约落户。锦湖片区改造列入南海城市更新计划十大示范项目。区域绿道西樵段全线贯通，城区“穿衣戴帽”三期工程基本完成，青龙线山根段、金星大道景观改造工程完工。

民生事业健康发展。稳步推进中医药、妇幼保健进村（社区）工作，成为全区首个基层医疗卫生改革试验区。人口与计划生育全程优质服务项目通过上级验收，“生命馆”宣传教育基地投入使用。“恒善爱心”第四届西樵慈善基金百万行筹得善款2800万元，32个村（社区）慈善分会启动运作。142套保障性住房投入使用，508位老人享受高龄津贴，129位老人享受居家养老服务，5.74万人参加社会养老保险。

【丹灶镇】 丹灶镇位于南海区西部，是中国日用五金之都、全国环境优美乡镇、国家卫生镇、广东省教育强镇。辖区面积143.5平方公里，下辖27个行政村、4个社区，总人口16万多人，其中户籍、外来人口各占一半。2010年，全镇实现地区生产总值98亿元，同比增长13.4%；工业总产值223.39亿元，增长14.42%，其中规模以上工业企业产值163.65亿元，增长22.22 %；固定资产投资42.62亿元，增长31.18%；招商引资32.89亿元，增长25.34%；批发零售住宿餐饮业营业总额55.3亿元，增长24.44%；税收总额9.31亿元，增长20.6%；金融机构各项存款余额96.92亿元，增长16.56%；农村居民人均纯收入12261元，增长8.8%。

新兴产业不断壮大。建设外资工业村一期，吸引9家汽配企业进驻，园区汽配产业规模扩大。中科院关联项目燃料电池及氢源技术国家工程中心南方分中心成功落户，为环保新能源产业提供前沿技术支撑。制订环保产业发展规划，环保装备制造专业镇建设吹响号角。广珠铁路物流中心纳入省、市、区重点建设项目范围，敲定建设合作方，初步完成规划设计，积极向上级争取用地支持，铁路物流业蓄势待发。

传统产业激发活力。优化“雄鹰”计划，推动企业加强创新，全年贴息帮助企业贷款9300万元，新增省民营科技企业与高新技术企业6家、省著名商标1个。确立南海西翼文化旅游建设重点项目，为旅游文化发展明晰了方向。继续加大财政投入，完成近万亩农田、鱼塘改造，加强产业链招商，建设示范性基地，培育农产品品牌，现代农业稳步发展。

城市建设步伐加快。开展新一轮土地利用总体规划修编，基本完成全部行政村规划编制，“两河三岸”滨水新区专题研究及重点区域城市设计、重点片区堤岸景观设计相继出台。大金片区改造前期工作有序推进，区城市更新示范项目“白云新城”完成规划，云山峰境商住区建设正式启动。桂丹路（二期）改造竣工通车，新三路建成。樵丹路与樵金路等道路绿化提升工程、建沙路等路灯亮化工程全面完成。金沙城北污水处理厂提前进水，3家污水处理厂运行顺畅，日处理污水能力3.3万吨，处理率达78%。

社会各项事业进步明显。承办亚运会国家龙舟队选拔赛。组织第七届康有为文化节，举办第三届“康有为杯”全国书法大赛暨“岭南书法”论坛，推进“中国书法之乡”创建。第一次举办本土作者文学作品首发式。精品创作成绩喜人，22件文艺作品获得省级以上奖项、入选省级以上展览。坚持“联合创建”模式，深入推进农村文明建设。新增市“十好”和谐文明村9个、区“十好”和谐文明村6个,6个村通过“平安村居”验收,4个村（社区）创建为“五星级体育强村（居）”，南沙村、东升村被评为“佛山市生态示范村”。发放低保救助金、五保供养费552万元，扶助12户单亲特困家庭脱贫。

【狮山镇】 狮山镇位于南海区西部，是广东省文明镇、广东省家电技术创新专业镇、广东省家电产业集群升级示范区、中国（广东）平板（液晶）显示产业基地、中国塑料中空包装产业基地。辖区面积256.09平方公里，下辖官窑、松岗、小塘3个办事处和8个社区、49个行政村，常住人口42.6万人，户籍人口16.8万人，流动人口25.8万人。2010年，全镇实现地区生产总值464.4亿元，增长17%；工业总产值1643亿元，同比增长23%；税收39.7亿元，增长15%；全社会固定资产投资总额143.8亿元，增长30%；招商引资102.2亿元，增长7%；城镇居民人均可支配收入29957元，农村居民人均纯收入13055元，分别增长6%和9%。

汽车整车及配件、半导体照明、光电显示等主导产业规模不断壮大。一汽大众项目、旭瑞光电项目落户南海经济开发区，一汽大众项目总投资133.37亿元，预计年产轿车达30万辆；旭瑞光电项目总投资超过3.5亿美元。奇美二期工程即将投入试产，正式投产后年产量可达6000万片，实现年产值114亿美元。

科技创新带动企业转型。积极引导企业转变发展模式，鼓励企业加强研发、引进、创新和行业标准应用，指导企业开展申报名牌、免检、著名商标，有效提升“狮山制造”的品牌。一汽大众南海项目和仕诚塑机新生产线等8个项目，成功入选广东省现代产业500强项目。东方纸箱机械和德联集团获“广东省著名商标”称号，华鸿铜管公司被评为省级企业技术中心，东方塑料和爱庭电器等7家企业获“省民营科技企业”称号。举办国际家电及消费电子产品创新设计大赛，建立“工业设计专家智库”，成立“南海创新设计联盟”，为本地制造业提供创新服务。

城市建设再上新台阶。投入3000万元，完成科技路、小小路、松夏工业大道西南延长线等多条市政道路建设。8条公交线路、32辆镇内公交车投入运行，实现了行政村“村村通公交”。全镇904个项目纳入“三旧”改造专项规划，其中狮山文化体育中心项目获得佛山市“三旧”改造先进示范点称号。积极推进公共服务设施建设，滨水艺术长廊陆续启用，狮山中心城区体育馆、狮山标志塔主体工程相继完工，南海中央公园、演艺中心、市民文化体育休闲中心加紧施工。中心城区商业项目雅乐轩酒店、嘉逸酒店、城区商务楼等一批公共设施项目相继封顶。投入1930多万元完成31公里绿道建设和35公里的道路绿化提升。

社会事业持续发展。启动“树本”工程，开设“树本”讲坛，举办慈善文艺晚会，营造和谐社会氛围。举办狮山文化艺术节，开展“八进村居”活动，活跃群众文体生活。组织立体宣传网络，推行农村有线广播试点，逐步构筑面向农村的宣传阵地。全年增加教育投入2.4亿元，继续实施名师工程，加大教师培训力度，努力提高教师整体素质。完成乡医站撤并，新增12个村级医疗门诊室，社区卫生服务站免费健康服务全面铺开。城乡居民基本医疗保险实现全覆盖，全镇参加城乡医疗保险和基本门诊医疗保险均超过11万人。顺利通过广东省“全国亿万农民健康促进行动”示范镇验收。农保和“大社保”推广取得实质性进展，参保率91.6%，居南海区第二名。投入1900万元，建设官窑和景轩、官窑瑶景轩和松岗丽涛轩三个保障性住房项目。开展健康村、文明村、体育强村、农村社区和平安村居联创，社会文明水平显著提升。新增11个区“四星级”健康村，3个区“十好”和谐文明村，13个区星级体育强村，38个区星级农村社区，22个区“平安村居”。

【大沥镇】 大沥镇位于南海区东部，是连接广州和佛山两市中心城区的重要纽带，素有“广佛黄金走廊”之美誉，是中国铝材第一镇、中国有色金属名镇、中国内衣名镇、中国时尚品牌内衣之都、国家卫生镇、中国龙狮运动名镇、广东省教育强镇。辖区面积125.77平方公里，下辖大沥、盐步、黄岐3个办事处、32个行政村和12个社区，户籍人口26.57万人，流动人口22.29万人。2010年，全镇实现地区生产总值362.8亿元，增长14.5%；工业总产值805.7亿元，增长16%；招商引资总额52.8亿元，增长7.3%；全社会固定资产投资101.2亿元，增长12.1%；批发零售和住宿餐饮业营业额523亿元，增长32.2%；税收总额35.71亿元，增长19.99%；财政收入20.47亿元，增长11.25%；城乡居民储蓄存款余额425.5亿元，增长9. 9%；

农民人均年纯收入14266元，增长9%；城镇居民年人均可支配收入29957元，增长5.9%。

传统产业焕发新姿。有色金属产业集聚更加明显，中铝南海合金一期正式运营，同心黄金首饰准备投产，5间企业总部大楼及中盈国贸大厦项目进驻广东有色金属交易中心。全国首个内衣联盟标准正式发布，获评“中国时尚品牌内衣之都”，新怡成立国内首家内衣企业集团，引领内衣产业向总部经济迈进。全年新增中国驰名商标1件、省著名商标3件、省名牌产品3个、省高新技术企业2家、省民营科技企业4家。坚美铝材、凯洋医疗等5家企业成为亚运会、亚残运会赞助商或供应商。

战略性新兴产业逐步成型。中医药生物科技产业园建设如期推进，第一期孵化中心和公共实验室相继投入使用。首批28个产业化项目通过评审，蕉业生物和隆信医药等10个项目率先进驻园区孵化生产。

城市商业更加活跃。以千灯湖北延区域为城市中轴，加快商贸城中心区建设。“广佛·智城”项目成功落户，黄岐南方广场、平地中心牛仔城全面开业，中盈广场冠名全国首个“工银大厦”，桂江农产品电子交易中心完成交易系统平台建设，粤泰冷链成为“广东省现代产业500强”重点培育项目。

城市面貌展露新颜。广佛新干线二期、西环路桥底道路南段建设顺利推进，颜峰大道、白沙路、兴联北路竣工验收，桂和路桂江立交至江夏立交段、渤海路、跃进路、教育路等道路改造工程全面完成。中盈广场、华亚国际金融大厦、沥中时代广场和美嘉广场等项目加快推进，麦边商业广场和凤池商业城开始清拆改造。谢边涌岸线一期整治工程初见成效，盐步大涌、河西大涌、大布涌二期等河涌治理全面完成，镇内主干河涌清淤长度达20公里。新增、改造绿化面积达27.5万平方米，完成虹岭路、桂和路桂江立交至江夏立交段等绿化改造工程。

社会事业协调发展。黄岐海北中学重建工程加紧推进，大沥医院新院投入使用。落实保障性住房62户，发放救济金613.84万元，低收入困难家庭生活问题得到妥善解决。启动“大沥记忆”十大感动人物评选活动。中国美术研究创作基地广东基地挂牌成立，广东书法园、嘉莉诗文化广场动工建设。成功协办全国摄影艺术展，107件文艺作品获得省级以上奖项。新增市“十好”和谐文明村8个，12个“平安村居”通过验收，9个村创建为区星级健康村，6个村（居）获评区“五星级体育强村（居）”。

【里水镇】 里水镇位于南海区东北部，辖区面积148.28平方公里，下辖34个行政村和2个社区，常住人口27.4万人，户籍人口12.2万人。2010年，全镇实现地区生产总值210亿元，增长15.8%；工业总产值618亿元，增长20.2%；全社会固定资产投资81.5亿元，增长14.4%；税收27.88亿元，同比增长25%；可支配财力收入23.87亿元，增长28.3%；社会消费品零售总额48亿元，增长14%；城乡居民储蓄存款余额127.3亿元，增长15.4%；农民人均纯收入13136元，增长10%。

产业转型升级步伐加快。出台多项产业发展政策，加大引导、扶持和推动力度，不断探索拓宽产业转型升级路径。实施“1356”工程，在用地、用电、用工、融资等方面给予政策倾斜，促进规模企业做大做强，预计81家重点扶持企业年总销售额达233亿元，增长35%，其中志高空调年销售额首次突破100亿元，增长67%。推进“星火计划”，帮助新能源、新材料、节能环保、科技型等企业解决土地、融资等问题，增强中小企业发展后劲，10家帮扶企业年销售额同比增长78%，税收同比增长76%。加强企业上市服务，与专业上市服务公司建立合作关系，为27家企业制定扶持上市工作合作方案，开易（广东）服装配件有限公司成功在境外上市。拓宽企业融资渠道，充分利用政府财政资源和公有资产平台，相继成立产业发展基金和创业投资基金，吸纳民间雄厚资本参与产业转型升级，有效解决中小企业融资难问题，全年共7家企业获批贷款融资8100万元。企业科技创新和品牌创建工作热情高涨，申报各种科技创新、技改项目43个，获得各级财政支持2.2亿元。重点项目进展顺利，福田汽车项目车间已经封顶，海元物流一期完成基建即将开业。

城市建设再上台阶。投入2.4亿多元，先后启动或完善道路基础设施建设工程38项，总长66.5公里。加快推进截污工程，里水城区污水处理厂二期扩建工程及和顺城区污水处理厂首期建设工程顺利竣工。全年投入6400万元，整治主、支干河涌（含超宽河涌）15条，总长37公里；整治支毛涌22宗，长30.8公里，顺利完成内河涌三年整治工作任务，基本实现里水河“不黑不臭，河水变清”目标。积极探索内河涌管理长效机制，建立“水上环卫队”，巩固整治成果。

民生事业不断完善。完善公共交通服务，里水新客运站顺利完成建设，开通镇巴4号线，调整延伸镇巴2号线，群众出行更为便利。完善医疗卫生服务，启动新里水医院建设，全面完成社区卫生服务站建设。普及新型农村合作医疗、居民住院基本医疗和门诊医疗保险制度，全面推进“新农保”工作，全镇居民门诊医保参保率达98%，住院医保参保率达97.5%，养老保险参保率近80%（含“大社保”和“新农保”）。完善农村公共服务体系，全面推进农村社区建设，34个村成为星级社区，提前实现农村社区全覆盖工作；出台《里水镇村组文体设施建设补贴方案》，推动59个农村文体设施项目建设。完善农村供水管网，投入853万元，完成和顺村、草场西华村、共同孔村等“水改”工程。完善教育服务，投入1400多万元，全面铺开学校塑胶运动场改造工程；广东实验中学南海学校顺利开学，加强对恒大华师附小、伊顿国际幼儿园的管理，里水中心幼儿园被评为省一级幼儿园，优质教育资源更加丰富。

（沈　娜）

附：2010年南海区党政主要领导名单

书　记： 邓伟根
副书记： 区邦敏　赵崇剑
常　委： 黄福洪　张和平　刘坚明　郑灿儒　赵　海　李永生　冼富兰　孔海文　汤建军
区　长： 区邦敏
副区长： 黄福洪　万志康　孔耀明　俞　进　冯永康　刘涛根　朱　武　袁　剑　王文胜
政务委员： 冯政祥　刘铭恩

现任南海区党政主要领导名单

书　记： 邓伟根
副书记： 区邦敏　赵崇剑
常　委： 张和平　郑灿儒　李永生　冼富兰　孔海文　汤建军　黎建军
区　长： 区邦敏
副区长： 万志康　孔耀明　俞　进　冯永康　刘涛根　朱　武　袁　剑　王文胜
政务委员： 冯政祥　刘铭恩

（2010年6月南海区供稿）

顺 德 区

概 况

顺德区位于珠三角腹地，北邻广州，南近港澳，面积806平方公里，建县于明景泰三年（1452年），1992年撤县建市，2003年撤市设区，全区现辖4个街道，6个镇，108个行政村，92个居民区，户籍人口122万人，流动人口89万人，拥有近50万顺德籍港澳台同胞和海外侨胞。

顺德自古物华天宝、商贸发达、经济富庶，岭南文化积淀深厚，是远近闻名的鱼米花果之乡，也是粤菜、粤曲、粤绣的发源地之一。顺德的美食文化源远流长，民间素有“食在广州，厨出凤城”之说，享有“中国厨师之乡”的美誉，是中国目前三大厨师之乡之一，区内拥有各类餐饮企业超5000家，有“中华餐饮名店”13家，拥有9位“中国烹饪大师”和34位“中国烹饪名师”，2010年获评全国首个“中国美食名城”。顺德特有的龙舟说唱、香云纱染整技艺被列入国家级非物质文化遗产名录。境内的清晖园、碧江金楼、西山庙、逢简水乡等风景名胜，是古代岭南建筑文化和南国水乡风光的典型代表。

“十一五”期间，顺德深入贯彻落实科学发展观，充分发挥政策、地缘和人文优势，以敢为人先的进取精神和波澜壮阔的创新实践，绘就了一幅发展进步的壮丽画卷，经济发展突飞猛进，社会事业全面进步，人民生活日新月异。如今已发展成为经济发达、环境优美、生活富裕、社会和谐、富有岭南水乡特色和文化魅力的新兴城市，享有“家电之都”、“家具王国”、“花卉世界”、“美食天堂”、“粤曲之乡”等美誉，是中国县域科学发展的排头兵。5年间，全区生产总值年均增长16.7%。2010年，实现地区生产总值1935.57亿元，增长14.5%；全社会工业总产值5235.06亿元，增长21.4%；农业总产值69.64亿元，增长3.7%；进出口总额186.58亿美元，增长25.5%；全社会固定资产投资392.75亿元，增长14.6%；社会消费品零售总额539.71亿元，增长19.3%；财政总收入373亿元，增长11.4%；地方财政一般预算收入106.75亿元，增长19.6%；城市居民人均可支配收入30618元，增长7.7%；城乡居民人均住房面积分别达46平方米和52平方米。

经济建设

【工业】 2010年，顺德区加快构建现代产业体系，促进传统产业优化升级，新兴产业取得突破。实施“龙腾计划”，遴选首批300家扶持企业。企业景气指数达130.2，高新技术产品产值增长38.3%。顺德45个项目入选省现代产业500强，2个项目成为省级现代服务业集聚区，11家企业入选广东省自主创新100强，入选数量居全省地级申报单位第3名。2010年，美的集团销售产值突破1000亿元，美的总部大厦投入使用，罗浮宫家具总部大厦动工建设，总部企业累计达到21家。出台扶持企业上市政策，中国联塑登陆香港股市，拥有上市公司10家，控股上市公司3家。为了加快产业结构的优化升级，顺德近年来大力培植光伏系统、光电显示（OLED）、新能源、环保装备、汽车制造、工业设计等战略性新兴产业，部省共建OLED产业基地落户顺德，彩虹OLED

首批产品成功下线，二期4.5代AM-OLED生产线项目奠基。新能源产业乘势而上，圣大逆变器、梅塞尔工业气体项目签约落户，美的微波炉厂区、顺德职院等太阳能光伏示范工程竣工验收，国家太阳能光伏产品质量检测中心加快筹建。与英德市政府签署共建广东顺德（英德）产业园框架协议，开创区域合作新模式。

【农业】 2010年，顺德现代农业迈出新步伐。陈村花卉世界兰花基地大棚种植等先进技术日趋成熟。生生公司成功探索工厂化海水养殖。干式无臭养猪项目全面启动。三洲农产品交易市场投入营运，成为省内较大的水产品交易基地。国通物流首座容量4500吨的冷库投入使用，打造成省内重要的农产品进出口交易平台。出台生猪保险政策，共投保生猪12.7万头，探索农业保险的新模式。做好重大动植物疫病防控工作，确保农业生产和公共卫生安全。

【第三产业】 2010年，顺德现代服务业加快发展。顺德创意产业园二期、华南家具设计研究院启动建设，龙江家居创意产业园、伦教珠宝创意产业园挂牌运营。顺德省区共建的广东工业设计城汇聚德国红点、日本喜多俊之、香港理工大学、清华大学A-ONE学研中心、嘉兰图、潜龙、青鸟、韩国GO2、顺领、六维等来自意大利、德国、日本、韩国、深圳、香港各地57家工业设计公司及设计大师，入园设计师超过600人。探索发展阳光私募，创立股权投资基金5只，新增小额贷款公司2家。成立广东顺德控股集团，创新公有资产运营模式。现代物流业发展规划正式出台，德邦华南总部开始运作，国通物流城申报建设物流保税中心，顺德新港建设顺利推进。乐从镇荣获“中国专业市场示范镇”和“中国钢铁专业市场示范区”称号。中行、农行等多家银行机构成功升格，顺德农商行成功改制，实现跨地域发展，美的财务公司成为全省首家民营财务机构。大良乐购超市、新一城购物广场、圆方数码港开业。区内新增四星级酒店3家，金茂华美达广场酒店对外营业，多家五星级酒店加紧建设。成功举办工业设计博览会、顺德家电展、家电配件展、“龙家展、家具材料展、机械装备展、农博会、国际植物展等多场以市场为导向、以产业为依托、行业影响力较大的展览会，对打造区域品牌、促进产业发展起到重要的作用。李小龙文化节、岭南美食文化节成功举办，顺德获评全国首个“中国美食名城”。

【自主创新和品牌建设】 2010年，顺德自主创新能力和品牌建设进一步发展。中国南方智谷启动建设，广东西安交通大学研究院等10个科研项目签约入驻。与中科院过程所、理化所、华南植物园合作共建研发机构和高新技术产业化基地，中科院广州技术转移中心“顺德基地”落成，完成省部产学研结合示范区建设验收。顺德本土设计企业首获德国红点设计概念奖，在第五届“省长杯”工业设计大赛10强中占4席。组织企业实施各类技术创新、科技创新项目共153项，新增博士后工作站2个，院士工作室2间，国家级技术中心1家。开展质量强区系列工作，推进质量信用等级评价。至年底，顺德参与制定国家标准、行业标准和地方标准290项，全区拥有中国驰名商标17个、中国名牌产品22个，省著名商标100件、省名牌产品112个，上市公司10家，控股上市公司3家。“信息顺德”建设取得新突破，共建立无线基站2000多个，有线互联网用户达43万个以上，开通校讯通、智能公交、医疗预约挂号、空中订餐等一系列便民服务项目。

【顺德获全国首个“中国美食名城”称号】 2010年9月，在顺德大良钟楼公园举行的第五届中国岭南美食文化节开幕式上，中国烹饪协会将“中国美食名城”的牌匾正式授予顺德，这是中国第一个获此荣誉的城市。同时，顺德正式向中国烹饪协会递交“世界美食之都”申报书。是年，顺德还联合中国烹饪协会、世界中国烹饪联合会在法国巴黎举办国家级餐饮文化交流活动——中国（法国）美食节，获得高度赞扬。顺德借申报“中国美食名城”和“世界美食之都”的机会，把顺德美食发展成为顺德最具魅力和竞争力的软性旅游资源，打造成顺德又一张闪亮的城市名片。

城乡建设

【基础设施建设】 2010年，顺德探索功能分区战略构想，强调“规划引领”，成立区规划委员会，形成以四大规划为骨架、各专业专项规划相互衔接的“大规划”体系。确立沿路沿河并举的发展思路，德胜河一河两岸、顺德新城德胜商务区启动建设，各镇街城市建设日新月异。广珠城际铁路、太澳高速二期、珠二环高速南环段、东新高速（顺德段）建成通车，碧桂路、佛陈路快速化改造工程投入使用，城市快速交通网初步成型。40项重点水利工程如期竣工，7项电网工程建成投产。完成“三旧”改造标图建库、政策配套、规划修编等基础性工作。

掀起“顺德好村居”创建高潮，新增示范点24个。

【城市管理】 2010年，顺德公交实行TC模式运营，新增TC公交线路29条，更新投入公交车261台。新增公共停车场26个，新增及在建停车位超过4000个。更换853台出租车。“数字城管”在大良7个社区试运行。

【环保建设】 顺德单位GDP能耗下降5.7%，大气质量不断改善。关停14家电镀生产企业。完成内河涌整治384.3公里，试点应用生物治污技术治理乡村河流。新建和扩建污水处理厂4家，配套污水管网通水运行250公里，试点对村居垃圾收集点进行密闭化改造。新增、改造绿化面积164.8万平方米，建成区域绿道144公里。试点建立公共自行车系统，倡导绿色出行。

社会事业和综合改革

【社会民生事业全面发展】 2010年，顺德社会民生事项支出占财政一般预算支出比重达70%，12项民生工程扎实推进。区第一人民医院易地重建工程启动。新增社区卫生服务站6间，社区卫生服务覆盖率达到87%。推出“家庭病床”服务并纳入职工医保报销范围，为40万市民建立健康档案。开展“名医进村居”活动213场，服务基层群众7.72万人次。“门诊预约挂号”服务推广至民营医疗机构。

与中国教育学会共建教育综合改革实验区，聚集国内顶尖教育资源。新建、扩建学校14所，区财政增加3亿元推进教师工资收入“两相当”。

新建各类就业基地22个，解决1400多名困难人员就业问题。出台“新农保”和灵活就业人员参加“大社保”政策。城镇户籍从业人员养老保险参保率达91%，农村居民养老保险参保率达92%。对全区顺德户籍80周岁以上老年人发放长者津贴，2万多名长者受惠。7个镇（街）启动“平安钟”服务，2000多名老人享受居家养老服务。

建成10个集贸市场整治示范点。建立现代社会工作制度，“社工＋义工”社会服务新模式初见成效。成功举办世界顺德联谊总会第七届恳亲大会，颁授第五批顺德荣誉市民。举行教育基金百万行活动，募集善款1.3亿元。全区169个村（社区）成立了福利会。建成6个镇（街）体育公园。成功举办区第十届运动会，顺德籍运动员在亚运会创历史最好成绩。

【继续深化综合改革试验，建设服务型政府】 2010年，顺德深入推进综合改革试验，省人大常委会2010年9月29日通过决定，从法律层面赋予顺德依法行使地级市管理权限，为综合改革试验提供法制保障。深化行政审批制度改革，向镇（街）下放行政管理事项3197项；“简政强镇”事权改革在全区各镇（街）推进，十镇（街）获县级管理权限；优化行政服务中心职能，推动镇（街）和村（社区）基层行政服务体系建设。委托第三方开展民意调查。组建区公共决策咨询委员会。建设24小时自助办税区和网上办税服务厅。深入探索行之有效的干部激励机制和社会治理模式，将改革由体制内向体制外延伸，力求在干部人事制度改革、农村管理体制改革、社会管理体制改革等重大领域和关键环节上在全省、全国率先取得突破。

【世界顺德联谊总会第七届恳亲大会暨2010年顺德教育基金百万行】 2010年11月5日至7日，世界顺德联谊总会第七届恳亲大会暨2010年顺德教育基金百万行在顺德举行，来自世界五大洲21个国家和地区60个社团1200余名乡贤齐聚家乡顺德。本次恳亲大会是历年来规模最大、日程最长、内容最丰富的一届，举办了包括“第五批顺德荣誉市民”颁授仪式、世界顺德联谊总会第七届恳亲大会开幕式、顺德民俗嘉年华、慈善晚会、教育基金百万行等活动。在“2010年顺德教育基金百万行”活动中，各级领导、海外乡亲、相关企业、社会团体和市民逾万人参加，活动筹得款项约1.3亿元。

各镇（街道）介绍

【大良街道】 大良是顺德区政府所在地，顺德的政治、文化、教育、商贸中心，地处顺德的中部偏东，连接广州，毗邻港澳，是佛山市规划的第二个百万人口中心组团的城市核心。辖区面积80.29平方公里，下辖19个社区居委会和2个村委会，户籍人口21.49万人，流动人口19.37万人。大良文化底蕴深厚，辖区内有清晖园、宝林寺、西山庙等名胜古迹。2010年，大良实现地方生产总值278.01亿元，规模以上工业产值284.72亿元，全社会固定资产投资45.98亿元，银行储蓄存款余额335.74亿元，区级库税收16.96亿元，实际利用外资1.58亿美元。

经济发展后劲增强。2010年，大良推进品牌发展战略和标准化战略，大力支持先进装备制造业、高新技术产业和现代服务产业发展，扶持龙头企业做大做强，以此带动产业集群发展，培养新的经济增长点。颁布实施《大良街道现代服务业发展规划(2011 ~ 2016年)》。推动以知识化、集群化、链式化、融合化等为基本特征的现代高端生产性服务业的快速发展。推动发展五沙工业园OLED项目。整合集约工业园，做好整理五沙工业园地块、推动在建项目投产、完善历史工程建设等工作。

城乡建设飞跃发展。推进德胜河“一河两岸”开发建设，致力于把德胜河两岸打造成文化长廊、景观长廊、休闲长廊，打造成宜商宜居的中心城区新亮点。支持区重点交通工程建设，配合做好外联内畅交通工程建设。推进城区环境整体提升改造工程。开展城市环境综合管理工作。加强对建筑工地、户外广告规范管理。发挥已建立的“数字城管”平台的功能和作用，形成完整、闭合、互通互联的城市综合管理数字化系统。

社会民生事业全面发展。按照“一村一策”的原则，对条件成熟的社区（村）实施全征地，居民参加全征地养老保险，落实兑现宅基地固化政策。落实辖区内帮扶“双到”工作责任，推进改善民生工作。加大财政资金投入，完善医疗机构布局，提升社区卫生服务水平。建立“网格化”管理，完善社会治安重点地区排查整治工作措施，强化社会治安综合治理。开展文化沙龙活动，使大良文化沙龙系列活动逐步实现精品化、多元化、常规化，因地制宜地策划或引进文化产业项目，丰富市民文化休闲生活。加大力度解决高中教育学位不足、学前教育发展不均衡问题。完善街道部门、社区（村）行政服务站行政管理体制，提升行政管理效能。

彩虹OLED产品“顺德造”面世。

【容桂街道】 容桂地处顺德区南部，南接中山，毗邻港澳，是顺德中心城区的重要组成部分，与新城区隔江相望，地理位置优越，交通便利，105国道、碧桂路、太澳高速贯穿而过，广珠城际轨道贯穿全境并在容桂设站。辖区面积80平方公里，下辖23个居委会，3个村委会，总人口45万，其中户籍人口20.07万。素有“中国书画艺术之乡”、“中国曲艺之乡”、“中国盆景名镇”、“中国品牌名镇”等称号。2010年，实现地区生产总值375.9亿元，规模以上工业产值1376.4亿元，工商税收41.98亿元，金融机构人民币年末存款余额364.9亿元，居民储蓄余额245.97亿元。

经济发展质量提升。逐步形成以智能家电、电子信息、医药保健、精细化工、机械模具为主的支柱产业。现有各类企业及个体工商户近2万家，超亿元企业97家，超十亿元企业16家，超百亿元企业2家，上市企业4家，拥有中国驰名商标5个、中国名牌产品11个，广东省著名商标27个、广东省名牌产品25个。2010年，容桂成立中科院顺德基地，成为目前唯一一个与中科院开展院地合作的镇（街）。

城市综合竞争力增强。容桂围绕德胜河“一河两岸”打造城市核心区的战略构想，确立“一河岸、两核心”的发展思路，以德胜河南岸改造、东部中心区和文塔商务中心建设为城市发展重点，加大“三旧”改造力度，提升土地集约利用水平，不断优化内外交通网络建设，打通区域交通内外循环，加强与广州、中山等地的联系，拓展发展空间，打造“引人、聚人”的宜居城市。

社会各项事业全面发展。2010年，容桂街道投入大量资源丰富人民群众的文化生活，举办一系列高水平、高规格的文化体育盛事，不断以文化品牌扩大城市影响力，被评为全国精神文明建设工作先进单位。中国龙舟训练基地、中国时尚球类运动南方基地落户容桂。实施慈善、教育、重大疾病救助三大惠民政策，成立街道慈善会和社区（村）福利会，募集善款超亿元。加大对弱势社群的帮扶力，投入资源扩建和改建学校，推进教育优质均衡发展，连续荣获“广东省教育强镇”称号。加大城市管理力度，依法依规关闭电镀城和拆除违章建筑。开展“简政强镇”事权改革，理顺区与街道的关系、街道与社区（村）的关系、政府与社会的关系以及政府机关内部的关系，不断提升政府的管治能力和公共服务水平。

【伦教街道】 伦教位于顺德东部，交通网络完善，是顺德百万人口中心城区的重要组成部分。总面积59.2平方公里，户籍人口约8.28万人，辖下有8个村和2个社区。伦教历史悠久，距今1200年前已有居民点，是顺德蚕桑、丝织业中心和广东土丝手工业重镇。有不少蕴含浓厚乡情且享誉四方的特色产品，如伦教糕、羊额烧鹅、香云纱、黑胶绸等。

伦教区位优势近年来逐步凸显。随着太（原）澳（门）高速公路、珠二环高速、广珠城轨建成通车，伦教进入“高速和轻轨”时代，成为珠江西岸中部纵向横向交通交汇节点和连接东岸的“桥头堡”，是顺德中心城区融入珠三角一体化的门户。2010年，伦教实现工农业总产值362.26亿元，其中工业总产值356.54亿元，农业收入5.72亿元；全社会固定资产投资22.12亿元；税收收入11.49亿元；城乡居民储蓄余额80.75亿元。

经济实力不断提升。伦教在“一个基地（特色产业与先进制造业基地），两个中心（高品质生活居住中心和现代服务业中心）”发展定位的指导下，加快产业升级，推动文化产业和新能源产业快速发展。2010年，长鹿农庄休闲度假旅游示范区项目入选省“现代产业500强”，万辉珠宝城落成并逐步打造成创意设计型珠宝游基地。成功举办第十一届木工机械博览会、首届“顺德·伦教（中国）珠宝首饰创意设计大赛”。三爱化工获“中国驰名商标”称号。周大福珠宝和美涂士化工被认定为顺德区总部企业。三洲农产品交易中心投入营运，成为顺德最大的现代化农产品交易中心和物流基地。

城市建设加快推进。伦教立足“产业发达的生态新城”的发展定位，大力完善城市功能配套、美化城乡环境，“绿环水绕”的岭南水乡特色宜居小镇渐露雏形。以太澳高速、珠二环高速和广珠城轨通车为契机，加快完善与主要工程出入口的无缝对接；完成碧桂路快速化改造，TC公交投入运行。投资约500万元的“绿道”建设基本完成，建成区域绿道10.6公里；仕版、荔村“林业生态万村绿”工程通过验收，105国道沿线夜间亮化工程全面完成。大力优化水环境，龙田涌生物治理水质改善工程开始施工，大洲电排站、叠石电排站等一系列水利工程正在推进。

社会各项事业全面发展。开展“交响音乐进村居”、“三月风华”巾帼健身大巡游、“周末开心舞台”等文化活动，丰富群众业余生活，荣获“全国妇女健身示范站点”称号。参加第十届区运会，金牌、总分均排名第三，创历史最好成绩。新翁祐中学建成招生，占地12万平方米；继续投入1500万元扶持村居民生福利工程，涉及市政配套、文化体育等方面共92个项目，完善村居基础设施，改善村居环境。

【勒流街道】 勒流地处顺德区中心，面积92.62平方公里，下辖22个村（社区），户籍人口11.4万人，流动人口约14万人。勒流是著名的侨乡，有众多乡亲旅居港、澳、台和世界各地。文化艺术底蕴深厚，是龙舟之乡，书画之乡，素有“勒流翰墨”之称。勒流美食文化源远流长，享有“厨出凤城，味在勒流”的美誉。勒流拥有“中华美食名镇”、“中国滑轨产业基地”和“中国铰链产业基地”三个国家级荣誉。2010年，街道工业总产值达到530亿元，税收15.08亿元，全社会固定投资达20.2亿元，居民储蓄存款98.79亿元，工业用电量11.59亿度。

2010年，勒流街道以“简政强镇”事权改革为契机，坚持以“工业立镇、产业强镇”推动产业升级调整，构建现代产业体系，建设现代化制造业基地。交通机械、金属制品、灯具照明、小家电等传统产业和汽车、LED等战略性新兴产业蓬勃发展，3000多家工业企业中，超亿元的企业有25家，27家企业纳入“龙腾计划”获得政策扶持；拥有国家火炬计划高新技术企业1家，全国电子信息百强企业1家，国家高新技术企业35家，省民营科技企业77家，在全区位居前列。

加强基础设施建设，加快城市建设步伐。配合上级有关部门，推进珠二环、一环南延线一期主辅道、一环南延线二期（含番村立交）、南国西路、伦桂路、乐龙路6项区以上重点交通工程建设，以及110千伏勒流港口变电站、110千伏新城变电站工程、220千伏世龙站配套110千伏南侧线路工程建设。开展多项城市道路建设和改造，推进龙冲路、港口路等工程扩建改造。投入6000多万元兴修水利工程，整治堤围、扩建泵站、自动化水闸，推进“顺德好村居”河涌整治工程。推进“三旧”改造，完成“三旧”改造项目上报77个，合共1.48万亩，其中超过5个项目已获区三改办认定，启动西丫、龙升工业区、百丈旧机电市场三大“三旧”改造大项目的前期调研工作。

各项社会民生事业全面协调可持续发展。做好“应保尽保”社会保障工作，推进落实“新农保”、全征地农民养老保险制度，“新农保”工作在全区率先实现基本全覆盖目标，参保率达到97%，待遇申领率达到100%。稳步推进低保救济、医疗救助工作，推广“平安钟”服务工作。开展“携手慈善·情暖万家”大型慈善募捐活动，筹得善款4500万元。镇村二级联动，举办“博澳城杯”青少年书画大赛、“东菱杯”限高男子篮球公开赛、“新宝杯”乒乓球赛、羽毛球赛、醒狮巡游、“信合杯”长跑大赛、村居篮球赛、星声悦耳流行歌手大赛等系列活动。融资2亿多元推进江义初级中学、裕源小学、冲鹤小学、勒北小学等学校改薄工程。加快勒流二级医院和“广东省全科医学社区培训基地”建设，开展“名医进村居，健康送万家”、麻疹疫苗强化免疫、肝吸虫普查普治等工作。推进创建省卫生村，17个村居已获得“省卫生村”称号。

【陈村镇】 陈村镇位于广州、禅城、番禺、南海、顺德五地交汇处，是顺德区的“北大门”，总面积50.9平方公里，下辖7个村委会和8个居委会，常住人口7.8万人，流动人口6.2万人。2010年实现本地生产总值96.2亿元，工农业总产值285.44亿元，其中，工业总产值278.95亿元；商业总销售101.95亿元，其中，限上商业零售额8.77亿元；税收收入10.6亿元；全社会固定资产投资38.74亿元；全镇居民储蓄余额104亿元；全镇职工年人均收入21995元；农民年人均纯收入9298元。

经济发展水平不断提升。2010年，陈村企业申报各级科技创新项目140多项，获扶持奖励资金1140多万元。科达机电、奔朗新材料获“2010年广东省自主创新100强”。全镇企业获授权专利296项，增长38.97%。22家企业入选顺德区龙腾企业。科达机电、申菱空调、奔朗新材料等5家企业共6个项目入选 “广东省现代产业500强”。新设立院士工作室1间，新增广东省著名商标2件、广东省名牌产品2个。花卉传统产业升级，花卉世界旗下的淘花网独家供应亚运会、亚残运会所有颁奖花束，试点推广高档花卉大棚种植，以“公司+

农户”的经营模式，鼓励农民种植优质高值的花卉品种。国通物流城获省政府批准申报设立B型保税物流中心，德邦物流华南运作中心、顺联机械城五金配件工具市场正式开业。力源金属物流城二期交易市场15万平方米完成建设，大型商贸物流项目快速发展。顺联万利酒店主体工程封顶，骏杰花园酒店、四季花园酒店加紧建设。成功举办第四届中国（顺德）机械零部件展览会、第九届中国国际植物展览会暨第七届中国国际园艺资材展等多个专业展览会，协办第三届广东现代农业博览会，会展业向市场化、专业化方向发展。

城市建设快速推进。2010年，陈村完成新商圈概念规划，采取国际招标的方式完成文海河“一河两岸”概念性规划和城市设计方案，开展佛陈路沿线建设规划和产业布局规划。佛陈路快速化改造主体工程全面竣工；花卉大道路面、路灯及绿化提升改造工程完成；推进工业区路网建设，其中12条道路2座桥梁工程已完工；推进广明高速、华阳北路等重大基础设施的征地拆迁工作。完成改造村级道路28条，约20.47公里，提升改造6条入村大道，完成4个村居公园建设。花卉世界全面启动4A景区创建工作，10公里区域绿道示范段全面竣工，12.3公里的区域绿道全线路贯通。全镇新增、改造绿化面积4.24公顷。整治河涌22.1公里。“三旧”改造有效开展，2010年启动“三旧”改造项目13个，占地面积1208亩，完成改造项目4个，通过认定项目4个。

各项社会事业全面开展。2010年，投入近1亿元全面提升中小学校的软、硬件建设水平，推进青云中学、仙涌小学扩建工程，陈惠南纪念中学、吴维泰纪念小学等6间中小学校运动场改造工程，不断加大教育事业投入。积极参与区2010教育基金筹款活动，筹得善款1866万元。以“精品小城，幸福家园”为主题，开展“陈村镇社区文化节”、“陈村镇欢乐村居行”、“陈村镇首届体育节”等一系列文体活动，全年合共举办各类文体活动近600场，超过7万人次参与。举办“全民健身迎亚运”系列文体活动，在各村居举办持续2个多月，共236场系列文体活动。开展创建“全民健身示范镇”工作，为每个村（居）新建或改造2个硬底化灯光篮球场，6张乒乓球台，6个羽毛球场，1条健身路径。2010年共举办5场人力资源现场招聘会，达成就业意向5000多人次。计划生育率为97.58 %，比区下达指标高出2.58个百分点。广泛开展困难家庭救助活动，全年开展救助项目11个，受助人数达2600多人次。征兵工作连续27年被区评为全优单位。武装工作连续27年取得“征兵工作全优单位”称号。

【北滘镇】北滘，古称“百滘”，意为“百河交错、水网密集”，位于佛山市顺德区的东北部，全镇总面积92平方公里，辖18个村（社区），户籍人口11万人，常住人口30万人。地理位置优越，水陆交通便利，区域内及周边有广珠西线、佛山一环、广州南站等交通设施连接穗港澳及华中地区。随着太澳高速及广珠城际轨道的相继开通，北滘正式迈入以高速、高铁为标志的“两高时代”。珠三角一体化、广佛同城使北滘呈现出更优越的区位优势。2010年全镇本地生产总值288亿元，工农业总产值1378亿元，国地税收入51.3亿元，全镇职工年人均工资23686元。

北滘作为全国知名的经济强镇，改革开放以来，历经从以农为纲，到工业立镇，再到工商并举，发展成现在的魅力小城，逐步走出适合自身的发展之路。支柱产业主要包括家电、金属材料以及机械设备制造等，家电制造业优势尤为显著，产业集群程度高、产业链完善，是国际级家电生产基地之一，被评为“中国家电制造业重镇”。镇内拥有美的、碧桂园、精艺、惠而浦、蚬华、浦项等一大批中外知名企业，近年来北滘致力于发展总部经济和工业设计创意产业，以城市经济和现代物流引领现代服务业提速发展。美的总部大楼落成，成为美的集团整合全球资源，冲击世界500强的战略据点。一大批成长型中小企业纷纷加入实施总部经济的梯队，总部经济的格局逐步形成。省区共建的广东工业设计城占地2.8平方公里、总投资22亿元，被评为“国家创新型工业产业化基地”，成功入选省现代服务业500强和省重点建设项目。第三产业发展迅猛，拥有“中国历史文化名村”碧江、“顺德十景”之一碧江金楼、广绣创新中心等多元文化产业资源，以及由国际级专业设计的27洞君兰国际高尔夫球场为核心的休闲产业资源。

城市建设飞速发展。规划面积达6平方公里的新城区规划超前，配套完善。南方医科大学北滘医院、北滘公园、市民广场、广东省活力休闲体育中心、金茂华美达广场五星级酒店、海琴水岸高层公寓等项目已进驻其中。北滘镇污水处理能力达6万吨／日，并建成日处理8000吨工业污水预处理厂全面收集工业污水，全镇污水收集率达到55%。

各项民生事业完善发展。北滘推行多项特色鲜明的民生品牌创新工程。推行2元基本门诊合作医疗，实施“乐业工程”，“一村一就业基地”等工作措施，林头社区获得“国家级充分就业示范社区”称号。北滘慈善会、村级福利会及爱心超市，构建起完善的社会救助网络。余荫院被国家民政部评为“全国模范敬老院”。文体教育事业蓬勃发展，获省体育总局颁发的“广东省群众体育先进单位”称号。顺利推进“简政强镇”事权改革，成立镇行政服务中心，在全镇18个村（社区）成立行政服务站，将公共服务送到市民“家门口”，推动城乡公共服务均等化。

【乐从镇】 乐从镇位于顺德西北部，佛山市中心城区的南部，325国道贯穿南北，东平水道和顺德水道夹镇而流。全镇面积78平方公里，下辖4个居委会，19个村委会。户籍人口近10万人，流动人口约13万人，旅居港澳及世界各地的海外乡亲6万多人，是广东省著名的侨乡。2010年，乐从镇社会经济发展硕果累累，实现地区生产总值116.53亿元，增长10.2%；全社会固定资产投资35.73亿元，同比增长17.51%；贸易业销售收入689.86亿元，同比增长17.92%；税收入库19.01亿元，同比增长12.4%；全镇银行人民币存款余额390.35亿元，同比增长28.46%。

乐从镇是国内著名的商贸物流名镇，现代商贸和物流业兴旺发达。有全球最大的家具市场，家具市场经销家具商铺总面积达300万平方米，商户3450多家，有“中国家具商贸之都”称号。拥有全国最大的钢铁市场，拥有销售商2580家，乐从钢材市场占地面积220多万平方米，年促成钢材贸易总量超过1000万吨，被授予“中国钢铁专业市场示范区”称号。拥有华南地区最大的塑料市场，市场占地面积50多万平方米，驻点经销的商户500多家，年促成塑料贸易量达100多万吨，居华南同类市场之冠，号称“中国塑料商贸之都”。2010年，乐从推进转型升级，推动产业和城市协调发展，大力培育战略性新兴产业。大力推动电子商务发展，获国家工信部授予“国家级电子商务试点”，成为全国唯一的镇级试点单位，全年电子商务交易额达523亿元。启动物联网信息产业园区项目，探索发展物联网产业。成立由世界顶尖设计大师组成的“家居国际创意联盟”，联合高等院校产学研机构，成功申报建立“华南家具设计研究院”。加快广东乐从钢铁世界、北围园区的建设，推进家具市场和家具制造业的优化升级。获得“中国专业市场示范镇”和“中国钢铁专业市场示范区”称号。金融服务业蓬勃发展，进驻的银行达到13家、70个网点，居全区各镇（街）前列。

城市化进程取得新进展。全面启动禅西大道、岭南大道、汾江路（含吉祥路）、乐龙路、环镇路（西、北）、裕和路、华阳路和沙良河“一河两岸”环境整治（含乐平路整治）等8条交通大动脉的征地拆迁工作，全年实现征地2032亩，住宅（厂房）拆迁协议签订308间。成功储备土地2467.9亩。完成乐从旧医院、旧影剧院等10项“三旧”改造项目认定，完成预申请8项目。完善城市基础设施，完成工程施工任务共100多项，含融资建设共完成投资约4亿元。推进污水处理二期工程，全年投入水利工程建设资金约1.1亿元。河涌清淤疏浚约40公里。建成绿道5公里。城镇生活垃圾无害化处理率达98%。

社会民生各项事业取得新成就。投入1.6亿元教育经费加快集约学校建设，协助建成东平小学，新沙滘小学投入使用。陈家祠完成二期修缮，陈家祠文化创意产业园规划逐步推进。卫生镇检查通过复核，被确认为“A”类国家卫生镇。2010年，全镇分红总额3.4亿元，股民人均分红4544元，居全区各镇（街）首位。社保扩面指标完成107.69%，社保覆盖位居全区前列。圆满完成广州亚运会、亚残运会期间安全保卫任务，成功摘掉省火灾隐患重点地区的“帽子”。全面推进“简政强镇”工作，将18个部门整合为13个，设立五办六局两分局。创造性制定“2010工程”（即将政府全面工作分解为20项领导包案，每个部门重点工作为10项）工作方案。全面完成村、社区党组织换届选举，理顺农村基层党组织设置，3个党总支部改设为党委。开通佛山市首个镇级村务公开网，被评为“广东省村务公开和民主管理示范镇”。

【龙江镇】 龙江是国家重点镇、广东省中心镇，也是珠三角地方性中心和佛山城市组团之一，位于顺德西部，地属珠江水系冲积平原，因江水曲折迂回、势若游龙而得名。锦屏、龙峰二山将全镇分为龙江、龙山和里海三个自然区域。镇内土地肥沃，河网密布，水资源丰富，四季常青，是著名的岭南水乡之一。全镇面积73.8平方公里，常住人口约23万，其中户籍人口9.8万，辖内9个居委会，13个村委会，工商企业及个体户1.12万家。2010年，全年实现地区生产总值120亿元，工业产值345亿元，商品销售总额51.5亿元，全社会固定资产投资34.8亿元，税收收入12.28亿元，人民币存款余额180.5亿元。近年来，随着经济社会的快速发展，龙江先后获得国家、省、市有关部门授予“中国家具制造重镇”、“中国家具材料之都”、“中国塑料建材产业之都”、“国家卫生镇”、“广东省技术创新专业镇”、“广东省教育强镇”、“广东省卫生镇”、“广东省历史文化名镇”等荣誉称号。

经济增长质量效益提高，产业环境提升。龙江镇经济以制造业为主，有家具、塑料、小家电、食品饮料、纺织服装等支柱产业。塑料建材产业为最大产业，各类塑料建材制造及上下游原材料商贸企业共220多家，产品包括各种塑料管材管件、线槽、塑板、助剂、电缆等，形成较完整的产业链，产品品种为全国最多。2010年，中国联塑上市，树起中国塑料管道产业领先的旗帜。家具产业是特色优势产业，镇内现有家具制造企业2700多家，产品齐全。2010年，志豪家具产品荣获“广东省名牌产品”。龙江也是全国最大的家具原材料集散地，拥有龙山材料城、豪俊材料城、亚太木业城、亚洲国际家具材料交易中心、龙城家具材料城和龙头家具材料城等6大专业市场。每年3月和9月同时举行“龙”家展和亚洲国际家具材料展两大专业展览会，吸引来自全球110多个国家和地区的超130万人次的专业观众参观。镇内7家企业8个项目入选广东省现代产业500强项目，33家企业入选顺德区“龙腾计划”。全镇现有中国驰名商标2个，中国名牌2个，广东省著名商标11个，广东省名牌产品14个。

基础设施建设日臻完善，发展环境提升。龙江是珠江三角洲西部重要的交通枢纽之一，是海南及云、贵、川、桂等西部省区进入珠三角的门户。是珠二环、佛开高速、顺番路、龙高路、325国道、佛山一环南延线交汇之地，西江、北江流经辖区。该镇形成以盈信广场为中心的核心商圈，保利、碧桂园、佛奥等高端项目进驻，城市化建设步伐加快。新龙江医院建成，体育公园、新交通中心、新消防大楼、城区初中、东华小学正在加紧建设。新建开源变电站、致远变电站及苏溪变电站扩能工程。完成污水处理厂一期建设，污水处理能力达3万吨／日。

社会各项事业全面发展。开展教育基金百万行募捐活动，引入社会力量助学，教育质量提高。开展“两龙文化”历史文化研讨系列活动，建设“两龙文化”，保存历史文化资源。举办“粤剧泰斗”薛觉先系列纪念活动。举办全国五人龙舟公开赛。电视剧《家天下》、长篇广播剧《龙江故事》在省级电视台、电台播出。该镇仙塘村龙狮队获省级会员资格。龙江书画名家刘仕祺作品入选上海世博会邮票珍藏版。全年该镇举办群众性文体活动186场次，全民健身氛围日益浓厚。强化公共就业服务，提供职位1.4万个，失业登记率控制在1.5%以下。社会保险扩面征缴工作取得实效，各社区（村）如期推进“新农保”业务。启动“平安钟”服务，71名贫困老人受惠。村级福利事业稳步推进，20个社区（村）成立福利会，9个社区（村）成立职工互助基金。

【杏坛镇】 杏坛镇位于顺德西南部，全镇总面积121平方公里，下辖24个村委会，6个居委会，2010年常住人口约18.85万人（其中户籍12.93万人），流动人口约5.92万人，海外华侨港澳台同胞5万多人。镇内绝大部分是江河冲积平原，是珠江三角洲知名水乡，文化氛围浓郁，享有“广东省民俗艺术之乡”、“广东省教育强镇”、“国家卫生镇”等称号。2010年全镇地区生产总值突破100亿元大关，达到102亿元，工业总产值268.62亿元，其中规模以上工业产值257.36亿元，农业生产总值11.39亿元，商业销售总额58.84亿元，其中限额以上批发零售餐饮销售额13.17亿元，全社会固定投资22.33亿元，国地两税总收入6.35亿元，农民年人均纯收入增加108元。

经济实力明显提升。2010年，全镇规模以上民营企业达178家，是杏坛主要经济和财税增长点。西部生态产业启动区开发建设取得突破性进展，园区基础设施、浦项钢板项目和美的产业园加快动工建设。2010年新增省级自主创新百强企业1家、省级高新技术企业2家，新建市级工程技术中心3个。甘竹罐头成为“中国驰名商标”，东原厨具、威捷极光、自然涂、宝丽雅被认定为“广东省著名商标”，常青树胶粘剂取得“广东省名牌产品”称号。全镇拥有中国驰名商标2个，省著名商标8个，省名牌产品6个。高标准规划建设海峻达“上苑”、君怡“金海岸”、佳兆业“可园”等大型房地产项目，配套建设四星级商务酒店，加快引进国际连锁餐饮店。

城市面貌日新月异。杏坛镇全面落实“南进、西拓、北优”发展思路，基本确立“一城两片区”发展格局。高富路、一环南延线拆迁工作取得突破，镇二环路北段建设进度明显加快，北河路、齐宁路、金登路的改造工程全面竣工，多条进村道路的建设加快推进。东海、桑麻、百丈、靖涌等水闸和引水泵站工程基本竣工，堤围整治和闸站改造等工程顺利推进。建成绿道36公里，开展村（居）主题林建设，投入1600多万元提升主干道路绿化。开展非卫生户厕改造，完成光华六队内河涌生物治污，疏浚河涌101公里。规划建设污水处理厂二期，整治废塑、电镀、漂染行业和工业锅炉。2010年，杏坛镇被授予“佛山市科学发展七大特色镇（街）”称号。

社会各项事业全面发展。投入2亿多元，建成新桑麻小学，加快建设新昌教小学，全面启动杏联中学饭堂、梁銶琚中学宿舍等多项校安工程建设。强化技能培训，职校毕业生实现100%就业。按照“管办分离”原则，将杏坛医院交由区第一人民医院托管。深入开展“名医进村居”义诊活动，免费诊治2100多人。推进示范性社区卫生服务站建设，建成19个村（居）卫生所。全年慰问困难家庭、优抚对象、五保低保户、残疾人家庭3156户，累计发放低保、临救特救和助学金近1000万元。成立杏坛慈善会和30个村（居）福利会，募集各类善款4000多万元。新农保实现全覆盖。创新举办全征地农民专场招聘会，初步建成海凌五金坐垫、联丰农场等就业基地。2010年，全镇举办各类型招聘会共5场，提供职位1.51万个。筹资400多万元，修缮逢简明远桥、杏坛苏氏大宗祠，在马齐等16个村（居）增设文物保育员。先后举办“欢乐水乡闹元宵”、“龙潭水乡文化节”、“右滩民俗民间艺术巡游”、“村（居）才艺大赛”、“村（居）篮球赛”等特色文体活动200多场，放映公益电影300多场，惠及群众20万多人次。投入400多万元，新增60个视频监控点。加大安全生产专项整治力度，安全生产事故同比下降12%。全面铺开“简政强镇”事权改革，综合设置13个职能部门。组建镇属行政服务中心，集中设置39个服务窗口，成立30个村（社区）行政服务站，政府公共服务逐步向村（居）延伸。聘请38名社会精英组建镇公共决策咨询委员会。

【均安镇】 均安镇位于顺德西南部，毗邻中山、江门两市，地势西高东低，三面环水，总面积为79.45平方公里，户籍人口8.8万，下辖8个居委会和5个村委会，是国际武打巨星李小龙的故乡。2010年，均安镇实现地区生产总值78.8亿元；工业总产值183.8亿元，其中规模以上工业产值138.2亿元，农业总产值13.6亿元；工商税收入库6.6亿元，其中国税入库4.32亿元，地税入库2.28亿元；城乡居民储蓄余额60.8亿元；农民年人均纯收入9140元。

经济发展步伐稳健。2010年，均安镇通过调整管理模式和营销策略，逐步由劳动密集型向资本密集型、技术密集型转型升级。联合《中国服饰》杂志开展“生态均安，绿色牛仔——产业链调查”活动，并组织企业参加国内外著名展会，均安牛仔区域品牌逐步擦亮。协助企业申请区级以上产学研项目，共获得450万元配套资金。2010年受理报建报监工程50项，建筑面积58.2万平方米，造价7.27亿元；共办理商品房合同备案登记1230宗；全镇房地产销售税入库6359.4万元。骏景酒店成功通过四星级评审。成功举办均安2010旅游美食文化节和2010李小龙文化节，旅游文化品牌进一步提升。

城镇化水平不断提升。均安镇协助区规划部门推进北区商业中心、凫洲河“一河两岸”以及李小龙乐园控制性规划。500千伏狮洋至五邑输电线路均安段建设工程、一环东线南延线、横九路、均荷路以及百安路跨线桥等重点工程项目以及文田中学、文化广场、体育公园、水利建设等一系列民生工程项目稳步推进。开展城管专项行动，加大市容环境卫生整治力度，遏制乱摆卖、环境污染、非法营运等现象。2010年，均安镇获准由“全国环境优美乡镇”更名为“全国生态优美镇”。

社会各项事业稳步发展。加快推进畅兴产业基地、南沙及西线片的社区卫生服务站建设。2010年，全镇新型农村养老保险参保1.8万多人，居民医疗保险参保6.5万多人，参保率分别为90%和100%。三级发放低保救助金270万元，发放助学款84万元。13个居（村）委会全部成立福利会，全年镇级慈善会共筹款809万元。成功举办一系列以“阳光均安 · 和谐家园”为主题的文体活动，如元宵节文艺晚会、巾帼健身大巡游、“玉堂冰心”陈可之油画暨自梳女图片展、国际女篮四强邀请赛、第五届广东省青少年曲艺“明日之星”选拔赛暨首届均安曲艺节、2010李小龙文化节等，丰富群众精神文化生活。农村基层大局和谐稳定，连续5年立案下降、破案上升。居（村）党组织换届选举工作顺利。

（顺德区地方志办公室）

附：2010年顺德区党政主要领导名单

书　记：梁毅民
副书记：梁维东　周志坤
常　委：莫德富　潘东生　梁惠英　毛永天　杜镜初　列海坚　邓永强　温良谋
区　长：梁维东
常务副区长：邓永强
副区长：王干林　杨小晶　苏伟波　曹洪彬　周爱群
政务委员：王惠国　关世良　赵万雄

现任顺德区党政主要领导名单

书　记：梁维东
副书记：黄喜忠　周志坤
常　委：莫德富　潘东生　梁惠英　杜镜初　列海坚　邓永强　温良谋　蓝　斌
代理区长：黄喜忠
常务副区长：邓永强
副区长：王干林　杨小晶　苏伟波　曹洪彬　周爱群　刘小群
政务委员：王惠国　关世良　赵万雄

（2011年4月顺德区供稿）

高 明 区

概 况

高明区位于广东省中部，珠江三角洲西翼，濒临西江，东南和南面与鹤山市交界，西南与新兴县相连，西北与高要市接壤，东北隔西江与三水区、南海区相望。全区总面积937.81平方公里，户籍人口29.48万人，下辖荷城街道、杨和镇、明城镇、更合镇一街三镇，共72个行政村（居）。区政府所在地为荷城街道。

2010年，高明区围绕“优环境、强项目、促提升”的工作方针，加大招商引资力度，大力发展镇域经济，经济社会继续保持平稳较快发展。全年实现地区生产总值428.67亿元，同比增长18.5%。其中：第一产业增加值13.6亿元，同比增长1.6%；第二产业增加值343.59亿元，同比增长20%；第三产业增加值71.49亿元，同比增长14.6%；三次产业比重为3.2∶80.1∶16.7。顺利完成“十一五”规划的各项主要目标任务，“十一五”期间地区生产总值年均增长21%，工业总产值年均增长32%，地方财政一般预算收入年均增长24.9%，固定资产投资总额年均增长25.3%，社会消费品零售总额年均增长23.2%，外贸出口总额年均增长16.2%。

经济建设

【农业与林业】 2010年，高明区实现农业总产值27.33亿元，同比增长2.1%。其中，种植业产值7.95亿元，同比下降1%；牧业产值10.32亿元，同比增长3.5%；渔业产值7.04亿元，同比增长3%；林业产值0.76亿元，同比增长4%；农业服务业增加值1.27亿元，同比增长2%。

加快形成现代农业发展新格局。全区建成现代农业生态园76.72万亩，形成“一园四区”（农业生态园崇步中心区、荷城富湾园区、杨和农业园区、更合农业园区）格局。现有国家级农业标准化示范区1个（罗非鱼标准化示范区），省级农业标准化示范区3个（三洲黑鹅标准化示范区、供应高校无公害蔬菜标准化示范区、粉葛标准化生产示范区）。全区共有4个农产品获得绿色食品称号，30个生产基地取得无公害农产品产地认证，15个农产品获得无公害农产品称号，无公害农产品产地认定面积达12.18万亩，是珠三角重要的绿色无公害农产品生产基地。

全面启动休闲观光农业。盈香生态园投入1.9亿元升级改造，崇步农业园区休闲观光项目与休闲农业试点塘伙村开始试运行，沿明富路一带逐步形成生态农业旅游长廊；成功举办首届“绿博会”，全方位展示高明绿色农产品、休闲观光和风土人情。

成功创建省级林业生态示范区。全年投入463万元开展公益生态林改造工程和“万村绿”行动，完成7500亩生态公益林改造，营造各种主题林22个，创建花园式企业8家，12月成功通过省林业局组织的林业生态示范区检查验收。

【工业】 2010年，高明区实现工业总产值1769.22亿元，同比增长26.7%，其中规模以上工业完成工业产值1728.01亿元，同比增长29.4%。实现工业增加值334.54亿元，同比增长20%，占全区GDP

比重达78%，增速比GDP增速高出1.5个百分点，对GDP增长的贡献率达到84.5%。

新型工业化步伐进一步加快。初步形成有高明特色的“八大产业集群”，即“三新”（新能源汽车、新能源、新材料）、光电器材信息、旅游文化、纺织服装、食品饮料、金属材料加工、石化塑料与装备制造。区内集聚一批国内外的大型企业，包括世界500强企业本田金属公司、中石油属下的中油高富公司；亚洲最大的纺织染联合企业广东溢达公司；国内最大的调味品生产企业海天公司；国内最大的照明电器生产企业佛山照明等。全年全区工业产值超亿元企业245家，其中超10亿元企业18家；税收超千万元企业34家，其中超亿元企业4家。

产业结构调整取得成效。出台《佛山市高明区促进总部经济发展实施方案》和《佛山市高明区扶持工业50强骨干企业发展“腾飞计划”实施方案》，审议确定50强企业名单，集中政府有限资源扶持重点企业，全方位培育扶持企业做大做强。对申报拆除落后产能设备达标水泥厂进行重新检查，落实整改未达到拆除落后产能设备标准的宝山、蓬山两家企业，6月经广东省经济和信息化委员会验收，全区企业均达到验收标准，较好完成淘汰落后水泥产能相关任务。

自主创新能力得到提升。获得“省产学研结合示范区”称号，全区现有高新技术企业13家，省级民营科技企业26家，全年高新技术产业产值突破600亿元。建有各类工程中心35个，其中省级工程中心6个，市级工程中心14个，区级工程中心5个。全年获各级科技进步奖27项，其中省科技进步奖1项，市科技进步奖7项，区科技进步奖19项。共申请各类专利420件，同比增长77.2%；共获专利授权311件，同比增长93.2%。拥有中国驰名商标1个、中国名牌产品2个，省名牌产品18个、省著名商标20个。

【招商引资】 全年全区共引入项目88个，新引入项目74个，增资扩产项目14个，项目合同投资总金额达206.11亿元，同比增长122.2%，创历史最高水平。其中亿元以上项目41个，3000万元以上项目79个，招商数量和质量均实现较大提升。

启动“绿色崛起”百亿项目建设，引进中兴（佛山）智慧城项目、大唐国际（高明）热电冷联供项目、“陆地方舟”（高明）新能源电动汽车项目以及德方纳米等多个战略性新兴产业项目，对高明区产业调整升级具有重大意义。以酒店业、休闲度假游等为主的第三产业招商引资取得新突破，其中总投资2.5亿元的京柏城项目是成功将“三旧”改造和产业结构调整有机结合的重大项目，建成后将成为荷城商圈标志性建筑；另外还引进荷城街道的力创花卉、明城镇的丽日酒店、更合镇的金谷朗旅游休闲等一批优质第三产业项目。

企业增资扩产势头强劲。溢达纺织、海能科技、万和电气、永利坚铝业、海天集团等一批龙头企业均大规模增资扩产，其中溢达集团技改项目增资6.7亿元（9900万美元），海天集团酱油二期项目增资30亿元。

“陆地方舟”新能源汽车（佛山）项目暨高明区“绿色崛起”百亿项目签约、奠基（动工）仪式。

【第三产业】 全年实现第三产业增加值71.49亿元，同比增长14.6%，占地区生产总值16.7%，对GDP增长的贡献率为13.2%。

旅游业加快发展。全年全区实现旅游总收入12.57亿元，同比增长21.8%；接待游客人数200.72万人次，同比增长26.1%，获得“中国低碳旅游示范区”称号。旅游景区（点）规模不断扩大，水平明显提高，君御海城酒店、金谷朗旅游度假区已动工建设，大皂幕山旅游风景区、深步水旅游度假区、梁发报园、古耶贝丘遗址公园等重点文化旅游项目开展招商和规划建设。旅游节庆文化日益丰富，举办“2010 畅赏高明绿色欢乐节”系列活动，进一步擦亮高明区绿色生态旅游文化品牌。旅游饭店接待能力明显提升，全区高等级旅游饭店年可接待餐位数 248.11 万个，客房 48.85 万间，综合接待能力明显提升。旅游服务机构日趋壮大完善，全区拥有国际（国内）旅行社 5 家，营业部 10 家。

现代服务业发展提速。现代生活性服务业方面，京柏城、中港广场、高明广场等三大购物中心建设进度加快，万隆购物广场开张营业，荷城商圈渐成规模，高明城市品位明显提升。现代物流业方面，腾信港口、珠江货运等重点物流企业完成码头泊位续建、港口信息系统升级改造等工作，迅速提高货物周转速度和码头吞吐量。

【对外贸易】 全年全区实现进出口总值 16.95 亿美元，同比增长 31.5%。其中出口总值 12.93 亿美元，同比增长 28.9%；进口总值 4.02 亿美元，同比增长 40.6%；进出口差额 8.91 亿美元，同比增加 1.73 亿美元。全年合同利用外资金额 0.76 亿美元，同比增长 42.5%；实际利用外资 1.19 亿美元，同比增长 3%。

【财政金融】 2010 年，高明区财政收入保持平稳较快增长，财政收入增长与经济发展相协调。全年实现财税总收入（含海关代征增值税）52.37 亿元，同比增长 47.1%；地方本级财政收入 27.35 亿元，同比增长 38.4%；地方财政一般预算收入 14.7 亿元，同比增长 24.6%。年末全区金融机构各项存款余额 204.26 亿元，比年初增长 15.9%，其中城乡居民储蓄存款余额 128.63 亿元，比年初增长 20.1%；年末金融机构各项贷款余额 133.38 亿元，同比增长 13.9%。

城乡建设

【西江新城建设】 2010 年，西江新城被确定为佛山市 12 个重点发展的现代服务业片区之一。全年投入近 8 亿元，重点推进广东省纺织技术学院、高明区职业技术学校、沧中附小和新妇幼保健院等 44 个项目建设，其中 14 个项目已经完工。实施“走出去”战略，加强西江新城包装策划，通过与知名主流新闻媒体合作，倾力打造智慧城品牌，吸引了中兴（佛山）智慧城等一批项目落户新城。

【“三旧”改造】 2010 年，高明区把“三旧”改造作为推动城镇化建设、统筹城乡发展的重要抓手，确定今后三年“三旧”改造项目 183 项、改造面积 1.87 万亩的工作目标。全年启动改造项目 118 个，面积 1.38 万亩，完成项目库总数的 64.5%。三洲旧区、沿江路以东区域、旧汽车客运站等改造工作进展顺利，其中旧汽车客运站改造已完成拆迁居民安置房建设；三洲旧区改造项目融资得到国家开发银行支持，获得 8.9 亿元融资资金授信，并与中交集团达成合作意向。

【交通建设】 坚持“建设大交通促进大发展”思路，加快构建“40・30・15”交通新格局，全年全区规划和在建重点交通基础项目 26 个，计划总投资约 124 亿元，累计完成投资约 24.6 亿元。高速公路建设方面，江肇高速公路高明段累计完成投资 20.49 亿元，于 12 月 31 日建成通车，成为继广明高速公路高明段之后的高明第二条高速公路；广明高速公路延长线工程全面完成前期准备工作，进入征地拆迁阶段；江罗高速公路高明段经省政府同意，省交通运输厅已批复工可，用地、环评、文物等前期工作进入尾声。快速干线建设方面，禅高快速路工程的魁奇路西延工程、龙湾大桥和南海崇民路工程已经动工；樵高路快速化工程已经开展工可报告等前期工作。港口码头建设方面，佛山海螺水泥有限公司专用码头加紧建设，中油高富码头开展施工前期准备工作，富湾综合货运码头开展推介和前期工可评审等相关工作。

【环境保护】 做好主要污染物排放总量控制工作，全年化学需氧量（COD）排放量 0.11 万吨，同比下降 15.4%；二氧化硫（SO_2）排放量 0.78 万吨，同比下降 7.2%。通过国家环保模范城市验收，创建市级生态示范镇 1 个。

启动城乡环境升级计划。实施“再造沧江”工程，对沧江河两岸禁养区内 176 家畜禽养殖场进行清理整顿，全年签订整治承诺书 172 家，自行清拆 154 家，自行清理率达 90%，累计投入区级奖励资金约 224 万元，整治效果显著。实施城乡环境清洁工程，推行行政首长巡街制度，解决“脏乱差”问题。实施绿道网建设工程，建成绿道 74.6 公里。

推进污水处理厂及配套设施建设。全年全区共处理污水 3434.52 万吨，城镇污水处理率约为 77%，达到《珠江三角洲地区改革发展规划纲要（2008 ~ 2020）》指标要求。中心城区第三污水处理厂正式投入运营，明城镇第一污水处理厂开始试运行，中心城区第二污水处理厂二期扩建工程进入土建施工阶段，杨和镇第二污水处理厂、更合镇第二污水处理厂均完成选址工作。委托具备资质的企业进行污泥外运处理，共稳定达标处理污泥 3434.8 吨。

推进公交车使用液化天然气（LNG）工作。共投入 750 万元将 19 辆尾气排放不达标公交车全部更新为天然气公交车，加强公交车排气检测，对经检测整改 2 次不合格的公交车强制报废更新。

【水利建设】 西坑水库除险加固工程全面完成；马宁泵站（含东水闸重建）完成主体工程；富湾泵站工程完成总工程量的 85%；西秀一涌、富湾引排水渠工程完成设计，总投资约 1.4 亿元。完成西江高明段行洪控制线调整工作，调整西江行洪控制线 21.55 公里，筑堤 17.48 公里，开发利用方案已报省政府有关部门审批，计划两年总投入 2.75 亿元，为高明区今后的西江沿岸“三旧”改造和综合开发规划工作打下坚实基础。扎实开展“三防”工作，全年取得防御多次台风和强降雨的阶段性胜利，全区 17 座电排站 68 台机组全部投入运行。

【供水】 2010 年供水各项重要指标均取得增长，年供水总量达 7077 万立方米，同比增长 7.1%；年售水总量达 6012 万立方米，同比增长 4.6%；实收水量 5976 万立方米，同比增长 4.6%；实现工业总产值 8548 万元，同比增长 8.3%；年销售收入 7972 万元，同比增长 12.4%；实现净利润 2042 万元，同比增长 170%。通过对全区各水厂进行技术改造和设备保养维护，实现生产设备安全可靠运行，并取得节能降耗成效。

【供电】 全年实现供电量 29.82 亿千瓦时，同比增长 15.8%；实现售电量 29.04 亿千瓦时，同比增长 15.4%；至 2010 年 12 月 31 日，高明供电连续安全运行 4782 天，连续 13 年保持安全生产局面稳定。全年全区电网在建项目总投资达 4.2 亿元，220 千伏沧后线工程、110 千伏后合线工程、110 千伏秀丽站、禄堂站扩建工程顺利投产，220 千伏鹅村、110 千伏兴良输变电工程扎实推进。全年共增加主变容量 10 万千伏安，新增 110 千伏及以上线路 39.6 公里。配网方面，123 项工程全部顺利投产，建设与改造 10 千伏线路 96.75 公里、配变 144 台、台区 130 个。全面完成电网建设“十一五”规划，主网结构实现适度超前，为高明区经济社会发展提供更加强大的电网支撑。

社会事业

【卫生与人口计划生育】 在全市率先推进区、镇、村医疗卫生服务一体化改革，区人民医院接管各镇（街道）公立医疗机构，整合具备条件的社区卫生服务站、卫生站资源。建立稳定投入保障机制，从 2010 年 7 月 1 日起，镇（街道）财政补助在编在职人员人均 1 万元 / 年，区财政补贴公立医院运作费用按在编在职人员不少于 1.5 万元 / 年；基层公立医院的基本建设、大型设备购置、人才培养等项目均纳入政府财政预算；镇（街道）无偿提供用地新建社区卫生服务站，区财政补助每间卫生服务站至少 50 万元。完善医疗卫生基础设施，投入 1.47 亿元用于区人民医院综合大楼、区妇幼保健院新院、区中医院新门诊大楼等工程建设，投入 400 多万元建成区疾控中心预防接种示范门诊大楼并投入使用。全区共有医疗卫生机构 111 个，其中医院 10 所，卫生院 4 所，门诊部（所）17 所；卫生工作人员 1997 人，其中医生 625 人；卫生专业技术人员 1686 人，其中执业医师 497 人，执业助理医师 86 人，注册护士 623 人；医疗机构床位 1434

张，其中医院1288张；村设医疗点26个，乡村医生21人。

公共卫生服务均等化取得实效。推进卫生村创建工作，新创建省级卫生村8个，全区累计创建省级卫生村92个、市级卫生村19个；开展农村改厕工作，累计新建或改造卫生公厕共574座，各村基本上都有卫生公厕，完成2670户的无害化改厕。

全区年末总户数8.26万户，总人口29.48万人，比上年增加1688人。2010计生年度全区出生3219人，人口出生率为10.4‰，政策内出生3067人，政策生育率95.28%；男婴1695人、女婴1524人，出生性别比为111.64。创新计划生育保险服务，区政府出资90多万元为3万多户独生子女、农村纯二女结扎计生家庭购买包括身故、伤残、住院医疗在内的计划生育意外保险，已有8例遭遇意外的计生家庭得到保险赔付，有效提高计生家庭抵御意外风险的能力。

【就业与社会保障】 完成社保扩面征缴任务，不断扩大社会保险覆盖面。年末全区参加基本养老保险人数为10.28万人，比上年末增加5963人，其中参保职工9.11万人，参保离退休人员1.16万人；参加失业保险人数为8.83万人，增加9635人；参加工伤保险人数为10.96万人，增加1.13万人；参加基本医疗保险人数为10.65万人，增加1.12万人；参加农村基本养老保险人数1.15万人，增加3000人。足额发放各项社保待遇，至12月底全区发放各项社保待遇2.87亿元，其中：发放全区离退休养老待遇共1.61亿元，离退休人员死亡142人，发放死亡丧葬费、抚恤费570万元；领取失业保险待遇共1.35万人次，发放金额1037万元；发放工伤保险待遇1030万元；医疗保险支出1亿元。

加大培训就业力度，促进城乡劳动力就业。举办各类职业技能培训班56期，培训人员2378人次；组织大中专毕业生专场招聘、农村富余劳动力专场招聘、镇（街道）专场招聘等大型专场招聘会8场，人力资源市场集市201场。全年新增就业6820人，共帮助1.9万人就业，其中农民工1.15万人，本地农村富余劳动力1224人，省内外市3634人，下岗失业人员1485人，大中专高校毕业生就业1118人。

【人才工作】 完成全国专业、执业、职业资格及职称相关考试报名和发证工作，全年受理报考专业技术资格考试173人、职业资格考试76人、执业资格考试376人、职称相关考试1060人，发放各类考试合格证书558份。完成专业技术资格评审和认定工作，全年审核申报评审材料392份，其中高级评审资料89份、中级评审资料244份、初级评审资料59份。全年为34名高层次人才发放生活津贴44.4万元，5名博士后科研人员发放生活津贴13.4万元，1名博士后科研人员发放安家补助费1万元，1名博士后配偶发放生活津贴0.48万元。全区现有人才数量3.78万人，建成院士工作站1个，博士后工作站2个，在站博士后5名。

【教育事业】 创建成为“广东省推进教育现代化先进区”，杨和镇、更合镇顺利通过“广东省教育强镇”复评。创新职业教育人才培养模式，提升职业教育水平。加快发展学前教育，开展“广东省农村学前教育发展模式试点县”工作。推进义务教育学校教师绩效工资，基本实现“两相当”。全区现有普通初中8所，在校学生1.33万人；普通高中4所，在校学生6379人；小学21所，在校学生2.24万人；幼儿园27所，在园幼儿1.09万人；职业技术教育学校3所，在校学生6166人；成人教育学校5所，在校学生8437人。全区专任教师3401人，其中普通中学1286人，小学1196人。2010年升大学2203人，参加普通高考被录取人数1883人，其中本科773人，大专1110人；参加成人高考被录取236人，其中本科149人，大专87人；参加高职统考被录取人数84人。

【体育事业】 成功举办以“相聚盛会、共享快乐”为主题的高明区第一届运动会，为高明区级建制8年来首次举办的大型综合性运动会。共有10个代表团1887名运动员参与13个大项、195个小项的比赛角逐，聚集来自区内各机关、企事业单位、农村基层、学校等不同行业和不同阶层的群众，是高明历年来项目最多、规模最大的一次综合性运动会。举办“魅力荷城·龙耀沧江”2010年高明区龙舟赛，是时隔11年后重新举办的一次龙舟竞渡活动，来自全区9条村庄的龙舟在沧江河上竞技，墨编、俊洲、新村3支龙舟队分别获得冠、亚、季军，近10万市民到现场观赏。

群众体育工作取得新发展。投入340万元完成区体育场塑胶跑道工程及排水系统改造工程，投入扶持资金27.7万元向基层赠送、安装篮球架31副、户外乒乓球台10张、室内乒乓球台8张、健身路径4处（42件器材），推动农村新建公共标准篮球场18个，为基层群众开展文体健身活动奠定坚实基础。

体育竞技水平进一步提升。全区运动员参加全国、省、市各项比赛中共获得奖牌101枚，获国家级赛事奖牌19枚，其中金牌5枚；获省级赛事奖牌13枚，其中金牌2枚；获市级赛事奖牌69枚，其中金牌22枚。区体校上送到国家队运动员1人，上送到国家二队集训2人，上送到省体工队集训1人，省体校集训2人，市体校集训35人。

【文化事业】 全区共有区级图书馆1间，乡村图书馆（室）99间，总藏书量达67.52万册，实现区图书馆与市内兄弟区图书馆之间的书刊“通借通还”。村（居）文体设施覆盖工程进一步完善，全年新建成农家书屋16家，实现农家书屋和共享工程基层服务点在全区72个行政村（社区）的全覆盖；启动500人以上自然村综合文化室建设工程，建成10家示范点。开展“魅力大舞台·文化周末”活动，全年举办群众文化活动142场次，参与活动28万人次；放映电影1199场次，观众达29.8万人次。推动文艺精品创作，举办区第二届文化艺术“荷花奖”颁奖晚会，共评出“群众文化活动群英奖”、“文化贡献奖”、“文艺创作演出精品奖”3个类别79个奖项。

【农村事业】 推进农村集体经济管理体制改革，规范农村集体经济组织701个，占应完成总数的97.8%。开展集体林权制度改革，完成林改村民小组415个，占应完成总数的95.4%。推进培育农民新型合作组织和整合、改造农村集体经济组织试点工作，完成试点3个。开展旧村居改造和新农村建设示范村居试点工作，开展试点9个。完成全区251条自然村的水改工程，受益人口达8万多人。

【慈善公益】 2010年高明区享受救济人数7360人，其中城镇777人，农村6583人。接收社会物资捐赠0.05万件，捐款1479.44万元，受益2971人次。全区共有敬老院6间，床位数340张，入住人数180人；社会福利院1间，床位数180张，收养人数82人。

【城乡居民生活水平】 全年农村居民人均纯收入8225元，同比增长13.6%；城镇居民人均可支配收入18913元，同比增长17.4%；农村居民家庭食品消费支出占消费总支出比重为42.2%，城镇为37%。

精神文明建设与社会治安

【精神文明建设】 开展“全民爱卫生，共建清和美”、创建诚信经营示范街、第二届“邻里日”及“情暖高明”等主题活动，推动文明城市创建工作向纵深发展。开展2010年高明区文明窗口单位创建工作，有效提升各行各业的服务水平。以建设社会主义核心价值体系为重点，举办区第五届读书节、“我们的节日”、“文明交通行动计划”及文明礼仪风采展示晚会等系列活动，提升群众文明素养。开展青少年道德状况专题调查，聘任兼职法制副校长，深入开展“做一个有道德的人”主题实践活动，加强未成年人思想道德建设。编印发行高明区红色旅游画册《传承》，加强国防教育。组织第三届“佛山十佳美德之星”推荐活动暨第二届“因为有你·情动高明”道德模范推荐命名活动，营造学先进、赶先进、创先进的浓厚氛围。

【社会治安】 加强情报信息收集，在基层农村、社区、企业建立完善的维稳情报信息网络。加强反恐体系建设，形成党委政府主导、公安为主力、各反恐成员单位协调配合的反恐常态化机制。全区群体性事件同比下降50%，上海世博会、亚运会等系列大型活动期间的安保活动均实现“零差错”。社会治安持续稳定，对违法犯罪分子保持严打高压态势，治安防控体系进一步完善，社会打防效果凸显，全年刑事发案数同比下降4.2%，下降幅度较大，全区社会治安环境明显改善，群众安全感和满意度明显提升。

机构改革

【区政府机构改革】 为理顺职责关系、转变政府职能，于1月开展区政府机构改革工作，新组建机构4个，不再保留机构6个，涉及职能调整和理顺部门15个。改革后区政府设工作部门23个，较改革前减少2个，部门职能设置更加科学合理。

【区党政机构改革】 为进一步精简机构、提高效能，在区政府机构改革的基础上，于6月启动区党政机构改革工作，将全区包含党政机构（市垂直管理部门）、群团组织及事业单位在内的45个部门，调整设置为16个大部门，机构精简幅度近2/3。改革工作取得明显效果，逐步建起职能配置科学合理、机构设置综合精干、权责划分明确清晰的党政组织架构，党委政府实行“扁平化”运行新体制，区委、区政府作出决策后直接由大部门执行，减少中间环节和行政层次，有效提高决策执行力和工作效率。

【“简政强镇”事权改革】 为加快镇（街道）政府职能转变，提高公共服务水平，并与区党政机构改革实现对接，于9月启动“简政强镇”事权改革工作，赋予综合指数400以上的特大镇荷城街道县级经济社会管理权限，设置综合性办事机构和区镇（街道）双重管理机构共13个；其他3个镇设置综合性办事机构和区镇（街道）双重管理机构共12个。共向镇（街道）下放第一批近400项审批事权，各镇（街道）设置机构于9月26日正式挂牌运作。

各镇（街道）介绍

【荷城街道】 荷城街道位于高明区东部，地处西江之滨，被西江、沧江二水环抱，素有“西江明珠”之称，是佛山市西江组团重要的组成部分，是高明区委、区政府驻地，全区的政治、经济、文化、金融、信息和科技中心。荷城街道下辖14个社区居委会、14个村委会，总面积179.06平方千米，占全区面积18.5%。

全年实现工业总产值1030.79亿元，同比增长26%；规模以上工业总产值1020.16亿元，同比增长28.4%；固定资产投资88.17亿元，同比增长16.3%；实际利用外资9724.2万美元；合同利用外资4547.73万美元。工商税收总收入20.42亿元，同比增长18.1%；本级税收收入2.8亿元，同比增长17.9%。全面完成“十一五”规划的主要目标任务，综合实力跃上新台阶。

招商引资取得明显成效。2010年引入项目31个（含增资扩产），合同投资总额49.99亿元，亿元项目12个，保持良好发展势头。根据产业发展需要，引进世亚金属、高达重工等大型项目，把汽车产业和装备制造业作为新的产业发展重点。

产业集聚优势不断增强。以海天味业、中油高富、溢达纺织、佛山照明、亿龙塑胶等五大龙头企业为重点，大力培育食品、石化、纺织、光电和塑料等五大支柱产业集聚发展，支柱产业逐步发展壮大。重点企业增资扩产势头迅猛，中油高富二期213万吨技改扩能项目完成改造，加工能力由130万吨提升至213万吨；海天酱油二期及小调味园项目进入设备安装阶段；溢达增资9900万美元中有3300万美元已经完成验资。“十一五”期末，五大支柱产业实现工业产值716亿元，占街道工业总产值的68.3%。企业效益同步提升，2010年街道纳税超亿元企业共4家。

现代服务业发展明显加快。加大第三产业招商力度，大力发展房地产、酒店、金融服务和物流产业。启动高明广场、京柏城广场等一批项目建设，促进“荷城商圈”发展提升，建成塘伙村生态乐园并对外开放，各投入7000万元对绿海丛林和盈香生态园进行开发建设，引入新型金融服务机构高明顺银村镇银行和丽日顺发小额贷款公司，推动街道现代服务业再上新台阶。

自主创新能力不断提高。加快实施名牌带动战略，以骨干企业和行业龙头企业为重点，集中力量培育一批拥有自主知识产权、自主核心技术的驰（著）名商标和名牌产品，大力实施知识产权保护，共有国家名牌产品2个，省级名牌产品11个，建有4家国家级高新技术企业。

城市面貌大幅改善。启动荷城城市提升行动计划，三洲兴良路等多项市政工程顺利推进，城市整体形象得到提升。绿道网示范段顺利建成，建设绿道约20公里，荷富路绿道、明富路自驾车绿道正式交付使用。沧江工业园祥如员工服务中心的首期工程建设基本完成，园区配套水平得到提升。

生态建设明显加快。全面开展城乡环境升级计划，区领导挂驻任“街长”实行每月一巡查，及时发现问题并加以处理。落实锅炉整治工作，对77家企业140台锅炉进行整治。推进“再造沧江”工程，沧江两岸禽畜业得到整治。加大污水处理厂建设力度，推进新增处理规模为2万吨／日的中心城区第二污水处理厂二期项目和总投资约1亿元的富湾污水处理厂首期以及配套管网建设前期工作。

“三旧”改造全面提速。三洲旧区改造各项前期工作基本完成，拆迁补偿安置方案完成听证，安置区选址基本确定，融资工作有新进展，成功争取到国家开发银行8.9亿元融资授信，并与中交投资有限公司达成初步合作意向，改造进入实质阶段。

农村体制改革顺利推进。进一步规范农村村务、财务公开制度，完善农村财务第三方接管工作，共接管村（居）财务账318盘，其中村（居）委28盘，经联社14盘，村（居）小组和经济社276盘。健全规范农村集体经济组织，全面推动农村集体经济管理体制改革，建立和规范经济社149个。积极推动农村集体土地流转，大力推进农业产业化进程，增强农村发展活力。积极引导农民采用“公司＋基地＋农户”的经营模式，带动街道农业产业化发展，农民收入不断提高。

农村基础设施建设不断加强。投入300多万元对江湾社区松柏村、范洲村委会龙湾片、南洲村委会东西片等农业园区共3000多亩农用土地进行整治，改善农业基础设施和耕作环境。投入1300万元全面完成46条自然村的二次水改任务。积极推进林改工作，完成林改面积3.53万亩。社会主义新农村建设顺利推进，新亨村和塘伙村两个旧村居改造示范点逐步建成。

农业产业得到稳定发展。发展花卉种植3954亩、种植水稻3.14万亩、经济作物面积2.29万亩、水果4379亩、鱼塘2.75万亩，实现农业生产总值6.88亿元，同比增长5%；农村年人均纯收入为8467元，同比增长12.6%。

社会稳定得到全面保障。在28个村（居）委会中全面开展创建“安全文明小区”、“无传销社区（村）”活动，活动覆盖率达到100%。通过加大治安管理力度，强化治安网络建设，加强流动人员和出租屋管理服务，共清查登记出租屋1.74万间，系统录入率为99.5%；流动人员6.81万人，系统录入率为98.2%；办理居住证3.52万个，办证率50.8%，实现13个流管站联网办公。通过建立综治信访维稳中心、流动人员和出租屋管理服务站、安全文明小区建设办、安置帮教工作站、社区戒毒康复中心等，初步形成贯通多部门，涉及多个群体的社会化管理服务体系，成为解决民生、调处矛盾的有力途径。

信访及治安形势逐步好转。联合各综治单位共组织矛盾纠纷排查24次，排查出矛盾纠纷39宗，成功调处矛盾纠纷36起，矛盾调处成功率为92.3%。在“公共安全感调查”中，群众对街道治安情况“满意”和“基本满意”的占88%，群众安全感明显增强。2010年街道没有发生较大影响社会稳定的矛盾纠纷及重大事故，实现到京“零上访”等“三零”、“三无”的防控目标。

进一步转变政府职能，强化社会管理和公共服务，体制机制改革取得明显效果，依法行政、依法治街水平不断提高。高效推进“简政强镇”事权改革，积极做好事权下放的交接工作；开展中山、江湾社区行政服务中心试点工作，为群众提供更加便捷高效的审批服务。公开招聘大学生村官到农村基层工作，切实改善村干部队伍结构，基层管理力量得到进一步加强。

教育全面步入现代化。投入400多万元配备常规教学仪器、体育器材，完善功能场室及课室教学小平台建设，确保所有学校“三室一场五有”，高标准达到广东省义务教育规范化学校要求。2010年5月顺利通过“广东省推进教育现代化先进区”的督导验收。

文体事业实现大发展。开展“体育村居（企业）行”等群众文体活动，建设“农家书屋”19间，共享图书资源近6万册，协助开展“园园通”

有线电视工程。举办2010高明区龙舟邀请赛，参加高明区第一届运动会获得总成绩和金牌数第一的好成绩。

社会保障实现全民覆盖。街道居民门诊（住院）基本医疗保险参保人数为7.49万人，覆盖率达99%；参加居民社保人数为1.73万人，其中农村居民1.18万人，参保率为93%，城镇5472人，参保率为68%；全征土地农村居民累计参保人数为8226人，发放养老保险金755.19万元，受惠人数4265人。

计生工作落到实处。2010年度符合政策生育率95.26%，低生育水平保持稳定，全面完成上级下达的人口计划生育指标，连续两年获得“佛山市人口计划生育先进单位”。

基层医疗卫生建设全面升级。“一院二中心”建设顺利推进，投入约3000万元建设中心卫生院门诊医疗综合楼、富湾社区卫生服务中心以及仙村、泰和社区卫生服务站。街道卫生院（社区卫生服务中心、社区卫生服务站）转变管理方式，移交区人民医院实施一体化管理。

社会弱势群体权益得到保障。建立和完善低保、五保、子女助学、危房改造、医疗救助、法律援助、临时救济等七项社会救助制度，落实城乡居民社会救助和服务，开设爱心超市、居家养老等慈善机构；落实优抚政策，关怀和重视伤残和复员退伍军人和烈属等重点优抚对象的生产生活问题。

【杨和镇】杨和镇位于佛山市高明区腹地，2005年由原杨梅镇、人和镇合并而成，属高明区三大组团（中部组团）之一，地处广（州）海（安）中线与江（门）肇（庆）线的交汇处。辖有3个居委会，7个村委会，105条自然村。面积228.33平方公里，耕地面积3.5万亩，山林面积18万亩。户籍人口3.8万多人，外来人口4万多人。境内交通四通八达，纵横交错，区位优势明显，超一级公路高明大道贯通全镇东西，杨西大道和江肇高速公路纵贯全镇南北。杨西大道接驳广明高速后，将成为高明未来的产业轴线和物流轴线。

全年完成工业总产值318.83亿元，同比增长21.9%；固定资产投资36.6亿元，同比增长35.7%；税收收入2.6亿元，同比增长26.3%；农业总收入5.78亿元，同比增长9%；人均纯收入7912元，同比增长12.5%。金属行业工业生产总值达190亿元，占杨和镇整个工业总产值的60%。

招商引资引进一批新能源、机械装备、电子电器等优质项目，如投资3000万美元的住友电梯项目和投资总额达2亿元人民币的迅达电梯项目均为中外合资企业，建成后年产电梯5000台，永磁同步电机5000台，合计产值近10亿元；首期投资3亿元的乾泰五金公司主要生产五金制品，年产值达5亿元，产品全部外销，专供香港宜家家私；由上市公司珠海中富实业股份有限公司合资设立的佛山中富容器有限公司，投资8500万元，年产1.5亿支PET酱油瓶、2亿支瓶坯，主要向海天酱油配套提供酱油包装瓶。

全年共有19个增资扩产建设项目，项目总投资16.8亿元。基业公司对生产线进行技术改造，新增产能10万吨，同时继续投资1.9亿元上马硅钢项目，预计投产后可新增产能20万吨，新增产值13亿元；津西金兰公司充分发挥合资公司的资金优势，投资1亿美元进行第三期项目建设，主要生产汽车钢板、家电钢板等高端产品，建设投产后产能将由45万吨提高到100万吨，年产值可达到87亿元；海能科技公司投资3亿元的二期项目，将新增多条不同类型生产线，产品食用包装薄膜、无纺布、无胶薄膜等，产能由现在的每年2万多吨大幅提高至16万吨，产值达20亿元。

推进传统产业优化升级，通过招商引资导向、增资扩产提升、技术改造升级三大途径，使金属材料行业由粗加工向深加工发展、由生产低附加值产品向生产高附加值产品发展。通过加大招商力度，在继续巩固支柱产业优势的同时，在新能源、新材料和家电电气等新兴产业方面培育新的经济增长点，如新引进的乾泰五金、恒裕钢业、冬贤数控、迅达电梯、住友电梯等技术含量高、产品附加值大的金属材料下游生产企业，进一步完善支柱行业产业链。加快技术改造升级，增强企业市场竞争力和抵御风险能力，如福煌公司将人工操作生产流程升级为自动生产线，减少安全隐患，提高产品质量。

企业上市融资加快推进。川东公司上市前期筹备工作已经基本完成；韩丽公司正在筹备上市各项前期工作，理顺公司架构。

节能减排和环境保护得到加强。杨和镇第一污水处理厂投入使用，第二污水处理厂开展选址、环评等前期工作；推进畜禽养殖业污染整治，切实加强环境安全监管工作；实施绿道网工程，建成“人和桥—碧涛酒店”6.8公里示范段绿道并投入使用，完成杨宅公路24.4公里自驾车绿道设计，投入50万元对该路段进行建设；开展城管“八乱”整治行动，营造干净整洁的城镇环境。

交通建设项目扎实推进。荷杨大道基本完成江肇高速出口至杨西大道的133亩征地工作；杨西大道一、二期完成征地拆迁任务，全面开始施工；江肇高速杨和段13.8公里建成通车。

城乡环境整治不断深入。推进“三旧”改造，改造用地面积1008.61亩。启动杨和镇杨梅片区旧城改造，投资2000万元对杜鹃路进行拓宽改造。

以区举办绿色欢乐节为契机，借势成功举办杨和旅游文化节，组织4000多名游客参加濑粉品尝、参观旅游景点、选购绿色特产等活动，有效宣传推介杨和镇旅游项目。举办皂幕山重阳登山节，邀请登珠穆朗玛峰的5名勇士参与，吸引近1000名市民参加，有效打响皂幕山品牌，带动周边经济消费链。将文物保护景点与绿道网相结合，以绿道为线、景点为点，有效串联绿道沿线景点，使绿道网建设更具活力。

民生工程深入推进。完成新杨和中学第一期主体工程，推进文化公园建设，加大二次水改工程投入，大力发展慈善事业，健全最低生活保障制度。全年共发放各类救济金206.74万元，临时生活补贴共41.84万元，临时救济金近3.2万元，发放五保供养金46.64万元，合作医疗报销补偿金额为279.65万元，全征地农民基本养老保险参保人数为1953人，已领取养老金1122人。

社会事业全面发展。全面实施“文化惠民工程”，举办8场文艺演出，免费放映公益数字电影182场，在建成10个“农家书屋”的基础上，分别在独岗村、清泰村开展人口500人以上自然村综合文化室示范点建设，全面完成“园园通”有线电视工程。体育事业蓬勃发展，杨和镇代表团在高明区第一届运动会中获得成年组和少年组累计113枚奖牌，在10个代表团中位居第二，并取得7个项目“体育道德风尚奖”的好成绩。武装民兵工作跃上新台阶，“四个基本”建设得到上级肯定，共征集10名优秀青年光荣入伍，圆满完成年度征兵任务。推进“五五”普法、“法律六进”和“民主法治村建设”工作，宣传各项法律法规，大力推行政务、厂务、村务公开。

安全稳定态势平稳。开展“领导干部大接访”和“四访”活动，成功调解各类矛盾纠纷189宗，率先在高明区村（居）一级成立综治信访维稳工作站，逐步扩大综治信访维稳网络的覆盖面。以安全隐患排查整治为重点，扎实开展“安全生产年”活动，安全生产基层基础工作不断加强，全年无重特大事故发生。

改革创新逐步深化。完成“简政强镇”事权改革工作，设置综合性办事机构和区镇双重管理机构共12个，其中综合性办事机构10个，双重管理机构2个，下放行政审批事项297项，涉及基层组织、企事业单位及群众办事的日常管理事项100项。

效能建设深入推进。杨和镇行政服务中心正式启用，首批进驻国土、房产、规划、民政、环保、社保、计生、卫生、劳动保障等10个窗口和1个综合窗口，将政府服务领域与群众日常生产生活密切相关的服务事项集中到镇级行政服务中心，提供“一站式”、“一条龙”行政审批业务。

依法依规完成村级党组织换届选举工作。进一步完善农村财务管理体制改革，对全镇140多个经济组织实行村账镇管，引入第三方管理农村财务；选定沙水、石水两个村委会作为创建农村政务公开示范单位，加大农村村务政务公开透明度；积极培育农民新型合作组织，配合区在对川经联社实行股份合作经济组织建设，制定股份合作章程，规范股份合作社运作、管理；进一步落实规范农村集体经济组织工作，完成140个经济组织管理规范工作。

【明城镇】 明城镇位于高明区的中部，总面积183.47平方公里，下辖1个社区居委会和11个村委会，共149个村民小组，总人口6万多人，其中户籍人口4.5万多人，旅外华侨港澳同胞达1万多人，是广东省著名侨乡。

全年完成规模以上工业总产值179.17亿元，同比增长31.4%；固定资产投资26.57亿元，同比增长36.1%；农民人均纯收入8063元，同比增长12.5%；税收收入2.05亿元，同比增长27.5%；一般预算收入1.15亿元，同比增长35.5%；骨干企业税收增长明显，超百万元税收企业达24家，其中15家同比增长超过22%。经济总量和效益显著提升。

全年累计引入三大产业项目23个，总投资额40.5亿元，其中亿元以上项目4个，广东中旗新材料有限公司等15个项目已动工投产；成功引入总投资25亿元的陆地方舟新能源汽车项目和投资4亿元的德方纳米项目；全年增资扩产项目有8个，投入金额5.78亿元；全镇7家企业品牌获国家和省级称号，4家企业组建市区两级工程研究中心，贝斯特公司百特品牌荣获高明区首个“国家驰名商标”称号；政策性关停水泥企业有5家成功转型转产，3家陶瓷企业全部通过调整提升验收。第三产业和农业蓬勃发展。加大商贸、旅游等项目招商力度，泰康山休闲度假项目累计投入2400万元进行基础设施建设。崇步现代农业园投入1300万元实施标准农田建设和完善农业园区配套建设，引入3个农业项目；积极推广良种良法，开展粮食创高产等多个示范项目，农业产业化扎实推进。

全年启动“三旧”改造项目5个，改造面积约459亩，其中旧城镇改造项目3个，鸿晟房地产项目和原珠江食品厂地块改造项目抓紧推进。完成“一河两岸”规划设计，投入100多万元完善堤围除险加固等建设。推进绿道网建设，完成鱼港河示范段和云幕段约11公里绿道建设；投入70万元完善截污管网提升工程，污水处理厂通过验收运营；加强城镇工业污染整治，完成对20间锅炉企业和城十路10家污染企业整治；推进“再造沧江”工程，完成沧江河沿岸80户畜禽养殖整改；综合整治城市“八乱”，城镇面貌得到有效改善。

切实保障特困居民基本生活权益，共发放五保供养、低保等特困生活补助及救济金344万多元，保障1206名低保对象基本生活；投入40多万元完成26间农村特困家庭危房改造；拨付居民基本医疗保险资金351.6万元，参保居民人数3.58万人；拨付全征地农民养老保险资金528.8万元；贯彻落实支农惠农政策，兑付种粮直补等各项农业补贴500.3万元；积极兑现“三项下乡资金”补助，发放补助资金84.3万元；积极解决农村饮水问题，投入资金400多万元完成24个村民小组二次水改工作。

农村管理体制深入推进。根据统筹协调、先易后难、分类指导、分步实施的工作思路，深化农村制度改革，建立184个农村集体经济组织，106个村民小组完成林权改革，达到省验收标准。

投入800多万元建成社区卫生服务中心，整体移交区人民医院使用管理；建立108家存在职业病危害因素企业的职业卫生档案；积极落实计划生育利益导向机制，全年共发放独生子女保健费、节育奖等93.5万元；计划生育率达95.16%，人口出生率为11.82‰，连续7年荣获市计生先进单位。

对“三谭”纪念馆进行重新修葺和布展，成为全市首个“广东统一战线基地”。完善“园园通”有线电视工程建设，开展以“魅力大舞台”为平台的文化活动，组织大型文艺活动和公益数字电影进企业、进农村。协同区组织开展旅游文化节，接待游客近万人。推进农村文明建设，新建6条区级“十好”和谐文明村。体育发展取得新成绩，参加高明区首届运动会团体总分位于前列，行政村体育设施建设全部达标。教育经费、补贴保障落实，累计投入教育经费3023万元，教育现代化成果进一步巩固。

维护劳资双方合法权益，共办理企业用工申报备案75家，签订劳动合同6880份，签订率达98%；及时处理劳资纠纷，涉及总金额155万多元，结案率100%。广开就业渠道，举办春夏两季大型现场招聘会，共提供就业岗位约1300个，成功推荐就业人数约1000人；开展就业培训，共组织农村富余劳动力培训6期，培训620多人。

镇总工会充分发挥职能，切实维护职工权益；共青团工作丰富多彩，积极开展“青春暖流”系列慰问和“健康直通车，爱心下乡”义诊等活动；积极发挥妇联作用，共救助54户单亲特困家庭；武装工作不断加强，取得省民兵轻舟机动训练考核个人第三名的好成绩，顺利完成16名新兵征集任务，获得“武装工作全优单位”称号；民主法治村建设深入推进，村组延伸率分别为100%和88%；积极开展社会救灾救困等慈善工作，发动企业、职工和社会群众捐资211.6万元；做好殡葬管理工作，投入110多万元扩建福祥园1700多个墓位。

【更合镇】 更合镇位于高明区西部，地处珠江三角洲城镇群东西两翼交汇中轴位置，北接高要，南邻鹤山，西连新兴，是广佛肇经济圈的东西结合部，拥有优良的生态环境。全镇总面积347.01平方公里，常住人口6.3万人，下辖19个村委会，3个居委会，184个村民小组。

全年完成规模以上工业总产值254.52亿元，同比增长33.1%；固定资产投资31.37亿元，同比增长33.5%；税收收入1.59亿元，同比增长15.4%；镇本级财政收入4984万元，同比增长5.8%。

招商引资引入项目（含增资扩产）23个，合同投资总金额76.3亿元，集中在陶瓷、新材料等产业，通过盘活闲置土地引入的项目有10个，合同投资总金额23.76亿元。全年推进项目35个，其中22个进入基建阶段，9个顺利投产。

万和电气、盈星木业、耀银山铝业等纳税前20位企业发展迅猛。纳税超千万元企业有万和电气、诚德特钢、炜林纳3家。由高明区政府、四川大学与炜林纳公司三方共建的“佛山市高分子材料分析检测中心”落户炜林纳，将为珠三角塑料等产业提供技术支撑。累计拥有“炜林纳”等知名品牌称号8个。

农业生产稳中发展，水稻、水产、畜牧种养及销售态势整体向好。认真落实中央强农惠农政策，财政投入425.5万元发放农资综补、粮食补贴等政策性补贴。加快推进农村集体经济组织管理体制改革，规范经济社172个、经济联社27个，总完成率为95.7%。全面实施集体林权制度改革，完成集体林地勘界确权2992宗，面积31.75万亩，确权到户率达97.8%；发放股份权益证书1.6万本，股权发放率达97%。

佛山陶瓷产业基地示范园一期内部道路和市政建设布局已现雏形，高明燃气公司燃气站和佛山燃气公司调压站确定进驻，汇德邦等4家企业已顺利投建。高铜线二、三标段路面建设基本完成，一标段基建部分完成工程量的70%。广明高速公路西延线征地拆迁工作已全面展开。投资500万元的新歌线已全线贯通。全面完成吉受等8条革命老区村道全长4595米的硬底化建设。投入1740万元实施22项配网工程建设，110千伏小洞站、110千伏合水站等已投产。配合主网完成220千伏沧后线的投产及110千伏后合线征地和青赔工作。完成第一批农电大修工程设计工作。投入资金约1920万元进行农村二次水改工程，完成144条自然村的水改任务，超额完成了区下达任务。

已纳入区“三旧”设计规划的“三旧”改造项目共45个，涉及总面积为849.3亩。完成镇“三旧”改造实施方案和更楼接源街改造实施方案，旧村居改造白洞旺田新农村建设项目基本完成，旧城镇改造合水旧政府改造项目进入基建阶段。

实施绿道网规划建设，计划3年内完成云幕绿道（更合段）、杨合公路自驾车绿道等5条共42.4公里的绿道建设，其中镇示范段云幕绿道已经建成。深入推进节能减排，严厉查处企业偷排行为，有效推进沧江河两岸禁养区内禽畜养殖场综合整治工作。实施城乡清洁工程，选取22个自然村为试点开展工作，重点整治农村垃圾收集处理。

积极落实各项为民解困措施，困难群众实现应保尽保。发放低保金、分类救助金、临时救济金共144.6万元。4.32万人参加居民医疗保险，涉及金额518.2万元。抓好扶贫开发工作，对镇内革命老区311户1083个贫困人口实行定单位定村定人帮扶。缓解农村特困家庭“住房难”问题，投入42万元完成46间危房改造工作。新增就业岗位816个，帮助285人就业。

以扎实推进教育现代化和“教育强镇”复评工作为重点，不断增强教育综合实力。促进义务教育均衡发展，投入173万元进行校舍场地改善和设备设施购置；投入391万元落实教育公平保障措施，受惠群众达9254人次。优化教育结构，大力发展幼儿教育、成人教育和社区教育。顺利通过省教育现代化复检。狠抓安全工作，创建平安和谐校园。积极开展助困助学活动，投入30.6万元资助112名困难学生。

加快全镇卫生机构建设和农村医疗卫生事业发展，进一步完善城乡公共卫生服务体系，更合镇中心卫生院建设顺利推进。强化层级动态管理、抓好孕前型管理和利益导向，努力创建“两无”镇。稳定低生育水平，提高人口素质和质量。2010年全镇人口出生率 10.65‰，计划生育率 95.46%，人口自然增长率为 4.16‰。职业病和艾滋病防治落实到位。

深化“五项文化惠民工程”，放映公益数字电影 250 场，新增农家书屋 7 家，实现文化信息基层共享服务点在村（居）的全覆盖。以版村石街村和白石大朗村为试点，逐步铺开创建村级文化室工程。顺利完成 6 条高明区“十好”和谐文明村和广东省文明村，以及 3 个广东省“六好”和谐社区的创建工作。配合完成“园园通”有线电视一期工程，电视人口覆盖率达 100%。投入 267 万元建成 37 间“星光老人之家”。

继续完善镇综治信访维稳中心体制机制，扎实推进综治基层组织建设，进一步健全维稳及综治工作组织网络体系。全年受理群众来访来信 190 宗，结案 186 件，成功调处率为 90.6%；排查调处社会矛盾纠纷和不稳定因素 556 件，成立领导包案调处 25 件，调处成功率为 90.3%。以开展“创平安、迎亚运”为抓手，坚持严打整治，深化社会治安综合治理，实现零重特大安全事故，确保社会和谐稳定。

（陈志芬　林奕彬）

附录：2010 年高明区党政主要领导名单

书　记：马亮照
副书记：唐棣邦　黄　坚
常　委：吴耀棠　严　冰　罗　雄　陈仕兴　黄棋泰　梁恩球　史建新　赵灿华
区　长：唐棣邦
副区长：黄棋泰　俞宙虹　余中伟　余明开　刘志刚　黄志明
政务委员：谢志强　李杰铿　谭应佳

现任高明区党政主要领导名单

书　记：马亮照
副书记：唐棣邦　黄　坚
常　委：吴耀棠　严　冰　罗　雄　陈仕兴　黄棋泰　梁恩球　史建新　赵灿华
区　长：唐棣邦
副区长：黄棋泰　俞宙虹　余中伟　余明开　刘志刚　黄志明
政务委员：谢志强　李杰铿　谭应佳　林艳红

（2011 年 4 月高明区供稿）

三 水 区

概 况

三水历史悠久，明嘉靖五年（1526年）建置三水县。1959年3月2日，三水县并入南海县；1960年9月30日，恢复三水县建制；1993年3月29日，三水撤县设市（县级市）；2002年12月，三水撤市设区，2003年1月8日，正式挂牌成立，成为佛山市五个辖区之一。现辖西南街道、云东海街道、白坭镇、乐平镇、芦苞镇、大塘镇、南山镇7镇（街道）。共有22个社区居委会，48个村委会，681条自然村。户籍人口39.4万人，有旅居海外华侨和港澳台同胞20多万，是著名的侨乡。

2010年，三水区实现生产总值541.7亿元，增长18.2%；工业总产值1867.5亿元，增长25.8%；全社会固定资产投资290.9亿元，增长24.8%；地方财政一般预算收入20.2亿元，增长22.6%；新签各类投资项目189个，合同投资总额244.8亿元；实际外商直接投资3.1亿美元；城镇居民年人均可支配收入20848元，增长9.3%；农村居民年人均纯收入10092元，增长11.3%。

经 济

【农业】 2010年，全区实现农业总产值47.7亿元，同比增长4.9%，其中，种植业总产值13.7亿元，同比增长15.7%；畜牧业总产值22.6亿元，增长7.2%；水产业总产值9.3亿元，同比增长7%。全年引进9个农业招商项目。优质新品种推广成效显著，香水百合种植面积共315亩，笋壳鱼养殖面积730多亩，新投苗333万尾。积极推进农业科技推广示范基地工作，建设蔬果大棚4个，共100亩；花卉保温大棚9个，共315.1亩；优质高值水产鱼塘保温棚26户，面积约有487亩；优质新品种示范基地10个。全年完成外业确界和林权登记公示林地面积10.51万亩，占应纳入林改集体林地面积的95.2%，完成林业生态建设2870亩，“万村绿”免费送苗4.8万株，新增村庄绿地面积1600亩，组织开展人工更新造林500亩和封山育林2万亩。“政银保”农业贷款全年累计贷款557笔，共7379.8万元。全区参加水稻综合补贴、良种补贴和政策性水稻保险1.53万户，面积4.22万亩，补贴55万元，保险费85.1万元。种植玉米良种补贴223户，面积4044.36亩，补贴4.04万元。完成2009年度生猪调出大县奖励资金项目申报工作，共37个项目奖励资金补助335.51万元。

【工业】 全年全区完成工业总产值1867.5亿元，同比增长25.8%，规模工业完成工业总产值1810.36亿元，同比增长25.8%。其中，通用设备制造业产值46.98亿元，同比增长50.2%；电气机械及器材制造业产值81.54亿元，同比增长49.6%；电子及通信设备制造业产值88.62亿元，增长41.4%；饮料制造业产值44.76亿元，增长34.6%；其他主要行业均取得20%以上的增长。爱康、可口可乐、红牛等一批大项目投产运营。新兴产业发展势头强劲，产业集群逐步成型。三水区被认定为省太阳能产业基地、省食品饮料和通信天线产业集群升级示范区，乐平镇被认定为全省首个光伏产业专业镇。盛路通信实现三水区企业上市零的突破；新增中国驰名商标2件、省著名商标6件，创历史最高水平。

【旅游】 2010年共接待游客237.95万人次，实现旅游总收入13.72亿元，同比分别增长了7.04%和8.16%。南丹山原生态旅游风景区一期、绿湖温泉大酒店建成开业；三水温泉、奥特莱斯、荷花世界提升改造等项目加快建设，云东海文化创意产业基地建设顺利推进；伊利乳业集团公司成功申报为省工业旅游示范单位。制订《三水区农家乐休闲旅游业管理实施办法（试行）》，积极扶持全区50多家“农家乐”发展。

【招商引资】 全区全年累计新签项目189个，计划投资额244.78亿元，同比增长15.8%；超亿元项目55个，计划投资额达185.46亿元，同比增长9.39%。全区全年完成合同利用外资总额2.8亿美元，同比增长24.2%；实际利用外资总额3.1亿美元，同比增长0.5%。引入了海尔、捷和广场、恒生水产等优质项目。全年完工项目156个，预计新增年产值258.1亿元；在建项目154个，预计新增年产值640.5亿元。

【民营经济】 2010年末，全区有各类市场主体2.33万户，同比增长13.8%。其中内资企业4888户（含农民专业合作社10户），同比增长12.4%；外资企业451户，同比增长6.9%；个体工商户1.79万户，同比增长14.4%。

【国内贸易】 全区实现社会消费品零售总额137.4亿元，同比增长23.2%；商品销售总额165.64亿元，同比增长26.7%；工业销售产值1763.6亿元，同比增长33.4%。产品销售率达97.4%，其中民营工业企业实现销售产值1176.3亿元，同比增长23.7%。

【对外经济贸易】 对外贸易复苏。全区实现进出口总值16.73亿美元，同比增长44.1%，增幅位列全市首位。其中，出口总额8.63亿美元，同比增长41.5%；进口总额8.1亿美元，同比增长47%。机电和高新技术产品成为新的增长点。全区机电产品出口3.41亿美元，同比增长72.6%；高新技术产品出口1.04亿美元，同比增长149.1%。

【财政与金融】 全年完成财政三级库收入达89亿元。地方一般预算收入20.2亿元，增长22.6%；一般预算支出21.1亿元，增长15.2%。税收总额41.4亿元，同比增长21.9%，其中，国税24亿元，增长24.1%；地税17.5亿元，增长19%。年末全区金融机构本外币存款余额404.8亿元，增长9.1%，其中城乡居民储蓄存款230.1亿元，增长12.4%；金融机构本外币贷款余额208.2亿元，增长14%。三水珠江村镇银行建成开业，农信社改革进一步深化。

城乡建设

【水利】 全年完成水利投资5.4亿元，创历史新高。完成樵桑联围（三水段）达标加固工程、“两涌一河”综合整治工程等两宗省城乡防灾减灾工程。大塘围达标加固、三岗电排站重建、樵北涌综合整治等16个年度计划项目顺利推进。推动佛山水业三水供水有限公司与芦苞镇自来水公司、大塘水务有限公司完成水资源整合。完成111条自然村通自来水。

【供电】 2010年，完成了10.7亿千瓦时的电网投资建设任务，创历史新高，供电量突破50亿千瓦时。新建变电站8座，扩建变电站6座，从根本上改善了三水电网结构。

【城乡建设】 江滨公园、城市休闲公园、云东海湿地公园建设前期工作有序进行。基本完成中心城区道路和人行道改造一期工程、西青大道改造工程、绿道网、无障碍设施改造工程、西南城区二期经济适用房和廉租房等项目的施工工作。推进白泥坑垃圾卫生填埋场工程，加快西南、乐平和白坭3个生活垃圾压缩中转站建设。全年启动“三旧”改造项目36项，涉及面积3414亩。文锋东、纺织印染厂等西南组团重点片区改造工作有序推进；广海大道东丁字基商住功能片区改造扫尾工作步伐加快。区文化中心、区档案图书馆、区公共卫生大楼、法院大楼及老干部活动中心等公建项目进入深化设计阶段。

【交通建设】 全年推进交通工程项目16项，完成投资约8.3亿元。完成六山线塘排至鸡山段改建、碧云路石湖洲至三水农场段拓宽、省道清龙线白坭段整治、清龙线大塘段改造、金白三期、高尔夫大道二期扩建、三花公路路面整治、西乐公路乐平至宝月约8.2公里路段和塘西二期三花公路至西乐路约6.2公里路段等工程。塘西一期、塘西二期、云东海大道北段（西乐公路）、乐大线乐平至范湖段改建、三水二桥南延线、油金大桥扩建等在建工程项目加快推进。兴业路北延线、虹岭路西延线及塘西三期等工程建设前期工作有序进行。完成“村村通水泥路”工程扫尾工作，建设里程57.8公里。

【环境保护】 环保工作取得长足发展，实现了“十一五”主要污染物总量控制目标。驿岗污水处理厂扩建工程、中心科技工业园污水处理厂和大塘生活污水厂等三个项目投入运行；大塘、乐平、金本水乡工业园污水处理厂和驿岗污水处理厂配套管网建设有序推进；芦苞污水处理厂、云东海商学院片区污水处理厂和白坭镇第二污水处理厂等三个项目动工建设，全区城镇污水处理率达77%。开展283台在用锅炉污染物排放综合整治和机动车排气检测站简易工况法检测线替换；对73个加油站、1座油库进行油气回收改造，顺利完成了空气环境质量保障任务。加快推进节能减排，全年共关停12家陶瓷企业、12家纺织印染和皮革企业，新增6家清洁生产企业。

精神文明建设和社会治安

【精神文明建设】 精神文明建设实现大跨越，创建全国文明城市工作全面启动，公民思想道德素质进一步提高，“十好”和谐文明村（居）创建活动有序推进，文明村（居）比例大幅提高。至年底，260个自然村被评为市级“十好”村（居），292个自然村被评为区级“十好”村（居）。

【社会治安综合治理】 社会大局持续稳定，成功调处各类矛盾纠纷641宗，成功率为95.2%，群体性事件下降60%，不稳定苗头下降20%；接待群众集体访下降36.9%，到省集体访下降33.3%。社会管理有效创新，组织开展校园周边、肇事肇祸精神病人、娱乐服务场所“黄赌毒”问题和无证旅业“四项”整治行动；有效整治乐平镇盗窃摩托车等突出治安问题，公众安全感和公安工作群众满意度排名全市首位。社会服务不断优化，提供法律援助便民服务292宗981人次。

2010年，三水刑事发案减少，打击效能提高，公众安全感和公安工作满意度排名全市首位。

社会各项事业

【教育】 协调教育健康发展，积极推进教育现代化进程。全区省一级幼儿园3所，市一级幼儿园13所，区一级幼儿园20所；市一级以上优质幼儿园比例30%。小学适龄儿童入学率为100%，毕业升学率100%；三残儿童入学率100%；初中毛入学率128.79%，升学率99.2%。高考上线人数创历史新高，重点本科上线人数增幅达69.1%，本科上线人数增幅达16.4%。制定《佛山市三水区职业教育综合改革试点工作实施方案》，圆满完成2010年“双转移”（广东提出的“产业转移”和“劳动转移”两大战略的统称）招生任务，佛山职业技术学院和广州工商职业技术学院建成开学，技工学校新校区建设首期工程基本完成。被评为省“推进教育现代化先进区”。

【科技】 科技综合实力增强，全区专利申请量485件，授权量472件，同比增长16.5%。企业自主创新能力提高，认定高新技术企业11家，广东省民营科技企业17家；认定省、市、区级工程技术研究开发中心5家。全区申报国家中小企业创新基金项目4项，立项2项；申报省科技专项41项，立项14项；申报市科技专项资金项目37项，立项36项；通过市级以上科技成果鉴定18项；新增7个省级自主创新产品，其中2个纳入国家重点新产品计划；获“佛山市科学技术奖”15项。

【文化】 文化事业百花齐放，日益繁荣。建成农家书屋22家（全区共64家，藏书量7.38万册）。完成西南武庙修缮一期、魁岗文塔维修工程，完善不可移动文物等级280处。推进“粤曲星腔”广东省非物质文化保护传承基地申报工作。全年组织参评、参展作品200多件，入选市以上书、画、影等展览（获奖）100多人次，在市级以上报纸杂志发表文艺作品400余篇（幅），《月下情歌》获全国社会文化的政府最高奖——群星奖。大力开展文化“四送”活动，送戏下基层11场、送展览6场次、送数字电影1026场、送文艺培训100多场。成功举办第三届中国三水饮品文化节。

【卫生】 区妇幼保健院住院大楼、市中医院三水医院综合大楼建设顺利推进，乐平镇社区卫生服务中心投入使用。实施“光明工程”，全年完成白内障手术近2000例。大力推进公共卫生服务，为10.67万人建立了健康档案，建档率为30.19%；健康教育服务5.01万人次；各项基础免疫和加强免疫接种率均保持在95%以上；对3岁以内儿童免费保健2500人，农村孕妇住院分娩补助119人，孕前叶酸补服850人，农村妇女宫颈癌及乳腺癌检查5000人；对1.4万多名65岁以上老人实施免费体检，对1.19万名65岁以上老人进行空腹血糖检测；对全区精神病人进行筛查，并对418名重性精神病人实行重点跟踪管治；完成15岁以下人群补种乙肝疫苗5.9万针次；完成2009～2010年度6.88万名城区中小学生体检、体检报告和资料分析工作；完成1500座改厕任务。加强妇幼保健服务，全区孕产妇死亡率47.2/10万，婴儿死亡率3.5‰，5岁以下儿童死亡率4.5‰，继续实施免费婚检、孕产检，全年婚检率58.3%，初次孕产检率达100%。深入开展爱国卫生运动，乐平镇、芦苞镇成功创建国家卫生镇，74条自然村创建成为广东省卫生村。全年无偿献血量208.46万毫升，确保无偿献血100%满足临床需要。

【体育】 新建公共泳池6个，野泳溺水死亡人数同比下降74%。加大全民健身设施建设，80%的自然村建有篮球场、乒乓球台等。全区人均占有体育活动场地面积近1.1平方米。全年举办竞赛活动110多场次，参与人数近3万人。发展群众体育组织20多个，三级以上社会体育指导员260多人。全年向国家队输送运动员7人，省队转正2人，省体校转正1人，市体校转正22人，参加省运会以上赛事获奖共89人次，被授予“广东省体育工作突出贡献奖”。

【人口与计划生育】 2010年末，全区常住人口总量54.61万人，其中户籍人口40.64万人。出生人口4445人，出生率为10.98‰，其中政策内出生4342人，计划生育率为97.68%；自然增长人口1809人，自然增长率4.47‰。

全区7个镇（街道）全部无政策外多孩生育；36个村（居）委会达到无政策外出生，占54.55%。流动人口计划生育率为90.64%。全面开展避孕节育、生殖健康普查普治和出生缺陷免费服务，全年普查普治5.5万人次，为近2000名怀孕对象免费进行优生筛查。

【劳动与社会保障】 社会保障体系日趋完善。城镇职工养老、失业、工伤、医疗和生育保险实际缴费人数分别比上年增长9%、8%、3%、10%和10%。实施“一卡通”制度，居民基本医疗保险水平得到较大提高；“新农保”和全征土地农村居民养老保险参保率达到86.37%。低保标准提高到310元／人·月；为各类困难人员支出各项救助和补助2104.6万元；慈善募捐筹得善款2170多万元。完成二期经适房、廉租房建设。

收集发布就业岗位2.6万个，新增就业1.7万人，年末城镇登记失业率2.01%，登记应届高校毕业生就业率超过90%。全年共培训各类技能人员4604人，认定和通过考试的专业技术人员906人。600名农民工通过积分制成功入户。

【安全生产】 经济社会环境安全进一步改善。全年共发生各类事故576起，死亡60人，受伤570人，直接经济损失116.52万元，同比分别下降4.4%、8%、13.6%、13.2%；无安全生产重特大事故发生。

【食品药品监督】 建设完成三水区食品生产加工基地，全区57户生猪定点供应基地挂牌。开展了“一次性餐盒”、“地沟油”、“中秋、国庆和亚运前安全生产和消防安全大检查”、“西南油厂花生油事件”等统一行动7次，为人民群众身体健康提供有力保障。

全年完成“三品一械”抽样任务185批次，完成亚运药品专项抽检任务30批次，共出动执法人员652人次，检查各类企业973家次，共受理“三品一械”投诉21宗，立案查处案件22宗，涉案货值2.42万元。深入推进农村药品“两网”（农村药品供应网络和药品监督网络）建设，农村药品供应点覆盖率达100%。

【民政事业】 民政工作顺利开展。全区22个社区中，19个被评为省“六好”平安和谐社区，占比86%；4个镇（街道）被命名为“佛山市村务公开民主管理示范镇（街）”。全年共发放优抚对象定恤定补资金728.1万元；顺利接收安置2009年冬季退役士兵144名，退役安置率100%。成立中国老年学学会长寿文化创意产业三水基地，组建了三水长寿研究会，促进了长寿产业发展。区级婚姻登记处正式启用，各镇（街道）“全国婚姻登记处规范化建设”活动有序开展，有力提升了婚姻登记服务水平。投入500多万元开展残疾人扶贫和康复救助。积极推行居家养老服务。殡葬改革制度化、殡葬管理规范化。

各镇（街道）介绍

【西南街道】 西南街道位于西、北、绥三江汇流处，是三水区委、区政府驻地；辖区面积178平方公里，辖社区居委会11个，村委会14个，自然村164条，总人口18万人。2010年，西南街道坚持科学发展观，紧扣“生态经济、绿色竞争、幸福长寿”三条主线，扎实推进各项工作，经济社会各项事业取得显著成绩。全年实现地区生产总值217.3亿元，同比增长17.2%；工业生产总值640.8亿元，同比增长21.4%；固定资产投资总额64.6亿元，同比增长26.2%。引入杨协成等55个项目，项目计划总投资72.45亿元，同比增长100.99%，超亿元项目21个，预计新增产值167.8亿元。

水乡工业园蒸汽、天然气、污水处理厂管网等基础设施建设逐步完善。电子汽配产业园以高标准开展规划和设计。青岐生态水产产业园首期9532亩水产养殖塘整治基本完成，江南现代农业园香水百合基地初具规模。荷花世界主题园首期廉园建设改造工程进展顺利。引导和协助企业技改创新，好帮手、欧文莱成功申报中国驰名商标，华力饮料等2家企业申请省著名商标。百威二期项目完工试产，红牛建成投产；杨协成、莎吉可饮料等项目动工建设。成功举办第三届饮品文化节，吸引国内外游客55.2万人次，销售总额2852.6万元，带动三水相关行业消费2.6亿元。全年实现社会消费品零售总额101.92亿元，同比增长23.2%。

完成高丰、河口、金本、石湖洲等片区“三旧”改造前期工作。西南大道、金威大道、三水二桥辅道等交通基础设施建设稳步推进；完成西南绿道建设工程；贵广铁路、佛肇轻轨征地拆迁工作加快进行。城乡一体化进程加快推进。完成大望岗村、莘庄村“一村一树（花）”试点工作。金本、青岐和鲁村垃圾中转站建成投入使用。开展江根等14条自然村“村村通自来水”工程，“村村通水泥路”收尾工作有力推进。60条村通过新农村建设验收，占全省2010年通过数量的35%。

投入700万元建成街道综治信访维稳中心，指导辖下25个村（居）委会投入1300多万元改造或新建了村居行政服务综治工作中心。全年共接待群众来信来访117批，214人次，办结率为88%；排查调处矛盾纠纷961起，调解成功率为93.7%，其中，村（居）调解864起。社会大局保持稳定，刑事案件和治安案件分别比上年下降16.5%和16%。

率先完成辖区25个村（社区）党组织换届选举，新一届村（社区）党组织班子成员平均年龄分别下降了1.78岁和1.63岁，班子成员高中以上学历分别占81%和98%。完成“简政强镇”事权改革，重新组建13个党政机构，工作效能进一步提升。抓紧推进西南街道行政服务中心建设工作，实行全部职能进驻办公。加强党风廉政建设和财务审计，开展“创先争优作表率，科学发展当先锋”主题实践活动，全街道108个基层党组织、近4000名共产党员作出书面公开承诺，承诺事件1238件。

完善中小学场室建设，对6所学校14幢教学楼进行了抗震加固。加强校园安全保障工作，未发生校园突发事件。顺利完成教师聘用制工作。总投资1500万元的西南文化活动中心顺利投入使用。以文化活动中心为平台，建立省合唱协会的镇级合唱基地。135条自然村增设了文化室，占西南街道自然村总数的82.3%。

社会就业形势日趋稳定。成功举办大型人力资源招聘会，提供1.28万多个职位；培训下岗失业人员500多人，农村富余劳动力320人，就业率均达85%以上；顺利完成本区及本省外市农村户籍1500人推荐转移就业任务。完成职业技能鉴定1000多人。安全生产工作取得成效，举办大型消防综合演练，开展检查督查企业1727家次。在全区率先引入安全中介帮扶，9个村（居）建立辖区企业的“一企一档”制度。推进村（居）义务消防队的建设，义务消防队人数达到160多人。社会保障体系日益完善。全年为3382名80岁以上老年人发放高龄津贴。深化居家养老服务，受惠老人近200人，现正着手向农村铺开。为7873名全征土地农村居民购买基本养老保险补贴；组织10.1万人参加城镇居民基本医疗保险；2.95万名居民参加“新农保”，参保率达81%以上。

【云东海街道】 云东海街道位于三水中心城区北面，辖区面积56平方公里，常住人口4.3万人，辖1个社区居委会和4个村民委员会，是佛山“2+5”西南组团的重要组成部分。2010年，云东海街道全面启动云东海景观规划建设，深入推进城市建设管理，经济社会各项事业良性发展，社会大局和谐稳定。

编制完成北湖沿湖路绿道景观规划方案和月亮桥、东岸公园景观规划方案。北湖一、二标段顺利连通蓄水，北湖7000亩水面成型。北湖沿湖路绿道景观节点工程分标段施工，打造云东海生态水脉、城市绿脉和体育动脉。云东海桂花岛提升改造工程竣工，打造云东海生态窗口。

总投资5亿元的中国铁人三项运动协会云东海训练基地落户。总投资10亿元的云东海深美国际学校项目签订合作意向书。五星级绿湖温泉度假酒店顺利开业，山水庄园古堡豪生酒店、深业酒店、千叶酒店提升改造、生态体育公园二期等项目有序进行。

贯通14公里省立（1号）云东海段绿道，开通12公里森林公园绿道，并投入约1500万元进行绿化提升、节点建设和完善服务驿站等设施。中心组团鹅影路、学海三路、同心路、青云路、龙山路和虎山路基本完工，“三纵三横”路网架构成型。云东海大道东延线、南湖路、三水大道西延线工程，虎山二路等市政（绿化）道路工程正在建设。不断完善街道综治信访维稳中心、广场绿化、周边景观等基础配套。完成森林公园景观改造（二期）工程及森林公园花卉景观工程。

认真做好云东海湖区岭南文化风情村（“三旧”改造）工程项目规划方案竞赛招标等前期工作。农村垃圾“村收镇运区处理”实现全覆盖。辖区内15条自然村“村村通自来水”工程全面竣工。联合社区严家村、唐家村成功创建省“卫生村”；新农村“示范村”建设、联合社区“六好”平安和谐社区创建顺利通过区级验收；伏户、上九和辑罗村委会被评为区“村务公开示范村”。依法依规完成辖下4村1居党总支换届选举，顺利选举产生新一届村级党组织支委共15名。落实出嫁女及其子女合法权益工作顺利通过区级检查验收。

扎实开展“新农保”、医保工作，参保率分别达93.79%和95%。在全区率先开展农村居家养老服务试点工作，全年发放云东海建设养老金约280万元，高龄津贴44.9万元。全年实现到市、省、京非正常上访“三个为零”，确保广州亚运会期间社会大局稳定。“两无”活动深入开展，连续两年被市、区评为无政策外多孩出生街道。加快教育现代化建设，加大对教育仪器设备、校园安全保卫系统的投入，拨款41万元解决380名学生上学交通问题。

图为2010年2月28日云东海绿道建设启动暨北湖二标段蓄水仪式。

【白坭镇】 白坭镇位于三水区南端，东南面与南海区相接，西南面紧靠西江，与肇庆市隔江相望，全镇总面积66.46平方公里，总人口约7万人。2010年，白坭镇以“产业强镇、活力新城”为发展目标，实施以产业发展和城镇建设为核心的“双引擎驱动”发展战略，实现地区生产总值82.62亿元，同比增长18.03%；工农业总产值超300亿元；税收入库超4亿元；固定资产投资49.71亿元，实现了经济社会全面发展，社会和谐稳定。

致力于产业升级，发展方式逐步转变。成功引入通宝电子、中茂生物科技等项目，合同引资额超10亿元。全镇新增动工项目17个，项目动工率83%。恒益电厂扩建工程完成总工程量的75%，山水龙盘首期别墅对外发售，中茂生物科技项目成为省“十二五”重点项目，通宝电子项目动工建设。新明珠集团公司成功入选全国首批“两化融合”促进节能减排试点示范企业，顺利通过“广东省技术创新专业镇”评审验收。关停永基陶瓷厂、泰元龙橡胶制品厂2家污染企业，新增几何陶瓷厂、凯利莱腰线厂2家清洁生产企业。

致力于城镇建设，城镇活力不断增强。完成《白坭镇土地利用总体规划》、《白坭镇镇域总体规划（2009～2020）》及《东部片区控制性详细规划》修编。顺利完成白金一、二期拓宽工程、白金三期工程、广珠铁路白坭段单边轨道铺设，以及三水二桥南延线征地拆迁、佛山天然气管道项目征地任务。

致力于民生事业，社会更加和谐稳定。2010年农村人均纯收入10600元，同比增长10.3%；“新农保”工作完成86.38%；居民住院基本医疗参保率达98%。“政银保”农业贷款总额450万元，同比增长2倍。完成5800亩林地发证工作，登记率达96.2%。西岸村建成全区首个农村污水处理系统，农村生活垃圾全面实现“村收、镇运”；完成沙咀村等9条新农村示范村创建工作，全镇78%的自然村建成新农村示范村；通过国家卫生镇复评。完成樵桑联围达标加固工程、樵北涌支横涌清淤、沙咀涌“一涌两岸”改造；白坭汽车客运站完工；全力推进镇综治信访维稳中心通过省、市验收，建立村居工作站。完善外来工子女入读管理制度；全面完成落实农村出嫁女及其子女合法权益工作。

致力于队伍优化，政府服务日益提升。开展“十佳村民小组长”评选活动，召开提升干部执行力大讨论，组织“携手智慧白坭，共促科学发展”读书交流会。圆满完成“简政强镇”事权改革，完成镇级行政服务中心建设，完善领导干部挂钩联系村组、挂钩联系企业制度。完成村（社区）党总支部换届选举。

【乐平镇】 乐平镇位于佛山市北部、三水区中部，南与佛山市南海区接壤，东接广州市花都区，距广州新机场、佛山中心城区均仅20分钟车程，是靠近广州新国际机场最近的中心城镇之一。全镇总面积198.5平方公里，辖14个村委会和3个居委会，户籍人口约7.5万人，是省教育强镇、省卫生镇和省重点发展的中心城镇和省特大镇，是国家高新技术产业开发区 · 佛山三水园的所在地。2010年，乐平镇坚持“园区兴业、工业强镇”发展战略，坚持走产业立镇之路，以大项目推动大发展，以产业经济推动社会大发展，加快推进“三园一区”建设，经济社会等各个领域都取得较大进步。全年实现社会总产值564.2亿元，同比增长35%；地区生产总值138亿元，同比增长31.9%；工业总产值531.7亿元，同比增长36.5%；税收7.85亿元，同比增长23.2%；固定资产投资68.8亿元，同比增长24.3%；新签项目24个，技改扩建39个，新签合同总额46亿元，技改扩建项目投入26.3亿元，投资密度473万元／亩，同比增长80万元／亩。

提速“三园一区”建设。创造了爱康项目一期半年投产、二期动工的“爱康速度、乐平效率”，共引入了中建材、爱康等7个光伏太阳能项目，在全省率先初步形成光伏中下游完整产业链；被认定为太阳能光伏产业专业镇；成功举办广东光伏产业（三水）国际高峰论坛，成立省光伏产业联盟和我国首个薄膜太阳能电池标准组织，建立了太阳能电池领域的标准化学术交流平台，取得行业标准制定的话语权，光伏产业的强大实力凸显。成功引入全球白电第一品牌海尔华南基地项目。实现了农业城每天1万斤的瘦身鲩鱼直供港澳。跻身广东百强镇，荣获中国最佳综合实力园区，经济发展取得新突破。

提速环境再造。四星级凯迪威酒店、华盛广场、宝盈时代广场、乐平文化活动中心、南边农产品交易市场投入使用，关停转营9家陶瓷厂，完成15条新农村创建任务和8条村“村村通自来水”工程，城乡面貌和形象发生大变化。

提速惠民工程。投入3亿元实施10项民生工程，率先建成全区首个镇级公共卫生服务中心、行政服务中心。完成14个村级综治工作站规范化建设，在33条自然村实施围院式社区建设。全国公开招聘范湖小学校长，广州工商技术学院、佛职学院顺利开学，区技工学校建设加快推进，人民生活得到大改善。

提速机关效能升级。在全区率先实施全员问责制，建立健全22项涉及人财物管理的行为规范。打破人员身份限制，推行中层干部竞岗，分流14名园镇机关工作人员。形成“不为失败找理由，只为成功想办法”的理念，政府形象得到大提升。

【芦苞镇】 芦苞镇位于佛山市三水区中北部，东接广州市花都区赤坭镇，南接三水乐平镇、西南街道，与肇庆四会市相连，北及西北与三水大塘镇接壤。镇域总面积105平方公里，人口近5万人，其中外来人口1.5万人；辖90个自然村、6个村委会和1个居民委员会，是佛山市科学发展特色镇、广东省旅游特色镇、广东省“全国亿万农民健康促进行动”示范镇、国家卫生镇。2010年，实现地区生产总值49.2亿元，同比增长23%；工业总产值162亿元，增长40.9%；农业总产值5.1亿元，增长5%；税收入库2.15亿元，增长33.1%；招商引资项目26个，合同引资额37.2亿元，增长21.5%；全社会固定资产投资44.6亿元，增长23.9%。

基础设施建设取得突破。完成芦苞大道、省重点防灾减灾工程——芦苞河综合整治水利工程建设。拆建芦苞旧大桥，改善居民出行条件。完成广四线（塘西线）名牌大道段征拆工作，珠江三角洲环线高速公路芦苞段工程加紧推进。

重点项目建设不断推进。奥特莱斯项目加快建设，三水温泉进入装修后期，芦苞祖庙规划修缮有序推进。芦苞旅游产业链不断完善。

工业园区建设形势喜人。投入近1200万元完善工业园区基础设施建设。新增工业项目7个，扩产项目3个，新增投产企业11家、在建企业7家。引导重点耗能企业加强技改和节能减排，其中，博德精工等7家企业共投入超2亿元实施技术改造。2010年全镇纳税超百万元的企业达38家，同比增长65%。

农业园区建设步伐加快。建成上塘优质蔬菜、香水百合、网纹瓜，西河黄振龙药材、泰国笋壳及四合基因花卉、供港澳蔬菜等7个共785亩的种养基地；完成上塘片7000亩农业园区建设；完成欧边涌芦苞段水利整治和西河新村排涝站重建。启动芦苞河生态隔离带独树岗片和欧边片共1.47万亩农业园区改造。投入3120万元对安乐围实施达标加固。

宜居新城建设展露新姿。修编完成城镇总体

规划和土地利用总体规划。引入社会资金对原佳景建筑材料厂实施“三旧”改造，开发建设“恒福水岸”房地产项目。完成芦苞大道首期绿化景观工程，建成新农村13条，村级垃圾收运范围扩至全镇91%的村组。

“和谐芦苞”建设深入人心。按政策落实1342名原镇属企业离职、退休职工社保。建成渔民公寓（二期）和解困房共71套，建设龙坡中学新教学楼。独树岗小学组队参加省传统武术锦标赛获2个一等奖、6个二等奖。圆满完成“情暖芦苞·感动你我的身边人”评选活动。成功举办“捷荣·锦江豪庭杯”龙舟赛。镇内首个公共游泳池（一期）投入使用，二期工程加紧建设。

【大塘镇】 大塘镇位于佛山市三水区北部，与广州市花都区和清远市接壤，北江流经境内，省广四线、清龙线以及即将动工建设的珠外环高速公路贯境而过，是广东省可持续发展实验区、广东省城镇化技术集成应用试点单位和广东省蔬菜专业镇。全镇总面积98.23平方公里，下辖7个村委会和1个社区居委会，99条自然村，户籍人口3.98万人，外来人口2万人。全镇全年实现地区生产总值51.03亿元，增长24.5%；工业总产值186.68亿元，增长37.8%；全社会固定资产投资总额41.03亿元，增长24.3%；财政一般预算收入(分成后镇级收入)5477万元，增长16.6%；税收入库2.14亿元，增长20.6%。

工业经济实现增量提质。全年新签各类投资项目25个，合同引资额24.34亿元，成功引入广东粤钻新材料等8个超亿元项目。新增动工项目28个，试投产（含完工）项目27个，住商肥料等一批重点项目建设进展顺利。大力引导和扶持轻纺、化工等传统产业转型升级，佳利达纺织染等5家企业投入1.86亿元实施技术改造，晨宝复合材料等6家企业增资2.48亿元扩建二期项目。促成高校与企业合作“产学研”项目2个；新认定国家高新技术企业1家、省著名商标1件、专利6项；通过科技成果鉴定2项；企业申报区级以上科技立项4项，获批各类专项扶持资金950万元。大塘镇创建广东省可持续发展实验区项目通过验收。

农业基础地位得到巩固。投入1600多万元，完成了农业园区东西园首期3000亩工程、175亩优质花卉和蔬果育苗大棚工程以及1000亩电子灭虫灯工程；农业园区2.4万亩工程启动建设。海仔口提水泵站、南昌电排站重建工程以及大塘涌（园区段）整治工程全面竣工，大塘围达标加固工程动工，望岗涌整治工程前期工作有序铺开。建立蔬菜、花卉新品种、新技术示范推广基地300亩，推广新品种15个，顺利通过广东省蔬菜技术创新专业镇评估验收，农业园区被授予“佛山市科普教育基地”称号。新增区级农业龙头企业3家、蔬菜专业合作社1家，申报注册了“三水大塘蔬菜”集体商标。

城乡面貌呈现可喜变化。商业大道基本完工，肇花高速大塘段、油金大桥扩宽工程征地拆迁工作稳步推进，塘西一期大塘段建设进展顺利，生活污水处理厂首期工程、公共游泳场建成投入使用，消防中队项目奠基。新城区250亩商住项目动工，星级酒店、大型商场项目用地进入市场运作。投入550万元，实施10条新农村示范村创建工程、岭东村生活污水处理示范工程、大塘圩市政维修工程以及1000户农村改厕工程。切实做好大塘水厂整合工作，对25条自然村实施了通自来水工程。

社会民生事业不断进步。投入300万元，实施永平小学综合楼工程，顺利通过广东省教育强镇复评验收。推进公共文化服务体系建设，新增农家书屋3间、星光老人活动点1个。发放低保金130万元、困难学生助学金15万元，改造或重建低保户危房7户，建成全区首个镇级残疾人工疗站。全年培训富余劳动力238人，推荐就业625人。投入500万元，实施卫生院改造工程。投入500万元，完成了派出所业务用房装饰改造工程。投入50万元，对镇综治信访维稳中心进行改造，完成镇、村（居）综治信访维稳平台规范化建设，在全区率先开展社区矫正工作，依法依规办结群众来信来访54宗，调结民间纠纷95宗。

行政管理体制改革深入实施。推进镇级党政机构改革，新组建成立12个大部门。投入450万元，实施镇行政服务中心装饰改造工程，顺利承接区下放的管理权限和审批事项。

【南山镇】 南山镇位于三水区最北端，镇域面积

115.62平方公里，下设4个社区居委会和1个村民委员会，常住人口2.7万人，户籍人口2.3万人（含归侨侨眷2636人）。2010年，实现地区生产总值12.5亿元；工农业总产值44.94亿元，第三产业总产值3.5亿元；实现税收5789万元；引进项目6个，合同投资总额5亿元；完成固定资产投资7.65亿元。

全力推进第三产业的发展。完成南山镇总体发展规划修编的初稿，明确各片区的功能分布。南丹山原生态风景区首期建成开业，杜马禅园文化展览馆及陶艺工作室基本建成，长寿文化廊、开元寺、漫江茶艺文化基地、南山酒店等项目加快推进。南山绿道建设顺利推进。13家“农家乐”建成营业。全年共接待游客50万人次。

构建现代农业体系。加快现代农业园区建设。全年建设农业园区1万亩，整治大埗塘农田1000亩。新技术、新品种示范推广取得突破。宝石鲈水产基地、南嘉洲蔬菜基地基本建成，大埗塘蔬菜种植初具规模，引进了亚运花卉种植基地。抓好“利农惠农”措施落实。加强“政银保”合作农业贷款工作，共为130户农户发放贷款1182万元；成立蔬菜种植专业合作社；完成落实农村出嫁女及其子女合法权益工作，被评为首批完成任务的优秀镇；推进集体林权制度改革工作。10条自然村的新农村建设进入收尾阶段，完成农村污水处理点主体工程建设，开展农村改水改厕工作。

顺利推进基础建设项目和民生工程。基本完成工业园C区160多户搬迁工作；积极盘活A区现有土地和厂房，引进了4个工业项目，并全部投入生产。通过自建房、维修公房、购买限价房和调整安置4种方式，基本解决第一代归难侨住房问题。全面完成“六山线”的建设和绿化以及33公里的“村村通水泥路”工程；公共游泳池建成使用；建成镇行政服务中心，萌茵商住花园首期封顶并对外公开发售。南山新市场、南山新客运站、南山中学、六和敬老院、六和卫生院改造扩建等项目有序开展。投入近80万元，完善中小学教学设施及加强中小学管理；投入近112万元，为全镇居民参加基本医疗保险，参保率达95%以上。

（何　鹰）

附：2010年三水区党政主要领导名单

书　记：卢立湃
副书记：刘东豪　邓国斌
常　委：袁　璐　区柱明　陈少浩　卢志雄
　　　　陈浩斌　李仕清
区　长：刘东豪
副区长：陈浩斌　何绮红　何国辉　张卫红
　　　　郝卫兵　霍　平

现任三水区党政主要领导名单

书　记：卢立湃
副书记：刘东豪　邓国斌
常　委：袁　璐　区柱明　卢志雄　陈浩斌
　　　　李仕清　何绮红　何国辉　黄少文
区　长：刘东豪
副区长：张卫红　郝卫兵　霍　平　陈浩明
　　　　黎延坤
区政务委员：杨鉴岐　乐绍才　翁　良
　　　　　　彭建国

（2011年4月三水区供稿）

第十篇

社会统计资料

2010年佛山市主要经济指标

指标名称	计量单位	2010年	2010年比上年增长%
一、年末总户数	万户	111.95	1.4
二、年末户籍总人口	万人	370.89	0.9
其中：男	万人	184.72	0.8
女	万人	186.17	1.0
年平均人口	万人	369.26	0.9
人口出生率	‰	11.21	–
人口自然增长率	‰	4.55	–
三、国内生产总值	亿元	5651.52	14.3
第一产业	亿元	105.40	4.7
第二产业	亿元	3542.49	15.0
第三产业	亿元	2003.63	13.4
人均国内生产总值	元	80313	9.2
第一产业比重	%	1.9	–
第二产业比重	%	62.7	–
第三产业比重	%	35.4	–
四、农林牧渔业总产值	亿元	211.17	3.8
五、全部工业总产值	亿元	15497.30	–
其中：规模以上工业	亿元	14527.47	–
其中：轻工业	亿元	6884.72	–
重工业	亿元	7642.74	–

指标名称	计量单位	2010年	2010年比上年增长%
六、固定资产投资总额	亿元	1719.63	16.9
七、社会消费品零售总额	亿元	1687.13	20.1
八、地方财政一般预算收入	亿元	306.05	20.2
财政一般预算支出	亿元	363.35	36.1
九、出口总值	亿美元	330.39	34.4
其中：内资企业出口	亿美元	141.64	46.3
“外资”企业出口	亿美元	188.74	26.7
实际外商直接投资	亿美元	19.67	5.0
十、金融部门存款余额(本外币)	亿元	8462.33	17.4
其中：城乡居民储蓄存款余额	亿元	4460.82	13.1
金融部门贷款余额	亿元	4868.99	18.7
十一、货物周转量	亿吨公里	152.86	–9.4
旅客周转量	亿人公里	85.53	26.0
港口货物吞吐量	万吨	5409.83	6.1
十二、移动电话用户	万户	1076.00	13.9
固定电话用户	万户	266.03	–1.3
移动电话交换机总容量	万户	1482.00	23.4
固定电话交换机总容量	万门	301.51	2.5
十三、旅游总收入	亿元	231.30	12.9
接待过夜总人数	万人次	866.55	3.7
十四、小学学校数	所	424	–1.2
小学在校学生	万人	43.82	0.9
普通中学学校数	所	179	0.0
普通中学在校学生数	万人	32.34	0.1
高等学校在校学生	万人	3.97	7.1

指标名称	计量单位	2010年	2010年比上年增长%
初中毕业生升学率	%	99.04	–
高中毕业生升学率	%	90.43	–
十五、卫生医疗机构	个	1258	0.7
其中：医院	个	59	3.5
卫生机构病床数	张	23227	8.3
各类卫生技术人员数	万人	3.35	6.6
十六、在岗职工年人均工资	元	37079	8.7
农村居民人均纯收入	元	12202	14.1
十七、市区每百户居民拥有：			
彩色电视机	台	136.0	–1.8
电冰箱	台	102.0	0.5
洗衣机	台	102.0	1.5
淋浴热水器	台	117.5	–1.7
组合音响	套	61.0	4.3
空调器	台	251.5	2.4
摩托车	辆	89.0	–5.8
家用电脑	台	111.5	0.0
移动电话	部	252.5	3.5
十八、主要农业产品产量			
粮食	万吨	9.70	–0.5
其中：稻谷	万吨	6.66	–3.9
蔬菜	万吨	144.10	2.1
水果	万吨	5.35	–7.1
肉类总产量	万吨	28.58	1.7
其中：猪肉	万吨	14.42	3.1

指标名称	计量单位	2010年	2010年比上年增长%
水产品总产量	万吨	56.47	2.8
其中：塘鱼	万吨	55.21	3.0
十九、主要工业产品产量			
酱油	万吨	174.98	19.2
布	万米	73340.85	–12.4
机制纸及纸板	万吨	55.58	–13.0
塑料制品	万吨	216.76	3.3
铝材	万吨	311.78	34.4
家用电冰箱	万台	746.79	37.5
电风扇	万台	3098.42	20.7
房间空气调节器	万台	2323.35	57.4
微波炉	万台	5134.66	22.9
灯泡	万只	206169.49	18.8
照相机	万台	1549.73	75.3
发电量	亿千瓦小时	118.96	44.0

注：根据第六次全国人口普查最终确定数，对2006～2009年年末常住人口数进行了调整，人均指标历史数据相应调整。

（市统计局）

第十一篇

文件·法规选编

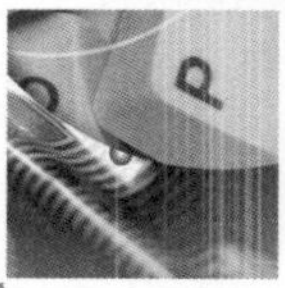

关于促进企业落实安全生产主体责任的暂行规定

佛府〔2010〕5号

第一章　总　则

第一条　为深入贯彻落实科学发展观，构建安全生产长效机制，实现我市安全生产形势根本好转，根据《中华人民共和国安全生产法》、《广东省安全生产条例》等有关法律、法规的规定，结合本市实际，制定本规定。

第二条　本规定适用于本市行政区域内从事生产经营活动的单位（以下简称“企业”）。

第二章　安全生产责任制

第三条　企业应当建立健全安全生产责任体系。企业的主要负责人是本企业的安全生产第一责任人，要全面负起责任，依法履行安全生产管理职责，加强对安全生产工作的领导，加大对安全生产的投入，协调和解决安全生产工作中的重大问题。

企业要构建从主要负责人到分管安全生产的负责人或安全总监、部门负责人、车间、班组直至每个员工的安全生产责任制体系，层层签订安全管理责任书，逐级逐岗保证规章制度的落实，建立健全规范化、制度化的安全生产管理机制。

第四条　企业要探索建立企业安全总监制度。全市矿山、建筑施工单位和危险化学品的生产企业，以及从业人员超过300人以上的其他企业应积极推行安全总监制度。

企业的安全总监是企业的高层管理人员，全面负责企业安全管理工作，直接对企业主要负责人负责，有权指导和协调企业生产管理人员和安全主任共同做好企业安全生产工作。安全总监应当督促、指导生产管理人员和安全主任建立、健全各种规章制度，开展安全生产宣传教育，开展安全隐患排查治理，统筹解决企业安全生产问题，并定期向企业主要负责人提出安全生产工作的合理化建议。

第五条　企业要配备安全生产管理人员。全市企业都应配备至少1名专（兼）职安全主任或安全管理人员，从业人员大于300人的企业，必须配备不少于1名的具备安全主任资格的专职安全管理人员。

矿山、建筑施工单位和危险物品的生产、经营和储存单位，应当按规定设置安全生产管理机构或者配备专职安全主任。

第三章　安全生产规范化管理

第六条　全市企业应当开展安全生产规范化管理活动。按照安全生产规范化管理的标准要求，健全和完善生产经营流程中涉及的各部门、各岗位的管理制度和技术规范，加强隐患排查治理，全面提高安全生产管理水平。

开展规范化管理的验收考评，根据企业安全生产管理情况将企业划分为A、B、C、D 4个安全等级。鼓励企业按照国家和省的要求开展标准化管理工作，凡被核准为国家和省标准化管理达标的企业，直接确定为规范化管理A类企业。

采取措施引导企业创建安全生产A类企业，

对于安全措施到位，安全生产管理优良的A类企业，优先推荐企业及其主要负责人参与各类评优、评先、奖励，并在安全生产许可、安全认证等方面提供“绿色通道”。

对于安全生产管理制度基本完善，安全管理基本到位，但仍达不到A类企业标准的B类企业，要加强安全巡查，进一步指导企业整改隐患，规范其安全生产管理。

第七条 加强对安全等级较差企业的监督管理。对于安全管理存在问题较多的C类企业，由区、镇（街道）安全生产监督管理部门和其他有关部门实施黄牌警告，并纳入区安全生产执法队伍或其他部门重点监控对象，每个季度必须对其开展一次执法检查或安全生产检查，督促其尽快提高安全管理水平，提升企业排查整改安全隐患的能力。

对于生产工艺落后或安全管理落后的D类企业，由市、区、镇（街道）安全生产监督管理部门和其他有关部门实施红牌警告，并纳入市、区两级安全生产执法队伍或镇（街道）安全生产巡查的重点监控对象，切实加强监管；对不具备安全生产条件或多次整改仍达不到要求的D类企业，依法对其进行停产整顿或关闭。

鼓励C、D类企业聘请、委托安全生产中介服务咨询机构提供技术支持和咨询服务，改善其安全生产管理条件。

第四章　安全生产隐患排查治理

第八条 企业应当落实隐患排查治理主体责任。企业应当建立健全事故隐患排查治理和建档等制度，逐级建立并落实从主要负责人到每个从业人员的隐患排查治理责任制。

企业应当建立事故隐患报告和举报奖励制度，对发现、排除和举报事故隐患的有功人员，应当给予奖励和表彰；对本单位安全生产工作提出批评、检举、控告或者拒绝违章指挥、强令冒险作业的从业人员，不得降低其工资、福利等待遇或者解除与其订立的劳动合同。

第九条 企业应当建立隐患排查治理长效机制。企业负责人应当每个月组织本单位的安全生产管理机构或者安全生产管理人员对安全生产状况进行专业性和综合性的检查。

企业的安全生产管理人员或安全主任应当履行现场安全生产检查职责，对检查中发现的安全隐患和问题，应当立即处理；不能处理的，应当及时报告企业负责人。

企业应当按照事故隐患的等级进行登记，建立事故隐患信息档案，制定整改计划或重大事故隐患治理方案，明确专人负责，实施监控治理。

企业的安全生产管理人员或安全主任应当按照有关规定每季度对本单位事故隐患排查治理情况进行统计分析，并向镇（街道）、村（居）安全监管机构和有关部门报送书面统计分析表。统计分析表应当由企业主要负责人签字并盖章。

第十条 企业应当加强重大隐患治理工作。对于重大事故隐患，企业应及时向镇（街道）安全监管机构或区有关部门报告。

重大事故隐患报告内容应当包括：隐患的现状及其产生原因、隐患的危害程度和整改难易程度分析、隐患的治理方案。企业在事故隐患治理过程中，应当采取相应的安全防范措施，防止事故发生。事故隐患排除前或者排除过程中无法保证安全的，应当从危险区域内撤出作业人员，并疏散可能危及的其他人员，设置警戒标志，暂时停产停业或者停止使用。

重大事故隐患被挂牌督办或责令停产停业的，治理工作结束后，企业应当组织专家或委托具备相应资质的安全评价机构对重大事故隐患的治理情况进行评估。经评估符合安全生产条件的，经当地安全监管部门或有关部门审查同意后，方可恢复生产经营和使用。

第五章　安全生产培训教育

第十一条 企业主要负责人（指有限责任公司或者股份有限公司的董事长、总经理，其他生产经营单位的厂长、经理）和安全生产管理人员应当按照国家有关规定参加安全监管部门和其他部门组织的安全生产培训和教育，具备与本单位所从事的生产经营活动相应的安全生产知识和管理能力。

危险物品的生产、经营、储存和运输单位以及矿山、建筑施工单位的主要负责人、安全生产管理人员及从业人员，应当按照规定接受有关培训，经考核合格，符合规定条件的，方可上岗。

第十二条 企业应当按照国家规定的学时与内容进行从业人员的全员安全生产教育和培训，未经安全生产教育和培训合格的从业人员，不得上岗作业。

特种作业人员应当按照国家有关规定经专门的安全专业培训，取得特种作业操作资格证书，方可上岗作业。企业应当制定安全生产教育培训计划，建立教育培训档案，如实记录教育培训情况。

第六章 安全生产应急管理

第十三条 企业应按国家有关规定，组织编制本单位的安全生产应急救援预案。风险种类多、可能发生多种事故的企业应当组织编制本单位的综合应急预案，并应当根据存在的重大危险源和可能发生的事故类型，制定相应的专项应急预案，针对危险性较大的重点岗位，制定现场处置方案。

企业应当对本单位编制的应急预案进行论证。矿山、建筑施工单位和易燃易爆物品、危险化学品、放射性物品等危险物品的生产、经营、储存、使用单位和中型规模以上的其他生产经营单位，应当组织专家对本单位编制的应急预案进行评审。

企业应当配备必要的应急救援器材、设备，并进行经常性维护、保养，保证其正常运转。

企业应当按照规定组织实战性较强的应急救援演练，通过演练，检验预案，锻炼队伍，使预案在处置事故灾难中真正发挥作用。大力普及事故灾难预防、避险、报警、自救、互救等知识，提高企业从业人员应对事故灾难的能力。提高同行业间企业的协同应急救援能力，充分发挥协同救援机制的作用。规模较小而无应急救援组织的企业，应当配备应急救援人员，并与就近同行业较大企业的应急救援队伍签订应急救援协议。

第十四条 发生生产安全事故可能危及企业和人员安全的情况时，企业应当立即采取撤离人员、停止作业、加强监测、报警等安全措施。

企业发生生产安全事故，单位负责人应当在1小时内向负有安全生产监督管理职责的有关部门报告，并立即启动事故相应应急救援预案，采取有效措施组织应急救援，防止事故扩大，减少人员伤亡和经济损失。发生生产安全事故的企业应当妥善保护事故现场以及相关证据，任何单位和个人不得破坏事故现场、毁灭相关证据。发生生产安全事故的企业，其主要负责人不得在事故调查处理期间擅离职守，并要积极配合有关部门开展事故调查处理工作。

第七章 安全生产行政执法

第十五条 各级安全生产监管机构应当增强执法意识，依法对企业落实安全生产主体责任进行监督检查，指导督促企业建立健全安全生产责任制体系，落实规范化管理和事故隐患排查治理等工作措施。

对安全生产责任不落实、安全生产管理机构设置及人员配备不到位、事故隐患排查治理不力、安全培训教育不开展的企业，依法加大行政执法和经济处罚的力度。

第十六条 严格生产安全事故责任追究。认真查处各类事故，对责任事故单位依照有关规定最高可处以500万元的罚款。事故发生单位主要负责人未依法履行安全生产管理职责，导致事故发生的，按照有关规定处以罚款，构成犯罪的，依法追究刑事责任。

第八章 附 则

第十七条 本规定自发布之日起1个月后施行。此前佛山市安全生产方面的政策制度与本规定相抵触的，以此规定为准。

二〇一〇年一月十九日

佛山市人民政府
关于公布政府规范性文件清理结果的决定

佛府〔2010〕17号

根据《关于珠江三角洲九市开展规章规范性文件清理工作的通知》（粤府法明电〔2009〕2号）和《印发佛山市行政机关规范性文件清理工作方案的通知》（佛府办〔2009〕48号）的要求，经对2008年12月31日前制定的市政府规范性文件进行清理，市政府决定，废止86件政府规范性文件，保留193件政府规范性文件，修改56件政府规范性文件。

废止的政府规范性文件，自公布之日起失效，不再作为行政管理的依据。对于需要修改的规范性文件，负责该文件清理的单位（详见佛府办〔2009〕48号附件2）应当遵循规范性文件制定程序及时完成修改。

附件：

1. 决定废止的佛山市政府规范性文件目录
2. 决定保留的佛山市政府规范性文件目录
3. 决定修改的佛山市政府规范性文件目录

二〇一〇年二月二十三日

附件1-1

决定废止的佛山市政府规范性文件目录

序号	文 件	文 号
1	印发关于推进名牌带动战略的实施意见及其奖励办法的通知	佛府办〔2007〕274号
2	关于在全市开展非公有制小企业安全生产监督管理试点工作的通知	佛府办〔2003〕114号
3	批转市国土局市财政局关于佛山市直国有（集体）企业解困、转制涉及土地资产处置的土地出让金减免、返还若干意见的通知	佛府〔2000〕37号
4	批转市财政局、外经贸局关于佛山市直出口退税账户托管贷款利息支持专项资金使用的实施方案的通知	佛府〔2002〕64号
5	批转市国土资源局市财政局关于佛山市直公有企业解困转制涉及土地出让金上缴与财政返拨意见的通知	佛府〔2003〕113号
6	关于印发佛山市深化农业税改革实施意见的通知	佛府办〔2004〕245号
7	关于印发佛山市小型汽车号牌竞价发放工作实施细则（试行）的通知	佛府办〔2006〕27号
8	关于印发佛山市加强社区计划生育管理实施方案（试行）的通知	佛府〔2000〕66号
9	关于建设全国专利工作试点城市的实施意见	佛府〔2005〕3号
10	印发佛山市科技发展专项资金管理办法的通知	佛府办〔2006〕273号
11	转发市广播电视局关于实施佛山有线数字电视工程意见的通知	佛府办〔2003〕234号
12	关于印发佛山市机动车辆路桥通行费年（次）票制试行办法的通知	佛府〔2003〕38号
13	关于印发佛山市机动车辆路桥通行费年票制实施细则的通知	佛府〔2003〕61号
14	关于印发佛山市干线公路网项目建设管理暂行办法的通知	佛府办〔2003〕140号
15	关于印发佛山市干线公路网项目建设管理暂行办法的通知	佛府办〔2004〕201号
16	关于机动车辆路桥通行费继续实行年票制有关问题的通知	佛府办〔2005〕332号
17	关于印发《佛山市城市绿化管理规定》的通知	佛府〔2001〕40号
18	转发市公用事业局、市信息办关于佛山市地下通信管道建设管理实施意见的通知	佛府办〔2002〕157号
19	关于印发佛山市污水处理系统项目特许经营权法人招标、开标、评标和定标工作方案的通知	佛府〔2004〕54号
20	印发佛山市非户籍常住人口子女政策性借读生免费义务教育实施办法的通知	佛府〔2008〕77号

附件1-2

序号	文　件	文　号
21	印发关于佛山市扶贫助学专项资金筹集办法的通知	佛府办〔2005〕226号
22	关于印发佛山市学校危房改造工程实施意见的通知	佛府办〔2007〕113号
23	关于开展整治城市乱张贴、乱涂写行为的通告	佛府〔2004〕115号
24	转发市城市管理行政执法局关于佛山市车辆占道停放管理暂行规定的通知	佛府办〔2005〕23号
25	关于印发佛山市农产品质量安全管理工作实施方案（试行）的通知	佛府〔2004〕74号
26	关于发展和完善农村合作医疗保障制度的意见	佛府〔2001〕28号
27	关于职工个人缴纳失业保险费的通知	佛府办〔2000〕14号
28	关于印发《佛山市企业经济性减裁人员办法》的通知	佛府办〔2002〕70号
29	关于修改《佛山市城镇职工基本医疗保险暂行规定》和《佛山市城镇职工基本医疗保险规定实施细则》及对有关问题补充规定的通知	佛府办〔2002〕93号
30	印发佛山市城镇职工基本医疗保险定点零售药店管理试行办法的通知	佛府办〔2003〕14号
31	关于做好严格控制农民工返乡工作的通知	佛府办〔2003〕47号
32	关于建立健全土地公开交易制度的通知	佛府办〔2000〕15号
33	关于印发佛山市土地出让金及租金收取标准的通知	佛府〔2001〕12号
34	关于印发佛山市土地储备暂行办法的通知	佛府〔2002〕33号
35	关于印发《佛山市土地市场管理办法》的通知	佛府〔2002〕34号
36	关于公布佛山市区国有土地定级及基准地价标准的通知	佛府〔2002〕70号
37	转发市国土资源局关于处理市区农村住宅用地历史遗留问题和规范农村村民公寓用地管理的意见的通知	佛府办〔2002〕128号
38	关于印发佛山市禅城区土地出让金及租金标准的通知	佛府〔2003〕55号
39	关于印发佛山市禅城区范围工业产业地价优惠暂行方案的通知	佛府办〔2003〕79号
40	关于印发佛山市电力设施用地补偿方案的通知	佛府办〔2003〕155号
41	关于印发惠民低租金住宅小区申请入住办法的通知	佛府办〔2002〕138号
42	关于印发佛山市解决城市双特困户住房暂行规定的通知	佛府办〔2006〕409号

附件1-3

序号	文　件	文　号
43	关于进一步加强重点水污染企业环境保护监督管理的通知	佛府办〔2005〕172号
44	关于清理我市饮用水源保护区一级区内沙石场、油库、码头和饮食店档的通知	佛府办〔2005〕47号
45	关于印发佛山市区域环境噪声适用区划方案的通知	佛府〔2002〕76号
46	转发市环保局关于对汾江沿岸煤场进行清理整顿的意见的通知	佛府办〔2002〕172号
47	关于印发《佛山市办理人大代表议案、建议和政协提案办法》的通知	佛府〔2001〕50号
48	关于印发佛山市人民政府工作规则的通知	佛府〔2003〕88号
49	关于修订《佛山市人民政府工作规则》个别条款的通知	佛府〔2004〕19号
50	关于印发《佛山市人民政府工作规则》的通知	佛府〔2005〕25号
51	关于印发《佛山市辖区老年人优惠待遇办法》的通知	佛府办〔2001〕71号
52	转发市民政局关于佛山市区社区资源共享实施意见的通知	佛府办〔2000〕80号
53	关于转发市民政局《佛山市区志愿者服务活动管理试行办法》的通知	佛府办〔2000〕81号
54	关于我市燃气调价后对居民低保户实行临时补贴的通知	佛府办〔2006〕10号
55	印发佛山市城乡特困居民门诊医疗救助暂行办法的通知	佛府办〔2008〕69号
56	转发市民政局关于进一步加快培育发展我市待业协会社会团体的意见的通知	佛府办〔2002〕171号
57	关于印发佛山市直属产业性行业协会社会团体经费扶持实施办法的通知	佛府办〔2003〕76号
58	关于加快清理“三道两区”乱葬岗工作的通知	佛府办〔2000〕27号
59	关于在佛山市境内河道（段）划定禁止采砂范围的通告	佛府〔2002〕30号
60	关于划定佛山市河道（段）禁止采砂范围的通告	佛府〔2003〕48号
61	关于划定佛山市河道（段）禁止采砂范围的通告	佛府〔2004〕78号
62	关于划定佛山市河道采砂可采区禁采区范围的通告	佛府〔2005〕72号
63	关于印发《佛山市市辖区实施〈广东省台风、暴雨、寒冷预警信号发布规定〉的办法》的通知	佛府〔2001〕73号
64	关于印发佛山市实施《广东省收容遣送管理规定》意见的通知	佛府〔2003〕47号

附件1-4

序号	文 件	文 号
65	关于房改出售公有住房后与住宅配套的单车房处理问题的通知	佛府〔2000〕028号
66	关于市直关闭、破产、全停产企业试行使用住房基金安置职工的通知	佛府〔2000〕078号
67	转发市工商局关于加强流通领域商品质量监管实施市场商品准入管理的实施意见	佛府办〔2004〕100号
68	转发市工商局关于我市全面推行市场食品准入管理工作实施意见的通知	佛府办〔2005〕313号
69	关于印发佛山市气瓶安全管理规定的通知	佛府〔2003〕98号
70	关于进一步贯彻落实粮改政策措施促进粮食生产与流通协调发展的通知	佛府〔2000〕49号
71	佛山市政府审批制度改革若干规定	佛府令第4号
72	佛山市人民政府第二轮行政审批制度改革若干规定	佛府令第8号
73	关于印发佛山市企业投诉受理试行办法的通知	佛府办〔2004〕31号
74	关于印发佛山市行政投诉处理暂行办法的通知	佛府办〔2004〕167号
75	转发市外事侨务局关于进一步加强我市侨务工作意见的通知	佛府办〔2001〕95号
76	关于对“一环”沿线土地实施规划和土地控制的通知	佛府〔2004〕175号
77	关于加强一环快速干线沿线地区规划管理的通知	佛府〔2005〕140号
78	关于对市直产品出口大户企业实行贴息奖励的通知	佛府办〔2001〕042号
79	转发市人事局等单位关于政府聘用人员工资福利与社会保障有关问题实施意见的通知	佛府办〔2005〕236号
80	转发市公安局关于贯彻实施《群众性文化体育活动治安管理办法》的意见的通知	佛府办〔2000〕66号
81	转发市公安局关于适量限制市区摩托车发展的实施意见的通知	佛府办〔2001〕55号
82	转发市公安局关于统一调整我市各区户口管理政策请示的通知	佛府办〔2003〕169号
83	转发市公用事业局、市信息办关于佛山市区地下通信管道建设管理实施意见的通知	佛府办〔2002〕157号
84	关于佛山市区居民住宅小区综合服务收费问题的通知	佛府〔2000〕3号
85	转发市物价局关于佛山市车辆停放服务收费管理规定的通知	佛府办〔2005〕132号
86	转发省物价局关于印发广东省机动车停放服务收费管理办法的通知	佛府办〔2008〕49号

附件2-1

决定保留的佛山市政府规范性文件目录

序号	文　件	文　号
1	关于印发佛山市实施《中华人民共和国防空法》细则通知	佛府〔2001〕55号
2	转发市人民防空办公室关于统一明确佛山市结合民用建筑修建防空地下室工作范围意见的通知	佛府办〔2008〕38号
3	关于印发佛山市建设集约型工业园区评估考核（试行）办法实施细则的通知	佛府办〔2005〕271号
4	关于佛山市建设集约型工业园区评估考核（试行）办法及实施细则的补充通知	佛府办〔2006〕340号
5	印发佛山市生猪及其产品质量安全管理暂行办法的通知	佛府办〔2007〕301号
6	关于印发佛山市安全生产管理规定、佛山市安全生产问责制暂行办法的通知	佛府办〔2004〕33号
7	关于印发佛山市安全生产奖励规定（试行）的通知	佛府办〔2004〕49号
8	印发佛山市安全生产行政问责规定的通知	佛府〔2006〕96号
9	印发佛山市重大危险源安全监督管理办法的通知	佛府办〔2007〕336号
10	印发佛山市生产安全事故隐患和安全生产违法行为举报奖励办法的通知	佛府办〔2007〕366号
11	转发关于佛山市区收取医疗垃圾处理费的意见的通知	佛府办〔2002〕180号
12	关于批转市经贸局、物价局、财政局《佛山市地方火电厂顶峰发电财政补贴暂行办法》的通知	佛府办〔2006〕11号
13	印发佛山市欠薪帮扶专项资金管理使用办法的通知	佛府办〔2006〕292号
14	关于印发《佛山市流动人员和出租屋管理机构财务收支管理和经费保障实施细则》的通知	佛府办〔2006〕367号
15	印发佛山市实行城乡户籍统一管理后计划生育工作若干规定的通知	佛府〔2004〕93号
16	转发佛山市农村部分计划生育家庭奖励实施办法的通知	佛府办〔2004〕204号
17	关于印发《佛山市流动人员计划生育管理服务实施细则》的通知	佛府办〔2006〕360号
18	印发《佛山市计划生育家庭节育奖实施办法》的通知	佛府办〔2008〕61号
19	关于加强知识产权工作提升我市综合竞争力的意见	佛府办〔2005〕294号
20	关于佛山市专业镇技术创新试点工作意见（试行）	佛府办〔2006〕100号

附件2-2

序号	文　件	文　号
21	佛山市科学技术奖励办法	佛府办〔2006〕132号
22	关于印发佛山市科研计划项目知识产权管理办法的通知	佛府办〔2006〕197号
23	印发关于加强专利工作的实施意见及其奖励办法的通知	佛府办〔2007〕276号
24	佛山市贯彻落实《广东省人民政府关于促进自主创新的若干政策》的措施	佛府办〔2007〕319号
25	佛山市科技发展专项资金管理办法	佛府办〔2008〕402号
26	关于确定祖庙民居群为佛山市区历史街区的通告	佛府〔1999〕034号
27	关于公布佛山老城历史文化核心保护区的通告	佛府〔2003〕140号
28	印发关于加快文化名城建设若干政策的通知	佛府办〔2004〕323号
29	关于公布第四批和重新核定公布第一、二、三批佛山市文物保护单位的通知	佛府〔2006〕124号
30	关于批准并公布佛山市第一批市级非物质文化遗产名录的通知	佛府〔2007〕38号
31	印发佛山市农村电影改革发展暨数字化放映试点工作实施意见的通知	佛府〔2007〕85号
32	关于划定高明区古椰贝丘遗址保护范围及建设控制地带的公告	佛府〔2008〕130号
33	关于印发佛山市公路建设资金管理办法的通知	佛府〔2003〕35号
34	转发市交通局关于佛山市地方公路及公路两侧建筑控制区广告标牌设施管理办法的通知	佛府办〔2004〕257号
35	转发市交通局关于佛山市地方公路非公路标志设置规划的通知	佛府办〔2004〕258号
36	转发市交通局等部门关于佛山市货物港务费征收及使用管理办法的通知	佛府办〔2004〕331号
37	关于实施公交优先政策扶持公交行业发展问题的通知	佛府〔2005〕1号
38	关于印发“一环”城际快速干线景观绿化实施办法的通知	佛府办〔2005〕108号
39	关于印发佛山市公共汽车客运管理暂行办法的通知	佛府〔2005〕66号
40	关于规范管理免费接送车问题的通知	佛府办〔2005〕284号
41	转发市交通局关于佛山市地方公路及公路两侧广告设施经营权招标投标试行办法的通知	佛府办〔2006〕7号
42	关于印发佛山市经营期满及还清贷款收费公路项目移交管理暂行规定的通知	佛府〔2006〕114号

附件2-3

序号	文　件	文　号
43	转发市交通局等部门关于佛山市干线公路网项目建设管理办法的通知	佛府办〔2006〕260号
44	印发关于优先发展佛山市公共交通意见的通知	佛府办〔2006〕356号
45	关于印发佛山残疾人优待暂行办法的通知	佛府〔2004〕116号
46	关于印发佛山市古树名木保护管理办法的通知	佛府办〔2004〕206号
47	关于印发佛山市市政公共设施管理规定（试行）的通知	佛府〔2005〕2号
48	关于印发佛山市城市绿线管理办法的通知	佛府〔2005〕40号
49	关于印发佛山市城市绿化管理规定的通知	佛府〔2005〕41号
50	转发市公用事业局等部门关于进一步实施门前市容卫生责任制的意见的通知	佛府办〔2006〕9号
51	印发《佛山市城市桥梁检测和养护维修管理办法》的通知	佛府〔2007〕67号
52	关于印发佛山市促进民办教育发展若干意见的通知	佛府办〔2005〕26号
53	印发关于加强我市扶贫助学工作意见的通知	佛府〔2005〕92号
54	印发佛山市最低生活保障家庭幼儿助学实施办法的通知	佛府〔2008〕80号
55	印发关于我市扶贫助学工作有关问题规定的通知	佛府办〔2005〕227号
56	印发关于佛山市最低生活保障家庭学生助学实施办法的通知	佛府办〔2005〕228号
57	印发佛山市人民政府关于深化义务教育经费保障机制改革的实施意见及其配套文件的通知	佛府〔2007〕 53号
58	印发佛山市促进民办教育发展实施办法的通知	佛府办〔2007〕215号
59	关于印发佛山市城市管理市民举报、献策及积极贡献奖励暂行办法的通知	佛府办〔2006〕395号
60	佛山市人民政府关于全面清理整治非法张挂、张贴宣传品的通告	佛府〔2007〕97号
61	关于印发佛山市确定国家秘密及其密级工作管理规定的通知	佛府办〔2003〕91号
62	转发市国家保密局佛山市政府信息公开发布保密审查办法的通知	佛府办〔2008〕197号
63	印发关于发展农民专业合作经济组织的意见的通知	佛府〔2004〕6号
64	印发佛山市建设农业现代化园区实施意见的通知	佛府〔2004〕99号

附件2-4

序号	文　件	文　号
65	印发佛山市农业龙头企业认定和奖励试行办法的通知	佛府〔2004〕100号
66	印发佛山市关于加强对台农业交流与合作工作的意见的通知	佛府〔2007〕5号
67	印发佛山市道路绿化管理办法的通知	佛府〔2007〕140号
68	关于加快解决渔民住房困难的实施意见	佛府〔2008〕19号
69	转发市农业局关于加强我市农机安全监理工作的意见的通知	佛府办〔2006〕295号
70	印发佛山市生态公益林建设和管理办法的通知	佛府办〔2008〕241号
71	关于印发市区征地带人职工的劳动、社会保险及户口管理等问题处理意见的通知	佛府〔2000〕67号
72	印发佛山市建立农村富余劳动力培训和就业引导机制实施意见的通知	佛府〔2004〕95号
73	印发佛山市建立全征土地农民基本养老保险补贴制度实施意见的通知	佛府〔2004〕96号
74	印发佛山市建立农村居民医疗保险制度实施意见的通知	佛府〔2004〕97号
75	印发佛山市社会保险市级统筹实施办法的通知	佛府〔2004〕101号
76	印发佛山市关于进一步加强就业再就业工作实施意见的通知	佛府〔2006〕84号
77	印发建立佛山市居民基本医疗保险制度指导意见的通知	佛府〔2007〕63号
78	印发佛山市城镇职工基本医疗保险市级统筹实施办法的通知	佛府〔2007〕64号
79	关于调整再就业资金补贴范围及再就业资金管理有关问题的通知	佛府办〔2004〕318号
80	关于印发佛山市职业介绍和再就业培训补贴暂行办法的通知	佛府办〔2004〕319号
81	关于印发佛山市零就业家庭就业援助办法的通知	佛府办〔2004〕320号
82	转发市劳动保障局关于进一步完善企业欠薪监管机制意见的通知	佛府办〔2004〕335号
83	关于印发佛山市举报群体性拖欠工资行为奖励暂行办法的通知	佛府办〔2005〕163号
84	关于建立佛山市居民门诊基本医疗保险制度的指导意见	佛府办〔2008〕123号
85	关于停止执行市区违法用地补办用地手续优惠征收耕地占用税政策的通知	佛府〔2002〕72号
86	关于进一步完善向区政府下放土地管理事项的通知	佛府〔2005〕57号

附件2−5

序号	文 件	文 号
87	关于印发佛山市土地出让金及租金标准的通知	佛府〔2005〕102号
88	印发《佛山市工业用地招标拍卖挂牌出让实施办法（试行）》的通知	佛府〔2007〕141号
89	关于印发佛山市交通基础设施建设征地拆迁补偿标准及实施方案的通知	佛府办〔2003〕83号
90	关于调整佛山市交通基础设施建设征地拆迁补偿标准及实施方案有关补偿标准的通知	佛府办〔2003〕154号
91	关于印发佛山市土地储备实施办法的通知	佛府办〔2004〕322号
92	转发市国土资源局规划局建设局关于加强经营性房地产用地计划管理的意见	佛府办〔2005〕330号
93	转发市国土资源局等部门关于推进旧村居改造示范村居建设有关文件的通知	佛府办〔2007〕414号
94	转发市国土资源局等部门关于推进旧厂房改造有关文件的通知	佛府办〔2008〕67号
95	印发加强我市闲置土地处置意见的通知	佛府〔2008〕116号
96	关于印发《佛山市商品房预售款监督管理实施办法》的通知	佛府〔2001〕10号
97	关于解决禅城区镇村建设历史遗留问题的复函	佛府办〔2004〕4号
98	转发市国土资源局规划局建设局关于加强经营性房地产用地计划管理的意见	佛府办〔2005〕330号
99	关于印发佛山市重点建设项目建筑材料、构配件和设备质量管理办法的通知	佛府办〔2005〕337号
100	转发市建设局佛山市商品房预（销）售合同网上备案规定的通知	佛府办〔2006〕286号
101	关于印发佛山市查处违法建设责任追究暂行办法的通知	佛府办〔2006〕309号
102	关于印发《佛山市房屋租赁管理实施细则》的通知	佛府办〔2006〕363号
103	印发《佛山市建筑节能管理办法》的通知	佛府办〔2007〕254号
104	转发市建设局等部门关于推进旧城镇改造有关文件的通知	佛府办〔2008〕48号
105	关于明确我市拆迁城镇华侨房屋补偿标准有关问题的通知	佛府办〔2008〕62号
106	转发市环保局佛山市公路、铁路（含轻轨）所经地段声环境质量执行标准试行方案的通知	佛府办〔2004〕235号
107	转发市环保局关于佛山市各区中心城区（镇）饮食服务业全面推行清洁能源工作方案的通知	佛府办〔2005〕9号
108	关于印发佛山市公众举报违法排放工业废水行为奖励暂行办法的通知	佛府办〔2006〕314号

附件2-6

序号	文　件	文　号
109	印发市政府办公室办文发文紧急程度界定标识与时限要求若干规定的通知	佛府办〔2006〕203号
110	印发佛山市政府信息公开暂行办法的通知	佛府〔2008〕78号
111	转发市民政局关于制定佛山市优抚对象抚恤补助标准意见的通知	佛府办〔2006〕212号
112	关于印发《佛山市地名管理办法》的通知	佛府〔2003〕49号
113	关于印发佛山市老年人优待办法的通知	佛府〔2004〕22号
114	关于印发佛山市城镇退役士兵自谋职业暂行办法的通知	佛府〔2003〕68号
115	转发市民政局关于军队移交政府安置的退休干部医疗待遇意见的通知	佛府办〔2008〕250号
116	印发佛山市建立和完善农村社会救助体系实施意见的通知	佛府〔2004〕98号
117	佛山市市级行业协会经费扶持办法的通知	佛府办〔2005〕291号
118	转发市民政局等四部门关于健全和完善城乡医疗救助制度实施意见的通知	佛府办〔2006〕382号
119	关于印发佛山市关于加强对城市生活无着的流浪乞讨人员救助管理实施意见的通知	佛府〔2005〕20号
120	关于印发佛山围内主干河涌管理暂行规定的通知	佛府〔2003〕105号
121	关于堤围防护费征收问题的通知	佛府办〔2004〕236号
122	关于印发佛山市社会医疗救助金使用和管理实施方案（试行）补充规定的通知	佛府办〔2002〕127号
123	关于印发佛山市区医疗欠费救助实施方案的通知	佛府办〔2002〕133号
124	转发市卫生局关于切实加强我市职业病防治工作意见的通知	佛府办〔2007〕3号
125	关于印发佛山市工程建设场地地震安全性评价工作管理规定的通知	佛府办〔2002〕71号
126	关于进一步做好施放气球管理工作的通知	佛府办〔2005〕290号
127	印发佛山市属机关事业单位住房商品化改革试行方案的通知	佛府〔1997〕099号
128	关于军队转业干部执行佛山市属机关事业单位住房商品化改革试行方案的具体规定的通知	佛府〔1998〕048号
129	关于对引进高层次人才执行佛山市属机关事业单位住房商品化改革试行方案作补充规定的通知	佛府〔1998〕122号
130	关于出售与房改房配套的单车房有关问题的通知	佛府〔2002〕25号

附件2-7

序号	文　件	文　号
131	关于2000年度以后转业到市属机关事业单位军转干部领取住房补助金问题的通知	佛府〔2002〕68号
132	关于市属行政机关事业单位住房基金管理问题的通知	佛府办〔2004〕77号
133	关于申领住房补助金若干问题的通知	佛府办〔2006〕58号
134	关于推进产品技术标准战略的实施意见及其奖励办法	佛府办〔2007〕277号
135	印发佛山市食品生产加工小作坊监督管理办法（试行）	佛府办〔2008〕111号
136	转发市发展计划局关于执行广东省实施《中华人民共和国招标投标法》办法的意见的通知	佛府办〔2003〕127号
137	关于印发佛山市城市可经营项目监管暂行办法的通知	佛府办〔2006〕304号
138	关于做好我市援建项目工程招投标和工程监管工作的通知	佛府办〔2008〕357号
139	印发佛山市政府投资非经营性项目代建制管理办法（试行）的通知	佛府办〔2008〕369号
140	佛山市人民政府关于向市辖区下放行政管理事项(第一批)的决定	佛府〔2003〕4号
141	佛山市人民政府关于向市辖区下放行政管理事项(第二批)的决定	佛府〔2003〕37号
142	佛山市人民政府关于向市辖区下放行政管理事项(第三批)的决定	佛府〔2003〕75号
143	关于进一步向禅城区下放部分行政管理职能的通知	佛府〔2003〕111号
144	关于调整一批行政管理事项的通知	佛府〔2004〕67号
145	关于印发佛山市行政审批事项清理结果的通知	佛府〔2005〕127号
146	关于印发佛山市行政审批管理监督暂行规定的通知	佛府〔2005〕126号
147	关于调整若干行政审批管理事项的通知	佛府〔2006〕116号
148	关于印发佛山市重点建设项目档案管理办法的通知	佛府办〔2005〕116号
149	印发佛山市名人档案管理办法的通知	佛府办〔2007〕269号
150	佛山市哲学社会科学优秀成果奖励办法及实施细则	佛府办〔2007〕210号
151	关于印发佛山市行政效能工作暂行规定的通知	佛府〔2005〕91号
152	关于印发佛山市影响行政效能行为过错责任追究暂行办法的通知	佛府〔2006〕138号

附件2-8

序号	文　件	文　号
153	印发佛山市行政效能投诉处理办法的通知	佛府办〔2007〕387号
154	转发市监察局佛山市政府信息公开监督保障暂行规定的通知	佛府办〔2008〕196号
155	转发市外事侨务局关于在全市建立华侨港澳同胞捐赠公益事业项目监督管理制度意见的通知	佛府〔2006〕174号
156	印发关于加强我市华侨港澳同胞捐赠学校监督管理意见的通知	佛府〔2006〕390号
157	佛山市人民政府行政应诉工作规则（试行）	佛府办〔2004〕240号
158	佛山市重大行政决策听证暂行办法	佛府〔2006〕47号
159	关于印发《佛山市城市建设档案管理办法》的通知	佛府〔1998〕118号
160	关于印发佛山市城市规划管理暂行办法的通知	佛府〔2004〕146号
161	转发市规划局关于佛山市地下铁道保护区工程建设审批暂行办法的通知	佛府办〔2006〕68号
162	佛山市道路建设规划管理制度	佛府办〔2007〕84号
163	关于对引进高层次人才执行佛山市属机关事业单位住房商品化改革试行方案作补充规定的通知	佛府〔1998〕122号
164	佛山市“佛山友谊奖”授予办法	佛府1999年第2号令
165	批转市人事局关于企业不在干部岗位上工作的女干部改按工人序列管理并办理退休的请示的通知	佛府〔2000〕99号
166	关于印发佛山市优化人才环境新政策的通知	佛府办〔2001〕82号
167	批转市人事局等单位关于在镇、街道办事处、工业园设立人才集体户的意见的通知	佛府〔2003〕064号
168	关于印发佛山市政府聘用人员试行办法的通知	佛府〔2004〕124号
169	印发吸引留学人才来佛山工作创业暂行办法的通知	佛府〔2004〕152号
170	印发关于创新人才激励机制若干意见的通知	佛府〔2004〕153号
171	印发关于进一步加大人才引进力度若干意见的通知	佛府〔2004〕154号
172	关于印发佛山市事业单位招聘工作人员试行办法的通知	佛府〔2005〕15号
173	印发关于设立佛山市政府专家顾问团实施方案的通知	佛府办〔2007〕197号
174	印发关于户籍管理制度改革决定的通知	佛府办〔2004〕92号

附件2-9

序号	文件	文号
175	关于加强外市籍机动车辆管理的通知	佛府〔2004〕142号
176	关于印发佛山市公安民警抚恤基金管理办法的通知	佛府〔2005〕12号
177	关于规范我市道路交通标志设置工作的通知	佛府办〔2006〕305号
178	转发市公安局关于进一步限制我市摩托车发展意见的通知	佛府办〔2006〕335号
179	关于印发《佛山市流动人员和出租屋治安管理实施细则》的通知	佛府办〔2006〕365号
180	印发《佛山市公用移动通信基站设置管理办法》的通知	佛府办〔2007〕335号
181	印发佛山市经济科技发展专项资金（信息技术部分）管理办法的通知	佛府办〔2008〕374号
182	关于印发佛山市企业上市奖励实施细则的通知	佛府办〔2006〕312号
183	关于佛山市市级工程建设项目管理文件个别条款作修改补充的通知	佛府办〔2006〕188号
184	关于实施佛山市离休干部优待办法的通知	佛府办〔2004〕54号
185	佛山市电力设施用地补偿方案	佛府办〔2008〕220号
186	佛山市电网建设绿色通道实施细则	佛府办〔2008〕221号
187	佛山市人民政府特约监察员工作办法	佛府办〔2008〕230号
188	佛山市工程建设项目审批程序改革方案	佛府办〔2008〕234号
189	佛山市外地机动车辆管理办法（试行）	佛府办〔2008〕261号
190	关于佛山市城镇职工参加居民门诊基本医疗保险的指导意见	佛府办〔2008〕272号
191	佛山市大型群众性活动安全管理实施办法（试行）	佛府办〔2008〕360号
192	佛山市建筑垃圾处置核准工作指导意见	佛府办〔2008〕388号
193	佛山市实施技术标准战略专项经费实施细则（试行）	佛府办〔2008〕390号

附件3-1

决定修改的佛山市政府规范性文件目录

序号	文　件	文　号
1	转发市人民防空办公室关于加强结合民用建筑修建防空地下室工作意见的通知	佛府办〔2005〕103号
2	印发关于推动“佛山OEM”的实施意见及其奖励办法的通知	佛府办〔2007〕278号
3	关于印发《佛山市“一日游”管理办法》的通知	佛府〔2000〕024号
4	关于印发《佛山市导游人员管理办法》的通知	佛府〔2000〕050号
5	关于印发《佛山市旅游饭店业管理办法》的通知	佛府〔2000〕074号
6	批转市财政局《佛山市直财政投资（拨款）基本建设工程概、预、决算审核管理暂行办法》的通知	佛府〔1998〕046号
7	关于印发佛山市市级财政投资建设项目资金监督管理暂行办法的通知	佛府〔2005〕24号
8	关于印发《佛山市产学研专项资金管理实施办法》、《佛山市产学研专项资金管理实施细则》的通知	佛府办〔2002〕176号
9	关于合理利用建港岸线规范港口码头建设经营的通知	佛府办〔2005〕216号
10	关于印发佛山市出租小汽车客运管理办法的通知	佛府办〔2005〕327号
11	关于印发佛山市道路桥梁车辆通行费年（次）票征收管理暂行办法的通知	佛府〔2006〕19号
12	转发关于佛山市区收取医疗垃圾处理费的意见的通知	佛府办〔2002〕180号
13	转发市教育局、公安局、交通局关于加强学校（幼儿园）学生接送车管理工作意见的通知	佛府办〔2005〕335号
14	关于印发佛山市免费义务教育实施办法的通知	佛府办〔2006〕218号
15	佛山市实施相对集中行政处罚权暂行规定	佛府令第9号
16	关于印发佛山市农村富余劳动力培训经费管理办法的通知	佛府〔2005〕33号
17	关于印发佛山市深化农业税改革实施意见的通知	佛府办〔2004〕245号
18	关于修改《佛山市劳动监察实施办法》等规范性文件的通知	佛府〔2000〕30号
19	关于印发《佛山市城镇职工基本医疗保险暂行规定》、《佛山市城镇职工基本医疗保险暂行规定实施细则》的通知	佛府〔2000〕77号
20	关于印发《佛山市流动人员劳动就业和社会保障管理实施细则》的通知	佛府办〔2006〕358号

附件3-2

序号	文　件	文　号
21	关于印发《佛山市采石取土自然生态环境治理保证金实施办法》的通知	佛府〔2000〕42号
22	关于印发《佛山市国有土地使用权划拨若干规定》的通知	佛府〔2001〕26号
23	关于印发《佛山市农用地转用和征用土地管理规定》的通知	佛府〔2001〕23号
24	关于印发佛山市实施广东土地使用权交易市场管理办法的通知	佛府〔2004〕24号
25	印发佛山市试行农村集体建设用地使用权流转实施办法的通知	佛府〔2004〕103号
26	批转市建委等部门关于进一步促进佛山市区房地产市场发展若干意见的通知	佛府〔2000〕31号
27	关于佛山市区交纳物业管理维修基金问题的通知	佛府〔2000〕91号
28	关于解决石湾区镇村建设历史遗留问题的意见	佛府〔2002〕49号
29	关于印发佛山市风景名胜区管理办法的通知	佛府〔2006〕37号
30	印发加快解决城市低收入家庭住房困难的指导意见等3个配套文件的通知	佛府〔2008〕90号
31	关于印发佛山市城市房屋白蚁防治管理办法的通知	佛府办〔2004〕36号
32	关于印发《佛山市区房屋拆迁管理规定》的通知	佛府〔1998〕071号
33	关于印发《佛山市政府、市政府办公室确定国家秘密及其密级工作实施办法》的通知	佛府办〔2000〕1号
34	关于印发《佛山市军人抚恤优待实施办法》的通知	佛府〔1995〕096号
35	佛山市拥军优属实施办法	佛府〔1998〕057号
36	关于健全对我市优抚对象优先优惠服务措施的通知	佛府办〔2002〕167号
37	关于印发佛山市随军家属就业安置暂行办法的通知	佛府〔2003〕69号
38	佛山市房屋租赁税费征收管理实施细则	佛府办〔2006〕361号
39	关于印发佛山市市属公有企业转制稳定金管理办法（试行）的通知	佛府办〔2005〕45号
40	佛山市实施重大行政处罚备案规定	佛府令第5号
41	转发市规划局《佛山市城市规划管理技术规定》的通知	佛府办〔2006〕150号
42	关于印发《佛山市户外广告管理暂行办法》的通知	佛府办〔2007〕66号

附件3-3

序号	文　件	文　号
43	关于印发《佛山市企业人事管理暂行规定》的通知	佛府〔1988〕148号
44	关于印发《佛山企业博士后工作站管理试行办法》的通知	佛府〔1995〕127号
45	关于印发《佛山市人事争议仲裁暂行办法》的通知	佛府办〔2007〕119号
46	关于印发佛山市区贯彻《广东省价格调节基金管理规定》实施办法的通知	佛府〔1996〕064号
47	关于印发佛山市流动人员和出租屋管理服务暂行办法的通知	佛府〔2006〕12号
48	关于转发佛山市火灾隐患举报奖励办法的通知	佛府办〔2005〕121号
49	关于转发佛山市重大火灾隐患挂牌督办办法的通知	佛府办〔2005〕122号
50	关于印发佛山市学校消防安全管理办法的通知	佛府办〔2006〕208号
51	关于印发《佛山市出租屋消防安全管理实施细则》的通知	佛府办〔2006〕364号
52	关于减免石湾水浸区收费问题的复函	佛府办函〔1995〕215号
53	关于减免石湾水浸区改造工程邮电设施配套费的复函	佛府办函〔1996〕094号
54	关于加快石湾水浸区改造第二期工程会议纪要	佛府办〔1997〕025号
55	关于免收石湾水浸区改造范围建设项目土地出让金的复函	佛府办函〔1997〕170号
56	关于石湾水浸区房屋征拆管理补充实施办法的批复	佛旧改字〔1995〕16号

佛山市供用水管理规定

佛府〔2010〕20号

第一章　总　则

第一条　为了加强供用水管理，保障生活、生产和其他用水需要，保证安全供水、用水，促进节约用水，维护供水、用水双方合法权益，根据国务院《城市供水条例》等有关法律、法规，结合本市实际情况，制定本规定。

第二条　凡在本市行政区域内从事供水工作和供水管理工作的单位和部门，以及使用供水的用户，必须遵守本规定。

第三条　供水应坚持开源与节流并重的原则，合理开发和利用水资源，实行保护水源、计划用水、节约用水等措施，优先满足居民生活用水，并保障城乡发展的用水需求。

第四条　市供水行政主管部门主管全市供水、用水、节水监督管理工作，负责组织本规定的实施。市规划、建设、卫生、环保等行政主管部门在各自职责范围内负责供水、用水中的监督管理工作。区有关行政主管部门按照职责分工，负责本行政区域内的供水、用水和节水监督管理工作。

第五条　供水行政主管部门应根据本市供水企业之间供水能力、水质、技术、管理、服务、价格等方面存在的较大差异，以“同城、同网、同质、同价、同服务”为目标，大力推进全市供水资源整合和城乡一体化供水工作。

第二章　建设与维护

第六条　市规划、供水行政主管部门应结合本市城市发展总体规划和供水水源开发利用规划，共同制定本市供水专项规划，经市人民政府批准后实施。城市供水工程的建设，应当按照供水专项规划及年度建设计划进行。

第七条　供水行政主管部门应按照供水专项规划大力推进多水源供水，提高供水安全可靠性；不同供水区域之间的供水管网规划建设应注重安全连接，提高其供水安全互补性。

各区人民政府应积极推进城乡供水建设，强化各个供水系统间的协调和连接，加大资金投入，采取有效措施，重点推进农村地区和开发区的公共供水工程建设。

第八条　供水设施建设须符合国家、行业和地方供水系统设计、施工和验收技术规范的要求。供水设施建设包括公共供水设施建设及用户供水设施建设。

公共供水设施是指水厂及其取水设施、公共区域内的公共供水管道及其附属设施。公共供水设施由政府或者供水企业组织投资建设。

用户供水设施是指居住小区、厂区或特定开发项目内的供水管道及其附属设施。包括与公共供水管道相连的接引管道工程、表后给水系统（含二次供水系统）、水表计量系统、消防设施及其他供水设施。用户供水设施由建设单位负责投资建设。

第九条　供水企业应在主支管的供水管线上方地面设置管道标识。新建供水管线的管道标识安装应与主体工程同步实施；对尚无管道标识的现状管线，供水企业应制订操作规程，及时补装管道标识。

供水企业应当对公共供水设施进行巡检和看护，建设和施工单位应给予积极配合，对不听巡检人员劝告而进行危害供水设施的施工，供水企业可向执法部门提出申请责令其停工，确保公共供水设施正常运行。

第十条 用户供水设施建设单位须将设计图及资料经有资质的单位审查，经供水企业加具意见，方可按图施工；竣工验收由建设单位组织，所在区供水、卫生行政主管部门和供水企业参与，验收合格后，方可进行总体验收和正常供水。

第十一条 新建楼房须安装供水“一户一表、独立计费”系统，小区内绿化、消防等不同性质的用水应分开计量收费，由建设单位统一报装用水，建设费用由建设单位承担。在用楼房改造供水系统时，应安装“一户一表、独立计费”系统，其费用由用户承担。实行总表与户表同时计费的住宅小区，总表应分设安装在单栋住宅二次供水系统前端。无二次供水系统的不应设置总表。各区供水行政管理部门，应制订方案逐步取消区域性总表，保证“一户一表、独立计费”的实施。

第十二条 由供水企业安装作计算用水量的水表称为注册水表。设有总表计量居民生活用水及公共用水，并设有户表计量各户居民生活用水量时，总表为注册水表；没有总表，只有户表的，户表为注册水表。

第十三条 注册水表及其之前的供水设施，一经验收合格投入使用，应移交给供水企业维护管理，用户不得私自移动或拆除。任何人不应在水表附近堆放障碍物及搭建临时构筑物，影响抄表及水表维护管理工作。

第十四条 注册水表后的供水设施的管理维护及相关费用由产权人、使用人或物业管理单位负责。该设施的改造，应委托具有相应资质的施工单位承担。

第十五条 用户认为注册水表不准确，可到供水企业办理验表手续，向质量技术监督行政部门申请仲裁检定。检定结果为合格的，水表检定费由用户负责；检定结果不合格的，水表检定费由供水企业负责，并以验表当月为期，根据实际情况最长可追溯3个月，按水表快慢比例计算追收或退还水费。用户对验表结果有异议的，在收到仲裁检定结果通知书之日起15日内可向上一级质量技术监督行政部门申请二次仲裁检定。

第十六条 二次供水设施产权人或其委托的管理单位负责二次供水设施日常管理维护和安全保障，确保二次供水设施的完备，并配合做好水池的定期清洗消毒工作。二次供水设施管理维护和安全保障费用由产权人负责。

第十七条 因工程建设确需改装、拆除或迁移公共供水设施的，建设单位应当提供相关资料，报区城市规划和供水行政主管部门批准。区供水行政主管部门应当自受理申请之日起5个工作日内作出决定，不予许可的，应当书面说明理由。

第三章 供水与用水

第十八条 供水企业应保持不间断供水，用水点符合城市规划并具备供水条件的，供水企业不得拒绝供水。

第十九条 供水企业对其供应水的质量负责，严格遵守国家水质管理的标准要求。上报的水质检测数据，应当是经质量技术监督部门资质认定的水质检测机构检测的数据。水质检测机构应当依照国家有关规定，客观、公正地出具检验结果，水质检测数据按以下程序报送：

（一）供水企业将水质检测数据报区供水行政主管部门审核后，报送国家城市供水水质监测网佛山监测站汇总；

（二）佛山监测站将汇总、分析后的报表和报告经市供水行政主管部门审核后，报送省住房城乡建设厅。同时，供水企业应按卫生行政主管部门要求，报送相关数据。

第二十条 供水企业实行社会服务承诺制度，向用户公开咨询投诉渠道，公开承诺供水服务目标，公开供水服务项目申请的办理程序、期限、需提交的资料和收费标准等事项，自觉接受社会监督。

供水服务项目应包括以下内容：供水服务水压，供水水质，抄表收费服务，管网维护及抢修服务，其他服务指标。

供水服务水压：注册水表前或二次供水系统前的供水压力不低于0.14兆帕，对水压合格率不低于97%。

供水水质：严格按照国家有关规定对水源水、出厂水、管网水进行监测，保证安全优质供水。发现水质问题，应即时采样化验，及时处理，尽快给用户做出明确答复，时间不得超过3个工作日。

抄表收费服务：查表抄表要到位、准确、及时，按规定标准收取水费。营业员上岗佩戴标志，规范服务，文明礼貌。对用户提出的用水计量和收费事项咨询，应在24小时内给予答复。

管网维护及抢修服务：定期巡检，维护保养和管理供水管线及其附属设施，确保安全供水，管网修漏及时率达到98.8%以上。DN100mm以上管道突发性损坏，城区范围30分钟内、郊区范围40分钟内抢修人员赶到现场。无特殊情况，小修不超过24小时，大漏应立即止水，连续抢修。

第二十一条 供水企业应按照国家有关规定设置供水管网水压测压点。如用户用水压力未能满足要求，应查明原因，属公共供水设施原因的，由供水企业投资解决；属用户供水设施原因的，由其产权人出资解决。

第二十二条 供水企业应根据核定的用水性质与用户签订供用水合同，供用水合同范本格式后附。需要供水企业供水、增加供水量、更改用水性质，应当事先向所在地供水企业提出申请，供水企业应当在其服务承诺期限内办理完毕。

用水性质一经核定，用户不得擅自变更用水性质。如果用户混合用水的，应分别装表计量收费，没有分别装表的，供水企业有权按该用户所用水的最高水费类别计收全部水费。

第二十三条 水价调整实行听证会制度，严格按照程序进行水价调整。供水企业应按物价行政主管部门批准的收费标准和用户的实际用水量计收水费。任何单位和个人不得擅自改变物价行政管理部门确定的供水价格。

第二十四条 供水企业应按合同约定按时抄表收费，及时向用户发出水费通知。实行抄表到户且注册水表为总表的用户，总表只计量公共用水，其用水量按户表的用水量加上总表分摊的公共用水量计收水费。用水户应按合同约定方式期限交纳水费。用户在扣费成功后半年内可向供水企业按需索取发票。

用水户未按规定时间足额交纳水费的，供水企业应予催告；经催告用水户仍不按合同约定交纳相关费用的，供水企业可于通知发出后30日停止供水。采取停止供水措施的，供水企业应提前10日通知用户。被停止供水的用户在6个月内交齐合同约定费用的，供水企业应当在24小时内恢复供水；用水户欠费6个月以上，经催告无效的，供水企业可注销用户档案。

由于水表发生故障、停坏或被关栏、阻隔等原因无法准确抄表的，则按上月用水量或前3个月平均用水量计收水费；对于无上月行度水量参照的新用户，则预收当月水费并更换水表，按实际用水量推算计收水费。

第二十五条 用户对水费有异议的，应在接到水费通知之日起7日内向供水企业提出异议，供水企业应在接到用户异议之日起7日内进行核实并答复用户。用户对供水企业的答复仍有异议的，可在接到答复之日起7日内向所在区供水行政主管部门申请协调确认，区供水行政主管部门应自接到确认申请之日起7日内予以确认并书面告知供水企业及用户。期间，供水企业不得因用户提出异议而停止对该用户供水。

第二十六条 用户更改资料、需要供水企业停止供水或恢复供水，应当到供水企业办理手续，供水企业能够当场办理的应当场办理，不能当场办理的，应当自受理之日起5日内办理完毕。

用户暂停用水6个月以内的，按停水留表办理，在此时间内恢复用水者，要办理恢复用水手续；超过6个月后恢复用水者，需重新办理新装用水手续。对于存在纠纷的水表，供水企业可暂不受理其申请。

第二十七条 供水企业由于工程施工、设备维修等原因确需停止供水的，应当向所在区供水行政主管部门提出申请，区供水行政主管部门应当自接到申请后5个工作日内作出决定。供水企业应提前24小时向用户公告停止供水的原因和时间。连续停水超过24小时的，供水企业应为用户提供基本生活用水。因不可抗力或紧急事故导致需要临时紧急停止供水而不能提前通知的，供水企业必须在应急处理的同时向供水行政主管部门报告，并向用户公告，尽快恢复正常供水。事后再向有关部门补办相关手续。

企事业单位和物业管理单位等用户供水设施管理单位，不得因供用水以外的原因中断用户的用水。确因工程施工、设施维护等原因需要中断的，应提前24小时通知受影响的用户。连续停水超过24小时的，应为用户提供基本生活用水。

第四章　节水与应急

第二十八条　市供水行政主管部门应加强节水管理工作，贯彻执行国家关于实行计划供水、节约用水的方针、政策和规定；开展节约用水宣传工作，组织交流节约用水的先进经验，逐步推广中水回用和雨水收集设施的规划建设，鼓励环卫绿化、景观用水等使用中水；推广使用节水型设备、器具，表彰奖励节水成绩显著的单位和个人等工作。

各用水单位应配备必要的用水计量器具，加强内部用水的计量管理；应采取循环用水、一水多用等措施，提高供水的重复利用率。

凡新建、改建和扩建的工程项目需使用供水的，应把节约用水措施与主体工程同时设计、同时施工、同时使用。

第二十九条　供水企业应降低水厂生产的自用水量，自用水率不宜大于5%；定期对供水管网进行探漏巡检和更新改造，确保给水管网漏损率符合国家、行业的相关规定。

第三十条　供水行政主管部门应当建立供水应急管理制度，依法制定并适时修订供水应急预案。供水、卫生、环保、海事、公安等行政主管部门与供水企业应建立应急联动机制，共同应对供水突发事件。

第三十一条　供水企业应严格落实安全生产责任制，建立健全安全生产管理机构，配备专职安全生产管理人员，保证安全生产条件所必需的资金投入。

供水企业应当根据政府的相关应急预案，制定本单位的各类突发事件和公共安全事故应急预案并上报供水行政主管部门备案；建立应急救援组织，配备救援器材设备，完善监测手段，并定期组织演练。供水企业应与同一流域的其他供水企业建立沟通联动机制，及时互通信息，保障安全供水。

第三十二条　当发生自然灾害、传染性疾病、水源污染、供水设施遭受严重损坏、恐怖袭击等重大突发事件或公共安全事件时，经政府批准，供水行政主管部门立即启动相应的应急预案，供水企业应立即采取应急措施，保证供水水质符合标准。当无法正常供水时，供水行政主管部门须报请同级人民政府批准，采取必要的供水管制措施，供水企业和用户须予以配合。采取供水管制措施时，应优先保障居民基本生活用水。

第三十三条　当发生供水突发事件或公共安全事件时，供水企业不采取应急措施，或不配合政府采取供水管制措施的，经同级人民政府批准，供水行政主管部门可以对供水企业实行临时接管。事件处理完毕，供水行政主管部门应报请同级人民政府解除临时接管。

第三十四条　二次供水水质受污染时，应及时报告供水、卫生行政主管部门和供水企业并立即停止供水。待查明原因和对受污染的二次供水设施清洗、消毒，经卫生行政主管部门对其供水水质检测合格后方可使用。

第五章　附　则

第三十五条　任何单位和个人发现违反本规定行为的，有权向供水行政主管部门举报。相关处罚依照国务院《城市供水条例》、原建设部《城市供水水质管理规定》、《广东省城市供水管理规定》等执行。

第三十六条　本规定自2010年4月1日起施行。

二〇一〇年三月三日

佛山市人民政府关于加强摩托车管理的实施意见

佛府〔2010〕81号

各区人民政府，市政府各部门、各直属机构：

为加强我市摩托车管理工作，加快公共交通发展步伐，根据《印发加快佛山市公共交通发展的十大措施及实施方案的通知》（佛府办〔2007〕422号）的部署和《佛山市综合交通规划》的要求，结合工作实际，制定本实施意见，请认真贯彻落实。

一、指导思想

以《珠江三角洲地区改革发展规划纲要（2008~2020）》为指导，按照科学发展和可持续性发展的要求，加强摩托车管理工作，确立公共交通在城市客运体系中的主导地位，逐步减少中心城区摩托车的使用量，建设低碳、环保城市。

二、工作目标

在公交相对完善的中心城区划定限摩区域，通过在限摩区域内停止摩托车注册登记，分路段、时段禁止摩托车通行，以及禁止限摩区域外注册登记的摩托车在限摩区域内行驶等一系列措施，引导市民绿色出行，促进我市社会环境、道路交通秩序明显好转，使我市道路交通环境更加安全，空气质量更加良好，市容市貌更加优美。

三、实施办法

（一）调整摩托车注册登记政策

按照“道路交通管理安全保障工作与经济建设和社会发展相适应”及“区域有别、区别对待”的原则，适当调整现行的“一户一摩”入户政策：

1. 各区在中心城区划定限摩区域，停止摩托车注册登记；

2. 各区限摩区域外的中心城区仍然维持现状，实行“一户一摩”政策；

3. 除限摩区域、中心城区外的其余区域，摩托车注册登记政策由各区根据实际情况研究确定。

（二）实施摩托车交通管制措施

按照“明确方向、循序渐进，分区域、分路（时）段、分步骤”实施的原则，加强交通管制，逐步达到加强管理的目的。

分区域：先在公交相对完善的禅城中心城区、南海中心城区部分区域以及东平新城区部分区域实施，总结经验后，在南海限摩区域外的中心城区以及顺德、高明、三水区的中心城区实施。

分路（时）段：在限摩区域内的主要路段实施交通高峰期禁行，逐步过渡到全天禁行。条件成熟后，向一般路段推行。

分步骤：限摩工作实行“统一政策、属地管理、分级负责、分步实施”。

四、实施步骤

具体工作分4个阶段推进：

第一阶段：（2010年8月至2011年8月）

（一）在禅城中心城区、南海中心城区部分区域以及东平新城区部分区域划定限摩区域，简称：禅桂新限摩区域。

（二）制定限摩区域内停止摩托车注册登记及区域外摩托车禁止在限摩区域内通行的措施。给区域内的在册登记摩托车发放安装通行识别标志通行。

（三）制定全市统一的摩托车提前报废操作办法和补偿标准，鼓励市民提前报废摩托车。

（四）在限摩区域的边界线设置禁行标志牌。

（五）在限摩区域内划设交通高峰时段禁止摩托车通行路段，并设置禁行标志牌。

（六）各区制定加强摩托车管理的实施办法和

应急预案。

第二阶段：（2011 年 9 月至 2012 年 8 月）

（一）在禅桂新限摩区域内，将第一阶段实施高峰时段禁止摩托车通行的路段，调整为全天禁行，同时逐步增加高峰时段摩托车禁行的路段。

（二）禅桂新限摩区域内继续实行摩托车提前报废、补偿政策。

（三）顺德、高明、三水区参照禅桂新限摩区域第一阶段做法，在中心城区划定限摩区域开展相关工作。

第三阶段：（2012 年 9 月至 2014 年 8 月）

（一）在禅桂新限摩区域内继续实行摩托车提前报废、补偿政策。

（二）2014 年 8 月底前，禅桂新限摩区域内全面禁止摩托车通行。

（三）南海区适当扩大限摩区域，在限摩区域开展限摩工作。

（四）顺德、高明、三水区参照禅桂新限摩区域第二阶段做法开展相关工作。

第四阶段：（2014 年 9 月至 2016 年 9 月）

（一）2016 年 9 月底前，全市各区中心城区限摩区域全面禁止摩托车通行。

（二）2016 年 9 月后，各区根据实际情况可逐步扩大限摩范围。

五、保障措施

（一）加强组织领导。加强摩托车管理工作是我市社会发展的要求，势在必行。摩托车管理工作涉及面广，政策性强，复杂程度高，事关市民的切身利益，事关社会治安和稳定，市成立由市委、市政府及相关职能部门领导组成的工作领导小组，努力形成“党委领导、政府牵头、部门联动、社会支持、综合治理、齐抓共管”的工作格局。各区也要建立相应的机构，按照市的统一部署，认真研究制定切实可行的实施方案，主要领导要亲自抓，切实将工作落实到位。各区、市直各有关部门要提高对加强摩托车管理工作重要意义的认识，高度重视社会反响，收集各种舆论信息，及时疏导化解矛盾。

（二）发展公共交通。加强摩托车管理工作与发展公交密切相关。要按照市政府《印发关于优先发展佛山市公共交通意见的通知》和《印发加快佛山市公共交通发展的十大措施及实施方案的通知》要求，加大投入，积极实施我市相关的交通、公交发展规划，落实公交优先发展各项工作。调整优化公交线路；更新和增加公交车、出租车辆；建设公共自行车系统；设置公交车专用道，提供快捷公交保障，确保 2010 年、2011 年、2012 年、2017 年的全市公交分担率分别达到 12%、15%、20%、30%，2020 年中心组团达到 60%。

（三）深入宣传发动。充分发挥宣传机关的作用，组织、引导新闻媒体积极向广大市民宣传加强摩托车管理的目的、意义和工作措施，坚持正确的舆论宣传导向，争取市民的支持和参与，及时疏导化解社会矛盾。

（四）制定特殊行业政策。制定公安、行政执法、邮政、快递、供水、供气、残疾人等特种行业（人群）使用摩托车的规定，为城市管理提供必要保障。

（五）制订应急预案。制定市、区两级应急预案，明确部门和属地管理责任，注意及时掌握苗头性和倾向性问题，预防和处置群体性事件，维护社会稳定。

（六）加强执法工作。组建多部门联合执法队伍，打击摩托车非法营运，大力整治违法进入限摩区域内的摩托车，强制报废（收缴）一批到期报废仍在使用和无牌无证、假牌假证的摩托车，不断减少摩托车的实际保有量。落实交通拯救车和违法车辆保管场，保障执法工作顺利开展。对违法违规摩托车的处理，统一执法程序和处罚标准，文明执法，防止出现“三乱”行为。

（七）增加交通协管力量。为保障限摩执法工作正常开展，并达到预期效果，针对局部限摩导致现场执法工作难度大、执法力量不足的问题，根据实际情况适当增加交通协管员，协助执法人员进行管理，以解决警力不足的问题。

二〇一〇年七月二十一日

禅桂新限摩区域示意图

禅桂新限摩区域：禅城区为除南庄以外的区域，南海区为桂城街道东至桂澜路、南至佛山涌（禅城与桂城交界水道）、西至南一路、北至海八路的区域，东平新城区为东至华阳路、南至富华路、西至汾江路南延线、北至东平水道的区域。

各区实行“一户一摩”政策的中心城区示意图

图 1：禅桂新中心城区限摩区域示意图

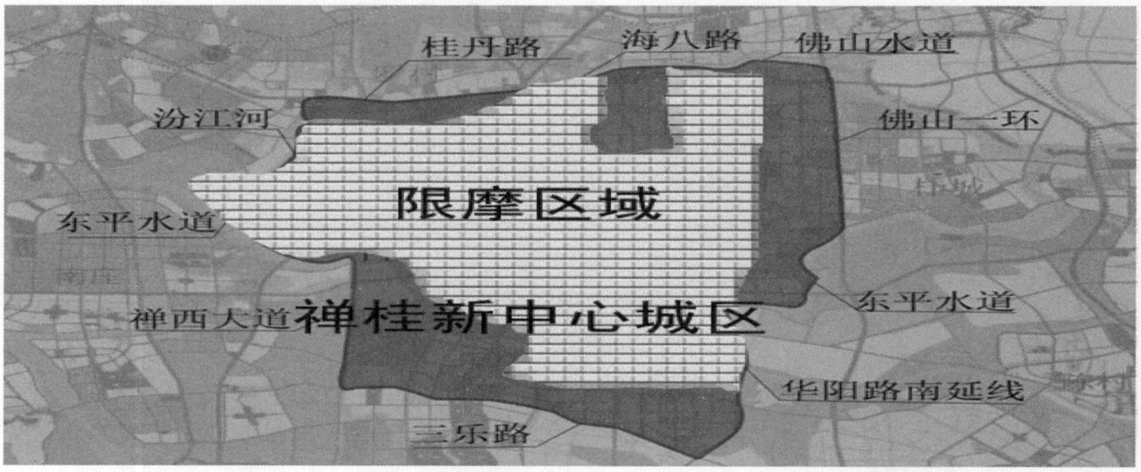

禅桂新中心城区：东至佛山一环、东平水道、华阳路南延线，南至三乐路，西至禅西大道、东平水道、汾江河，北至桂丹路、海八路、佛山水道除限摩区域外的区域。

图 2：顺德区中心城区限摩区域示意图

顺德区中心城区：以大良街道西部边界、顺德支流、鸡鸦水道、桂洲水道、容桂水道以及桂畔海为界线的范围。

图 3：高明区中心城区限摩区域示意图

高明区中心城区： 荷城高明大道、沿江路、沧江路、荷香路、文昌路、文华路的范围。

图 4：三水区中心城区限摩区域示意图

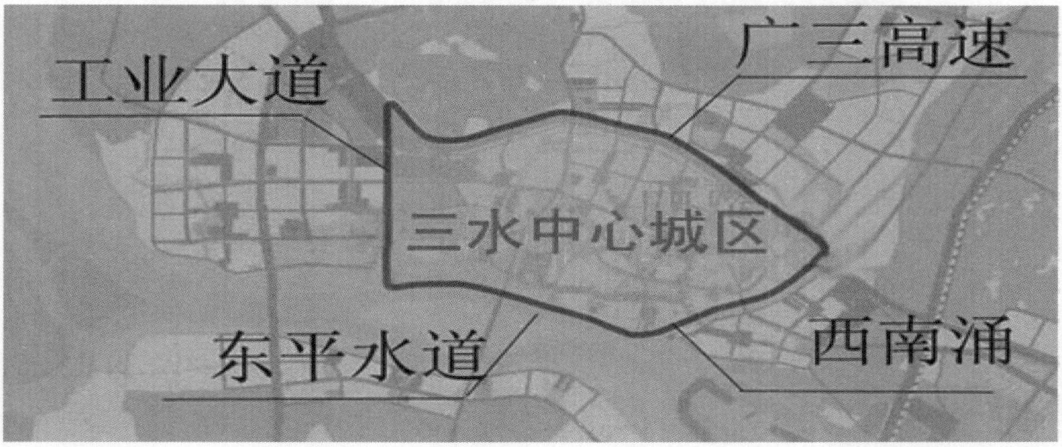

三水区中心城区： 西南街道北至广三高速公路，西至工业大道，南至东平水道，东至西南涌的范围。

禅桂新限摩区域摩托车通行标识样式图

样式和规格：通行标识为红底白字标志，规格为长22厘米、宽8厘米，字样暂定为：“禅桂新通 二〇一〇 E000001–E999999”（禅城区段号）、“禅桂新通 二〇一〇 Y000001–Y999999”（南海区段号）、“禅桂新通 二〇一〇 X000001–X999999”（东平新城区段号）。

佛山市城市轨道交通管理办法（试行）

佛府〔2010〕96号

第一章　总则

第一条　为了规范我市城市轨道交通管理，保障城市轨道交通建设的顺利进行和安全运营，维护乘客的合法权益，促进轨道交通行业持续健康发展，根据有关法律、法规和建设部《城市轨道交通运营管理办法》，结合本市实际，制定本办法。

第二条　本办法所称城市轨道交通，是指地铁、轻轨等城市快速轨道公共客运系统（含本市内的市际轨道公共客运系统）。

城市轨道交通设施包括城市轨道交通的路基、轨道、隧道、高架道路（含桥梁）、车站（含出入口、通道）、通风亭、车辆段及控制中心、站场、车辆、机电设备、供电系统、通信信号系统、安全设施及为保障轨道交通运营而设置的其他相关设施。

第三条　本办法适用于本市行政区域内城市轨道交通的规划、建设、综合开发、运营、设施保护及相关的管理活动。

第四条　城市轨道交通应当遵循统一规划、分期建设、规范管理、安全运营、优质服务的原则。

第五条　市住房和城乡建设行政管理部门负责城市轨道交通的建设管理工作。

市交通运输行政管理部门负责城市轨道交通的运营管理工作。

市城乡规划、国土、公安、城市管理、安全生产监督等行政管理部门应当按照各自职责负责轨道交通管理的有关工作。

城市轨道交通沿线各区人民政府及相关职能部门应当配合城市轨道交通的规划、建设、综合开发和保护等工作。

第六条　城市轨道交通经营单位由市人民政府根据具体情况依法确定。

城市轨道交通经营单位根据市相关行政职能部门的委托，对城市轨道交通设施的保护、城市轨道交通范围内公共场所的运营秩序和容貌、环境卫生的维护以及安全应急等公共事务实施行政管理和行政处罚。

第二章　规划和建设管理

第七条　市城乡规划行政管理部门会同市其他相关部门或单位负责组织编制城市轨道交通规划。

城市轨道交通规划应当与其他公共交通规划相衔接，并预留必要空间以确保安全便捷的换乘条件及足够的疏散能力。

市城乡规划行政管理部门在审批与轨道交通出入口、通风亭等设施连接的其他建设工程时，应当提出有关预留与轨道交通相连接必要空间的规划设计要求。

经批准的轨道交通规划不得随意变更，确需变更的，应当按照规定的审批程序报批。

市国土资源行政管理部门应按照轨道交通规划做好轨道交通及配套交通设施用地的控制管理，并优先安排有关用地，保障轨道交通网络建设发展的需要。在出让、划拨与轨道交通建设有关的土地前，应当按照规划设计要求，将轨道交通出入口、通风亭和冷却塔等设施的用地纳入轨道交通建设项目用地范围。

第八条　经市人民政府批准，在国土部门出让、划拨的地面轨道交通及设施用地范围及确认的地下轨道交通及设施使用空间内，城市轨道交通经营单位可以利用轨道交通设施进行综合开发和经营，具体办法另行制定。

对于结构上不可分割，工程上必须统一实施的开发项目，经城市轨道交通经营单位申请，规划等相关行政管理部门同意后，市政府可以直接批准城市轨道交通经营单位与轨道交通工程一并建设。

第九条 城市轨道交通工程建设项目的勘察、设计、施工、监理，应当遵守国家和省规定的技术标准，并且符合保护周围建筑物、构筑物以及其他相关设施的技术规定。建立并执行建设过程动态安全监测制度。

第十条 城市轨道交通建设必须使用地下、地面以上空间时，其相邻的建（构）筑物和土地的所有权人、使用权人应当提供必要的便利。

城市轨道交通工程建设时，城市轨道交通经营单位应当对城市轨道交通沿线已有建（构）筑物进行必要的调查、记录和动态监测。

城市轨道交通经营单位应当采取措施防止和减少对上方和周边建（构）筑物以及其他设施的影响。造成损失的，应当依法承担相应的法律责任。

第十一条 根据城市轨道交通建设要求，城市轨道交通出入口、通风亭等设施需与周边物业结合建设的，周边物业的所有权人、使用权人应当服从；因结合建设给周边物业所有权人、使用权人利益造成损失的，城市轨道交通经营单位应当依法予以补偿。

第三章 设施保护

第十二条 城市轨道交通保护区分为城市轨道交通控制保护区和城市轨道交通特别保护区。

城市轨道交通沿线设立城市轨道交通控制保护区，其范围包括：

（一）地下车站与隧道结构外边线外侧 50 米内；

（二）地面和高架车站以及线路轨道结构外边线外侧 30 米内；

（三）出入口、通风亭、车辆段、控制中心、变电站、集中供冷站等建（构）筑物结构外边线外侧 10 米内；

（四）城市轨道交通过江隧道两侧各 100 米范围内。

城市轨道交通特别保护区范围如下：

（一）地铁地下工程（车站、隧道等）结构边线外侧面 5 米内；

（二）高架车站及高架线路工程结构水平投影外侧 3 米内；

（三）地面车站及地面线路路堤或路堑边线外侧面 3 米内；

（四）车辆段内建（构）筑物结构边线外侧 3 米范围内。

城市轨道交通控制保护区和城市轨道交通特别保护区的具体范围，由轨道交通经营单位提出方案经市规划行政管理部门审核后，报市人民政府批准并公布。

第十三条 在城市轨道交通控制保护区内进行下列活动的，有关行政管理部门依照法律、法规进行行政许可时，应当书面征求轨道交通经营单位的意见。轨道交通经营单位应当在有关行政管理部门规定的期限内给予书面答复：

（一）建造、拆卸建（构）筑物；

（二）取土、地面堆载、基坑开挖、爆破、桩基础施工、顶进、灌浆、锚杆、钻探作业；

（三）修建塘堰、开挖河道水渠、采石挖砂、打井取水；

（四）敷设管线或者设置跨线等架空作业；

（五）在过江隧道段疏浚河道；

（六）其他可能危害城市轨道交通设施的作业。

在城市轨道交通控制保护区内进行本条第一款所列活动不需行政管理部门行政许可的，作业单位应当在施工前书面告知轨道交通经营单位。

第十四条 在城市轨道交通特别保护区内，原则上不得进行第十三条所述各项工程作业活动。

第十五条 作业单位在城市轨道交通控制保护区内进行第十三条第一款所列活动的，应当会同轨道交通经营单位制定城市轨道交通设施保护方案。

轨道交通经营单位可以进入作业单位的施工现场查看，发现作业单位的施工活动危及或者可能危及城市轨道交通设施安全的，可以要求作业单位停止作业并采取相应的安全措施。作业单位拒不采纳的，轨道交通经营单位应当报告建设行政管理部门。

建设行政管理部门应当及时对轨道交通经营单

位报告的情况进行核查并依法处理。

第十六条 城市轨道交通项目竣工验收后，城市轨道交通经营单位应当及时向市城乡规划行政管理部门移交城市轨道交通电缆管线资料，资料应按城乡规划行政管理部门要求提供并备案。市城乡规划行政管理部门应当建立可共享的城市轨道交通电缆管线档案管理系统。

市城乡规划行政管理部门在对有关工程进行行政许可时提出保护城市轨道交通电缆的施工要求。

第十七条 禁止损害、毁坏城市轨道交通设施。

第四章 运营管理

第十八条 城市轨道交通经营单位应当建立健全管理制度，做好城市轨道交通设施的检查维护工作，确保其正常运行和使用，并接受交通运输行政管理部门监督。

电力、供水、通讯等单位应当协助城市轨道交通经营单位保障城市轨道交通的正常运营，保证城市轨道交通用电、用水、通讯需要。

第十九条 城市轨道交通经营单位应当制定城市轨道交通运营服务规范，为乘客提供安全、便捷的客运服务。

城市轨道交通经营单位应当保持出入口、通道的畅通，根据国家有关标准的要求，设置安全、消防、疏散等各类指引导向标志。

城市轨道交通出入口的导向标志应当由城市轨道交通经营单位统一设置。城市轨道交通经营单位在与出入口合建的周边物业范围内设置导向标志的，周边物业的所有人、使用人应当配合。

城市轨道交通经营单位应当在车站醒目位置公布首末班车行车时间、列车运行状况提示和换乘指示。列车因故延误或者调整首末班车行车时间的，应当及时向乘客告示。

第二十条 城市轨道交通经营单位应当建立公共卫生管理制度，健全卫生档案，落实卫生管理措施，保持车站、车厢的整洁卫生，保证车站、车厢等公共场所的空气质量和卫生状况符合国家卫生标准。

城市轨道交通经营单位应当依照国家有关标准落实污染防治措施，减少地面线路列车运营时的噪声污染。

第二十一条 城市轨道交通经营单位应当对从事轨道交通驾驶、调度等岗位的工作人员和参与救援的工作人员进行培训和考核。

第二十二条 城市轨道交通经营单位应当履行下列维护城市轨道交通治安保卫和消防的义务：

（一）组织治安和消防安全检查，及时发现和消除安全隐患；

（二）预防危害公共安全和扰乱轨道交通治安秩序的行为；

（三）对在城市轨道交通范围内的治安违法犯罪行为进行制止，并及时报告公安部门；

（四）依法应当履行的其他治安、消防防范义务。

第二十三条 城市轨道交通票价依法实行政府定价。

城市轨道交通票价应当与本市其他公共交通的票价相协调。

城市轨道交通经营单位应当执行政府确定的票价，不得擅自调整。

第二十四条 乘客应当持有效车票乘车。无票、持无效车票或者逃票乘车的，由城市轨道交通经营单位按出闸站线网单程最高票价收取票款。

城市轨道交通因故障不能正常运行的，乘客有权持有效车票要求城市轨道交通经营单位按照当次购票金额退还票款。

第二十五条 乘客乘坐城市轨道交通，应当遵守城市轨道交通乘坐守则。对违反乘坐守则的，运营单位可以拒绝其进站、乘车。乘客拒不接受的，运营单位可以移送公安部门处理。

城市轨道交通乘坐守则由市交通运输行政管理部门制定并公布。

第二十六条 禁止下列影响城市轨道交通运营秩序的行为：

（一）非法拦截列车、阻断运输；

（二）擅自进入轨道、隧道或者其他有警示标志的区域；

（三）攀爬或者翻越围墙、栏杆、闸机、机车等；

（四）强行上下车；

（五）不按规定购票乘车，经城市轨道交通经营单位追索后仍拒付票款；

（六）其他影响城市轨道交通运营秩序的行为。

第二十七条 禁止下列影响城市轨道交通公共场所容貌、环境卫生的行为：

（一）在车站、站台或者其他城市轨道交通设施内停放车辆、堆放杂物、摆设摊档或者未经许可派发印刷品；

（二）在车站、站台、列车或者其他城市轨道交通设施内随地吐痰、便溺、吐口香糖，乱扔果皮、纸屑等废弃物；

（三）在车厢或者其他城市轨道交通设施上乱刻、乱写、乱画、乱张贴、悬挂物品；

（四）携带宠物、家禽等动物乘车；

（五）在禁止吸烟区域内吸烟；

（六）在车站、站台或者其他城市轨道交通设施内乞讨、卖艺、捡拾垃圾；

（七）其他影响城市轨道交通公共场所容貌、环境卫生的行为。

第二十八条 城市轨道交通经营单位应当建立投诉受理制度，接受乘客对违反运营服务规范行为的投诉。

城市轨道交通经营单位应当自受理投诉之日起10个工作日内作出答复。乘客对答复有异议的，可以向市交通运输行政管理部门投诉。市交通运输行政管理部门应当自受理乘客投诉之日起10个工作日内作出答复。

城市轨道交通经营单位应当将乘客投诉及处理情况汇总，并定期向市交通运输行政管理部门报告。

第二十九条 在城市轨道交通设施范围内拍摄电影、电视剧或者广告等，应当经城市轨道交通经营单位同意。

在车站内设置的广告设施和商业网点不得影响轨道交通运营安全。城市轨道交通经营单位应加强对其定期安全检查。

第五章 安全与应急管理

第三十条 城市轨道交通经营单位依法承担城市轨道交通运营安全生产主体责任，设立安全生产管理机构，落实安全生产责任制，建立健全各项规章制度，实行规范化管理，并按有关规定制定安全生产应急预案，配备安全生产专职管理和监管人员，保证安全生产所需的资金投入。

第三十一条 城市轨道交通经营单位应当严格按照消防管理、事故救援的规定，在城市轨道交通车站及车厢内按国家相关标准配置安检、灭火、报警、救援、疏散照明、逃生、防汛、防爆、防毒、防护监视等器材和设备，并定期检查、维护、更新，保证其完好和有效。

第三十二条 城市轨道交通经营单位应当在城市轨道交通沿线采取技术保护和监测措施，评估城市轨道交通运行对车站、隧道、高架道路（含桥梁）等建（构）筑物的影响，定期对城市轨道交通进行安全性检查和评价，发现隐患的，应当及时消除。

第三十三条 禁止携带易燃、易爆、有毒、放射性、腐蚀性等危险品进入城市轨道交通设施。

城市轨道交通经营单位应当在车站醒目处公布常见危险品的目录。

城市轨道交通经营单位可以对乘客携带的物品进行运输安全检查。

第三十四条 禁止下列危害城市轨道交通安全的行为：

（一）擅自操作有警示标志的按钮、开关装置，非紧急状态下动用紧急或者安全装置；

（二）擅自移动、遮盖安全消防警示标志、疏散导向标志、测量设施以及安全防护设备；

（三）在轨道上放置、丢弃障碍物，向城市轨道交通列车、机车、维修工程车等设施投掷物品；

（四）在城市轨道交通的地面线路轨道上擅自铺设平交道口、平交人行道；

（五）损坏轨道、隧道、车站、车辆、电缆、机电设备、路基、护坡、排水沟等设施；

（六）在城市轨道交通过江隧道控制保护区内的水域抛锚、拖锚；

（七）在城市轨道交通地面线路或者高架线路轨道两侧修建妨碍行车瞭望的建（构）筑物或者种植妨碍行车瞭望的树木；

（八）故意干扰城市轨道交通专用通讯频率；

（九）其他危害城市轨道交通安全的行为。

第三十五条 因城市轨道交通设施发生故障而影响运行时，城市轨道交通经营单位应当及时排除故障，尽快恢复运营。暂时无法恢复运营的，城市轨道交通经营单位应当组织乘客疏散和换乘。

第三十六条 因节假日、大型群众活动等原因引起客流量上升的，城市轨道交通经营单位应当及时增加运力，疏导乘客。

在城市轨道交通客流量激增，严重影响运营秩序，可能危及运营安全的情况下，城市轨道交通经营单位可以采取限制客流的临时措施。

第三十七条 市轨道交通运营单位应制定市轨道交通运营突发事件专项应急预案，报市政府审核批准后颁布实施。

在轨道交通运营发生自然灾害、安全事故或者其他突发事件时，市安全生产监督、交通、公安、卫生、电力、通讯、供水、公交等部门应当按照该专项应急预案的规定进行抢险救援和应急保障，协助城市轨道交通经营单位尽快恢复运营。

市城市轨道交通经营单位应当制定运营突发事件先期应急处置方案，并建立应急救援组织，配备救援器材设备，定期组织演练。城市轨道交通经营单位制定的运营突发事件先期应急处置方案应当报市人民政府备案。

轨道交通运营发生自然灾害、安全事故或者其他突发事件时，市城市轨道交通经营单位应当按照先期应急处置方案组织力量迅速开展应急抢险救援，疏散乘客，防止事故扩大，减少人员伤亡和财产损失，同时报告政府有关部门。乘客应当服从城市轨道交通经营单位工作人员的指挥。

第三十八条 市公安行政管理部门应加强轨道交通的治安管理，建立预防各种突发事件的监控机制，防止重特大危害轨道交通公共安全事件的发生。

第三十九条 城市轨道交通运营中发生安全生产事故的，事故调查结论和事故责任由安全生产监督行政管理部门依照国家、省、市有关规定进行认定。

第四十条 城市轨道交通运营中发生人身伤亡事故，按照先抢救受伤者，及时排除障碍，恢复正常运行，后处理事故的原则处理。城市轨道交通经营单位应当保护现场，保留证据，维持秩序；公安机关应当及时对现场进行勘查、检验，依法处理现场，出具伤亡鉴定结论。

第四十一条 在运营过程中发生乘客伤亡的，城市轨道交通经营单位应当依法承担赔偿责任；但伤亡是乘客自身健康原因造成的或者城市轨道交通经营单位证明伤亡是乘客故意、重大过失造成的除外。

第六章　法律责任

第四十二条 违反本办法规定，城市轨道交通经营单位有下列行为之一的，由市交通运输行政管理部门按照建设部《城市轨道交通运营管理办法》第三十三条的规定责令限期改正，并可处以5000元以下罚款：

（一）违反本办法第十九条第二款规定，未保证出入口、通道畅通，保持安全、消防、疏散导向等标志醒目的；

（二）违反本办法第二十一条规定，安排未经培训合格的工作人员上岗。

第四十三条 违反本办法第三十五条规定，城市轨道交通经营单位在发生运营故障时未及时组织乘客疏散的，由市交通运输行政管理部门按照建设部《城市轨道交通运营管理办法》第三十四条的规定给予警告，并处以5000元以下罚款。

第四十四条 违反本办法规定，城市轨道交通经营单位有下列行为之一的，由市交通运输行政管理部门按照建设部《城市轨道交通运营管理办法》第三十六条的规定给予警告，责令限期改正，并可处以1万元以下罚款：

（一）违反本办法第三十一条规定，未设置灭火、报警、救援、疏散照明、逃生、防汛、防爆、防护监视等器材和设备，并保持完好的；

（二）违反本办法第三十七条第二款规定，未按照规定建立应急预案的。

第四十五条 违反本办法第十八条规定，城市轨道交通经营单位未按照规定定期检查和及时维护城市轨道交通设施的，由市交通运输行政管理部门按照建设部《城市轨道交通运营管理办法》第三十七条的规定给予警告，责令限期改正，并可处以1万元以下罚款。

第四十六条　城市轨道交通经营单位违反本办法第二十条第一款规定，未采取相关公共卫生管理措施，保持车站、车厢等公共场所卫生指标符合国家卫生标准的，由卫生行政管理部门按照《公共场所卫生管理办法》的有关规定给予行政处罚。

第四十七条　城市轨道交通经营单位违反本办法第二十条第二款规定，未采取污染防治相关措施，减少噪声污染的，由环保行政管理部门按照《中华人民共和国环境噪声污染防治法》等法律、法规的有关规定给予行政处罚。

第四十八条　城市轨道交通经营单位违反本办法第二十三条规定，不执行政府定价的，由物价行政管理部门按照《中华人民共和国价格法》的有关规定给予行政处罚。

第四十九条　违反本办法第十七条、第二十五条第一款、第二十六条、第三十三条第一款和第三十四条除第（八）项以外的其他规定，损害城市轨道交通设施、扰乱城市轨道交通营运秩序或者危害城市轨道交通安全构成治安违法的，由公安部门依照《中华人民共和国治安管理处罚法》的有关规定给予行政处罚；构成犯罪的，依法追究刑事责任。

第五十条　违反本办法第三十四条第（八）项规定，干扰城市轨道交通专用通讯频率的，由无线电管理机构依照《中华人民共和国无线电管理办法》的有关规定给予行政处罚；构成治安违法的，由公安部门依照《中华人民共和国治安管理处罚法》的有关规定给予行政处罚。

第五十一条　违反本办法第十五条规定，作业单位在城市轨道交通控制保护区内施工，未制定、实施城市轨道交通设施保护方案，由市建设行政管理部门按照建设部《城市轨道交通运营管理办法》第三十八条的规定责令改正；拒不改正的，市建设行政管理部门可以对作业单位处以1万元以上3万元以下罚款；因此造成安全事故的，依法承担法律责任。

施工单位拒绝城市轨道交通经营单位进入施工现场查看的，由市规划和建设行政管理部门按照有关法律、法规进行处罚。

第五十二条　违反本办法第二十七条第（一）、（二）、（三）、（四）项，有碍城市轨道交通公共场所容貌和环境卫生的，由市交通运输行政管理部门按照建设部《城市轨道交通运营管理办法》第三十五条的规定责令其纠正违法行为，采取补救措施，视情节轻重处以警告，并可按下列规定予以罚款：

（一）违反该条第（一）项规定堆放杂物、摆设摊档或者违反第（三）项规定，乱刻、乱写、乱画、乱张贴、悬挂物品的，处以50元以上200元以下罚款；

（二）违反该条第（二）项规定随地吐痰、便溺、吐口香糖，乱扔果皮、纸屑等废弃物的，处以50元罚款；

（三）违反该条第（四）项规定携带宠物、家禽等动物乘车的，处以50元罚款。

第五十三条　对违反本办法第十七条、第二十五条第一款、第二十六条、第二十九条、第三十三条、第三十四条规定，损害城市轨道交通设施、影响城市轨道交通运营秩序或者危害城市轨道交通安全的行为，城市轨道交通经营单位有权对行为人进行劝阻和制止，可以责令行为人离开城市轨道交通设施或者拒绝为其提供客运服务，并依法告知有关行政管理部门进行处罚。

第五十四条　违反本办法规定造成城市轨道交通设施损毁的，除依法给予行政处罚外，应当承担相应的民事法律责任。

第五十五条　行政管理部门、城市轨道交通经营单位依授权执法的工作人员玩忽职守、滥用职权或者徇私舞弊的，由其所在部门或者行政监察部门依法给予行政处分；构成犯罪的，依法追究刑事责任。

第七章　附　则

第五十六条　本办法自颁布之日起施行，试行期为2年。

二〇一〇年八月二十五日